Gundula Jäger

Die Bildsprache der Edda

Gundula Jäger

Die Bildsprache der Edda

Vergangenheits- und Zukunftsgeheimnisse in der nordisch-germanischen Mythologie

Verlag Urachhaus

ISBN 978-3-8251-7749-2
Überarbeitete und erweiterte Neuausgabe des 2004
unter gleichem Titel erschienenen Bandes.

Erschienen im Verlag Urachhaus
www.urachhaus.com

Gesamtherstellung: Freiburger Graphische Betriebe, Freiburg

Inhalt

Vorwort 11

Teil 1

1 Die nordisch-germanische Mythologie 15

2 Die Nerthus-Mysterien 17

Die Erziehung der nordischen Völker 17 Die Geburtsmysterien 17 Die Nerthus-Mysterien und die Weihnachtsereignisse 20

3 Die Schöpfungsgeschichte der Edda 22

Die nordische Schöpfungsgeschichte 22 Die Thursentöchter 26 Die Zwergenschöpfung 27 Die Menschenschöpfung 27 Die Esche Yggdrasil 29

4 Der Allvater Odhin 31

Odhin – ein Erzengel 31 Die Asen und Wanen 33 Odhin und Loki 34 Die Einweihung Odhins zum Sprachgott 36 Die Götterdämmerung 40

5 Lokis Wirken 41

Loki – Luzifer und Ahriman 41 Lokis Wette 45 Baldurs Tod 47

6 Thors Wirken 49

Thor, der mächtige Sohn Odhins 49 Thor, der Ichbringer 50 Thors Wirken im physischen Leib 51 Thors Wirken im Lebensleib 53 Thors Wirken im Seelenleib 54 Thor und Odhin 55

7 Der Erdenweg des Menschen
unter der Führung Njörds und Freyrs 57

*Hyperborea 57 Njörd, Freyrs Vater 58 Freya und Freyr 59
Freyrs Kleinodien 61 Freyr und die Riesentochter Gerd(a) 62
Die drei Hauptgötter und die Esche Yggdrasil 65*

8 Baldurs Helweg 67

*Baldur der Lichte 67 Odhins Sorge um Baldur 69
Baldur und seine Widersacher 72 Baldurs Bestattung 73
Die Wiedergewinnung des Baldurblickes 75*

9 Die Götterdämmerung 77

*Die Schrecknisse der Götterdämmerung 77 Das Schicksal der Götter Thor,
Odhin und Freyr 79 Hrym, Naglfar und Surtur 82
Die Zukunftsaufgabe Odhins 83*

10 Widar – der schweigende Gott 87

*Das dreifache Bild Widars in der Edda 87 Odhin, Widar und
Gautama Buddha 91 Widar und Michael 93 Widars Zukunftsaufgabe 95*

11 Die Externsteine, ein Mysterienort 98

*Die nordisch-germanische Mythologie und die Externsteine 98
Die Großskulpturen an den Externsteinen 100 Das Erdenziel und
die Hauptgötter 102*

12 Das Havamal und der Einweihungsweg an den Externsteinen 109

*Die vier Teile des Havamals 110 Die Trennungslinie 113 Das Runenlied und
die Schritte der Einweihung 113 Der Tempel der höheren Erkenntnisse 118*

13 Das Vermächtnis der irischen Künstlermönche 121

*Das Wirken der irischen Mönche in Germanien 121 Das Tympanon von
Elstertrebnitz 123 Das Pforzheimer Tympanon 125*

Teil 2

1 Die Götter der Edda und ihre Aufgaben 131

Die Hierarchien und ihr Wirken 131 Das Ziel aller Erdenentwicklung 132 Der Erdenmensch und seine Seele 132 Wer sind die Götter der nordisch-germanischen Mythologie? 133 Die Besonderheit der nordisch-germanischen Mythologie 137

2 Die Evolutionsstufen der Erde im Spiegel der Edda und die drei Hauptgötter 139

Die Wölva, die Seherin 140 Die erste Evolutionsstufe – Der alte Saturn 141 Die Wesenszüge Thors und der alte Saturn 144 Die zweite Evolutionsstufe – Die alte Sonne 145 Die Wesenszüge Odhins und die alte Sonne 148 Die dritte Evolutionsstufe – Der alte Mond 149 Wesenszüge des Gottes Freyr 150 Die vierte Evolutionsstufe – Die Erde 152

3 Der Ich-Impuls in der nordisch-germanischen Mythologie 157

Die Bedeutung der Edda 157 Über den Ursprung der Edda 158 Die Führung der nordischen Völker durch die Götter 159 Die besondere Stellung des Ich im nordischen Raum 160 Die Esche Yggdrasil 161 Das Ziel der Erdenentwicklung 164 Die Mission der nordischen Völker 165 Die weitere Entwicklung des Gewissens 166

4 Die Esche Yggdrasil und die Irminsul 167

Die Esche Yggdrasil 167 Die Irminsul 170 Das Tympanon von Elstertrebnitz 173 Yggdrasil und die Irminsul 174

5 Der Allvater Odhin 176

Die Schöpfungen Odhins 177 Die Taten der drei Hauptgötter und die Christus-Opfer 191 Odhin, Allvater und Walvater 194 Die Aufgabe Odhins 200 Die Aufgaben des Gautama Buddha 201 Michael und Odhin 206

6 Odhin und die weisen Frauen 211

Die weisen Frauen der atlantischen Zeit 213 Die Wölva, die Seherin 213 Die Schau der Wölva 214 Odhin pocht an das Tor der Unterwelt 215 Volksgeist und Volksseele 216

7 Riesen, Zwerge und Alfen in der Edda 219

Die Riesen 219 Die Zwerge 223 Die Alfen 224

8 Thor, der Gewaltige 226

Thor, der Übermittler des Ich 226 Das Ich des Menschen 226 Thor, der Hüter des Ich 229 Das Blut und das Ich 231 Thors Aufgaben und sein Hammer 232 Thors Bild in der Edda 233 Thor und der Wille 234 Thors Kämpfe gegen die Ich-Feinde 234

9 Der Erzengel Michael und Thor 239

Thors Gaben und Impulse 240 Aus Michaels Wirken 240 Das Schwert und der Hammer 242 Der Drache im Menschen 244 Michaels Hilfe 244 Hat Thor heute noch eine Wirksamkeit? 245

10 Die Insel Läsö und die Kesselmysterien 246

Die geologischen Besonderheiten der Insel Läsö 246 Die Kesselmysterien 249 Die neuen Mysterien 255 Bragarödur 255 Die Schule des Heiligtums 256 Das Ende des Heiligtums auf Läsö 257 Die Helgi-Heldenlieder 257 Die Völsunge 260

11 Die Widersachermächte in der Edda 263

Das Böse und der Tod 263 Odhin und Loki 264 Hönir und Lodur 265 Der Ursprung des Bösen 266 Das Phänomen der Zurückweisung und die Entstehung böser Wesen in der Edda 268 Das Böse und das Ich 276 Die nordisch-germanischen Völker und das Ich 277 Der Baumeistermythos und das Pferd Sleipnir 278 Die Erkenntnis des Bösen 285

12 Das alte und das neue Baldurbewusstsein 287

Das alte Traumbewusstsein im Land Schamballa 287
Baldur, der Lichte 288 Das zukünftige Baldurbewusstsein 290
Die Germanen und der Tod 291

13 Die Mistel und das Baldurschicksal der Menschheit 297

Baldur und die Mistel 297 Baldur und die Kamille 298
Der Merkurstab als Symbol 306

14 Die Götterdämmerung kündigt sich an 309

Der verwandelte Odhin 309 Die Gegenwart der Götterdämmerung 311
Die Ursachen der Götterdämmerung 312 Die drei Hähne 314

15 Heimdall, der Helle 317

Heimdall und sein Geschlecht 317 Der Fall der nordisch-germanischen Völker 319 Die Erzieher der nordisch-germanischen Völker 320
Heimdalls Geburt 320 Heimdalls Aufgaben 321

16 Die Spiegelung des Hirten- und des Königsweges in der Edda 328

Die Wanengötter Njörd und Heimdall 328 Die Aufnahme des Christentums 329 Die atlantischen Sonnenmysterien 332
Die Sonnenscheibe von Nebra und die zwei Wege 336

17 Die Sonnenwendfeste im Spiegel der Edda 340

Das Fest der Sommersonnenwende 340 Das Fest der Wintersonnenwende 341

18 Die Freyr- und die Freya-Lieder 345

1. Lied: Skirnisför 346 2. Lied: Hyndluliod 347 3. Lied: Grogaldr 353
Eigener Wille und Schicksalsergebenheit 357 Die Beherrschung der Gefühle 358 4. Lied: Die Fiölsvinsmal-Lieder 364 Die erste Wegstrecke 367 Die zweite Wegstrecke 372 Die dritte Wegstrecke 388
Minne und Liebe 393 Der Einweihungsgrad des Sonnenhelden 394

19 Der Gott Freyr und das Geheimnis des Friedens 399

Freyr, der Gott der Fruchtbarkeit 399 Die Göttin Freya und die Liebe 400 Die Gaben der Götter Freyr und Freya 402 Der Weg zum Frieden in den Fiölsvinsmal-Liedern 404 Friede auf Erden 405

20 Die Fiölsvinsmal-Lieder und das Relief an den Externsteinen 407

Die drei Entwicklungsstufen und die drei Bilder 408 Die zweite Entwicklungsstufe und das zweite Bild 409 Die dritte Entwicklungsstufe und das dritte Bild 412 Gralsgeheimnisse im Relief an den Externsteinen 415 Beziehungen zur Gralsströmung 417

21 Die drei Hauptgötter und die drei Einweihungsstufen an den Externsteinen 428

22 Widar und die Wiederkunft Christi im Lichte der Edda 432

Der Tod Baldurs, des weithin Leuchtenden 432 Die Aufgaben der alten Götter 434 Das Ich-Erwachen 435 Widar 436

23 Gedanken zum Geheimnis der Stabkirchen 443

Der Ruf des Drachen 443 Das Drachenerleben 445 Die Christianisierung in Norwegen 445 Das Stabkirchenerlebnis 446 Der Kampf mit den Drachen und Löwen 455

Anmerkungen 459

Literaturverzeichnis 481

Genealogie der Götter in der Edda 485

Vorwort zur 2. Auflage

Da das Buch *Die Bildsprache der Edda* in seiner ersten und kurzen Fassung schnell vergriffen war, wird es nun dem interessierten Leser wieder zugänglich gemacht. Dieser ersten Ausgabe wurde jedoch ein zweiter Teil hinzugefügt, in dem es einerseits um eine Vertiefung einzelner Fragen geht und andererseits auch bisher unerforschtes Neuland betreten wird. Allen Ausführungen liegt das Bestreben zugrunde, die Götter der Edda als die seit Urzeiten den Menschen formenden und fördernden Geistwesen zu erkennen und zu erleben. Um die einzelnen Kapitel verständlich zu machen, waren kurze Wiederholungen an manchen Stellen nicht zu vermeiden. Verse und Texte aus der Edda sind kursiv gedruckt und, falls nicht anders vermerkt, in der Übersetzung Karl Simrocks wiedergegeben.*

Besonders herzlich möchte ich Herrn Heinz Berneburg danken für sein reges Interesse an meiner Arbeit und für die Zuwendungen aus der Stiftung-Berneburg, die das erste und jetzige Erscheinen des Buches erst möglich gemacht haben.

Danken möchte ich auch den vielen Menschen, die durch ihren Zuspruch und ihre Fragen zum Verständnis der nordisch-germanischen Mythologie mich immer wieder ermutigt haben, weiter zu forschen. Dies wäre aber ohne die wegweisenden Worte Rudolf Steiners kaum möglich gewesen. Er hat das Studium der Edda immer wieder wärmstens empfohlen und betont, dass sich hinter all den grandiosen Bildern der nordisch-germanischen Mythologie ewige Wahrheiten verbergen. Daher seien diese geeignet, ähnlich wie die Anthroposophie, die Phänomene unserer Zeit besser zu verstehen und ihnen dadurch angemessener begegnen zu können. Rudolf Steiner meint sogar, wenn sich ein Verständnis der heiligen Mysterien des Altertums entwickelt hat, »... dann wird die Zwischenzeit vorüber sein, in der zwar der Christus auf der Erde lebt, aber nur zum geringen Teil mit dem erwachten Bewusstsein verstanden werden kann.« **

* K. Simrock, Die Edda, Emil Vollmer Verlag

** R. Steiner, GA 173, 21.12.1916, S. 230

Eine sorgfältige Betrachtung der nordisch-germanischen Mythologie erscheint daher berechtigt und wichtig. Möge sich dem Leser durch das Studium dieses Buches die Tür zum vergessenen Weisheitsschatz der nordisch-germanischen Mythologie öffnen und er so deren belebende Kraft erfahren.

Gundula Jäger, Hamburg

Teil 1

1 Die nordisch-germanische Mythologie

Ehe die Germanen durch Karl den Großen (768–814) mit dem Schwert zum Christentum gezwungen wurden, lebte in ihren Seelen das tiefverwurzelte Gefühl der Götternähe. Die nordisch-germanischen Völker hatten noch bis ca. 1000 nach Christi Geburt die Gnade, stets erhabene Seher unter sich zu wissen. In der Form von Liedgedichten, die der Stabreim durchpulste, wurden die geschauten Weisheiten in wunderbarer, quellender Bilderfülle den lauschenden Menschen offenbart. Von Göttern umgeben, von Göttern durchdrungen, selbst Werdende, so erlebten sich die Menschen.

In Germanien, wo Karls Gefolgsleute aus Angst vor heidnischen Kulten schon das Aufblicken zur Sonne mit dem Tod bestraften, haben sich von diesen Liedern nur die Heldenlieder wie zum Beispiel das Siegfried-Lied erhalten. Wir dürfen es als Schicksalsgnade ansehen, dass die in ihrem Freiheitsstreben nicht zu brechenden Norweger im neunten Jahrhundert nach Island auswanderten und die aus grauer Vorzeit stammenden und stets mündlich tradierten Götter- und Heldenlieder mitnahmen und pflegten. Als dann das Christentum auch auf die ferne Insel vordrang, war der Fanatismus schon gemildert. So war es der Geistliche Sämund Sigfusson (1056–1133), der den Wert der sorgfältig gehüteten Götter- und Heldenlieder erahnte. Er sammelte sie in der so genannten älteren Edda. Etwa hundert Jahre später veranstaltete der Priester Snorri Sturluson (1178–1241) eine zweite Sammlung, die jüngere Edda. Diese wird auch die Prosa-Edda genannt, da sie in Erzähl- oder Gesprächsform als ein Lehrbuch für Dichter abgefasst ist.

Der Name Edda kann als verwandt mit dem Wort der indischen Weisheitslehre, den Veden, und dem persischen Weisheitsbuch, der Avesta, angesehen werden. Edda, Veda, Avesta entstammen der gleichen indogermanischen Sprachwurzel, die so viel bedeutet wie »das heilige Urwort«. Eine Offenbarung des göttlichen Schöpfungswortes, des Logos, wollen die heiligen Urkunden sein.

Rudolf Steiner sagt zur nordisch-germanischen Mythologie, der Edda: »So sonderbar ähnlich manche Dinge der germanischen Mythologie den Darstellungen der griechischen Mythologie sind, so muss doch gesagt werden, dass es keine andere Mythologie der Erde gibt, welche in ihrem eigentümlichen Aufbau, in ihrer eigenartigen Durchführung ein bedeutsameres oder klareres Bild der Weltenevolution gibt als diese nordische Mythologie, so dass dieses Bild als eine Vorstufe des geisteswissenschaftlichen Bildes der Weltenentwickelung gelten kann.«[1]

Die griechische Mythologie ist aus der Erinnerung, die nordische aber aus dem unmittelbaren Erleben der Götter entstanden. Die Edda bildete mit ihren Götter- und Heldenliedern den Erzählstoff in allen nordisch-germanischen Völkern. Er wurde unmittelbar verstanden.

Wir können uns an dem urwüchsigen Klang und an der Fülle der Bilder erfreuen; deren Verständnis ist uns aber verwehrt. So müssen wir uns auf den Weg machen und mit den Hinweisen der Geisteswissenschaft Rudolf Steiners versuchen, das alte Weisheitsgut neu zu entdecken. Die wunderbaren Bilder der Edda können in unserer Seele zum Leben erweckt werden und uns selbst beleben. Gelingt dies, so wird der Gott Odhin daraus die Kraft gewinnen, seine heutige, lang erstrebte Aufgabe zu ergreifen: An Michaels Seite für das neue Erscheinen des Christus im Bewusstsein zu kämpfen.[2] Die nordisch-germanischen Völker sind erst um die Zeitenwende in den Blick der damaligen Kulturvölker, speziell der Römer, getreten.

Durch den Ansturm der unerschöpflichen Jugendkraft jener Nordländer wankte und versank das römische Riesenreich. Tacitus hält seinen Landsleuten mit der Schilderung der »Barbaren« einen Spiegel der Sittenreinheit vor. Er bewundert deren Gottverbundenheit, die Strenge der Ehesitten, die Treue, die Ehrfurcht vor den Frauen, denen man etwas Heiliges und Seherisches zuschreibt. Es war aber ein Rätsel für die Römer, wo diese Völker herkamen und wie sie geführt, also erzogen wurden.[3]

Auf die Entwicklung der Kelten ist immer wieder ein helles Licht gefallen; sie sind am Römertum zerbrochen. Vieles spricht aber dafür, dass die nordisch-germanischen Völker lange vor der Herrschaft der Römer unter der Führung der Kelten und ihrer Druiden heranreiften.

2 Die Nerthus-Mysterien

Die Erziehung der nordischen Völker

Woher kamen also die nordisch-germanischen Völker und welche Erziehung war ihnen zugedacht? Rudolf Steiner beschreibt, dass die Stämme, die von der Atlantis aus in den europäischen Norden geführt wurden, durch eine besondere Erziehung geläutert werden sollten. Sie hatten durch Missbrauch von Wachstums- und Fortpflanzungskräften zum Untergang der Atlantis beigetragen. Dadurch waren sie in ihrer Entwicklung tief gesunken. In einer Art Wartekultur sollten sie gereinigt und auf ihre spezielle Aufgabe vorbereitet werden.[4] Von dieser Aufgabe, nämlich dem Erringen des freien Ich, spricht jedes Lied der Edda.

Die Erziehung war darauf bedacht, die Menschen in einer Art Kindheitszustand zu belassen. Dazu wurde einerseits alles äußere Wissen von ihnen ferngehalten; die Menschen sollten ganz hingegeben an die Natur und die Sterne leben. Andererseits wurde alles, was mit der Fortpflanzung zusammenhängt, von den Mysterien aus streng geregelt und in einem unschuldigen Dämmerbewusstsein gehalten. Von Rudolf Steiner hören wir, dass durch diese Mysterienschulung ein wichtiger Teil dazu beigetragen wurde, dass das Christuswesen sich mit der Erdenentwicklung vereinigen konnte.[5] Wie ist es möglich, dass der ferne, unbekannte Norden durch seine »Sexualerziehung« einen wesentlichen Beitrag zur Inkarnation Christi leistete?

Die Geburtsmysterien

In dem genannten Vortrag aus dem Jahr 1916[6] spricht Rudolf Steiner über diese geheimnisvollen Zusammenhänge: Lange vor der Zeitenwende sind es die nordisch-germanischen Gebiete, in denen in besonders tiefer Innigkeit die Geburtsmysterien gepflegt wurden. Es ist die Hertha-Sage, in der Reste der einstigen Mysterien erhalten sind. Auch die Notizen von Tacitus geben uns Kunde vom Hertha-Dienst, auch Nerthus-Kult genannt, wie er zur Zeitenwende noch als Brauchtum bis ins südliche Germanien hinein üblich war. Tacitus berichtet: Die deutschen Stämme der Ingävonen »verehren insbesondere die Nerthus ... Auf einer Insel des Ozeans ist ein heiliger Hain, und in ihm steht ihr geweihter Wagen mit einem Teppich bedeckt. Nur allein der Priester darf ihm nahen. Dieser weiß es, wann die Göttin im heiligen Wagen erscheint. Er ahnt die Gegenwart der Göttin in ihrem Heiligtum und begleitet in tiefer Ehrfurcht ihren von Kühen gezogenen Wagen. Da gibt es denn fröhliche Tage und Feste an allen Stätten, welche die Göttin ihres Besuches und Aufenthaltes würdigt. Da ist froher Tag und Hochzeit. Da wird kein Krieg gestritten, keine Waffen ergriffen, das Eisen verschlossen. Nur Friede und Ruhe ist dann bekannt und gewünscht, bis die Göttin, des Umgangs mit Sterblichen satt, von demselben Priester in ihr Heiligtum zurückgeführt wird.«[7]

Dieses Brauchtum, bei dessen Beschreibung man die Verwunderung des Tacitus heraushört, ist sicher nur der letzte, wenn auch beeindruckende Rest eines bedeutenden Kultus gewesen, jenes Kultus, durch den die nordisch-germanischen Völker zur Sittenreinheit erzogen wurden.

In jenen Zeiten (etliche tausend Jahre vor Christus) wusste jede Frau, die dem Volk einen Erdenbürger schenken sollte, in ihrem Traumbewusstsein, dass ihr die Wanen-Gottheit, die männlich-weiblich vorgestellt wurde und die man mit dem Namen Njörd, Nerthus oder Hertha anrief, begegnen würde. Sie sah das Wesen ihres Kindes, das die Gottheit ihr anvertraute. Das Zusammenkommen der Geschlechter geschah dann, wenn der heilige Wagen mit der verhüllten Göttin segenspendend bei den Menschen weilte: in der Osterzeit, die zugleich eine Festeszeit war, in der keine kriegerische Handlung geduldet wurde. Nur Friede, Ruhe und Freude sollten herrschen und Hochzeit gefeiert werden. Das Zeugungsgeschehen selbst blieb tief im Unterbewusstsein, durfte nicht ins Wachbewusstsein heraufdringen. So galten nur die Kinder, die in der Weihnachtszeit zur Welt kamen, als vollgültige, gesegnete Angehörige des Stammes.

Alle drei Jahre wurde das erste männliche Kind, das in der Nacht der Wintersonnenwende, der heiligen Nacht, geboren wurde, herausgesondert. Es wurde sorgfältig in den Mysterienzusammenhängen behütet und erzogen. Mit dreißig Jahren wurde es in sein Königsamt eingesetzt, durfte dort aber nur drei Jahre verweilen. Nur so lange, das wusste man, konnte ein Mensch ganz aus der Gottverbundenheit wirken. Nur so lange galt er als ein Baldurvertreter.

Aus der strengen Regelung der Vereinigung der Geschlechter erwuchs den nordisch-germanischen Völkern der Quell ihrer so bewunderten, ungewöhnlichen Kraft, ihres Starkmutes und ihrer Tapferkeit. Diese Mysterien hatten ihr Zentrum

Schmiedeeiserner Beschlag am Südportal der Stabkirche von Hedalen in Norwegen, nach 1150

in Jütland beim Stamm der Ingävonen. Aber auch bei ihnen wurde der Schleier, der die Empfängnis traumhaft heilig umhüllt hatte, vom erwachenden Bewusstsein zerstört. Der Kultus wurde zur unverstandenen Symbolik und verschwand. Das berühmte angelsächsische Runenlied kündet von diesem Vorgang: »Ing wurde zuerst bei den Männern der Ostdänen gesehen. Später ging er nach Osten. Über die Wogen schritt er, und der Wagen rollte ihm nach.«[8]

Rudolf Steiner hat Licht in diese »dunklen« Zeilen gebracht. Ing, so sagt er, sei der Name der zentralen Gottheit der Ingävonen, derer, die die Hertha- oder Nerthusmysterien besonders pflegten. Ing-Hertha waltete bei den Ostdänen. Als der Verstand auch in diesen nördlichen Gebieten der Erde erwachte, zog dieses alte Wissen um die Geburtsmysterien über einzelne verstreute Gemeinschaften nach Südosten.

Die Nerthus-Mysterien und die Weihnachtsereignisse

Was bewirkte diese Mysterienkraft dort? Es kann andächtig stimmen, wenn man dem folgt, was Rudolf Steiner über das weitere Wirken dieser nordisch-germanischen Mysterien berichtet: »Und nur einer noch – derjenige, in dem erneuert werden sollte der ganze Sinn der Erde –, nur einer, in dem der Christus wohnen sollte, der sollte in sich vereinigen, was einstmals Inhalt der nordischen Mysterien war.«[9] Im Geburtsgeschehen des Jesus-Christus leuchteten die Herthamysterien ein letztes Mal hell auf.

Wenn im Lukasevangelium vom Erscheinen des Erzengels Gabriel berichtet wird, der Maria die Geburt des Jesusknaben verkündet, so ist dies als eine letzte Wirkung der Nerthus-Mysterien zu verstehen. »Für ihn als den Erstgeborenen unter denen, die sich in der Seele finden sollen, war von der dänischen Halbinsel nach dem entfernten Osten jene alte heilige Mysterienkraft herübergezogen.«[10]

So heißt es im Lukasevangelium: »In dieser Gegend waren Hirten auf dem Felde, die Nachtwache hielten bei der Herde. Siehe, da erschien ihnen der Engel des Herrn, ein göttlicher Lichtglanz umhüllte sie, und sie fürchteten sich sehr.«[11] So verkündete auch Hertha den Stammesangehörigen die Ankunft der neuen Erdenbürger. Und wenn es später heißt: »Da war plötzlich eine Schar himmlischer Mächte bei den Engeln, die lobten Gott und sprachen: Die Offenbarung des Göttlichen geschieht aus den Höhen in der Zeit, da Friede ist unter den Menschen, die eines guten Willens sind«, so hören wir darin den Klang der Nerthusmysterien, von denen Tacitus sagt: »Da ist froher Tag und Hochzeit, da wird kein Krieg gestritten, keine Waffe ergriffen, das Eisen verschlossen.«[12]

Rudolf Steiner geht sogar so weit festzustellen, dass das Wirken der in den nordischen Mysterien verehrten Götter eine Vorbedingung für die Verbindung des Christus mit der Erde war. »... so hätte das Mysterium von Golgatha nicht stattfinden können, es hätte das Göttliche sich nicht mit der Erdenentwickelung vereinigen können, wenn nicht im Anfange der Erdentage in anderer, aber auch in göttlicher Weise Göttliches auf die Erde heruntergestiegen wäre. Anders, als sie später verstanden werden konnte, war die Offenbarung des Göttlichen aus den Höhen im alten Nerthus-Dienste; aber sie war da.«[13]

Wenn man bedenkt, dass im ganzen nordisch-germanischen Raum noch ein Nachklingen der Nerthus-Mysterien im Unterbewusstsein der Menschen vorhanden war, fällt ein erhellendes Licht auf die Art, wie in diesen Gebieten das Christentum, das doch ganz entstellt aus Rom heraufkam, aufgefasst wurde. Für den Christusbegriff hatten die Menschen wenig Verständnis. Aber die Berichte vom Jesuskind, das, von Engeln verkündet, mitten in der Winternacht zur Welt kam, wurden mit inniger Anteilnahme aufgenommen. Sie erweckten in den Menschen Gefühle heiliger Wonne, die das Weihnachtsfest mit tiefem Empfindungsgehalt füllte und zum wichtigsten Fest im christlichen Jahreslauf des germanischen Nordens werden ließen.

Dass diese gefühlsmäßige Bindung nicht mehr ausreicht, können wir überall beobachten. So wollen wir versuchen, zu unseren Wurzeln zurückzugehen, um mit neuem Bewusstsein die Erkenntnisschätze aus der Edda zu heben.

Wenn, so sagt Rudolf Steiner, ein Verständnis erwachen wird »für die heiligen Mysterien des Altertums, dann wird die Zwischenzeit vorüber sein, in der zwar der Christus auf der Erde lebt, aber nur zum geringen Teil mit dem erwachten Bewusstsein verstanden werden kann«.[14] Die Bemühungen um die Edda können eine Hilfe für die Bewältigung der Zukunftsaufgaben sein.

3 Die Schöpfungsgeschichte der Edda

»Je weiter wir in die Einzelheiten der germanisch-nordischen Mythologie eindringen würden, desto mehr würden wir sehen, dass wunderbar in den Bildern dieser Mythologie die größten okkulten Wahrheiten zum Ausdrucke kommen, wie es wirklich in keiner anderen Mythologie der Fall ist.« [15]

Selbstvergessen lauschend umringten die Menschen die Seherin, die Wölva. Was sie sprach, was sie sang, war Götterwort. Was sie verkündete, waren die Göttertaten und -schicksale. Sie, die Seherin Odhins, war sein Sprachwerkzeug. Indem sie die Werdegeheimnisse der Welten erschaute und verkündete, wurden sie in den Seelen der Menschen zur selbsterschauten und selbsterlebten Wirklichkeit. Sie sahen die Götter um sich, wirkend in der Natur, sie sahen die Götter in sich, wirkend in ihrer Leiblichkeit, und sie wussten: Götterschicksal ist Menschenschicksal – Menschenschicksal ist Götterschicksal.

Das Wort der Wölva, durchpulst von dem den Willen befeuernden Stabreim, hatte solche Schöpferbildekraft, dass die Menschen davon unmittelbar ergriffen wurden. Sie fühlten sich aufgerufen zum Starkmut, der höchsten Tugend der Germanen, und waren bereit, für die Götter Heldentaten zu vollbringen.

Die nordische Schöpfungsgeschichte

Die Wölva ist die Sängerin des ersten, ältesten und wohl bedeutendsten Liedes der Edda, dem Wöluspa, »die Wölva spricht«. Von Odhin, dem Walvater aufgefordert, kündet sie von ihrer Schau, die in weitgespanntem Bogen die Anfänge der Weltschöpfung, deren Untergang, die Götterdämmerung, und die heilig-friedvolle Welt danach umfasst. Wie mit einem Lichtstrahl beleuchtet die Seherin einzelne Bilder des gewaltigen Götterwirkens. Bei allen Liedern der Edda wurde der Gesamtzusammenhang als bekannt vorausgesetzt. Weil dieses Wissen heute nicht mehr vorhanden ist, können wir sie so schwer verstehen. Eine Hilfe bildet jedoch die Prosa-Edda.

Der Anfang der Wöluspa klingt folgendermaßen:

Allen Edlen gebiet ich Andacht,
Hohen und Niedern von Heimdalls Geschlecht;
Ich will Walvaters Wirken künden,
Die ältesten Sagen, der ich mich entsinne.[16]

Nachdem die Menschen aller nordisch-germanischen Stämme als heilig angesprochen und zum Lauschen aufgefordert sind, weist die Seherin ihre eigene Kompetenz nach:

Riesen acht ich die Urgeborenen,
Die mich vor Zeiten erzogen haben.
Neun Welten kenn' ich, neun Äste weiß ich
An dem starken Stamm im Staub der Erde.

Sie darf sprechen, da sie in neun Werdewelten schaut und neun Verzweigungen am Baum des Menschenwerdens kennt. Sie stammt aus dem Geschlecht der Riesen, die nicht nur riesig von Gestalt waren. Auch ihr Bewusstsein reicht in weite Weltenfernen zurück, denn die Riesen waren an der Erdenschöpfung leibbildend beteiligt. »Es erschienen nämlich alle Naturgewalten, die am Leibe des Menschen bauen und bilden … vor dem hellseherischen Blicke als Riesen.«[17]

Im Erdenanfang erschaut die Wölva zwei Werdeprinzipien: Das der Kälte, der Winde, der eisigen Flüsse im Norden, es ist Niflheim; in dessen Mitte liegt der Brunnen Hwergelmir, aus dem zwölf Ströme entspringen. Im Süden ist das Reich der Wärme, des Feuers, Muspelheim geheißen. Zwischen beiden liegt der Ginnungagap, der gähnende Abgrund, wo die Fülle der noch ziellosen kosmischen Schöpferkräfte waltet, das »Tohuwabohu« der Bibel.

Zwei Welten stehen sich also im Urbeginn polar gegenüber: Niflheim im Norden, wo alles Flüssige zur Erstarrung hindrängt, und Muspelheim im Süden, wo durch das Feuer alles zur Umwandlung und Auflösung tendiert. Das Eis legte sich im Norden Lage auf Lage über den Abgrund; giftige Dämpfe stiegen auf.

Einmal fliegt ein Funken von Muspelheim hinüber ins Eis, und durch diese Befruchtung entsteht der Riese Ymir, dessen Gestalt und Wissen in alle Weltentiefen reicht. Ähnlich wie Ymir entsteht die Kuh Audhumla, die am Eise leckt, im südlichen Bereich.

Einst war das Alter, da Ymir lebte:
Da war nicht Sand, nicht See, nicht salzige Wellen,
Nicht Erde fand sich noch Überhimmel,
Gähnender Abgrund und Gras nirgend.[18]

Was hier geschildert wird, ist nicht nur die Polarität von Kälte und Wärme, die noch auf der alten Atlantis bestand; es ist das Kräftefeld, das im Menschen wirkt. Jeder trägt in seinem Haupte Niflheim und Hwergelmir, von wo die zwölf Ströme als Nervenströme in den Körper fließen, wo das kühle Denken herrscht, das leicht verhärtet und dadurch Gift verströmt. »Der atlantische Mensch sah damals Kräfte an sich herankommen, die diese Nerven in ihm zu Sinnesorganen machten. Er empfand [es]... so, wie wenn in den Kopf von außen hinein fluten die Strömungen, welche dann seine Nerven im Kopf durchsetzten.«[19] »Ymir ist der denkende Mensch ... und die Kuh Audhumla ist das neue Ernährende und das Herz. In der menschlichen Gestalt sind vereinigt der Riese Ymir und die Kuh Audhumla.«[20] Im ›unteren‹ Menschen ist der Stoffwechselpol, der Wärmepol;[21] und wie der Stoffwechsel das Gehirn ernährt, so nährt sich der Riese von der Milch, die in vier Strömen aus dem Euter der Kuh Audhumla (die reich spendende Ungehörnte, Unverfestigte) fließt. Davon gewinnt er Kräfte im Überfluss, Kräfte, die er dafür nützt, immer neue Riesen seinem Körper entsprießen zu lassen. Er erzeugt sie unter den Armen, mit den Füßen und so fort; Riesen, immerfort Riesen. Es sind Leibbildungskräfte, die die Tendenz haben, ins Uferlose zu gehen und die des Menschen Seele in Dumpfheit halten wollen. Deshalb müssen neue, junge Schaffensprinzipien eingreifen. Das wird folgendermaßen geschildert: Die Kuh Audhumla leckt am salzigen Eis. Da kommt nach und nach ein schöner Jüngling zum Vorschein. Es ist Buri. Buri gewinnt einen Sohn, der Bör heißt. Bör vermählt sich mit Bestla, einer Riesentochter. Sie bekommen drei Söhne: Wotan-Odhin, Wili und Weh, in deren Namen die drei menschlichen Seelenqualitäten anklingen, Denken, Wollen und Fühlen.

Diese Göttertrinität sind die ersten Asengötter. Sie lösen, wie es in einem anderen Liede deutlich wird, die alten Wanengötter ab. Nun beginnen Wotan, Wili und Weh voller Schaffensdrang und Schöpfervollmacht aus der alten die neue Welt zu bilden. Sie töten den Riesen Ymir, werfen ihn in den Abgrund Ginnungagab und gestalten daraus eine neue Welt, die dreiteilig erlebt wird: Asgard, die Welt der Götter, darunter Midgard, die Welt der Mitte für die Menschen, und wieder darunter Jotunheim, das Riesenreich. Durch diese ersten Schöpfertaten der Asen, die sie fast spielerisch vollbringen, wird aus dem noch völlig ungeordneten Weltenchaos, dem Ginnungagab, etwas ganz Neues gestaltet: eine dreigliedrige Raumesordnung: Asgard, Mitgard und Jotunheim.

Bis Börs Söhne die Bälle erhuben,
Sie die das mächtige Midgard schufen.

Noch aber wussten die Gestirne, Sonne und Mond nichts von ihrer rhythmischen Ordnung. So gingen die Götter zu Rate, um die Umläufe und die Zeiten zu ordnen.

Die Sonne von Süden, des Mondes Gesellin,
Hielt mit der Hand die Himmelsrosse.
Sonne wusste nicht, wo sie Sitz hätte,
Mond wusste nicht, was er Macht hätte,
Die Sterne wussten nicht, wo sie Stätte hatten.
Da gingen die Berater zu den Richterstühlen,
Hochheilige Götter hielten Rat.
Der Nacht und dem Neumond gaben sie Namen,
Hießen Morgen und Mitte des Tag,
Under und Abend, die Zeiten zu ordnen.

Der Herr der Raumesweiten und Zeitenkreise, Christus, leuchtet in diesen Göttertaten auf. Eine zweifache Schöpfung war vollbracht. Eine Schaffenspause tritt ein. In der Edda klingt es so:

Die Asen einten sich auf dem Idafelde,
Hof und Heiligtum hoch sich zu wölben.
Sie warfen im Hofe heiter mit Würfeln
Und darbten goldener Dinge noch nicht …

Heiter sind die Götter, und nichts trübt ihre Goldesfülle. Dennoch wird hier schon eine Wandlung angedeutet. Es sind nicht mehr die goldenen Bälle, die in ferner Urzeit vorhanden waren, die jetzt von den Göttern ergriffen werden, es sind goldene Würfel geworden.

Die Form des Würfels ist ein Bildzeichen der Erde und des Erdenmenschen, den zu bilden die Götter sich vorgenommen haben. Der Ball ist ein kosmisches Sonnenzeichen. Aus der Sonne ist die Erde erschaffen, gibt uns die Edda zu verstehen, und sonnenhaft soll sie auch wieder werden, heißt es doch am Ende des Liedes nach dem Bericht aller Götterdämmerungs-Schrecknisse, dass eine neue Welt aus den Fluten auftauchen wird und die Götter im Grase die wundersamen goldenen Bälle wiederfinden werden:

Da seh ich auftauchen zum andern Male
Aus dem Wasser die Erde und wieder grünen …
Da werden sie wieder die wundersamen
Goldenen Bälle im Grase finden,
Die in Urzeiten die Asen hatten.

Die Thursentöchter

Die Heiterkeit der Götter kann nicht andauern. Zielstrebig berichtet die nordische Schöpfungsgeschichte weiter:

Sie warfen im Hofe heiter mit Würfeln
Und darbten goldener Dinge noch nicht
Bis drei der Thursentöchter kamen
Reich an Macht aus Riesenheim.

Wer sind die Thursentöchter? Welche Machtbefugnis bringen sie aus dem Riesenreich mit? Was bewirken sie?

Den lauschenden Germanen, die die Zusammenhänge kannten, waren die zwei Zeilen kein Rätsel. Tiefe Weisheit und Erkenntnis sogen sie da heraus. Wir müssen uns mühsam herantasten.

Es gibt, so berichtet die Edda, seit Urzeiten zwei Riesengeschlechter: die Thursen und die Jotunen. Sie wohnen gemeinsam in Jotunheim. Seit die hohen Götter die Leibbildungsprozesse begonnen haben, sind die Riesenkräfte als ihre Helfer dabei. In die Leibbildung sind die größten Schöpfungsgeheimnisse eingeflossen.

Diese kennen die Riesen. Sie werden daher zu Recht als urweise bezeichnet. Führen sie ihre Aufgabe der Materialisierung jedoch zu weit, um den Menschen in der Leibesdumpfheit gefangen zu halten, so werden sie eine große Gefahr für das Erwachen des Menschen zum Selbstbewusstsein, zum Ich. Der Sohn Wotans,

Thor, kämpft unermüdlich gegen das Ausufern der Riesenkräfte, wie es sich noch zeigen wird.[22]

Die Jotunen, was so viel bedeutet wie die Verschlinger, schaffen in allen Umwandlungs- und Lebensprozessen im Lebensleib des Menschen. Die Thursen, die Trockenen, wirken in der Leibesgrundlage des Seelenleibes, der mit seinem Wollen, Fühlen und vor allem dem Denken zu vertrocknen droht.

Die Thursentöchter haben also ihre Vollmacht, ihre Weisheit aus dem Bereich, in dem die Grundlagen des Seelenleibes des Menschen gebildet wurden. Ihr Eintreten bei den heiter spielenden Göttern verändert mit einem Schlage die ganze Situation. Die Götter, gleichsam erschrocken, fühlen sich an die Fortführung ihrer Aufgabe erinnert: die Erschaffung des ichhaften Menschen.

Die Zwergenschöpfung

Nun hören wir aber voll Erstaunen, dass die Götter nicht die Menschen, sondern zunächst die Zwerge erschaffen. Wieder ein Rätsel! Wenn wir aber bedenken, wie wichtig die Zwerge und Elementargeister für alles Wachsen in der Natur, für alle Umwandlungsprozesse sind, kann es uns deutlich werden, dass die Arbeit dieser kleinen Geister eine wichtige Voraussetzung für das Menschsein bildet. In der Erzählung von Lokis Wette erfahren wir zudem, wie die Zwerge die Götter mit wundersamen Gaben beschenken. Thors Hammer z. B. stammt von ihnen. In der Erzählung wird deutlich, wie zwei Zwergengeschlechter durch ihre Gaben den Lebens- und Seelenleib des Menschen umgestalten, damit er zum Ichträger werden kann.

Die Menschenschöpfung

Gingen da dreie aus dieser Versammlung,
Mächtige, milde Asen zumal,
Fanden am Ufer unmächtig
Ask und Embla und ohne Bestimmung.
Besaßen nicht Seele, und Sinn noch nicht,
Nicht Blut noch Bewegung, nochblühende Farbe.
Seele gab Odhin, Hönir gab Sinn,
Blut gab Lodur und blühende Farbe.[23]

Aus dem Alten Testament kennen wir die Erschaffung des Menschen aus einem Lehmklumpen, dem Atem eingehaucht wird, und der dadurch eine lebendige Seele wird. In der Edda wird berichtet, dass Menschenvorstufen schon vorhanden sind. Die Götter finden sie am Ufer. Pflanzenhaft, träumend, ohne Seele und Sinn sind sie aus dem wässrigen Bereich an das Land gekommen. Sie gleichen zwei Bäumen, einer Esche (Ask) und einer Ulme (Embla). Ob es ein Zufall ist, dass Ask wie Adam und Embla wie Eva anlautet?

Das Erinnerungsvermögen der Wölva reicht offensichtlich bis in die voratlantische, die lemurische Zeit, als der Menschenkeim nur aus einem pflanzenhaften Leib bestand. Er hatte noch kein warmes Blut, keine Eigenbewegung, keine Seele und keinen Sinn.

Die hohen Eingeweihten der nordisch-germanischen Völker erschauten die Begabung des Menschen durch eine Göttertrinität, die aber jetzt nicht mehr Wotan, Wili und Weh heißen, sondern Odhin, Hönir und Lodur. Die Götter, die im Bewusstsein der Menschen in ewigem Wandel sind, wechseln je nach ihrer Tätigkeit ihren Namen. (Odhin hat mindestens 42 Namen.) Das macht das Verstehen der Edda nicht leicht, hat aber auch seine positive Seite, da sich die Gottesnamen nach der jeweiligen Tätigkeit richten.

Odhin ist die Wesenheit, die mit dem Atem, dem Odem, dem Menschen die Innenraumbildung, also Gefühl- und Seelenhaftigkeit ermöglicht. Odhin gab Seele.

Hönir, der Lockende, erschließt dem Menschen die Sinneswelt durch die Erweckung der Sinnesorgane. Man kann vermuten, dass er später am Beginn der Götterdämmerung der blinde Gott Hödur ist, der Baldur mit seinem Pfeil zu Fall bringt. Sinn bedeutet aber auch, dass der Mensch sinnvoll handeln und verstehen, also denken lernen kann.

Lodur ist der Lodernde, der den Menschen mit warmem Blut durchfeuert, in Bewegung bringt und seinen Eigenwillen erweckt. So ist es durchaus möglich, dass dieser Gott später als der andere Lodernde, der Loki, der Luzifer des Nordens, empfunden wurde. Für diese Vermutung spricht folgende Aussage Rudolf Steiners: »Das luziferische Element wurde in derjenigen Macht gefühlt, die sogar noch in den germanisch-nordischen Gebieten an der Herstellung der Rassen beteiligt war, insofern sie dem Menschen äußere Gestalt und Farbe gaben …«[24]

Die Esche Yggdrasil

Der Mensch ist durch die Gaben der Götter aus der pflanzenhaften Stufe emporgehoben zu einer tierhaften Stufe. So kann es aber nicht bleiben, dem Menschen fehlt noch etwas Wichtiges. Wie wichtig es für die nordisch-germanischen Völker war, sieht man an dem großartigen Bilde, das vor der schauenden Seele der Seherin erscheint:

Eine Esche weiß ich, heißt Yggdrasil,
Den hohen Baum netzt weißer Nebel;
Davon kommt der Tau, der in die Täler fällt.
Immergrün steht er über Urds Brunnen.
Davon kommen Frauen, vielwissende,
Drei aus dem See dort unterm Wipfel.
Urd heißt die eine, die andre Werdani;
Sie schnitten Stäbe; Skuld hieß die Dritte.
Sie legten Lose, das Leben bestimmten sie
Den Geschlechtern der Menschen, das Schicksal verkündend.[25]

Gewaltig ist die Esche Yggdrasil: Ihr sonnendurchleuchtetes Blattwerk streckt sie bis zum Himmel. Ihre drei Wurzeln tauchen jeweils in einen Quellbereich. Eine Wurzel reicht zu dem Brunnen, der dort entspringt, wo einst der Schaffensabgrund Ginnungagab war. In ihm ist Weisheit und Verstand verborgen. Eine andere Wurzel reicht nach Niflheim. Dort ist der Quell Hwergelmir. Unter der dritten Wurzel, die nach Asgard geht, ist ein Brunnen, der sehr heilig ist; Urds Brunnen genannt. Dort haben die Götter ihre Gerichtsstätte.

Dort walten auch die drei weisen Frauen ihres Amtes, die Schicksalsnornen, die dem Erdenmenschen seine Lose bestimmen: Urd (Vergangenheit), die das Vergangene mit dem Werdenden (Werdani), der Gegenwart, verknüpft; Skuld, die Schuld, die dem Menschen das zukünftige Schicksalsgesetz bestimmt. Der Brunnen ist wahrhaft heilig, denn alles, was mit seinem Wasser benetzt wird, wird rein und so weiß wie die Haut, die inwendig in der Eierschale liegt. Kann man ein schöneres Bild für das Ziel des Waltens der Schicksalsnornen finden? In der Offenbarung des Johannes wird von den vierundzwanzig Ältesten berichtet, die ihre Gewänder weiß und rein gewaschen haben.

Die Schicksalsnornen sind uns schon vor der Menschen- und Zwergenschöpfung begegnet: es sind die drei Thursentöchter. Sie gemahnen die Götter an ihre Aufgabe, Menschen zu erschaffen, die »Yggdrasil«, d. h. Ichträger werden können. Sowie aber der Mensch beginnt, Ichträger zu werden – der männliche, der Eschenmensch, geht voran –, kann Loki-Luzifer eingreifen, und so setzt die Verschuldung und damit das Schicksalsgesetz ein. Täglich reiten die Götter über die Regenbogenbrücke Bifröst zu Urds Brunnen, um Gericht zu halten, und damit der Menschenentwicklung die Richtung zu geben.

Der Gedanke des Sündenfalls, also der individuellen Verschuldung des Urpaars, wie es im Alten Testament geschildert wird, ist der nordisch-germanischen Mythologie fremd. Alles ist Götterwirken mit dem Ziel, freie, ichstarke Menschenwesen zu veranlagen. Dieses Ziel wurde als befeuernd und beglückend erlebt. Yggr bedeutet auch erschrecken, Erschrecker. In der Ich-Werdung wurde verständlicherweise auch das Erschrecken des Erwachens zu sich selbst erlebt. Das Ich ist eine Geistesgabe. Jede Begegnung mit der geistigen Welt ist von einem Erschrecken begleitet. Deshalb beginnt jeder Engel, der sich einem Menschen, etwa der Maria, offenbart, seine Rede mit den Worten: »Fürchte dich nicht«.

Aus den drei Brunnen, über denen die Esche Yggdrasil steht, saugen die Wurzeln die Kraft, den Menschen sich zu einem ich-tragenden Wesen entwickeln zu lassen. Es wird sich noch zeigen, wie den drei Hauptgottheiten Odhin, Thor und Freyr jeweils ein Brunnen zuzuordnen ist.

4 Der Allvater Odhin

Odhin – ein Erzengel

»Da ist ein großer Saal, der Walaskialf heißt: Das ist Odhins Saal. Ihn schufen die Götter und deckten ihn mit schierem Silber. In diesem Saal ist der Hochsitz, der Hlidskialf heißt, und wenn Allvater auf diesem Hochsitz sitzt, so übersieht er die ganze Welt … und aller Menschen Tun und weiß alle Dinge, die da geschehen … Darum mag er Allvater heißen, weil er der Vater ist aller Götter und Menschen und alles dessen, was er durch seine Kraft hervorgebracht hat.«[26]

Dass Odhin ein Erzengel ist, mag uns verwundern, haben wir doch gehört, dass er als Wotan gemeinsam mit Wili und Weh die Raumes- und Zeitenordnung erschaffen und weiterhin als Odhin, Hönir und Lodur aus den pflanzenhaften Keimen von Ask und Embla die sinn- und seelenbegabten sprachfähigen Menschen geformt hat. Das sind Großtaten, die die Fähigkeiten von Erzengeln übertreffen. Rudolf Steiner sagt, Odhin sei ein weit höheres Geistwesen, das freiwillig diesen Rang geopfert habe, um als Erzengel den Menschen nah zu sein.[27]

In der »lichtflüssigen« Atmosphäre[28] der alten Atlantis konnte Odhin sich verkörpern und lehrend unter den Menschen weilen. In der Zeit, die auf den Untergang der Atlantis folgte, war dies so nicht mehr möglich. Doch konnte er in besonders reifen Menschen Wohnung nehmen und durch sie wirken.

Als Allvater wurde er als Herrscher der Götter- und der Menschenwelt, Asgard und Midgard, erlebt. In seiner Halle, Walhall, versammelte er als Walvater die Seelen der Menschen, die mutvoll im Kampfe gestorben waren. Dort wurden sie für den großen Kampf, die Götterdämmerung, geschult.

Odhin hat stets die Raben Hugin (der Gedanke) und Munin (die Erinnerung) bei sich, die ihm Nachricht aus aller Welt bringen.

Hugin und Munin müssen jeden Tag
Über die Erde fliegen.
Ich fürchte, dass Hugin nicht nach Hause kehrt;
Doch sorg ich mehr um Munin.[29]

Götterkopf von der linken Halbsäule,
Stabkirche von Gol, Norwegen, 12. Jh.

Odhin sorgt sich mehr um Munin, denn das Versiegen der Erinnerung an die kosmischen Ursprünge des Menschen ist eine große Gefahr, da sich alles religiöse Empfinden aus der Erinnerung an das göttliche Leben speist.

Zu Odhin gehören auch zwei Wölfe: Geri (der Gierige) und Freki (der Gefräßige), die er mit seiner Nahrung füttert. Auch den Fenriswolf (Fen = tückischer Sumpf) erzogen die Götter bei sich, bis er so gefährlich wurde, dass sie ihn trickreich banden.

Wir kennen das Bild des Wolfes aus dem alten Rom. Eine Wölfin säugt dort die Zwillinge Romulus und Remus, in deren Nachfolge das ganz aufs Irdische gerichtete römische Großreich entstand. Odhin führt seine Völker diesen Weg in die Erdentüchtigkeit, den »Wolfsweg« – ja, er geht ihn mit ihnen. Das Motiv des »Wolfsweges« durchzieht wie ein Leitfaden alles, was über Odhin berichtet wird.

Die Asen und Wanen

Einst wurden die nordisch-germanischen Völker durch die allweisen Wanengötter geführt. Ihre Vertreter auf Erden waren die Druiden, die die Völker lenkten. Jedes Grübeln, jede auch noch so geringe Intellektualität war für sie wie eine Krankheit, die es zu heilen galt.[30]

Da aber brachte Odhin mit seinen Asengöttern aus dem Bereich des Schwarzen Meeres etwa 1500–1000 v. Chr. einen neuen Impuls in den Norden. Dieser bewirkte eine erste, noch ganz anfängliche Intellektualisierung, die zu einer Konfrontation mit den alten Kräften führen musste.[31]

Nach dem Aufeinanderprallen der alten und neuen Geistigkeit kommt es zwischen den Göttern zum Friedensschluss. Dieser wird dadurch besiegelt, dass alle in ein Gefäß spucken. Aus dem Speichel, in dem beide Göttergeschlechter wirken, bilden die Asengötter ein Wesen, Kwasir genannt. Von ihm heißt es: »Kwasir ist so weise, dass ihn niemand um ein Ding fragen kann, worauf er nicht Bescheid zu geben weiß. Er fuhr weit umher durch die Welt, die Menschen Weisheit zu lehren. Einst aber, da er zu den Zwergen Fialar [der Wissende; *G.J.*] und Galar kam … töteten diese ihn. Sein Blut ließen sie in … einen Kessel rinnen. Der Kessel heißt Odhrörir … Sie mischten Honig in das Blut, woraus ein so kräftiger Met entstand, dass ein jeder, der davon trinkt, ein Dichter oder Weiser wird.«[32]

Dieses ganz im Immateriellen zu suchende Wesen Kwasir war mit heiligen, weisheitsvollen Sprachkräften durchströmt, verdankte er doch seinen Ursprung der Flüssigkeit, auf der die Sprache gleichsam gleitet. Seine Art der Belehrung war eine wortlose, klingende Kommunikation, eine Art Ursprache.

Durch die Kunst der gewitzten Zwerge und den Zusatz von Honig entstand aus Kwasirs Blut der heilige Trunk Odhrörir (der Atemerreger). Dieser geriet durch eine Tücke der Zwerge an den Riesen Suttung, der ihn in einem Berg verbarg und von seiner Tochter Gunnlöd bewachen ließ. Wie Odhin ihn dort errang, hören wir später.

Odhin und Loki

Wie konnte der allweise Kwasir von den Zwergen in einen Hinterhalt gelockt werden? Das hängt vermutlich damit zusammen, dass die Menschen Kwasir immer weniger verstehen konnten, da der Einfluss der Asen und deren Intellektualisierungsimpuls immer größer wurde und Kwasir an Bedeutung verlor. Dadurch konnte ein anderes Wesen Einfluss gewinnen, das bei allen Taten der Asen mitmischt, listig und klug, schön und böse: Loki-Luzifer. Er ist der große Verführer, der die Menschen aus der Götternähe in die Erdenverstrickung lockt. In der Bibel wird sein Wirken im Paradies als höchst verwerflich dargestellt, folgt daraus doch die Erbsünde. In der Edda hören wir zu unserem Erstaunen, dass Odhin selbst einen Bund der Blutsbrüderschaft mit Loki geschlossen hat. Davon spricht Loki:

Gedenke dir Odhin, wie in Urzeiten wir
Das Blut mischten beide?
Du gelobtest, nimmer dich zu laben mit Trank,
Würd' er uns beiden nicht gebracht.[33]

Odhin ist in Urzeiten ganz bewusst die Blutsbrüderschaft mit Loki eingegangen. Für das Empfinden der Menschen der nordisch-germanischen Völker gibt es keine Urschuld der Menschen, keinen Sündenfall. Die Verbindung mit Loki gehört zum »Wolfsweg«, auf dem Odhin den Menschen vorangeht. Er ist gottgewollt, denn ohne die Möglichkeit der Entscheidung zwischen Gut und Böse gäbe es keine Freiheit. Die innere Freiheit aber war für die Germanen das höchste Ziel, so wie der Mut für sie die höchste Tugend war, denn beides bildet die Grundlage für ein starkes, freies Ich. So gingen sie gemeinsam mit ihrem Gott freudig den Bund

Der fränkische Bildstein von Niederdollendorf, 7. Jh., Landesmuseum Bonn

mit Loki ein, wohl wissend, welche unentrinnbare Konsequenz diese Blutsbrüderschaft nach sich ziehen würde: das Vergehen des Asen-Göttergeschlechtes, die Götterdämmerung.

Da die Asen und ihre Völker zunächst Loki ohne Abscheu bei sich dulden konnten, waren sie auch fähig, die guten Gaben zu erkennen, die Loki ihnen ermöglichte. Das gilt auch für das Wesen, das sich hinter Loki verbirgt und in seiner Gefolgschaft auftritt: Ahriman. Davon berichtet »Lokis Wette«.

Loki hatte durch seine List zwei Zwergengeschlechter dazu gebracht, dass sie sich auf eine Wette einließen, wer die wertvollsten Kleinodien herzustellen in der Lage sei. Die Götter Odhin, Thor und Freyr sollten die Schiedsrichter sein. Die beiden Zwergenvertreter schmiedeten für jeden Gott eine Kostbarkeit. Odhin bekam von den Iwaldizwergen den Speer Gungnir, der nie sein Ziel verfehlt, und von den Mimirzwergen den Halsring Draupnir, von dem jede neunte Nacht acht ebenso kostbare Ringe niederträufeln.[34] Das höchste Lob zollten die Götter dem Hammer Mjölnir, der Thor zugedacht war. Durch diesen Urteilsspruch entstand Feindschaft zwischen den Zwergengeschlechtern.

Diese Erzählung wird erst verständlich, wenn man bemerkt, dass unter Lokis Einfluss die Zwerge im Menschen etwas umschmiedeten. Die Zwerge sind nach alter Tradition Schmiede, die nicht nur in der Erde die Säfte und Kräfte lenken, sondern auch im Menschen. Sie schmieden durch ihre Gaben für die im Menschen wirkenden Hauptgötter die Grundlage – oder die Fähigkeit –, dass der Mensch sich zu einem freien Ich-Träger entwickeln kann. In diesem Sinn beschenken die Mimirzwerge den Lebensleib, die Iwaldizwerge den Seelenleib des Menschen.

Die Einweihung Odhins zum Sprachgott

Odhins Hauptwirkensfeld im Menschen ist die Sprache. Die Odhinsmysterien sind Sprachmysterien. Soll der Mensch fähig werden, aus dem Urtönen Kwasirs eine artikulierte Sprache zu entwickeln, so muss sein Kehlkopf entsprechend gestaltet werden. Damit das geschehen kann, muss sein Lebens- und Seelenleib vorbereitet werden. Dies tun die Zwerge. Der Lebensleib wurde umgeschmiedet, sodass sich ein entsprechender Kehlkopf ausbildete, der fähig ist, mit Schöpfer-Schaffenskraft beim Sprechen Wort auf Wort heraustäufeln zu lassen. Das Bild des goldenen Halsringes Draupnir zeigt auch die unverbrüchliche Verbundenheit mit der göttlichen Welt, die dem Menschen mit der Sprachfähigkeit geschenkt wurde.

Der Speer Gungnir ist ein Bild für die von den Zwergen erzeugte Fähigkeit des Seelenleibes, die Worte auf dem Luftstrom wie einen Speer herauszustoßen. Odhin wurde im Atem und im Wind erlebt.

Ohne das Mitwirken Lokis und den dahinter verborgenen Ahriman wäre der Mensch nicht sprachfähig geworden, das will uns die Edda sagen.

Um sprechen zu können, bedarf es nicht nur der Sprachwerkzeuge. Wer hat die Worte gebildet, wer hat die Dinge mit ihrem Namen benannt, dass dieser wie ein maßgeschneidertes Gewand passt? In Odhins Runenlied[35] wird berichtet, wie Odhin für den Menschen in einer dreifachen Einweihung die Sprache erlauscht, geformt und errungen hat:

Ich weiß, dass ich hing am windigen Baum
Neun lange Nächte,
Vom Speer verwundet, dem Odhin geweiht,
Mir selber ich selbst,
Am Ast des Baums, dem man nicht ansehen kann,
Aus welcher Wurzel er spross.

Sie boten mir nicht Brot noch Met;
Da neigt ich mich nieder
Auf Runen sinnend, lernte sie seufzend:
Endlich fiel ich zur Erde.

Hauptlieder neun lernt ich vom weisen Sohn
Bölthorns, des Vaters Bestlas,
Und trank einen Trunk des teuern Mets
Aus Odhrörir geschöpft.

Zu gedeihen begann ich und begann zu denken,
Wuchs und fühlte mich wohl.
Wort aus dem Wort verlieh mir das Wort,
Werk aus dem Werk verlieh mir das Werk.

Runen wirst du finden und Ratstäbe,
Sehr starke Stäbe [Worte],
Sehr mächtige Stäbe.
Erzredner ersann sie, Götter schufen sie,
Sie ritzte der hehrste der Herrscher.

Odhin berichtet in diesem Runenlied von den Einweihungen, die er stiftet und die er als Erster an sich selbst vollzieht als Wegbereiter für alle folgenden Odhin-Einweihungen. Diese waren in allen alten Mysterien für Leib und Seele stets gefahr- und opfervolle Wege. Es waren Stufen, die in mehreren Schritten zu erklimmen waren. Neun lange Nächte und Tage musste Odhin das Erlebnis des Hängens am Holze durchstehen; vom Speer verwundet, ohne Speise und Trank. Seufzend sinnt er tief gebeugt auf Runen. Dann endlich kommt er aus der Geistschau wieder zu sich: Er fällt zur Erde. Siegreich erklingt es dann:

Hauptlieder neun lernt ich vom weisen Sohn
Bölthorns, des Vaters Bestlas.

Odhin hat auf Runen gesonnen und neun Hauptlieder erlernt. Die Lieder werden später sogar genannt; es sind Zauberrunen. Ein erhellendes Licht fällt auf diese geheimnisvollen Aussagen durch den Hinweis auf den Lehrer der Runen. Es ist Odhins Onkel Mimir, der Urweltsänger. Von ihm – über Odhin – haben alle Sänger, Seher und Dichter, die Thurlir und Skalden und die späteren Barden ihre Fähigkeiten. Mimir hat an der Wurzel der Esche Yggdrasil seinen Brunnen, dort, wo einst Ginnungagab war, der Abgrund, der Quellbereich, aus dem die Schöpfung hervorging. Bis zu diesem Abgrund reicht also Mimirs Brunnen. So ist es auch nicht verwunderlich, dass dies der Brunnen der Weisheit ist.

Mimir lehrt Odhin die Runen zu erlauschen. (Das Wort Rune kommt von Raunen.) Mimir, ein Wesen einer Generation vor Odhin, hat noch die Fähigkeit, aus dem Raunen des Wassers, des Windes, der Sterne usw. das Urwort zu erlauschen, das als Schaffenskraft hinter jeder Schöpfung verborgen ist.

»Die Sonne tönt nach alter Weise …«, heißt es in Goethes *Faust*. Derjenige, der Zugang zu diesen Urklängen findet, hat auch Macht über die Dinge, denn er kennt die Schwingung und die Kraft, die hinter ihnen steht. Er kann dann heilen, Feuer löschen, Winde beschwichtigen usw., wie es in den neun Hauptliedern berichtet wird.

Die ersten zwölf Zeilen des Runenliedes künden vom Vollzug der ersten Einweihung Odhins. Er hat sich selbst überwunden, und der Sinnenschleier ist dem Wahrnehmen der Urklänge gewichen. Dadurch hat Odhin für seine Völker eine klingende Ursprache errungen, aber diese ist noch ungeformt, nicht klar artikuliert. Soll die Sprache weiterentwickelt werden, muss Odhin den Menschen weiter auf dem »Wolfsweg« in die Erdenfestigkeit führen.

Der Bericht seiner zweiten Einweihung ist im dritten Vers des Runenliedes in den Zeilen 3 und 4 verborgen:

> … *und trank einen Trunk des teuern Mets aus Odhrörir geschöpft.*

Vom kostbaren Met Odhrörir haben wir schon gehört. Er wurde im Felsen von der Riesentochter Gunnlöd bewacht. Wäre er noch heute dort, so wäre die Sprache des Menschen ungeformt geblieben. Für die Tiere ist der Sprach-Met im Riesenreich, d. h. im Leiblichen gefangen geblieben; sie haben keine Wort-Sprache.

Wir sehen, wie wichtig es ist, dass Odhin sich aufmachte, den Trank zu erwerben. Er nennt sich auf diesem Wege »Bölwerk«, der Übeltäter, und zu Recht, denn nur mit List und Tücke kann er an den Met gelangen. Durch ein Bohrloch schlüpft er in Gestalt einer Schlange in die Felsenkammer. Drei Nächte liegt er bei Gunnlöd, verspricht ihr viel und entlockt ihr so die Erlaubnis, einen einzigen Schluck vom Met zu trinken. Odhin aber trinkt allen Met aus und fliegt als Adler nach Asgard, wo er den kostbaren Trank wieder ausspeit.

Die drei Nächte, die er bei Gunnlöd lag, weisen auf die zweite Einweihung hin. Auf dieser Stufe geht es stets darum, noch tiefer in die geistigen Welten einzudringen, Weisheit zu erwerben. Dieser Schritt Odhins wird mit dem Weisheitssymbol der Schlange angezeigt.

Die dritte Einweihungsstufe Odhins würde man ohne den Hinweis Rudolf Steiners kaum entdecken. Die Wala spricht Odhin auf das dazugehörige Opfer an:

> *Warum fragst du mich, was erforschst du mich?*
> *Alles weiß ich, Odhin, wo du dein Auge bargst:*
> *In der vielbekannten Quelle Mimirs.*[36]

Odhin hat sein Auge geopfert, um einen Trunk aus Mimirs Weisheitsbrunnen tun zu dürfen. Es ist die Gegenwartsweisheit, für die er ein Auge opfert. Es ist nicht eins der Erdenaugen, sondern das dritte, das Auge der Hellsichtigkeit. Er gibt es hin, um Führer der Menschen zu werden, die durch die Erdensinne Wissen erwerben sollen. Er ist also der Führer in die äußere Wissenschaft, die Naturwissenschaft, in der die Rune, das Urraunen, zum bloßen Zeichen erstarrt ist, dem Buchstaben.

Ganz auf sich gestellt, muss der Mensch nun in der »Götterferne« erdentüchtig werden. Er muss selbständig denken und sprechen lernen und Erdenwerke vollbringen, wie es in Vers 4 des Runenliedes besungen wird. So führt Odhin die Menschenkinder Schritt für Schritt auf dem »Wolfsweg« zur Erdentüchtigkeit.

Die Götterdämmerung

Das unabwendbare Ende ist die Götterdämmerung, in der Odhin vom Fenriswolf verschlungen wird und auch die anderen Götter umkommen. Unerbittlich und konsequent ist dieser Weg, denn der Lügenwolf (von ihm später mehr) hat die Wahrnehmung der lichten Götterwelt für die Menschen verfinstert. Dennoch ist diese Botschaft der Wölva nicht tragisch, denn hinter der Götterdämmerung leuchtet eine wunderbare Verheißung auf. Vom Kommen des Friedenbringers und Erdumspanners kündet die Edda und von der neuen Welt, in der das Urwort wieder zu erlauschen sein wird.[37]

Wenn wir, angeregt durch die uns überlieferte Mysterienweisheit der Edda, ein ahnendes Verständnis für die Wort- und Sprachbildegeheimnisse der Götter erlangen, so ist dies von großer Bedeutung für unseren heutigen Umgang mit der Sprache. Das Wort, das im Urbeginne schaffend bei Gott war, ist zu den Menschen gelangt. Dort aber wurde und wird das Wort getötet, so dass heute im Allgemeinen kein Bewusstsein mehr vorhanden ist für die lebendige Schöpferkraft des Wortes. Unsere Sprache, ein Abkömmling der durch Odhins opfervollen Weg geformten wunderbaren nordisch-germanischen Sprache, wird wie die meisten Sprachen in unserer Zeit verflacht und zu reinen Kommunikationsmetaphern herabgewürdigt. Das Erahnen der Sprachschöpfungsprozesse wird uns eine Hilfe sein, das Wort wieder zu heiligen, es geistdurchdrungen zu erleben.

5 Lokis Wirken

Loki – Luzifer und Ahriman

Der Allvater Odhin errang in einem dreifachen Opferprozess für die nordisch-germanischen Völker die Sprache. Dabei ging er ihnen auf dem Weg der Erdentüchtigkeit, dem »Wolfsweg«, voran. Das Ziel ist die Entwicklung eines starkmütigen, freien, ichhaften Menschen. Dieses Ziel konnte Odhin allein nicht erreichen. Dem Menschen musste ein empörerisches Element beigegeben werden. Wie sollte er sonst im Angesicht der Götter frei und ichstark werden? So ging Odhin mit Loki den Bund der Blutsbrüderschaft ein. Wer ist dieser Loki, der bei den Asen geduldet wird, obgleich er sie in immer neue Probleme verwickelt? Er wohnt in Asgard, besitzt aber keine Halle dort. Von ihm berichtet Rudolf Steiner: »Sie wissen …, dass dieser Loki, der dasteht neben den anderen nordischen Göttern, abstammt von jenen Feuermächten, deren südlichen [lemurischen] Ursprung [Muspelheim] wir charakterisiert haben. Während die nordischen Götter abstammen aus der Verbindung des Feuerelementes von Süden und des kalten, nebeligen Elementes von Norden, haben wir in Loki … einen Sprössling einer älteren Gottheit [in der Edda Surtur genannt,] vor uns, eine Art von Feuergott … Aus viel früherer Zeit stammen diejenigen Geistwesen, zu denen Loki gehört.«[38] »Die Gewalt des Feuers ist repräsentiert durch Surtur … [Es] ist der Sohn des Surtur, Loki.«[39] Da auch Luzifer der Leuchtende, Feurige ist, kann Loki zurecht als der Luzifer des Nordens bezeichnet werden.

In der Edda heißt es: »Loki ist schmuck und schön von Gestalt, aber böse von Gemüt und sehr unbeständig. Er übertrifft alle anderen an Schlauheit und jeder Art von Betrug. Er brachte die Asen in manche Verlegenheit, doch half er ihnen oft auch durch seine Klugheit wieder heraus.«[40] Loki durchfeuert das Blut des Menschen. Dadurch entstehen in der Seele des Menschen auf der einen Seite Selbstsucht, Triebe und Leidenschaften, auf der anderen aber auch der Enthusiasmus für alles Schöne, für Wissen und Weisheit. Um der Ich-Erkraftung willen war der nordisch- germanische Mensch bereit, Loki in sich wirken zu lassen.

»Zunächst fühlte in seiner hellseherischen Anschauung der germanisch-nor-

Götterkopf von einem Mast der Stabkirche von Hegge in Norwegen, um 1200

dische Mensch den Luzifer als das, was den Menschen zu einem freien Menschen macht, der in sich selber den festen Wesenskern hat und aus sich heraus handeln will. Diesen luziferischen Einfluss empfand der germanisch-nordische Mensch als einen wohltätigen Einfluss.«[41]

Dieses Empfinden hat die Menschen aber keineswegs für die unausweichlichen negativen Folgen von Lokis Wirken blind gemacht, das man nicht nur als herabziehend empfand, sondern auch als Tor für das andere Widersacherwesen.

»Sie können an die verschiedensten Mythologien und Weltanschauungen herangehen, und Sie werden nirgends eine so klare und tiefgehende Anschauung davon finden, dass zweierlei Einflüsse an den Menschen herantreten, wie in der germanisch-nordischen Mythologie. Da der … Mensch hellseherisch noch schauen konnte, so sah er diese zwei Mächte wirklich und stellte sich zwischen beide hinein. Nun aber hat der germanisch-nordische Mensch nicht bloß gewusst von seinem Loki, … sondern auch von dem Einfluss des Ahriman, der von der anderen Seite her kam, und er hat mehr gewusst, nämlich, dass das Befallensein von dem ahrimanischen Einfluss eine Folge des Loki-Einflusses ist.«[42]

Vertiefen wir uns auf der Suche nach Loki und Ahriman in die Lieder und Berichte der Edda, so entdecken wir allenthalben den schillernden Loki am Werk. Von Ahrimans Wirken ist dagegen auf den ersten Blick keine Spur zu finden. Schauen wir uns aber an, was von dem Entstehen der Kinder Lokis berichtet wird:

»Da wurde Mord in der Welt zuerst,
Da sie mit Geren Gulweig stießen,
In des Hohen Halle sie helle brannten.
Dreimal verbrannt ist sie, dreimal geboren,
Oft, unselten, doch ist sie am Leben.
Heid hieß man sie, wohin sie kam,
Wohlredende Wala zähmte sie Wölfe.
Sudkunst konnte sie, Seelenheil raubte sie,
Übler Leute Liebling alle Zeit.«[43]

»Den Wolf zeugte Loki mit Angurboda …
Ein gesottenes Herz aß Loki im Holz,
Da fand er halbverbrannt das steinharte Frauenherz.
Lopturs [Lokis ; G.J.] List kommt von dem losen Weibe;
Alle Ungetüme sind ihm entstammt.«[44]

Diese Verse sind zunächst rätselhaft. Was ist geschehen? Bei den allweisen Wanen lebte einst Gulweig (Goldtrank). Als die Kraft der Wanen schwand, begab sich Gulweig zu den Asen in Odhins, des Hohen, Halle. Die Asen wollten sie aber nicht bei sich dulden, sie nannten sie Goldverderberin. Ihre goldene Wanenkraft war offenbar geschwunden, und die Asen fühlten sich von ihr so bedroht, dass sie sie dreimal mit Geren stießen und dreimal verbrannten. Das wurde als große Schuld der Asen angesehen, denn wie auf Erden die Tempelbezirke, so galt ganz Asgard als ein heiliger Bereich, in dem kein Schuldiger verfolgt werden und kein Mord geschehen durfte. Gulweig war aber nicht zu vernichten. Als Heid verführte sie auf Erden die Menschen mit ihren Zauberkünsten. Das steinharte, verbrannte Frauenherz aß Loki dreimal auf. Das wird als eine Verbindung mit Angurboda bezeichnet, aus der Lokis Kinder, die er selbst gebar, hervorgingen. Da Loki ein Wesen aus der Zeit ist, in der es noch keine Geschlechtertrennung gab, kann er Kinder gebären.

Der Name Angurboda lässt uns aufhorchen. Im Persischen wird die dunkle Macht Angromaynyusch genannt. Später wurde daraus der Name Ahriman. Angro finden wir im Englischen als angry und im Deutschen als arg wieder. Angurboda ist also die Arggesinnte, die ahrimanische Macht, die ihren Ursprung in dem einst goldenen Wanenreich hatte, jetzt aber am falschen Ort ein übles Wesen wurde. Loki ging mit ihr eine dreifache Verbindung ein, aus der die drei Kinder hervorgingen: die Midgardschlange, der Fenriswolf und Hel.

Da die drei Ungetüme schon bald eine Bedrohung für Asgard und Midgard sind, lässt Odhin sie zu sich kommen. Die Midgardschlange, die durch alle Begierden und Leidenschaften der Menschen ins Riesenhafte wächst und dadurch Midgard, das Menschenreich, bedroht, wirft Odhin ins Meer. Dort schlingt sie sich um die Erde und ist bald so groß, dass sie sich selbst in den Schwanz beißt. Es ist ein sprechendes Bild für die Begierdennatur des Menschen, die ihn stets zu fesseln und zu vernichten droht, wie es bei der Sucht deutlich wird.

Der zweite Spross Lokis ist der Fenriswolf. Fen bedeutet tückischer, unsicherer Sumpf. Durch alles, was aus solchem unsicheren Grund im Menschen gesprochen wird, durch jeden Lug und Trug wächst der Wolf. Er wurde bald so stark, dass er jede Fessel zerriss. Erst als die Zwerge das Seidenband Gleipnir schmiedeten, gelang es, den Wolf zu binden. Aber zur Götterdämmerung wird er wieder frei sein.

Nachdem Loki das dritte Mal das verkohlte Herz verschlungen, sich also immer intensiver mit Angurboda verbunden hatte, gebar er Hel, die Odhin in die Unter- und Todeswelt wies. Unser Wort Hölle kommt von dem Namen Hel. Er gab ihr Macht über alle neun Welten. Hel ist weiß und schwarz und furchtbar anzuschauen.

Was verbirgt sich hinter diesen Bildern? Wir wissen, dass Loki seinen Hauptsitz im Seelenleib des Menschen hat. Von dort aus stachelt er die Triebnatur, den Drachen, die Midgardschlange, im Menschen an. In diesem Bereich wirkt Ahriman zunächst kaum mit. Sein Hauptarbeitsfeld ist der Lebensleib des Menschen, den er verfestigt und so für das geistige Sehen unfähig macht. Die Folge ist die Blindheit des Menschen für die geistigen Wahrheiten hinter der Schöpfung. Dadurch können sich Lug und Trug ausbreiten. Der Wolf war im Norden immer ein Bild für die Macht der Verfinsterung. Denken wir nur an Rotkäppchen: Kaum hört das Kind auf die Einflüsterungen des Wolfes, kann es den Wolf in der Verkleidung der Großmutter nicht mehr erkennen. So ist es verständlich, dass Ahriman in der Edda nie direkt benannt wird. Er verbirgt sich, wie es die genaue Beschäftigung mit der Edda zeigt, hinter vielen Erscheinungen; beispielsweise hinter dem Bild des Wolfes, der Angurboda, der Fliege, des Baumeisters, des Utgardlokis, der Sinmara oder Hrungnirs. Vielleicht kann man ihn, der sich so gerne versteckt, auch noch hinter anderen Hüllen entdecken.

Nach Lokis dreimaligem Verzehr des verkohlten harten Herzens ist die Einwirkung der ahrimanischen Kraft bis in den physischen Leib vorgedrungen. Damit ist dieser dem Tod verfallen, und Hel beginnt ihre Herrschaft. Mit ihrem Erscheinen ist alle Schöpfung mit den neun Welten dem Tod geweiht. Sie ist weiß und schwarz, denn das Bewusstsein der Menschen ist nun nur noch nachts götternah und licht und tagsüber verfinstert. Das dunkle Zeitalter beginnt.

Wir sehen, die nordisch-germanischen Eingeweihten hatten exakte Einsichten in das Wirken der zweifachen Widersachermächte. Sie sahen, wie der Mensch mitten zwischen Ahriman und Loki-Luzifer gestellt ist und wie Loki in dem Seelenleib die Drachen- bzw. die Schlangennatur entfacht. Ahrimans Wirken im Lebensleib kleidete sich ins Bild des alles verfinsternden Lügenwolfes. Krankheit und Tod sind die Folgen. Durch den Eingriff der beiden Widersacher entsteht die Voraussetzung der alle neun Welten umfassenden Herrschaft der Hel.

Lokis Wette

Auf der Suche nach weiteren Taten Lokis und Anzeichen von Ahrimans Wirken in der Edda stoßen wir auf die Schilderung von Lokis Wette. Eine niederträchtige Handlung Lokis bildet den Ausgangspunkt. Loki hat Sif (Sippe), der Gattin Thors, ihre von allen bewunderten langwallenden goldenen Haare abgeschnitten. Thor würde Loki alle Knochen im Leib zerschlagen haben, wenn dieser nicht geschworen hätte, Sif ebenso schöne neue Haare zu beschaffen und auch für Geschenke für die Götter Odhin und Freyr zu sorgen.

Das Bild der langen schönen Haare war stets ein Zeichen für die Verbundenheit der Seele mit der göttlichen Welt. Da diese Verbundenheit durch Lokis und Ahrimans Machenschaften im Menschen in stetem Abnehmen begriffen war, ist es richtig: Loki hatte im Lauf der Zeit den Goldfluss der Seele immer weiter beschnitten. Die Seele, die eine sippen- und blutsgebundene Weisheit hatte, ist arm und kahl geworden und doch zugleich reich, denn sie erwirbt durch Lokis Geschenke neue Fähigkeiten. Sie erwacht dadurch in den Tätigkeitsfeldern der drei Hauptgötter zu einem freien Ichbewusstsein.

Die Zwerge schmieden für sie wirklich neue Haare. Dadurch bildet sich die Möglichkeit im Seelenleib, anstelle der alten, an das Blut gebundenen, weisheitsvollen Gottverbundenheit individuelles Wissen zu erwerben.

Odhin erhält den Speer Gungnir (der Vorwärtsdrängende), der nie sein Ziel verfehlt. Es ist ein Bild für die durch Lokis Befeuerung entstandene Fähigkeit des Menschen, Worte aus sich herauszuschleudern, die den Mitmenschen erreichen.

Freyr erhält das wunderbare Schiff Skidbladnir (das blattdünne), das nach Belieben groß und fahrtüchtig und auch ganz klein zusammengefaltet sein kann: eine schöne Umschreibung der neuen Fähigkeit des Menschen, sein Bewusstsein gleichsam im Gehirn einzufalten und die Erdensinne zu gebrauchen. Nachts aber breitet es sich aus und bietet Platz für Götter und Menschen.

Kaum sind diese Geschenke angefertigt, stachelt Loki ein zweites Zwergengeschlecht, die Modsognir-Zwerge auf, weitere Kleinodien zu schmieden, um zu zeigen, wer der größte Meister ist. So bekommen die drei Götter, die im Menschen wirken, jeder zwei Geschenke. Schafft das erste Zwergengeschlecht die Grundlagen für den sich entwickelnden Seelenleib, so das zweite die für den sich wandelnden Lebensleib. Alle Gaben bilden die Grundlage für das erwachende Ich des Menschen.

Wir hören von einem Meisterschmied der Modsognir-Zwerge und dessen Bruder, der den Blasebalg betätigt. Als erstes wird für Freyr der Eber Gullingborstel (Goldborste) geschmiedet. Eine Fliege, die den Zwerg, der den Blasebalg betätigt, in die Hand sticht, gibt ihr Gift dazu. Der Eber hat leuchtende Borsten und kann sich in Luft und Wasser schneller als ein Pferd bewegen. Wo er auch weilt, verbreitet er Licht und Fruchtbarkeit. So werden die zweifachen Fähigkeiten in Freyrs Bereich auf der Ebene des Ätherleibes weiterentwickelt: die Geschlechtlichkeit und das lichte Denken.

Für Odhin schmieden die Zwerge den goldenen Halsring Draupnir (der Träufler), der in jeder neunten Nacht ebenso kostbare Ringe abträufeln lässt. Dabei sticht die Fliege den Zwerg in den Hals. Es ist ein Bild für die im Ätherleib neu entstehende schöpferische Kraft der im subtil geformten Kehlkopf verankerten Sprachfähigkeit.

Thor erhält von den Zwergen seinen eisernen Hammer Mjölnir (Zermalmer), der sein Ziel nie verfehlt, stets in die Hand Thors zurückkehrt und nie Schaden nimmt. Es ist die Waffe, mit der Thor unermüdlich gegen alle Riesengewalten und die Midgardschlange ankämpft. Dieser Hammer kann aber auch ganz klein sein und an der Brust getragen werden. Damit ist der Zusammenhang des Hammers mit dem Herzen und dem Blutkreislauf angedeutet. Der Pulsschlag des eisentragenden Blutes wurde als impulsiert durch den eisernen Hammer erlebt. So fühlte sich der Mensch von Thor aufgerufen, in seinem ichtragenden Blut zu sich selbst zu erwachen. Da die Fliege den Zwerg diesmal in die Stirn zwischen die Augen, in den Ich-Punkt[45], sticht und dieser dadurch einen Moment mit dem Blasen innehält, gerät der Stiel des Hammers leider zu kurz. So wird auch Thor mit seinem Hammer bei der Götterdämmerung nicht gegen die Midgardschlange standhalten können. Eine neue, nicht sippengebundene Ichkraft muss – sozusagen mit langem Stiel – im Blute des Menschen wirksam werden.

Worauf deutet das Bild der Fliege, die dreimal bei der Arbeit der im Ätherleib wirksamen Zwerge zustach, hin? Im Persischen wird Ahriman als der Herr der Fliegen bezeichnet. In der Gestalt einer Fliege verheert er das Land. Die nordischen Seher sahen die Wirkung Ahrimans im Ätherleib und versteckten sie hinter dem Bilde der Fliege. Ahrimans Gift wirkt verfestigend, verdunkelnd auf den Ätherleib.

Durch den Urteilsspruch der Götter, mit dem sie den Hammer Thors als kostbarste Gabe bezeichneten, entstand Unfrieden zwischen den Zwergengeschlechtern. Die im Menschen lebenden Elementarwesen können seitdem nicht mehr so harmonisch zusammenwirken. Es ist eine Folge der Einnistung Lokis und Ahrimans im Menschen, der nun Krankheit und Tod ertragen muss.

Baldurs Tod

Die Schilderung von Baldurs Tod[46] zeigt erneut, wie genau die Eingeweihten die Einwirkung von Loki und Ahriman in einem weiteren Bereich des sich entwickelnden Menschen sahen. Dem lichten Baldur schwindet seine Leuchtkraft. Er hat schlechte Träume. Alle Wesen lieben ihn und schwören, ihm nicht zu schaden.

Dem listigen Loki gelingt es aber, die einzige Pflanze, die den Eid nicht geleistet hat, die Mistel, aufzufinden. Er gibt sie dem blinden Gott Hödur, der damit Baldur erschießt.

Tiefe Tragik hat dieser Verlust in den Herzen der nordisch-germanischen Menschen ausgelöst. Es ist die bittere Konsequenz der Verbindung der lichten Götter mit dem gleißenden Loki, in dessen Gefolgschaft zunehmend Ahriman anzutreffen ist. So erkennen wir diesen auch in dem Gott Hödur, der, selbst blind für die Götterwelt, bereit ist, alles Lichte, alle Gottverbundenheit, alles baldurhafte des Menschen zu vernichten.

Es scheint so, als sähen die Götter erst nach Baldurs Fall die ganze Reichweite von Lokis Wirksamkeit. Von da an wollen sie ihn nicht mehr unter sich dulden, aber Loki wirft jedem Gott in einem Rededuell all seine Verschuldungen vor und zeigt so die nicht zu lösenden Verstrickungen mit ihm auf. Die Götter können ihn nicht vernichten, nur an einen Felsen fesseln. Zur Götterdämmerung aber wird er ebenso wie der Wolf los sein und gemeinsam mit der Midgardschlange und Surtur die Welten verheeren.

Mit der Erzählung von Baldurs Tod und der nachfolgenden Götterdämmerung schildern die nordischen Seher die bittere Konsequenz von Lokis und Ahrimans Anwesenheit im Menschen. Die nordische Seherin aber sieht über die Götterdämmerung hinaus. Sie weiß, dass eine neue Welt ersteht, in der der Friedensbringer die Widersachermächte besiegen wird.

Die Aufgabe unserer Zeit ist es, das Wesen und Wirken Loki-Luzifers und vor allem Ahrimans in uns durchschauen zu lernen. Es ist eine erst durch die Geisteswissenschaft Rudolf Steiners möglich gewordene Selbsterkenntnis, die uns zeigt, wie wir als Menschen zwischen den beiden Kräften stehen. Es geht darum, einen Gleichgewichtszustand zwischen beiden zu finden durch die Entwicklung einer starken, Ich-getragenen Mitte. Christus ist auf dem Wege zum inneren Gleichgewicht der Helfer und Führer der Menschen. »Diesen Gleichgewichtszustand können wir nur dadurch herbeiführen, dass wir uns immer mehr und mehr durchdringen mit dem Christusimpuls, der den Gleichgewichtszustand hervorruft zwischen dem luziferischen und ahrimanischen Element.«[47]

Die Schilderungen der Edda von Loki und die Suche nach dem verborgenen Ahriman können uns eine echte Hilfe sein, die Widersachermächte in ihren positiven und negativen Wirkensweisen heute zu erkennen.

6 Thors Wirken

Thor, der mächtige Sohn Odhins

Der Mensch entwickelt sich durch das Wirken der Götter. Die Götter wiederum sind in ihrem Werden abhängig von der Entwicklung der Menschen. Dieses Bewusstsein durchdrang den nordisch-germanischen Menschen. Nur so ist die Edda zu verstehen, wird doch allein das Götterwerden geschildert. Das Menschenwerden bedarf keiner Erwähnung, denn es ist Götterwerden.

Wir haben von dem Werden und Wirken Odhins des Allvaters gehört, seinen drei durchlittenen Einweihungen, durch die er den Menschen die Fähigkeit errang, eine wunderbare, dem Weltenwort abgelauschte Sprache zu formen.

Odhin wurde als in jedem Windhauch webend erlebt. Mit jedem Atemzug drang er, so fühlte es der Mensch, in ihn ein, seine fühlende Seele formend und Sprache bildend. So ist es verständlich, dass die Sprache als etwas Heiliges, Göttliches erachtet wurde.[48]

Von jedem der Götter, vor allem von den Hauptgöttern Odhin, Thor und Freyr, fühlte der nordisch-germanische Mensch eine spezielle Formkraft in sich einströmen. Besonders verbunden erlebte er sich mit dem stärksten Sohn Odhins und der allgoldenen Erdgöttin Jörd, mit Thor, Asathor. Die Menschen empfanden ihn fast wie einen der Ihren, bäuerlich, kämpferisch und leicht im Zorn zu entflammen. Dieser Gott, der in allen Lebenslagen mit dem dreimaligen Hammerschlag herbeigerufen wurde, um die Ehe, das Haus oder das Kind zu weihen und zu heiligen, wirkt heute noch in den Bräuchen des dreifachen Hammerschlags bei einer Grundsteinlegung nach. Er konnte den Menschen auch besonders nahe sein, da er nicht wie Odhin ein Erzengel, sondern »nur« ein Engelwesen war, aber ein ganz großes: Thor ist »eine Wesenheit, die zwar sehr vorgerückt sein könnte, … die aber verhältnismäßig früh verzichtet hat und auf der Stufe der Engel zurückgeblieben ist …«[49]

Thor, der Ich-Bringer

Welche Wirkensfelder hat Thor im Menschen? Sein ganzes Wirken und Kämpfen, das man auch als wüst und ungehobelt empfinden kann, wird verständlich, wenn man es von seiner Hauptaufgabe her anschaut. Er hatte die Menschen, die sich zunächst ganz ichlos als Glied einer Sippe, eines Volkes erlebten, aus dem Sippentraum in die individuelle Ichentwicklung zu führen. Thors Frau heißt Sif, die Sippe. In ihrem Schoße ruhte das junge Ich. »Er [der Mensch] fühlte das nach und nach Heraus-geboren-Werden des individuellen Ich aus dem Stammes-Ich, und er fühlte in dem Gotte Thor den Geber ... den Gott, der ihn eigentlich mit dem individuellen Ich begabte.«[50]

Das Ich ist in der langen Reihe der Menschheitsentwicklung das jüngste Glied des Menschen (auf dem »alten Saturn« entstand die Anlage des physischen Leibes, auf der »alten Sonne« die des Lebensleibes, auf dem »alten Mond« die des Seelenleibes). Es ist somit auch der am meisten gefährdete Wesensteil, denn mit dem Individualisierungsprozess wächst auch die Gefahr der Selbstsucht, des Egoismus. Alle üblen Gewalten, die Riesen, die Midgardschlange und die anderen Kinder Lokis stürmen auf das Ich ein, um es in ihren herabziehenden Bann zu schlagen. Ist es da nicht verständlich, dass Thor sich als stets kampfbereiter Wächter und Verteidiger von Asgard und Midgard, wo das Ich sich entwickeln sollte, empfand? Durch seine ungeheure Stärke, die er mit seinem Stärkegürtel vervielfachen konnte, und durch seinen Hammer, der nach jedem Schlag glühend in seine mit Eisenhandschuhen geschützten Hände zurückkehrte, war er anerkannt und gefürchtet bei allen diesen das Ich gefährdenden Wesen. Selbst der listige Loki weicht vor ihm zurück. Er sagt:

Ich sang vor Asen, sang vor Asensöhnen
Was ich auf dem Herzen hatte.
Nun wend ich mich weg: dir [Thor; G.J.] weich ich allein
Denn ich zweifle nicht, dass du zuschlägst.[51]

Dieses werdende Geistwesen, das Ich, muss in allen drei Wesensgliedern des Menschen Aufnahme finden, um dort ordnend und veredelnd wirken zu können. So finden wir Thor, den Ich-Verleiher, auf allen drei Gebieten unentwegt kämpfend am Werke, um dem Ich seine Entfaltung zu ermöglichen. An einem Beispiel aus der Fülle der Berichte soll dieses für jedes Leibesglied aufgezeigt werden.

Thors Wirken im physischen Leib

Von Thors Hammer wissen wir, dass er auch ganz klein zusammengefaltet in der Brust geborgen werden kann. Der Mensch erlebte seinen Pulsschlag als die Tat Thors. »Er empfand das, was den Pulsschlag bewirkt und ihn immer wieder an dieselbe Stelle zurückgehen lässt, als Thors Tat.«[52]

Thor lebt also im Blut des Menschen, dem er mit seinem eisernen Hammer das Eisen hinzufügt. Fehlt Eisen im Blut, so wird der Mensch schwach. Sein Ich kann sich dann nicht im Blute beheimaten, es findet dort kein Widerlager. Der seelische Ausdruck für die Ich-Inkarnation ist der Mut, der als Quelle aller Tugend galt. Der Zorn wurde als ein gesteigerter Mut und ein erhöhtes Ichgefühl erlebt. So schlägt Thor zornmütig drein, wenn er irgendwo ein Unrecht spürt, ohne sich an irgendwelche ausgehandelten Verträge zu halten.

Von Zorn bezwungen zögerte Thor nicht,
Er säumte selten, wo er solches vernimmt:
Da schwanden die Eide, Worte und Schwüre,
Alle festen Verträge, jüngst trefflich erdacht.[53]

Zu der Verbundenheit Thors mit dem physischen Leib des Menschen und dessen Bluts- und Lebensprozessen gehört auch seine bewunderungswürdige Ess- und Trinklust. So heißt es in dem Lied Hymiskvida Vers 15:

Sifs Gemahl [Thor] eh er schlafen ging,
Zwei Ochsen Hymirs aß er allein[54]

und der Thrymskvida

Thor ass einen Ochsen, acht Lachse dazu
Alles süße Geschleck, den Frauen bestimmt,
Und drei Kufen Met trank Sifs Gemahl.[55]

So gewaltig wirkt Thor im physischen Leibe, um dort die Grundlage für ein sich herzhaft inkarnierendes Ich zu bilden.

Der fränkische Bildstein von Niederdollendorf, 7. Jh., Landesmuseum Bonn

Thors Wirken im Lebensleib

Im Lebensleib begegnet Thor demjenigen Riesengeschlecht, das ähnlich wie der Fenris-Wolf diesen verfestigen, verdunkeln und somit für ein menschenwürdiges Ich unbrauchbar machen will. Es sind die Jotunen, die Verschlinger. Der Fenris-Wolf verdunkelt die Beziehung der Menschen zu den Göttern und verschlingt zunächst die Wahrnehmung der geistigen Wahrheit hinter den Dingen – später sogar den Gott Odhin. In der Erzählung von Thors Fahrt zu dem Jotunen-König Utgardloki[56] sehen wir ein Beispiel für diesen unermüdlichen Kampf Thors, der doch letztlich scheitern muss. Utgardloki bedeutet der im Äußeren wirkende Loki. Es ist somit die von außen kommende ahrimanische Macht, die mit Lug und Trug die Wahrheit unsichtbar und damit unauffindbar machen will.

Noch ehe Thor in die Burg Utgardlokis gelangt, führt dieser ihm mit immer neuen Ränken eine Scheinwelt vor, die Thor nicht durchschaut. Alles ist riesengroß, so dass der gewaltige Thor sich ganz klein vorkommt. In der Burg angekommen, wird er herablassend behandelt. Er soll drei Proben bestehen. Als Erstes gilt es, seine Trinkfestigkeit zu beweisen. Trotz seines gewaltigen Durstes und seines Asenzornes gelingt es Thor aber nicht, das nicht allzu lange Trinkhorn wesentlich zu leeren.

Als Zweites soll Thor eine Katze vom Boden anheben. »Thor ging hinzu, fasste die Katze mit der Hand mitten unterm Bauche und lupfte an ihr, und die Katze krümmte den Rücken … und als Thor sie so hoch emporzog wie er immer vermochte, ließ die Katze mit einem Bein vom Boden.«[57] Utgardloki verhöhnte ihn. Nun war Thor im rechten Asenzorn, und er verlangte zu ringen. Da wurde die alte Amme Elli herbeigerufen. Diese wankte aber nicht, so sehr Thor auch mit ihr rang. Schließlich war es Thor, der auf ein Knie fiel. Da wurde der Kampf beendet und Thor trug den Spott davon. Als er jedoch außerhalb der Burg war, eröffnete ihm Utgardloki Folgendes: »Die Wahrheit ist, dass ich dir ein Blendwerk vorgemacht habe. Das Horn, aus dem du trankst, endete im Weltenmeer. Durch deinen gewaltigen Zug ist die Ebbe entstanden. Alle die es sahen, waren sehr erschrocken, als du die Katze anhobst. Es war die Midgardschlange, die sich um die Menschenwelt schlingt. Auch der Ringkampf mit Elli war ein Wunder, denn einen jeden wird sie fällen; sie ist das Alter. Nie wieder sollst du mich besuchen.«[58]

So wurde Thor durch den Meister des Lugs und Trugs getäuscht.

Die Kraft Thors, im Lebensleib zu wirken, ist gewaltig. Er hat von dort aus seine Willenskraft in jeden Lebensbereich geschickt, um die Proben zu bestehen.

Schnitzerei an der Stabkirche von Heddal, Norwegen, Anfang 13. Jh.

Im Flüssigkeitsleib, dem Lebensleib, sollte er sich mit dem Weltenmeer messen, im Seelenleib mit der durch alle Begierden und Leidenschaften ins riesenhafte gewachsenen Midgardschlange, im physischen Leibe mit Alter und Tod. Thor konnte viel bewirken. In den drei Proben Utgardlokis musste er jedoch unterliegen, denn seine Kräfte sind begrenzt. Ahriman zu besiegen, wird einem weit Größeren erst möglich sein.

Thors Wirken im Seelenleib

Das andere Riesengeschlecht, die Thursen (die Trockenen), wirken im Seelenleib. Sie wollen diesen vom Lebendigen trennen, ihn einerseits triebhaft, andererseits intellektuell und gescheit, eben trocken machen.

Eines Tages ist etwas Schreckliches passiert: Thor ist sein Hammer gestohlen worden.

Wild ward Wingthor als er erwachte,
Und seinen Hammer vorhanden nicht sah.
Er schüttelte den Bart, er schlug das Haupt,
Allwärts suchte der Erde Sohn.[59]

Loki findet bald heraus, dass der Hammer bei dem Thursen Thrym ist, der ihn nur gegen Freya als Braut eintauschen will. So muss sich Thor als Braut verkleiden, um seinen Hammer wiederzugewinnen. Kaum wird er ihm in den Schoß gelegt, erschlägt er Thrym und dessen Schwester. Thor kann nicht dulden, dass die Riesenmächte Gewalt über die Göttin Freya gewinnen oder dass sie Asgard und Midgard mit dem Hammer zerstören.

Im Bereich der Thursen-Riesen ist die Midgardschlange zu Hause. Sie ist Thors Hauptfeindin. Eines Tages begibt sich Thor mit dem tückischen Riesen Hymir in einem Schiff aufs Meer, um zu angeln. Thors Köder ist ein Stierkopf. Bald hat er die Midgardschlange am Haken. Sicher hätte Thor sie erschlagen, aber Hymir schneidet die Angelschnur durch, an der Thor das Untier heraufwuchtet. So sinkt die Feindin Thors wieder hinab ins Weltenmeer und bedroht als Aufrührerin der Wogen, der Triebe und Leidenschaften weiterhin die menschliche Seelenwelt.[60]

Einst, bei der Götterdämmerung, wird Thor sie besiegen und damit die Voraussetzung für das Reich des Friedensbringers, der neue Ordnungen bringt, schaffen. Thors Kraft ist dann aber verbraucht; er erliegt dem Gifthauch der Schlange. Seine Söhne Modi und Magni werden seine Aufgabe im neuen Reich fortführen.

Thors Anliegen ist die Erstarkung des Ichs; er ist der Hüter des Ichs. So wie er unablässig gegen die zwei Riesengeschlechter kämpft, die das Ich überwältigen wollen, fühlt sich der Mensch zwischen die Gefahren gestellt, die von den Widersachermächten, wirkend in seinem Seelenleib (Thursen) und seinem Lebensleib (Jotunen), ausgehen. An diesem Kampf kann sich das Ich jedoch gerade kräftigen. So können moralische Kräfte entstehen, die Ordnung halten in den Seelengliedern des Menschen.

Thor und Odhin

Thor ist der Sohn Odhins. Gibt es ein Zusammenwirken zwischen Vater und Sohn? In dem die ganze Welt reinigenden Gewitter wurde Thor in seiner moralischen Kraft erlebt. Im Wind, besonders dem, der dem Gewitter vorausgeht, wurde Odhin erfühlt. So wirken Vater und Sohn in der Außenwelt zusammen. Wie ist ihr Verhältnis im Menschen? Thor wurde im Pulsschlag des Blutes erlebt. Auf einen Odhin-Atemzug fallen gewöhnlich vier Pulsschläge. So schwingen sie in dem Menschen zusammen. Im Rhythmus von Atem und Puls dichteten die Sänger, die Fimbulthur oder Skalden des Nordens. Sie fühlten sich dabei als von den Göttern Odhin und Thor angeregt, durchdrungen und geheiligt. Die Aufgabe der Sänger war es, die Taten der Götter, die diese in der Außenwelt und im Innern des Menschen für die Entwicklung des Menschen leisteten, im Bewusstsein der Völker zu erhalten. Ordnende Kraft strömte vom Stabreim bis in die Willensregionen der Zuhörer. So spürte jeder Lauschende sich mit heiliger Freude durchströmt; er fühlte die Götter bis in den eigenen Atem und Puls in sich wirken, denn: Götterwerden ist Menschenwerden, Menschenwerden ist Götterwerden und er fühlte sich durch Thor ermutigt, unerschrocken und kämpfend zwischen den das Menschenwerden bedrohenden Mächten von Loki und Ahriman zu stehen und dadurch in seinem Ich zu erstarken.

7 Der Erdenweg des Menschen unter der Führung Njörds und Freyrs

Hyperborea

Der Blick der nordisch-germanischen Seher reichte in Raumesweiten und Zeitenfernen der Erden- und Menschheitsentwicklung. Sie sahen lange vor ihrem Asengöttergeschlecht die Wirksamkeit der älteren Götter, der Wanen, der Allweisen. Diese und ihre Völker lebten in den nördlichen Regionen der Erde in sonnenhafter Unschuld, und ihr Reich wurde als eine Art Paradies und Abglanz des alten Hyperborea erlebt. Die griechischen Sagen berichten von Apollo, dem Sonnengott, der im Herbst auf seinem Schwanenwagen nach Hyperborea zieht, um von dort im Frühjahr belebt und gestärkt nach Delphi zurückzukehren. Dann sprechen die Apollomysterien wieder am kastalischen Quell unter dem Lorbeerbaum. In tiefer Verborgenheit und Harmonie lebten die Hyperboreer, »die jenseits des Boreas, des Nordwindes, Wohnenden«, so künden es die griechischen Sagen. Etlichen Helden wie Perseus und Herakles gelang es, das sagenhafte Land zu finden und von dort Hilfe auf ihren Wegen zu bekommen. In die Urzeit der Hellenen weisen die Mythen von den hyperboreischen Jungfrauen, die alljährlich mit geheimnisvollen Weihegaben zu den griechischen Mysterienstätten kamen, die als die hyperboreischen bezeichnet wurden: Dodona, Delos, Delphi u. a. So wurde die griechische Kultur, und wie wir annehmen dürfen auch die anderen europäischen Kulturen, in vielfacher Weise aus dem hyperboreischen Norden inspiriert.[61]

Die geographischen Besonderheiten nördlich des 60. Breitengrades mit der dort stets belebenden Ätherhülle der Erde schaffen die Voraussetzungen für das Nachklingen der sonnenhaften hyperboreischen Epoche. Deren kulturgebende Impulse sind auch heute noch von größter Wichtigkeit: »Die für heute günstigen Impulse der Hyperboreerzeit, die müssen durch unsere Seele hindurchgehen … Sonst geht die Erde eine falsche Entwickelung.«[62]

Vergil benennt die Hyperboreer als Trudi, Druiden. Es sind die irdischen Vertreter der Wanengötter, die als Sonneneingeweihte die nordisch-germanischen Völker über die Entwicklung der Tapferkeit und des Starkmutes zur Ichstärke und letztlich zur Liebe führen wollten. »Vergeistigte alte Tapferkeit ins Spirituelle umgesetzt, Starkmut ins Spirituelle umgesetzt, ist Liebe.«[63] Das Erkennungsmerkmal dieser Kulturträger ist stets das Bild des singenden Schwanes, der uns von Apollo und Lohengrin geläufig ist. Auch Heimdall, der andere Wanengott, liebt die singenden Schwäne.

Njörd, Freyrs Vater

Dieses Motiv begegnet uns auch in der Edda. Wir treffen das Schwanenbild vor allem bei Njörd in der folgenden Erzählung: Bei dem Streit, der einst zwischen Wanen und Asen anlässlich der dreifachen Tötungsversuche der Asen an Gullweig entbrannt war, entstand, wie wir hörten, Kwasir als abschließendes Friedenszeichen. Gleichzeitig wurden auch Geiseln ausgetauscht. So kam Njörd als Wane zu den Asen. Er brachte aus der alten Welt nicht nur die Verbindung zu den Ätherkräfen mit, sondern auch einen wichtigen Entwicklungsimpuls, nämlich die Nerthusmysterien.

In diesen auch Herthamysterien genannten Einrichtungen wurden die Menschen so geführt, dass ihre Geschlechtlichkeit in aller Unschuld und Reinheit gehalten wurde. So konnte es auf Dauer nicht bleiben. Njörd gerät als Geisel in den Strudel der Verschuldungen der Asen hinein, die den Riesen Thiassi im heiligen Bereich töteten. Die Tochter dieses Thursen fordert als Vaterbuße den Gott zum Manne, dessen Füße sie am schönsten fände. Sie meint, dadurch Baldur zu gewinnen, gerät aber an Njörd. Die Schönheit der Füße der beiden Götter drückt ihr noch unschuldiges Verhältnis zur Erde aus. Nun muss sich der Wanengott Njörd mit der Riesin Skadi verbinden, was nach der Verbindung mit den Asen einen weiteren Abstieg in die Erdenfestigkeit bedeutet. Es ist kein glückliches Paar, wie sich denken lässt. Skadi stammt aus den Bergen, wo die Wölfe heulen. Njörd aber, als Träger des Wanenimpulses, sehnt sich nach seinen singenden Schwänen am Ufer des Meeres. Er singt:

Leid sind mir die Berge; nicht lange war ich dort,
Nur neun Nächte
Der Wölfe Heulen deuchte mich widrig
Gegen der Schwäne Singen.[64]

Freya und Freyr

Aus der Verbindung von Njörd und Skadi gingen zwei herrliche Kinder hervor. Es sind die Zwillinge Freyr und Freya. Mit dem Ausklingen der Nerthusmysterien wächst ihr Einfluss in den nordischen Ländern, besonders in Schweden. Obgleich keine Asen, genießen sie großes Ansehen in Asgard. Von ihnen wird berichtet:

»Freyr ist der Trefflichste unter den Asen. Er herrscht über Regen und Sonnenschein und das Wachstum der Erde und ihn soll man anrufen um Fruchtbarkeit und Frieden. Freya ist die Herrlichste der Asinnen.«[65]

Als Kinder des Wanengottes Njörd sind sie befähigt, in dem Bildekräfteleib des Menschen zu wirken. Unter dem Einfluss der Thursenriesenmutter werden diese Anlagen intensiv mit der Leiblichkeit des Menschen verbunden. So wird das Fortpflanzungs- und Inkarnationsgeheimnis aus dem übersinnlichen, unschuldigen Nerthuserlebnis herabgezogen in die Welt der Begierden.

Freya, die Katzengöttin, durchflammt die Menschen mit der geschlechtlichen Liebe. Dadurch zieht das Triebhafte in die Seele ein, was ein Erwachen des Seelenleibes und ein Dumpfwerden des Lebensleibes bedeutet. Sie weiß aber einen gewissen Ausgleich zu schaffen, indem sie die Jungverstorbenen zu sich in ihre Halle Volkwang nimmt. Dadurch, das wusste man früher, kann sie der Volksseele die unverbrauchten Lebenskräfte dieser Krieger als belebende Substanz zuführen.

Volkwang ist die neunte [Halle]; da hat Freya Gewalt,
Die Sitze zu ordnen im Saal.
Der Walstatt Hälfte wählt sie täglich,
Odhin hat die andere Hälfte.[66]

Freyr, der schimmernde Jünglingsgott, der im Zusammenhang mit dem Pferdekultus noch lange in Schweden, besonders in Uppsala, verehrt wurde, gehört zu den drei Hauptgöttern der Edda. Sein Reich ist das Lichtalfenreich:

Alfheim gaben dem Freyr die Götter im Anfang
Der Zeiten als Zahngebinde.[67]

Freyr bekam also beim Zahnwechsel, mit etwa sieben Jahren, Alfheim geschenkt. Zu dieser Zeit ist das Kind so weit herangereift, dass es seine Äthermutterhülle abstreifen und selbständig denken lernen kann; es ist schulreif. Die Lichtalfen

Katzenkopf am oberen Ende eines Mastes aus der Stabkirche von Borgund in Norwegen, um 1150

Freyrs sorgen dafür, dass im Menschen von da an Gedanken aufleuchten können, die aber noch kindlich und nicht wirklich vom Ich ergriffen sind. Es sind noch gleichsam göttliche Gedanken, die dem Kind zufliegen. Das Schwert Freyrs, das von alleine ficht, ist ein Bild dafür. Mit 14 Jahren ist eine gewisse Selbständigkeit im Denken erreicht; da erwacht gleichsam der Jüngling Freyr im Menschen. Bei dessen erster Liebeswerbung um die Riesentochter Gerda, geht dann auch das Schwert, das von alleine ficht, verloren.

Freyrs Kleinodien

Ein weiteres Wirkensfeld Freyrs erschließt sich durch den Bericht von Lokis Wette. Wir hörten von den Kleinodien, die die Zwerge für die Götter schmiedeten. Freyr bekam das Schiff Skidbladnir und den Eber Gullinborsti. Der Eber hat neben seiner Schnelligkeit zwei Eigenschaften: Er verbreitet überall, wo er über die Felder fliegt, Fruchtbarkeit und mit seinen goldenen Borsten Helligkeit. Somit ist Freyr der Gott des Wachstums und der Lebenskräfte. Im Menschen aber verwandelt Freyr diese Ätherkräfte vom siebenten Jahr an in Gedanken- und Vorstellungskräfte. Eine Idee kann einem einleuchten, ein Gedanke in einem aufleuchten. Das ist dann der Schimmer von den goldenen Borsten des Ebers. Wir hörten, dass bei der Entstehung des Ebers eine Fliege mitwirkte, die wir als ein ahrimanisches Wesen erkannt haben. So sind unsere Gedanken stets in der Gefahr, ihre Leuchtkraft zu verlieren und materiell, eng und fest zu werden.

Das Bild von Freyrs Eber beinhaltet auch die erwachende Geschlechtlichkeit des Menschen. Es umfasst also das, was die so genannte Erdenreife bedeutet: Den Zeitpunkt des selbständigen Denkvermögens und der ausgereiften Geschlechtsentwicklung des jugendlichen Menschen.

Das Schiff Skidbladnir, dessen Herr Freyr ist, hat die wunderbare Eigenschaft, dass es nicht nur über Wasser und Land fahren, sondern auch beliebig groß oder klein sein kann, so dass es in eine Tasche gesteckt werden kann. Wir sehen darin die erwachende Fähigkeit des Menschen, tagwache, sinnengebundene Gedanken zu haben. Das Bewusstsein ist dann im Gehirn sozusagen zusammengefaltet. Im Schlaf aber breitet sich des Menschen Seele im Kosmos aus. Der Mensch ist dann auf Götterfahrt und alle Asen haben mit ihrem Gerät Platz in seinem Schiff.

Freyr ist folglich der Gott, der im Menschen das einstige Wanenerbe, die Fähigkeit des traumhaften Hellsehens, in das gehirngebundene Denken umwandelt.

Diese Umwandlung vollzieht sich im Lebensleib, wo der Eber wirkt, kommt aber zum Bewusstsein im Seelenleib, in dem das Schiff zu finden ist.

Freyr und die Riesentochter Gerd(a)

Mit der ausgereiften Geschlechtlichkeit erwacht im jungen Menschen das Begehren. Dieser Entwicklungsschritt wird in dem Lied Skirnirsför in poetischer Schönheit und balladenartiger Dramatik besungen. Es behandelt die Minnenot, in die der junge Freyr geraten ist, nachdem er sich verbotenerweise auf den Hochsitz Odhins gesetzt hatte. Von dort aus sieht Freyr im Jotunenreich die Maid Gerda, die für ihn die ganze Schönheit der Welt verkörpert. Es wird berichtet: Freyr sah »ein Mädchen, und als es die Hände hob … da leuchteten von ihren Händen Luft und Wasser, und alle Welten strahlten von ihr wider.«[68]

Freyr ist überwältigt von ihrer Schönheit und verfällt in Trübsinn, da er glaubt, sie nie erringen zu können, da die Asen einer Verbindung mit einer Riesentochter nie zustimmen würden. Schließlich reitet der Diener Skirnir aus, um in Jotunheim für Freyr um die Schöne zu werben. Das gute Schwert Freyrs, das von alleine ficht, hat Skirnir bei sich. Er muss es aber dem Riesenvater übergeben und das hat böse Folgen für Freyr, denn bei der Götterdämmerung wird er im Kampf gegen Surtur ohne Wehr sein und unterliegen.

Als Brautgeschenk bietet Skirnir Gerda elf von Idunas goldenen Äpfeln an und dann sogar Odhins Ring Draupnir, doch sie lehnt alles spröde ab. Skirnirs Werbung wird immer heftiger und gewalttätiger. Er bedrängt sie mit schrecklichen Drohungen, doch Gerda kennt Gegenmittel und lehnt die Verbindung strikt ab. Plötzlich aber wendet sie ihren Sinn, nachdem sie erfahren hat, dass Odhin ihr gram wäre und Freyr sie verfluchen würde, wenn sie sich länger weigerte.

Skirnir: *Bin nicht von den Alfen noch den Asensöhnen,*
Noch den weisen Wanen;
Durch flackernde Flamme doch fuhr ich allein
Eure Säle zu schauen.
Der Äpfel elf hab ich allgolden,
Die will ich, Gerda, dir geben,
Deine Liebe zu kaufen, dass du Freyr bekennst,
Dass dir kein liebrer lebe.

Reiterstein von Hornhausen, Provinzialmuseum Halle. 7. Jh.

Gerda: *Der Äpfel elf nehm ich nicht an*
Um eines Mannes Minne,
Noch mag ich und Freyr, dieweil wir atmen beide,
Je zusammen sein.

Skirnir: *Den Ring geb ich, der in der Glut lag*
Mit Odhins jungem Erben.
Acht enttäufeln ihm ebenschwere
In jeder neunten Nacht …

Gerda: *Den Ring verlang ich nicht, der in der Lohe lag*
Mit Odhins jungem Erben …

Skirnir: *Siehst du, Mädchen, das Schwert, das scharfe, zaubernde,*
Das ich halt in der Hand?
Das Haupt hau ich vom Hals dir ab,
So du dich ihm weigern willst.

Gerda: *Zu keiner Zeit werd ich Zwang erdulden*
Um Mannesminne …

Skirnir: *Gram ist dir Odhin, gram ist dir der Asenfürst,*
Freyr verflucht dich …

Gerda: *Heil sei dir vielmehr, Held, und nimm den Eiskelch*
Firnen Metes voll.
Ahnte mir doch nie, dass ich einen würde
Vom Stamm der Wanen wählen …[69]

Der Sinneswandel Gerdas stellt uns vor zwei Fragen: Was liegt den Asen, die vor allem durch Thor die Riesen allenthalben bekämpfen, an einer Verbindung Freyrs mit den Jotunen? Und weshalb lässt sich Gerda durch Odhins Gunst bzw. durch seinen Gram umstimmen?

Freyrs Vater Njörd musste sich mit der Thursin Skadi verbinden. Freyr ersehnt eine Ehe mit der Jotunin Gerda. Die Riesen sind ein Bild für die Urzeitkräfte, die am Bau der äußeren Natur und des Menschen leibbildend wirken. »Was sich aus dem Erdenleib entwickelt hat, das gehört zu Riesenheim.«[70] Solange die Riesen in ihren Grenzen bleiben, sind sie gut und weise; gehen sie jedoch über diese hinaus, so sind sie der Menschenentwicklung schädlich, da sie den Menschen in Dumpfheit halten und nicht zum Erwachen des Selbstbewusstseins kommen lassen wollen. Die Thursen, im Seelenleib wirkend, wollen den Menschen durch das Entfachen von Trieben und Leidenschaften an der Entwicklung der Gedankenklarheit hindern. Die Jotunen, wirkend im Lebensleib, wollen den Menschen an die Materie binden, damit dieser die Urerinnerung an seine göttliche Abkunft vergisst und vertiert.

Trotz dieser Gefahren liegt den Göttern an der Verbindung Freyrs mit der Riesin, denn nur so kann der Mensch den Erden-Wolfs-Weg gehen und zur Freiheit des Ichs finden. Erst wenn der Mensch den Schritt von der Njörd-Hellsichtigkeit zur Sinnenwachheit gegangen ist, d. h. das gehirngebundene Denken ergriffen hat, kann er aus eigener Kraft und in Freiheit die Verbindung zur Götterwelt wieder suchen. Für Odhin ist es wichtig, dass Gerda den Ring annimmt, denn die ätherischen Ring-Sprachkräfte müssen mit den Leibbildekräften zusammenarbeiten, damit Sprache entstehen kann. Der Zusammenhang von Sprache und Pubertät zeigt sich beim Stimmbruch.

Die drei Hauptgötter und die Esche Yggdrasil

Wir haben die drei Hauptgötter Odhin, Thor und Freyr zu verstehen versucht. Jedem Gott kann eine der drei Wurzeln der Esche Yggdrasil zugeordnet werden. »Die Esche Yggdrasil ist das Bild des Menschen, der sich seines Ichs bewusst werden soll, wo aus seinem Ich herausströmen soll das Wort ICH.«[71] Der Mensch als Esche soll in dem Wirkensbereich eines jeden Gottes zu einem Ich-Erwachen geführt werden.

Die eine Wurzel führt zum Brunnen Hwergelmir im kühlen Niflheim, von dem die zwölf Nerven-Sinnes-Ströme in den Menschen fließen. Hier kann der Mensch in seinem Denken zu seinem Ich erwachen. Der nordisch-germanische Mensch wusste, »... dass von dem menschlichen Norden aus, aus dem kühlen Geistgebiet, die menschlichen Gedanken gewoben werden, und dass von dort aus die menschliche Leiblichkeit mit den zwölf Gehirnnerven des Kopfes versorgt wird.«[72] An dieser Wurzel nagt aber die Schlange Niddhög, ein Bild für die erwachende Geschlechtlichkeit, die, sofern sie nicht in Zaum gehalten wird, zerstörerisch auf das Ich wirkt: »Es ist aber eine Schlange da, die fortwährend an der Wurzel nagt, die aus der Quelle stammt, Niddhög ist ihr Name. Hellseherisch kann man tatsächlich diese Schlange nagen sehen. Die Ausschreitungen des Geschlechtsprinzipes, das nicht in Zaum gehalten wird, nagen an dieser Wurzel des Menschen.«[73] Es ist Freyrs Wurzel.

Die zweite Wurzel geht zum Brunnen der Schicksalsnornen. Hier wird täglich über die Taten der Menschen Gericht gehalten; daran erwacht des Menschen Ich im Herz- und Blutsbereich. Schicksal entsteht. Es ist Thors Wurzel.

Die dritte Wurzel reicht zu Mimirs Brunnen, der über dem Schaffensurgrund, dem Ginnungagab liegt. Es ist der Weisheitsbrunnen, aus dem Odhin einst die Sprachbildekraft zufloss und an dem er sein Auge opferte. Hier erwacht der Mensch an der Sprache zu seinem Ich. Es ist Odhins Wurzel.

Die Esche Yggdrasil steht als stets gültiges, grandioses Bild des Menschen vor uns, der, im Bereich der drei Hauptgötter wurzelnd, sich zu einem freien Ich-Träger entwickeln kann und soll.

8 Baldurs Helweg

Baldur der Lichte

Bemühen wir uns, ein Verständnis für den Gott Baldur zu gewinnen, so können wir von keiner anderen Mythologie Hilfe bekommen, denn dieses Götterwesen, wie es uns die Edda überliefert, ist einmalig. Die Bedeutung seines Namens leitet sich von dem altenglischen Baeldaeg, der leuchtende Tag, her. Wird von Baldur gesprochen, so erhebt sich die Beschreibung zu einem feierlichen Lobpreis: »Von ihm ist nur Gutes zu sagen: er ist der Beste und wird von allen gelobt. Er ist so schön von Antlitz und so glänzend, dass ein Schein von ihm ausgeht. Ein Kraut ist so licht, dass es mit Baldurs Augen[-Brauen] verglichen wird, es ist das lichteste aller Kräuter [die Kamille]; davon magst du auf die Schönheit seines Haares sowohl als seines Leibes schließen. Er ist der weiseste, beredteste und mildeste von allen Asen … Er bewohnt im Himmel die Stätte, welche Breidablick [lichter Blick] heißt. Da wird nichts Unreines geduldet …«[74] »Wer war Baldur in Wirklichkeit? Baldur ist dasjenige im Menschen, was sein geistiges Teil ist, was die Seele sucht, was sie findet in der Einweihung, was ihr da entgegentritt.«[75]

Es ist dieser Gott, dem die lichte Kamille zugeordnet ist, die alles Licht und alle Wärme in ihren Blüten zu heilender, entzündungshemmender Arznei verwandelt. Baldur ist der Liebling aller Menschen und Götter, und in der Zeit, in der er wirkte, lebten alle in Liebe und Harmonie zusammen. Es war die goldene Baldur-Epoche, in der die Menschen noch die geistigen Wesen hinter der Natur sahen und sich von den Göttern belebt und durchdrungen fühlten. Als Geistwesen unter Geistern träumten die Menschen den lichten, keuschen Baldurtraum.

Für die in den südlichen Gebieten lebenden Völker war diese Götternähe in der nachatlantischen Zeit bald verklungen. Aber: »Die germanisch-nordischen Völker hatten … noch die welthistorische Gnade genossen, im alten Hellsehen hineinzusehen in die geistige Welt.«[76] Der Gott dieses Hellsehens war der lichte Baldur. »Es schwand dem Norden erst dahin, als der germanisch-nordische Mensch den Trost des Christentums empfing.«[77] »… Baldur (ist) der Repräsentant des Menschenbewusstseins, das durchleuchtet werden kann von dem Göttlichen.«[78]

*Götterkopf, Stabkirche von Hegge in Valdres,
Norwegen, um 1200*

Baldur ist ein Sohn Odhins und Friggs. Als solcher kann er von dem Weg, den der Allvater Odhin seine Völker führt, dem so genannten Wolfsweg, nicht unberührt bleiben. Odhin hat sich mit Loki verbunden. Er muss den Menschen in die Erdentüchtigkeit und Sinneswachheit führen. Indem er das Auge der geistigen Wahrnehmungsmöglichkeit opferte, verdunkelte sich das Baldurschauen bei den Menschen; Baldur sank immer tiefer zur Hel hinab. Das wurde als tiefe Tragik erlebt, weit erschütternder, als es für uns wäre, wenn wir jede Farbwahrnehmung verlören und nur noch grau in grau sähen.

Odhins Sorge um Baldur

In der Edda heißt es: Baldur hatte dunkle Träume. Alle Götter sind beunruhigt; vorschauende Wesen weissagen Baldurs Tod. Da macht sich Frigg auf, um allen Wesen, lebenden und toten, den Eid abzunehmen, dass sie Baldur nicht schaden wollen. Alle Wesen – fast alle – schwören den Eid, und doch findet es Odhin ungenügend. Er schwingt sich auf sein Ross, um die im Totenreich weilende Wala als Wegtam (der wegkundig ist – engl. *tame*, zähmen, vertraut machen) über das Schicksal Baldurs zu befragen. Diese Hel- und Einweihungsfahrt wird im herrlichen Vegtamskvida (Kvida, Lied) besungen. Ähnlich wie man es in der Aeneis von Vergil, dem Orpheusgesang oder dem Lied von Olaf Åsteson findet, wartet vor dem Todestor ein grausiger Höllenhund. Odhin wendet sich von diesem Westtor zum Osttor, dem Sonnenaufgangs- und Lebenstor. Durch Zauberformeln beschwört er die dort unter einem Hügel wohnende Wala zu erwachen. Sie gehört zu den in die nordischen Naturmysterien eingeweihten Frauen, und aus diesen – aus Schnee, Regen und Tau – erwacht sie mühsam. Kaum ist dies geschehen, so tun sich vor Odhins Seherblick die Tore auf, und er sieht in einen Raum, der mit seinen ringbestreuten Bänken und goldglänzenden Betten auf jemanden wartet. Er ahnt, für wen alles so festlich hergerichtet ist. Die Wala bestätigt es. Es ist für Baldur, und für ihn ist auch der Kelch, mit dem Schild bedeckt, als Willkommenstrunk bereitgestellt.

Ob Odhin hier in vollendeter Form sieht, was er einst durch seine Einweihungen in drei Stufen für die Menschen errang? Es war die am windigen Baum in neun Nächten erlauschte Ursprache (Betten mit Gold), dann der Erwerb des Weisheits- und Dichtertrankes Odhrörir (Becher), der eine menschliche Sprache entstehen ließ, und zuletzt das Augenopfer, durch das die Menschen über die geformte Sprache zum wachen Denken geführt wurden. Der Einweihungs-

Halsring, der keltische Torque, ist ein Zeichen aller, die den dreiteiligen Odhin-Einweihungsweg gegangen sind.[79]

Die Folge des Odhinsweges, des »Wolfsweges«, ist unumstößlich Baldurs Tod, mit dem das Baldurschauen der Menschen ins Unterbewusste sinkt. In dem Trankbecher, der von dem Schild bedeckt ist, können wir auch eine Vorschau auf das Christusopfer sehen, durch das Baldur einst wieder auferweckt werden wird.

Hören wir das Wegtamslied:

Auf stand Odhin der Allerschaffer,
Und schwang den Sattel auf Sleipnirs Rücken.
Nach Nifelheim hernieder ritt er;
Da kam aus Hels Haus ein Hund ihm entgegen …
Da ritt Odhin ans östliche Tor,
Wo er der Wala wusste den Hügel.
Das Wecklied begann er der Weisen zu singen …
Bis gezwungen sie aufstand Unheil verkündend.

Wala: *Welcher der Männer, mir unbewusster,*
Schafft die Beschwere mir solchen Gangs?
Schnee beschneite mich, Regen beschlug mich,
Tau beträufelte mich, tot war ich lange.

Odhin: *Ich heißte Wegtam, bin Waltams Sohn.*
Wie ich von der Oberwelt, sprich von der Unterwelt.
Wem sind die Bänke mit Baugen (Ringen) bestreut,
Die glänzenden Betten mit Gold bedeckt?

Wala: *Hier steht dem Baldur der Becher eingeschenkt,*
Der schimmernde Trank, vom Schild bedeckt.
Die Asen -Verwandten erwarten ihn voll Hoffnung.
Genötigt sprach ich, nun will ich schweigen.

Odhin: *Schweig nicht, Wala, ich will dich fragen,*
Bis alles ich weiß. Noch wüsste ich gerne:
Welcher der Männer ermordet Baldurn,
Wird Odhins Erben das Ende fügen?

Wala: *Hierher bringt Hödur den Hochberühmten,.*
Er wird der Mörder werden Baldurs,
Wird Odhins Erben das Ende fügen.
Genötigt sprach ich, nun will ich schweigen ...[80]

Die Wala weist Odhin nach der Schau des Raumes, in dem Baldur erwartet wird, auf ein neues Geistesbild hin. Die Asen-Verwandten (Asmegir) sind ebenso wie die Götter Ätherwesen. Im Vafthrudnismal (Vers 45) erfahren wir ihre Namen. Es sind Lif und Lifdrasil, Leben und Lebensträger, die im Reich, das nach der Götterdämmerung entstehen wird, leben werden. Sie warten auf Baldur, denn wenn er in der Hel erscheint, wird auch die dunkle Zeit bald ein Ende haben, und Baldur wird erlöst werden. Dann werden die zurückgehaltenen Ätherkräfte, Lif und Lifdrasil, den Menschen zugänglich werden. Dies alles wird, so weiß es die Wala, durch den Starken von oben, den Friedensbringer, geschehen.

Die Wala spricht genötigt, sie möchte schweigen, aber eine Frage ist für Odhin, der die Unabänderlichkeit von Baldurs Helfahrt erkannt hat, noch von größter Wichtigkeit. Wer wird Baldur töten? Die Wala antwortet ohne Umschweife: Hödur wird ihn töten. Hödur ist ein Sohn Odhins, aber er ist blind. Die Wala weiß auch, dass Wali, der Sohn, den Odhin erst mit der Erdgöttin Rinda zeugen wird, den Schicksalsausgleich, die Gerechtigkeit aus seiner Jugendkraft herstellen wird, indem er Hödur besiegt.

Wala: *Rinda im Westen gewinnt den Sohn,*
Der einnächtig, Odhins Erbe, zum Kampf geht.
Er wäscht die Hand nicht, das Haar nicht kämmt er
Bis er zum Bühle brachte Baldurs Mörder.
Genötigt sprach ich, nun will ich schweigen.[81]

All diese Bilder tauchen vor Odhins schauendem Blick auf, während er im Geiste bei der Wala, der längst Verstorbenen, weilt. Durch sie erkennt er die Schicksalsnotwendigkeit des Baldur-Todes. Er erahnt die Wiedererweckung des Sohnes und ist so zum Wissenden geworden, das sich in Odhins Erkennen des wahren Wesens der Wala ausdrückt.

Odhin: *Du bist keine Wala, kein wissendes Weib,*
Vielmehr bist du dreier Thursen Mutter.[82]

Baldur und seine Widersacher

Nun nimmt das Schicksal seinen unerbittlichen Lauf. Da alle Dinge auf Friggs Bitte hin geschworen haben, Baldur nicht zu schaden, wird er in die Mitte gestellt und zur Kurzweil mit allerlei Dingen attackiert. Loki aber gefällt es übel, dass Baldur nichts verletzen wollte. Als altes Weib verkleidet erlistete er von Frigg folgende Auskunft: »Östlich von Walhall wächst eine Staude, Misteltein genannt, die schien mir zu jung, sie in Eid zu nehmen.«[83] Daraufhin besorgt sich Loki einen Mistelzweig und leitet Hödur an, damit auf Baldur zu schießen. Zu Tode getroffen sinkt Baldur zur Erde. »... und das war das größte Unglück, das Menschen und Götter betraf.«[84] Die Götter waren so erschrocken, dass sie ihn nicht einmal aufhoben. Für einen heutigen Menschen ist es wohl kaum vorstellbar, in welch kindlicher, goldenen, lichten Harmonie die Völker in der Baldurzeit lebten und wie unsagbar schmerzlich der Verlust des natürlichen Hellsehens für sie war.

Warum aber unterließ es Frigg, die Mistel schwören zu lassen, warum war diese zu jung? Die Mistel lebt als Parasit auf Bäumen, da sie jeden Erdenrhythmus und -kontakt meidet. Auf diese Weise wiederholt sie die Wachstumsbedingungen, die auf dem Alten Mond herrschten, da die Pflanzen dort in einem Pflanzen-Mineralien-Brei wurzelten. Die Mistel ist also ein zurückgebliebenes, jung gebliebenes Wesen, das die Erdenreife nicht erreicht hat. Dennoch wurde sie immer als Heilmittel angesehen, denn Gleiches wird mit Gleichem geheilt. Loki hat Zugang zur Mistel, da auch er ein auf der Mondenstufe stehen gebliebenes Wesen ist.[85] Die auf dem Mond zurückgebliebenen Wesen »... fühlen eine innige Verwandtschaft zu dem, der zu dem Gotte des Mondes gehört, zu Loki.«[86] Daher konnte Loki mit der Mistel Baldur töten.

Loki-Luzifer eröffnet dem blinden Hödur, dem er die Hand führt, die Möglichkeit, Baldur zu töten. In Hödur lebt ein Wesen, das die Menschen in ihrem Ätherleib verhärten und dadurch für die geistige Welt erblinden lässt, d. h. ein ahrimanisches Wesen. »So ist ein größtes welthistorisches Ereignis, das allmähliche Hinschwinden der alten ungetrübten Erkenntnis, ausgedrückt in dem Baldur-, Hödur- und Loki-Mythos ... So haben wir in der nordischen Mythologie gespiegelt ... den zweifachen Einfluss, den luziferischen und ahrimanischen.«[87]

Der Tod Baldurs bedeutet den Anfang der Götterdämmerung, was Frigg nochmals zu verhindern sucht. Auf ihre Bitte hin reitet Hermod, der flinke Sohn Odhins, neun Nächte durch tiefe Täler hinab zur Hel, um Lösegeld für Baldur zu bieten. Hel meint, es solle sich erweisen, ob Baldur so allgemein geliebt wäre.

Wenn alle Wesen und Dinge bereit seien, Baldur zu beweinen, dürfe dieser wieder hinauf nach Asgard ziehen. Die Asen sandten daraufhin Boten aus, und alle Wesen und Dinge weinten um Baldur, nur das Riesenweib Thöck sagte trotzig:

Thöck muss weinen mit trockenen Augen
Über Baldurs Ende
Nicht im Leben noch im Tod hatt' ich Nutzen von ihm;
Behalte Hel, was sie hat.[88]

So konnte Baldur zu jener Zeit noch nicht befreit werden. Sicher ist mit Thöck wieder ein ahrimanisches Wesen mit seiner verdorrenden, verhärtenden Tendenz am Werk. Thöck kann und will nicht weinen, denn die endgültige Verfestigung des Menschen ist ihr Ziel. Baldur soll ins Unterbewusstsein versinken, damit der Mensch nie wieder hellsichtig, d. h. mit den Göttern verbunden sein kann. Denkbar ist auch die Deutung von Hans Börnsen, dass hinter Thöck sich Odhin selbst verbirgt, der erkannt hat, dass der Helweg Baldurs für eine gewisse Zeit eine Entwicklungsnotwendigkeit darstellt. Es ist die Konsequenz des ›Wolfsweges‹.[89]

Baldurs Bestattung

Da nun Baldurs Hel-Gang nicht aufzuhalten war, begannen die Bestattungszeremonien, die viele Fragen aufwerfen: »Da nahmen die Asen Baldurs Leiche und brachten sie zur See. Hringhorni hieß Baldurs Schiff ... Das wollten die Götter vom Strande stoßen und Baldurs Leiche darauf verbrennen; aber das Schiff ging nicht von der Stelle. Da wurde gen Jötunheim nach dem Riesenweib gesendet, die Hyrrockin hieß [Feuerspinnerin] ... Da trat Hyrrockin an das Vorderteil des Schiffes und stieß es im ersten Anfassen vor, dass Feuer aus den Walzen fuhr und alle Lande zitterten ... da wurde Baldurs Leiche hinaus auf das Schiff getragen ... und Feuer darunter gezündet ... Odhin legte auf den Scheiterhaufen den Ring, der Draupnir hieß ...«[90]

Warum können die starken Asen das Leichenschiff nicht bewegen, sodass sie das Riesenweib um Hilfe bitten müssen?

Der Tod war für die Götter etwas Unbekanntes, nie Erfahrenes. Man muss erfassen, »... dass gewisse Götterkategorien eine Weisheit vom Tod ... bis zum Mysterium von Golgatha gar nicht gehabt haben.«[91] Im Innern der Erde aber leben

Eingeweihter mit Torque, Abbildung auf dem Silberkessel von Gundestrup,
Nationalmuseum Kopenhagen, vermutl. 1. Jh. v. Chr.

Wesen, die diese Geheimnisse auch schon vor der Zeitenwende kannten; es sind die Riesen, die Leibbildungsmächte. So ist es verständlich, dass selbst der starke Thor keine Macht über das Leichenschiff hat.

Sehr rätselhaft ist weiterhin, warum Odhin seinen Ring Draupnir auf den Scheiterhaufen legt und Baldur etwas ins Ohr flüstert. Diesen [Hals-]Ring, von dem immer neue abträufeln, haben wir als ein Bild für die edlen, schöpferischen Kehlkopf-Sprachkräfte erkannt. Das höchste Ziel der Odhin-Einweihung war es, das Urwort zu erlauschen. Der Eingeweihte, der zu diesen Wortmysterien vordringen konnte, erwarb sich dadurch als äußeres Zeichen den Torque, den Druiden-Halsring, der in manchen Museen noch zu bewundern ist.

Mit Baldurs Tod ist die Wahrnehmung des Geistigen hinter dem Wort aber verloren gegangen. Der Ring gerät dadurch in die Todeswelt. Wir können aber annehmen, dass Odhin seinem Sohn die tröstliche Prophetie mit auf den dunklen Helweg gegeben hat, dass einst das Wort Mensch werden würde, um den Tod zu besiegen. Dann, so sagte er ihm weiterhin, wird das Wort und die Sprache zu neuem Leben erwachen, und dann wirst auch du, Baldur, von den Fesseln der Hel erlöst werden.

Die Wiedergewinnung des Baldurblicks

Für die Menschen, die das tiefe Baldurleid empfanden, war die Kunde von der Höllenfahrt Christi und von seinem Sieg über den Tod wie eine lang ersehnte Erlösung. »Da ist er, der Sonnenheld, der Todbesieger, der neue Baldur! Er ist das Urweltenwort, das wir in unseren Mysterien stets gesucht haben.« So etwa sprachen die Priester, die die Geheimnisse der Botschaft vom Mysterium von Golgatha in der rechten Weise aufnehmen konnten, zu den Menschen.

»Baldur ist im Reich der Hel, aber der Christus ist hinuntergestiegen in das Reich der Hel, in das Reich der eigenen unterbewussten Menschenwesenheit; da belebt er den Baldur … Was du verloren hast, du findest es wieder, denn hinuntergestiegen in dein eigenes Reich der Finsternis ist der alte Baldur. Gefunden hat ihn da der Christus, wiederbelebt hat er dasjenige, was dir durch Baldur und seine Macht einmal geworden ist …« Und weiter sprachen die Weisen: »Baldur war es ja, der machte, dass wir einstmals die wunderbar wirkende, wesende elementarische Welt sahen um uns herum. Baldur ist tot. Der Christus aber hat die Macht … indem wir ihn aufnehmen in unsere Seelenkraft … wiederum aufzuerwecken das, was durch Baldurs Tod verloren ist. Wie Baldur erschien durch Wind und Wogen, so erscheint auch der Christus in Wind und Wogen.«[92]

Diese Stimmung lebt noch im Heliand, einer Evangeliendichtung des 9. Jahrhunderts, in der mit besonderer Anteilnahme die Vollmacht über Wind und Wogen des auf dem Wasser wandelnden Christus besungen wird. So war der nordisch-germanische Mensch in aller Trauer um Baldur doch nicht ohne Hoffnung: »Daher ging ihm ein Gedanke auf von einer ungeheuern, ganz gewaltigen Tragweite, der Gedanke: Dieses Heraustreten auf den physischen Plan, in die physische Welt, das Nichtsehen der göttlich-geistigen Welt, das kann nur eine Zwischenzeit sein. Der Mensch wird das als Schule durchzumachen haben und sehen müssen, was er sich aneignen kann in der physischen Welt. Er braucht diesen Durchgang, er muss also heraustreten aus der geistigen Welt; er muss die Erlebnisse der physischen Welt als Schule durchmachen. Aber gerade dadurch, dass er sich als Schule durchmacht, wird er wieder hereinkommen in die Welt, aus der er herausgetreten ist. Der Baldurblick wird ihn wieder beseelen können.«[93]

9 Die Götterdämmerung

Die Schrecknisse der Götterdämmerung

Nach Baldurs Tod bricht im Bewusstsein der nordisch-germanischen Völker die Götterdämmerung (Ragnarök, Endschicksal der Götter) gleich einer Naturkatastrophe über ihre Welt herein. Alles Alte und selbst die Götter werden in dieser nordischen Apokalypse in den Strudel des Verderbens hineingerissen. Die Schrecknisse der Götterdämmerung werden dann beginnen, wenn drei Jahre Krieg – Seelenkrieg – geherrscht hat, drei Jahre Winter – Seelenwinter – ohne Sommer dazwischen Kälte verströmt hat und die Erde so erbeben wird, dass Bäume und Berge umstürzen. Das schlimmste Vorzeichen aber wird es sein, wenn ein Wolf die Sonne und ein anderer den Mond verschlingen wird, d. h. wenn die Kraft der alten Sonnen- und Mondenmysterien erlöschen wird. Dann werden sich Brüder gegenseitig aus Habgier töten.

»Viel weiß der Weise, sieht weit voraus
Der Welt Untergang, der Asen Fall.
Brüder befehden sich und fällen einander,
Geschwister sieht man die Sippe brechen …
Unerhörtes ereignet sich, großer Ehbruch.
Beilalter, Schwertalter, wo Schilde krachen,
Windzeit, Wolfszeit eh die Welt zerstürzt.«[94]

Zur Entscheidungsschlacht der Götter gegen die Widersachermächte wird es auf dem Kampffeld Wigrid (der Platz, wo der Kampf wogt) kommen:

»Wigrid heißt das Feld, wo sich finden zum Kampf
Surtur und die sel'gen Götter.
Hundert Rasten hat es rechts und links:
Solcher Walplatz wartet ihrer.«[95]

Großer Runenstein von Jellinge, Dänemark, Christusseite, 10. Jh.

Wigrid ist also ein Feld, dem das Quadrat, das Erdensymbol, eingezeichnet ist. Findet der Kampf demnach auf der Erde statt? Die Asen sind Seelengötter. Sie kämpfen gegen die dunklen Mächte, die sich in den Seelen der Erdenmenschen eingenistet haben. Es ist also ein Kampf im Menscheninnern. Die Götter kommen zur Zeit der Götterdämmerung mit ihren Seelenbildungsimpulsen an ein Ende, um Neuem Platz zu machen, das heißt sie ›sterben‹. Des Menschen Ich-Entwicklung wird dennoch weitergehen, heißt es doch über die Esche Yggdrasil, den Ichträger:

»Yggdrasil zittert, die Esche, doch steht sie,
Es rauscht der alte Baum, da der Riese frei wird.«[96]

Das Schicksal der Götter Thor, Odhin und Freyr

In den Menschenseelen verdämmerte das Bewusstsein für die Anwesenheit der Götter durch die ins Riesenhafte gewachsenen dunklen Mächte, die Kinder Lokis. Das erste Kind Lokis ist die Midgardschlange, die im Seelenleib des Menschen wohnt und durch alle Triebe und Leidenschaften so gewaltig gewachsen ist, dass sie ganz Midgard mit ihrem Leib umschlingt und sich selbst in den Schwanz beißt. Thor, der Hammerschwinger, hat die Aufgabe, diesen Wurm, den Drachen und alle Riesengewalten, die die Seele bedrohen, in Schach zu halten. Er wirkt und waltet im blutsgebundenen Ich-Seelenwesen des Menschen. Solange die Sippe sich an Thor gebunden fühlte, konnte sie in ihrer Menschengemeinschaft Zucht und Ordnung aufrechterhalten, so dass die Drachenkräfte im Menschen in Zaum gehalten wurden. Als der Mensch aber immer mehr zu seinem individuellen Ich erwachte, reichten die Thorkräfte nicht mehr aus, gegen den von da an wuchernden Egoismus anzukommen. Zwar kann Thor bei der Entscheidungsschlacht den alten Drachen erschlagen, aber der Gifthauch der Midgardschlange tötet auch ihn. So erlischt die ordnende, einst unbezwingbare Thorkraft im Menschen. Sie ist dem frei werdenden Ich mit all seinen Gefahren nicht gewachsen.

Die Seher der Germanen sahen das Verlöschen ihrer Asengötter voraus. Sie wussten aber, dass jenseits dieser Schreckenszeiten eine neue Welt aufgehen wird, in der die verjüngten, dann durchchristeten Impulse der drei Hauptgötter Thor, Odhin und Freyr weiter wirksam sind. So heißt es von Thors Söhnen:

»Modi und Magni sollen Mjölnir schwingen
Und zu Ende kämpfen den Kampf.«[97]

Modi ist der herzensmutige, Magni der herzensstarke Sohn Thors. Sie sollen in der Welt nach der Götterdämmerung den Menschen befeuern, aus individueller Herzensstärke und aus Herzensmut ohne Sippenbindung den Kampf gegen die Widersacher aufzunehmen. Die Menschen wurden somit darauf hingewiesen, dass in der zukünftigen modernen Welt individuell errungene moralische Stärke und Mut die neuen Thorkräfte sein werden.

Wie ergeht es dem höchsten, edelsten Asengott, dem Allvater Odhin bei der großen Schlacht? Mutig schreitet er dem Fenriswolf entgegen. Als dieser noch jung war, hatte Odhin ihn selbst gefüttert. Dann musste der erstarkte Fenris-Wolf (Freki) mit dem Zauberband Gleipnir gefesselt werden. Nun aber ist er los; beschwörend wiederholt es die Wölva:

»Die Fessel bricht und Freki rennt.«[98]

Odhins Hauptwirkensfeld ist der Lebensleib des Menschen, aus dessen Kräften er seinen Völkern die wunderbare Sprache errungen hat. Gerade in diesem Lebens-Ätherleib hat sich ihm aber die verdunkelnde, verhärtende Gegenkraft, die durch die Lug- und Trugworte der Menschen schier unüberwindlich stark geworden ist, der Fenriswolf, Lokis zweites Kind, festgesetzt. Die Seher der Germanen kannten diese Wolfsmacht im Menschen. Sie wussten, dass es die die Wahrheit verdunkelnde ahrimanische Widersachermacht ist, die ungeheure Ausmaße annehmen wird. Es heißt:

»Der Fenriswolf fährt mit klaffendem Rachen umher, dass sein Oberkiefer den Himmel, der Unterkiefer die Erde berührt, und wäre Raum dazu, er würde ihn noch weiter aufsperren ... Der Wolf verschlingt Odhin und das wird sein Tod.«[99]

Auch bei dem Bericht von dieser Tragödie kann die Wölva darüber hinausweisen und Zukunftshoffnung erwecken. In seinem Sohn Widar erwächst Odhin ein gewaltiger Rächer:

»Nicht säumt Siegvaters erhabener Sohn [Widar; G.J.]
Mit dem Leichenwolf ... zu fechten:
Er stößt dem Hwedrungssohn[100] *den Stahl ins Herz*
Durch gähnenden Rachen: So rächt er den Vater.«[101]

Widar, der geheimnisvolle, schweigende Gott, ist der Einzige der Asen, der als Kämpfer auf Wigrid überleben wird. Von ihm heißt es:

> *»Widar und Wali walten des Heiligtums,*
> *Wenn Surturs Lohe losch.«* [102]

In der neuen Welt werden demnach die Brüder Widar und Wali gemeinsam im Heiligtum wirken. Wali ist der jüngste Sohn Odhins. Er kämpft bei der Götterdämmerung nicht mit. Beide sind die Nachfolger Odhins, der im nordisch-germanischen Raum die Sprachmysterien stiftete. Ihre Aufgabe muss es also sein, den Ätherleib, der durch Ahriman verdunkelt wurde, wodurch die Sprache und das Wort ihre Kraft verloren, zu beleben und zu durchlichten. Sie sollen im Heiligtum walten, damit die Menschen ihre Seelen für das Wort öffnen, das in den Menschen wohnen will.

Auch das Schicksal des dritten Hauptgottes, Freyr, ist erschütternd. Er lebt im Nerven-Sinnes-Wesen des Menschen, dem er zugleich mit der Geschlechtlichkeit die Fähigkeit bringt, selbstständig zu denken, die so genannte Geschlechtsreife. Mit der Entwicklung des menschlichen Erdendenkens geht der Verlust der Verbundenheit mit den Göttern einher.

In der Edda findet das seinen Ausdruck in der Geschichte von dem Liebeswerben Freyrs um die Riesentochter Gerda. Bei dieser Brautwerbung geht Freyr seines Schwertes verlustig, das hell leuchtet und von alleine ficht. Es gelangt in Surturs, des Feuerunholds, Besitz, und durch eben dieses Schwert wird Freyr auf Wigrid den Tod finden.

Freyr hat sich durch seine Heirat mit der Riesin (Riesen verwalten die Leibbildungskräfte) Gerda intensiv mit der Leiblichkeit verbunden, damit zugleich aber auch unausweichlich mit dem Tod. Hel, die Göttin des Todes und Lokis drittes Kind, hat dadurch Gewalt über die physische Welt bekommen. Ihr erliegt Freyr. Erst Christus, der Held, wird den Tod besiegen. Er wird Hels Macht nicht erliegen, sondern Baldur erlösen und somit den Menschen eine neue Gottverbundenheit ermöglichen.

Wie wichtig dieses Bewusstsein für die nordischen Menschen war, kann man auf alten Taufsteinen in Schleswig-Holstein sehen: Das häufigste Motiv ist die Höllenfahrt Christi (z. B. in den Kirchen zu Sörup und Borby- Eckernförde).

Die vorchristlichen Impulse der drei Hauptgötter kommen an ein Ende. Die Edda aber weiß von dem Neubeginn durch den Sonnenhelden, Christus:

»Da reitet der Mächtige zum Rat der Götter,
Der Starke von oben, der alles steuert.
Den Streit entscheidet er, schlichtet Zwiste,
Und ordnet ewige Satzungen an.« [103]

In der nach der Götterdämmerung neu auftauchenden Welt werden die Asen sich wieder vereinigen und im Gras die goldenen Bälle als Symbol der neuen Geistverbundenheit wiederfinden. Nachdem am Anfang der Schöpfung von goldenen Bällen berichtet wurde, hören wir dann von goldenen Würfeln, mit denen die Götter spielten: ein Zeichen für ihren erdgerichteten Schöpfungsimpuls. Nun aber heißt es:

»Die Asen einen sich auf dem Idafelde,
Über den Weltumspanner[104] *zu sprechen, den großen …*
Da werden sich wieder die wundersamen
Goldenen Bälle im Grase finden …«[105]

Wir haben den Untergang der alten Asenwelt angeschaut, in den auch die Midgardschlange und der Fenriswolf mit hineingerissen werden. Die Widersachermächte aber, die hinter diesen Wesen stehen, überleben. Wer sind sie und wie werden sie in der Edda geschildert?

Hrym, Naglfar und Surtur

Rudolf Steiner hebt bewundernd hervor, dass die nordisch-germanischen Eingeweihten die hohe und seltene Fähigkeit hatten, die Wirksamkeit Loki-Luzifers ebenso wie diejenige Ahrimans im Menschen zu sehen und zu unterscheiden.[106] Es wird uns berichtet, wie die dunklen Mächte zur Schlacht gegen die Götter auf das Feld Wigrid kommen. Zuvor hat die Midgardschlange das Meer so aufgewühlt, dass es das Land überflutet. Davon wird das Schiff Naglfar los. Es heißt: »Da wird auch Naglfar flott, das Schiff, das so heißt und aus Nägeln der Toten gemacht ist, weshalb wohl die Warnung am Ort ist, dass, wenn ein Mensch stirbt, ihm die Nägel nicht unbeschnitten bleiben, womit der Bau des Schiffes Naglfar beschleunigt würde, den doch Götter und Menschen verspätet wünschen … Hrym heißt der Riese, der Naglfar steuert.«[107]

Die Teile des Menschen, die verhärten, bilden das Gefährt für Hrym. Er ist der Herr der Verhärtung, der aus dem Osten gefahren kommt. Mit Osten wird stets der Ort bezeichnet, der der lebenspendenden Sonne zugehört. Das scheint ein Widerspruch zu sein, erklärt sich aber, wenn wir bedenken, dass der verhärtende Widersacher Hrym-Ahriman sich im menschlichen Lebensleib angesiedelt hat. Sobald genügend Verhärtungsmaterial vorhanden ist, ist Naglfar fertiggestellt. Nun kann Hrym-Ahriman seine volle Kraft entfalten. Diese setzt laut Rudolf Steiner im Mittelalter mit dem erwachenden naturwissenschaftlichen Denken ein und erreiche eine gesteigerte Intensität seit 1879, da Michael zu jener Zeit die ahrimanischen Wesen ganz auf die Erde bannte. »Denn diese ahrimanischen Mächte, die sich seit dem Jahre 1879 in den menschlichen Gemütern ihre Festung sozusagen begründet haben, was sind sie denn eigentlich? … Sie sind heruntergestürzt … Jetzt wollen sie ihre Aufgabe mit Hilfe der Köpfe, der Gehirne der Menschen erfüllen.«[108]

Hrym-Ahrimans Reich beginnt also in unserer Zeit. Die Götterdämmerungszeit ist heute.

Von Süden kommt der andere Widersacher, Surtur, mit flammendem Schwert gefahren: »Da kommen Muspels Söhne hervorgeritten. Surtur fährt an ihrer Spitze, vor ihm und hinter ihm glühendes Feuer. Sein Schwert ist wunderscharf und glänzt heller als die Sonne.«[109] Surtur, der Herr dieser Schar, zu der auch Loki gehört, ist der Fürst der südlichen, heißen, feurigen Urwelt Muspelheim. Loki ist sein Nachkomme.

Wenn die Menschen den dramatischen Schilderungen der Götterdämmerung lauschten, erstand vor ihren Seelen das Bild der gegensätzlichen Widersacher: feuersprühend mit leuchtendem Schwert die Surtur-Loki-Luzifer-Wesenheit auf der einen Seite, von der anderen Seite kommend die Verhärtung bringende Hrym-Ahriman-Wesenheit im Nagelschiff. Wir sehen: Die Geistschau der germanischen Seher war erstaunlich klar und genau. Sie sahen den kämpfenden und umkämpften Menschen.

Die Zukunftsaufgabe Odhins

Offen bleibt die Frage, welche Aufgabe Odhin, der Erzengel höchsten Ranges, nach der Götterdämmerung übernimmt. Odhins Weg war, wie wir es nannten, der Wolfsweg. Er hatte die Menschen in die Erdentüchtigkeit zu führen, wobei das

Höllenfahrt Christi, Taufstein aus Gotland, Schweden, um 1200

Hauptziel die Entwicklung eines freien, starken Ich war. Odhin opferte sein Auge der Hellsichtigkeit, damit die Menschen durch ihre Erdensinne belehrt werden konnten. So schwand den Menschen die Hellsichtigkeit, und die Götterdämmerung setzte ein. Durch alle Lieder der Edda leuchtet aber die Verheißung des Friedensbringers, des Christus. Die Schulung zum starken Ich sollte die Möglichkeit vorbereiten, den Christus mit dem menschlichen Ich in die selbstbewusst gewordene Seele aufzunehmen. Da Geistwesen, wie Rudolf Steiner betont, immer ihrer einmal ergriffenen Aufgabe treu bleiben, können wir folgern, dass dies auch für Odhin zutrifft: Er dient auch weiterhin der Entwicklung des Menschen, damit dieser fähig wird, Christus aufzunehmen.

Durch Rudolf Steiner erfahren wir, dass Odhin sich auf der alten Atlantis in der »lichtflüssigen« Materie verkörpern konnte. In der nachatlantischen Zeit wurde Odhin der Führer der verschiedenen germanischen Völker. Zunächst geschah dies unter der Obhut des bedeutenden keltischen Erzengels. Im Laufe der Zeit kamen die einzelnen germanischen Völker unter die Führung verschiedener Erzengel. Um keine Leidenschaften zu erwecken, deutet es Rudolf Steiner nur an, dass der führende Erzengel Odhin dann weiter aufstieg. »Aus der Summe jener Erzengel ging hervor der Archai, der führende Zeitgeist unserer fünften Kulturepoche der nachatlantischen Zeit.«[110] Dies geschah aber erst nach der Schulung des germanischen Volksgeistes durch den römischen Zeitgeist und den griechischen, der später zum Führer des exoterischen Christentums wurde. »Diese beiden waren die Erzieher jenes Erzengels, welcher die germanischen Völker führte, … der sich dann zum Zeitgeist der fünften nachatlantischen Kulturperiode emporhob.«[111] In der Zeit, als der Erzengel Odhin alle germanischen Völker führte, fand sich immer wieder eine hehre Persönlichkeit, die ihre Leibesglieder so weit geläutert hatte, dass sie ein Gefäß für den Gott Odhin bilden konnte. Wir erfahren mit Erstaunen, dass diese hehre Persönlichkeit der spätere Gautama Buddha war. »Es kann durchaus einen Menschen geben, der seine drei Leiber so weit geläutert hat, dass er nun ein Gefäß ist einer höheren Wesenheit. Und so wurde Buddha ein Gefäß für Wotan [Odhin]. Dieselbe Wesenheit, die Wotan genannt wurde …, die trat als Buddha wieder auf.« Sicher war Odhin auch weiterhin verbunden mit Gautama Buddha, der, in seinem Astralleib (Nirmanakaja) wirkend, dem Christus auf seinem Erdenweg stets hilfreich zur Seite stand und steht. Beide, Odhin und Buddha, sind Wegbereiter für den Christus.

Was aber wurde aus dem nordischen (deutschen) Volksgeist Odhin weiterhin? Es kann vermutet werden, dass sein zuvor beschriebener Aufstieg mit der Neuzeit begann, da dieser an den des Erzengels Michael gekoppelt ist, wie sich noch zeigen wird. Das Streben dieser beiden hohen Geistwesen geht dahin, das Denken der Menschheit zu spiritualisieren. Beide werden aber in ihrem Streben behindert durch den ägyptischen Archai, der in die Völker einen mehr oder weniger starken Hang zum Materialismus bringt. »Und mit Michael im innigen Bunde steht das, … was wir den deutschen Volksgeist [Odhin] nennen …« Es wirken zwei Kräfte: »Michael und der deutsche Volksgeist, die durchaus im Einklange sind, und denen es übertragen ist, den Christusimpuls gerade in unserer Zeit zum Ausdruck zu bringen, wie es dem Charakter unserer Zeit entsprechend ist.«[112] Der deutsche Volksgeist wird jedoch die volle Kraft, Michael in seinem Streben als Arché zu helfen, nur dann erreichen können, wenn er die Unterstützung von genügend Menschen findet, die das, was er durch die Götterlehre der Edda keimhaft in seinen Völkern angelegt hat, aufgreifen und mit den geisteswissenschaftlichen Erkenntnismöglichkeiten durchdringen. »Daher kommt auch die große Bedeutung, welche dieses Verständnis der [nordisch-germanischen] Mythologie hat für die weitere Fortentwicklung dieses Erzengels [Odhin], der allerdings die Anlage in sich hat … aufzusteigen zu dem Range eines Archai.«[113] Das, was zuvor so sicher klang, nämlich, dass Odhin zum Zeitgeist bereits aufgestiegen ist, wird durch diese Aussage Rudolf Steiners wieder in Frage gestellt. Dieser Widerspruch regt dazu an, sich so einen Engel-Aufstieg nicht als einen einfachen Schritt auf eine ranghöhere Stufe vorzustellen, sondern als einen opfer- und mühevollen Prozess. Ist es nicht erschütternd zu denken, dass wir durch die Beschäftigung mit der Edda für Odhin die Grundlage bilden können, durch die er Michael hilfreich zur Seite stehen kann? Sicherlich warten beide sehnsüchtig auf diesen, unseren Einsatz. Vielleicht kann dadurch auch ein wenig das Unrecht ausgeglichen und geheilt werden, das durch die Ausrottung der germanischen Götterlehre durch Karl den Großen und deren Missbrauch durch die Nationalsozialisten dem Volksgeist angetan wurde. »Die germanische Mythologie ist in ihrer Art, wie sie ausgebildet worden ist aus der Anlage des Erzengels heraus, in ihren Bildern am bedeutsamsten ähnlich dem, was nach und nach als das geisteswissenschaftliche Weltbild für die Menschheit erwachsen soll. Es wird sich darum handeln, wie jene Anlagen werden können, die einstmals ein Erzengel mitgebracht hat in die Welt, wie sie werden können, nachdem dieser Erzengel die Erziehung des Christus-Zeitgeistes genossen hat. Diese Anlagen werden zu einem wichtigen Gliede im führenden Zeitgeist werden können, wenn in der richtigen Weise im späteren Alter der Volksentwickelung verstanden wird, dasjenige auszubilden, was diese Volksentwickelung als Anlage in einem früheren Zeitalter enthält.«[114]

Da die nordische Mythologie »in einer imaginativen Form wunderbar anknüpft an alles, was wir in erkenntnismäßiger Gestalt herausholen können aus der geistigen Forschung unserer Gegenwart«, erhofft Rudolf Steiner sich sogar eine Befruchtung der Geisteswissenschaft durch ein neues Verständnis der nordischen Mythologie: »Das ist nun auch einer der Gründe, warum wir hoffen dürfen, dass jener Volksgeist, jener Erzengel, welcher seine erzieherische und führende Tätigkeit über dieses Land hier erstreckt, mit dem, was er als seine Anlage im Laufe der Jahrhunderte entwickelt hat, durchdringen wird dasjenige, was moderne Philosophie, moderne Geistesforschung genannt werden kann, und dass von da aus diese moderne Geistesforschung eine im volkstümlichen Sinne gehaltene Befruchtung erlangen wird.«[115]

10 Widar – der schweigende Gott

»Wer Widar in seiner Bedeutung erkennt und ihn in seiner Seele fühlt, der wird finden, dass im zwanzigsten Jahrhundert den Menschen wieder die Fähigkeit gegeben werden kann, den Christus zu schauen.«[116] Mit dieser Aussage weist Rudolf Steiner auf die enge Beziehung hin, die zwischen dem so genannten ›Schauen des Christus im Ätherischen‹ und dem Erkennen und Erfühlen des Geistwesens Widar besteht. Es soll daher im Folgenden versucht werden, ein Verständnis für Widars Aufgabe zu gewinnen. Die Edda wird uns, indem wir ihre Bilder sprechen lassen, dazu den Schlüssel geben, und zugleich wird auch ein Licht auf die wenigen, aber bedeutsamen Aussagen Steiners hierzu fallen.[117]

Was erzählt die Edda von dem Gott Widar?

Widar ist der geheimnisvollste Gott der Edda, der auch als der Schweigende bezeichnet wird, da er als Einziger bei einem Gastmahl (Ägisdrecka) schweigend und unbescholten bleibt. Allen anderen Göttern wirft Loki trotz heftiger Widerrede unbarmherzig ihre Verfehlungen vor. Nur an Widar gibt es nichts zu rügen. Er ist ohne Fehl.

Das dreifache Bild Widars in der Edda

In der Edda finden sich nur noch drei weitere Berichte von Widars Wirken. Es wird sich zeigen, wie treffend und tiefgründig diese Bilder sind: Zuerst wird uns von Widar berichtet, dass er im Gegensatz zu den anderen Göttern, die jeder eine prächtige Halle ihr Eigen nennen, nur ein Stück grünes Land besitzt.

> *»Mit Gesträuch begrünt sich und hohem Grase*
> *Widars Land Widi.«*[118]

Widar wohnt also in der freien Natur, im pflanzlich-unschuldigen Wachstumsgebiet. Man könnte sagen, er lebt im Lebenskräftebereich.

Das zweite Bild zeigt uns Widars Wirken während der Götterdämmerung. Er tritt als Rächer seines Vaters Odhin in seiner überragenden Stärke in Erscheinung:

»Widar heißt einer, der auch der schweigende Ase genannt wird. Er hat einen dicken Schuh und ist der stärkste nach Thor.«[119]

Woher Widar die Stärke hat, wird deutlich, wenn man erfährt, dass seine Mutter die den Asen wohlgesonnene Riesin Grid ist, die einst Thor aus einer Verlegenheit half, indem sie ihm ihren eigenen Stärkegürtel und -stab auslieh. Sie verfügt über ähnliche Kräfte wie Thor selbst.[120] Widars Vater ist der Sprachgott Odhin, der die Menschen um der Ich-Erstarkung willen in die Erdentüchtigkeit, auf den so genannten Wolfsweg führte.

Den Kampf der Götterdämmerung wird allein Widar überleben. Er wird siegreich gegen den Wolf kämpfen, indem er dessen Lügenmaul, das vom Himmel bis zur Erde reicht, aufreißt. Die Kraft und die Fähigkeit zu dieser gewaltigen Tat hat er durch seinen Schuh, von dem in der Edda Folgendes berichtet wird:

»Der Wolf verschlingt Odhin und das wird sein Tod. Alsbald kehrt sich Widar gegen den Wolf und setzt ihm den Fuß in den Unterkiefer. An diesem Fuß hat er den Schuh, zu dem man alle Zeiten hindurch sammelt, die Lederstreifen nämlich, welche die Menschen von ihren Schuhen schneiden, wo die Zehen und Fersen sitzen. Darum soll diese Streifen ein jeder wegwerfen[121], der darauf bedacht ist, den Asen zu Hilfe zu kommen. Mit der Hand greift Widar dem Wolf nach dem Oberkiefer und reißt ihm den Rachen entzwei und das wird des Wolfes Tod.«[122]

Worauf deutet das Bild des Widar-Schuhs, den die Menschen durch ihre kleinen Schuhleder-Opfer stärken sollen?

Abends schlüpft der Mensch aus dem Schuh, morgens zieht er ihn wieder an. Genauso geschieht es mit uns, wenn wir einschlafen und aufwachen. Ein Teil von uns (Astralleib und Ich) entschlüpft beim Einschlafen unserem physischen Leib und dem ihn am Leben erhaltenden Ätherleib, die beide ruhend und unbewusst zurückbleiben. Der Schuh ist also ein Bild für unseren physischen und Ätherleib. Widar muss es um die Stärkung seines Schuhs gehen, der dick und eisenfest werden muss, damit der Wolf überwunden werden kann. Dafür aber braucht Widar die Hilfe der Menschen, eben die Lederstreifenopfer.

Was bedeutet es, dass wir ihm einen Teil unseres »Schuhs« weihen sollen? Da wir von unserem physischen Leib schlecht etwas opfern können, muss es sich um ein Ätherkraftopfer handeln. Wie kann das aussehen?

Wenn das Kind sich etwa bis zum siebten Lebensjahr entwickelt hat, streift es seine mütterliche Ätherhülle ab, und sein eigener Ätherleib wird frei. Fortan sind des Kindes Ätherkräfte nicht mehr vollständig mit dem Aufbau des Leibes

Kapitell von S. Vitale, Ravenna
Von Wölfen umkreist erscheint zwischen mächtigen Widderköpfen ein schweigendes, in die Ferme blickendes Antlitz. Es könnte Widar sein.

beschäftigt, sondern können teilweise zum Lernen und zum Denkenlernen benutzt werden; das Kind kann in die Schule gehen. Ein Opfer dieser Denk- und Lernkräfte wäre es zum Beispiel, wenn die Gedanken der geistigen Welt zugewandt, geöffnet würden, man vielleicht ein Gebet spricht. Diese Seelenhaltung, dieses Opfer an Ätherkräften stärkt Widar im heutigen Kampf gegen den alles Geistige verneinenden Fenriswolf, der in unserem Ätherleib verdunkelnd und verhärtend wirkt.

Auch in diesem zweiten Bild von Widar geht es also um die Ätherkräfte, allerdings um diejenigen des Menschen und auf einem stark umkämpften Felde.

Nach der Götterdämmerung und dem Sieg über den Wolf schildert die Edda in einem dritten Bild den Beginn eines neuen Zeitalters, in dem der große Erdumgürter allen Frieden bringen wird.

»Da reitet der Mächtige zum Rat der Götter,
Der Starke von oben, der alles steuert.
Den Streit entscheidet er, schlichtet Zwiste,
Und ordnet ewige Satzungen an.« [123]

In dem neuen Reich werden Widar und Wali, ein anderer Sohn Odhins, den Kultus im Heiligtum pflegen:

»Widar und Wali walten des Heiligtums,
Wenn Surturs Lohe losch.«[124]

Die Söhne Odhins wirken im Heiligtum, in dem sich auch die goldenen Bälle der Urzeit wieder finden werden. Ein neues goldenes Zeitalter will beginnen, in dem ein neues Hellsehen möglich wird und die Sprache Odhins zu neuem Leben erweckt werden kann.

Im Bereich dieses Heiligtums werden zwei weitere Wesen leben, die auf geheimnisvolle Weise den Weltenbrand, die Götterdämmerung, überdauern werden:

»Lif und Lifthrasir leben verborgen
In Hoddmimirs Holz.
Morgentau ist all ihr Mahl:
Von ihnen stammt ein neu Geschlecht.«[125]

Die Wesen heißen Leben und Lebensträger, und wir können vermuten, dass es die Asmegir sind, die in der Hel auf Baldur gewartet haben. Sie haben als Lebenskräfte im Pflanzlichen, im Baum, behütet von Mimir, dem Schatzbewahrer (Hoddmimir) und Urweltsänger, nur Himmelsnahrung zu sich genommen und sich so in vollkommener Unschuld erhalten. Es sind die von der Wala in diesem Bild erschauten paradiesischen Ätherkräfte, die, wie Rudolf Steiner erklärt, beim Sündenfall vom Adam-Menschen zurückbehalten wurden, um sie vor dem Zugriff Luzifers und Ahrimans zu bewahren.

Rudolf Steiner nennt sie Klang- oder Wortäther und Lebensäther, die durch Christi Erdenleben den Menschen wieder zugänglich gemacht wurden. Das wird verständlich, wenn wir erfahren, dass in dem nathanischen Jesus diese Kräfte das erste und einzige Mal inkarniert waren, aber von Christus allen Menschen zugänglich gemacht wurden. Im Alten Testament werden diese Kräfte durch den Baum des Lebens ausgedrückt, der Adam und Eva entzogen wird, nachdem sie, verführt durch die Luzifer-Schlange, vom Baum der Erkenntnis gekostet haben. Um den Menschen vor Luzifer zu schützen, wurde etwas von den Ätherkräften der Adamseele zurückbehalten. »Diese Urkräfte der Adam-Individualität wurden aufbewahrt. Sie waren da und wurden aufbewahrt. Sie waren da und wurden jetzt als ›provisorisches Ich‹ dahin geleitet, wo dem Joseph und der Maria das Kind geboren wurde.«[126] Diese reinen Ätherkräfte – Lif und Lifthrasir – werden also zuerst von Mimir und dann im Heiligtum Widars gepflegt und behütet.

In den drei Berichten über Widar geht es stets um die Nähe dieses Gottes zu den Lebens-, den Ätherkräften: In seinem Land Widi finden wir die unschuldigen, natürlichen Wachstumskräfte. Im Kampf mit dem Wolf geht es um die bedrohten innermenschlichen Lebenskräfte; in Widars Heiligtum wird die Verbindung zu den göttlichen Ätherkräften durch die Pflege und Läuterung der menschlichen Ätherkräfte gesucht.

Soweit führt uns die Edda beim Ertasten der Widarwesenheit. Wirkt Widar noch heute?

Odhin, Widar und Gautama Buddha

Widar ist ein Engel und ein Sohn Odhins. Odhin hat als Erzengel durch lange Zeiträume inspirierend auf den späteren Gautama Buddha gewirkt.[127] Außerdem wirkte in Buddha wie in jedem Menschen sein persönlicher Engel. Zwischen diesen drei Wesenheiten, Odhin, dem Engel des Buddha und dem Buddha selbst, muss eine enge Geistverbundenheit geherrscht haben. Der Führung seines Engels hat der Buddha seine herausragende Entwicklung zu verdanken. Es war ein ganz besonderer Engel, wie Rudolf Steiner ausführt, der schon zur Zeit der Sonnenabtrennung (Übergang von der hyperboreischen zur lemurischen Epoche) dem Christus auf die Sonne folgen und dadurch eine für einen Engel ungewöhnlich enge Beziehung zu Christus aufbauen konnte.[128]

Als der Buddha starb, war dieser gewaltige Mensch, da er sein Geistselbst voll entwickelt hatte, auf der Engelstufe angelangt, was bedeutete, dass er sich nicht mehr als Mensch inkarnieren musste.

Was aber geschah mit seinem dem Erzengel Odhin so nahe stehenden Engel?

Rudolf Steiner beantwortet diese Frage, indem er feststellt, dass der Engel eines zum Buddha aufsteigenden Menschen sozusagen frei wird und ins Reich der Erzengel aufrückt. Etwas später fügt er dann hinzu, dass Michael, indem er zum Zeitgeist aufstieg, seine Erzengelstelle frei machte für einen aufrückenden Engel.[129]

Welcher Engel hat die Größe und die Fähigkeit, an die Erzengelstelle Michaels zu treten? Die Ausführungen Rudolf Steiners legen es nahe, anzunehmen, dass der Engel des Buddha als Widar, der Sohn Odhins, anzusehen ist, der, als er von der Führung Buddhas frei geworden war, auf den Platz rückte, der durch Michaels Aufstieg auf einen Nachfolger wartete. Das bedeutet, dass Widar, der seinen Lebensgeist jetzt voll entwickelt hat, nun bereit und fähig sein müsste, einen Teil der Aufgaben Michaels zu übernehmen. Im Vortrag vom 17.6.1910 wird Widar, der als Sohn Odhins eigentlich den Rang eines Engels innehat, von Rudolf Steiner als ein Erzengel bezeichnet. Rudolf Steiner äußert weiterhin die Hoffnung, dass alles geisteswissenschaftliche Streben durch Widar eine Belebung erfahre. »Indem wir uns verwandt fühlen mit der Gestalt des Widar, … hoffen wir, dass dasjenige, was der Grundnerv und die lebendige Essenz alles geisteswissenschaftlichen Wesens sein muss, sich aus jenen Kräften, welche der Erzengel der germanisch-nordischen Welt zu der modernen Zeitentwickelung hinzubringen kann, wird ergeben können.«[130] Der Grundnerv und die lebendige Essenz der Geisteswissenschaft werden durch Michael inspiriert, dessen Ziel die Spiritualisierung des Denkens und die neue Christuswahrnehmung ist. So können die Ausführungen Rudolf Steiners als ein Hinweis verstanden werden, eine Geistverwandtschaft zwischen Michael und Widar zu erahnen.

Diese Entwicklungen haben sich lange vorbereitet, geschehen aber erst in der Gegenwart, da Michael erst 1879 der neue Zeitgeist wurde und somit auch Widar mit seinem Nachrücken etwa 2500 Jahre warten musste (seit Buddhas Tod ca. 500 vor Christi Geburt). Sollte in dieser langen Zeitspanne das Wirken Widars irgendwo zu erkennen sein? Im Zusammenhang mit der Geburt des Jesus Christus spricht Rudolf Steiner ausführlich über die helfenden Taten des aus seinem Nirmanakaja heraus wirkenden Gautama Buddha.[131] Da dessen einstiger Engel, Widar, sicherlich noch eng mit dem Buddha verbunden ist, kann man sich fragen, ob auch er dort wirksam ist und dieses eventuell auch angedeutet wird. Solche Augenblicke im Erdenleben des Christus Jesus, die sogar den Aufstieg Widars vom Engel zum Erzengel erahnen lassen, hat Sergej Prokofieff in seinen Betrachtungen über Widar überzeugend herausgearbeitet.[132]

Widar und Michael

Wird Widar fähig sein, die an den Erzengelrang gebundenen Aufgaben Michaels zu übernehmen? Passen sie zu seiner in der Edda beschriebenen Ätherkräfte-Beziehung?

Ehe wir eine Antwort auf diese Frage finden können, müssen wir uns die Aufgaben Michaels vergegenwärtigen. Michael war seit Urzeiten der Hüter der sogenannten nathanischen Seele, welche die Urjugendkräfte, die reinen Ätherkräfte der Menschen, bewahrte, nachdem sie Adam entzogen worden waren, und die sich im nathanischen Jesusknaben, von dessen Geburt das Lukasevangelium berichtet, inkarnierte. Dieses Hüteramt kann Michael als Zeitgeist nicht mehr innehaben, da er nun keinen unmittelbaren Zugang mehr zu den Ätherkräften hat, während Widar durch die volle Entwicklung seines Lebensgeistes dafür jetzt besonders geeignet ist. In der Edda spiegelt sich diese Fähigkeit Widars in der Beschreibung seines Landes Widi mit den reinen Ätherkräften und in seiner Funktion als Hüter des Heiligtums, in dem die Ätherwesen Lif und Lifthrasil leben.

Eine weitere Fähigkeit und Aufgabe Michaels ist die Verwaltung der kosmischen Intelligenz. In dieser Eigenschaft bekämpfte er die Geister der Finsternis, die er aus der geistigen Welt in die Seelen der Menschen stieß. So wurde vor seinem Aufstieg zum Zeitgeist die himmlische Welt gereinigt, und es entstand die Möglichkeit, dass die neue Geistesoffenbarung auf die Erde strömen konnte. Auf der Erde verdichtete sich jedoch durch Michaels Tat die Finsternis, in die Christus seit dem Beginn des zwanzigsten Jahrhunderts herabsteigt.[133] Michael ist Christi Vorkämpfer auf diesem Weg. »Nun stehen wir … vor dem großen Ereignis der kommenden Zeit, dem Auftreten des Christus in einer ganz besonderen Weise … Ihm aber geht voran … als Kämpfer für die entsprechende Vorbereitung der Menschen zu dem Christus-Ereignis, derjenige Geist, den wir als den Geist Michael bezeichnen, als den Vorkämpfer des Sonnengeistes.«[134]

Michael geht es darum, dem Menschen in aller Freiheit Wege zu weisen, wie er sein Fühlen und vor allem sein Denken vom rein Materiellen lösen und der geistigen Welt öffnen kann, also ein spirituelles, lebendiges Denken gewinnen kann.

Wird der Gott Widar vorbereitet und fähig sein, dieses Streben Michaels zu unterstützen und zu übernehmen?

Durch die Lederzwickel-Opfer ist sein Schuh so stark geworden, dass er den Wolf besiegen kann. Der Ahriman-Wolf will den Menschen das lebendige Denken und Christus-Hellsehen unmöglich machen, indem er den Menschen sehr klug und intellektuell macht und dessen Beziehung zur geistigen Welt allein auf die alten, nun chaotischen Reste des früheren Hellsehens bauen möchte. In dem dunklen Zeitalter, dem Kali Yuga, konnte es kaum anders geschehen. 1899 ist es aber abgelaufen, und eine neue Zeit der Verbundenheit mit der geistigen Welt, mit dem Christus kann für die Erdenmenschen anbrechen. Widar, der fähig ist, den Wolf zu besiegen, wird auch diese Aufgabe Michaels, das neue lebendige Denken zu entwickeln, übernehmen können. »Durch das Kali Yuga hindurch wurden die Kräfte erworben, die die neuen Menschen befähigen sollen, die neue Christus-Offenbarung zu schauen. Diejenigen, welche berufen sind, aus den Zeichen der Zeit heraus zu deuten das, was da kommen muss, wissen, dass die Geistesforschung wieder aufrichten wird die Kraft Widars, der alles dasjenige aus den Gemütern der Menschen vertreiben wird, was als Überbleibsel chaotischer alter Hellsehkräfte verwirrend wirken könnte und der das neu sich heranentwickelnde Hellsehen in der menschlichen Brust, in der menschlichen Seele wachrufen wird.«[135]

Widar wird das neue Hellsehen wachrufen, indem er mit der Hilfe Michaels und der nathanischen Seele in seinem Heiligtum die Äthergestalt schaffen wird, in der sich Christus inkarnieren kann. Die nordisch-germanische Mythologie weiß, »dass die Äthergestalt lebt, in der sich inkarnieren soll dasjenige, was wir wiedersehen sollen als ätherische Christusgestalt … Wer Widar in seiner Bedeutung erkennt und ihn in seiner Seele fühlt, der wird finden, dass im zwanzigsten Jahrhundert den Menschen wieder die Fähigkeit gegeben werden kann, den Christus zu schauen. Der Widar wird wieder vor ihm stehen, der uns allen gemeinschaftlich ist in Nord- und Mitteleuropa. Er wurde geheim gehalten in den Mysterien als ein Gott, der erst in Zukunft seine Mission erhalten wird.«[136]

Widars Zukunftsaufgabe

Diese Zukunft hat begonnen. Widar bildet dem Christus die Äthergestalt, in der er in unserer Zeit den Menschen erscheinen kann. Als Hüter der nathanischen Seele, die ihrerseits die reinen Ursprungs-Lebenskräfte durch die Inkarnation als nathanischer Jesus auf die Erde brachte und die vom Christus ergriffen wurden, will Widar diese kindlich reinen Kräfte, die unbewusst in jedem Menschen schlummern, erwecken. Sind sie erweckt und werden sie vom Menschen durchchristet, so kann Widar aus dieser lebendigen Äthersubstanz für Christus die neue Äthergestalt bilden.

Als Verwalter der Aufgaben Michaels muss es Widar außerdem daran liegen, dass das erweckte Kindliche von klarem, geistoffenem Bewusstsein durchdrungen wird. Rudolf Steiner sagt: »Das Kindliche sollen wir gescheit machen, damit von da aus die anderen Fähigkeiten gescheit werden. Jeder trägt die kindliche Natur in sich, und diese wird, wenn sie rege ist, auch eine Empfänglichkeit haben für die Verbindung mit dem Christusprinzip.«[137]

Dadurch, dass Christus seit dem 20. Jahrhundert in die Menschenwelt herabgestiegen ist, kann eine neue Verbindung zu ihm gefunden werden: »Aber Christus wird da sein; er wird in derselben Sphäre durch sein großes Opfer leben, in der auch Ahriman lebt. Der Mensch wird wählen können zwischen Christus und Ahriman.«[138] Als Vorbote des neuen Hellsehens wird sich ein Gefühl der inneren Nähe zu Christus einstellen. Als ersten Schritt dieses neuen Hellsehens wird sich dem Menschen die Sphäre der Elementarwesen und das Schauen der Ätherleiber der belebten Natur erschließen. In einem zweiten Schritt wird Christus selbst in seiner neuen Äthergestalt erlebbar werden. Der dritte Schritt des neuen Hellsehens wird den Menschen dahin führen, Christus als Führer im eigenen Schicksal zu erkennen.

Sind wir fähig, diese Schritte zu gehen, so sind stets die drei Wesen Michael, Widar und die nathanische Seele daran beteiligt: Die nathanische Seele mit ihren Urjugendkräften und Widar führen uns zum Erleben des Gefühls der Christusnähe und zum Schauen der Ätherleiber der belebten Natur. Widar bildet aus den geopferten Ätherkräften der Menschen die neue Äthergestalt für Christus. Michael und Widar zeigen uns nach dem Kampf mit den dunklen Kräften (dem Fenriswolf) Christus als Herrn des Karma.

So waltet Widar in seinem Heiligtum, nachdem er sich durch lange Zeitenräume darauf vorbereitet hat, zum Erzengel aufzusteigen und die an den Erzengel Michael gebundenen Aufgaben zu übernehmen. Er will uns als heute redender Erzengel hel-

Widar-Säule (?), Pfeiler von Pfalzfeld,
Ende des 4. Jh. vor Chr.

fen, die Sprache zu finden, in der wir Christus Fragen stellen dürfen. »Er [Christus] wird antworten, ja er wird antworten … es ist heute möglich, wenn es nur gesucht wird, dem Christus ganz nahe zu sein, den Christus in ganz anderer Art zu finden, als ihn frühere Zeiten gefunden haben.«[139]

Widar, der Gott der nordisch-germanischen Mythologie, kann als der neue Erzengel angesehen werden, der einen Teil der Aufgaben Michaels übernommen hat. Als solcher ist er einerseits der neue Hüter der nathanischen Seele und der Anreger der Jugendkräfte im Menschen. Andererseits ist er der Förderer des neuen spirituellen Denkens. Aus diesen Kräften schafft er dem Christus die neue Äthergestalt. Er, der einst der Schweigende genannt wurde, hat das Herannahen des »Erdumspanners und Friedenbringers«, des Christus erlauscht. Heute möchte er uns als Sprechender von ihm berichten.

11 Die Externsteine, ein Mysterienort

Die nordisch-germanische Mythologie und die Externsteine

Die Externsteine liegen im südlichen Teil des Teutoburger Waldes, dort wo der Egge-Höhenzug sich aus der ost-westlichen in die nord-südliche Richtung wendet. Mit ihren senkrechten bis zu 40 Meter hoch aufragenden Felsen bilden die Externsteine ein erstaunliches Naturphänomen. Sie bestehen aus dem Osning Sandstein, der an der Luft besonders fest aushärtet. Diese Formation muss für die Menschen seit Urzeiten eine besondere Bedeutung gehabt haben. Dafür sprechen die alten Wanderwege, der von Norden nach Süden führende und der west-östliche Helweg, die sich für eine gewisse Wegstrecke in dem Externsteingebiet vereinigen und sogar durch die Felsformation hindurchlaufen. Wie wichtig den Germanen dieses Gebiet war, zeigt das Wunder der Varus-Schlacht, bei der es den Germanen gelang, die Römer zu schlagen und so ihr Gebiet und ihr Zentralheiligtum vor dem römischen Einfluss zu schützen. Die Aufzeichnungen des 1150 n. Chr. aus Schweden nach Rom wandernden Abtes Nikolas von Munkathvera künden von der im Gebiet der Externsteine gelegenen Gnitaheide, wo Sigfried den Drachen erschlug.

Die Externsteine üben eine geheimnisvolle Wirkung auf die sie betrachtenden Menschen aus, die in tiefster Seele angerührt werden, ohne aber die Ursache jener Ergriffenheit ins Bewusstsein heben zu können. Bei dem Versuch, dieses Geheimnis etwas zu lüften, soll uns die Edda ein Wegweiser sein. Dieser Ansatz bezieht seine Berechtigung aus der Aussage Rudolf Steiners, die deutlich macht, dass im Gebiet der Externsteine ein großes Inspirationszentrum lag, von dem aus die erhabensten Geister ihre Mission ausstrahlten, und dass man sich darüber die Götterwelt, von der die Edda singt, eben Asgard, das Reich der Asen, denken könne.[140] Die Lieder der Edda sprechen vom Götterwerden, das zugleich Menschenwerden ist, von den Einweihungswegen Odhins, die den Einweihungswegen der Menschen vorangehen, dem Wirken Loki-Luzifers und des mehr im Verborgenen bleibenden Ahriman. Überall aber schimmert das Licht der Christuserwartung, der Vorbereitung und Erwartung auf den großen Erdumspanner und Friedensbringer durch.

Zugang zu den Externsteinen von Südwesten

In Bezug auf die nordisch-germanische Mythologie sagt Rudolf Steiner, »... dass es keine andere Mythologie der Erde gibt, welche in ihrem eigentümlichen Aufbau, in ihrer eigenartigen Durchführung ein bedeutsameres oder klareres Bild der Weltenevolution gibt als diese nordische Mythologie, sodass dieses Bild als eine Vorstufe des geisteswissenschaftlichen Bildes der Weltenentwickelung gelten kann«.[141]

Er spricht davon, dass die erhabensten Geister im Inspirationszentrum gewirkt haben. Das Streben dieser Geister war stets, die Weisheit einströmen zu lassen von der Dreigliedrigkeit des Menschen, dessen Ich und von dem Entwicklungsprinzip, dass Götter, Menschen und die ganze Schöpfung umfasst. »Der Mensch ist ein werdender Gott und die Götter sind nichts anderes als vervollkommnete Menschen. Das ist die Grundlage aller Geheimwissenschaft ...«[142] Das Ziel dieser Mysterien war, die Menschen auf das Erscheinen des Christus auf Erden vorzubereiten.

Wir können also erwarten, dass an den Externsteinen höchste Erkenntnismöglichkeiten herrschten. Die Weltevolution und ihre ferngesteckten Ziele wurden gewiss gesehen. Daraus entstanden Erziehungsimpulse, durch die die Menschen dem Erdenziel entgegengeführt werden sollten.

Können wir davon heute noch etwas an den Externsteinen ablesen?

Die Großskulpturen an den Externsteinen

Schauen wir uns zunächst die zusammenhängenden Felsen IV und V an. An ihrer Nordost- und Südwest-Seite finden wir alle Großskulpturen, die offensichtlich durch geringes menschliches Einwirken unter Zuhilfenahme der natürlichen Felsformen entstanden sind.[143]

Nähert man sich von Südwesten, sozusagen von außen, den Externsteinen, so wird man rechts vom Weg von dem Kopf der großen Hindin begrüßt. Darüber zeigt sich der berühmte Wackelstein. Geht man weiter und schaut sich die Felsen IV, V von Nordosten an, so findet der suchende Blick von rechts unten nach links oben aufsteigend die drei Großskulpturen: den Hängenden, die schreitende Frau und den großen Mann mit dem energischen Profil, den sogenannten Rufer.

Diese Skulpturen können sich in einem großen Sinnzusammenhang erschließen, wenn man das ganze dramatische Geschehen des Götterwirkens, wie es in der Edda geschildert wird, im Bewusstsein hat. An den Externsteinen wirkten, wie erwähnt, erhabenste Geister. So kann die Wölva von sich sagen:

> *»Neun Welten kenn ich, neun Äste weiß ich*
> *An dem starken Stamm im Staub der Erde.«*[144]

Die Wala und mit ihr die Eingeweihten überschauten das Werden der Erde und des Menschen durch neun Entwicklungsstufen bis in die ferne Zukunft. Sie blickten zurück bis in die Zeit der ersten Entwicklungsphase, des so genannten alten Saturn. Sie sahen, wie dort der Menschenkeim entstand und diesem die anfängliche physische Grundlage gegeben und damit zugleich die Willenskraft eingepflanzt wurde. Auf der alten Sonne wurde dieser Menschenkeim mit dem Ätherleib, den Lebenskräften, umhüllt und mit dem Gefühlselement begabt, das Rudolf Steiner auch als das innere Weisheitselement bezeichnet. Weiter geht der schauende Blick bis zur Entwicklung der Erde im Bereich des sogenannten alten Mondes. Dort

Felsen IV und V mit den Großplastiken von Nordosten

wird dem werdenden Menschen der Astralleib hinzugefügt und mit diesem das reflektierende Gedankenelement. So war der werdende Mensch, ehe die eigentliche Erdenentwicklung begann, nicht nur mit den frühen Formen des physischen Leibes, des Ätherleibes und des Astralleibes, sondern zugleich mit der Anlage der Seelenfähigkeiten Wollen, Fühlen und Denken beschenkt worden.[145]

Den Weisen, die so gewaltige Zeitenkreise überschauen konnten, musste sich die Frage stellen: Welches ist der Sinn und das Ziel der jetzigen Erden- und Menschenentwicklung? In die ferne Zukunft musste der Seherblick dringen, um das Erdenziel zu erkennen und entsprechende Erziehungsimpulse in das Volk einfließen zu lassen.

Das Erdenziel und die Hauptgötter

Wenn wir Rudolf Steiner folgen, so geht es darum, die einzelnen Seelenfähigkeiten – das Denken, Fühlen und Wollen – in ein Gleichgewicht zu bringen. Der Mensch war bei der Entstehung der Erde noch ein regelloses Gewebe von Denken, Fühlen und Wollen. Auch heute kann jeder bemerken, wie viel Unordnung noch in der eigenen Seele ist. Gelingt es aber, Harmonie in diese Seelenfähigkeiten zu bringen, so entsteht etwas wirklich Neues. Dieses Neue bildet sich geheimnisvoll als viertes Element. Rudolf Steiner sagt darüber: »Es ist dieses Zusammenwirken der Elemente von Denken, Fühlen und Wollen im Innern des Menschen zunächst so, dass dieses eigentliche Innere zur Substanz der Liebe wird. Das ist dasjenige, das man das eigentlich Produktive, das innerlich Produzierende im Erdendasein nennen kann.« [146]

Die Liebefähigkeit, geboren aus dem stets neu zu erringenden Gleichgewicht zwischen Denken, Fühlen und Wollen, ist das Ziel der Erdenentwicklung. Könnte der so genannte Wackelstein (Fels IV) nicht ein sprechendes Bild für dieses labile Verhältnis sein, das stets zu entgleiten droht? Der Mensch der frühen Zeiten, der, um innere Prozesse zu verstehen, äußere Bilder brauchte, konnte daran ablesen, wie fragil und zugleich erstrebenswert das Gleichgewicht ist, denn sonst stürzt der Stein auf den herab, der sich gerade dem Heiligtum nähert.

Wenn der Wackelstein dieses Wahrbild für die Menschen darstellte, so kann man vermuten, dass auch die drei Seelenqualitäten Denken, Fühlen und Wollen sich im Bild präsentieren.

In den Seelen der Menschen lebten die Geschichten der Edda. Vor allem waren die drei Hauptgötter Odhin, Thor und Freyr mit ihren Wirkungsfeldern real erlebte Führer in den drei Seelenregionen. Das ist nicht eng, sondern bildhaft zu verstehen. Welcher Gott für welche Seelenregion steht, soll nun aufgezeigt werden, wobei zu hoffen ist, dass die drei Großskulpturen sich wie von selbst als ein Bild für die jeweilige Gottheit erweisen.

Die zentrale Göttergestalt der nordisch-germanischen Mythologie ist der All-Vater Odhin-Wotan, wie im vierten Kapitel beschrieben. In drei opfervollen Einweihungen hat er den Menschen aus dem Erlauschen der Urklänge das Wort, die Sprache und schließlich die Schrift gebracht. Er ist, wie es die Großplastik zeigt, der leidende, gekreuzigte, vom Speer verwundete Gott, der Führer auf den Einweihungswegen. Es ist ein opfervoller Weg, denn Odhin führt die Menschen immer tiefer in die Verkörperung, Verdichtung. Dabei verzichtet er auf sein drittes Auge, seine Hellsichtigkeit.

Odhin

Thor

Freya

Das höchste Gut ist für die Germanen das berauschende Gefühl der inneren Freiheit. Nur der Mensch, der die alten hellsichtigen Fähigkeiten aufgegeben hat, kann frei werden von der Führung der Götter. Er muss durch seine Erdensinne Weisheit erwerben. »Aber er [Odhin] soll derjenige werden, der in unserer Weisheit Lehrer werden kann, in der Weisheit, die durch die Sinne erobert und durch den Verstand gewonnen wird.«[147]

Auf der alten Sonne wurde das Gefühls- und das innere Weisheitselement veranlagt. Aus des Menschen Mitte strömt, getragen vom Atem, die Sprache. Hier in der Mitte, im Herzen, leidet und freut sich der Mensch. Odhin ruft ihn auf in Leiden und Freuden, in allen Gefühlen, das innere Gleichgewicht zu wahren und nach Weisheit zu streben.

Odhins stärkster Sohn ist Thor, der Gewaltige.[148] Er wurde als der Bringer des Ich erlebt, das zunächst eng an die Sippe, an das Blut gebunden war. Mit der später einsetzenden Individualisierung wuchsen die Gefahren für das Ich durch Egoismen, Triebe und Leidenschaften Deshalb wacht Thor energisch über Recht und Ordnung in seinen Völkern. Zornmütig braust er auf und schreitet sofort zur Tat, wenn es irgendein Unrecht zu tilgen gilt.

Die dritte Hauptgottheit ist Freyr, der Jünglingsgott. [149] Freyr und Freya sind die Götter, die den Menschen zur Erdenreife, also zur Geschlechtlichkeit und zum selbständigen Denken führen. Dieses Denken, so ist ihre Mahnung, darf nicht der Triebhaftigkeit und dem todbringenden materiellen Denken verfallen. Sinnend schaut die Seherin (rechts etwas unterhalb von Thors Gestalt, ebenso wie dieser nach links schauend im Profil) in die für die Menschen so gefährdete Zukunft. Wird es möglich sein, das Denken wieder für das göttliche Licht zu öffnen und wird es möglich sein, das Gleichgewicht zwischen den Seelenkräften Denken, Fühlen und Wollen zu erringen?

Die Menschen, die bis 772 n. Chr., der Zerstörung der Externsteine, zu der Mysterienstätte wanderten, fühlten und erlebten, indem sie die Bilder auf sich wirken ließen, den Aufruf der drei führenden Götter, in dem jeweiligen Seelenbereich Maß zu halten und so zu einer Harmonie der Seelenkräfte zu finden.

Thor, der starke Gott, wirkt in dem Bereich der Seele, dem in der fernen Entwicklungszeit des alten Saturn die Willenskräfte eingepflanzt wurden. Im Anschauen des markanten Männerkopfes über dem großen schmalen Leib fühlte der Mensch sich und sein Volk geprüft und energisch zur Zügelung der Willenskräfte aufgerufen.

In der Bilddarstellung von Odhin, der leidend am Baume hängt, können wir

Die Hirschkuh (Hindin) unter dem Wackelstein

eine Vorschau auf das Golgatha-Mysterium sehen. Es ist der Gott, der den Wortmysterien eng verbunden ist, die im Ätherleib wurzeln. Er ist auch derjenige, der den Weisheitstrank Odhrörir für die Menschen errang. So ist sein Bildnis an den Externsteinen eine zu Stein geronnene Erinnerung an die auf der alten Sonne den Menschen verliehenen Gaben: Der Ätherleib mit den Gefühlsqualitäten und der Möglichkeit zur Weisheit. Beim Betrachten des hängenden Gottes mag in den Seelen der Menschen aus dem Mitfühlen der Impuls erwachsen sein, die Gefühle ›im Zaum zu halten‹.

Das zarteste Götterbild ist das der schreitenden Frau, die als Freya angesehen werden kann. Großes Wissen und die Sorge um die Menschheit lässt sie so verhalten erscheinen. Von ihr geht die Aufforderung aus: Ordne dein Gedankenleben, vergiss nicht, dass du der geistigen Welt angehörst und auf der Erde nicht das intelligente Denken, sondern das lebendige, liebegetragene Denken dein Ziel ist.

Alle drei Bilder lassen den Menschen mit ihrem Aufruf frei. Nur in Freiheit kann in der Seele die Harmonie entstehen, aus der sich die Liebe als Erdenziel gebiert. Ein wahrhaft michaelischer Aufruf!

Eingestimmt für dieses bildhafte Mysterienerlebnis wurden die Menschen durch die sie zuerst begrüßende Hindin, von der nur der hochgereckte Kopf zu sehen ist. Die weiße Hirschkuh oder der weiße Hirsch waren stets das Wahrbild für das zu suchende höhere Selbst des Menschen, wie es z. B. in dem Märchen aus Pommern »Das Schloss der goldenen Sonne«[150] deutlich wird. Die norwegische Tidredsaga berichtet von einer Hirschkuh, die das Kind Sigfried aufgezogen hatte, ehe es zu dem Schmied Mime kam.

Von den Großplastiken der Felsen IV und V ging ein gemeinsamer Aufruf an die Menschen, der etwa so in Worte zu fassen wäre: ›Siehe den Wackelstein. Er zeigt dir, wie labil das Gleichgewicht deiner Seelenkräfte ist. In deinen Seelenkräften wirken die Götter Thor, Odhin und Freyr-Freya. Sie wollen dich stärken im Kampf um die Harmonie zwischen Wollen, Fühlen und Denken. Wenn du nach deinem höheren Selbst strebst, wird es dir gelingen und du wirst in dir die Liebesfähigkeit, das Ziel der Erdenentwicklung, wachsen fühlen. Ordne deine Seele, dein Selbst, in Freiheit.‹

12 Das Havamal und der Einweihungsweg an den Externsteinen

Wir haben betrachtet, wie vor der Zeit der Zerstörung der Externsteine im Jahre 772 durch Karl den Großen die Menschen von Südwesten kommend von der »Hindin« den Anruf vernahmen, ihr höheres Selbst zu suchen. Die an der Nordostseite der Externsteine, also quasi innen gelegenen Großplastiken differenzierten diesen Aufruf dahingehend, dass jeder sich durch die in den drei Seelenregionen wirkenden Gottheiten, Odhin, Thor und Freyr-Freya aufgerufen fühlte, Harmonie und Ordnung in der eigenen Seele zu erstreben, um das Ziel des Erdendaseins, die Liebe, zu erlangen. Der Wackelstein ist ein Bild für das stets bedrohte Gleichgewicht in der Seele des Menschen.

Mit ihrer empfänglichen, zur inneren Ordnung aufgerufenen Seele mögen die Menschen sich nun den auf der anderen Seite des Weges gelegenen Einrichtungen der Externsteine zugewandt haben. In innerer Scheu mag ihr Blick auf das Bildwerk ›der großen Säule‹ gefallen sein, von dessen Zerstörung Karls Chronisten berichten. Sie soll sehr hoch gewesen sein und wurde Irminsul genannt. Die Menschen mögen geahnt haben, dass mit dieser Weltsäule ein Bild vom geheimnisvollen Einweihungsweg, der an den Externsteinen geübt wurde, offen vor ihre staunenden Augen und ihre erschauernde Seele gestellt wurde: ein offenbares Geheimnis.

Von der so genannten Rednerkanzel am Fuß des Turmfelsens her erklangen dann die zu erlauschenden offenbaren Geheimnisse, die wunderbaren, bildreichen Götter- und Heldenlieder, die in der Edda gesammelt sind.

Aussagen Rudolf Steiners zufolge hat das Reich der Asengötter, Asgard, wie schon erwähnt über dem Gebiet der Externsteine gelegen. Durch die Einweihung konnten die Führer der nordisch-germanischen Völker aus jenem Götterreich Kunde erlangen und sie in vom Stabreim durchpulsten Liedern den Menschen verkünden. Diese erlebten unmittelbar die Bedeutung für die eigene Menschwerdung, die hinter jedem dargestellten Götterschicksal aufleuchteten. Sie erspürten das Wirken der Götter in ihrer Seele. Sie ließen sich erschüttern und erfuhren so eine Läuterung.

Von Göttern geführt, von Göttern umgeben und durchdrungen, so empfanden sie ihr Menschsein. Noch Tacitus bewundert die Gottergebenheit der nordisch-germanischen Völker. Götter- und Heldenlieder erklangen von der Rednerkanzel,

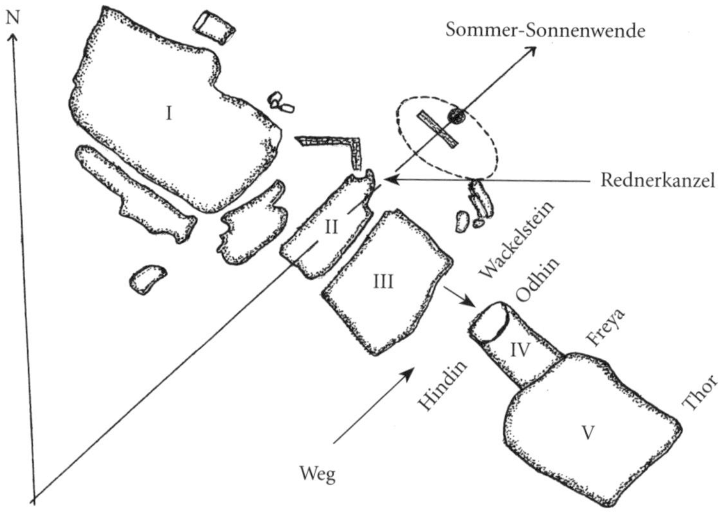

I Grottenfelsen, II Turmfelsen, III Treppenfelsen,
IV und V Felsen der Großplastiken

aber auch Lehren für das alltägliche Leben: wie man sich als Gast oder Gastgeber zu verhalten hat, wie Frauen gegenüber u. ä. Die Menschen hatten das Bewusstsein, dass Odhin selbst ihnen diese Lehren erteilte, wie es im Havamal, dem Lied des Hohen, deutlich wird.

Die vier Teile des Havamals

Das Havamal besteht aus vier Teilen. Im ersten Teil werden die »nützen Lehren« gegeben, dann folgen einige Strophen (104–110), in denen Odhin seine eigene Schuld beklagt, die er Günlöd, einer goldenen Riesentochter gegenüber auf sich geladen hat, indem er sie um den heiligen Trank Odhrörir betrog. Dieser Teil bildet die Trennlinie zwischen den öffentlichen, für das Volk gedachten Worten und Liedern und dem geheimen Teil für die Einweihungsschüler. Indem Odhin harte Kritik an sich selbst übt, durchschreitet er das Tor zum Einweihungstempel, an dem stets das ›Erkenne dich selbst‹ gefordert war. Wie bei allen Schritten der Einweihung geht Odhin als Gott und Einzuweihender den Menschen voraus.

Rednerkanzel

Nach dieser Prüfung, dem Durchschreiten des Tores folgt im Havamal das Loddfafnir-Lied. Ein Jüngling berichtet von dem, was ihm vom Rednerstuhl her verkündet wird. Dabei wird er selbst zwölfmal mit Loddfafnir angesprochen.

> *»Das rat ich, Loddfafnir, vernimm die Lehre,*
> *Wohl dir, wenn du sie merkst.«*[151]

Es folgen wieder, wie vor der Selbstanklage Odhins, ›nütze Lehren‹. Den Schluss des Liedes bildet eine Runenbelehrung.

Der Name Loddfafnir lässt uns aufhorchen. Fafnir ist der Drache, den Siegfried besiegte, und in dessen Blut er badete. Dieses Bad verleiht ihm die wunderbare Fähigkeit, die Sprache der Vögel zu verstehen und fast unverwundbar zu sein. Unser Jüngling wird also als »lodernder Drache« angesprochen. Unbemerkt sind wir in das Gebiet der Mysterienschüler hinübergewechselt, derer, die zur ersten Einweihungsstufe vorbereitet werden. Vor dieser ersten Stufe steht das »Erkenne dich selbst«. Nun muss der Schüler, nachdem er seine Seele in Selbstbeherrschung und Furchtlosigkeit gestählt hat, dazu fähig werden, sich in alle Dinge der toten und belebten Natur einzuleben. Er muss gleichsam eins werden können mit allen Dingen und Wesen. Genauso muss er sich in die eigene niedrige Natur begeben. Er muss die drachenhaften Kräfte in sich erleben, sich in sie einleben, um sie zu erkennen und dann zu besiegen. So wird er selbst zum Drachen, ähnlich wie Siegfried, der unter den Drachen kroch und in seinem Blut badete. Ist der Schüler auf dieser Stufe des inneren Weges, so ist es berechtigt, ihn als Drachen, also Fafnir oder Loddfafnir, anzusprechen. Besiegt der Mensch aber den Drachen, so kann dieser durchlichtet werden, und dem Menschen göttliche Offenbarungen vermitteln.[152]

Der erste Teil des Havamals richtet sich an das Volk, dem allgemeine Lebensregeln gegeben werden. Mit Odhins Selbstanklage im zweiten Teil überschreiten wir die Schwelle zum Einweihungsbereich. Mit dem Loddfafnir-Lied, dem dritten Teil, sitzen wir bereits unter den Adepten, und mit dem folgenden Runenlied, dem vierten Teil sind wir mitten im Einweihungsgeschehen. Es geht also eine Trennungslinie durch das Havamal, die den ersten öffentlichen von dem geheimen dreiteiligen Bereich der Einweihung trennt.

Die Trennungslinie

Die Trennungslinie lässt sich auch an den Externsteinen ablesen. Die Sonnenstrahlen bilden sie, wenn sie genau zur Sommersonnenwende durch das runde Loch des Turmfelsens in die Höhenkammer fallen. Verlängert man sie, so liegen auf dieser Linie die Rednerkanzel und der Aschenschacht, in dem man den Standort der Irminsul vermuten kann. Auf der einen Seite der Linie liegt das Gebiet für das Volk mit den Großplastiken, wo man die Möglichkeit hatte, den Liedern und Reden, die vom Rednerstuhl erklangen, zu lauschen und das Bildwerk der Irminsul auf sich wirken zu lassen, auf der anderen das Gebiet der Adepten und Hierophanten.

Was sagt uns die Edda über dieses Gebiet, und was sehen wir dort an den Externsteinen? Kann eins das andere ergänzen und veranschaulichen?

Das Runenlied und die Schritte der Einweihung

Im Havamal erklang als vierter Teil das bekannte Runenlied. Es hat eine ganz andere Sprache als die vorangehenden Lieder. Das ist verständlich, denn dort berichtet Odhin von seinen erschütternden Einweihungserlebnissen.[153]

Diese Zeilen sind ein Meisterwerk der gedrängten Kürze. Es drückt sich darin eine dreifache Einweihung exakt aus, wie auch Rudolf Steiner sie beschreibt. Sogar eine vierte Einweihung, der »Tempel der höheren Erkenntnisse«[154] wird im Runenlied angedeutet.

Die ersten zwölf Zeilen des Runenliedes besingen die Probe, die die erste Phase der Einweihung abschließt (Feuerprobe). Indem die Schüler die ganze niedere Natur, Begierden und Leidenschaften, in sich erfahren und erkannt haben (den Zustand des Fafnir-Seins), tritt diese niedere Natur wie eine Wesenheit vor sie hin. Man nennt diese abgelöste Wesenheit den ›Hüter der Schwelle‹. Das ist ein zutiefst erschreckendes Erlebnis, dem der Schüler nur gewachsen ist, wenn er zuvor Mut und Furchtlosigkeit erübt hat. Diese Phase der Einweihung nennt man auch Höllenfahrt, Kreuzigung oder das Hängen am Holz. »Der Mensch wird gekreuzigt in seinem eigenen Leib, weil der ihm so gleichgültig ist wie ein äußeres Kreuz, an das er festgenagelt ist. Hat der Mensch diese Stufe überwunden, dann steigt er höher hinauf. Er ist dann weise geworden.«[155]

Genau diese Erfahrung schildert Odhin, der, in einem reifen Menschen verkörpert, als Hierophant die Einweihungswege an den Externsteinen inauguriert. Deshalb sagt er:

> *»Vom Speer verwundet, dem Odhin geweiht,*
> *Mir selber ich selbst …«*[156]

Er ist der, dem man sich weihen muss, will man die Stufen der Odhinmysterien erklimmen. Zugleich ist er der Erste, der diese Einweihung vollzogen hat, er an sich selbst.

Es ist ein opfervoller Weg. Odhin ist vom Speer verwundet, hängt neun Nächte am windigen Baum, dem heiligen Holz, ohne Nahrung und Trank. Er sinnt auf Runen und lernt sie seufzend. Der, der sie ihm beibringt, ist Mimir, der weise Urweltsänger. Es sind neun Hauptlieder, durch die der, der durch die erste Probe gegangen ist, Fähigkeiten erwirbt: Weisheiten und Zauberkräfte wie zum Beispiel die Macht, Fesseln zu lösen, Sturm und Feuer zu bannen oder Wunden zu heilen.

Rudolf Steiner beschreibt, dass für die, welche die erste Stufe der Einweihung erreicht und den Hüter der Schwelle überwunden haben, die Sinneswelt durchsichtig wird und sie Zugang zum Wesen der Dinge erlangen, d. h. sie beeinflussen, also zaubern können. Bei Siegfried wird es so ausgedrückt, dass er die Sprache der Vögel versteht. Der Schleier, der dem sinnlichen Anschauen das Wesen der Dinge verhüllt, ist wie in einem Verbrennungsprozess verschwunden. Diese erste Probe wird daher auch die Feuerprobe genannt.

Ist an den Externsteinen die Feuerprobe als reales Erlebnis für den inneren Schritt vollzogen worden? Mit Gewissheit lässt sich das nicht sagen; es liegt aber nahe anzunehmen, dass eine solche Prüfung in der »Feuergrotte« vollzogen wurde. Diese Feuergrotte bildet einen schmalen Gang (ca. 65 cm breit) zur Hauptgrotte im Felsen I. In ihr sind erwiesenermaßen durch lange Zeiten heftige Feuer entfacht worden, wodurch die 3 bis 4 Meter hohe Kuppel über dem Gang entstanden ist. Die Feuer müssen hier in der Zeit von etwa 1500 bis 700 v. Chr. mit bis zu 400°C gelodert haben. (Es ist unwahrscheinlich, dass sie für Einäscherungen dienten, da diese Bestattungsform weder bei den Germanen noch bei den Kelten bekannt war.) Die auf den Zugang der Feuergrotte weisende lebensgroße Figur wird allgemein als Petrus bezeichnet. Sie wirkt unfertig oder überarbeitet. Nur der Kopf tritt vollplastisch hervor, hat aber kein Gesicht, sondern nur ein erschreckendes Loch und einen angedeuteten Vollbart. Durch folgende Aussage Rudolf Steiners kann man ein Verständnis für diese seltsame Gestalt gewinnen. In der

Die so genannte Petrusgestalt

lemurischen Zeit richtete sich das reptilartige Menschenwesen auf. Es »... wurde eine nach vorn ganz offene Kopfbildung sichtbar, aus der eine feurige Wolke hervorquoll. Das hat die Veranlassung gegeben zu der Erzählung vom Lindwurm ... Der Hüter der Schwelle, die niedere Natur des Menschen, erscheint gewöhnlich auch in einer derartigen Gestalt. Es ist die niedere Natur mit der offenen Kopfbildung.«[157]

Es ist denkbar, dass die Adepten im Lauf ihrer ersten Probe an diesem ›Hüter der Schwelle‹ (dem Petrus) vorbei mussten, wobei sie die Schrecken der Höllenfahrt in dem Loch gespiegelt sahen, um dann die Feuerprobe zu bestehen; das heißt, sie mussten sich durch ein wirkliches Feuer, oder durch einen glühend heißen Raum stürzen. Wie viel Mut und Selbstüberwindung mag das vom Schüler erfordert haben.[158] Selbstvertrauen, Mut und Seelengröße waren das Ziel dieser Probe.

Die Feuerprobe bedeutete den Abschluss der ersten Einweihungszeit, in deren Verlauf das Erlebnis des Hängens am inneren Kreuz, die Höllenfahrt, durchlebt wurde. Nach der Feuerprobe sind für den Schüler die Schleier, die vor seinen Sinnen lagen, verbrannt. Nun ist er weise geworden: Er kann das Wesen der Dinge schauen und ist somit runenkundig, zaubermächtig. Er beherrscht die neun Hauptlieder.

Der weitere Verlauf der Einweihung, wie sie in Odhins Runenlied geschildert wird, drückt sich in den folgenden zwei Zeilen aus:

> *»Und trank einen Trunk des teuern Mets*
> *Aus Odhrörir geschöpft.«*[159]

Dies ist der Met, den Odhin in Gestalt einer Schlange von der Riesentochter raubte. Der Met durfte nicht bei den Riesen bleiben, denn er ist wahrhaft »teuer«: Wer von Odhin erwürdigt wird, einen Schluck davon zu trinken, wird ein Dichter oder Weiser.

Rudolf Steiner schildert, dass der Schüler auf dem zweiten Einweihungsweg seine geistigen Fähigkeiten so weit entwickeln muss, dass er nicht nur das Wesen der Dinge sieht, sondern gleichsam in das innere Wesen der Dinge eindringt. Er kann dadurch die Beziehung der Wesen zueinander erkennen. Das gleicht dem Lesen einer übersinnlichen Schrift. So lernt er die Kräfte, die in der Welt wirksam sind, kennen. Man sagt, der Schüler trinke aus dem Weisheitsbecher, oder bezeichnet ihn als Schlange, weil die Schlange das Symbol der Weisheit ist.[160] Bei der Probe, welche diese zweite Phase abschließt, muss der Adept beweisen, dass er ganz aus

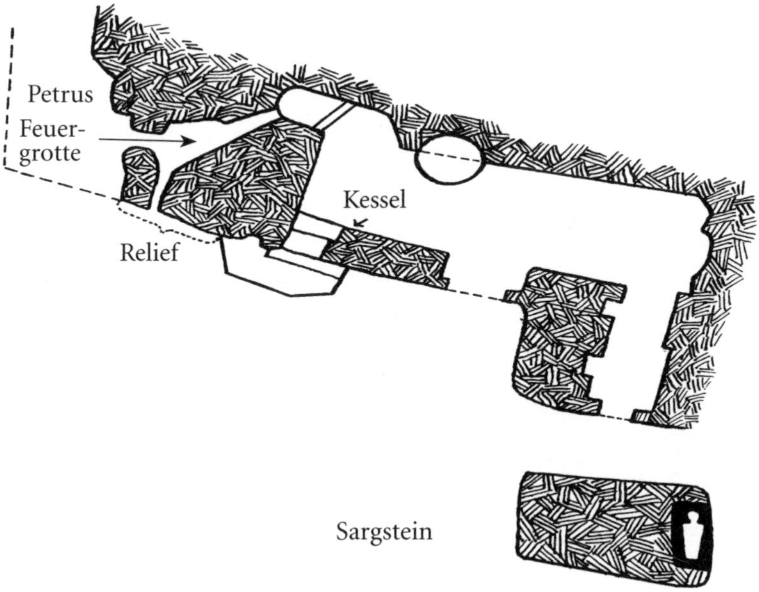

Die Grotte und der Sargstein

dem Bewusstsein der höheren Welt heraus zu handeln fähig ist. Alle äußeren Stützen fehlen; man fühlt sich wie im tiefen Wasser. Daher wird die zweite Probe als Wasserprobe bezeichnet. Selbstbeherrschung und klare Urteilskraft sind die Ziele dieses Einweihungsschrittes.

Auch für dieses Erlebnis finden wir an den Externsteinen einen Anhaltspunkt. Ist der Schüler glücklich dem Feuer entronnen, so gelangt er in die Hauptgrotte (Felsen I), in deren Fußboden auf der linken Seite ein kesselartiges Becken ausgemeißelt ist. Hier mag die Wasserprobe vollzogen worden sein.

Der dritte Schritt der Einweihung Odhins besteht nach Rudolf Steiners Aussagen in dem ›Augenopfer‹. Odhin hat sich, nachdem er durch die vorherige Schulung die Weisheit der Vergangenheit erworben hat, nun zu derjenigen Quelle begeben, aus der die Weisheit der Gegenwart fließt. Er soll der Lehrer der Gegenwartsweisheit sein, »der Weisheit, die durch die Sinne erobert und durch den Verstand gewonnen wird«[161]. Die Erdensinne sollen ganz erwachen. Dafür muss sich aber das übersinnliche, das dritte Auge schließen, es muss geopfert werden. Odhin wird zu einem denkenden, wirkenden Erdenbürger.[162]

Grotte in Felsen 1 mit Wasserbecken

Auf dieser Stufe lernt der Schüler, eins mit dem Wesen der Welt zu werden. Kein Ziel ist mehr fühlbar. Der Schüler muss ganz aus sich heraus den Weg finden. Nur in sich selbst kann er noch einen festen Punkt greifen. Er hängt sozusagen in der Luft. Die Probe wird daher als die Luftprobe bezeichnet. Geistesgegenwart und das Finden des höheren Selbst ist das Ziel dieses Einweihungsschrittes. Vielleicht ist der sehr kleine, hochgelegene Raum ohne rechten Zugang der Ort dieser Probe gewesen (Felsen I).

Der Tempel der höheren Erkenntnisse

Jeder dreiteilige Einweihungsweg bereitet den Schritt in den ›Tempel der höheren Erkenntnisse‹ vor.[163] Ob in Ephesus, Eleusis oder Hybernia, überall ging es darum, das Urklingen zu erlauschen und zu erkennen, dass der Mensch als Mikrokosmos aus dem Urwort gebildet ist. Man nannte es auch das »Schauen der Sonne um Mitternacht«. »Derjenige, der wirklich eingeweiht ist, lernt die Sonne um Mitternacht wahrhaftig schauen, denn in ihm ist das Materielle ausgelöscht.

Das Felsengrab

Nur die Sonne des Geistes lebt in seinem Innern und überstrahlt alle Dunkelheit der Materie.«[164] Weiterhin schildert Rudolf Steiner diesen Vorgang folgendermaßen: »Und der Schüler fühlte allmählich wie wenn er mit seinem eigenen Leibe als einer Hülle das Weltengeheimnis [den Logos; G.J.], das aus seiner Brust tönt und im Sprechen lebt, umschließen würde … Und jenes Weltengeheimnis, das in den ersten drei Versen des Johannesevangeliums liegt.«[165] Im Prolog des Johannes-Evangeliums heißt es, dass im Urbeginne das Wort war und in ihm das Leben, das zum Licht wurde. Im Runenlied Odhins[166] finden wir einen Anklang daran. Man kann es etwa folgendermaßen übersetzen und verstehen:

»Das Urraunen wirst du finden und Urworte,
Sehr starke Worte,
Sehr mächtige Worte.
Der Urweltsänger erlauschte und formte sie, Götter schufen sie.
Aus ihnen bildete der hehrste der Herrscher die Erdenschöpfung.«

Sonneneinfallsloch

Da an den Externsteinen höchste Mysterien gepflegt wurden, können wir dort auch entsprechende Einrichtungen erwarten. Das drei Nächte lang währende Liegen im Felsengrab mag den Adepten zur Aufnahme der Wort- und Lichtmysterien fähig gemacht haben. Welch gewaltiger Eindruck muss es für den so Vorbereiteten dann gewesen sein, zur Zeit der Sommersonnenwende den ersten Lichtstrahl der aufgehenden Sonne in den damals engen, dunklen Raum hoch oben im Turmfelsen (Felsen II) fallen zu sehen! Goethe hat es noch gefühlt: »Die Sonne tönt nach alter Weise …« Der Urklang, das Wort des Urbeginnes wurde hörbar. Es wurde zum Leben, es ward das Licht, und das Licht schien in den dunklen Höhenraum, das sog. Sacellum (Fels II). Auch das Menschenwort speist sich aus diesem Ursprung.

Wir sehen, dass in dem nordisch-germanischen Gebiet, an den Externsteinen, höchste Mysterien gepflegt wurden: Logosmysterien, Christus-Erwartungs-Mysterien.

13 Das Vermächtnis der irischen Künstlermönche

Das Wirken der irischen Mönche in Germanien

Deutlich ist in der nordisch-germanischen Mythologie die Erwartung des Friedensbringers, des Erdumspanners, des Christus zu entdecken. Man kann verfolgen, wie das einstige hellsichtige, ganz dem Kosmos hingegebene Wanen- oder Baldurbewusstsein der Menschen, das in den Sonnen- und Mondenmysterien der Druiden gepflegt wurde, langsam verdämmert. Zunächst wirkte Odhin, die Hauptgottheit der Germanen, innerhalb dieser Strömung, dann aber (etwa 1500 v. Chr.) brachte er, vom Schwarzen Meer her kommend,[167] einen neuen Impuls in seine Völker, den Merkurimpuls, der eine erste, anfängliche Intellektualisierung bewirkte.

Es stellt sich nun die Frage, wie das Christentum, als es in jene durch die nordisch-germanische Kultur vorbereiteten Gebiete drang, dargeboten und aufgenommen wurde. Wir haben aus der Zeit der Völkerwanderung bis ins Mittelalter sehr wenig schriftliche Kunde. Es zeichnet sich aber ab, dass es zwei Strömungen gab, von denen jede auf ihre Art versuchte, den Menschen das Christentum nahezubringen. Die eine leitet sich von den heiligen hybernischen Mysterien her. Einst hatten die Druiden, die keltischen Eingeweihten, die Germanen erzogen. Nun wanderten irische Mönche in kleinen Gruppen als Nachfolger der Druiden befriedend und das Christentum lehrend durch Nordeuropa. Ihre Kraft und Weisheit zogen sie aus den altirischen Sonnenmysterien, in denen Christi Erdengeburt und -wirken geistig miterlebt werden konnte. Auf die mündliche Kunde der Christusereignisse waren sie somit nicht angewiesen. »Etwas breitete sich von Hybernia über Europa aus, was nicht rechnete in Bezug auf die Erleuchtung mit Weisheit auf sinnliche Anschauung …«[168]

Diese Strömung erstarkte, als der Ire Columbanus (543–615) mit zwölf Mönchen das Festland betrat und ihm immer neue Mönchsgruppen folgten. Da diese Strömung an das alte, noch in Resten lebendige Mysterienwissen der germanischen Völker und deren Erwartung des Christus, des Friedensbringers anknüpfte, bedurfte es keiner Gewalt, um das Christentum zu verkünden. Die Mönche konnten aus eigenem Erleben glaubhaft versichern, dass der lang erwartete Befreier Baldurs, der Todüberwinder, wirklich erschienen sei. In wunderbaren imaginativen Bildern konnten sie die geistig erlebten Wahrheiten vor den Seelen der Menschen erstehen lassen. Ihr Ziel war die spirituelle Durchseelung der Menschen.

Diese Strömung lebte zunächst auch am Hof Karls des Großen (742–814), da dieser dort die gebildetsten Menschen Europas, allen voran den Angelsachsen Alkuin, versammelte.

Bald aber erstarkte eine zweite Strömung, die auf dem Umweg über Rom aus dem Orient kam. Sie hatte kein Verständnis für die irischen Mönche. Sie »rechnete mit der immer mehr und mehr über die Menschheit hereinbrechenden, bloß auf den Verstand und die Sinne hinzielenden Begabung, wo da gewirkt wurde mit dem, was als historische Erinnerung vorhanden war von äußerlich sichtbaren, äußerlich erlebten Ereignissen«[169]. Diese Strömung, die den »Heiden« das Christentum mit dem Schwerte aufzwang, verdrängte die irischen Mönche.

So verdämmerte das Verständnis für die wunderbaren imaginativen Bilder, die von Hybernia herübergekommen waren, und so erstarb auch die hybernische Kunst, die »darauf ausging, das Geistige, das Spirituelle unmittelbar durch die Kunstmittel zu verwirklichen«[170]. Diese Kunst wurde aus der erlebten kosmischen Wahrheit heraus gefühlt und gestaltet. Sie brauchte das Sinnlich-Anschauliche nicht zum Modell. Ihre Bildinhalte berühren den heutigen Betrachter, sind seinem intellektuellen Verständnis jedoch weitgehend verschlossen. Ist man aber darauf aufmerksam geworden, so findet man in den frühen mittelalterlichen Bildwerken manch ein Beispiel für diese imaginative, »wirklichkeitsfremde« Kunst. Sie kann uns ein Zeugnis eines verdrängten Christentums sein, das an die uralt-heiligen Wurzeln der keltisch-germanischen Mysterien anzuknüpfen fähig war.

Als Beispiele sollen hier das Tympanon von Elstertrebnitz, (südlich von Leipzig, 9.–11. Jh.) und das Tympanon vom Westportal der Altstadtkirche St. Martin zu Pforzheim (13. Jh.) angeschaut werden.

Diese Reliefs, außen oberhalb des Portals angebracht, begrüßen von weit her den Kirchgänger. Es sind also Schwellenbilder, die den Weg von draußen nach drinnen begleiten. Aus der Naturverbundenheit, wie sie in den heiligen Eichenhainen gepflegt wurde, geht der Mensch in den Innenraum zu den Christusmysterien. Diesen Übergang von den alten zu den neuen Mysterien in Frieden zu vollziehen, lehrten die irischen Mönche die Menschen durch Wort und Kunst. Für sie war das Christentum eine Fortsetzung und Erfüllung der alten Mysterien.

In die Ausgestaltung der Tympanonfelder sind alte Weisheiten, alte imaginative Bilder eingeflossen, die ganz im Sinne der keltisch-germanischen Mysterien vom Erlöser als einer geistigen Wesenheit künden und wenig Rücksicht auf sinnliche oder geschichtliche Tatsachen nehmen.

Das Tympanon von Elstertrebnitz

Schauen wir uns das Tympanon von Elstertrebnitz an.[171] Das Bild lässt uns an dem sehr selten dargestellten Moment des Ostergeschehens teilnehmen, wo Christus gerade siegreich aus dem Grabe hervorbricht. Sein Auferstehungsleib ist gegen die Leiber der Erdenmenschen, die ihm zu Seiten stehen, groß, gewaltig, breit und herrlich. Dadurch wird die ganz andere Qualität und Machtfülle dieses Leibes deutlich.

Ganz links im Zwickel ist ein Sonnenrad, das zu dem bärtigen Mann gehört, der durch seine kostbare Kleidung, seine Haltung und den Nimbus als Heiliger ausgezeichnet ist. Selbstbewusst begrüßt er den Auferstehenden im Reich des Geistes. Er jubelt ihm zu im Zeichen dessen, was er in der Hand hält. Es ist die vereinfachte Form des Baumes, der neben ihm steht. Dieser Baum ist in Blatt und Wurzel dreiteilig. Ob es ein Abbild der Esche Yggdrasil und der Irminsul ist? Solche hölzernen Bildsäulen gab es an verschiedenen Kultplätzen im nordisch-germanischen Gebiet. Es waren Bilder für den Stufenweg der Einweihung und die dafür notwendige Seelenentwicklung. Solche oder ähnliche Darstellungen von »Bäumen« sind weit verbreitet. So finden wir in Ägypten z. B. das so genannte Henkelkreuz als Zeichen des Lebens. Auch das Lilienwappen des französischen Königshauses gehört in diesen Formenkreis.

All diese Symbole werden als Lebensbäume bezeichnet im Gegensatz zum Todesbaum, dem Kreuz. In dem Heiligen neben dem Lebensbaum können wir also einen Eingeweihten, der den Irminsul-Weg kennt, einen Priester oder Druiden, vermuten. Sicher hat er oftmals mit dieser Gebärde einen Schüler aus dem dreitägigen Einweihungsschlaf wieder zum Leben gerufen. Er hatte also aus langer Erfahrung die Fähigkeit, der todüberwindenden Auferstehungstat des Christus ein Stück weit mit seinem Bewusstsein zu folgen.

Der Künstler, der noch ein Wissen von den alten nordischen Mysterien gehabt haben muss, wollte mit der linken Tympanonseite etwa Folgendes sagen: »Seht her ihr Menschen, in eurem Bereich ist diese Kirche errichtet worden für Chris-

Tympanon von Elstertrebnitz, 9.-11. Jh., Albertsburg, Meissen

tus, dessen Kommen von den Sehern vorausgeschaut und vorbereitet wurde. Er ist der wahre Todüberwinder, der Erlöser eures Baldur. Seht, wie der Priester Christus zujubelt. Sonnenmysterien werden hier gefeiert, wie es das Sonnenrad anzeigt, und todüberwindende Lebensmysterien, wie es der Lebensbaum symbolisiert.«

Segnend erhebt der Auferstehende seine Hand über dieser Bildseite, von der Harmonie, Verstehen und Jubel ausgeht.

Die weitere Entwicklung des Menschen ist im Bild des Tympanon von links nach rechts abzulesen – wie der Sonnenlauf. So finden wir auf der linken Bildseite sozusagen die Sonnenaufgangsstimmung, auf der rechten die des Sonnenuntergangs.

An der Stelle des Lebensbaumes steht rechts von Christus das Kreuz mit dem Leichnam: der Todesbaum. Der Mensch daneben wirkt mit seinen nackten Beinen wie im bloßen Hemde, also unvollkommen und bedürftig. Flehend erhebt er seine Hände zu dem Buch, das Christus in der Weise über ihm hält, dass dem Betrachter der Handrücken zugekehrt ist. Da strömt kein direkter Segen, da gilt das Buch mit dem Alpha und Omega als Weg. »Ich bin der Anfang und das Ende«, scheint Christus sagen zu wollen, »suche mich über das Buch, über die Wissenschaft und die Erkenntnis.« Damit es über diesen Weg auch keinen Zweifel gibt, ist im rechten Zwickel des Tympanon ein laufender Vogel dargestellt. Der Vogel ist mit seinen scharfen Augen ein Kopf- und Sinneswesen. Es könnte eine wachsame Gans sein, die jedes Ereignis mit lautem Geschnatter anzeigt; ein Bild für die erwachende Intellektualität des Menschen.

Im Tympanon von Elstertrebnitz möchte der Künstler den Beschauern den einzigen Weg aufzeigen, der den einst götternahen Menschen nun aus der Götterferne – der armseligen Nacktheit der Intellektualität – durch das Üben der erwachenden Erdensinne – über das Buch – wieder zur lebendigen Götternähe führen kann. Es ist der Weg, den Odhin seine Völker geführt hat, und es muss so den Menschen aus tiefster Erinnerung verständlich gewesen sein.

Das Pforzheimer Tympanon

Rätselhaft wirkt auf den ersten Blick das Tympanon von Pforzheim.[172]

Hier erscheinen in den Zwickeln, in denen wir zuvor gleichsam Leitbilder gefunden haben, jeweils Knotengebilde. Wir können sie vielleicht als Lebensknoten verstehen, die ausdrücken, wie sich durch allen Zeitenwandel ein Leben zum nächsten schwingt; eine von der katholischen Kirche unterdrückte Weisheit der Kelten, Germanen und Iren.

Das Tympanon wird überwölbt von einer schönen Pflanzenranke mit Blättern, die nach rechts immer gröber werden, so als ob aus ihnen – wie außen im Sonnenlauf von Ost nach West – die Bildekraft und das Leben schwänden. Sie endet in einem abgesetzten Kreuz in einem Kreis: dem Zeichen des Todes und des zukunftsweisenden sonnenhaften Sieges. Am Scheitelpunkt entsteht eine Zäsur.

Die untere Umrandung des Tympanon zieren vierzehn Sterne in Quadraten. Ein Stern ist durch seine Einfachheit, ein schräges Kreuz, herausgehoben. Er trennt die anderen Sterne in Neuner- und Vierergruppen. Ob damit die heilige Neun (3 x 3) der keltisch-germanischen Weisen und die Vierzahl als Erdensymbol gemeint sind? Denkbar wäre, dass mit dem hervorgehobenen Kreuz auf den Zeitpunkt der Christgeburt hingewiesen ist.

Der schnauzbärtige Mann in der Mitte wird meist als Christus verstanden. Das wäre eine sehr ungewöhnliche Darstellung, zumal der Kreuznimbus fehlt. Geht

Tympanon vom Westportal der Altstadtkirche St. Martin

man von dieser Annahme aus, so lassen sich die anderen Figuren kaum erklären. Schaut man unvoreingenommen auf dieses einmalige Kunstwerk, das früher den Besucher von weither begrüßte, da der Turmvorbau erst später hinzugefügt wurde, so ist man erstaunt und befremdet von den ungewöhnlichen Bildern. Geht man aber von der Prämisse aus, dass es sich um die Darstellung einer Imagination, einer Geistschau, handelt, so beginnt die ganze Komposition zu sprechen.

Als weiteren Schlüssel können wir die am Tympanon von Elstertrebnitz gewonnenen Erkenntnisse anwenden: Die Darstellung betrifft den Übergang von den alten zu den Christus-Mysterien, von links nach rechts zu lesen, wobei die Tiere für Seelenqualitäten stehen.

Der Mann in der Mitte erinnert mit seiner sorgfältig geordneten Haartracht an einen keltischen Gott oder Eingeweihten (vgl. den Kessel von Gundestrup). Als ein solcher weist er sich außerdem durch die Betonung des Kehlkopfes aus; es könnte ein Druidenhalsring sein. Das Erringen der Kehlkopf- bzw. der Wortmysterien war in allen Völkern das höchste Ziel. Der herrliche, von einem schwingenden Kreuz umgebene Sonnenkreis weist den Bärtigen darüber hinaus als in höchste

Sonnenmysterien Eingeweihten aus. In Gestalt von Flammen erscheint die heilige Dreizahl über ihm. Wir haben es also mit der Geistschau eines Sehers zu tun.

Von der linken Seite schaut uns ein mächtiger Löwe treuherzig an. Seinen Schwanz hat er um den Hinterleib geschlagen; er will uns nichts tun. Er will nur ein Bild sein für die alten sonnenhaften, löwenstarken Lebens-Ätherkräfte, die ein natürliches Hellsehen ermöglichten. Auf seiner Brust sitzt allerdings ein kleiner Vogel, der an ihm pickt und dadurch seine Lebensfülle schmälert. Der Löwe erträgt es; es muss so sein. Aber das Bewusstsein der Götternähe schwindet dadurch allmählich.

Auf der rechten Bildhälfte ist der Vogel zum großen, kräftigen Hahn geworden. Er erweckt den Menschen zum hellen, tagwachen, intelligenten Bewusstsein der Moderne. Er ist es auch, der den Menschen zum eigenverantwortlichen Erkennen aufruft. Das wird im Evangelium deutlich, wenn dort geschildert wird, dass Petrus vor dem Hahnenschrei Christus dreimal verleugnet.

Jede Selbsterkenntnis, jede Sinneswachheit bedeutet aber einen Sterbeprozess, was mit dem Kreuz angedeutet ist. Dadurch verdämmern die einstigen sonnenhaften Lebenskräfte. Der Löwe ist darum klein geworden und liegt an der Kette. Mit diesen gefesselten Ätherkräften ist ein Schauen der Götter nicht mehr möglich. So ist des Menschen Ätherkraft arm, sein Bewusstsein aber hellwach geworden. Die Bildaussage entspricht also der des Tympanon von Elstertrebnitz.

Was dort das Buch mit seinem Alpha und Omega als Zukunftsimpuls und als Zukunftshoffnung bedeutet, ist hier das Gebilde, das unter dem Schwanz des Hahns und über dem Kopf des Löwen wie rotierend aufleuchtet: das Sonnenkreuz. Es ist so gebildet, wie früher die Oblaten als Leib Christi ausgeformt wurden. Wir können an Widukind, den Heerführer der germanischen Stämme, den erbitterten Gegner Karls des Großen, denken, der in der erhobenen Oblate den lebenden Christus erkannte und sich daraufhin mit seinem ganzen Heer taufen ließ.

Die beiden Kunstwerke zeigen uns auf eindrückliche Weise, wie die iro-germanischen Seher das Christusereignis und den Christusimpuls als Erfüllung der alten Mysterienziele erleben konnten und die Menschen an der Schwelle von draußen nach drinnen auf den Bewusstseinswandel im Laufe dieses Entwicklungsweges hingewiesen haben. Den Künstlern kam es nicht auf äußere geschichtliche Realitäten an. Ihr Ziel war es, das Geistige, das Spirituelle unmittelbar durch die Kunstmittel zu verwirklichen.

Da die Tympani an Kirchen angebracht sind, können wir daran ablesen, wie die irischen Künstler-Mönche und die örtlichen Baumeister zu gewissen Zeiten in Germanien friedlich zusammengearbeitet haben. Im Fall des Tympanon von

Pforzheim ist hervorzuheben, dass die Baumeister der jetzigen Kirche aus dem 13. Jahrhundert sogar bereit waren, das Tympanon des Vorgängerbaues, das sicher nicht in ihren Bilderkanon passte, aufzunehmen.

Bilder haben für den Menschen schon immer eine suggestive Kraft gehabt. Sie können den Menschen bis ins Innerste anrühren. Entstehen diese Bilder jedoch in der eigenen Seele, aus der eigenen Schaffenskraft wie z. B. durch das Erfassen der Lieder der Edda oder durch das Nachbilden von Kunstwerken im Innern, so fühlt der Mensch eine tiefe Befriedigung. Er selbst ist zum Schöpfer geworden. Dieses Schöpfertum ist aber nur die Vorbereitung, die Vorstufe zu einem neuen Denken, dessen Intellektualität durch die Herzenskräfte der belebten Seele ergänzt wird.

Wird dieses gleichsam durchwärmte und doch klare Denken errungen, so wird nach der Zeit der Gottlosigkeit, der Zeit der Götterdämmerung, die neue Welt des Weltumspanners, des Friedensbringers, die in der Edda besungen wird, erstehen:

»Da seh ich auftauchen zum andernmale
Aus dem Wasser die Erde und wieder grünen …
Die Asen einen sich auf dem Idarfelde,
Über den Weltumspanner zu sprechen, den großen …
Da reitet der Mächtige zum Rat der Götter,
Der Starke von oben, der alles steuert.
Den Streit entscheidet er, schlichtet Zwiste,
Und ordnet ewige Satzungen an.«[173]

Teil 2

1 Die Götter der Edda und ihre Aufgaben

Die eindrucksvollen, bildhaften Schilderungen der Edda zeigen, wie lebendig die nordisch-germanischen Völker ihre Götter erlebten. Deren Geist-Erscheinungen waren für sie so unmittelbar und so konkret, dass sie ihr Wesen und ihre Taten einfach auf dem Astralplan ablesen konnten. Sie verstanden ihre Götter als Glieder der im ganzen Kosmos und im Menschen wirkenden Engelhierarchien. Da jede Engelgruppe besondere Fähigkeiten und Aufgaben hat, soll hier der Frage nachgegangen werden, wo die Götter der Edda wohl beheimatet sind.

Die Hierarchien und ihr Wirken

Seit jeher werden die Engel in drei Hierarchien unterteilt, deren jede wieder drei Engelgruppen umfasst. So walten in der höchsten, der dritten Hierarchie, die für Menschen unfassbar hohen Geister der Seraphim, Cherubim und Throne, die in den Naturkräften wirken. In der zweiten Hierarchie sind die hehren Kyriotetes, die Dynamis und die Elohim, auch Geister der Form genannt, die im Äther-Sonnenelement leben. Dem Menschen am nächsten sind die Engel der ersten Hierarchie, die als Archai, Erzengel und Engel bezeichnet werden. Sie schaffen in dem, was uns selbst durchwebt und durchlebt. Die schöpferischen Schaffensimpulse wurden und werden, aus unendlicher Weisheit stammend, von einer Engelgruppe zur anderen weitergereicht, um schließlich die Erdenschöpfung zu ermöglichen und ihr zu dienen.

Man kann sich denken, welch schmerz- und opfervoller Weg es für alle himmlischen Geister gewesen sein muss, all ihre reinen Himmelskräfte zur immer festeren Erdenmaterie gerinnen zu lassen. Warum, so kann man fragen, taten sie das?

Das Ziel aller Erdenentwicklung

Hinter allen opfervollen Taten der hierarchischen Geister kann folgendes Ziel vermutet werden: Es sollte als neues Ich-begabtes Geistwesen der Mensch entstehen. Dieser sollte fähig werden, sich als jüngstes und unterstes Glied in die Hierarchien-Ordnung einzufügen. Dafür musste das zunächst nur keimhafte Ich erstarken, frei werden und aus eigener Kraft in sich den Mittelpunkt finden. Im Laufe der Schöpfung waren gleichzeitig auch die Widersacher entstanden, an deren versuchender Kraft das junge Ich lernen sollte, sich zu kräftigen.

Ausgehend von den höchsten Geistern, den Seraphim, strömte seit Urbeginn die unendlich köstliche Substanz der Liebe in die ganze Schöpfung ein. Alle Engelwesen spinnen an dieser weiter, sodass das Netz der Liebe bis zum Menschen gelangen kann. Auf der Sonne ist gewissermaßen der Knotenpunkt dieser Liebestrahlung. »Es haben sich in das von der Sonne ausstrahlende Licht erhabene Wesenheiten mit ihrer Tätigkeit gemischt. Es sind … die Geister der Liebe … Es ist als ob in den Bildern, die von der Sonne ausströmen, etwas von der Kraft sich geltend macht, die der Erdenmensch als Liebe bezeichnet.«[1] Christus spricht es in den Abschiedsreden eindeutig aus: »Diese Worte habe ich zu euch gesprochen, auf dass meine Freude in euch lebe und dadurch eure Freude sich erfülle. Das ist die Zielsetzung, die ich euch gebe: Liebet euch untereinander, wie ich euch geliebt habe.«[2] Das Ziel aller Entwicklung der Erdenmenschen kann demnach auch als das Erstarken der auf einem freien Ich beruhenden, selbstlosen Liebefähigkeit erkannt werden. Gibt es eine Möglichkeit, diesen Vorgang genauer zu durchschauen, und was haben die Götter der Edda damit zu tun?

Der Erdenmensch und seine Seele

In den der Erde vorausgehenden Entwicklungsphasen hat der Menschenkeim mit der Anlage des physischen Leibes auch die des Willens, mit der Anlage des Ätherleibes die des Fühlens und mit der Anlage des Astralleibes die des Denkens geschenkt bekommen. Auf der Erde wurde er dann mit dem Ich-Keim begabt, der in der denkenden, fühlenden und wollenden Seele Wohnung nahm. Es ist die Aufgabe dieses Ich, die noch ganz ungeordneten Seelenglieder zu harmonisieren. »Der Mensch ist zunächst berufen, in seinem Innern das Gleichgewicht zwischen Denken, Fühlen und Wollen herzustellen, wodurch er von sich ausstrahlen und übertragen kann auf die Erde das, was dieses Gleichgewicht ... bedeutet ... Die Taten des Ich in dem Menschen bedeuten nichts anderes als das Schaffen eines tätigen, eines aktiven Mittelpunktes in der Menschennatur ... Das Geheimnis dieser Mission spricht sich dadurch aus, dass durch dieses Zusammenwirken, durch das Gleichgewicht der drei Kräfte tatsächlich produktives Neues wirkt. Es wird dadurch wahrhaft ein viertes Element erzeugt ... das ist das Element der Liebe.«[3]

Im Bilde eines gleichseitigen Dreiecks kann man sich dieses Geschehen verdeutlichen: Jede Dreiecks-Seite entspricht einer Seelenqualität. In der Mitte des Dreiecks ist das auf der Erde zur Seele des Menschen hinzugetretene Ich zu denken, das ordnend und läuternd auf jede Seite einwirkt. Gleichzeitig mit dem Prozess der Harmonisierung der Seelenglieder entwickelt sich die Liebe von der niedersten, ans Blut gebundenen, kreatürlichen Form bis zu der aus dem Ich erstrahlenden Fähigkeit der reinen Liebe. Die Geister, die diese Entwicklung am intensivsten begleiten, sind die Geister der Form (Elohim). »Deshalb muss man die Geister der Form in ihrer Gesamtheit, weil sie die Mission haben, die drei früheren Zustände ins Gleichgewicht zu bringen, zugleich als die Geister der Liebe bezeichnen.«[4] Mit ihnen gemeinsam wirken vor allem als Hüter der Menschenseelen die Geister der ersten Hierarchie, die Erzengel und die Engel.

Wer sind die Götter der nordisch-germanischen Mythologie?

Aus der Bereitschaft der verschiedenen Engelwesen, dem Menschen in seiner Seelenentwicklung hilfreich zur Seite zu stehen, findet man einen Schlüssel zu den sonst rätselhaften und unverbunden nebeneinander stehenden Geschichten der Edda, in denen vom Menschen kaum die Rede ist. Berichtet wird allein von den die Menschen beschenkenden Göttern. Ein besonderer Stellenwert kommt dabei stets drei göttlichen Wesen zu, die in der Edda in drei deutlich unterschiedenen Schöpfungsphasen im Vordergrund stehen. Neben Odhin, der als Hauptgottheit immer genannt wird, werden jeweils zwei andere Götter erwähnt. Wer sind diese Götter und aus welcher Vollmacht wirken sie?

Die erste Schöpfung

Am Anfang des ersten Liedes der Edda, der Völuspa, werden die drei Söhne Börs als die Schöpfer der Welten von Asgard, Midgard und Jotunheim genannt (Vers 4). Sie sind es auch, die den Gestirnen ihre Bahnen zuweisen und damit die Zeiten ordnen (Vers 5, 6). Im Gylfaginning 6 werden ihre Namen genannt: Odhin, Wili und We. Die Schöpferkraft dieser Götterdreiheit übersteigt die Möglichkeit der Engel, Erzengel und auch der Archai, deren Aufgabenbereich im Seelischen liegt. In Odhin, Wili und We können wir daher Engel der zweiten Hierarchie vermuten, da diese über robustere Kräfte verfügen. Ob es sich um Kyriotetes, Dynamis oder Elohim handelt, sei dahingestellt. Nach einer Ruhepause und nach dem Erscheinen der Schicksalsnornen, die die Götter gleichsam zu neuen, das Menschenwerden vorbereitenden Taten auffordern, wird von der Erschaffung zweier Zwergengeschlechter berichtet. Diese haben die Aufgabe, das Wachstum auf der jungen Erde, auf Midgard, zu veranlassen, und damit erst alles Leben zu ermöglichen. Diese Schöpfungsphase wird, ebenso wie die folgenden, durch das Wörtchen ›bis‹ deutlich von der nächsten getrennt.

Die zweite Schöpfung

Die nachfolgende zweite Götterdreiheit, Odhin, Hönir und Lodur genannt, begann ihr Schöpfungswerk in der Zeit, als es darum ging, die noch ganz pflanzenartigen Menschen Ask und Embla mit Seele, Sinn und Bewegung zu begaben. Von Ask und Embla heißt es:

> *Besaßen nicht Seele und Sinn noch nicht,*
> *Nicht Blut noch Bewegung, noch blühende Farbe.*
> *Seele gab Odhin, Hönir gab Sinn,*
> *Blut gab Lodur und blühende Farbe.* (Wöluspa Vers 18)

Die Seele zog mit dem Atem in den Menschen ein, wie es im Alten Testament beschrieben wird. Diese Schöpfertat wird von Jahve ebenso wie von Odhin bezeugt. Sie bedeutet gleichzeitig, dass dem Menschen die Sprachfähigkeit geschenkt wurde. Dafür musste der Körper aufgerichtet und der Kehlkopf umgestaltet werden. Mit der Sinngebung Hönirs ist das Erwachen der Sinne und der Vernunft gemeint. Die Umgestaltung des Blutes hängt auch mit der frei werdenden Bewegung zusammen, wie es in der zweiten Zeile des Verses deutlich wird. Alle Göttergeschenke beinhalteten die Umgestaltung des Leibes mit dem Ziel, diesen Leib mit all seinen Organen zum Ich-Träger werden zu lassen. Es ist zu fragen, von welcher Geistebene aus diese Götter der zweiten Schaffensperiode ihre Taten vollbringen.

Die Sprache gebenden Geistwesen gehören als Geister der Form (Elohim, Gewalten) zu den »... geheimnisvollen Wesenheiten ..., die in gewisser Beziehung den Erzengeln verwandt, aber doch wieder ... vollständig von ihnen verschieden sind, ... dadurch, dass sie viel größere Kräfte anzuwenden vermögen als die Volksgeister selber.«[5] Die Elohim wirken mit den Erzengeln zusammen, können aber, mit ihren robusteren Kräften, tief eingreifen in die menschliche Natur. »Denn was haben diese Geister der Form während des Erdendaseins aus dem Menschen gemacht? Denken sie sich, dass die Menschen zu sich nicht Ich sagen könnten, wenn die Geister der Form nicht das Gehirn geformt hätten zu dem, was der Mensch heute als solches besitzt.«[6] Beeindruckt von all diesen Göttergeschenken, kann man in tief empfundener Dankbarkeit zu diesen hohen Engelwesen aufschauen, die aus Liebe zum Menschen ihre hohe Stufe als Geister der Form aufgegeben haben und als Erzengel wirken. »Ähnliche Erzengelwesen haben wir in den Genossen des Odhin vor uns, in Hönir, welcher die Kraft des Vorstellens verleiht und in Lodur ...«[7] Die in der zweiten Schaffensphase wirkenden Götter der Edda kann man demnach als sehr mächtige, sogenannte abnorme Erzengel verstehen, die doch eigentlich Elohim sind.

Die dritte Schöpfung

Nach der Wandlung des Menschen zum Seelenwesen erscheint vor dem Seherblick der Völva die Esche Yggdrasil (Wöluspa, Vers 19). Diese ist das Bild für das dem Menschen in der dritten Schöpfungsphase zukommende Ich. »Yggdrasil nannte man die Weltesche, in der sich die Weltenkräfte zusammengezogen hatten. Ein Mensch wird abgebildet in dem Moment, wo er sich seines Ich bewusst werden soll, wo aus seinem Innern heraustönen soll das Wort ›Ich‹.«[8] Die Esche reckt ihre Wurzeln zu drei Urweltbrunnen, denen jeweils eine Gottheit der neuen Schöpfer-Triologie zugewiesen werden kann. Es sind die bekannten Hauptgötter der Edda: Odhin, Thor und Freyr, die jeder in einem speziellen Gebiet der Seele des Menschen wirken. Thor, der Gewaltige, im Willen, Odhin im Fühlen und Freyr im Denken. Ihr gemeinsames Ziel ist es dabei, den Menschen in seinem Ich erwachen zu lassen, sodass er dadurch fähig wird, Ordnung in den Seelengliedern zu schaf-

Die drei Hauptgötter mit ihren Attributen: Odhin mit dem Speer, Thor mit dem Hammer und Freyr mit dem Schwert, um 1100, Staatliches Historisches Museum, Stockholm

fen und das hohe Ziel der reinen Liebe nach und nach zu erreichen, wie es weiter oben beschrieben wurde.

Die Frage nach der Geistregion, aus der diese Götter heraus wirken, kann klar beantwortet werden: Es ist die erste Hierarchie der Seelenengel, die der Archai, der Erzengel und der Engel. Schaut man aber auf Odhin, so ist schon deutlich geworden, dass er zwar wie ein Erzengel wirkt, aber eigentlich zwei Stufen höher bei den Elohim zuhause ist. Thor wird von Rudolf Steiner bezeichnet als »... eine Wesenheit, die zwar sehr vorgerückt sein könnte, ... aber verhältnismäßig früh verzichtet hat und auf der Stufe der Engel zurückgeblieben ist ...«[9] Ob Thor eine Beziehung zu den Thronen hat, die in ihrem Wesen ihm so verwandt erscheinen?[10] Welche Opferkraft müssten wir dann in ihm bewundern! Da Njörd, der Vater Freyrs und Freyas, ein Wane ist, und folglich zu den Vegetationsgöttern gehört, haben seine Kinder ein Wanen-Erbe. Somit haben auch diese Zwillinge einen Bezug zu einer höheren Sphäre, die vielleicht in den Wesen der dritten Hierarchie, welche tief in die Erdengestaltung eingreifen kann, zu sehen ist. Die drei Hauptgötter Odhin, Thor und Freyr wirken also auf der Ebene der Erzengel und Engel, können aber sehr wohl einer höheren Hierarchie entstammen.

Die Besonderheit der nordisch-germanischen Mythologie

Innerhalb der Mythologien aus aller Welt nimmt die nordisch-germanische Mythologie eine Sonderstellung ein, da sie in einmaliger Klarheit ein »... Bild der Weltevolution gibt, ... sodass dieses Bild als eine Vorstufe des geisteswissenschaftlichen Bildes der Weltenentwickelung gelten kann.«[11] Diese herausragende Stellung hat sie der von den Göttern bewirkten, besonderen Seelenlage der nordisch-germanischen Menschen zu verdanken. Sie erwachten zu ihrem Ich auf der untersten Stufe der Seelenentwicklung, in der Empfindungsseele. Im Gegensatz dazu waren z. B. die Inder auf einer hohen Entwicklungsstufe, als sie zu ihrem Ich erwachten. Daher schenkten sie dem Ich wenig Beachtung. Dagegen waren für den Menschen des europäischen Nordens »... die Göttergestalten, die unmittelbar an seiner Seele arbeiteten und dasjenige, was er selbst als das sich Herausringen des Menschlich-Seelischen aus dem Kosmischen beobachtete, unmittelbare Anschauung; das war etwas, was er unmittelbar erlebte. Er schaute nicht zurück in der Erinnerung auf die Art und Weise, wie die Seelen sich in die Leiber hineingegliedert haben, er sieht vielmehr als gegenwärtig, was da geschieht. Es ist seine eigene Entwickelung, und er ist mit seinem Ich dabei. Er hat Verständnis dafür bis ins achte, neunte, zehnte Jahrhundert nach Christus. Er hat sich ein Verständnis dafür bewahrt, wie die Seelenkräfte nach und nach sich bilden, sich hineinkristallisieren in den Leib.«[12] Und sie sahen auch deutlich, wie die drei Hauptgötter mit ihren speziellen Möglichkeiten es sich zur Aufgabe gemacht haben, in den drei Seelenregionen ordnend zu wirken, und das noch junge Ich zu stärken. »Er sah das Ich wie eine Gabe an, die ihm aus der geistigen Welt geschenkt wurde.«[13] Die ganze liebevolle Förderung des Ich durch die Götter konnte eine Grundlage schaffen, jedoch nicht bewirken, dass dieses Ich wirklich stark und frei wurde. Dafür musste der Mensch aus der Götterführung entlassen und der Einwirkung der Widersacher preisgegeben werden. Nur in der Auseinandersetzung mit diesen und mit der Freiheit, zwischen Gut und Böse zu wählen, kann das Ich wirklich zu sich erwachen und dem Ziel der eigenen Vergeistigung näher kommen.

Als das alte Hellsehen verdämmerte, wie es im Baldurmythos beklagt wird, ging den nordischen Sehern ein Gedanke von großer Tragweite auf: Sie empfanden die Zeit, in der sie die Götter nicht mehr sehen konnten, als eine Zwischenzeit, die wie eine Schule zu durchleben war. Und sie wussten, dass ihre Götter diejenigen waren, die sie auf das Erscheinen des höchsten Ichs, des Christus, vorbereitet hatten; Christus, der Gott der Liebe, der auch als der neue Baldur erwartet wurde und durch den erst die volle Ausreifung des Ich möglich wurde. Am Ende des Liedes der Völva wird Christus als der Erdumspanner, der Friedensbringer besungen. Tröstend wurde den Menschen auch derjenige verheißen, den sie Vidar nannten, und der ihr Führer auf dem Wege zu einer neuen Hellsichtigkeit sein wird, zur Wahrnehmung des Christus im Ätherischen. In diesem Sinne sind auch die folgenden, bewegenden Worte zu verstehen: »Wenn das Äußerliche heute auch anders aussieht, der Erzengel des germanischen Nordens [Odhin] hat in sich diese Anlage ... dasjenige zu verstehen, was moderne Geisteswissenschaft ist ... Daher werden Sie auch verstehen, wenn gesagt wird, dass die besten Bedingungen gegeben sind gerade innerhalb des germanisch-nordischen Wesens, um das zu verstehen, was ich nur andeutend sagen konnte ... von der Wiederoffenbarung des Christus.«[14]

2 Die Evolutionsstufen der Erde im Spiegel der Edda und die drei Hauptgötter

»So sonderbar ähnlich manche Dinge der germanisch-nordischen Mythologie den Darstellungen der griechischen Mythologie sind, so muss doch gesagt werden, dass es keine andere Mythologie der Erde gibt, welche in ihrem eigentümlichen Aufbau, in ihrer eigenartigen Durchführung ein bedeutsameres oder klareres Bild der Weltenevolution gibt, als diese nordische Mythologie, sodass dieses Bild als eine Vorstufe des geisteswissenschaftlichen Bildes der Weltenentwickelung gelten kann.«[15]

Das obige Zitat Rudolf Steiners besagt, dass die Seher der nordisch-germanischen Völker in ihrer Mythologie ein einmalig klares Bild der Weltenevolution gegeben haben. Daraus entstehen Fragen, denen hier nachgegangen werden soll. Zuerst muss geklärt werden, ob es ein Lied der Edda gibt, in dem dieses bedeutsame Bild der Erdenentwicklung besonders deutlich zutage tritt. Diese Frage ist rasch zu beantworten, denn es zeigt sich am klarsten in dem ersten und ältesten Lied der Vers-Edda, der sogenannten Sämund-Edda. Dort in der Wöluspa (die Wölva spricht) besingt die Wölva, die Seherin, in gewaltigen Bildern das Werden der Erde und des Menschen. Als Zweites muss gefragt werden, auf welcher Stufe der Erdentwicklung die Schau der Wölva beginnt. Als Drittes soll durch den Vergleich mit den Angaben Rudolf Steiners über die Weltenevolution geprüft werden, inwiefern die Bilder der Wöluspa als eine Vorstufe des geisteswissenschaftlichen Bildes der Weltentwicklung gelten können. Auch der im Laufe der Arbeit sich immer deutlicher zeigende Zusammenhang der drei Hauptgötter mit den vorirdischen Evolutionsstufen und den drei Christusopfern in der lemurischen und in der atlantischen Zeit soll berücksichtigt werden.

Die Erdenevolution wurde von den Germanen gleichsam aus der Sicht der Götter geschildert, deren Hauptanliegen die Ich-Entwicklung des Menschen war. So entsteht die paradoxe Situation, dass, obgleich in der Edda vom Menschen kaum die Rede ist, dessen Ichentwicklung stets im Mittelpunkt steht. Es ist daher zu vermuten, dass auch die Wölva dem Ich ihre Aufmerksamkeit zuwendet und es von seinen Anfängen her zu schildern bemüht ist. Wo aber mögen die Anfänge des Menschen-

Ich zu finden sein? »Wer das Ich in seiner Welt kennenlernen will, der muss sich eine Welt vor Augen stellen können, wie der alte Saturn war.«[16] Durch diesen Hinweis auf den Zusammenhang des Ich-Beginns mit der Welt des alten Saturns ergibt sich eine erste Antwort auf die zweite Fragestellung, nämlich die Vermutung, dass in den Bildern der Wöluspa die Erden-Menschen-Entwicklung von solch fernen Zeiten an geschildert wird. Kann aber eine germanische Seherin ein so reines Schauen haben?

Die Wölva, die Seherin

Die Wölva gehört zu den voller Scheu und Ehrfurcht verehrten Seherinnen der Germanen. Als Sprecherin Odhins will sie seine Taten preisen. Von sich selbst sagt sie:

Ich will Walvaters Wirken künden
Die ältesten Sagen, der ich mich entsinne
Riesen acht ich die Urgeborenen,
Die mich vor Zeiten erzogen haben.
Neun Welten kenn ich, neun Äste weiß ich
An dem starken Stamm im Staub der Erde. (Wöluspa, Vers 1,2)

Die Wölva beteuert also, dass sie bis in jene Zeiten zurückblicken kann, in denen die Riesen anfingen zu wirken. Diese werden als die Urgeborenen bezeichnet. Sie treten in der Edda häufig auf und werden mal als allweise, mal als böse Wesen charakterisiert. Man gewinnt ein Verständnis für diesen Gegensatz, wenn man bedenkt, dass diese Riesen-Wesen einst von höchsten Engeln beauftragt worden sind, leib- und materiebildend zu wirken. »Es erscheinen nämlich alle Naturgewalten, die am Leib des Menschen bauen und bilden … vor dem hellseherischen Blick als Riesen.«[17] Die Weisheit, durch die die Cherubim, die Ergießer der Weisheit, im Uranfang die Welt gestalteten, ist gleichsam durch die helfenden Hände der Riesen geflossen und hat diese sozusagen etwas vergoldet. So war es berechtigt, einige Riesen, z. B. Vafthrudnir oder Hymir mit dem goldenen Kelch, als allweise zu bezeichnen, andere aber, wie z. B. den Steinriesen Gungnir, als böse. Bei diesen bösartigen Riesen ahnte man, dass sie in ihrem Materie-Schaffens-Impuls zu weit in die Verfestigung gegangen waren, was die grobe Riesengestalt und den tückischen Charakter zur Folge hatte.[18]

Da die Wölva versichert, dass sie vor Zeiten von Riesen erzogen worden ist, liegt es nahe zu vermuten, dass sie auch bis zum Beginn von deren Wirksamkeit zurückschauen kann. Dafür spricht auch das Bild des Riesen Ymir, der am Anfang der Weltentwicklung erwähnt wird. Die von der Wölva geschauten Bilder sind die auf dem Astralplan erlebten, aus der sogenannten Akasha-Chronik gelesenen Weltentatsachen. Das Lied der Wölva hat fünf Teile: drei vorirdische Entwicklungsstufen, eine vierte Phase, in der das Werden der jetzigen Erde bis zur Götterdämmerung beschrieben wird, und als fünfte Stufe folgt die Verheißung auf eine neue Welt des Friedens, des Christus. Nach Rudolf Steiner kann eine Erkenntnis des kosmischen Christus nur unter der Berücksichtigung der Erden-Evolution gewonnen werden. Da aber in den germanischen Mysterien das Nahen des ›Starken von oben‹, des ›Friedensbringers‹[19] voraus geschaut wurde, müssen die entsprechenden Evolutions-Kenntnisse vorhanden gewesen sein. »Will man den Christus als kosmisches Wesen kennen lernen, erfühlen lernen, so braucht man jene Evolutionsgeschichte, welche das Menschenwerden verfolgt durch die Saturn-, Sonnen- und Mondenzeit hindurch. Da wo das Menschliche im Weltall drinnen ist, da ersprießt einem auch die Erkenntnis desjenigen, was den Christus hervorgehen lassen kann aus dem Weltall.«[20]

Im Folgenden sollen die Schauungen der Wölva den Erkenntnissen der Geisteswissenschaft über die Stufen der Weltenevolution gegenübergestellt werden, um zu prüfen, ob die Bilder der Wölva jenen entsprechen.

Die erste Evolutionsstufe – Der alte Saturn

Die Wölva besingt den Uranfang so:

> *Vor Zeiten war es, da Ymir lebte:*
> *Da war nicht Sand nicht See nicht salzige Wellen,*
> *Nicht Erde fand sich noch Überhimmel,*
> *Gähnender Abgrund und Gras nirgend.* (Vers 3)

Ergänzt durch die Aufzeichnungen der Prosa-Edda ergibt sich folgendes Bild (Gylfaginning 4): »*Manches Zeitalter vor der Erde Schöpfung war Niflheim entstanden; in dessen Mitte liegt der Brunnen Hwergelmir genannt.*« Daraus entspringen in der Folge zwölf Ströme, die langsam zu Eis erstarren und z. T. giftig sind. »*Vorher aber war im Süden eine Welt, Muspel geheißen; die ist hell und heiß, sodass sie flammt und brennt …*« Zwischen diesen so gegensätzlichen Zuständen öffnet sich der geheimnisvolle Abgrund, Ginnungagab geheißen. Es ist der »mit magischen und schöpferischen Kräften erfüllte Urraum«.[21] Dort, wo die Funken aus Muspelheim das Eis aus Niflheim schmolzen, entstand am Rande des Ginnungagab ein Urwesen, der Riese Ymir. In dem Gebiet aber, wo die Luft mild war durch das Feuer von Muspelheim, und das Eis taute, bildete sich die Kuh Audhumla, die Ungehörnte, also die Unverfestigte, die mit ihren vier Milchströmen den Riesen ernährte. Aus dessen Leib entsprossen, während er schlief und schwitzte, neue Riesengeschlechter, die als bösartig bezeichnet werden.

Der von der Wölva besungene Zustand liegt zunächst jenseits der Zeit: *Vor Zeiten war es*, und jenseits des Raumes: *Nicht Erde fand sich noch Überhimmel.* Es gab also nur die Wärme und die Kälte und dazwischen einen Abgrund. Dann begannen Ströme zu fließen. Das sind Prozesse, die in der Zeit ablaufen, die sozusagen strömend sind. Daraus entstanden Ymir und Audhumla.

Der Uranfang in der Beschreibung Rudolf Steiners

Das Nichts

Im Uranfang des alten Saturn ist das abgründige Nichts, das den Menschen, wenn er es erfassen will, mit Schwindel und Schrecken erfüllt. »Ohne … Schauder und Furcht vor der unendlichen Leere des Daseins und der Überwindung dieser Furcht, kann man überhaupt keine Ahnung empfinden von dem, was unserem Weltendasein als das alte Saturndasein zugrunde liegt.«[22] In dieser Welt existiert zunächst weder Raum noch Zeit.

Das Meer des Mutes

Schaut der Hellseher zum Anfang des alten Saturn, so lernt er solche Geistwesen kennen, die ganz aus einem wogenden Meer des Mutes bestehen. Es sind die Throne, die Geister des Willens, die raum- und zeitlos diesen Uranfang durchpulsen. Wer hat sie mit so viel Mut begabt? Eine Antwort auf diese Frage ergibt sich, wenn man den Ich-Keim des Menschen einbezieht. »… wer das Ich in seiner Welt kennenlernen will, der muss sich eine solche Welt vor Augen stellen können, wie der alte Saturn war.«[23] Versucht man sich da hineinzuleben, so fühlt man sich »… getaucht in das Meer, aber jetzt getaucht als geistiges Wesen, welches sich eins fühlt mit der Christus-Wesenheit, getragen von der Christus-Wesenheit, schwimmend … in einem den unendlichen Raum erfüllenden Meere von … flutendem Mute, flutender Energie!«[24] Dieses Meer wird durch die Throne gebildet, von denen man annehmen kann, dass sie ihren Mut aus der Schöpferkraft des Christus empfangen haben. Wie aber kommt ordnende Gestaltung in das Meer des Mutes?

Das Zusammenwirken der Throne und der Cherubim

Wie in einer fernen Wolke ein Wetterleuchten wahrzunehmen ist, so strahlten in das Meer des Mutes aus höchster Geistregion Wesenheiten ihr gestaltendes Weisheitslicht hinein. Man bekommt so »… eine Vorstellung davon, dass hineinspielen in die Hierarchie der Geister des Willens Wesenheiten, welche ganz Weisheit sind, aber eine solche Weisheit, die da hineinspielt strahlend …«.[25] In den Thronen, den Geistern des Mutes, entsteht daraufhin das Bedürfnis, sich ganz diesen Cherubim zur Verfügung zu stellen, und so senden sie ihnen ihre Opfersubstanz, aus der heraus die Zeit geboren wird. »Jetzt kann man anfangen zu reden von etwas, was beginnt … Es werden Wesenheiten geboren, die nur aus Zeit bestehen; das sind die Geister der Persönlichkeit.«[26] »Das ist etwas außerordentlich Wichtiges: teilzunehmen an diesem Opfer der Geister des Willens gegenüber den Cherubim und an der Geburt der Zeit. Denn erst jetzt, indem die Zeit geboren wird, [entsteht] das, was wir die Wärme des Saturn nennen.«[27] »Wenn man den Raum des alten Saturn betreten hätte, so würden wir nicht einmal eine so feine Substanz gefunden haben, die wir als ›Gas‹ hätten bezeichnen können, sondern nur Wärme und Kälte.«[28] Diese Wärme wird von Rudolf Steiner mit dem moralischen, weisheitsvollen Seelenleben verglichen.

Die ordnende Weisheit der Cherubim strahlt formend in die noch ganz immateriellen Menschenkeime hinein, die so die geistige Grundlage, das Formgesetz für den physischen Leib bekommen. »Von den gegenwärtigen vier Gliedern der menschlichen Wesenheit ist der physische Leib das älteste. Es ist auch dasjenige, welches in seiner Art die größte Vollkommenheit erreicht hat. Und die übersinnliche Forschung zeigt, dass dieses Menschenglied bereits während der Saturnentwickelung vorhanden war.«[29]

Zusammenfassung

Die Bilder der Wölva können in ihrer Art als ausgesprochen originell, aber auch als passend für die geisteswissenschaftlichen Erkenntnisse empfunden werden: Aus dem Nichts, dem Ginnungagab, das der schöpferische Abgrund ist, entstehen die Wärme und die Kälte. Aus deren Zusammenspiel bilden sich in einem ersten Zeitenstrom das Menschengebilde Ymir und die nährende Kuh Audhumla. Die entsprechenden Begriffe Rudolf Steiners sind, wenn man sie zusammenfasst: das schöpferische Nichts als Erstes, dann die Wärme, die ebenso wie die Zeit aus dem Opfer der Throne entsteht, und die Anlage des physischen Leibes und des Ich-Keimes des Menschengebildes. Die herrschende Seelenstimmung auf dem alten Saturn ist: Opferwärme.

Die Wesenszüge Thors und der alte Saturn

Vergegenwärtigt man sich das Wirken der Throne zur Zeit des alten Saturn, nämlich das Meer des Mutes, die flutende Energie, die Wärme und die ordnende, moralische Weisheit, so kann man feststellen, dass dieses in erstaunlicher Weise mit den Wesenszügen des Gottes Thor, des Willenshaften, übereinstimmt. Er ist die Gottheit, die feurig und keine Gefahr scheuend die Menschen jederzeit vor den Riesen beschützt, die zwar helfen, den Leib mit der Anlage der Sinne zu bilden, diesen aber zu grob und materiell gestalten wollen. Er richtet den Leib zwischen Himmel und Erde auf, wie man es bei kleinen Kindern so eindrucksvoll beobachten kann. Thor bewirkt auch die Bewegung des Blutes, dem er mit seinem Hammer das ermutigende Eisen hinzufügt und in dessen Wärme er den Ich-Keim sich entwickeln lässt. »Das Ich findet seinen Ausdruck im Blut. Geradeso wie das Blut als materieller Stoff der Ausdruck des Ich ist, so ist die Blutwärme, das Blutfeuer, sozusagen der zurückgebliebene Rest des alten Saturnfeuers, der Ausdruck des Ich in den Elementen.«[30] Sollte Thor, der so eine große Wesenähnlichkeit mit den Geistern des Willens hat, einer der Throne gewesen sein, aber aus unendlichem Opfermut sich zur Stufe eines Engels herabgesenkt haben, um den Menschen bei der Verankerung des Ich bis in das physische warme Blut hinein, und bei der Befeuerung der Seelen mit moralischem Willen und Mut, stets ganz nahe sein zu können? Diese Vermutung lässt die Gottheit Thor, einem der mächtigsten Engel, die es je gegeben hat,[31] in einem ganz neuen Lichte erscheinen. Zu ihm sahen die nordisch-germanischen Völker voll Vertrauen und in tiefer Dankbarkeit auf. Vielleicht ist es auch berechtigt, in Thor einen Geist zu sehen, der dem Christus und der nathanischen Seele bei deren in der lemurischen Zeit vollzogenem ersten großen Opfer hilfreich zur Seite stand, denn damals ging es um die Aufrichtung des menschlichen Leibes, und die Harmonisierung der sich bildenden Sinne.[32] Das betrifft das Gebiet Thors.

Die Spiegelung des alten Saturn auf der Atlantis

Die auf dem alten Saturn veranlagten Qualitäten von Wärme und Kälte finden auf der Atlantis ihre weitere Ausgestaltung und Spiegelung. Die Anfangsbilder der Wöluspa mit Ymir und Audhumla werden von Rudolf Steiner der ersten atlantischen Zeit mit deren kalten Norden und dem warmen Süden zugeordnet. Da in den folgenden Strophen der Wöluspa aber die Erschaffungen der Zeit und des Raumes besungen werden, die in der Geisteswissenschaft dem alten Saturn und der alten Sonne zugeordnet sind, erscheint es berechtigt, diese frühe atlantische Zeit als eine Spiegelung der alten Saturnzeit anzusehen, zumal Rudolf Steiner immer wieder von derartigen Spiegelungen spricht.

Die zweite Evolutionsstufe – Die alte Sonne

Die Schau der Wölva

In den Strophen 4–8 besingt die Wölva eine neue Weltenwerdezeit, die sie mit dem Wort »bis« deutlich von der vorherigen absetzt:

> *Bis Börs Söhne die Bälle erhuben,*
> *Sie das mächtige Midgard schufen.*
> *Die Sonne von Süden schien auf die Felsen*
> *Und dem Grund entgrünte grüner Lauch.*

Wer waren die tatkräftigen Söhne Börs, die so sicher in das Geschehen eingriffen und alles veränderten? Dort, wo die Kuh am salzigen Eis leckte, entstand in drei Tagen ein schöner Mann. Dessen Sohn Bör vermählte sich mit Bestla. Ihre Söhne hießen Odhin, Wili und We (Gylfaginning 7). Diese neue Götterdreiheit opferte als erstes den Riesen Ymir, indem sie ihn in den Abgrund Ginnungagab warf. Aus seiner Substanz gestalteten sie die neue dreiteilige Welten-Raumes-Ordnung: Asgard für die Götter, Midgard für die Menschen und Jotunheim für die Riesen. Auf die neuen Lebenskräfte Midgards wird durch das ›ergrünende Lauch‹ hingewiesen. Weiterhin brachten die Söhne Börs die auf dem alten Saturn geschaffene Zeit mit dem Raum in Verbindung, indem sie der Sonne, dem Mond und den Sternen ihre Umlaufbahnen zuordneten. So schufen sie eine neue Raumes- und Zeitenordnung (Wöluspa, Vers 5,6). Dann übten sie eine leicht zu übersehende Tätigkeit aus: Sie benannten die Dinge und Abläufe und bewiesen so ihre Sprachkompetenz.

Da gingen die Berater zu den Richterstühlen,
Hochheilige Götter hielten Rat.
Der Nacht und dem Neumond gaben sie Name
Under und Abend, die Zeiten zu ordnen. (Wöluspa, Vers 6)

Ohne Anfechtungen lebten die Götter nun in ihrem Reich, in welchem es ihnen an Gold und schönen Dingen nicht mangelte, bis ein neuer Impuls die Schöpfungsphase beendete, in der die Raumesordnung, die Lebenskräfte sowie die Sprachfähigkeit entstanden. Das Wörtchen ›bis‹ setzt wieder die Grenze:

Bis drei der Thursen-Töchter kamen
Reich an Macht aus Riesenheim. (Vers 8)

Die Entwicklung auf der alten Sonne in der Beschreibung Rudolf Steiners

Zusammengefasst und sicherlich auch stark vereinfacht ergibt sich aus der Geisteswissenschaft folgendes Bild der Entwicklung auf der alten Sonne: Zu den auf dem alten Saturn opfernden Thronen und den diese Opfer empfangenden Cherubim treten neue Geistwesen hinzu. Es sind die Kyriotetes, die Geister der Weisheit, deren Haupteigenschaft »… die schenkende, gnadewirkende, gebende Tugend« ist.[33] Sie sind es, die eine Raumesordnung schaffen. »Wie wir von den Thronen gesagt haben: die großen Opferer-, so müssten wir von den Geistern der Weisheit sagen: Die großen Gebenden, die ihre Gabe so Hingebenden, dass dieselbe von ihnen aus das Weltall durchwebt und durchlebt, indem sie einströmt in das Weltall und in dasselbe erst Ordnung hineinschafft. Das ist die Wirkung der Geister der Weisheit auf der alten Sonne.«[34]

Weiterhin beschenken die Kyriotetes den Menschenkeim mit ihrem eigenen Sein auf wunderbare Weise: »... dann beginnen die ... Geister der Weisheit damit, den Äther- oder Lebensleib in den physischen Leib einströmen zu lassen.«[35] Die belebende Kraft kommt der ganzen werdenden Erde zugute. In der Wöluspa heißt es (Vers 4): *Und dem Grund entgrünte grüner Lauch.*

Durch ein weiteres Geschenk der Kyriotetes entsteht die Luft. »Denn überall, wo Luft ist in der Welt, sind die Taten der Geister der Weisheit dahinter. Webende, wirkende Luft heißt Offenbarung der schenkenden Tugend des Makrokosmos.«[36] Im Zusammenhang mit der Luft wird die Sprache angelegt und im Ätherleib beheimatet. Außerdem strömt in den werdenden Menschen mit der Luft Geistiges, sonnenhafte Weisheit hinein. »Wenn Sie Luft spüren, dann müssen Sie sich klar sein, dass diese ein den physischen Körper ganz umgebendes Geistiges ist ...«[37] Die Parallele in der Wöluspa bildet die Benennung aller Dinge durch die Götter (Vers 6).

Ein anderes Geschenk ist den Geistern der Weisheit zu verdanken: Durch die wie ein Opferrauch aus dem Innern der Kyriotetes ausströmende Luft entstanden neue Engelwesen, die Erzengel. Diese fingen die Luft gleichsam auf und strahlten sie zurück als Licht. »Und was da die Ausstrahlung der Geister der Weisheit zurückleitet, das ist das Licht, und damit sind die Erzengel die Schöpfer des Lichtes.«[38] Die Wölva spricht von da an von der Sonne, die auf die Erde schien.

Wie aus einem Mittelpunkt strahlte die Luft in die Umgebung, wo sie von den ringsum wirkenden Erzengeln aufgefangen wird. So entsteht ein erstes kugeliges Raumgebilde. Dadurch, dass das Aussenden und das Auffangen in einer zeitlichen Abfolge geschehen, werden der Raum und die vorher entstandene Zeit miteinander verbunden. So wird im ganzen Weltenwerden eine bedeutungsvolle Harmonie erzielt, indem einzelne Himmelskörper abgesondert werden, und diese in geordnete Umdrehungen zueinander gebracht werden. In der Wöluspa heißt es an dieser Stelle, dass die Götter begannen, »*die Zeiten zu ordnen*« (Vers 6).

Die Gaben der Seraphim

Angeregt durch das entstandene Licht fühlten sich die Seraphim, die Geister der Liebe, aufgerufen, das ›Weltenkind‹, den Menschenkeim, mit der kostbarsten Gabe zu beschenken, der Liebe. »Es haben sich in das von der Sonne ausstrahlende Licht erhabene Wesenheiten mit ihrer Tätigkeit gemischt. Es sind die ...

Geister der Liebe.«[39] Mit diesem Geschenk wurde dem Menschen etwas wie ein Ferment eingefügt, das zwar am Anfang steht, aber dennoch als Ziel die ganze Entwicklung umfasst. »Es ist, als ob in den Bildern, die von der Sonne ausströmen, etwas von der Kraft sich geltend macht, die der Erdenmensch als Liebe bezeichnet.«[40]

Zusammenfassung

Die Verse 4–8 der Wöluspa können als Beschreibungen oder als Bilder der von Rudolf Steiner angegebenen Prozesse auf der alten Sonne verstanden werden. So zeichnen sich die drei Götter, die Söhne Börs, durch ihre gewaltige Schöpferkraft als Wesen der sonnenhaften Ätherwelt aus. Sie haben durch die Erschaffung der drei Welten raumbildend gewirkt. Indem sie diesen Raum mit der Zeit verbanden, entstand Ordnung. Auf der Grundlage von Luft und Licht benannten sie die Dinge und schufen so die Anlage zu einer weisheitsvollen Sprache. Die goldenen Bälle, mit denen sie spielten, können als Sonnensymbole verstanden werden. Versucht man die Seelenqualitäten der Söhne Börs zu benennen, so könnte man ebenso, wie es Rudolf Steiner für die Evolutionsstufe der alten Sonne tut, sagen: Schenkende Tugend ist das Wesen der auf der alten Sonne wirkenden Geister.

Die Wesenszüge Odhins und die alte Sonne

Auf die Frage, welche Gottheit der nordisch-germanischen Mythologie ihre Kraft und Qualitäten aus dem alten Sonnenzustand schöpft, gibt es nur eine Antwort: Es ist Odhin. (Die in der beschriebenen Entwicklungsphase mitwirkenden Götter, Wili und We, werden in der Edda nie mehr erwähnt.) Odhin hat in einem langen, opfervollen Prozess den nordisch-germanischen Völkern ihre weisheitsvolle Sprache geschenkt. Er ist, ebenso wie z. B. Jahwe, ein Sprachgeist, also eigentlich einer der sieben Sonnen-Elohime, die auch Geister der Form oder Gewalten genannt werden. Auf diesen Rang hat er verzichtet, indem er, um der Nähe zu den Menschen willen, auf die Stufe eines Erzengels herabstieg. So war es ihm möglich, den Menschen aus dem Ätherbereich der alten Sonne heraus mit der Sprachfähigkeit zu beschenken. »Die Wesen, die Sprache geben, haben große Kraft, sie sind eigentlich Gewalten.«[41] Odhin ist die Gottheit, die in fortwährender schenkender Tugend den Erdenweg der Menschen begleitet. Man kann auch vermuten, dass er bei der Harmonisierung der Lebensorgane durch das zweite Christusopfer in der frühen atlantischen Zeit ein wichtiger, dieses Geschehen unterstützender Geist war, zumal durch dieses Opfer die Sprache der Menschen veredelt wurde. »Die Unordnung in der Sprachkraft … wurde abgewendet durch das zweite Christus-Ereignis, dadurch, dass sich diese Wesenheit in Ätherhöhe, die später der nathanische Jesusknabe wurde, das zweite Mal durchdrang mit der Christuswesenheit, und dass sie … die Leibesorgane des Menschen so durchdrang, dass der Mensch jetzt fähig wurde, etwas anderes als bloße Empfindungsworte auszustoßen.«[42] Durch den Widersacher, der sich im Ätherleib des Erdenmenschen eingenistet hat, wurde Odhin in den Tod, das heißt in eine Verwandlung gezwungen, die aber als ein Aufstieg zu verstehen ist.[43]

Die dritte Evolutionsstufe – Der alte Mond

Die Schau der Wölva

Die vorhergehende Geistschau war ebenso wie die erste mit dem Wörtchen »bis« abgeschlossen worden. Die Überleitung zur Beschreibung der dritten Erdenwerde-Stufe bildet das Erscheinen der drei Thursentöchter. Da diese auch als die Schicksalsnornen bezeichnet werden, könnte man meinen, dass jetzt die Umbildung des Menschenkeimes zum Schicksalsträger beginnt. Das ist aber nicht der Fall, denn die Schilderung der Wölva nimmt einen anderen Gang. Sie beschreibt, wie die Götter eine Neuorientierung suchen und dann beschließen, die Elementarwesen zu schaffen.

> *Da gingen die Berater zu den Richterstühlen,*
> *Hochheilige Götter hielten Rat,*
> *Wer schaffen sollte der Zwerge Geschlecht*
> *Aus Brimirs Blut und des Blauen Gliedern.* (Wöluspa, Vers 9)

Die Angabe, dass die Zwerge aus dem roten Blut und des Blauen Gliedern (Blains leggjum) erschaffen wurden, weist auf den Weltenanfang mit dem warmen (roten) Muspelheim und dem kalten (blauen) Niflheim hin. So entsteht die Frage: Sollten auf dem alten Saturn schon erste Elementarwesen entstanden sein? Dort sind uns die Riesen als leibbildende Wesen begegnet, die in ihrer Bindung an die Materie auch als Zwerge erkannt werden können. Da die Alfen (Elfen ?) auch als Zwerge bezeichnet werden, ist anzunehmen, dass mit der Erschaffung der zwei Zwergengeschlechter alle Arten von Elementarwesen gemeint sind, was durch die in sechs Versen aufgezählten 75 sehr unterschiedlichen Namen unterstrichen wird.

Wesenszüge des Gottes Freyr

Freyr kann als Herrscher über die Elementarwesen angesehen werden, da er zum Zahnwechsel Alfheim mit den Licht- und den Schwarzalfen geschenkt bekam.

Alfheim gaben dem Freyr die Götter im Anfang
Der Zeiten als Zahngebinde. (Gylfaginning 16)

Auf allen Gebieten, nicht nur durch die zwei Alfenarten, zeichnet sich Freyr als ein Gott der Zweiheit aus: Er wirkt zusammen mit seiner Zwillingsschwester Freya, sein Schiff Skidbladnir bringt den Wechsel von Tag- und Nachtbewusstsein, und sein Eber Gullinborsti ist ein Bild für die mit der Pubertät einsetzende Fruchtbarkeit und das selbständige Denken.

Die Elementargeister in der Charakterisierung Rudolf Steiners

Die Geisteswissenschaft sieht alles, »was aus einem Urzustand des Feuers oder der Wärme hervorgegangen ist auf die Weise, dass es erst Luft oder Rauch oder Gas wurde, indem die Wärme sich zu Gas verdichtete, das Gas zu Flüssigem, das Flüssige zu Festem … Aber mit dieser Verdichtung … ist immer eine Verzauberung von geistigen Wesenheiten verbunden … Womit erreichen es also die geistig-göttlichen Wesenheiten … dass ein Festes entsteht, dass ein Flüssiges, ein Luftförmiges entsteht? Sie schicken ihre Elementargeister, die im Feuer leben, hinunter, sie sperren sie ein in Luft, Wasser, Erde … Diese Wesenheiten, denen wir alles das verdanken, was um uns herum ist, sie haben aus dem Element des Feuers herabsteigen müssen, sie sind in den Dingen verzaubert.«[44] Die Elementarwesen entstanden also zunächst, wie es die Wölva beschreibt, in der Wärme des alten Saturn, wurden dann aber in jeder folgenden Evolutionsstufe in jeweils festere Elemente gebannt, auf dem alten Mond ins Flüssige.

Die Stufe des alten Mondes in der Beschreibung Rudolf Steiners

Die Geister der Bewegung, die Dynamis, ließen auf dem alten Mond aus ihrem eigenen Wesen den Astralleib, den Seelenleib, in das Menschenwesen einströmen. Dadurch bekam dieses erste seelische Eigenschaften. Weiterhin erfährt die Leiblichkeit eine solche Verdichtung, die mit Wasser verglichen werden kann. Gleichzeitig tragen die Mondengeister und die Monden-Menschenwesen noch einen Teil der Saturn- und der Sonnenqualität in sich. »Dadurch ist in die Menschennatur eine Art von Zwiespalt gekommen.«[45] Das hat zur Folge, dass eine Spaltung im Mondensein eintritt und die höheren Geister eine verfeinerte Sonne bilden. Dadurch wird der restliche alte Mond fester, und auch die Wunsch- und Begierdennatur des Menschen wird intensiver. Auch ist der Mensch abwechselnd dem Sonnen- und dem Mondeneinfluss ausgesetzt, was einen Wechsel seines Bewusstseins zur Folge hat. »Diese Gliederung in zweifaches Leben drückt sich in allen folgenden Vorgängen der Mondenverkörperung nun aus.«[46] Eine weitere Entzweiung entsteht durch diejenigen Wesen, die dadurch, dass ihre Opfersubstanz nicht angenommen wurde, sie also Verzicht und Resignation auf die Annahme ihres Opfers leisten mussten, sich zu Widersachern entwickelten. Indem die Menschenwesen in diesen Prozess hineingezogen wurden, entstand zweierlei: der Egoismus einerseits und die Sehnsucht nach dem Sonnenhaften andererseits. In diesem Spannungsfeld liegt eine Freiheitsmöglichkeit für den Menschen. Die Sehnsucht wurde dadurch abgemildert, dass die Geister der Bewegung den Menschenwesen ein neues Bilderbewusstsein zukommen ließen.

Die Seelenstimmung auf dem alten Mond nennt Rudolf Steiner: schöpferische Resignation. Mit ›Resignation‹ ist Verzicht gemeint und mit ›schöpferisch‹ das, was als neue Qualität durch einen Verzicht entsteht. Der Verzicht liegt einerseits auf Seiten der sehr hohen Wesen, die ein Opfer nicht annehmen wollen, und andererseits bei den opfernden Wesen, die sich, da ihr Opfer nicht angenommen wurde, zurückgewiesen fühlen und so zu Widersachern werden. Das Menschenwesen steht in der Spannung dieses Geschehens: Die aus der Resignation erwachsende Sehnsucht nach dem Höheren, dem Sonnensein, erfüllt ihn ebenso wie die Gefühle der Opposition, des Eigenseins. Durch das Bilderbewusstsein kann er aber andere Wesen wahrnehmen und in der Begegnung mit diesen schöpferisch werden.[47]

Zusammenfassung

Die Tendenz der Zweiteilung kann als Charakteristikum des alten Mondes angesehen werden, wie es sich in den Bildern der Edda zeigte. Dort wird es besonders deutlich in dem göttlichen Zwillingspaar Freyr und Freya. Während Freyr in seiner Entwicklung alle Versuchungen eines heranwachsenden Menschen miterleben muss und ein eigenes Denken entfalten kann, verbleibt Freya in der Geistwelt, wo sie die schöne Prinzessin, die reine Jungfrau und die hohe Liebe verkörpert. Sie ist das Bild aller Sehnsucht nach einer Verbindung mit dem sonnenhaften Urgrund alles Seins, durch die die schmerzliche Zweiteilung überwunden werden kann. Durch das dritte Christusopfer am Ende der atlantischen Zeit wurden des Menschen Seelenglieder geordnet. Dadurch erst konnte er mit der Sprache Gedanken äußern und sich mit anderen verständigen.

Die vierte Evolutionsstufe – Die Erde

Die Beschreibung der Wölva

Die eigentliche Erdenentwicklung beginnt in der Wöluspa damit, dass drei Asengötter zwei Wesen am Ufer auffinden, also dort, wo das Wasserreich des alten Mondes endet, und das feste Land beginnt. Diese Wesen sind pflanzlicher Natur, denn sie haben weder Seele, noch Sinn, noch Bewegung oder Blut. Dementsprechend sind ihre Namen: Ask, die Esche und Embla, die Ulme. Sie werden für die neuen Erdenbedingungen von den Göttern umgestaltet und begabt. Es heißt:

> *Seele gab Odhin, Hönir gab Sinn*
> *Blut gab Lodur und blühende Farbe.* (Vers 18)

Gleichzeitig mit der Aufrichtung und der Umgestaltung der Leibesglieder werden die Seelenqualitäten von Fühlen (Seele), Denken (Sinn) und Wollen (Blut) angelegt. Die Namen Hönir und Lodur treten nur an dieser Stelle auf. Sollten diese beiden Götter sich im Laufe der Zeit zu den Widersachern entwickelt haben, die den Tod Baldurs bewirkten, also Hönir zum blinden Hödur und Lodur zum Verführer Loki? Das ist denkbar, denn Hönir schenkt den Menschen das sinnengebundene Denken, das zunehmend den Zusammenhang mit der geistigen Welt verliert und daher dann als blind und ersterbend erlebt wurde. So entwickelte er sich zu Hödur, der als ein blinder Gott dargestellt wird und als eine ahrimanische Wesenheit anzusehen ist. Der Name Lodur bedeutet ebenso wie der Name Loki ›der Lodernde‹. Lodur bringt dem Menschen das warme Blut. Werden in diesem aber die Leidenschaften aufgestachelt, so wirkt der Luzifer des Nordens, Loki, im Menschen. Die Seher der nordisch-germanischen Völker wussten demnach, dass schon seit dem Beginn der Erdenentwicklung mit der Einwirkung der zweifachen Widersacher gerechnet werden musste, und dass diese Einwirkung anfangs durchaus positiv war. In dem mittleren Bereich des Menschen wirkt der Gott Odhin, der mit seinem Odem dem Menschen zugleich mit der Seele die Sprache einhaucht. Die Sprachgeister sind eigentlich Geister der Form, Sonnengeister. »Da treten ... die höheren Wesen, die auf der Sonne wohnen, ein und hauchen ihm die Luft ein.«[48] Mit ihren Sonnenfeuer-Funken beschenkten diese Geister die Menschen mit dem Funken des Ichs, der daher die Sehnsucht nach der Sonne in sich trägt.

Die Esche Yggdrasil taucht als nächstes Bild vor dem inneren Auge der Seherin Wölva auf. Diese Esche wurde als ein Ich-Baum verstanden, der sich im Innern des Menschen ausbreitet, nachdem dieser durch die Gaben der Götter umgeformt worden war. So wurde der Mensch zum Ich-Träger und damit auch schicksalsfähig. Die Nornen, die das Schicksal des Menschen spinnen, wohnen daher unter der Esche Yggdrasil (Verse 19,20).[49] Schicksal entsteht durch Verschuldung, in die auch die Götter hineingezogen werden. So zeigt das nächste Bild die Begegnung der Wölva mit dem gealterten, grübelnden Gott Odhin. Das ist der Beginn der Götterdämmerung, die Schreckliches mit sich bringt (Vers 20ff)[50]. Da erscheinen die beiden Widersacher mit ihrem Gefolge, die Midgardschlange und der Wolf gesellen sich dazu, und die alles verändernde Schlacht beginnt. Die guten Götter ›sterben‹, das heißt, sie werden in eine Verwandlung gezwungen, denn Geistwesen kennen den Tod nicht. Auf dem Schlachtfeld ist es nur Widar, der ›überlebt‹ und den Wolf besiegt. So macht er den Weg frei für den tröstenden Ausblick auf eine neue Welt, in der der Friedensbringer und Erdumgürter (Christus) eine neue Ordnung einsetzen wird, in der auch die ›neuen‹ Götter ihren Platz haben werden.[51] Mit diesem Blick endet die Wölva ihren prophetischen Gesang.

Da reitet der Mächtige zum Rat der Götter,
Der Starke von oben, der alles lenkt.
Den Streit entscheidet er, schlichtet Zwiste,
Setzt Friedensfeier dann fest für immer. (Vers 63)

Die Entwicklung der festen Erde in der Beschreibung Rudolf Steiners

In den vielfältigen und komplexen Angaben der Geisteswissenschaft fällt ein besonderes Gewicht auf folgende Punkte: Das aus der Mondenentwicklung stammende pflanzentierartige Menschenwesen wurde durch Umgestaltungsvorgänge in ein männliches und ein weibliches Wesen zerteilt, das bis in den physischen Leib hinein so umgeformt wurde, dass es ein Ich-Träger sein konnte. Das Ich empfand der Mensch als einen ihm geschenkten Funken aus dem Feuer der Geister der Form. Durch die Ich-Begabung konnte der Mensch eine Selbstständigkeit erringen, die ihn aber durch die Widersachermächte auch angreifbar machte.

Die luziferischen Widersachergeister »brachten dem Menschen die Möglichkeit, in seinem Bewusstsein eine freie Tätigkeit zu entfalten, damit aber auch die Möglichkeit des Irrtums, des Bösen«.[52] Durch Luzifers Tätigkeit gewann auch Ahriman Macht über den Menschen, was zur Folge hatte, dass der Menschenleib und die ganze Erde dichter wurde, was Krankheit, Alter und Tod nach sich zog. Durch das immer bedrängender werdende Todeserlebnis fühlte der Mensch sich zunehmend von der geistigen Welt ausgeschlossen, »denn der Tod ist Ausgeschlossenwerden irgendeiner Weltensubstanz, irgendeiner Weltenwesenheit von seinem eigentlichen Sinn.«[53] Das Todeserlebnis hat nur für den Menschen eine volle Realität. »Nur der Mensch kann eigentlich den Tod wirklich erleben … Der Mensch aber hat sich auf dem physischen Plan sein Ich-Bewusstsein zu holen. Das könnte er ohne den Tod nicht finden. Weder bei den Wesenheiten, die unter dem Menschen stehen, noch bei den Wesenheiten, die höher stehen als der Mensch, hat es einen Sinn, von wahrhaftem Tode zu sprechen.«[54] Daher ist die Erde im eigentlichen Sinne der Planet, der dem Kosmos das Erlebnis des Todes als neues Element einfügt. Dieses Todeserleben wurde für die Menschheit bis zum Ereignis von Golgatha immer bedrückender, zumal die geistige Welt kaum noch wahrgenommen werden konnte. Auch die Bilder, die auf dem alten Mond den Menschen als Trost gegeben worden waren, verblassten im Angesicht des Todes.

Zur Zeitenwende, als das Todeserleben besonders ausweglos erschien, wurde durch Christus die bedeutendste Erdentat vollbracht: »… die Besiegung des Todes durch das Leben.«[55] Dank dieser Gnadentat wurde es möglich, die vom Mondensein nachklingende Sehnsucht durch die Erlösung zu stillen. »Und wir werden noch sehen, dass die Erde der ›Planet der Erlösung‹ zu nennen ist, wie wir die vorherige Verkörperung der Erde, das Mondendasein, den ›Planeten der Sehnsucht‹ nennen können.«[56] Durch sein Opfer ist der Christus »das Wesen, das auf einmal die Begierde befriedigt, nicht in der unendlichen Aufeinanderfolge der Bilder.«[57] So wie zur Zeitenwende der Tod das größte Problem für die Menschen darstellte, so ist es heute das Böse. Gelingt es den Menschen, dieses zu erkennen und sich zum Wahrnehmen des Christus im Ätherischen emporzuarbeiten, so kann auch hier eine Erlösung, jetzt aber von dem Bösen, gefunden werden.[58]

Zusammenfassung

Die Bilder der Edda können in den Angaben der Geisteswissenschaft zur Entwicklung des Erdenmenschen wiedererkannt werden: Die noch träumenden, pflanzenhaften Menschen Ask und Embla werden von der Götterdreiheit begabt und umgestaltet, sodass sie fähig werden, sich zu Ich-Trägern zu entwickeln, die somit durch die Widersachern angreifbar werden. Das zieht das Todeserlebnis in der Götterdämmerung nach sich. Die Wölva entlässt den Menschen aber nicht ohne eine Verheißung auf eine Erlösung durch den Friedensbringer, den Mächtigen.

Schlussbetrachtung

Durch die vorausgegangenen Untersuchungen wurde deutlich, dass es sich in den Bildern der Wöluspa um die Erden- und Menschheitsentwicklung handelt, und dass diese Bilder den Angaben der Geisteswissenschaft entsprechen. Die Aussage Rudolf Steiners von der nordischen Mythologie als einer Vorstufe des geisteswissenschaftlichen Bildes der Weltevolution konnte somit untermauert werden. Die Wölva empfing in Bildern ihre tiefen Einblicke in die geistige Welt, die von den lauschenden Seelen als Ausdruck der Wahrheit träumend und gläubig aufgenommen wurden. Die Eingeweihten werden aus eigenem Erleben die Weltenevolution hinter der Bilder-Hülle erkannt haben und darin die Belebung des an sie ergangenen Aufrufes gefühlt haben, Vorbereiter für die Erlösungstat Christi auf Golgatha zu sein. Für unsere Zeit sind es Wahrbilder, die eine wirksame Unterstützung für das zu entwickelnde, belebende imaginative Bewusstsein sein wollen. Dies wiederum stellt eine Voraussetzung für das Erleben des Christus im Ätherischen dar.

Eine weitere Erkenntnis ergibt sich aus den obigen Betrachtungen: Die Wesenheiten der drei Hauptgötter, die in den drei Leibes- und Seelengliedern des Menschen wirken, sind in ihrem Wesen besser zu verstehen, weil ihre Herkunft aus den jeweiligen Sphären der vorirdischen Evolutionsstufen gesehen wurde. So konnte in aller Vorsicht das Entwicklungsgeschehen und die entsprechende Stimmung der einzelnen Phasen einem Gott zugeordnet werden: die ›Opferwärme‹ des alten Saturn zu Thor, die ›schenkende Tugend‹ der alten Sonne zu Odhin und die Sehnsucht als Folge der ›Resignation‹ des alten Mondes zu Freyr.

Durch alle Betrachtungen wird es hoffentlich immer besser gelingen, folgende Aussage Rudolf Steiners zu verstehen und wahr zu machen: »Das Menschengeheimnis in seinem Zusammenhang mit allen Geheimnissen des Kosmos …, das liegt so tief, wie sonst nirgends diesen alten nordischen Mysterien zugrunde.«[59] Und: Wenn ein Verständnis der heiligen Mysterienweisheiten erwacht, »dann wird die Zwischenzeit vorüber sein, in der zwar der Christus auf der Erde lebt, aber nur zum geringen Teil mit dem erwachten Bewusstsein verstanden werden kann.«[60]

3 Der Ich-Impuls in der nordisch-germanischen Mythologie

Die Bedeutung der Edda

Betrachtet man die Probleme unserer Zeit, so kann man sich fragen, ob durch die Beschäftigung mit der nordisch-germanischen Mythologie Antworten auf die zentralen Fragen zu erwarten sind. Diese können etwa in drei Gebiete zusammengefasst werden:

1. Wer bin ich? Wie kann ich mich selbst verwirklichen? Was will ich und was ist mein Auftrag?
2. Warum gibt es das Böse in der Welt? Hat es eine Bedeutung? Wie kann Gott das Böse zulassen?
3. Wo ist Gott und wie ist der lebendige Christus zu finden?

Als Erkenntnis-Hilfe für diese Fragen, die sich alle um das Menschengeheimnis ranken, empfiehlt Rudolf Steiner, sich ein Verständnis der alten Mysterienweisheiten zu erwerben. Aus den Mysterienstätten und deren Weisheit sind alle Mythologien geflossen. Gewöhnlich wird unter einer Mythologie eine Götterlehre verstanden. Das ist eine missverständliche Erklärung, denn in den Mythologien aller Völker geht es im Prinzip um die Entstehung des Menschen aus dem ganzen Kosmos heraus. Durch das Wissen um die Evolution kündet eine Mythologie, wenn sie noch rein erhalten ist, nicht nur vom Woher des Menschen, sie weist auch prophetisch auf das Wohin, nämlich auf die Geburt des Ich-Menschen hin. Auch die durch das Ich entstehenden Probleme werden erkannt und auf den Heilbringer, den Christus, hingewiesen. Das Bestreben der weisen Führer der Völker war es, durch die Mythologie das jeweilige Volk auf seine spezielle Aufgabe im Chor der Völker vorzubereiten, damit ein jedes, seiner Veranlagung gemäß, den Christus-Impuls aufnehmen kann. Für den Einzelnen bedeutet daher eine Beschäftigung mit einer Mythologie eine Hilfe, den Christus besser zu verstehen. Daher sagt Rudolf Steiner: Wenn ein Verständnis der heiligen Mysterienweisheiten erwacht, »dann wird die Zwischenzeit vorüber sein, in der zwar der Christus auf der Erde lebt, aber nur zum geringen Teil mit dem erwachten Bewusstsein verstanden werden kann.«[61]

Welchen Stellenwert hat die nordisch-germanische Mythologie und auf welchen Auftrag der nordischen Völker kann man durch sie schließen? Es ist erstaunlich, mit welcher Intensität Rudolf Steiner immer wieder auf die Edda hinweist. Da die Menschen in Europa aber die griechisch Mythologie weit besser kannten als die nordische, wurden diese Hinweise wenig beachtet. Rudolf Steiner beteuert: »Das Menschengeheimnis im Zusammenhang mit allen Geheimnissen des Kosmos ..., das liegt ... so tief, wie sonst nirgends diesen alten nordischen Mysterien zugrunde.«[62] Das Menschengeheimnis ist zugleich das Geheimnis der ganzen Evolution der Erde und des Kosmos. Folglich kann ein Erkenntnislicht auf alle uns bewegenden Fragen fallen, wenn es gelingt, die Welt und damit zugleich den Menschen in seiner Evolution zu erfassen. Die nordisch-germanische Mythologie kann dazu einen wichtigen Beitrag leisten: »So sonderbar ähnlich manche Dinge der nordisch-germanischen Mythologie sind [im Vergleich zur griechische Mythologie], so muss doch gesagt werden, dass es keine andere Mythologie der Erde gibt, welche in ihrem eigentümlichen Aufbau, in ihrer eigenartigen Durchführung ein bedeutsameres oder klareres Bild der Weltevolution gibt, als diese nordische Mythologie, sodass dieses Bild als eine Vorstufe des geisteswissenschaftlichen Bildes der Weltentwicklung gelten kann.«[63] Diese Aussage macht deutlich, dass es sich lohnen wird, sich mit der nordisch-germanischen Mythologie, der Edda, zu beschäftigen. Diese kann zu den Erkenntnissen der Geisteswissenschaft und deren modernen Ausdrücken ihre belebenden Bilder hinzufügen.

Über den Ursprung der Edda

Die nordisch-germanische Mythologie, die einige Norweger auf ihrem Zug nach Island getreulich bewahrten, umfasst die Götterlieder und die Heldenlieder, die aus dem uralten Weisheitswissen aller nordisch-germanischen Völker herausgeflossen sind. Es spiegelt sich in diesen Kulturschätzen das Wissen, der Götterglaube und die poetische Kraft jener Zeit und jener Menschen. Diese hohe Kultur wurde in allen germanischen Gebieten durch die katholische Kirche im Zuge der Christianisierung gewaltsam vernichtet. Nur in Island herrschte eine andere Geisteshaltung. So ist es dem Mut und dem Weitblick zweier isländischer Priester zu verdanken, dass diese Mythologie weitgehend erhalten blieb. Das noch vorhandene, vom Stabreim durchpulste Liedgut wurde von Sämund Sigfusson (1056–1133) gesammelt. Snorri Sturlason (1178–1241) schrieb die sogenannte Jüngere Edda, ein skaldisches Lehrbuch in Prosa, auf dessen ältestem Manuskript stand: ›Bok pessi heitir Edda‹, was so viel bedeutet wie: Dieses Buch heißt Edda. Woher dieser Name kommt und was er bedeutet, ist umstritten. Einige meinen, er käme von: ›Eldermutter‹, der Großmutter. Nach Rudolf Steiner besteht eine Namensverwandtschaft zu dem indischen Weisheitsbuch, der ›Veda‹ und dem persischen ›Avesta‹. Alle drei Bezeichnungen übersetzt er mit: »zukunftbildendes, schöpferisches Weltenwort«.[64] Es handelt sich also um Wortmysterien, die in der Edda verkündet werden. »Aber es ist die Welt nicht zu Ende geschaffen. Keim ist die Welt, etwas was in sich selbst Seele hat, was in sich selbst den Trieb zur Zukunft hat. Das ist der Sohn. Daher nannte man dieses Streben: das Wort, Veda, Edda.«[65] Diese Deutung findet in der Edda selbst eine Bestätigung, denn es sind Mysterien der Sprachbildung, Odhinsmysterien, die in der nordischen Mythologie verkündet werden. Diese greifen in die fernsten Evolutionsstufen des Menschenwerdens, denn der Mensch, und damit die ganze Schöpfung, ist auf die Sprache und das Ich hin orientiert.

Die Führung der nordischen Völker durch die Götter

Den Ausführungen Rudolf Steiner zufolge standen die Völkerschaften, die auf dem Zug von der untergehenden Atlantis in den nördlichen Gebieten Europas zurückgelassen wurden, durch lange Zeiten unter der Führung des bedeutenden keltischen Erzengels. Dieser nahm aber bald nach der Zeitenwende die Sondermission auf sich, das esoterische Christentum zu betreuen. In seinem Wirkensbereich hatten sich die einzelnen Volksgruppen nur langsam mit verschiedenen Erzengeln herausgebildet. Derjenige, der durch seine Wortschöpfertaten seit Urzeiten eine herausragende Stellung einnahm, war der Allvater Odhin. Er löste sich immer mehr aus der keltischen Führung heraus und übernahm die Leitung der nordisch-germanischen Völker, denen er etwa um 1500 v. Chr. den zuvor unbekannten Impuls der Intellektualisierung brachte. Dieser hohe Gott Odhin wirkt aber nicht allein; er ist stets in der Gemeinschaft mit seinen Mitstreitern, vor allem den Hauptgöttern Thor und Freyr, erlebt worden.

Das Streben dieser drei Götter galt dem edlen Ziel der Umgestaltung der menschlichen Leiber und der menschlichen Seele, damit sie immer besser dafür vorbereitet seien, das Geschenk der Ich-Begabung aufzunehmen. Jeden dieser Götter nahmen die nordischen Menschen, befähigt durch ihre reine Hellsichtigkeit, die lange nach Christi Geburt noch vorhanden war, als konkrete Geistwesen wahr. »So waren also die Göttergestalten, welche sich sozusagen vor die Seele des germanisch-nordischen Menschen stellten, die Göttergestalten, die unmittelbar an seiner Seele arbeiteten und dasjenige, was er selbst als das Sichherausringen des Menschlich-Seelischen aus dem Kosmischen beobachtete, unmittelbare Anschauungen; das war etwas, was er unmittelbar erlebte … Es ist seine eigene Entwickelung, und er ist mit seinem Ich dabei.«[66]

Die besondere Stellung des Ich im nordischen Raum

Vergleicht man die Stellung des Ich der nordischen Völker mit derjenigen in anderen damaligen Kulturvölkern, so fällt eine Besonderheit auf. Die alten Inder hatten schon eine so hohe Seelenkultur entwickelt, dass sie das Wirken der Engel und Erzengel in ihrer Seele nicht interessierte. »Sie waren unbewusst in höhere Gebiete geleitet, sie hatten, bevor ihr Ichbewusstsein erwacht war, geistige Fähigkeiten erlangt, die viel reicher waren als die Seelenfähigkeiten der westlichen Völker.«[67] Sie nahmen, während sie mit höchsten Geistern Umgang pflegten, ihr Ich nur subjektiv, dämmerhaft wahr, und es interessierte sie entsprechend wenig. »Dagegen entwickelten die Völker Europas verhältnismäßig außerordentlich früh … das Anschauen des objektiven Ich.«[68] Besonders die germanischen Völker, die äußerlich auf einer geringen Kulturstufe standen, »sahen hellseherisch das Morgenrot des eigenen Ich, das imaginative Bild des Ich. In der Welt, die sie als eine astralische um sich hatten, sahen sie das Ich objektiv längst unter den anderen Wesen, die sie hellseherisch wahrnahmen.«[69] Und sie sahen, »wie das Ich nach und nach erwachte, und wie Engelwesen und Erzengelwesen in die Seele eingriffen … Das waren diejenigen Wesen, die sich als Engel und Erzengel kümmerten um das Ich der Menschen, das jetzt auf der untersten Stufe erwachte.«[70] So hat der nordische Mensch miterlebt, wie sich das Ich in die Leiblichkeit eingliederte und von jedem Menschen Besitz ergriff. Die Menschen wurden sich also vergleichsweise verfrüht ihres Ich bewusst, während sie noch in der Empfindungsseele lebten. Aus dieser Sonderstellung ergibt sich die Mission der nordischen Völker. Diese Zusammenhänge wurden den Menschen in dem gewaltigen Bild der Esche Yggdrasil vor die Seele gestellt. Dieses soll daher zunächst betrachtet werden.

Die Esche Yggdrasil

Die Seherinnen der nordisch-germanischen Völker hatten die Gabe, bis in die fernsten Zeiten der Erdentwicklung zu schauen. Sie sahen auf dem an die physische Welt angrenzenden lichten Astralplan die Werdestufen der Erde und des Menschen verzeichnet. »Das ist nicht etwa bloße Phantasie, sondern etwas, was für den, der die astralische Welt sehen kann, eine volle Wirklichkeit ist … bewegtes geistiges Leben ist in ihm.«[71] Die Bilder der Eddalieder, durch welche die Seherin spricht, sind wie Streiflichter. Sie wurden von den Zuhörern aber in ihrer Ganzheit verstanden, da alle Menschen die entsprechenden Zusammenhänge und Geschichten kannten und auch über eine gewisse Hellsichtigkeit verfügten. So erlebten sie ihr eigenes Werden als ein sich Herausringen aus dem ganzen Kosmos und aus urferner Vergangenheit.

In dem Lied Wöluspa wird den Menschen die Epoche der Wärmeentwicklung auf dem alten Saturn im Bilde vom feurigen Muspelheim mit der Kuh Audhumla, dem eisigen Niflheim mit den dort entspringenden Strömen und dem Riesen Ymir vor Augen gestellt. Auch kündet die Seherin vom Schaffensabgrund Ginnungagab, der sich zwischen der Wärme und der dadurch entstehenden Kälte ausbreitet. Durch die folgenden Verse klingt das Geschehen auf der alten Sonne hindurch, indem die Schöpfung der drei Welten, mit Midgard in der Mitte, der Gestirne und deren Benennung und Zuordnung zueinander geschildert wird. Mit der Schöpfung der Zwerge gleitet das Bewusstsein der Seherin zur Entwicklungsphase des alten Mondes, auf dem die Elementargeister entstanden. Die Begabung der im Entstehen begriffenen Menschen, Ask und Embla, mit Seele, Sinn und Bewegung zeigt die Stufe der frühen Erdentwicklung an.[72] (Da all diese Stufen auf der Atlantis wiederholt wurden, können die Bilder auch als diese Epoche betreffend angesehen werden.)

Unmittelbar nach der Menschenschöpfung besingt die Seherin das Bild der Weltesche:

Eine Esche weiß ich, heißt Yggdrasil,
Den hohen Baum netzt weißer Nebel;
Davon kommt der Tau, der in die Täler fällt.
Immergrün steht er über Urds Brunnen. (Völuspa 19)

»Yggdrasil nannte man die Weltesche, in der sich die Weltenkräfte zusammengezogen hatten. Ein Mensch wird abgebildet in dem Moment, wo er sich seines

Ich bewusst werden soll, wo aus seinem Innern heraustönen soll das Wort ›Ich‹. ›Yggdrasil‹ ist soviel wie ›Ich-Träger‹.«[73] ›Yggr‹ heißt auch Erschrecker. Da das Ich ein Teil der Geistwelt ist und jeder Mensch in der Begegnung mit dieser zunächst erschrocken reagiert, liegt darin kein Widerspruch. Um sich der Bedeutung der Interpretation Rudolf Steiners bewusst zu werden, sei an dieser Stelle die geläufige Deutung des Namens Yggdrasil eingefügt. Es heißt: Der aus dem Altnordischen stammende Name ist als ›Odhins Pferd‹ zu übersetzen, da Odhin auch als Yggr benannt wird, und ›drasil‹ ›Träger‹ bedeutet.[74] Der Weltenbaum, der als eine astrale Wahrnehmung zu verstehen ist, wird wunderbar in der Snorri- Edda beschrieben.[75] Hier interessieren vor allem dessen drei Wurzeln.

»Diese Esche ist der größte und beste von allen Bäumen: seine Zweige breiten sich über die ganze Welt und reichen hinauf über den Himmel. Drei Wurzeln halten den Baum aufrecht, die sich weit ausdehnen.« (Gylfaginning 15)

Jede Wurzel reicht zu einem Urwelt-Brunnen, aus dem eine spezielle Kraft gesaugt wird, die den Menschen befähigt, zu seinem Ich zu erwachen. Dieses Ich-Erwachen kann in der Entwicklung jedes kleinen Kindes beobachtet werden. Zuerst richtet es sich auf und lernt gehen, dann beginnt es zu sprechen, dann anfänglich zu denken und dann sagt es als Folge dieser beeindruckenden Entwicklungsschritte ›Ich‹ zu sich selbst. Zu dem Erwerb dieser drei menschlichen Fähigkeiten sind drei verschiedene Kraftimpulse notwendig. Die Völker des europäischen Nordens sahen, wie diese Kraftströme von jeweils einer Hauptgottheit ausgingen und wie sie in ihren drei Leiblichkeiten und in ihrer Seele davon durchpulst und gestaltet wurden. Das hohe Ziel war es, Ich-Träger zu werden und zum Ich zu erwachen. So entsprechen die in der Edda gegebenen Beschreibungen der jeweiligen Brunnen und der Wurzeln der Esche den Gaben der Götter Thor, Odhin und Freyr.

Von der Wurzel Thors wird folgendes berichtet: *Unter der … Wurzel, die zum Himmel geht, ist ein Brunnen, der sehr heilig ist, Urds Brunnen genannt: da haben die Götter ihre Gerichtsstätte; jeden Tag reiten die Asen dahin … Thor geht zu Fuß zum Gericht. (Gylfaginning 15)*

Mit der Ich-Begabung wurde der Mensch schicksalsfähig. Daher reicht die Wurzel Thors zum Brunnen der Schicksalsnornen Urd, Verdani und Skuld, wo die Götter die Taten der Menschen wahrnehmen und zum Guten ausrichten. Thor[76], der das Ich dem Menschen bis in den physischen Leib, bis in das warme Blut einprägen will, geht zu Fuß, also erdverbunden, zum Gericht. Da diese Wurzel bis in den Himmel reicht, erfährt der Erdenmensch dort seine ›Ausrichtung‹ zum Göttlichen hin; der Mensch wird zwischen Erde und Himmel gestellt und dadurch ›aufgerichtet‹.

Das entspricht der Aufrichtung und dem Gehenlernen des Kindes. Thor kämpft mit seinem Hammer unermüdlich gegen die den Menschen bis in seinen Leib hinein bedrohenden Riesenmächte. Er setzt sich willensstark, feurig und unerschrocken für das Gute ein. So geht von seinem Wesen ein moralischer Impuls aus, welcher die Menschen aufruft, mit dem erwachenden Ich ordnend in die Seele einzugreifen, in sich selbst Gericht zu halten. Man kann sich denken, dass der Brunnen, der zu Thor, dem Feurigen, gehört, bis in die Tiefen des zuerst entstandnen Feuerreiches Muspelheim reicht. Das entspricht der Werdestufe des alten Saturn, wo die Wärme entstand. Dort wurde auch der physische Leib durch die Materie bildenden Riesen angelegt. So ist es verständlich, dass bei diesem Brunnen die Schicksalsnornen wohne, die auch als Riesentöchter bezeichnet werden. Auf der seelischen Ebene wurde dort das Element des Willens angelegt. Ein Bild des mutvollen Willens ist das Feuer.

Die mittlere Wurzel wird von einem Brunnen gespeist, der bis zu dem in der Mitte zwischen der Hitze und der Kälte gelegenen Schaffensabgrund Ginnungagab hinabreicht. Zu diesem Brunnen geht Odhin, der Gott, der mit dem flutenden Atem dem Menschen die Sprach schenkt und dadurch eine innere Mitte entstehen lässt. Der Hüter dieses Brunnens, von dem es heißt, dass darin Weisheit und Verstand verborgen sind, ist Mimir, der Urweltsängers. Dort muss Odhin sein Auge der Hellsichtigkeit opfern, um durch einen Schluck des Brunnenwassers, das Wissen der Gegenwart zu gewinnen. Man erahnt, dass der mittlere Brunnen in die Tiefe der Epoche der alten Sonne weist, wo der Ätherleib zusammen mit der Sprache, dem Gefühl und dem Element der Weisheit angelegt wurde.

Die dritte Wurzel der Esche geht zum Brunnen Hwergelmir, der in dem kalten Niflheim entspringt. Dort an der Wurzel nagt Nidhögg und anderes Gewürm. »Hellseherisch kann man tatsächlich diese Schlange nagen sehen. Die Ausschreitungen des Geschlechtsprinzipes, das nicht in Zaum gehalten wird, nagen an dieser Wurzel des Menschen.«[77] Der kühle Pol des Menschen ist der Kopf. In diesen fühlte der hellsichtige Mensch die zwölf Ströme aus Niflheim fluten, die dort die zwölf Hauptnerven des Leibes bilden. »Der atlantische Mensch sah damals die Kräfte an sich herankommen, die diese Nerven zu Sinnesorganen machten. Er empfand diese ganze Situation so, wie wenn in den Kopf von außen hineinfluteten die Strömungen, welche dann seine Nerven im Kopf durchsetzten.«[78] Das bei der Erdenreife des Menschen erwachende selbständige Denken und die Geschlechtlichkeit sind die Gebiete Freyrs.[79] In seinem Attribut, dem Eber Gullinborsti, sind beide Elemente enthalten: Der Eber bringt Fruchtbarkeit und seine Borsten leuchten golden auf, wenn der Mensch einen einleuchtenden Gedanken hat. Freyr ist nicht ohne seine Zwillingsschwester Freya zu denken. Es ist ihr Anliegen, die zunächst kreatürliche Liebe immer höher zu entwickeln. Beide Götter halfen dem Menschen, durch das Denken und die Geschlechtlichkeit zu seinem Ich zu erwachen. Die zweigeteilten Götter lassen ebenso wie die durch sie geförderte Anlage des Denkens an die Epoche des alten Mondes denken, wo Hell und Dunkel geschieden wurden und wo im Menschen das Element des Denkens angelegt wurde.

Das Ziel der Erdenentwicklung

Welches Ziel mag nun dem Menschen auf der Erde gesetzt worden sein, nachdem er sein Denken, Fühlen und Wollen soweit entwickelt hat? Das Bild der Esche Yggdrasil zeigt es: Der Mensch soll sich zu einem Ich-Träger entwickeln. Man kann auch formulieren: Das Ich soll sich in die drei Seelenbereiche, die vor Urzeiten veranlagt wurden, hineinkristallisieren und dadurch ordnend in diese eingreifen. Das ist ein hohes, allgemeingültiges Ideal. »Der Mensch ist zunächst dazu berufen, in seinem Innern das Gleichgewicht zwischen Denken, Fühlen und Wollen herzustellen ...«[80] durch das Ich. Das imaginative Bild dieses Ringens um die Ordnung in den Seelengliedern ist der Drachenkampf, wie er uns beispielsweise in der Sigfriedsage geschildert wird.

Wird der Gleichgewichtszustand dieser drei dem Menschen im Laufe der Erden-Evolution geschenkten Seelenkräfte durch ein starkes Ich erreicht, so kann etwas wirklich Neues entstehen, das allgemeingültig als die Erdenaufgabeangesehen werden kann. »Es wird dadurch wahrhaft ein viertes Element erzeugt zu den drei vorhergehenden, und dieses vierte Element ist das Element der Liebe ... So ist unser Planet der Planet der Liebe.«[81] Welche Liebe ist hier gemeint? »... wo Ich dem Ich als selbständige Einzelheit gegenübertritt, erst da ist die Liebe als freie Gabe von Ich zu Ich möglich geworden.«[82] Warum ist die Entwicklung dieser Liebe so wichtig? Sie ist nicht nur für die Menschen untereinander wichtig, sie hat auch für die Götter eine Bedeutung. »... die Menschen bringen hinauf das, was sie sich hier in der physischen Welt an Liebe erobert haben. Die Götter empfangen das als Opfer zurück, was die Menschen in der physischen Welt als Liebe empfangen.«[83] Christus ist der Lehrer der Menschenliebe. Die drei Geistwesen Thor, Odhin und Freyr haben durch ihr Bestreben, in den Menschen ein starkes Ich zu erwecken, diese Liebefähigkeit vorbereitet. So wird es auch an dieser Stelle deutlich, dass die vorchristlichen Mysterien dem Christus dienten.

Die Mission der nordischen Völker

Im Gegensatz zu den Kulturvölker Asiens und Afrikas, die ihrem Ich wenig Beachtung schenkten und sich daher ihres Ichs kaum bewusst waren, hatten die Menschen im Norden Europas, obgleich sie keine hohe Kultur entwickelt hatten, doch ein klares Ichbewusstsein. Dieses war schon lange vor der Zeitenwende in ihrer Empfindungsseele erwacht. Was war dadurch geschehen? »Dadurch war mit der Empfindungsseele eine Kraft der menschlichen Seele entwickelt worden, die sich nur dadurch hatte entwickeln können, dass die Empfindungsseele, die noch ganz jungfräulich war und unbeeinflusst von anderen Kulturen, sich durchdrungen hatte mit dem Ich-Gefühl. Und diese Seelenkraft ist das Gewissen geworden ... Daher das merkwürdig Unschuldige des Gewissens! ... Mit der Gewalt eines Triebes, eines Instinktes wirkt das, was uns sagt: Das ist recht! Das ist unrecht!«[84] Es war so, »dass das Ich-Gefühl, das den Menschen hinaufträgt vom Niederen zum Höheren, schon in der Empfindungsseele wie eine Gottesstimme spricht, ... und dort so spricht mit dem Drang, das Richtige zu tun, um hinaufzudringen zu dem höheren Ich.«[85]

Das Gewissen erwachte also in den germanischen Völkern lange bevor es beispielsweise im Bewusstsein der griechischen Völker in der Zeit um 500 v. Chr. aufzuleuchten begann. Als allgemeine Veranlagung zog das Gewissen zugleich mit der Ichentwicklung durch das Ereignis von Golgatha in die Menschenseelen als Fähigkeit ein. So ist das Gewissen etwas Neues, was nur auf der Erde vom Ich aus errungen werden kann. Durch das frühe Erwachen des Gewissens im nordischen Raum wurden in den drei Seelenbereichen der Menschen wichtige Fähigkeiten erweckt, die diese darauf vorbereiteten, das Christus-Ereignis der Zeitenwende in besonderer Weise zu verstehen: Im Denken kam das, was im Leben recht und unrecht war zum Bewusstsein, im Fühlen, zu dem die Sprache gehört, wurde das Gewissen als Gottesstimme erlebt und im Wollen entstanden die Impulse zur richtigen, zur guten Tat. Es ist »im Westen das Gewissen erwacht, um den Christus als Gewissen entgegenzunehmen.«[86] Durch die frühe Ausbildung des Ich-Bewusstseins hatten die nordischen Völker »das volle Verständnis dafür, nachdem der Christus einmal da war, um den Menschen das volle Bewusstsein vom Ich zu bringen, dieses Ich-Bewusstsein zu begreifen ...«[87] Sie entwickelten ein Verständnis für den Christus, »der durch das Ich-Bewusstsein und mit dem Ich-Bewusstsein den Impuls der Liebe auf die Erde bringt.«[88] Dadurch konnte sich das Christentum so rasch in Europa ausbreiten.

(Es ist zu vermuten, dass höchste Menschen, wie der Gautama Buddha, sich einst gerne dort im Norden Europas, wo das Gewissen so elementar und früh auftrat, inkarniert haben. Aus dieser früh entwickelten Gewissenskraft schuf er dann die Lehre von Mitleid und Liebe.[89])

Die weitere Entwicklung des Gewissens

Die Frage nach der Weiterentwicklung des Gewissens in unserer Zeit knüpft Rudolf Steiner an das neue Christusereignis, das Erscheinen des Christus im Ätherischen. Nachdem die Menschenseelen sich eine Weile »im Lichte des Gewissens«[90] entwickelt haben, wird auch das Gewissen eine weitere Ausbildung erfahren. So ist zu hoffen und zu vermuten, dass der Menschen, der das Gewissen in sich pflegt, die Anlage dazu haben wird, den Christus heute in dreifacher Weise zu erleben: Vom Denken ausgehend wird er den Christus als Erdenschöpfer und Herrn der Elemente und der Elementarwesen erkennen. Ob Freyr auf diese Weise in ihm weiterwirkt? Das Fühlen wird den Menschen lehren, die Stimme des Gewissens als die neue Christus-Sprache zu verstehen. Er wird in diesem Lauschen in sich die Gottesstimme vernehmen, die er früher in anderer Weise vernommen. Im Bereich des Wollens wird der Mensch, indem er eine Tat verrichtet, ein inneres Bild aufleuchten sehen, das ihm das zeigt, was als karmischer Ausgleich für die Tat notwendig sein wird. So entsteht aus der Kraft des Gewissens die höhere Fähigkeit, den Christus als Herrn des Karma zu erleben. Dieses neue Christus-Wahrnehmen kann in einem Zusammenhang mit Thors moralischem Impuls gesehen werden. Dies alles kann geschehen, wenn die »gewaltige Christus-Lebenswelle, die eingeflossen ist in die menschliche Entwickelung …«[91] von den Menschen aufgenommen wird; dann wird »der Baum der Menschheitsentwickelung«[92] immer von neuem grünen, so wie die Esche Yggdrasil … *immergrün über Urds Brunnen steht … (Völuspa19)*

4 Die Esche Yggdrasil und die Irminsul

Die Esche Yggdrasil

Die oft gestellte Frage, ob die Irminsul und die Esche Yggdrasil identisch sind, soll hier betrachtet werden. Die Esche Yggdrasil ist ein Baum voller Wunder. Sie ist seit Menschengedenken der größte und beste aller Bäume. Ihre Wurzeln[93] nähren sich aus drei geheimnisvollen Quellen oder Brunnen, deren einer der Brunnen der Schicksalsnornen ist. Dort halten die Götter täglich Gericht; es ist ihr vornehmster und heiligster Aufenthaltsort. Die Zweige der Esche breiten sich über die ganze Welt und reichen hinauf über den Himmel. In ihrem Gezweig leben viele Tiere: Das weiseste ist der Adler, das mythische Sonnentier, zwischen dessen Augen der gedankenschnelle, intellektuelle Habicht sitzt. Vier Hirsche weiden die Knospen ab. Vielleicht ist das Bild so zu verstehen, dass jede sich gleich einem Geweih erhebende Erkenntnis, frische Lebenskraft braucht. Die Ziege Heidrun frisst die Blätter und nährt mit dem Met aus ihrem Euter die Einherier. Von dem Geweih eines Hirsches fallen die Tropfen, die den Quellort Hwergelmir bilden, zu dem eine Eschenwurzel reicht. An dieser Wurzel nagen Nidhögg und viele andere Schlangentiere. Zwischen ihnen und dem Adler trägt das Eichhörnchen Ratatösk Zankworte hin und her.[94] So sorgt es für die Verbindung und den Austausch des Hauptes mit dem Stoffwechsesystem.

All die vielfältigen Schilderungen machen es deutlich: Die Esche Yggdrasil ist kein physischer Baum. Es ist ein von der Seherin auf dem Astralplan erschautes Wahrbild, voller Leben, Wandel und Geheimnis. Der Astralplan grenzt an die physische Welt. Er »ist nicht etwa bloße Phantasie, sondern etwas, was für den, der die astralische Welt sehen kann, eine volle Wirklichkeit. So ist die astralische Welt, die uns als wogendes Lichtmeer umgibt, angefüllt mit Wesenheiten, die gleichsam in unendlicher Lebendigkeit in jedem Punkt aus dem Raum hervorsprießen … bewegtes geistiges Leben ist in ihm.«[95]

Der Name ›Yggdrasil‹ kann als ›Ich-Träger‹ übersetzt werden. ›Yggr‹ bedeutet aber auch ›Erschrecker‹. Dies macht den Zusammenhang zwischen dem Ich und dem erschreckenden Erwachen zum eigenen Ich deutlich.

Versteht man die Bezeichnung ›Yggdrasil‹ in diesem Sinne, so kann man ahnen, dass all diese Tiere, die in der wundervollen Esche leben, etwas mit dem vielfältigen Leben im Menschen zu tun haben. »Yggdrasil nannte man die Weltesche, in der sich die Weltenkräfte zusammengezogen hatten. Ein Mensch wird abgebildet in dem Moment, wo er sich seines Ich bewusst werden soll, wo aus seinem Innern heraustönen soll das Wort Ich.«[96]

Indem wir Ich-Träger[97] werden, beginnen wir Schicksalsträger zu sein, was auch bedeutet, dass wir an unserer Verschuldung erwachen können. Das individuelle Schicksal spinnen und gestalten uns die drei Nornen, die eine weitere wichtige Aufgabe haben: Sie pflegen den Ich-Baum, indem sie … *täglich Wasser aus dem Brunnen nehmen und es zugleich mit dem Dünger, der um den Brunnen liegt, auf die Esche sprengen, damit ihre Zweige nicht dorren und faulen.*[98]

An diesem Bilde kann es deutlich werden, wie eng das Grünen unseres Ich-Baumes mit unserem Schicksal zusammenhängt. Schicksal entsteht durch das Ringen mit den Widersachern. Dabei ist es nicht zu vermeiden, dass wir auch ›Mist bauen‹. Der Mist aber wird zu dem Dünger, der zusammen mit dem heiligen Schicksalswasser, den Baum frisch erhält. *Dieses Wasser ist so heilig, dass alles, was in den Brunnen kommt, so weiß wird wie die Haut, die inwendig in der Eierschale liegt.*[99]

Der Mist und das heilige Wasser zeigen die Spannung an, in der unser Ich steht: Auf der Erde verschuldet sich der Mensch, indem er sich von seinem göttlichen Sein entfernt, also den Widersachern verfällt. Das kann man auch als einen Todesprozess bezeichnen, denn es bedeutet ein Sterben für die geistige Welt. In der Edda wird es so ausgedrückt: *Hel* [die Herrscherin des Totenreiches] *warf er* [Odhin] *hinab nach Niflheim und gab ihr Gewalt über alle neun Welten …*[100] So kam der Tod in die Erdenwelt. Von dem Brunnen aber geht das Gnadengeschenk des heiligen Wassers aus, das, wenn es mit dem selbstverschuldeten ›Mist‹ zusammengebracht wird, mit seiner reinigenden Kraft einen den Ich-Baum belebenden Dünger zubereiten kann. In anderen Worten wird dieser Zusammenhang so ausgedrückt: »Der Mensch aber hat sich auf dem physischen Plan sein Ich-Bewusstsein zu holen. Das könnte er ohne den Tod nicht finden.«[101] Das Ich muss also, um zu sich selbst zu erwachen, durch das Todeserlebnis, die Götterdämmerung, gehen. Soll dieses Erlebnis aber nicht in den Seelentod führen, so muss der Mensch sich heute mit der Wesenheit verbinden, die selbst wegweisend den Tod überwunden hat. »… wir haben ja gesehen, dass bei dieser Christus-Wesenheit das Mysterium von Golgatha als das Wesentlichste in Betracht kommt: die Besiegung des Todes durch das Leben.«[102]

Menschengestalt, umgeben von Lebensbaum und Kreuz, Radeljevac, Ost-Bosnien

Die Bilder der Völva wollen den Menschen erstarken, immer bewusster sein Schicksal zu ertragen und zu gestalten; ja, sie wollen ihn ermutigen, selbst in der Verschuldung und der Götterferne nicht zu verzweifeln, denn es gibt die Möglichkeit, alles durch die Kraft des Wassers des Schicksalsbrunnens zum Guten zu wandeln, rein zu waschen. So braucht der Mensch auch während der Götterdämmerung, in der die ganze alte *Welt zerstürzt,* nicht wirklich um den Fortbestand seines Ich-Baumes zu fürchten, denn in allem Untergang wird er stehen bleiben:

> *Yggdrasil zittert, die Esche, doch steht sie,*
> *Es rauscht der alte Baum, da der Riese frei wird.* (Wöluspa, 48)

Eine wichtige Voraussetzung des Fortbestandes des Ich-Baumes ist es aber, dass immer neues geistiges Leben einströmt in die Menschheits-Entwicklung. »Denn sonst würde der Baum der Menschheitsentwickelung, der grünen muss, wenn die Menschheit ihr Ziel ... erreichen soll, dürr werden und absterben. Die gewaltige Christus-Lebenswelle ... muss immer besser und besser begriffen werden durch neue geistige Impulse, die in unser Erdenleben einfließen.«[103] Die Völva würde diesen Tatbestand vielleicht so ausdrücken: Das Wasser des Schicksalsbrunnens hat seine belebende und reinigende Kraft langsam verloren. Durch Christi Sieg über den Tod hat es aber eine Neubelebung erfahren. Er hat das Wasser gleichsam mit seiner aus der Überwindung des Todes errungenen neuen Lebenskraft berührt und durchdrungen. Die Menschen, die sich mit der Christus-Kraft verbinden, werden daran Anteil haben. Zusammenfassend kann gesagt werden: der Ich-Baum des Menschen wird nicht verdorren, wenn er mit dem neu-belebten Wasser des Schicksalsbrunnens benetzt wird.

Die Irminsul

Eine Erwähnung der Irminsul ist in der Edda nicht zu finden. In den Annalen zum Sachsen-Feldzug Karls des Großen im Jahre 772 und der Zerstörung der Eresburg (Externsteine) finden sich jedoch zahlreiche Berichte über die Vernichtung der dortigen Irminsul. Rudolf von Fulda (9. Jahrhundert) schreibt: »Die Germanen verehrten unter freiem Himmel einen Holzpfosten von ansehnlicher Größe in die Höhe aufgerichtet. In ihrer heimischen Sprache nannten sie ihn Irminsäule, was Weltsäule bedeutet.«

Es gab bei vielen Völkern die Vorstellung, dass eine Säule das Himmelsgewölbe stützt. So ist es in Ägypten der Widdergott Chnum, bei den Griechen der Riese Atlas, der das Sternengewölbe auf seinen Schultern trägt. Bei den Schamanen gibt es bis in die Neuzeit hinein Berichte von solchen Weltsäulen, die der geistige Führer oder der Heiler der Sippe in der Ekstase geistig über sieben oder neun Stufen zu erklimmen hatte. Am Ende so einer Säule war oft eine Art Nagel angebracht, der den Nordstern symbolisierte, um den das Himmelsgewölbe kreist. Es war das Ziel, durch diesen Nagelpunkt zu schlüpfen, um in geistige Sphären zu gelangen. Die Säulen waren stets etwas genordet, um diesen Zusammenhang deutlich zu machen. In ganz Mittel- und Nordeuropa ist seit etwa 2000 v. Chr. die Existenz von Weltsäulen bezeugt. Es sind stets mehr oder weniger ausgestaltete Gabelsäulen, deren Urbild auch im mesopotamischen Raum vorkommt, wo es als Palme gedeutet wird. Alle diese Säulen werden als Lebensbäume bezeichnet. Auch die nordische EOLX-Rune, die Y-Rune, ist hier einzureihen. Sie symbolisiert: Leben, Schutz, Erfolg und das Streben nach dem Göttlichen. Ebenso ist die bourbonische Lilie ist auf diese Urform zurückzuführen.

Ist man einmal auf das Gabel- oder T-Säulenmotiv aufmerksam geworden, so kann man es mancherorts entdecken. Es findet sich z. B. auf dem Taufstein von Rieseby in Schleswig-Holstein, flankiert von zwei Kreuzen. Auf Rasiermessern und Tongefäßen ist es zu entdecken. Im Merowinger Evangeliar (um 800 n. Chr.) ist der Buchstabe T als Palmbaum dargestellt und im Reichenauer Lektionar (um 900 n. Chr.) bildet ein ›I‹ eine Säule, auf die ein Mensch hinaufsteigt.

Die Herkunft des Namens Irminsul ist unklar. Er kann sich herleiten von dem germanischen Stamm der Hermionen, auch Irmionen genannt, und dann ›Säule des Gottes Irmin‹ bedeuten. Möglich ist auch die Übersetzung, riesige Säule.

Alle Informationen über die Irminsul legen es nahe, an ein pflanzliches Gebilde zu denken, eben an einen Lebensbaum. Gleichzeitig ist die Irminsul aber auch als das Bild des geistigen Lebens und Strebens zu verstehen, durch das der steile Aufstieg in höhere Gefilde den Menschen vor Augen gestellt wurde. In dem Sinne kann sie auch als eine Himmel und Erde verbindende Weltsäule erkannt werden.

Einen weiteren Ansatzpunkt zum Verständnis der Irminsul bildet der Bezug zu Heimdall, dessen Nebenname ›heimdali‹ Widder bedeutet. Wie schon erwähnt, weist auch der Gott Chnum, der das Himmelsgewölbe trägt, auf den Widder hin. Ein alter indischer Mythos vergleicht die Form des Weltpfeilers mit einem einfüßigen Ziegenbock. Die Arme der Weltpfeiler, durch die das Himmelsgewölbe

Aus der von der Irminsul gebildeten Grundlage erwächst der Baum der Erkenntnis, Donja Zgošća, Zentralbosnien

gestützt wird, sind meist geschwungen, wie es Ziegen- oder Widderhörner sind. Hat das etwas mit dem Widderzeitalter zu tun?

Für die Griechen war die Widderzeit die Epoche des Verlustes des alten Hellsehens. Daher zogen die Argonauten aus, um den Ursprung ihrer Kultur, das goldene Fließ des Widders zu suchen. Zu welcher Zeit geschah dies? Die Sonne hatte ihren Frühlingspunkt im Sternbild des Widders etwa vom Jahre 1800 v. Chr. bis zur Zeitenwende. Dennoch sind für das Widderzeitalter, also die vierte nachatlantische Epoche, die Jahre 747 v. Chr. bis 1418 n. Chr. anzusehen, da die Sonne, die zwar schon im Sternbild der Fische ihren Frühlingspunkt hatte, ihre Kraft noch aus dem vorherigen Sternbild gewann. Es war die Zeit der Widderopfer, wie es in die Geschichte von Isaak und Jakob zeigt. Wenn Moses mit Widderhörnern dargestellt wird, so soll dadurch gezeigt werden, dass er das Widderorgan besaß. Für denjenigen, der das Widderorgan zu benutzen wusste, tat sich die geistige Welt auf. Für die Germanen wurde diese Möglichkeit durch Heimdall-Widder, dem Wächter an der Himmelsbrücke, bis ins 8. und 9. Jahrhundert n. Chr. offen gehalten.

Bei der Betrachtung des Reliefs an den Externsteinen[104] fällt ein gebeugtes, pflanzenartiges Gebilde auf. Es ist schmaler und kleiner als das Kreuz und bildet eine Art Sockel für Nikodemus. Walther Matthes hat in seinem Buch ›Das Relief an den Externsteinen‹[105] glaubhaft gezeigt, dass es sich bei diesem Gebilde um eine Darstellung der Irminsul handelt, von der R. von Fulda berichtet. Man sieht eine Art Palmbaum mit einem neunfach eingekerbten Stamm. Was, so muss man sich fragen, sollte den Menschen mit diesem Bild gesagt werden? Wollte man deutlich machen, dass sich die Irminsul als Symbol für den alten Einweihungsweg vor dem Kreuzesweg Christi beugt? Obgleich das sicher soweit richtig ist, liegt dem Bildnis wahrscheinlich noch eine andere Aussage zugrunde. Diese lässt sich am besten an dem Tympanon von Elstertrebnitz erklären.

Das Tympanon von Elstertrebnitz

In der Mitte des Tympanons ist der siegreich aus dem Grab auferstehende Christus zu sehen.[106] Mit der rechten Hand segnet er, in der anderen hält er ein Buch empor. Auf der Seite der segnenden Hand steht ein reich gekleideter Mann mit einem Heiligenschein. Vor ihm befindet sich eine Art Palmbaum, der leicht als eine Irminsul mit einem Mittelblatt zu erkennen ist. Hinter ihm ist ein Sonnenrad. Es ist einleuchtend, dass hier ein Druide als Vertreter der alten Sonnen-Mysterien, deren Aufstieg in die Geistwelt offenbar über den Irminsul-Weg erfolgte, dargestellt ist. Jeder vorchristliche Einweihungsweg war ein in die Vergangenheit gerichteter Weg zu den reinen Urbildern. Was mag das Zeichen aber bedeuten, das der heilige Mann dem Christus zur Begrüßung entgegenhält? Ist es eine kleine Irminsul?

Auf der Seite des emporgehaltenen Buches befindet sich an der Stelle der Irminsul ein Kruzifix, daneben ein Mann, der mit nackten Beinen und im bloßen Hemde flehend die Arme zum Buch reckt. Hinter ihm befindet sich eine Gans. Die Sonnenseite zeigt die geistige Fülle und den Reichtum an Weisheit, die den alten Mysterien zu Eigen war, und deren Weg als der Irminsul-Weg bezeichnet werden kann. Auf der anderen Tympanonseite ist die Gans, die durch ihre scharfen, wachen Sinne oft als Wächtertier benutzt wurde. Sie deutet ebenso wie das Kreuz und der armselige Mensch auf den modernen Erkenntnisweg hin, der den Menschen auf sich selbst stellt, der zum Todeserlebnis führt und der so den Menschen in seinem Ich erwachen lässt.

Yggdrasil und die Irminsul

Nachdem die Esche Yggdrasil, der Ich-Baum, und die Irminsul, der Lebensbaum, betrachtet worden sind, muss die Frage erneut gestellt werden: Sind diese beiden Bäume identisch, oder entsprechen sie dem alten und dem neuen Erkenntnisweg? Schaut man das, was der Druide dem Christus entgegenhält, genau an, so kann man eine Antwort auf diese Fragen erahnen. Es ist keine kleine Irminsul, sondern ein T-Kreuz mit einem Mittelblatt darauf! Was will der Druide damit sagen? Er zeigt dem Christus dieses Gebilde, um ihm zu sagen, dass er aus der Weisheit der alten Mysterien heraus wohl weiß, dass es bei dem neuen nachchristlichen Weg zur Geistwelt auf ein durch die Kreuzes- und Todeserfahrung gestärktes Ich ankommt, das bereit ist, einen Erkenntnisweg zu gehen. Diesem Weg muss aber ein Blatt des Lebensbaumes hinzugefügt werden, wenn der Mensch nicht ganz verdorren soll.

Man kann also zu der Schlussfolgerung kommen, dass Yggdrasil als der Baum des Ich-Erwachens nicht einfach mit der Irminsul, dem alten Lebensbaum, gleichgesetzt werden kann. Die Esche Yggdrasil ist der durch alle Zeiten gültige Weg des Ich von der lichten Geistdurchdrungenheit in die Erdendunkelheit, die Erdenwachheit. Daher ist es wohl nicht falsch, den Ich-Baum auch als den Baum der Erkenntnis zu bezeichnen. Als Zeichen dafür befindet sich auf der Buchseite des Tympanons von Elstertrebnitz ein Kruzifix. Da Yggdrasil aber als Baum gesehen wird, soll damit sicherlich gezeigt werden, dass in ihr unsterbliche Lebenskräfte ruhen. Diese können die Menschen durch Christi Auferstehung in sich neu beleben, und so den Weg wieder hinauf zum Licht und zur Wärme der Geistwelt finden. Der alte Irminsulweg zurück zur alten Geistverbundenheit ist nicht mehr gangbar. Daher beugt sich die Irminsul im Relief der Externsteine. Dennoch bildet sie durch ihren Bezug zu den Ur-Lebenskräften die notwendige, belebende Grundlage für den ewig gültigen Yggdrasilweg zum Ich, das zu seiner Durchlichtung und Belebung die neuen Christus-Lebenskräfte aufnehmen muss. Daher steht im Relief der Vertreter der alten Mysterien, Nikodemus, lauschend am Kreuz, auf der sich beugenden Irminsul. So verstanden ist auch das Zeichen, das der Druide dem Christus entgegenhält, ein vollgültiges Bild des neuen Erkenntnisweges: das Kreuz, das mit dem Blatt des Lebensbaumes verbunden wird.

5 Der Allvater Odhin

»Das Menschengeheimnis in seinem Zusammenhang mit allen Geheimnissen des Kosmos ..., das liegt so tief, wie sonst nirgends diesen alten nordischen Mysterien zugrunde.«[107]

Die Völuspa, das älteste Lied der Edda, gibt uns in wunderbarer Weise Kunde vom Erleben unserer altgermanischen Vorfahren. Es ist der Gesang der Völva, der hochverehrten Künderin der Taten Odhins. Sie erwürdigt alle um sie versammelten Menschen, an ihrer Geistschau teilzunehmen. In ihrem Lied (Völuspa, die Völva spricht) besingt sie die Geschehnisse, die sie als die Dienerin ihres höchsten Gottes Odhin auf dem Astralplan erlebt hat. Von allen ›*Hohen und Niedern von*

Kanzel der Kirche S. Guilio der Insel im Ortasee

Heimdalls Geschlecht‹ erheischt sie Andacht vor dem, was sie aus den Geistwelten zu verkündigen hat. Sie berichtet von dem Opferungsprozess Odhins, den dieser vollbringt, um seinem Volk nahe zu sein und es in seiner Entwicklung zu leiten, damit es einst seiner Zukunftsaufgabe gerecht werden möge. Durch unerhörte Zeiten gleitet der Blick der Seherin hin: zur Entstehung von Raum und Zeit, dann zu den ersten Leibbildungsprozessen, weiter zur Belebung und Beseelung des Menschen und schließlich zu dessen Ich-Begabung. Daraufhin beginnt die Auseinandersetzung mit dem Bösen, was bald die Götterdämmerung zur Folge hat. Diese einzelnen Schritte sollen im Folgenden betrachtet werden.

Die Schöpfungen Odhins

Auf die Beschreibung der Erdenanfänge mit den Gegensätzen des kalten Niflheim mit Ymir und des heißen Muspellsheim mit Audhumla und dem Schaffensabgrund Ginnungagap dazwischen, folgt die Schilderung eines dreifachen Schöpfungsgeschehens, in dem stets Odhin als eine der drei tätigen Gottheiten auftritt. Das zeigt die zentrale Stellung dieses hohen Geistes, der deshalb auch Allvater genannten wird.

Die erste Schöpfung

In der ersten Phase griffen Odhin, Wili und We in die wuchernden Leibbildungsprozesse des Riesen Ymir ein. Sie formten aus dessen Leib, den sie in den Schaffensabgrund, in die Urschöpferkräfte, das Ginnungagap tauchten, eine neue dreigeteilte Welt. So entstand zwischen Asgard, der Himmelswelt, und Jotunheim, dem dunklen Reich der Riesen, Midgard, der in der Mitte liegende Garten für die Menschenkinder. Außerdem wurde der Gestirne Lauf geordnet und auch die für alles Erdenleben notwendigen Elementarwesen geschaffen. Damit waren alle Voraussetzungen gegeben für die Weiterentwicklung der noch keimhaften Menschenkinder.

In der persischen Mythologie entsteht die Welt auch aus einem ›leuchtenden Abgrund‹. Beherrscht wird sie von den Mächten des Guten und des Bösen, von hell und dunkel. In der germanischen Mythologie befinden sich die bösen Mächte in Jotunheim, dem Reich der Riesen. Während es im Laufe der weiteren Entwicklung Thors Aufgabe ist, diese Ungeschlachten im Zaum zu halten, weiß Odhin, dass auch dort große Weisheit anzutreffen ist, für deren Erwerb er kein Opfer scheut (Vafthrudnismal). Ebenso ging er mit Loki, dem luziferischen Geist, in Urzeiten ein Bündnis ein, wohl wissend, dass nur mit diesem im Bunde der Erdenmensch das Ziel erreichen kann, das Odhin seinem Volk von Anfang an gesetzt hat: die Entwicklung eines freien, starken Ich. So ist das Böse in dem Bewusstsein des nordisch-germanischen Menschen eine notwendige Größe, denn nur dann, wenn der Erdenmensch seinen Weg zwischen den Widersachermächten selber finden muss, kann er sich frei und stark fühlen.

Die zweite Schöpfung

Die noch pflanzenartigen Menschen Ask und Embla werden in der zweiten Schöpfungsphase von den Göttern Odhin, Hönir und Lodur umgebildet. Odhin beseelte sie, durch Hönir erwachten sie in den Sinnen und durch das warme Blut Lodurs erlangten sie die Bewegungsfreiheit. ›*Seele gab Odhin, Hönir gab Sinn, Blut gab Lodur und blühende Farbe*‹, heißt es in Vers 18 (Wöluspa). Es ist erstaunlich zu sehen, wie auch auf dieser Schöpfungsstufe die Einflüsse derer, die im späteren Verlauf der Schöpfung als Widersacher auftreten, als positiv erkannt werden, denn in Lodur, dem Lodernden, kann man den späteren Loki und in Hönir den späteren Hödur vermuten, der als ahrimanisches Wesen Baldur töten wird.[108]

Der Anteil Odhins an den gravierenden Entwicklungsschritten des Menschen könnte nicht kürzer zusammengefasst werden: ›*Seele gab Odhin*‹. Im Alten Testament heißt es: »Und Gott (Jahve) hauchte dem Menschen den Odem ein, und er ward eine lebendige Seele.« Odhin vollbringt dieselbe gewaltige Tat für seine Völker. Daher wurde er ebenso wie Jahve als im Winde, im Atem und in der Sprache wirkende Gottheit erlebt, die den Menschen mit Seele beschenkte. Man ahnte, dass dieser als Volksgeist wirkende Gott sich aus Gnade und aus Liebe zu den Menschen von seinem hohen Sonnen-Elohim-Rang (Gewalten) auf die Stufe eines Erzengels herabgesenkt hatte. »Die Wesen, die Sprache geben, haben große Kraft, sie sind eigentlich Gewalten.«[109] Die einzelnen Schritte der Sprachbildung sollen weiter unten genauer betrachtet werden.

Die dritte Schöpfung

Die Eingliederung des Ich in die Seele mit ihrem Denken, Fühlen und Wollen wird in der Edda mit dem Bild der Esche Yggdrasil veranschaulicht (Völuspa, Vers

19,20). Deren drei Wurzeln reichen jeweils in den Schaffensbereich einer Gottheit, die darum bemüht ist, die jungen Menschenkinder so zu begaben und zu formen, dass sie zu ihrem Ich erwachen können.[110] Von dieser Stufe der Entwicklung an treten die Namen der bekannten, zentralen Götter der Edda auf: Odhin, Thor und Freyr. Ihre Taten bilden die Grundlagen, durch die der Mensch zu einer freien Persönlichkeit mit einem starken Ich heranreifen kann. Das, was in den meisten Liedern und Geschichten der Edda beschrieben wird, ist diesem Geschehen gewidmet. Der Anteil der Widersacher wird zwar als notwendig, aber zunehmend gefährlich angesehen.

Die Sprachschöpfung

Von der Sprachschöpfung Odhins wird in der Edda in vielfältiger Weise berichtet. Zunächst sollen aber die allgemeinen Angaben Rudolf Steiner zu diesem Thema zusammengefasst dargestellt werden: In der lemurischen Epoche der Erden- und Menschenentwicklung wurde zugleich mit der Atmung die Sprachfähigkeit angelegt. Der Name der davor gelegenen hyperboräischen Zeit, bedeutet: jenseits des (Boräa-) Windes. Das deutet darauf hin, dass es dazumal noch keine Atmung, keinen Wind, gab. Wie geschah die Atembegabung in der lemurischen Epoche und welche Prozesse waren damit verbunden?

Das Ich des Menschen ruhte noch im Schoße der Gottheit. Die Erde war umflossen von einer Wärmeatmosphäre, »und in diese strahlte das Licht der Sonne hinein, das der Träger der Geistigkeit der Sonne war.«[111] Dies wurde durch die Geister der Sonne, die Elohim bewirkt. »Dadurch, dass diese Sonnengeister in den Sonnenstrahlen in die Erdenwärme hineinfallen, bildete sich zuerst ... der gemeinschaftliche Astralleib der ganzen Menschheit und der höheren Tiere. Unten auf dem Erdboden, da waren diese schlafenden Menschenpflanzen, die einen Ätherleib und einen physischen Leib hatten.«[112] Die auch zur Sonne gehörenden Luftgeister, die wie wir sahen herabgesenkte Elohim sind, bildeten einen geistigen Luftkreis um die Menschenkeime, die wie kleine Näpfe vorzustellen sind. In diese Näpfchen ließen die Luftgeister ihre Geistluft hineinströmen. Dadurch fingen die Näpfchen an zu pulsieren und einen Innenraum zu bilden, in den der zunächst allgemeine Astralleib einzog, der sich dadurch individualisierte und im Laufe der Zeit das helle Tagesbewusstsein ermöglichte. Mit jedem Atemzug wurde der Hauch einer Luftgottheit verspürt, die als die Vermittlerin der Sonnen-Welten-Weisheit erlebt wurde. »Die Luft ist nur der Körper, der Stoff dieses Geistes.«[113] »Das, was ... einströmte, nennt man in der christlichen Esoterik auch den Heiligen Geist.«[114] Dies war die erste Begabung mit dem Heiligen Geist. Es gab etliche dieser Luftgeister, die jeweils eine Sprachfamilie schufen. So wurden Jahve ebenso wie Odhin als im Sturm daherfahrende Sprachgeister erlebt. Der physische Ausdruck davon ist die Bildung der zwölf im Kopf gebündelten Hauptnerven, die in der Edda als die zwölf aus dem Brunnen von Niflheim (Hwergelmir) entspringenden Ströme dargestellt werden.

Parallel zu dieser durch die Sprach-Luftgeister ins Innere der Näpfchen einströmenden Astralität, trat an das Äußere der Näpfchen ein anderer Einfluss heran: Die Wärme zog von außen in die Menschengehäuse hinein. Sie wurde von diesen aufgesogen und in die Blutwärme gewandelt. Der Geist dieser Wärme war im Gegensatz zu den verschiedenen Luftgeister ein einheitlicher Geist. »Wenn man aber von dem Geiste spricht, der die gesamte Wärme in sich hat, dann kann man nur von einem Einzigen sprechen. Er wird innerhalb der christlichen Esoterik der Logos, der Christos selber genannt, der einheitliche Geist des Menschengeschlechts auf der Erde.«[115] Durch diese zwei Einflüsse auf den werdenden Menschen wurde das Streben zur Individualisierung durch die Sprachgeister einerseits und die Sehnsucht nach Liebe und Brüderlichkeit durch Christus andererseits angelegt. Das sind auch heute noch die deutlichsten Gesten des Ich.

Die Sprachbildung und die Widersacher

In die von den Elohim angelegte Tendenz der Individualisierung und in den Christus-Impuls der allgemeinen Brüderlichkeit mischten sich schon bald Widersachermächte ein. Die Individualisierung war für Luzifer, der die Astralleiber am liebsten wieder aufgelöst in der allgemeinen Astralität sähe, unannehmbar, während für Ahriman der Impuls Christi zur allgemeinen Bruderliebe, seiner Vereinzelungsbestrebung widersprach. Durch beide Widersacher entwickelte sich der Egoismus der Menschen mächtig. Ist diese Entwicklung auch in dem Lied der Völva zu erkennen?

Die in der lemurischen Zeit veranlagte Atmungs- und Sprachanbahnung wird in der Edda in der kurzen Zeile: *Seele gab Odhin …* beschrieben. Der gleichzeitig beginnende Einfluss der Widersacher ist durch die Namen Hönir und Lodur nicht zu übersehen. Außerdem fordert Loki einmal sein Recht mit folgenden Worten: *Gedenke dir, Odhin, wie in Urzeiten wir das Blut mischten beide.*[116] Da die Zeit für die Erkenntnis des Bösen noch nicht reif war, entgegnet Frigg, die Hausfrau Odhins, daraufhin Folgendes:

Eure Geschicke solltet ihr nie
Erwähnen vor der Welt
Was ihr Asen beide in Urzeiten triebet:
Die frühesten Taten berget vor dem Volk.[117]

Diese enge Verbindung des Gottes Odhins mit Loki, dem Luzifer des Nordens, kann einen verwundern. Bedenkt man aber, dass Loki einst ebenso wie Odhin auf der Stufe der Elohim stand, und beide nun im Bereich der Erzengel wirken, versteht man ihre Verbundenheit. Obgleich alle vorchristliche Weisheit luziferischen Ursprungs ist, besteht doch der gravierende Unterschied dieser Geister darin, dass Odhin seine Taten aus der Harmonie mit der Menschheitsführung vollbringt, während Loki sich über die Elohim ärgert, denn er kann deren Entschluss, den Menschen mit der Materie zu verbinden, nicht mittragen. Er möchte den Menschen als reines Geistwesen sehen. Die luziferischen Wesen »sind nicht von derselben Art wie die Angeloi oder Archangeloi oder Archai, sondern sie sind eigentlich von derselben Art wie die Elohim, wie die Geister der Form, nur sind sie zurückgeblieben in ihrer Entwickelung ... sie wirken auf das Kopfsystem des Menschen ... dadurch geben sie dem Menschen die Vernunft, den Verstand.«[118] In der Zeit der alten Atlantis hat »der Mensch durch die luziferischen Wesenheiten die Anfänge erhalten von der Sprache, vom Denken ...«[119] Vernunft und Verstand müssen mitwirken, wenn sich im Menschen eine Sprache ausbilden soll. So ist es verständlich, dass Loki bei der Sprachentwicklung mitwirken musste. Auch Ahrimans Hilfe war für die Umgestaltung des Kehlkopfes und des ganzen Menschen auf die Sprache hin notwendig.

Der Luftseelenprozess und der Lichtseelenprozess

Der Vollständigkeit halber muss hier kurz erwähnt werden, wie sich die einst so geisttragende Luft im Laufe der Zeit verwandelt hat: Seit dem Ereignis von Golgatha hat sich in Bezug auf die Luft ein steter Wandel vollzogen. In den Jahrtausenden zuvor erlebte man die Jahve- oder Odhin-Gottheiten in der Luft. Deren Offenbarung wurde vor allem in der Nacht erlebt, was sich z. B. in den neun Nächten spiegelt, die Odhin am Baume hing, oder in dem englischen Ausdruck ›a fortnight‹. In jener Zeit war Michael der Vermittler Jahves. Seit aber Michael die luziferischen Geister auf die Erde gestoßen hat, und diese im Kopf des Menschen zu wirken begannen, entwickelte sich der eigene Verstand des Menschen, und damit verschwand das Erleben der Offenbarung der Luftgeister und des mit ihnen verbundenen Weisheit bringenden Luzifer. Indem Luzifer aber nicht mehr erkannt wurde, konnten die ahrimanischen Geister vom Umkreis in die Luft und daher in den Menschen eindringen. Michael, der nach Golgatha zum Christusengel wurde, und der sich damit zu einem Tagesoffenbarer gewandelt hat, kämpft gegen diese Geister. »Jene Beseelung der Luft, die zu dem Menschen gehört, die ist nicht mehr da. Und deshalb können die Wesen, ich möchte sie die antimichaelischen [ahrimanischen] Wesen nennen, ... in die Luft eindringen und durch die Luft in den Menschen ...«[120] Es ist tröstlich zu wissen, dass durch Golgatha und durch die Taten Michaels, der 1879 auch die ahrimanischen Geister, deren Differenzierungsaufgabe beendet war[121], aus dem Himmel auf die Erde und in die Menschen warf, sich für den Menschen heute neue Möglichkeiten eröffnen: »Dafür ist in das Licht, das uns vom Morgen bis zum Abend umfasst, eingezogen dasselbe Seelische, das vorher in der Luft war. Dass der Christus sich mit der Erde verbunden hat, das gab die Möglichkeit dazu. Sodass Luft und Licht auch geistig-seelisch etwas anderes geworden sind im Laufe der Erdenentwickelung.«[122] Die heute im Licht wirkenden Kräfte können wir uns erschließen »wenn wir uns einer viel feineren Beziehung des Menschen zur Außenwelt bewusst werden, sodass mit Bezug auf unseren Ätherleib etwas stattfindet, das immer mehr und mehr in unser Bewusstsein hineinkommen muss, ähnlich wie der Atemprozess.«[123] Mit dem Lichtseelenprozess sind alle Sinneswahrnehmungen gemeint.

Der Sprachgott Odhin und das objektive Ich-Erleben

Das Ziel der Sprachentwicklung ist der Mensch, der im Aussprechen des Ich zu sich selbst erwacht. Die für ein sprechendes Wesen notwendige Umgestaltung konnten nur Geistwesen mit gewaltigen Kräften bewirken. »Die Wesen, die Sprache geben, haben große Kraft, sie sind eigentlich Gewalten.«[124] Aus Liebe zu den werdenden Menschen haben diese hohen Engel auf ihren Sitz auf der Sonne verzichtet und von dem menschennäheren Bereich der Erzengel aus gewirkt. Sie sind dadurch abnorme Erzengel, wurden aber von ihren nordisch-germanischen Völkern nicht als abnorm empfunden, da diese selbst im Vergleich zu den südlichen Völkern auf einer abnormen Entwicklungsstufe standen, denn sie waren, obgleich noch ganz in ihrer Empfindungsseele lebend, schon zu ihrem Ich erwacht. So sahen sie, wie die verschiedenen Engel und Erzengel an ihrer Seele arbeiteten. »Die germanisch-nordischen Völker entwickelten die Anschauung des Ich. Sie sahen hellseherisch das

Morgenrot des eigenen Ich, das imaginative Bild des Ich. In der Welt sahen sie das Ich objektiv längst unter den anderen Wesen, die sie hellseherisch wahrnahmen.«[125] Durch dieses frühe Erwachen zum Ich bildete sich erstaunlich früh ein moralisches Gefühl, das Gewissen, aus.[126] In den weitaus reiferen Seelen der Inder z. B. bestand kein Interesse für das Ich, das unbewusst in ihrer Seele als subjektiv Erkennendes schlummerte. Im europäischen Raum hatten die Volksgeister die Aufgabe, den Menschen »anzuweisen, sein Ich in Beziehung zur Außenwelt und zu den anderen Menschen und zu der Welt der göttlich-geistigen Wesenheiten zu setzen, sodass man im Grunde genommen erst innerhalb der europäischen Kultur anfing, von dem Verhältnisse des Ich-Menschen zum ganzen Universum zu sprechen.«[127] So entwickelten diese Völker die Anlage, sich für das Ich und seine Beziehung zur Welt zu interessieren. Diese Eigenart spiegelt sich in der nordisch-germanischen Mythologie, in der die Entwicklung des Ich stets im Mittelpunkt steht.

Das Wirken der verschiedenen Engel- und Erzengelwesen, der Götter der Germanen, war für die bis ins achte und neunte Jahrhundert hellsichtigen Menschen eine unmittelbare Erfahrung. Daher rührt es, wie es wirklich in keiner anderen Mythologie der Fall ist, »dass wunderbar in den Bildern dieser Mythologie die größten okkulten Wahrheiten zum Ausdrucke kommen ...«[128]

Die Opfer Odhins im Wandel der Zeiten

Wie schon beschrieben, beschenkte Odhin seine Völker in der lemurischen Epoche mit der Sprachfähigkeit, die dann in der atlantischen Zeit immer weiter ausgestaltet wurde. Es gehört zu seinem Wesen, dass er durch viele Opferprozesse sich immer wieder eine bestmögliche Nähe zu den Menschen errang. Dazu gehört das Opfer des Elohim-Grades ebenso wie die Lehrtätigkeit auf der Atlantis in einer Gestalt aus »lichtflüssiger Materie«.[129] In großer Achtung kann man zu diesem Wesen aufschauen. »So war ... jene geistige Wesenheit, die als Wotan (Odhin) bezeichnet wird, eine ›Persönlichkeit‹, welche den alten Atlantiern wohl bekannt war; man kann sagen, alle Atlantier standen mit ihr in einer näheren oder entfernteren Verbindung, wie etwa heute die Menschen mit einem Monarchen.«[130] Ein weiteres Opfer Odhins, das in die Zeit der Atlantis fällt, wird in der Geschichte von der Gewinnung des Mets Odhrörir beschrieben. Dort erniedrigt sich Odhin zu ›Bölwerkr‹, dem Übeltäter, der List und Betrug anwendet, um den Sprach-Met aus der Felsenhöhle zu gewinnen, der den Menschen eine geformte, ja sogar eine weisheitsvolle Dichter-Sprache ermöglicht. Das alles tut Odhin, denn er konnte es nicht zulassen, dass das Wort in der Materie, im Felsen bzw. im Körper des Menschen gefangen bliebe, denn das Wort ist göttlichen Ursprungs und der Mensch kann sich durch die Sprache seines eigenen göttlichen Seins bewusst werden.[131] Wenn die Sprache im Physischen gefangen geblieben wäre, dann könnte der Mensch nur tierische Laute ausstoßen.

In der nachatlantischen Zeit gab es »zahlreiche Menschen, die in einem Zwischenzustand zwischen Wachen und Schlafen in eine Beziehung ... mit diesem Wotan treten konnten, der in der geistigen Welt wirklich existierte, durch seine Entwicklung aber gebunden war ...«[132] Da die Menschen immer irdischer wurden, war es den Göttern nur noch möglich, mit auserlesenen Menschen Gemeinschaft zu haben. So inkorporierte sich Odhin in seiner Liebe zu seinen Völkern immer wieder in einer hohen Persönlichkeit, die ihren Astralleib und den Ätherleib weitestgehend geläutert hatte. Diese Individualität galt als höchster Führer und wurde als Sig-Eingeweihter in den verschiedenen Inkarnationen als Sigurd, Sigmund und Sigfried usw. benannt. Der Sigfried der bekannten Sage war der letzte Einweihungsheld, der etwa 450 n. Chr. gelebt hat. Die Spiegelung der Sig-Mysterien und weiterer Opfer, die Odhin um der Menschen willen brachte, kann man in den Liedern ›Grimnismal‹ entdecken.[133] Dort werden die Menschen die ›Sig-Götter-Söhne‹ genannt.

Die nordischen Völker hatten zunächst ganz unter der Leitung der keltischen Druiden und deren von den Wanen-Göttern inspirierten Sonnen- und Mondenmysterien gestanden. Sie lebten in jener Wanen-Zeit in Unschuld und Naivität und wurden von der Schrift und aller Intellektualität ferngehalten. Durch einen dieser Sig-Helden aber wurde den nordisch-germanischen Völkern später etwa 1000–1500 v. Chr. aus dem Gebiet des schwarzen Meeres ein neuer Impuls gebracht. »Das Mysterium, aus dem diese Wotankultur hervorgegangen ist, war ein Merkurmysterium, ein Mysterium, das zu den Impulsen von Sonne und Mond die Impulse des Merkur hinzubrachte ... Und damit ist zugleich ein Licht darauf geworfen, dass Wotan als der Bringer der Runenkunst, der Runenschrift geschildert wird, also als der Bringer dessen, was der Mensch an Entzifferungskunst des Weltalls auf die erste, ganz primitive intellektuelle Weise aus sich selbst heraus schöpft.«[134] Dieser neue Impuls Odhins führt die Menschen in die Erdentüchtigkeit; es ist der sogenannte ›Wolfsweg‹, auf dem Odhin, begleitet von seinen Wölfen Geri und Freki, den Menschen vorangeht.

In der Zeit der Merkurmysterien muss das große Opferlied Odhins, das geheimnisvolle Runenlied (in den Havamalliedern) entstanden sein. Dort besingt

Sigfrieds Kampf mit dem Drachen,
West-Portal-Planke der Stabkirche von Hylestad

Ein König mit den Odhins-Zeichen des Raben und der Irminsul, Säulenrelief vom Großmünster, Zürich

Odhin die Einsetzung der Odhinsmysterien, die er selbst, wohnend in der hohen Sig-Persönlichkeit, an diesem und an sich vollzieht. Hängend am windigen Baum leidet er Qualen, dann neigt er sich zur Erde und formt mit Mimirs Hilfe Zauber-, Sprach- und Schriftrunen und leitet somit die Intellektualisierung ein.[135]

Auch in den Liedern ›Grimnismal‹ erleidet Odhin, da er sich zu den Menschen begibt, um sie zu belehren, Durst- und Feuerqualen. Zum Abschluss seiner Unterweisung sagt Odhin, der sich hier Grimnir nennt, zu dem jungen Agnar:

> *Mein Antlitz sahen nun der Siggötter Söhne*
> *So wird mein Heil erwachen.* (Vers 45)

Die Entwicklung der Sprache in der Edda

In der Mythe vom Turmbau zu Babel hat sich die Erinnerung an eine Ursprache der Menschen erhalten. Auch Rudolf Steiner spricht von der Ursprache, die das eben geborene nathanische Jesus-Kind beherrschte, und die von seiner Mutter verstanden wurde.[136] Den Zeitraum, in dem diese Ursprache allgemein lebte, kann man in dem Anfang der atlantischen Epoche vermuten. Die einzelnen Sprachen entstanden erst später.

Kwasir und die Ursprache

Gibt es in der Edda eine Erinnerung an eine Ursprache? In Bragis Gesprächen (57, Edda) findet sich eine entsprechende Erzählung. Dort wird berichtet, wie Odhin das geheimnisvolle Wesen Kwasir aus dem Speichel bildete, der als Friedenszeichen von den Wanen und den Asen in ein Gefäß gespieen worden war. Dieser Kwasir zog lehrend durch die frühe Atlantis, denn er war voller Weisheit. Sicher ist es nicht falsch zu vermuten, dass dieses Wesen, das aus dem für die Sprache notwendigen Speichel gebildet wurde, fähig war, den Menschenkindern durch Urwortklänge die Ahnung des Schöpferwortes zu vermitteln. Als seine Wirkenszeit sich zum Ende neigte, wurde Kwasir von Zwergen getötet, und aus seinem Blut wurde der wundersame Sprachmet Odhrörir gebraut. Nachdem dieser von Odhin aus dem Bereich der Riesen erlistet worden war, wandelte sich jeder Mensch, der eines Schluckes erwürdigt wurde, zu einem Dichter oder Weisen.[137]

Die weisen Frauen

Einen Einblick in die weitere Entwicklung der Sprache der frühen atlantischen Zeit gibt uns Rudolf Steiner, indem er ausführt, wie den Frauen bei der Sprachentwicklung eine besondere Rolle zufiel. »Gedächtnis und Phantasie und alles, was mit diesem verbunden ist, fanden sich bei ihnen.«[138] Durch hohe Führer-Wesen wurden sie geleitet. »So konnte es kommen, dass bei solchen Frauen das, was in ihrem Innern lebte, sich in eine Art Natursprache umsetzte. Denn der Anfang der Sprache liegt in etwas, was dem Gesang ähnlich ist … Der innere Rhythmus der Natur erklang von den Lippen ›weiser‹ Frauen. Man versammelte sich um solche Frauen und empfand in ihren gesangartigen Sätzen die Äußerungen höherer Mächte.«[139] Das Lautwort, das der Atlantier hervorbrachte, hatte eine gewaltige

Macht, da es die Schwingungen der Dinge aufnahm und diese dadurch beeinflussen konnte; dies bedeutete, im Besitz zu sein von Runenweisheit, Zauberkraft. Auch in der nachatlantischen Zeit lebte die Empfindung in den Menschen, dass »eine bezaubernde Musik durch die ganzen europäischen Gegenden ...«[140] webt, und dass diese Musik »kommt aus den Regionen, wo das Licht herkommt.«[141] Wie die Urrunen von Odhin zu einer geformten Sprache und sogar zum Buchstaben verdichtet wurden, schildert er selbst in dem bekannten Runenlied.[142] Dort erwähnt er den wichtigsten Helfer, seinen Onkel Mimir, der ihn mit neun Hauptliedern (achtzehn Zauberrunen) beschenkte.

Mimir

Mimir ist der Bruder von Odhins Mutter Bestla. Er ist ein besonders geheimnisvolles Wesen, das nur schwer zu ergründen ist. Ohne Frage hat Mimir für das Wort, bzw. die Rune, eine entscheidende Geburtshelferstellung inne. Das wird ebenso im Runenlied deutlich, wie es aus der Runen-Belehrung Sigdrifas (Brunhilde) hervorgeht, die sie Sigurd (Sigfried) nach ihrer Erweckung zukommen lässt. Dort heißt es zwar, dass Odhin die Runen zuerst ersann, sprach und schnitt, zuvor aber sind sie geflossen aus dem Haupt Mimirs, des Heiddraupnirs (Zuträufler des Wesens der Dinge) und aus dem Horn Mimirs, des Hoddraupnirs (Zuträufler des Schatzes der Weisheit). Diese außerordentlichen Bezeichnungen weisen Mimir als einen aus, der das Wort des Urbeginns zur Sprache verdichten half. Odhin wird dagegen als derjenige besungen, der die von Mimir erlauschten Runen der Urzeit weiter formte und sie mit blankem Schwert in die Welt hinaus trug.

Geistrunen schneide, willst du klüger scheinen
Als ein anderer Mann.
Odhin, der sie auserdacht
Aus der Flut, die geflossen war
Aus dem Hirn Heiddraupnirs;
Aus dem Horn Hoddraupnirs.
Auf dem Berge stand er mit blankem Schwert,
Den Helm auf dem Haupte.
Da hub Mimirs Haupt an weise das erste Wort
Und sagte wahre Stäbe. (Sigrdrifumal, Vers 13, 14)

Die wahren Stäbe Mimirs weisen darauf hin, dass auf allen Dingen Geistrunen zu finden sind. Alle Dinge, so will Sigdrifa sagen, sind aus dem Geist heraus geboren, sie tragen den Stempel des Geistes. »In alten Zeiten, als die Menschen durch ihr altes, dämmerhaftes Hellsehen noch in die geistige Welt schauten, da bedeutete ihr Wort etwas, was in der geistigen Welt war.«[143] So bildeten die Worte eine Brücke zwischen der geistigen Welt und dem Menschen. Durch dieses Bewusstsein wurde das Ich durchlichtet und gestärkt, denn: »Das [Bewusstsein von der Geistigkeit des Wortes] kristallisiert eine spirituelle Substanz im Menschen, das nimmt er mit nach dem Tode und durch das nimmt er wahr in der geistigen Welt.«[144] Hier mag auch eine der Wurzeln dafür liegen, dass die germanischen Völker durch ihre lang anhaltende Hellsichtigkeit das Wort in diesem Sinne wahrnahmen und dadurch ihr Ich so stark entwickeln konnten.

In einer späteren nachatlantischen Phase, als Odhin die auf der Urweisheit basierende Weisheit der Gegenwart, das naturwissenschaftliche Denken, für seine Völker erlangen wollte, begab er sich zu Mimirs Brunnen, um daraus einen Trunk zu schöpfen. Dieser Brunnen, der unter einer Wurzel der Esche Yggdrasil zu finden ist, reicht bis zum Weltenurgrund hinab, dem Ginnungagab. *Der Eigner des Brunnens heißt Mimir, und ist voller Weisheit, weil er täglich von dem Brunnen aus dem Giallarhorn trinkt.*[145] Als Gegengabe für den Trunk musste Odhin allerdings sein Auge der Hellsichtigkeit als Pfand zurücklassen, denn für die moderne Wissenschaft ist Hellsichtigkeit nicht angebracht. Später wird Odhin in der Not der hereinbrechenden Götterdämmerung sich wiederum bei Mimir Rat und Trost suchen. *Odhin murmelt mit Mimirs Haupt.*[146]

Im Zusammenhang mit Lif und Lifthrasir wird Mimir auch als Hoddmimir, als Schatzbewahrer bezeichnet.[147] Da Mimir stets als das rhythmisch tönende Weisheitswesen, als der Vermittler des Urwortes, erlebt wurde, heißt er auch Fimbulthur, der Urweltsänger. In ihm sahen alle Barden ihr Urbild. Sie nannten sich daher auch die Thurlir. Ihre Dichtung, der Stabreim floss dahin in dem Rhythmus des Atems und des Pulsschlages des Menschen, also im Verhältnis von eins zu vier. Darin spiegelt sich das stets im eigenen Leib empfundene Zusammenspiel Odhins und Thors. Der Stabreim gibt die Stufe der Sprachentwicklung wieder, »die ein Nachklang ist der dahinrauschenden Wogen, die herausplätschern aus dem Nebel der alten Atlantis; das ist … der Stabreim, der für den, der es empfinden kann, wiederholt im Ton, was die Musik der Wellen genannt werden kann.«[148]

Der Name Mimir bedeutet der ›Erinnerer‹, der ›Weise‹ und ist etymologisch zu ›memor‹, ›erinnern‹ zu stellen. Erst als die Fähigkeit der Erinnerung erlangt war, konnte sich eine Sprache entwickeln. »An der Entwicklung des Gedächtnisses hing nun auch diejenige der Sprache. Solange der Mensch das Vergangene nicht bewahrte, konnte auch eine Mitteilung des Erlebten nicht stattfinden.«[149] Hier ist auch an den Raben Munin, den Erinnernden, zu denken, dessen Verlust Odhin stets befürchtet[150], da mit dem Schwinden der Erinnerung des Menschen an seine göttliche Herkunft auch das Bewusstsein seiner Geistverbundenheit verloren geht. Da Mimir Wortgeheimnisse offenbart, ist er sicher als ein dem Christus, dem Logos, nahestehendes Wesen zu denken. Ob in dem zuvor beschriebenen Kwasir eine Erscheinungsform Mimirs zu sehen ist, kann nicht mit Bestimmtheit gesagt werden, erscheint aber denkbar.

Der allgemeinen Klage über die Verflachung unserer Sprache wird von Rudolf Steiner folgende Zukunftsperspektive entgegengestellt: »Ein Bringer des Guten durch das Wort, durch den Logos, wird der künftige Bodhisattva sein, der alles, was er hat, in den Dienst des Christus-Impulses stellen wird, und der in einer Sprache sprechen wird, die heute noch keinem Menschen eigen, die aber so heilig ist, dass er genannt werden kann ein Bringer des Guten.«[151] Ob dann Odhins Augen-Pfand bei Mimir wieder eingelöst werden kann, und eine neue Hellsichtigkeit den Menschen möglich wird? Das ist zu hoffen, denn dann wird die Sprache wieder eine Brücke zur geistigen Welt sein.

Bragi

Betrachtet man die Sprachentwicklung, wie sie in der Edda aufgezeigt wird, so darf der Aspekt, der mit Bragi verbunden ist, nicht fehlen. Von ihm wird Folgendes berichtet: *Einer (der Asen) heißt Bragi. Er ist wegen seiner Weisheit berühmt, besonders aber für seine … Wortkunst … Seine Frau ist Iduna.*[152] Diese verfügt über die wunderbaren Äpfel, deren Verzehr die Asen jung erhält.[153] Der Name Bragi wird bei Egill auch für Odhin gebraucht. Der älteste bekannte Skalde wurde als Bragi bezeichnet. Er wirkte, wie man annimmt, im 9. Jahrhundert in Norwegen. Bragr bedeutet Dichtung und Fürst. In den Liedern, wie sie durch Bragi inspiriert wurden, erhoffte sich jeder Häuptling, Fürst oder Held, ein ewiges Denkmal gesetzt zu bekommen. Die Imagination der jung erhaltenden Äpfel Idunas stellt ein dem Ring Draupnir zu vergleichendes Bild der göttlichen Schöpfer- und Lebenskräfte dar.

Die Taten der drei Hauptgötter und die Christus-Opfer

Wenn man von Odhin spricht, darf man Thor und Freyr nicht unerwähnt lassen. Mit ihrem jeweiligen Kraftstrom formten und bildeten sie die werdenden Menschen so um, dass diese fähig wurden, einen Ichfunken aufzunehmen und sich so dem großen Christus-Ich verwandt zu fühlen. Somit sind die drei Hauptgötter Christus-Diener. Dies gilt besonders für Odhin, der durch viele Opfer den Menschen die Sprache brachte in dem Bestreben, die Christus-, die Logoskraft durch die Sprache fließen zu lassen.

Die Umgestaltung des Menschen zur Sprachfähigkeit begann in der lemurischen Epoche, in der dem Menschenkeim durch die anfängliche Aufnahme des Ichs die Aufrichtkraft geschenkt wurde. Dadurch verlor er aber die Unschuld der erdgebundenen Wesen. So konnten Luzifer und dann auch Ahriman eingreifen, um die entstehenden Sinne zu verderben. Um dieses zu verhindern ›verseelte‹[154] sich der Christus in der engelartigen Seele des späteren nathanischen Jesusknaben, von dem berichtet wird, dass er sich anfangs in einer Art Ursprache mit seiner Mutter verständigte. Man kann vermuten, dass bei diesem Christusopfer die Götter Thor und Odhin hilfreich zur Seite standen, da ihnen die Aufrichtung des Menschenleibes und dessen Umgestaltung zur Sprachfähigkeit oblag.

Dem Menschen, der noch keine Sprache hatte, drohte am Anfang der atlantischen Zeit ein weiteres Unheil, da die Widersacher seine Lebens- und Sprachorgane in Unordnung bringen wollten. Dies wurde durch ein Opfer abgewendet, in dem der Christus ein zweites Mal die nathanische Seele durchdrang. Dadurch erlangte der Mensch die Möglichkeit, »etwas anderes als bloße Empfindungsworte auszustoßen.«[155] Den Erwerb des Trankes Odhrörir durch Odhin kommentiert Rudolf Steiner mit denselben Worten. Das legt nahe, an Odhins Beistand bei dem zweiten Christusopfer zu denken.

Noch aber konnte der Mensch die äußeren Dinge nicht durch Worte bezeichnen. Für die dafür notwendige Objektivität und Gedankenstärke mussten seine Seelenkräfte in Harmonie zusammenwirken. Dies aber bedrohten die Widersacher am Ende der atlantischen Zeit. »Das ist die bildliche Darstellung des dritten Christusereignisses: Der Erzengel Michael oder Sankt Georg, der spätere nathanische Jesusknabe, durchseelt von der Christus-Wesenheit … Und die Überwindung des Drachens bedeutet die Unterdrückung desjenigen im menschlichen Denken, Fühlen und Wollen …, welches Denken, Fühlen und Wollen durcheinander werfen würde …«[156] Zum dritten Mal verband sich die Wesenheit in den geistigen

Höhen, welche später als der nathanische Jesus geboren wurde, mit der Christus-Wesenheit, und ergoss sich wiederum … in die menschliche Sprachfähigkeit … Damit war der Sprachkraft die Möglichkeit gegeben, mit den Worten wirkliche Zeichen zu schaffen für das, was äußere Umgebung ist, und dadurch … die Sprache als Verständigungsmittel zu schaffen.«[157] Eine Spiegelung dieser Ereignisse kann man in dem Runenlied Odhins finden. Dort heißt es:

Zu gedeihen begann ich und zu denken,
Wuchs und fühlte mich wohl.
Wort aus dem Wort verlieh mir das Wort … (Vers 4)

Es kann daher vermutet werden, dass an dem dritten Christus-Opfer Odhin beteiligt war, und auch Freyr, der den Menschen das Denken vermittelt hat. Erst wenn das Kind die Aufrichtung, das Sprechen und das kindliche Denken erwirbt, kann es Ich zu sich selbst sagen. Diesem Erwachen des Ich-Bewusstseins liegt das vierte Christus Opfer auf Golgatha zugrunde.

Eine besonders schöne Darstellung des dritten Christus-Ereignisses findet sich an der Kirchentür von Valthjofsstad auf Island. In der unteren Hälfte des runden Schnitzwerkes wird der Kampf mit dem Drachen dargestellt. Drei weitere Zeichen umgeben den Ritter auf seinem Pferd: ein Löwe, ein fliegender Vogel, wohl ein Rabe, und ein dreimal dargestellter, sich entfaltender Lebensbaum oder eine Irminsul. In der oberen Hälfte sind die Tiere gebändigt. Der Löwe zeigt seinen wohlgestalteten Schwanz eingeschlagen, und um den Nacken trägt er ein geschmücktes Halsband. Der Vogel hat sich auf dem Kopf des Pferdes niedergelassen und der Ritter hält vor seiner Brust einen kleinen sogenannten Lilienstengel, eine Irminsul. Diese drei Attribute können folgendermaßen als Bilder der nun geordneten Seelenglieder verstanden werden: Der Vogel sitzt auf dem Pferdekopf als Zeichen des klaren Denkens, der an der Brust gehaltene Lebensbaum bedeutet das harmonische Fühlen und der mit dem Pferd im Gleichschritt schreitende Löwe steht für das gebändigte Wollen. Damit hat der Ritter sein Lebensziel erreicht und kann nach Walhall ziehen, was so viel bedeutet, dass er sterben kann. Auf seinem Grabstein vor der Stabkirche liegt der tote Löwe im Zeichen des Kreuzes.

Kirchentür von Valthjofsstad auf Island

Zusammenfassung

Sprache und Weisheit sind zugleich mit den Ätherkräften auf der alten Sonne im werdenden Menschen veranlagt worden. Die Sprache, die somit im Ätherleib wurzelt, ist durch vielfältige Entwicklungsprozesse geformt worden. Dies spiegelt sich in den Erzählungen der Edda. Es ist wahrscheinlich, dass in Mimir, der am Urweltbrunnen seine Heimat hat, derjenige gesehen werden kann, der am tiefsten mit dem Urbeginn der Schöpfung aus dem Logos verbunden ist. Kwasir mag ein Wesen der atlantischen Zeit gewesen sein, das für seine Weisheit bekannt war und das die Naturklänge in eine allgemeine Ursprache formte. Bragis Aufgabe war es dann in der nachatlantischen Zeit, die inzwischen völkische Sprache in eine gehobene Form der Dichtung umzubilden. Im Runenlied wird deutlich, dass all diese Sprachentwicklungen Odhins Werke sind, ja dass er sogar eine Sprache der Wissenschaft entwickelt und diese dann wieder mit der geistigen Welt verbinden will.[158] Bedenkt man außerdem die Attribute Odhins, den Ring Draupnir und den Speer Gungnir[159], die beide nötig sind, um Sprache zu ermöglichen, so werden die gewaltigen Taten Odhins von der lemurischen Zeit an, bis in die beginnende Intellektualisierung, erlebbar. Dabei ist zu bedenken, dass Odhin sich stets als dem Christus und seinen Zielen unmittelbar verpflichteter Freund und Diener verstand.

Odhin, Allvater und Walvater

Odhin, der in südlichen Gebieten auch Wotan genannt wurde, ist der älteste und vornehmste der Asen. Alle Götter, die wie Kinder zu ihm sind, versammelt er in dem Saal Gladsheim, der ganz aus Gold ist. Am westlichen Tor ist diese Halle mit einem Wolf und einem Aar (Adler) geschmückt. Innen sind zwölf Stühle und ein dreizehnter Hochsitz für Odhin. Seine Frau Frigg kennt aller Menschen Geschicke. In dieser überragenden Stellung wird er Allvater genannt.

Eine andere Funktion Odhins zeigt der Name Walvater an. Als solcher herrscht er in dem Saal Walaskialf, auch Walhall genannt, einem Saal, der ganz mit Silber gedeckt ist, und in dem Odhins Hochsitz Hlidskialf steht, von dem aus er die ganze Welt überblicken kann. In diesem Saal versammelt er alle die Krieger, die selbstlos und mutig ihr Leben für ihr Volk auf den Schlachtfeldern ließen. Diese sogenannten Einherier werden von den Walküren, den engelartigen Dienerin-

Ein Verstorbener reitet nach Walhall. Er benötigt für die Überfahrt ein Schwanenschiff, Västergötland, Schweden

nen Odhins, auserwählt. Es bedeutete eine große Auszeichnung für einen Menschen, erwürdigt zu werden, ein Gefolgsmann Odhins zu sein. Man hatte noch ein Bewusstsein davon, dass ein solcher Opfer-Tod das unmittelbare Eingehen in die geistige Welt zur Folge haben konnte. »Man stellte sich mit Recht vor, dass derjenige, der den Tod auf dem Schlachtfeld fand, aufgenommen wurde von der Walküre.«[160] So erlebte der Krieger die Begegnung mit der geistigen Welt unmittelbar, was sonst nur durch eine Einweihung möglich war. (Ein entsprechender, heute aber unzeitgemäßer Nachklang lebt im Glauben des Islam.) Der letzte Einweihungsheld, der sich schon im Leben mit der Walküre verband, war Sigfried. Daher ist es verständlich, dass im nordischen Raum persönliche Tapferkeit und Tüchtigkeit als die höchsten Tugenden galten. Daraus entwickelte sich »ein Bewusstsein vom eigenen göttlichen Werte der menschlichen Persönlichkeit, ein starkes Freiheitsbewusstsein vor allen Dingen.«[161]

Die Helden, die sich in Odhins Saal Walaskialf versammeln, sind die Einherier, die Göttlichen, die Ausgezeichneten. Sie üben sich täglich im Kampfe. Da Odhin aber ein Bringer und ein Diener des Wortes ist, kann man vermuten, dass die täglichen Übungen der Einherier den Zielen Odhins dienen sollten. Ob die Einherier einst wohl Menschen sein werden, die das Wort zu heiligen verstehen? In Walhall gibt es sehr viele dieser Kämpfer. Im Grimmnismal 23 heißt es:

Fünfhundert Türen und viermal zehn
Weiß ich in Walhall
Achthundert gehen aus je einer,
Wenn es dem Wolf zu wehren gilt.

Es sind demnach 432000 Einherier, die zum Kampf für das Wort und so auch für den Logos und gegen den Lügenwolf bereitstehen. Erstaunlich ist es, dass dies zugleich die Zahl der Versiegelten ist, die vor Gottes Thron stehen, und die durch ihr Leiden ihre Gewänder rein gewaschen haben, wie es in der Apokalypse des Johannes (21) heißt. Das erklärt vielleicht, warum die Einherier als die Göttlichen bezeichnet werden.

Der Gott Odhin und der Mensch Gautama Buddha

Es erscheint kühn, eine Gottheit vom Range Odhins neben einen Menschen, wie hoch er auch immer stehen mag, zu stellen. Die zunächst rätselhaften Aussagen

Henkelfigur eines Eimers, die wie ein Buddha aussieht, etwa 9. Jh., Dänemark

Rudolf Steiners zu diesem Thema geben jedoch Anlass dazu: »Dieselbe Wesenheit, die Wotan (Odhin) genannt wurde in den germanischen Mythen, die trat als Buddha wieder auf.«[162] Sind der kämpferische Odhin und der sanftmütige Buddha etwa eine Persönlichkeit? Hier gilt es, genau hinzuschauen.

Wie weiter oben ausgeführt, gehört Odhin zu den hohen Elohim-Sprachgeistern, die in der lemurischen Zeit die Menschenkeime mit Atem und Seele begabten, so dass sie sprachfähig wurden. In der frühen atlantischen Zeit konnte sich dieses durch freie Opfer herabgesenkte erzengelartige Wesen noch in der »lichtflüssigen Materie«[163] verkörpern, um die Menschen anzuleiten und zu lehren. Als die Materie immer dichter wurde, war das so nicht mehr möglich. »Aber wenn es

Menschen gab, die ... ihre feineren Leiber läuterten, dann kamen sie den Göttern gewissermaßen entgegen; sodass der Mensch ... imstande war, überschattet zu werden von einem solchen Wesen, das nicht bis zum physischen Leib heruntersteigen konnte ... Und so wurde Buddha ein Gefäß für Wotan. Dieselbe Wesenheit, die Wotan genannt wurde ..., die trat als Buddha wieder auf. Buddha und Wotan sind sogar sprachlich verwandt.«[164]

Es wurde in der nachatlantischen Zeit für die Götter immer schwerer, so reine Menschen zu finden, die als geeignete Hülle und Werkzeug benutzt werden konnten. Daher entstand die Stimmung unter den Völkern, dass die Götter ihre Schöpfung verlassen müssen; die Stimmung der Götterdämmerung. In den nordisch germanischen Menschen trat dieses Empfinden erst relativ spät auf, da sie die Gnade hatten, dass sich in ihren Mysterienzusammenhängen immer wieder eine besonders hohe, reine Persönlichkeit verkörperte, durch die Odhin wirken konnte. »Es kam durchaus in der nachatlantischen Zeit vor, ... dass ... eine uralte atlantische Individualität, die man immer als Sig bezeichnet hat, noch lange nach der atlantischen Katastrophe in ... den Leibern der europäischen Menschen erschien, und alle die Namen, die sich erhalten haben als Sigfried, Sigurd, die sollen nur exoterisch darauf hindeuten, dass eine alte Individualität immer wieder da war.«[165]

Kann man über diese hohe Persönlichkeit Näheres erfahren? In den Liedern Grimnismal 45 nennt Odhin sich und die anderen Asen ›Sig-Götter‹ und die Menschen die Sig-Götter-Söhne. Im Runenlied wird es zudem deutlich, dass Odhin die Odhins-Einweihung initiiert, indem er, inkorporiert in einem hehren Menschen, das Ritual an diesem vollzieht. Dieser aufs reinste geläuterte Mensch, der lehrend tätig war, wurde, da man den Gott in ihm erahnte, selbst Wotan genannt. »Denn wir wissen, dass dieselbe Individualität, die als Gautama Buddha im Osten auftrat, schon früher einmal im Westen gewirkt hat, und dass gewisse Legenden ..., die an den Namen Boda oder Wotan anknüpfen, es mit derselben Individualität zu tun haben, wie der Buddhismus mit dem Gautama Buddha im Osten.«[166] »Dieser Bodhisattva war dieselbe Wesenheit, die, nachdem sie im Westen ihre Aufgabe vollendet hatte, 600 Jahre ungefähr vor unserer Zeitrechnung in dem Gautama Buddha verkörpert ist.«[167] In dieser letzten Inkarnation war der Buddha das erste Mal voll verkörpert.

Man könnte demnach den Gautama Buddha als ›Sig-Buddha‹ ansprechen. Solche Persönlichkeiten, die ein Geistwesen wie Odhin in sich wirken lassen konnten, sind für Götter und Menschen stets ein Segensquell: »Solche Menschen genießen auch nach dem Tode eine um so lebendigere Gemeinschaft mit den Göttern, um so inniger leben sie mit ihnen zusammen. Das ist nicht nur den Menschen wohl, denn die Menschen bringen hinauf das, was sie sich hier in der physischen Welt an Liebe erobert haben. Die Götter empfangen das als Opfer zurück, was die Menschen in der physischen Welt als Liebe empfangen.«[168] Wird so der Plan eines Gottes ausgeführt, »so ist dadurch ein Kontakt geschlossen zwischen dieser übermenschlichen Individualität und dem Menschen. Der Mensch ist dann verwoben in das Karma der höheren Wesenheit.«[169] Gott und Mensch bilden so gleichsam ein Gespann, das einer gemeinsamen Aufgabe dient.

Die Wesenheit des Bodhisattva, die in ihrer indischen Inkarnation zum Gautama Buddha aufstieg, unterschied sich von den anderen Menschen vor allem durch die Art ihres Ätherleibes, der auch noch in der nachatlantischen Zeit weit über den physischen Leib hinausragte. Dadurch bewahrte sich dieser Mensch eine intensive Verbindung zur Welt des Geistes, war aber in seinen westlichen Inkarnationen nie ganz verkörpert. In diesem besonderen Ätherleib konnte sich Odhin inkorporieren. »Was einem Volk notwendig war, ... das lasen die Archangeloi in den Seelen derjenigen, die in den fünften Grad eingeweiht waren ... Diese Eingeweihten sind die Vermittler zwischen den eigentlichen Volksführern, den Archangeloi, und dem Volke selber.«[170] Außerdem hat jeder Mensch, wie hoch er auch stehen mag, einen ihm zugeordneten Engel, der in diesem Fall sicher von einer besonderen Reife und Größe war. »So dass wir haben den menschlichen Buddha, der schon inspiriert ist von einem Engelwesen, der aber in seinem Ätherleib noch inspiriert ist von einem Erzengelwesen.«[171] Das Erzengelwesen war Odhin, wer aber war das Engelwesen? Gibt die Edda darüber eine Kunde? Dieser Frage wird im Kapitel über Vidar nachzugehen sein.

Am Anfang des Gylfaginning findet sich ein Bericht über eine solche dreiteilige Führerwesenheit. Sie zeigt sich dem schwedischen König Gylfi, der auf der Suche nach Weisheit nach Asgard wandert. Man kann vermuten, dass er das höchste germanische Heiligtum an den Externsteinen aufsuchte. Er wurde in eine goldene Halle geführt, in der er auf einem Thron drei Wesen übereinander sitzend erblickte. Er nahm also nicht nur den irdischen Mysterien-Führer wahr, sondern auch die über diesem stehenden zwei Geistwesen, die er dann auch befragen durfte.

Jeder Bodhisattva erhält, so führt es Rudolf Steiner aus, in Urzeiten aus der geistigen Welt eine besondere Mission, der er in allen Inkarnationen treu bleibt. »Wir wissen, dass der alte Bodhisattva alles, was mit seiner Mission zusammenhängt, immer in die Menschheit hat einfließen lassen.«[172] So stellt sich die Frage, welche besondere Mission der spätere Gautama Buddha hatte, und ob diese derjenigen von Odhin entspricht, wie es ihre enge Verbindung vermuten lässt.

Die Aufgabe Odhins

Das Ziel oder die Aufgabe Odhins, die sich aus allen Betrachtungen ergibt, ist zunächst die Umbildung des menschlichen Leibes, um diesen sprachfähig zu machen; dann die Entwicklung der Sprache selbst und das Erwachen des Menschen an der Sprache zu seinem Ich. Durch den Merkurimpuls brachte Odhin in das noch traumhafte Denken einen Intellektualisierungsimpuls hinein, der neben der Erfindung der Schrift auch alles naturwissenschaftliche Denken und Forschen zur Folge hatte. Es ist der sogenannte Wolfsweg, den Odhin seine Völker führte. Diesem Weg in die ›Tiefe‹ musste unausweichlich eine immer stärker bemerkbare Entfernung der Menschen von den Göttern folgen. Diesem Verlust des Geistbezuges versuchte man dadurch zu begegnen, dass man einzelne Menschen durch eine strenge Schulung und viele harte Prüfungen so führte, dass sich ihr Astralleib reinigte, und der Ätherleib sich daraufhin lockerte. Dadurch konnten die so vorbereiteten Schüler in einem dreitägigen Einweihungsschlaf Erlebnisse in der Geistwelt sammeln und diese in das Tagesbewusstsein überführen. Die so Eingeweihten wurden stets einen Weg zurück in die längst verlorene Geistheimat geführt. Dieser Weg wurde aber immer weniger gangbar, da das Ich aller Menschen sich zunehmend verdunkelte. Das hatte zur Folge, dass die Widersacher immer weniger erkannt werden konnten. So entstand eine Stimmung der Verzweiflung und das apokalyptische Bild der Götterdämmerung verdichtete sich. Man sah kommen, dass Odhin, der seine Völker so opfervoll in die Tiefe der Erdenerfahrung begleitet hatte, vom Wolf verschlungen würde. Es ist tröstlich zu erfahren, dass es die Geistwesen sind, die »hinuntersteigen wollten in eine Art von Abgrund, aus dem sie später sich wieder um so stärker erheben können, eben weil sie dann tiefer gesunken sind und deshalb größere Kräfte entwickeln müssen …«[173] In diesem Zusammenhang werden Zeus und Wotan genannt. Dieser Gedanke macht auch den Aufstieg Odhins zu einem Archai, einem Helfer Michaels, verständlicher.[174]

In den nordisch germanischen Mysterien ging es stets und vor allem um das Ich und seine Beziehung zur Welt der Sinne. So heißt es von Odhin: »er soll derjenige werden, der in unserer Weisheit Lehrer werden kann, in der Weisheit, die durch die Sinne erobert und durch den Verstand gewonnen wird …«[175] Man wusste um den göttlichen Ursprung des Ich ebenso wie um die Notwendigkeit der Stärkung des Ich durch die Auseinandersetzung mit den Widersachern und der damit verbundenen Freiheitsmöglichkeit. Die Folge davon aber war eine immer größere leidvoll erlebte Verdunklung des Ich. Daher wartete man in allen Mysterien sehnsüchtig auf das verheißene und erahnte, aus höchsten Regionen sich herabsenkende Geistwesen Christus, auf den Logos, der allein fähig sein konnte, dem immer hoffnungsloseren Verfallensein des Menschen an die Materie, eine neue, eine Aufwärtsbewegung entgegenzustellen und so das Ich zu retten. In der Edda wird den Menschen der Friedensbringer so verheißen:

Da kommt der Mächtige zum Rat der Götter,
Der Starke von oben, der alles lenkt.
Den Streit entscheidet er, schlichtet Zwiste,
Setzt Friedensfeier dann fest für immer. (Völuspa, 63)

Die Aufgaben des Gautama Buddha

»Eine solche Wesenheit, wie es der Bodhisattva [Gautama Buddha] ist, hat in fernen Urzeiten der Entwickelung einmal eine bestimmte Mission, eine Art Aufgabe in der höheren Welt erhalten, und sie bleibt dann bei dieser Mission.«[176] Die Aufgabe, der Buddha durch alle Inkarnationen treu blieb, wird die Lehre von Mitleid und Liebe genannt. Zu der Fähigkeit von Mitleid und Liebe sollte der achtgliedrige Pfad führen, durch den der Astralleib eine grundlegende Läuterung erfahren kann. Gautama Buddha sagte zu seinen Schülern: »Das alte Wissen war aus der Welt geschwunden; die Menschen können sich nicht mehr der Organe des Ätherleibes bedienen. Aber ein neues Wissen ist den Menschen möglich, dasjenige Wissen, welches sich der Mensch aneignet, wenn er sich ganz und gar in das versenkt, was ihm sein astralischer Leib geben kann durch seine tiefsten Kräfte, mit Hilfe dessen, was die äußeren Sinnesorgane in der äußeren physischen Welt zu beobachten gestatten.«[177] Durch dieses Zitat wird es deutlich, dass beide, Odhin und Buddha, das Ziel hatten, die Menschen zur Sinneswachheit und zum objektiven Erkennen und Denken zu führen.

Dennoch bleibt der gravierende Unterschied zwischen Odhins Erdenzugewandtheit und Buddhas Erdenflucht bestehen. Auch geht es Odhin stets darum, das Ich zu stärken, während im Buddhismus vom Ich eigentlich gar nicht gesprochen werden soll. Durch die Überwindung des Durstes nach Dasein sollte alles Leiden abgelegt werden, damit der Mensch das Erdenjammertal nicht mehr aufsuchen muss. »Gerade das, was in der physisch-sinnlichen Welt liegt, empfand man als dasjenige, was die Menschheit herabgezogen hatte. Aus dem wollte man wieder aufsteigen. Auf die Welt der Sinne fiel alle Schuld an dem Herabstieg des Menschen.«[178]

Will man dem großen Gautama Buddha und seiner Lehre gerecht werden, so muss man die Zeit und den Ort seiner letzten Inkarnation berücksichtigen. In den letzten Jahrhunderten vor Christus wussten die Menschen zwar noch: »Ich stamme von göttlichen Wesen ab, aber meine Verkörperungen sind allmählich so stark ins Physische gedrungen, dass mein Geist für das Geistige verdunkelt worden ist.«[179] Dies hatte eine Trübung des Bewusstseins zur Folge, die sich unmittelbar auf das Ich auswirkte. Ein geschwächtes Ich aber wirkt sich im Nachtodlichen so aus, dass der dem Menschenleib seine Form gebende und eigentlich unsterbliche Formleib, das sogenannte Phantom, mit dem physischen Leib zu zerfallen droht, und dadurch wiederum das Ich geschwächt wird; »dieses Ich, das nur dadurch hervorgeht, dass es sich spiegelt an der Form des physischen Leibes.«[180] Da Buddha keine Rettung sah, diesen Niedergang aufzuhalten, verlangte er sogar, »dass die äußere Form des physischen Leibes mit allem Drang nach Dasein möglichst bald überwunden wird, und der daher in seiner Theorie das Ich vollständig verloren hat.«[181] Der Mensch sollte allein in seine Seele blicken, in der der Christus noch nicht zu finden war, dort Ordnung in das Chaos bringen und so die Liebefähigkeit vorbereiten. Nur durch die Lehre Buddhas war es möglich, eine Zukunftshoffnung aufrecht zu erhalten. »Daher konnte es kommen, dass sechshundert Jahre vor Christi für den Osten noch eine Lehre notwendig wurde, wie die des Buddha. Er musste an diesem Punkt der Weltentwicklung hingestellt werden, weil er in den Seelen die Sehnsucht nach den geistigen Welten der Vorzeit wach erhalten sollte.«[182] So brachte Buddha die Lehre von der Liebe, aber die überströmende Kraft der Liebe konnte den Menschen nur durch Christus geschenkt werden, nachdem er den Tod überwunden und damit das Phantom gerettet hatte. In diesem Sinne ist der Gautama Buddha ein unmittelbarer Vorläufer und Vorbereiter Christi. Ja, in den »geistigen Hierarchien ... da reicht der Buddha dem Christus und der Christus dem Buddha die Hand.«[183] So kann man annehmen, dass der Buddha aus der geistigen Welt heraus zutiefst an der Entwicklung des Christus selbst Anteil nimmt. Auch ist er sicherlich stets aufs Höchste bemüht, die Menschen so zu fördern, dass sie die Christusimpulse aufnehmen können. »Was ist die Aufgabe des Buddha draußen in der Welt des Geistes? Es ist seine Aufgabe immerdar, in unseren Herzen zu entzünden jene Kräfte, aus denen herausgeholt werden kann hohe Weisheit.«[184] Die hohe Weisheit ist heute in der Geisteswissenschaft zu finden. »Der im Liebesfeuer sich hinopfernde Buddha ist der Inspirator unserer Geisteswissenschaft.«[185] So wie der Buddha aus seinem geläuterten Astralleib, dem Nirmanakaja, auf die Astral-Aura des nathanischen Jesus wirkte, um ihn »reif zu machen für die Aufnahme des ... Christus ...«[186], so wirkt er heute auf den Astralleib des Menschen, um ihn vom intellektuellen Denken hin zum spirituellen Denken zu führen. In diesem Sinne bleibt er der einst mit Odhin geteilten Aufgabe treu, nämlich das Denken zur Freiheit hin zu entwickeln, damit der Mensch dann in Freiheit sich wieder der Geistwelt zuwenden kann. Dieser gemeinsame Impuls kann als ein zutiefst moralischer empfunden werden. »Alle Bodhisattvas haben eine bestimmte Mission. Wie dieser eine [Gautama Buddha] die Mission hatte, die Lehre von Mitleid und Liebe auf die Erde zu bringen ... Der [Gautama Buddha] steht der Erdenmission deshalb besonders nahe, weil die Entwickelung der moralischen Gesinnung gerade die Aufgabe unseres Zeitalters ist ...«[187] »Was die Menschen heute aus eigener Kraft heraus als die Tugend des Mitleids und der Liebe erkennen, wozu der moralische Sinn sich erhebt, das musste durch Epochen und Epochen aus Himmelshöhen gelehrt werden. Und der Lehrer der Liebe und des Mitleids in jenen Zeiten, als die Menschen selber noch nicht die Einsicht in die Natur des Mitleids und der Liebe hatten, war derjenige Bodhisattva, der sich dann zum letzten Mal verkörperte.«[188]

Zur Volksgeistfrage

Die in der Edda geschilderte, alle anderen Götter überragende Wesenheit ist Odhin. In fernste, lemurische Zeiten reicht seine atem- und sprachbildende Wirksamkeit am Menschen. Auf der alten Atlantis blieb er als eine führende Geistwesenheit diesen Impulsen treu. Er geleitete dann die Menschen, die sich seiner Sprachgebung anvertraut hatten, ins nördliche Europa. So entstanden die nordisch-germanischen Völker. Einzig von größerer Bedeutung war in der frühen Zeit der Entwicklung in Europa der keltische Volksgeist, unter dessen Führung die hohe keltische Kultur entstand.[189] Die keltischen Druiden zogen lehrend umher und bereiteten die einzelnen sich langsam bildenden Völker Europas auf ihre Aufgaben vor. Die sich differenzierenden einzelnen Sprachen der nordisch-germanischen Völker zeigen diesen Prozess an. Es ist denkbar, dass Söhne Odhins, die reif dafür waren, die Führung dieser Völker übernahmen, also Volksgeister wurden. Ein Volksgeist ist eine Wesenheit, die sich nicht sinnlich verkörpert. Sie bildet ihren Leib aus den Stoffen der Seelenwelt. »Dieser Seelenleib des Volksgeistes ist wie eine Wolke, in welcher die Glieder eines Volkes leben ...«[190] Ähnlich verhält es sich für einen Zeitgeist, der aber eine ganze Zeitepoche umschließt. Odhin war ein sehr hoher Volksgeist. Er wirkte als übergeordnete Gottheit vornehmlich von seinem Mysterienzentrum an den Externsteinen aus, über denen sein Reich Asgard vorgestellt werden kann. »Weil dort das große Inspirationszentrum war, deshalb ging später die Sage, dass Asgard eigentlich an diesem Punkt der Erdoberfläche gelegen habe.«[191] Heute kann man sich Odhin als eine Wesenheit vorstellen, die dabei ist, ein Zeitgeist zu werden.

Weitere Voraussetzungen zum Verständnis von Odhin

Geistige Wesen befinden sich, ebenso wie es für Menschen selbstverständlich sein sollte, in einer stetigen, aufstrebenden Entwicklung. Dieses gilt natürlich auch für so hohe Individualitäten wie Odhin. Ja, man kann sogar darauf vertrauen, dass all diese Wesenheiten ihrer Aufgabe ohne Unterbrechung treu nachgehen bis zu deren Vollendung, da es in der Geistwelt keinen Tod gibt. Dies ist beim Menschen anders, da er ein Versäumnis in einem Leben nur in einer folgenden Inkarnation nachholen kann.

Geistwesen, die ihre Völker besonders weit in die Materialität und Intellektualität geführt haben, wie Zeus und Odhin, entwickeln dadurch auch besonders starke Aufstiegskräfte.[192]

Wer ist Odhin-Wotan?

Odhin ist die Hauptgottheit der nordischen Mythologie. Der Name Odhin-Wotan, aus dem man so etwas wie Odem, Atem heraushören kann, leitet sich etymologisch vom altnordischen ›odhr‹ ab, was deutsch als ›Wut‹, gotisch als ›wods‹, ›besessen‹ zu verstehen ist. Dabei ist zu bedenken, dass Wut oder Besessenheit früher einen durchaus positiven Klang hatten, da er von Stärke und geistigem Erfülltsein, von Ekstase kündete. So ist Odhin zugleich ein Kriegsgott wie auch der Gott der Sprache und der Dichter. Viele Ortsnamen im nordischen Raum deuten auf die weite Verbreitung des Odhin-Wotan Kultes hin (solche auf ›vin‹ und ›akr‹ sind besonders alt). In der ganzen Germania war es üblich, den lateinischen Wochentagsnamen ›Mercurii‹ mit Odhins-Namen zu bezeichnen (germ. ›Wodanesdag‹, altengl. ›Wodensdag‹, engl. ›Wednesday‹, altnord. ›Odhinsdagr‹, dän. ›Onsdag‹).[193] Diese Namengebungen machen es deutlich, dass Odhin-Wotan als eine Merkurgottheit empfunden wurde.

Als Rudolf Steiner sich bei der Breslauer Jugendtagung zur Wandervogel-Bewegung äußerte, charakterisierte er Odhin so: »Weiß denn heute überhaupt der Mensch, was in alten Zeiten das Wandern war, was der Wanderer war, der in Wind und Wetter webende Wanderer? ... Wir müssen wieder den Weg zu jenem Urwanderer finden, der einstmals den Seelen in Wind und Wetter die Weltgeheimnisse offenbarte: zu Wotan. Denn erst, wenn man diesem Wanderer ins Auge geschaut hat, weiß man in Wahrheit, was ›Wandern‹ ist.«[194]

Das Wort ›Wandern‹ und ›Wandeln‹ leitet sich ab von: ahd: ›wanton‹ wenden, das zu ›wintan‹ gehört, welches drehen, wenden, flechten bedeutet. Wandern oder Wandeln kann daher als wiederholt wenden ausgelegt werden. Auch die Präfixbildung verwandeln ›farwantalon‹ gehört dazu.[195]

Odhin ist demnach der große Wanderer, der Wandler und Verwandler. Er ist der, der sich wiederholt wendet. Wie kann man das verstehen? Nach Rudolf Steiner ist Odhin eine Gottheit, die sich im Gegensatz zu den anderen Volksgeistern, ihrem Volke naht und auch wieder entfernt. Dadurch soll das Nationalisieren vermieden werden. »Die Blütezeit des deutschen Geisteslebens fällt in die Zeit, wo der Volksgeist am tiefsten heruntergestiegen war. Aber er hält sich jetzt wieder in geistigen Höhen auf. Das ist das Eigentümliche des deutschen Volksgeistes. Auch früher ist er schon heruntergestiegen, hat aber dann wieder abgelassen von einem zu starken Nationalisieren. Ein solches Kristallisieren in die Nationalität wie bei den westlichen Völkern kann beim deutschen Volke durch die Eigentümlichkeit des deutschen Volkes gar nicht eintreten.«[196] Daher weist Rudolf Steiner außerdem darauf hin, dass man Deutscher niemals sein könne, man könne Deutscher immer nur werden.[197] Ein Gegenbild des deutschen Auftrags hat sich furchtbar im deutschen Nationalismus gezeigt. Dennoch wurde durch die schweren Kriegsereignisse von 1939–1945 eine Abkehr der Deutschen von allen nationalen Gefühlen bewirkt. So wurde das erzwungen, was eigentlich in Freiheit hätte entwickelt werden sollen.

Der Auftrag des deutschen Volksgeistes kann demnach nicht im Nationalisieren liegen. Das mag den regulären Volksgeistern, den Erzengeln, eigen sein, aber nicht einem Geistwesen wie Odhin, der einst ein Sonnen-Elohim war und auf diesen hohen Rang verzichtete, um seinen Völkern nahe zu sein zu können.

Gemäß dem Elohim-Rang zeigt Odhin sich in all seinem Streben als Diener des höchsten Sonnen-Wesens, des Christus. Dass seine Völker den Christusimpuls immer bewusster ergreifen können, dem dient alles Wirken Odhins. »Wir müssen uns erinnern, wie es im geraden Fortschritt des mitteleuropäischen Geisteslebens liegt, das germanische Seelenleben ganz bewusst mit dem Christentum zu verbinden, es hinaufzuführen zu den Höhen einer geraden christlichen Kultur. Dazu sind ja die Strömungen, die Wege in wunderbarer Weise seit Jahrhunderten vorgezeichnet ... da sehen wir, dass keimhaft veranlagt ist in der mitteleuropäischen Kultur, dass mit allen Kräften Vorbereitungen gemacht sind im deutschen Volksgeist, in der germanischen Volksseele, damit bewusst nun ergriffen werde der Christus-Impuls ... Wir stehen also vor der bedeutsamen Tatsache, dass in der Zukunft der deutsche Geist dazu berufen ist, in vollem Wachzustande mit den Tatsachen, die in das deutsche Geistesleben eingeflossen sind, den Christus-Impuls immer bewusster aufzunehmen.«[198] Soll der Christus-Impuls immer bewusster aufgenommen werden, so ist dies nur möglich, wenn der Mensch zuvor ein starkes, selbstständiges und waches Ichbewusstsein errungen hat. Diesem Ziel galt alle Erziehung, welche die Asengötter den nordisch-germanischen Völkern angedeihen ließen.

Michael und Odhin

Die Hinführung zur bewussten Aufnahme des Christus-Impulses ist als eine Aufgabe Odhins dargestellt worden. Aber, so muss man sich fragen, ist das nicht eigentlich der spezielle Auftrag von Michael? Er ist »das Wesen, ... das jetzt ... die Fluten des übersinnlichen Lebens in die sinnliche Welt hineinleitet.«[199] Damit ist Michael zum Christus-Boten geworden. Seine Botschaft gilt aber nicht einem Volk, sie gilt vielmehr der ganzen Menschheit. Das hängt damit zusammen, dass Michael, laut Rudolf Steiner, um 1879 vom Erzengel aufgestiegen ist zu einem Archai, einem Zeitgeist, der weltumgreifende Aufgaben hat. »Michael hat eine Erhebung in eine höhere Stufe, vom Volksgeist zum Zeitgeist durchgemacht dadurch, dass er vom Sendboten Jahves zum Sendboten Christi geworden ist.«[200]

Odhin führte seine Völker einen Weg, der über die Ich-Erkraftung und die Entwicklung des naturwissenschaftlichen Denkens schließlich die Seelenfähigkeit entwickeln sollte, aus der heraus es möglich sein könnte, den Christus-Impuls aufzunehmen. Daher ist es die »Seelenaufgabe des deutschen Volkes ...«

das, was durch so lange Zeiten errungen wurde, »hinzuführen zur Geisterkenntnis.«[201] Wie kann das geschehen? »Da handelt es sich dann darum, dass wir den Weg finden, um durch dasselbe Begreifen, durch welches wir die Außenwelt begreifen, auch die geistige Welt zu begreifen. Aber diesen Weg haben wir ja gerade … angegeben als den Weg, der innerlich verbunden ist mit der Mission des deutschen Volkes.«[202] In Mitteleuropa muss das, »was die Seelen aus der Ich-Natur heraus erstreben, die menschliche Ich-Kraft und die menschlichen Erkenntniskräfte verbunden werden mit dem Christus-Impuls. Nur dadurch, dass der deutsche Volksgeist Seelen findet, welche so den Christus-Impuls in den astralischen Leib und in das Ich hineinpflanzen, … kann … das entstehen, was entstehen muss.«[203]

Die Aufgaben Odhins und Michaels liegen so dicht beieinander, dass leicht die Meinung entstehen kann, es handele sich um ein und dieselbe Wesenheit. Das wird aber durch folgende Aussage widerlegt: »Und mit Michael in innigem Bunde steht das, … was wir den deutschen Volksgeist nennen … Michael und der deutsche Volksgeist, die durchaus im Einklange sind, und denen es übertragen ist, den Christus-Impuls gerade in unserer Zeit zum Ausdruck zu bringen, wie es dem Charakter unseres Zeitalters entsprechend ist.«[204] Odhin kann demnach als ein Partner Michaels angesehen werden. Ob er allerdings für Michael eine vollgültige Hilfe sein kann, hängt sicher davon ab, ob er bereits zum Rang eines Zeitgeistes oder Archai aufsteigen konnte. Das wiederum ist abhängig von dem Grad der Empfänglichkeit seiner Völker für Geisterkenntnis, bzw. von dem geisteswissenschaftlichen Verständnis für die Weisheit der Edda. »Daher kommt auch die große Bedeutung, welche dieses Verständnis der [nordisch-germanischen] Mythologie hat für die weitere Fortentwicklung dieses Erzengels [Odhin], der allerdings die Anlage in sich hat, … aufzusteigen zu dem Range eines Archai … Es wird sich darum handeln, wie jene Anlagen werden können, die ein Erzengel [Odhin] mitgebracht hat in die Welt, wie sie werden können, nachdem dieser Erzengel die Erziehung des Christus-Zeitgeistes genossen hat. Diese Anlagen werden zu einem wichtigen Gliede im führenden Zeitgeist [Michael] werden können, wenn in der richtigen Weise im späteren Alter der Volksentwickelung verstanden wird, dasjenige auszubilden, was diese Volksentwickelung als Anlage in einem früheren Zeitalter enthält.«[205]

Das Aufleuchten des deutschen Volksgeistes in einzelnen Menschen, aufgezeigt an drei Beispielen

In wunderbarer Weise erkennt und formuliert Friedrich Schillers in seinem Gedichtentwurf »Des Deutschen Größe« die Zielsetzung für die Deutschen: Freiheit für alle, unabhängig von der Nationalität, und das Streben nach dem Geistreich!

Das ist nicht des Deutschen Größe,
obzusiegen mit dem Schwert,
in das Geisterreich zu dringen,
Vorurteile zu besiegen,
männlich mit dem Wahn zu kriegen,
das ist seines Eifers wert.
Höhern Sieg hat der errungen,
der der Wahrheit Blitz geschwungen,
der die Geister selbst befreit.
Freiheit der Vernunft erfechten,
heißt für alle Völker rechten,
gilt für alle ew'ge Zeit.

Dass die Ziele, die Schiller für das deutsche Volk erkennt, noch lange nicht erreicht sind, klingt in den Wahrspruchworten Rudolf Steiners an: »Der deutsche Geist hat nicht vollendet, was er im Weltenwerden schaffen soll …« In besonders wachen oder leidgeprüften Seelen leuchten diese Ideale aber immer wieder auf. Sicher wären hier viele erwähnenswerte Persönlichkeiten zu nennen. Es sollen aber nur zwei stellvertretend betrachtet werden.

In tiefer Demut und Christusverbundenheit trat Kaspar Hauser nach dem tödlichen Mordanschlag vom 17.12.1833 über die Schwelle zur geistigen Welt. Von ihm sagt Rudolf Steiner: »Wenn Kaspar Hauser nicht gelebt hätte und gestorben wäre, wie er es tat, so wäre der Kontakt zwischen der Erde und der geistigen Welt vollkommen unterbrochen.«[206] Ja, der erste Lehrer Kaspar Hausers, Georg Friedrich Daumer »war sich der geistigen Lebensbedingungen des deutschen Volkes durchaus bewusst; Er spürte, wie durch Kaspar Hauser die Verbindung zum deutschen Volksgeist erhalten werden konnte.«[207] Wodurch konnte Kaspar Hauser dem Volksgeist auf diese Weise dienen? Sicherlich durch seine große Persönlichkeit, die sich durch die lange Kerkerhaft reine Kindheitskräfte bewahrt hatte, durch seine Demut und durch die für ihn so unendlich tröstliche Christusnähe. Da er das ›Kind Europas‹ genannt wurde, klingt hier die sich über alle Nationalität erhebende Schicksalsaufgabe an.

Durch den äußerst gefährlichen Abwurf von Flugblättern wollten die Geschwister Scholl zu einer »Wiedergeburt des deutschen Geistes« innerhalb eines »neuen geistigen Europas« aufrufen. Sie erkannten das Böse, verkörpert in der Person Hitlers, und stellten sich dem mutig entgegen. »Hinter dem Konkreten, hinter dem sinnlich Wahrnehmbaren, hinter allen sachlichen, logischen Überlegungen steht das Irrationale, das ist der Kampf wider den Dämon, wider den Boten des Antichrist.«[208] Zugleich mit der Erkenntnis des Bösen durften sie in größter Gefahr die tröstliche Nähe des Christus erleben. Am 22.12.1941 schrieb Hans Scholl an seinen Freund C. Muth: »Ich hörte den Namen des Herrn und vernahm ihn … Ich spürte einen sicher Hintergrund und ich sehe ein sicheres Ziel.«[209] Gibt es einen Zusammenhang zwischen der Erkenntnis des Bösen und der Christus-Nähe? »…durch das Erleben des Bösen …« wird in Zukunft zustande gebracht, »dass der Christus wiedererscheinen kann [und] an die Seite des Menschen treten kann.«[210]

Gibt es eine ›deutsche Aufgabe‹?

Wenn es eine ›deutsche Aufgabe‹ gibt, so muss sie, wie oben gezeigt, geistiger Natur sein. Die Aufgabe muss mit der seit Urzeiten von Odhin vorbereiteten Sprach- und Erkenntnisentwicklung zusammenhängen, wobei das so erreichte intellektuelle, naturwissenschaftliche Denken nun wieder eine Verlebendigung, eine Spiritualisierung erfahren muss. »Das Deutsche geht darauf aus, die Ehe zu begründen zwischen dem Spirituellen an sich und dem Spirituellen des Gedankens. Nirgends in der Welt, in keinem anderen Volkstum kann das erreicht werden, außer im deutschen … Das deutsche Element hat schon seine bestimmte Aufgabe gerade durch die besondere Stellung des Gedankens. Daher wird es niemals möglich sein, dass ohne das Mittun dieses in sich selbst lebenden Gedankens jene geistige Evolution sich vollzieht, die sich vollziehen muss.«[211] Ist hier die Evolution der Menschen, oder diejenige Odhins, oder gar beider gemeint, da sie ja voneinander abhängen?

Da das spirituelle Denken ein Weg zur Christuserkenntnis ist, kann die ›deutsche Aufgabe‹ nicht in einer Förderung des Nationalbewusstseins liegen, denn Christus ist für alle gestorben. Das Ziel für uns Menschen kann also nur in der Bildung einer alles Nationale abstreifenden, freien Individualität liegen. »Bei der größten Individualisierung wird dennoch jeder zum anderen hingezogen sein. Die kleinen Stammes- und Völkergemeinschaften werden gewichen sein der Gemeinschaft des Lebensgeistes, … der Gemeinschaft des Christus.«[212]

Indem wir die so verstandene ›deutsche Aufgabe‹ als Ziel vor Augen haben, dürfen wir hoffen, dass es Odhin möglich sein wird, zum Rang eines Zeitgeistes aufzusteigen, eines Archai, um Michael im Kampf mit dem Bösen hilfreich zur Seite stehen zu können.

Ob dann, wenn Odhin aufsteigt, oder schon aufgestiegen ist, andere Erzengel die spezielle Führung des deutschen Volkes übernehmen werden, muss dahingestellt bleiben. Folgen wir aber der Edda und der Verkündigung der Wölva, so wird nach der Götterdämmerung die neue Führung aus einer Göttergemeinschaft bestehen, die in verwandelter Form die Impulse der drei Hauptgötter Odhin, Thor und Freyr fortsetzen werden.[213] Die verwandelte Form zeigt sich darin, dass alle neuen Götter in einem Heiligtum zusammenarbeiten werden. Wer in einem Heiligtum wirkt, sucht eine Beziehung zur Welt des Geistes. So will die Wölva uns sagen, dass nun, nachdem die alten Götter die Menschen in die Erdentüchtigkeit geführt haben, es an der Zeit ist, sich mit seinem Denken, Fühlen und Wollen wieder der geistigen Welt zuzuwenden. Das ist die deutsche Aufgabe!

6 Odhin und die weisen Frauen

Die nordisch-germanische Mythologie, die Edda, berichtet in wunderbaren Liedern und Erzählungen von den Taten der Götter, durch die der Mensch und die Erde erschaffen wurden. Das Lied Wöluspa, das am Anfang der Edda steht, wird allgemein als das älteste und umfassendste Lied angesehen. Wöluspa bedeutet ›Die Wölva spricht‹. Die Wölva ist eine der weisen Frauen, die im Zusammenhang mit Odhin auftreten. Gleich am Anfang ihres Liedes verkündet die Wölva ihren Willen und Auftrag:

Allen Edlen gebiet ich Andacht
Hohen und Niedern von Heimdalls Geschlecht.
Ich will Walvaters Wirken künden,
Die ältesten Sagen, der ich mich entsinne. (Vers 1)

Die Wölva ist die Künderin, die Sprecherin Odhins. Aus unauslotbarer Tiefe und Vollmacht spricht sie, indem sie weit in die vergangenen und zukünftigen Weltenfernen schaut. Ihr Wissen hat sie von den Riesen, den Urgeborenen, die ihr die Weltenwerdegeheimnisse offenbarten. Daher kennt sie alle neun Welten und alle neun Äste am Baum des Menschenwerdens:

Riesen acht ich die Urgeborenen,
Die mich vor Zeiten erzogen haben.
Neun Welten kenn ich, neun Äste weiß ich
An dem starken Stamm im Staub der Erde. (Vers 2)

Selbst Tacitus (ca. 100 n. Chr.) bewundert in der ›Germania‹ das hohe Ansehen, das die weisen Frauen, deren Namen als Wala, Weleda, Wölva oder Groa überliefert sind, bei den Germanen genossen haben: »Sie schreiben den Frauen etwas Heiliges und Seherisches zu und verschmähen nicht ihren Rat, überhören nicht ihren Bescheid. Wir haben gesehen, wie … Weleda weit und breit als göttliches Wesen galt.«[214]

Sonnenkreis, Spitalkirche Tübingen

Aus dem, was wie riesige Augen wirkt, schauen zwei Antlitze heraus. Sollten es Götter sein? Michaelskirche, Forchtenberg

Die weisen Frauen der atlantischen Zeit

In der ausgehenden lemurischen und der atlantischen Zeit waren es die weisen Frauen, die durch ihr seelenhaftes Betrachten der Welt zu einem ahnenden Verstehen und Deuten der Eindrücke kamen. »Im Brausen des Windes, im Rauschen der Bäume enthüllten sich ihnen die Gesetze, die Weisheit der Natur.«[215] So begannen sich Gedächtnis und Phantasie zu entfalten, woraus ein erstes Denken erwuchs. Dadurch wurde die Seele der Menschen veredelt und geordnet und fähig, durch eigenes Tönen den Eindrücken der Welt zu antworten. So entstand eine Art Natursprache. »Denn der Anfang der Sprache liegt in etwas, was dem Gesang ähnlich ist. Die Kraft des Gedankens setzte sich in hörbare Laute um. Der innere Rhythmus der Natur erklang von den Lippen ›weiser‹ Frauen. Man versammelte sich um solche Frauen und empfand in ihren gesangartigen Sätzen die Äußerungen höherer Mächte ... Der ganze Vorgang stand unter der Leitung höherer Führer. Sie hatten ... Töne und Rhythmen den ›weisen‹ Priesterinnen eingeflößt. So konnten sie veredelnd auf die Seelen der Menschen wirken.«[216] Die Lautworte, die von diesen Frauen hervorgebracht wurden, hatten etwas Naturgewaltiges. Sie benannten nicht bloß die Dinge, sie hatten auch Zauberkraft.

Das Geistwesen, der höhere Führer, der durch die Wala sprach, wurde ›Odhin‹, der im Odem, dem Atem wirkende Gott genannt. Die weise Frau wirkte als Erzieherin der menschlichen Seele, die ihrerseits an den Stamm oder das Volk gebunden ist. So kann man vermuten, dass Odhin als Volksgeist die Priesterin inspirierte, diese aber als die Vertreterin der Volksseele anzusehen ist. Hat man sich so an die geheimnisvolle Verbindung des Volksgeistes mit der Volksseele herangetastet, so erhalten die drei Szenen, in denen das Zusammenwirken von Odhin und einer weisen Frau geschildert werden, einen ergreifenden Klang.

Die Wölva, die Seherin

Die erste Szene

Gleich am Anfang des Liedes ›Wöluspa‹ weist sich die Wölva, wie erwähnt, als neunfach weise Künderin von Walvaters Wirken aus. In den folgenden Versen des Liedes unterrichtet sie die Edlen, die *Hohen und Niedern von Heimdalls Geschlecht*, in der Weisheit der Vergangenheit. Vor ihrem Seherblick taucht die Umgestaltung der

Welt und des Menschen aus früheren keimhaften Zuständen in grandiosen Schauungen auf. Nachdem die Götter den pflanzenhaften Menschen mit Seele, Sinn und Blut beschenkt haben, weist die Wölva auf das Bild der Esche Yggdrasil hin, durch das die Ich-Begabung des Menschen aufgezeigt wird. Damit ist der Mensch aber über das Tier erhoben und schicksalsfähig geworden. Folgerichtig berichtet die Seherin an dieser Stelle von den Schicksalsnornen Urd, Werdani und Skuld:[217]

> *Sie legten Lose, das Leben bestimmten sie*
> *Den Geschlechtern der Menschen, das Schicksal verkündend.* (Vers 20)

Die Schau der Wölva

Die zweite Szene

Nachdem die Wölva den Menschen Walvaters schöpferisches Wirken soweit vor Augen geführt hat, werden die Zuhörer erwürdigt, Zeuge einer Geistesschau zu werden, die die Wölva unerwartet empfängt und in ihrem Gesang stocken lässt. Der Gott Odhin, von dessen Taten sie aus astraler Schau berichtet hat, steht plötzlich selbst vor ihr. Erschrocken und unwirsch spricht sie ihn direkt an, denn sie will sich des Gottes erwehren. Zu groß und zu unmittelbar ist ihr Erlebnis. Dann aber erkennt sie ihren Gott und sieht seine Not und lässt ihn wissen, indem sie zum ›Du‹ wechselt, dass sie als Vertreterin der Volksseele nur zu gut fühlt, was er vollbracht hat. Er, der Volksgeist, ist mit seinem Volk so weit den Weg in die Sinneswachheit und die daraus entstehende Intelligenz mitgegangen, dass er sein drittes Auge, das der Hellsichtigkeit, aufgeben musste. Da es Odhins Ziel war, das Denken, die Freiheit und das Ich der Menschen zu entwickeln, war dieser Weg notwendig. Aber wie erschreckend hatte sich der Gott dadurch verwandelt! Der goldstrahlende, schaffensfreudige, mächtige Allvater Odhin ist der ›Alte‹ geworden, der grübelnd vor der Wala erscheint, denn seine Opferbereitschaft für seine Völker hat ihn seiner Kraft beraubt. Für die Menschen bedeutet dies eine schmerzliche Ferne zu den Göttern. Es ist für die Menschen und die Götter der sogenannte ›Wolfsweg‹, der unausweichlich die Götterdämmerung nach sich zieht.

Das alles spürt die Wölva, aber sie weiß mit wenigen Worten Odhin neue Schicksalssicherheit zu geben, indem sie auf Mimir hinweist, der allmorgendlich aus seinem Brunnen mit Odhins Auge Weisheitstrank schöpft. Mimir, eine hohe aus urferner Zeit stammende Wesenheit, kennt die dem Menschen bestimmten Wege und kann aus dieser Weisheit heraus Odhin immer wieder hilfreich zur Seite stehen.

Allein saß sie (die Wölva) außen, da der Alte (Odhin) kam,
Der grübelnde Ase, und ihr ins Auge sah. (Wölva spricht:)
Warum fragt ihr mich? Was erforscht ihr mich?
Alles weiß ich, Odhin, wo du dein Auge bargst:
In der vielbekannten Quelle Mimirs.
Met trinkt Mimir allmorgendlich
Aus Walvaters (Odhins) Pfand! Wisst ihr, was das bedeutet? (Vers 21,22)

Die Erkenntnis und Anteilnahme der Wölva muss für Odhin sehr wichtig gewesen sein, denn im folgenden Vers heißt es:

Ihr gab Heervater (Odhin) Halsband und Ringe
Für goldene Sprüche und spähenden Sinn.
Denn weit und breit sah sie über die Welten all. (Vers 23)

Die unmittelbare Geistesschau der Seherin ist nunmehr beendet. Die folgenden Verse läuten bereits die Götterdämmerung ein.

Odhin pocht an das Tor der Unterwelt

Die dritte Szene

Die dritte Begegnung zwischen Odhin und der Wala wird in den Liedern Vegtamskvida beschrieben. Da Baldur schlechte Träume hat, ahnen die Asen, dass die Götterdämmerung unmittelbar bevorsteht. Auch Odhin ist tief beunruhigt, und so sucht er die Wala auf, die längst verstorben und schwer zu erwecken ist. Aus Regen und Schnee erwacht sie unwillig. Odhin, der sich Wegtam nennt, drängt sie aber, seine brennenden Fragen zu beantworten. Wie die Wölva, so ist auch diese Wala durch die Verbundenheit mit den Vorgängen des Werdens und des Vergehens die aus dem Gefühl heraus erkennende Seele. Sie weiß, dass Baldur sterben wird, und sie spricht es unumwunden aus. Indem Odhin diese bittere

Konsequenz des Wolfsweges anzuschauen lernt, gewinnt er Schicksalsergebenheit und Zukunftssicherheit. Dies führt ihn zu der Schau der Mädchen, die im Angesicht des Unterganges nicht weinen wollen, ja sogar ihre Tücher in Freude himmelan werfen. Odhin versteht, dass die Mädchen sich darüber freuen, dass der ›Wolfsweg‹ zu Ende abwärts gegangen ist, und ein zukunftsfroher Aufstieg beginnen kann. Da nur ein so hoher Gott wie Odhin sein Erkennen so weit über die Zeit der Götterdämmerung hinaus zu spannen vermag, weiß die Wala, dass nicht Wegtam, sondern Odhin, der Allerschaffer, vor ihr steht. Indem sie ihn so benennt, erkennt auch Odhin, wen er aus dem Grab gerufen hat: dreier Thursen Mutter. Die Mädchen sind ihre drei Töchter, die als Schicksalsnornen ihre Tücher himmelan werfen.

Wegtam: *Schweig nicht, Wala, ich will dich fragen*
Bis alles ich weiß. Noch wüsst ich gerne:
Wie heißen die Mädchen, die nicht weinen wollen
Und himmelan werfen des Hauptes Schleier?
Sag das eine noch, nicht eher schläfst du.

Wala: *Du bist nicht Wegtam, wie erst ich wähnte,*
Odhin bist du der Allerschaffer.

Odhin: *Du bist keine Wala, kein wissendes Weib,*
Vielmehr bist du dreier Thursen Mutter. (Vegtamskvida, Vers 16,17,18)

Volksgeist und Volksseele

Das geheimnisvolle Weben zwischen Odhin und der Wala ruft nach einem Erklärungsversuch: Odhin erkennt die Wala als die Mutter der Schicksalsnornen, die Thursenmutter. Sie ist also seit Urbeginn mit dem Werden des Menschen und seinem Schicksal, auch Karma genannt, betraut. Mit dem Karma – so sagt es Rudolf Steiner[218] – ist die höchste dem Erdenmenschen zugängliche Spiritualität verbunden, da alle neun göttlich-geistigen Hierarchien, von den Engeln bis zu den Seraphim, an seiner Bildung beteiligt sind. Durch diese Aussage fällt auch ein Licht auf die Neun in der Selbstdarstellung der Wölva:

Neun Welten kenn ich, neun Äste weiß ich
An dem starken Stamm im Staub der Erde. (Wöluspa, Vers 2)

Odhin war sicherlich durch lange Zeiten der Volksgeist der nordisch-germanischen Völker. Die Wala, Weleda oder Wölva ist eine weise Frau, ein Mensch, der dennoch als ›göttliches Wesen‹ galt (Tacitus). In der Edda wird sie einerseits als eine das Volk belehrende Seherin und andererseits als Gesprächspartnerin Odhins dargestellt. Zudem ist sie als Thursenmutter mit dem Schicksal der Menschen seit Urbeginn verbunden und kann aus dieser erahnten Urweisheit heraus dem Gott für die Zukunft Sicherheit vermitteln.

In die Funktion der Künderin ist die Wala von Odhin als Instrument seines Sprachstromes erwählt worden. Das konnte er, da sie durch ihre Reinheit und Seelentiefe und ihre von Tacitus erwähnte Heiligkeit, fähig und würdig war, aus dem Urraunen der Schöpfung die göttliche Sprache zu erlauschen und zu formen. So wurde sie für das Volk zur Seelenerweckerin und Sprachanbahnerin. Durch ihre besagte Reinheit ist es Odhin außerdem möglich, durch den Spiegel ihrer Seele die Seele seines Volkes mit erhöhtem Bewusstsein wahrzunehmen. Der zeitweilig gestörte Zusammenklang zwischen Volksseele und Volksgeist kann so wieder hergestellt und neue Schicksalssicherheit gewonnen werden. Für Odhin ist die Wala demnach in vielfacher Weise wichtig. Sie ist seine Sprecherin und zugleich hilft sie ihm, die Verbindung zu der ihm zugehörigen Volksseele zu ordnen. Aus dem so errungenen inneren Frieden konnte im Volk die viel bewunderte Tugend des Mutes und der Ichstärke erwachsen.

Leider wird die Unterscheidung von Volksgeist und Volksseele bei Rudolf Steiner im sogenannten Volksseelenzyklus[219] nicht recht deutlich. Die beiden Begriffe werden z. T. als austauschbar benutzt. Vielleicht kann man es so verstehen, dass die Volksseele das unterste Glied des Volksgeistes ist, sie also eng zusammen gehören, aber doch von verschiedener Qualität sind.

Zwei Arten von Volksgeistern werden von Rudolf Steiner unterschieden. Zu den normalen zählen die ›einfachen‹ Erzengel. Die anderen Volksgeister, die Sprachfamilien schaffen können, sind auch Erzengel, aber solche, die eigentlich zwei Stufen höher stehen, also Geister der Form sind. Sie haben aber aus Liebe zu ihren Völkern auf ihren hohen Rang verzichtet. Zu ihnen ist Jahwe ebenso wie Odhin zu zählen. Dieser ist für eine gewisse Zeit der führende deutsche Volksgeist geworden, nachdem die sich herausbildenden anderen nordischen Völker eigene Erzengel erwarben.

Die Wahrnehmung der Erzengel, die sie von ihren Völkern haben, ist etwa zu vergleichen, mit dem Aufleuchten moralischer Ideale im Menschen, oder mit der Weisheit, die sich durch Mythologien oder Religion in der Seele einlebt, also Impulse, die im Seeleninnern entstehen. Die Welt, die von außen an uns herantritt, ist den Erzengeln fremd.

Ein Volk ist für einen Erzengel nur so lange ›interessant‹, wie es dort genügend »Menschen (gibt), welche mehr von der inneren Aktivität beseelt sind, reicheren Seeleninhalt haben ...«[220] Ist das nicht der Fall, so entfernt sich der Volksgeist, was unserem Sterben zu vergleichen ist. »So also geht der Erzengel ebenso hinunter in ein Volk und verkörpert sich darin. Ebenso fühlt der Erzengel seinen Tod, die Notwendigkeit, sich von dem betreffenden Volk zurückzuziehen, wenn die einzelnen Wahrnehmungen, die Zentren, die er wahrnimmt, anfangen weniger produktiv, weniger aktiv zu sein, wenn sie anfangen, weniger Inhalt zu haben. Dann kommt die Zeit, wo er eine solche Volksgemeinschaft verlässt ...«[221]

Der deutsche Volksgeist hat die Besonderheit, dass er es scheut, zu stark in sein Volk einzutauchen und es zu stark zu nationalisieren. Im Wechsel nähert und entfernt er sich von seinem Volk. »Hin- und Herschwingen ist die Eigentümlichkeit des deutschen Volksgeistes.«[222] Warum tut er es? »Aus dem Grunde, weil dadurch gerade innerhalb dieser Volkswesenheit die Kräfte hervorgerufen werden sollen, welche in die Geisteswissenschaft im eminentesten Sinne hineinführen.«[223] »Daher muss das deutsche Wesen immer universeller bleiben als andere Volkswesen.«[224]

Dieser Versuch, sich eine gewisse Vorstellung des hohen Erzengelwesen Odhin zu bilden, ist naturgemäß unvollständig.[225]

7 Riesen, Zwerge und Alfen in der Edda

Die Riesen

Die Riesen und Riesinnen, die in der Edda erwähnt werden, sind von unterschiedlichster Natur. Einige sind vielwissend, wie Vafthrudnir, mit dem Odhin sich in Weisheit misst. Andere sind mit einem großartigen Gedächtnis versehen, wie die Hyndla, andere wieder stark wie Hyrrokin, aber auch boshaft, tückisch und gewalttätig sind sie wie Thrym oder Hymir. Diese vielgestaltige Darstellung der Riesen geht aus dem schauenden Erleben der Sehenden hervor, die die Wirkung der Riesen, Zwerge und Alfen im Menschen und in der Natur erlebten. Gleichzeitig mussten die Führer der Völker darauf bedacht sein, die Wirkungen dieser Naturwesen in den notwendigen Grenzen zu halten.

Seit Urzeiten sind die Riesen mit der Leib- und Materiebildung der ganzen Erdenschöpfung betraut. »Was sich aus dem Erdenleib entwickelt hat, das gehört zu Riesenheim.«[226] Daher können sie urweise sein, sich bis an den Erdenwerde-Anfang erinnern und auch besonders kräftig in die Materie eingreifen. Da sie aber stets die Tendenz haben, über das Ziel hinauszugehen, werden sie auch als grobschlächtig, plump, dumm und auch boshaft und gewalttätig erlebt. Als solche bedrohen sie die Menschenwelt Midgard, was Thor unermüdlich zu verhindern bemüht ist.

Der erste dieser Riesen war Ymir. Er entstand am nördlichen Rand des Schaffensabgrundes, des Ginnungagap. Dorthin flossen die zwölf Ströme, die aus Hwergelmir, dem eiskalten Quellgebiet, hervorkamen. Diese Flüsse sind der Ausdruck des bildhaften Erlebens des Einströmens der zwölf Nerven-Sinnesströme in den Kopf und dann in den Leib des noch ganz plastischen Menschen. Das ernährende, belebende Prinzip wurde im Bilde des südlichen, feurigen Muspelheims gesehen. Dort entstand die Kuh Audhumla, die mit den vier aus ihrem Euter quellenden Milchströmen den Riesen Ymir ernährte. Aus Ymir gehen die Hrimthursen hervor. Rudolf Steiner bezeichnet diese Ymir-Riesen als frühe Vorstufen des Menschen: »Es war eine ganz andere Form von Menschen, es waren Menschen, die noch nicht denken konnten in dem Bewusstsein, wie wir es heute haben. Viel unvollkommener waren die Menschen als die heutigen, aber sie waren in Bezug auf die unteren Glieder vollkommener … Diese Wesenheiten, in gewisser Beziehung Vorfahren der Menschen, spiegeln sich im germanischen Volksbewusstsein als Riesen. Sie sind nichts anderes als Vorgänger der Menschen. Dann entwickelte sich die Welt weiter. Die Menschen entwickelten sich hinauf in höhere Sphären. Sie erhielten ihr Denken und wurden dadurch Genossen von geistigen Wesenheiten …«[227] Der Leibbildungsimpuls hat, wie Rudolf Steiner betont, auf dem ›Alten Saturn‹ begonnen. Daher kann die Wölva am Anfang ihres Liedes sagen:

Riesen acht ich die Urgeborenen,
Die mich vor Zeiten erzogen haben.
Neun Welten kenn' ich, neun Äste weiß ich
An dem starken Stamm im Staub der Erde. (Wöluspa, V.2)

Von den Riesen mit der Physis, von den Göttern mit dem Geist beschenkt, so empfand sich der Mensch als ein Wesen der Mitte, wie sein Reich Midgard zwischen Asgard, dem Reich der Asen, und Jotunheim, dem Reich der Riesen, liegt. Selbst in der nachatlantischen Zeit erlebte man in den Gebieten, wo die Nerthus-Mysterien wirkten, die Entstehung eines neuen Menschenkindes als eine »Verbindung des Geistig-Seelischen, das aus planetarischen Höhen herunterstieg, mit dem, was aus dem Erdenleib selber hervorgegangen ist, und was die nordische Tradition als ›Riesenheim‹ kennt.«[228]

Der Riese Ymir, so berichtet die Edda, bringt aus sich selbst immer neue Riesen hervor.[229] Dieses Bild führt uns in die sehr frühen Stufen des Menschenwerdens, als es noch keine Zweigeschlechtlichkeit gab. So war auch die Fortpflanzung des Menschen in jener Zeit eine ganz andere: »Damals brachte der noch zweigeschlechtliche Mensch, der von dünnerer, feinerer Körperlichkeit war, ein anderes Wesen aus sich hervor. Nicht auf die heutige Art geschah das, sondern etwa so, wie in spiritistischen Sitzungen aus dem Medium der Ätherleib irgendeines anderen Wesens hervorgeht. Das gibt Ihnen ungefähr ein Bild, dieses Aus-sich-heraus-Materialisierens, wie sich in alter Zeit die Menschheit fortgepflanzt hat: Das Hinausdrängen von Menschen, die reif waren, ihre eigene Entwickelung fortzusetzen.«[230] Die Fortpflanzung war also amöbenhaft. Sie wurde denen, die der Seherin Wölva lauschten, durch die Vermehrung des Riesen Ymir vor Augen geführt. Odhin (Gangrad) befragt im den weisen Riesen Vafthrudnir und bekommt folgende Antwort:

Wie erzeugte Kinder der kühne Jotun,
Da er der Gattin irre ging?
Unter des Reifriesen Arm wuchs, rühmt die Sage,
Dem Thursen Sohn und Tochter,
Fuß mit dem Fuß gewann dem furchtbaren Riesen
Sechshäuptigen Sohn. (Vafthrudnismal Vers 32, 33)

Ymir wird hier als Jotun und dann als Thurse bezeichnet. Das sind die Namen der späteren zwei Riesengeschlechter. Zunächst aber gelten alle Riesen als Hrimthursen. Ihr Urvater ist Ymir, der auch Örgelmir genannt wird. Vafthrudnir sagt es so:

Im Urbeginn der Zeiten vor der Erde Schöpfung
Ward Bergelmir geboren.
Drudgelmir war dessen Vater,
Örgelmir sein Ahn. (Vers 29)

Über Ymirs Entstehung heißt es:

Aus dem Eliwagar fuhren Gifttropfen
Und wuchsen bis ein Riese ward.
Dann stoben Funken aus der südlichen Welt
Und Lohe gab Leben dem Eis. (Vers 31)

Die gleiche Endlautung der Namen auf ›gelmir‹ bzw. ›Ymir‹ in Vers 29 fällt auf. Sie zeigt die enge Zusammengehörigkeit dieser Riesen mit den zwölf Strömen, die aus dem Quellgebiet Hwergelmir hervorsprudeln. Einer der Ströme heißt Eliwagar.

Während die Riesen ihren Nachwuchs ungeschlechtlich und verschwenderisch hervorbringen, entsteht durch die Aktivität der Kuh, die am salzigen Eis leckt, etwas Neues, etwas was schön von Angesicht ist, groß und stark: Das Menschengebilde Buri. Es kommt zur Erscheinung durch die Verbindung von dem warmen Stoffwechsel-Kuhwesen mit dem kalten Nerven-Sinnespol. Weiterhin heißt es: Buri gewann einen Sohn, der Bör hieß. Ob diese Fortpflanzung noch einmal in der alten Art geschah? Buris Sohn Bör braucht und gewinnt jedenfalls ein Weib, das Bestla heißt. Sie ist die Schwester Mimirs und die Tochter des Riesen Bölthorn. Man beachte den Klang dieser Entwicklungsreihe: Buri, Bör, Bestla, Bölthorn. Sie zeigt die Überwindung der Ymir-Phase, und schon kommt aus dem geballten, knospenden B-Klang das neue Geschlecht, die göttlichen, willenshaften Söhne Wotan, Wili und Weh hervor, die sogleich die Umgestaltung der Welt in Angriff nehmen.

Das neue durch Wotan, Wili und Weh geschaffene Weltgebilde in seiner dreiteiligen Form von Asgard, Midgard und Jotunheim entstand aus Ymir, wie es im Grimnismal besungen wird:

Aus Ymirs Fleisch ward die Erde geschaffen,
Aus dem Schweiße [Blut] die See,
Aus dem Gebein die Berge, die Bäume aus dem Haar,
Aus der Hirnschale der Himmel.
Aus den Augenbrauen schufen gütige Asen
Midgard den Menschensöhnen;
Aber aus seinem Hirn sind alle hartgemuten
Wolken erschaffen worden. (Vers 40)

Das Blut floss so reichlich, dass darin die gesamten Hrimthursen ertranken. Nur einer, Bergelmir, entkam in einem Boot oder Trog zusammen mit seinem Weibe.

Im Urbeginn der Zeiten, vor der Erde Schöpfung
Ward Bergelmir geboren.
Das gedenk ich zuerst, dass der allkluge Jötun
Im Boot geborgen ward. (Vathrudnismal,Vers 35)

Im Namen Bergelmir wird die Zusammenfassung der kalten Ymir-Strömung mit der lebensvollen B-Strömung hörbar. Von ihm stammen die neuen Riesengeschlechter, die Jotunheim als ihren Wohnsitz zugewiesen bekommen. Eine erneute Aufteilung in die ›kalten‹ und ›warmen‹ Schaffensprinzipien wird vorgenommen, indem die Jotunen und Thursen entstehen. Die Jotunen heißen die Verschlinger, was auf ihre Tätigkeit im warmen Stoffwechselgebiet hinweist. Sie wirken im Lebensleib des Menschen und in den Lebensprozessen der Natur. Die Thursen, die Trockenen, haben ihr Arbeitsgebiet ebenso im kühlen Nerven-Sinnesbereich, wo der Mensch zu vertrocknen droht, wie in allen verfestigenden Tendenzen in der Welt. Der Bändiger der Riesengeschlechter, Thor, wird Midgard unentwegt gegen den übermäßigen Zugriff beider Riesengeschlechter verteidigen.

Seine Taten werden in vielen Liedern besungen. Dabei wird stets darauf hingewiesen, ob es sich um einen Kampf mit einem Jotunen oder einem Thursen handelt. Dementsprechend kann man ablesen, in welchem Menschenbereich gerade die Auseinandersetzung stattfindet.

Die Zwerge

Da die Götter ihr Ziel, die Menschenkeime zu Ich-Trägern umzugestalten, nicht ohne die Schmiedekunst der Zwerge erreichen konnten, wurde die Erschaffung der Zwerge der Menschenschöpfung vorangestellt. Um der unendlichen Fülle dieser Wesen Ausdruck zu verleihen, werden in der Wöluspa 75 Zwergennamen aufgezählt. Diese Geister teilen sich, ebenso wie die Riesen, in zwei Geschlechter, die Modsognir- und die Durin-Zwerge, wie es in der Wöluspa beschrieben wird:

> *Da gingen die Berater zu den Richterstühlen*
> *Hochheilige Götter hielten Rat,*
> *Wer schaffen sollte der Zwergen Geschlecht*
> *Aus Brimirs Blut und des Blauen Gliedern.*
> *Da ward Modsognir der mächtigste*
> *Dieser Zwerge und Durin nach ihm.* (Vers 9f)

Das Wort ›Brimir‹ lässt aufhorchen. In ihm steckt das Wort ›Ymir‹, dem aber aus dem Bereich der B-Riesen das ›Br‹ hinzugefügt wurde. So entstehen die Zwerge, ebenso wie die Riesen aus Bergelmir, aus einem Bereich, wo die kalte Niflheim- und die warme Muspelheimströmung verbunden sind.

Die Modsognir-Zwerge sind, so sagt es die Wölva, die mächtigsten Zwerge. Sie heißen ›Metsauger‹. Dies ist ein Name Mimirs:

> *Met saugt Mimir allmorgendlich*
> *Aus Walvaters Pfand!*
> *Wisst ihr, was das bedeutet?* (Wöluspa, Vers 22)

Mimir schöpft den Met mit Hilfe von Odhins Augenpfand aus dem Weisheitsbrunnen, der bis zum Schaffensabgrund, dem Ginnungagap, reicht. Die Modsognir-Zwerge wirken demnach weisheitsvoll im Bereich der Flüssigkeiten des

Lebensleibes. Sie sind somit den Jotunen vergleichbar. Die Durin-Zwerge heißen die ›Dörrer‹, was auf eine vertrocknende, verfestigende Tendenz dieser Wesen schließen lässt. Sie wirken, ähnlich wie die Thursen, im Nerven-Sinnesleib. Diese Einteilung bestätigt sich ebenso durch die Angabe, dass die Zwerge aus den beiden Schöpfungspolen, dem warmen Blut und den kühlen, blauen Gliedern gebildet werden, wie durch die Erzählung von ›Lokis Wette mit den Zwergen‹.[231] Dort zeigt es sich, dass die Zwerge dem Menschen etwas zur Verfügung stellen und dadurch die Grundlage für seine Weiterentwicklung legen. Die Modsognir-Zwerge beschenken den Lebensleib des Menschen, während die Durin-Zwerge den Nerven-Sinnesleib begaben. So gestalten sie die Leiblichkeiten des Menschen um, damit dieser zum Ich-Träger werden kann. Es wird in jener Erzählung auch deutlich, wie durch die Elementarwesen die Widersacher in positiver und negativer Weise auf den Menschen wirken.

Die Alfen

Das Geschlecht der Alfen ist wie die Riesen und Zwerge den Elementarwesen zuzuordnen. Im Gylfaginning 17 werden Licht- und Schwarzalfen erwähnt. Die Lichtalfen sind »schöner als die Sonne von Angesicht«. Die Sonne heißt auch ›die Alfenbestrahlerin‹. Der schimmernde Freyr bekam einst Alfheim als Zahngebinde geschenkt (Grimnismal V.5)[232]. Die Schwarzalfen leben unter der Erde, sind schwarz von Angesicht und ähneln den Lichtalfen auch in ihren Verrichtungen nicht.

Es ist anzunehmen, dass die Alfen verschiedenartige Elementarwesen sind. Die Schwarzalfen wirken in der Erde, und die Lichtalfen sind im Luft- und Lichtbereich zu Hause. Es sind Zwerge, Undinen, Sylphen und Salamander. Alle sind sie Schmiede, da sie stets umgestalten und umformen, so dass sich z. B. eine Pflanze vom erdigen Wurzelbereich zum lichten Blütensein hin entwickeln kann. Daher wird der große Schmiedemeister Völundur auch als König der Alfen bezeichnet (Völundarkvida Vers 30).

Über die vier Arten von Elementarwesen erklärt Rudolf Steiner Folgendes:

»Die Gnomen tragen heran den Lebensäther an die Wurzel … Weiter pflegen in den Pflanzen die Undinen den chemischen Äther, die Sylphen den Lichtäther, die Feuergeister [Salamander] den Wärmeäther.«[233] Ernst Hartmann führt Folgendes aus: »Die höheren elementarischen Wesenheiten können wir als Helfer der schöpferischen hierarchischen Wesenheiten betrachten, die sich als obere Elementarwesen frei bewegen können im kosmischen Bereich. Sobald sie als Helfer der Schöpferwesenheiten sich opfernd in irdische Lebewesen verzaubern, werden sie als untere Elementarwesen, als verzauberte Wesen, unfrei.«[234]

Die nordisch-germanischen Seher haben die Wirkung der Elementarwesen in der Natur gesehen und unterschieden. Sie nannten die freien Elementarwesen Lichtalfen, die unfreien Schwarzalfen. Auch die Wirkung der Alfen oder Zwerge im Menscheninnern wurde deutlich gesehen. Als Iwaldis Söhne werden die Zwerge bezeichnet, die in ›Lokis Wette‹ die Gaben für den Astralleib herstellen. Sie werden zugleich Schwarzalfen genannt. Sie machen durch ihre Gaben den Menschen im Nerven-Sinnesleib wach, aber dunkel in Bezug auf die geistige Welt. Die Lichtalfen wirken dagegen im Ätherleib, dem lichten ›Götterleib‹ des Menschen.

Zusammenfassung

Betrachtet man die Riesen, Zwerge und Alfen, wie sie in der Edda geschildert werden, so kann ein lebendiges Bild der Elementarwesen entstehen. Es sind Geister, die ohne eine feste physische Leiblichkeit in stetem Wandel erlebt wurden. Das wird besonders an der geheimnisvollen Wesenheit des Mimir deutlich, der einmal als Bruder der Riesin und Göttermutter Bestla, ein andermal als Zwergenvater beschrieben wird.[235] Alle Elementarwesen ermöglichen durch ihr Wirken in der Natur erst das Erdenleben des Menschen, indem sie diesem die äußere Natur zur Lebensgrundlage zubereiten. Auch im Menscheninnern wirken sie, indem sie die Leiber so gestalten, dass der Mensch zum Ich-Träger werden kann. Sie beschenken den Menschen, sind weise, stark und geschickt, aber auch drohend und tückisch, wenn sie über ihr Aufgabengebiet hinausgehen. Im Menschen wurde jede Krankheit und in der Natur jede Katastrophe als solche Überschreitung erlebt. Der Mensch ist aufgerufen, seine Mitte zwischen diesen vielfältigen Wesen zu finden und zu halten.

8 Thor, der Gewaltige

Thor, der Übermittler des Ich

Der von den nordisch-germanischen Völkern hoch verehrte und bewunderte Thor gibt uns Rätsel auf. Gemessen an unseren heutigen Wertvorstellungen erscheint sein Charakter und Tun nicht als so bewunderungswürdig, ist er doch ungeheuer zornmütig und stets unterwegs, Riesen zu bekämpfen und ihnen den Schädel zu zertrümmern. Er wird von allen Gegenmächten, also auch von Loki, gefürchtet. Er selbst, ausgerüstet mit seinem Hammer Mjölnir und seinem Stärkegürtel, kennt keine Angst und ist mutig, ja wagemutig zu jeder Großtat bereit. Sind es diese Eigenschaften, die Thor im Volk so beliebt machten, oder ist sein wüstes Tun nur der Ausdruck eines bestimmten Auftrages und Strebens? Rudolf Steiner weist auf die besondere Stellung Thors zum Ich der Menschen hin. Er beschreibt ihn als den Ich-Bringer, den Ich-Übermittler, den Hüter des Ich.[236]

Das Ich des Menschen

Obgleich jeder Mensch ein persönliches Ich hat, ist dieses doch recht unbekannt. So kann man durchaus fragen, woher wir unser Ich haben, wie es beschaffen ist, welche Grundeigenschaften es hat, wie es sich als rein Geistiges im physischen Leib halten kann und wie es in ihm verwurzelt ist.

Allgemein kann man vom Ich sagen, dass es zwei Bewegungsrichtungen hat. Einerseits möchte es sich in sich abschließen, ganz individuell, ja sogar egoistisch und antipathisch sein. Andererseits möchte das Ich sich mit Interesse und Anteilnahme der Welt und den anderen Menschen in Sympathie öffnen.

»Das ›Ich‹ lebt in Leib und Seele, aber der Geist lebt im ›Ich‹ des Menschen. Und was vom Geist im ›Ich‹ ist, das ist ewig.«[237] In dem Maße, wie das Ich Geistiges aufnimmt, gewinnt es die Kraft, Leib und Seele zu führen. Die geistige Welt offenbart sich dem Ich in den ewigen Werten des Wahren, Guten und Schönen.

Thors Kampf mit der Midgardschlange,
Illustration nach Steinschnitt von Walther Roggenkamp

Der nordische Mensch und das Ich

Wie hat der nordisch-germanische Mensch das Ich erlebt? Folgt man den Ausführungen Rudolf Steiners, so hört man mit Staunen, dass die nordischen Menschen sehen konnten, wie ihnen ihr Ich von den Göttern zugetragen wurde. Da sie über einen hohen Grad an Hellsichtigkeit verfügten und diesen auch bis in die nachchristliche Zeit bewahren konnten, sahen sie wirklich, wie Engel und Erzengel an ihren Leibes- und später auch an ihren Seelengliedern arbeiteten, um den Menschen zu befähigen, ein Ich-Träger zu werden. Sie »sahen hellseherisch das Morgenrot des eigenen Ich, das imaginative Bild des Ich.«[238] »Aber sie sahen [zugleich], wie das Ich nach und nach erwachte und wie Engelwesen und Erzengelwesen in die Seele eingriffen.«[239] Der nordische Mensch: »Er war dabei, als das Ich sich in die Leiblichkeit hineingliederte und von jedem einzelnen Menschen Besitz ergriff.«[240] In der Zeit, als die nordisch-germanischen Völker noch ganz in der Empfindungsseele lebten, hatten sie die erstaunliche Fähigkeit, ihr Ich objektiv wahrzunehmen. Hier »haben wir Seelen, die keine besonders hohe Kultur haben, die aber ihr individuelles Ich betonen, die in sich als Menschen hineinschauen und sich als Menschen fühlen.«[241] »Die Kultur des europäischen Nordens hat das Ich-Gefühl schon vorzeitig in der Empfindungsseele entwickelt.«[242] »In den europäischen Gegenden hatten die Menschen in der Empfindungsseele schon in gewisser Weise das Ich entwickelt, ein starkes Gefühl, eine starke Empfindung für das Ich.«[243] Die Erkenntnis dieser Eigenart der nordischen Völker bezeichnet Rudolf Steiner als einen »unendlich wichtigen Punkt ...«[244], der auf die besondere Aufgabe dieser Völker hinweist: die Ich-Entwicklung, die die Grundlage bildet, dass »gerade der Christus-Impuls jenen ungehinderten Einfluss und Eingang in Europa gefunden hat.«[245] Als eine weitere Folge dieser besonderen Ich-Entwicklung entstand in den Seelen sehr früh eine neue Kraft, eine neue Fähigkeit. »Dadurch war in der Empfindungsseele eine Kraft der menschlichen Seele entwickelt worden, die sich nur dadurch hatte entwickeln können, dass die Empfindungsseele, die noch ganz jungfräulich war und unbeeinflusst von anderen Kulturen, sich durchdrungen hatte mit dem Ich-Gefühl. Und diese Seelenkraft ist das Gewissen geworden: Die Durchdringung von Ich-Gefühl mit Empfindungsseele. Daher das merkwürdig Unschuldige des Gewissens!«[246] In den anderen Völkern erwacht das Gewissen als eine innere Stimme erst mit dem Erwachen des Christus-Impulses in der Seele.

Das Gewissen ist im nordischen Menschen somit als die Folge der frühen Durchdringung der Empfindungsseele mit dem Ich-Gefühl entstanden. Das Gewissen spricht in der Seele mit einer strengen Absolutheit: Das ist recht! Das ist unrecht! Diese Kraft, die mit der Gewalt eines Triebes im nordischen Menschen wirkte, wurde als die ordnende Strenge Thors erlebt. Sie sprach in jedem Einzelnen wie eine Gottesstimme, die den Menschen drängte, die in der Empfindungsseele erwachenden Triebe und Leidenschaften zu ordnen und »das Richtige zu tun, um hinaufzudringen zum höheren Ich.«[247]

Die Weiterentwicklung unseres Gewissens kann heute die Grundlage zu einem neuen Karma-Erleben bilden, das den Menschen befähigen wird, die Folgen seiner Taten und die Ausgleichsmöglichkeiten zu erkennen. »Wovon werden es denn die Menschen haben, dass sich das karmische Bild zeigen wird? Davon werden sie es haben, dass die Seele eine gewisse Zeit im Lichte des Gewissens gestanden hat.«[248] Dadurch ist die Seele vollkommener geworden. Diese die Seele ordnende Thor-Kraft, die im Gewissen spricht, kann auch heute noch dankbar erlebt werden.

Die Wurzeln des Ich

Die Germanen wussten, dass ihr Ich aus drei Wurzeln erwacht ist. Es sind die drei Wurzeln der Esche Yggdrasil. Jede Wurzel steht unter der Obhut einer der drei Hauptgottheiten.[249] Aus der Wurzel, die man als die mittlere bezeichnen kann, führt Odhin den Menschen die Kraft zu, an der Sprache zum Ich zu erwachen. Die Sprache ruht im Äther-Lebensleib. Die Wurzel Thors reicht zu dem Brunnen der Schicksalsnornen, wo täglich Gericht gehalten wird. Dort kann der Mensch an seiner Schuld erwachen und den Willen entwickeln, diese im Erdenleben, also im physischen Leib wieder auszugleichen. Die dritte Wurzel ist Freyr zuzuordnen. Dort erwacht der Mensch an der Geschlechtlichkeit und im Denken zu seinem Ich.

Thor, der Hüter des Ich

So wie Odhin einst seinen hohen Elohim-Grad opferte, um als Sprach- und Volksgeist den Menschen nahe zu sein, so ist auch Thor ein Geistwesen, das auf seinen Aufstieg verzichtete, um als Engel eine besondere Nähe zu seinen Völkern pflegen zu können. Der Mensch fühlte »in seinem Ich die Thor-Kraft, die Kraft eines der mächtigsten Engel, die überhaupt jemals verehrt worden sind, weil er eine mächtige Wesenheit war, die angesehen wurde als stehen geblieben auf der Stufe des Engeltums.«[250] Die Menschen erlebten Thor als den, der es sich zur Aufgabe gemacht hat, ein Ich-Führer in ihrer Seelenwelt zu sein. Sie wussten, dass Thor ihr Ich behüten und beschützen wollte, damit es seine Beziehung zur Geistwelt nicht verliere. »Thor wird nun dadurch erkannt, dass man weiß, dass in ihm gesehen werden muss eine Wesenheit, die ... auf der Stufe der Engel zurückgeblieben ist, damit sie in der Zeit, da das Ich in der Seelenentwickelung erwachte, Führer in der Seelenwelt der germanisch-nordischen Gebiete sein konnte. Dass dasjenige, was aus der geistigen Welt in jedes einzelne Ich hineingetragen werden sollte, auch hineingetragen werden konnte, das ist es, was ...«[251] als Thors Aufgabe erlebt wurde.

Thor hat als Sohn der Erdgöttin Jörd eine besondere Nähe zur Erde. Die Bauern und die einfachen Krieger fühlten sich ihm verwandt. Thors Vater ist Odhin, der Völkerfürst, ein Erzengel. Engel wurden stets als die Söhne der Erzengel bezeichnet. So wie jedes Kind zuerst sprechen lernt und dann erst Ich zu sich selbst sagen kann, stehen Vater und Sohn zueinander.

Die Volksgeister und der Geist der Wärme

Der Volks- und Sprachgeist Odhin bewirkte, indem er die Luft, die zugleich Geist war, in die Menschenkeime der lemurischen Zeit einströmen ließ, Atmung und Sprachbildung, die zu dem Wort ›Ich‹ führte. Es gab so viele Sprachgeister, wie es Sprachfamilien gibt. Diese Geister führten die Menschenkeime so, dass es zu einer Innenraumbildung kam und dadurch zur Individualisierung.[252] Man wusste aber, dass »... mit der Hineinsenkung des Geistes in die Hülle des Menschen etwas anderes verknüpft war.«[253] Es ist und war die Wärme, die von außen kam und in das Blut einströmte. »Wenn man aber von dem Geiste spricht, der die gesamte Wärme in sich hat, dann kann man nur von einem einzigen sprechen. Er wird innerhalb der christlichen Esoterik der Logos, der Christos selber genannt, der einheitliche Geist des Menschengeschlechtes auf der Erde.«[254] Der Individualisierung wird durch den Geist, der die Wärme spendet, die Kraft der Liebe und Brüderlichkeit hinzugefügt. Es gießt sich »langsam der Christusgeist ein, der seinen Körper in der Wärme des Blutes hat. Und wenn der ganze Christus-Geist ausgegossen sein wird in die menschlichen Individualitäten hinein, dann wird das Christentum, die große Menschenbrüderschaft, die Erde erobert haben ... Bei der größten Individualisierung wird dennoch jeder zum anderen hingezogen sein.«[255] Der Impuls der Sprachgeister allein hätte den Menschen immer egoistischer und selbstsüchtiger werden lassen. Diese Geister konnten zwar »bewirken, dass die Liebe an das Blut gebunden war ...«[256], aber diese Bindung an den

Stamm und die Familie, die unter dem besonderen Schutz von Thors Gattin Sif stand, verursachte nach außen Hass, Egoismus und das Phänomen der Blutrache. Dieser tragischen Tendenz, die zur Brutalisierung führt, wird durch das Opfer von Golgatha eine erlösende, heilende Kraft entgegengestellt. »Dasjenige, was der überschüssige Egoismus im Blut war, das rann am Kreuz mystisch-real aus den Wunden des Christus heraus, das wurde geopfert. Wäre dieses Blut nicht geflossen, dann wäre im Lauf der Entwickelung die Ich-Sucht im Blute des Menschen immer größer und größer geworden.«[257]

In diesem Sinne bekommen die Worte aus der Osterepistel der Christengemeinschaft über den Geist der Wärme, über Christus einen besonderen Klang:

»Wärme wandelt des Herzens Schlag
in frohlockende heilende Kraft …«

Das Blut und das Ich

»Wir wissen …, dass der Mensch ein Ich als das vierte Glied seiner Wesenheit hat, und dass, indem dieses Ich sich entwickelt, es zu seinem äußeren physischen Instrument das Blut hat. Das Blut ist der Ausdruck des Ich.«[258] Durch das rote, warme Blut kann der Mensch selbstbewusst sein. Das wird durch folgende Aussage verständlich: »In gewissen … Gebieten des geistigen Daseins befinden sich Wesen, die identisch, gleichartig sind dem menschlichen Ich-Wesen selber, die zuerst Veranlassung gegeben haben zur Bildung des roten Blutes.«[259] Obgleich die höheren Tiere auch warmes Blut haben, so unterscheidet sich dieses doch wesentlich von dem menschlichen: »Das Blut kann wie es der Mensch hat, nirgends vorkommen als im menschlichen Organismus.«[260] Der ganze Organismus ist bis in die Knochen hinein so gebaut, »wie das Ich ihn haben will.«[261] Das Blut ist das allerbeweglichste aller organischen Systeme, und so kann das Ich dort am leichtesten bestimmend eingreifen. Es kann geistige Impulse aufnehmen, diese bis ins Blut tragen, sie mit dem Herzen verbinden, um sich dann mitfühlend und tätig der Welt zu öffnen. So haben wir im Blut den geheimnisvollen Punkt, wo geistig-seelische Prozesse in das Physisch-Organische eingreifen und dort verwandelnd und impulsierend wirken.

Thors Aufgaben und sein Hammer

Thor wurde als der Hüter des Ich verstanden. Was bedeutet es, ein Ich-Hüter zu sein?

Zunächst, in der frühen Zeit, kam sich der Einzelne unpersönlich und Ich-los vor. »Er sah das Ich wie eine Gabe an, die ihm aus der geistigen Welt geschenkt wurde.«[262] »So fühlte sich der Einzelne in jener Zeit noch wie ein Glied des Stammes-Ich. Er fühlte das nach und nach Heraus-geboren-Werden des individuellen Ich aus dem Stammes-Ich, und er fühlte in dem Gotte Thor den Geber, den Verleiher des Ich, den Gott, der ihn eigentlich mit dem Ich begabte.«[263] Die Gattin Thors heißt Sif, die Sippe. Aus ihrem Bereich trägt Thor das Ich in den einzelnen Menschen hinein und verankert es in dessen Blut. Will man verstehen, wie Thor das gelingen kann, so muss man seinen geheimnisvollen Hammer Mjölnir näher betrachten.[264] Während der Eisenhammer geschmiedet wurde, stach eine (ahrimanische) Fliege den helfenden Zwerg zwischen die Augenbrauen, was bewirkte, dass der Hammerstiel zu kurz wurde. Genau dieser Punkt wird als der Ich-Punkt bezeichnet, da ein Kind sich dann als ein Ich erlebt, wenn an dieser Stelle der Ätherleib und der physische Leib zur Deckung kommen.

Wirkt Thor im äußeren Geschehen, z. B. im Gewitter, so ist sein Hammer gewaltig, groß und stark. Er kann jedoch auch ganz klein sein und im Busen geborgen werden. Dann impulsiert er das Blut. Der Mensch »empfand das, was den Pulsschlag bewirkt, und ihn immer wieder an die gleiche Stelle zurückkehren lässt, als Thors Tat.«[265] Dem Blut fügt Thor mit dem Hammer das Eisen hinzu. Das Eisen ist das Metall, das verglichen mit den anderen Metallen, am meisten im menschlichen Körper vorkommt. Fehlt es dem Menschen, so fühlt er sich ich- und mutlos, kalt und schwach. Eisen als Metall ist ein so genanntes »unedles Metall«, d. h. es oxydiert leicht. Im Blut ist Eisen als Einzelatome vorhanden, eingebettet als ein kompliziertes Molekül, das Hämoglobin. Eisen ist dort in seiner zweiwertigen Oxydationsstufe vorhanden. Die komplizierte Struktur des Hämoglobins erlaubt es dem Eisen jetzt, reversibel mit dem Sauerstoff zu reagieren: es nimmt Sauerstoff auf, wo er üppig vorhanden ist (Lungen), und es kann den Sauerstoff wieder abgeben, dort wo er gebraucht wird. Das wird durch eine subtile Bilanz des Eisens im Hämoglobin ermöglicht. In dieser Weise ahmt das Eisen im Hämoglobin die Edelmetalle nach. Edelmetalle wie z. B. Platin und Gold, reagieren ungern mit Sauerstoff. Tun sie es dennoch, so ist es reversibel. Das Eisen bildet, wenn es so veredelt ist, eine unabdingbare Voraussetzung für die Verankerung des Ich im Blute.

Will Thor der Hüter des Ich sein, so fällt ihm außer der Aufgabe, das Ich dem Menschen zuzutragen und es im Blute mit Hilfe des Eisens zu verankern, eine weitere Pflicht zu. Er muss auch bereit sein, dieses junge und anfällige Ich vor den Widersachern, den Ich-Feinden, zu beschützen und zu verteidigen, damit es seine Offenheit zur geistigen Welt nicht verfrüht verliert. Von den Qualitäten, die Thor dafür braucht, spricht die Edda in vielen Liedern.

Thors Bild in der Edda

In der Vorstellung der Menschen war Thor von kräftiger Gestalt und sein rotes Kopf- und Barthaar passte zu seiner zornmütigen Natur. Er war stets mit seinem Hammer unterwegs, bemüht, Ordnung herzustellen und das Gute zu beschützen. Bei einem Gewitter war er der Blitzeschleuderer, der Hlorride oder Donar, der mit seinem von Böcken gezogenen Wagen rumpelnd durch die Wolken fuhr. Die Böcke konnte man schlachten und verspeisen, und sie waren am nächsten Morgen wieder frisch und gesund, sofern man abends ihre Knochen und die Haut vollzählig zusammenlegte und Thor sie dann mit seinem Hammer weihte. Jeden Morgen fühlte sich der Mensch von Thor als mit dem Ich und Astralleib begabt, nachdem ihn diese nachts verlassen hatten. Man empfand, dass Thor dem Menschen die Ich-Kraft aus dem Tierkreisbereich des Widders zutrug. Das Sternbild des Widders entspricht dem Ich-Sinn.

Bis in die heutige Zeit haben sich einige Rituale der Hammerweihe erhalten, wie z. B. bei der Grundsteinlegung eines Gebäudes und im Gericht bei der Urteilsverkündung. Es wird jeweils dreimal mit dem Hammer geschlagen. Früher wurde bei vielen Gelegenheiten die Hammerweihe vollzogen. In dem Eddalied Thrymskvida (Vers 30) findet sich folgender Hinweis:

Da hob Thrym an, der Thursenfürst:
»Bringt mir den Hammer, die Braut zu weihen,
Legt den Mjölnir der Maid in den Schoß
Und gebt uns zusammen nach ehlicher Sitte.«

Fand man Steinbeile, so meinte man, es seien von Thor im Gewitter herab geschleuderte Keile. Von ihnen versprach man sich in allen Lebenslagen Hilfe und Heilung. Um die Thor-Heiligtümer pflanzte man die dem Gott geweihten Bäume, die rotbeerigen Ebereschen. All diese Beispiele zeigen, wie nah den Menschen im alltäglichen Leben der Gott Thor war. Seine Zornmütigkeit wurde bewundert, da sie das Ichgefühl und den Mut steigerte. Durch diese Tugenden konnte Thor nicht nur im äußeren Leben ordnend eingreifen, sie befähigten ihn auch, die Leibes- und Seelenglieder des Menschen umzugestalten, wie es sich in den folgenden Berichten seiner Taten in der Edda zeigen wird.

Thor und der Wille

Fragt man sich, aus welchem Quellgebiet Thor seine schier unerschöpflichen Kräfte gewann, so liegt es nahe, an den Willensbereich zu denken, was durch Rudolf Steiners Ausführungen bestätigt wird: »Was wir den Willen nennen, drückt sich ätherisch aus in dem, was wir Feuer nennen, … physisch drückt er sich im Blute aus, beziehungsweise in der Bewegung des Blutes.«[266] Solange sich der Mensch der göttlichen Welt zugehörig fühlte, empfand er seinen Willen als eine ihm aus dieser Welt zuströmende Kraft. »Da wo die Seele so wirkte, dass sie sich als zugehörig zu der höheren Welt fühlte, da, aus dieser Seele sprach, auch ein Wille, der aus der göttlich-geistigen Welt stammte, von dem man sagen konnte, er sei eingeflößt, dieser Wille, weil die Seele unter Göttern lebte.«[267] Die Seele fühlte sich zugehörig zur göttlichen Welt.[268]

Thors Kämpfe gegen die Ich-Feinde

Thors Reise zu Utgardloki

Thors Mut, sich mit Utgardloki zu messen, kann nur bewundert werden. Utgardloki wird als ein mächtiger Riese, ein Jotune (Verschlinger) dargestellt. Er ist ein in dem Äußeren, in Utgard (äußerer Garten) wirkender Loki, also die ahrimanische Macht, die von außen an den Menschen herankommt und ihm durch Lug und Trug die Geistdurchdrungenheit der Welt verbirgt. Ahriman hat seinen ›Wohnsitz‹ im Lebensleib, dem Ätherleib des Menschen, eingenommen. Er will aber von dort aus auch in den Leib und in die Seele des Menschen hinein wirken. Thors Anliegen muss es sein, diese Widersachermacht soweit zurückzudrängen, dass sich das Ich in Leib und Seele gut entwickeln kann. Aus seinem mutvollen Willen heraus möchte Thor veredelnd in jeden Leibes- und Seelenbezirk hineinwirken. Sein vom warmen Blut getragener Willensimpuls begegnet sich innig mit der Christus-Wärme. »Und der Willensimpulsprozess drückt sich ja in einem Wärmeprozess aus …«[269] Obgleich Thor bei Utgardloki Großtaten vollbringt und von diesem heimlich gefürchtet wird, musste er Utgardloki unterliegen. Thor hatte das Trugbild des Trinkhornes nicht als das Weltmeer, das einer Katze nicht als die Midgardschlange und das einer alten Frau nicht als Alter und Tod durchschauen können. Das ist verständlich, da es erst seit Golgatha möglich geworden ist, die ahrimanischen Mächte zu besiegen. Das war den Sehern, die die Bilder der Edda in der geistigen Welt schauten, durchaus bewusst. Sie kleideten dieses Wissen in das Bild des durch den Fliegenstich zu kurz geworden Stiel des Hammers.[270] Dennoch kann Thor durch all seine Eigenschaften als Ich- und Christus-Diener bezeichnet werden.

Thors Reise zu Hymir

Durch die Fahrt zu Hymir, die in dem Lied ›Hymiskvida‹ besungen wird, nimmt Thor ›Ersatz‹ für sein teilweises Scheitern bei Utgardloki, wie es im Gylfaginning 48 ausdrücklich betont wird. Hymir ist ein vielweiser Riesenfürst, der zum Geschlecht der Thursen, der ›Trocknen‹ gehört. Er ›wohnt‹ folglich im Nerven-Sinnesleib, dem Astralleib, des Menschen als luziferische Macht. In diesem Lied muss es für Thor darum gehen, seine ordnende Kraft im Seelenbereich zu beweisen. Das gelingt ihm nur durch die Hilfe der ›allgoldene Hausfrau‹ des Riesen, die man wie dessen reines Urbild verstehen kann. Thor hat bei dieser Unternehmung im Gegensatz zu dem Kräftemessen bei Utgardloki ein festes Ziel vor Augen: Er will es wagen, für die Versammlung der Götter bei Ägir auf Läsö[271] den dort fehlenden Kessel zu erringen. Hymir aber, der Besitzer des Kessels, ist ein sehr gefährlicher, heimtückischer Riese. Er versucht als Erstes, Thor durch einen Steinwurf zu töten. Dem entgeht dieser, indem er sich hinter einer Säule verbirgt. Die Säule zerbricht, und neun große Kessel stürzen von einem Bord; nur einer bleibt heil. Diesen soll Thor nur bekommen, wenn er drei harte Proben besteht. Durch diese Proben soll Thor beweisen, dass er seine ordnenden Ichkräfte in Leib, Seele und Geist hineinsenden kann und somit dem Riesen überlegen ist.

In der ersten Prüfung muss Thor sich als Herr über die Stiernatur beweisen. Das tut er, indem er zwei Stiere verspeist und einen weiteren tötet, dem er den Kopf abreißt. Der, »der den Stier besiegt, ist das Urbild für den Menschen, der seine göttliche Bestimmung ergriffen und sich zum Herrn über seine Leibes- und Blutsnatur gemacht hat.«[272] Damit ist Thors Kraft, Macht über die Leibesnatur zu gewinnen, bewiesen.

Bei der zweiten Probe führt Hymir Thor auf das wogende Seelenmeer zum Fischfang. Thor gelingt es mit dem Stierkopf als Köder, die Midgardschlange, die Vertreterin aller Triebe und Leidenschaften im Menschen, zu fangen und ans Licht des Bewusstseins zu heben. So möchte er vom ichhaften Willen her die Triebnatur des Menschen durchlichten und besiegen. Das kann der Riese, der im Seelenbereich -Luzifer dienend- das Ich der Menschen gerade durch die Triebe und Leidenschaften schwächen will, nicht zulassen. Daher kappt er die Angelschnur, und die Midgardschlange versinkt wieder im Seelenmeer. Erst Christus kann luziferische Wesen wirklich besiegen. Dennoch hat Thor seine dem Riesen weit überlegene Stärke bewiesen. Nun steht Thor die schwerste, die dritte Probe bevor.

Es kann einen tief anrühren, wenn man erfährt, dass Hymir einen Kelch besitzt, der ihm die ›liebste Lust‹ bedeutet. Der Kessel, den Thor von dem Riesen erlangen möchte, ist ein großes Kultgefäß, das für eine große Menschengruppe beim Kultus dienen soll. Ein im Verhältnis dazu kleiner Kelch kann in diesem Fall als das Bild des persönlichen Bezuges des Besitzers zur geistigen Welt angesehen werden. Daher ist es sicher auch nicht falsch, sich den Kelch, der im Besitz des mächtigen, zauberkundigen Hymirs ist, als ein kleines aber goldenes Gefäß vorzustellen. Dieser und die »allgoldene Hausfrau« Hymirs lassen den lichten Ursprung des Luzifer dienenden Riesen aufleuchten. Das macht einem bewusst, dass alle vorchristliche Weisheit Luzifer zu verdanken ist.

In dieser dritten Probe soll Thor prüfen, ob er den kleinen, goldenen Kelch zerstören kann, d.h. ob die Geistnähe, die das Bild des Kelches ausdrücken will, für den Riesen noch von Bestand ist. Thor schleudert den Kelch daraufhin gegen eine Steinsäule. Diese zerbricht, aber der Kelch bleibt heil. Die im allgoldenen Bereich verbliebene Hausfrau Hymirs rät Thor daraufhin, das Gefäß dem Riesen an den Kopf zu werfen (Hymiskvida, Vers 30).

> *»Wirf ihn an Hymirs Haupt: härter ist das*
> *Dem trägen Riesen als der Kelch mag sein.«*

Die Allgoldene weiß offenbar, dass des Riesen Geistbezug durch sein verhärtendes Wirken im Nerven-Sinnesleib verloschen ist, sodass sich sein Denken nicht mehr ins Geistige erheben kann. Somit ist der Kelch nicht mehr zu Recht in seinem

Besitz. Thor folgt dem Rat, und der Kelch zerschellt am harten Schädel des Riese. Er klagt (Vers 32):

Die liebste Lust verloren weiß ich,
Da mir der Kelch vor den Knien liegt.

Nun muss der Riese zustimmen, dass Thor den gewünschten großen hartgehämmerten Kessel mit sich nimmt. Dieser war, wie es am Anfang des Liedes heißt, als einziger heil geblieben, als neun Kessel von einem Bord stürzten.

Dieser letzte Kessel lässt vermuten, dass die Zeit der anderen Kultgefäße abgelaufen war und nur eine letzte vorchristliche Kultströmung noch einen echten Zugang zur geistigen Welt haben konnte. Nur Thor war stark genug, den großen Kessel zu bewegen und fortzutragen. Ihm, dem Hüter des Ich, gelang es also durch seinen heiligen Willen, den Menschen einen Mysterienort mit einem Weihekessel zu ermöglichen, damit die Verbindung mit der geistigen Welt den Menschen nicht vorzeitig abhanden kommen sollte, ehe sie die Fähigkeit errungen hätten, der Ich-schwächenden Macht der Widersacher zu widerstehen. Geschichtlich betrachtet ist zu vermuten, dass nach der Zerstörung der Externsteine im Jahre 772 n. Chr. eine letzte Mysterienstätte nach Läsö hinübergerettet wurde. Jeder persönlich kann sich das Ziel setzen, die Willenskraft Thors in sich zu stärken, damit es immer besser gelingen möge, ichhaft die bloße Stiernatur in unserem physischen Leib zu besiegen, die Triebnatur der Midgardschlange in unserer Seele ans Tageslicht zu heben und die Geistverbundenheit unseres Ich stets zu bewahren!

Das Lied ›Hymiskvida‹ der Edda macht die vornehmste Aufgabe Thors deutlich: Dem Ich, das im Leib und in der Seele des Menschen lebt, stets die Verbindung mit den Offenbarungen der geistigen Welt zu ermöglichen, sodass der Geist im Ich leben kann. Nur so kann das Ich gedeihen. In diesem Sinne ist es berechtigt, Thor in aller Ehrfurcht und Dankbarkeit, den Hüter des menschlichen Ich zu nennen.

Thors Gang zu Thrym

Thrym ist ein im Astralleib des Menschen wirkender Thursen-Riese, dem es gelungen ist, Thors Waffe, den Hammer zu stehlen. Damit ist ganz Asgard und Midgard in großer Gefahr, denn der Riese will den Hammer nur dann zurückgeben, wenn er Freya, die Göttin der Liebe, als Gattin bekommt. Allein der allweise Heimdall kann Thor davon überzeugen, dass er sich als Freya verkleidet zu Thrym begeben muss. Loki wird als Magd mitreisen. Beiden gelingt es schließlich, den Hammer zurück zu gewinnen. Dieses bekannte Lied der Edda, Thrymskvida genannt, ist ein weiteres Beispiel für die Notwendigkeit, im Seelenleib wachsam zu sein, damit die reinen Liebeskräfte Freyas nicht in die Gewalt der groben Riesen geraten.[273]

Thors Kampf mit Hrungnir

Die schwerste Prüfung für Thor ist der Kampf mit dem Steinriesen Hrungnir. Dieser heißt der Prahler, denn er hat sich selbst gerühmt, ganz Asgard und Midgard zerstören zu können. Daraufhin bleibt Thor nichts anderes üblich, als sich dieser Macht im Zweikampf zu stellen. Von diesem Riesen heißt es: Er *»hatte bekanntlich ein Herz von hartem Stein, scharfkantig und dreiseitig … Auch sein Haupt war von Stein, von Stein auch sein breiter, dicker Schild … Seine Waffe war ein Schleifstein …«*[274] Zwar kann Thor den Riesen mit seinem Hammer besiegen, aber Thor stürzt und er kommt unter einem Bein des Riesen zu liegen. Außerdem dringt ein Keil aus dem Schild des Riesen in sein Haupt ein und steckt dort fest. Thor selbst konnte sich aus dieser misslichen Lage nicht befreien. Die junge Kraft seines Sohnes Magni richtete ihn aber wieder auf. Dennoch steckte der Schleifstein fest in seiner Stirn. Nur der alten Zauberfähigkeit der weisen Groa[275] gelang es, den Keil zu lockern. Da er folglich noch immer in Thors Kopf haftet, *»ist es auch eines jeden Pflicht, solche Steine wegzuwerfen, denn damit rührt sich der Stein in Thors Haupt.«*[276]

Es ist zu vermuten, dass Thor es in diesem Kampf mit den Widersachern zu tun hat, die den physischen Leib und damit den ganzen Menschen in die sinnliche Welt der Verhärtung, der Versteinerung treiben wollen. Das könnten die sogenannten Asuras sein, die ihre Macht erst in der heutigen Zeit, der Zeit der Bewusstseinsseele ganz entfalten. »Diese asurischen Geister werden bewirken, dass das, was von ihnen ergriffen ist – und es ist ja tiefstes Innerstes, die Bewusstseins-Seele mit dem Ich –, dass das Ich sich vereinigt mit der Sinnlichkeit der Erde.«[277] Diese Wesen bringen zusätzlich zu dem Treiben der luziferischen und ahrimanischen Kräfte den allgemeinen Hass und Zerstörungswillen, das absolut Böse, das Verhärtende, das Todbringende in die Welt. Es bedarf der jungen Christuskräfte und der alten, reinen Weisheit, wenn man den Kampf mit ihnen bestehen will. Die Fähigkeit dazu gewinnt der Mensch aus den alten und neuen Thorkräften des reinen Willens.[278]

9 Der Erzengel Michael und Thor

Vertieft man sich in das Wesen und Wirken des Geistwesens Michael, wie es durch Rudolf Steiner dargestellt wird, so fällt in vielen Bereichen eine erstaunliche Parallelität zu der germanischen Gottheit Thor auf. Das imaginative Bild beider zeigt sie kämpfend mit einem Drachen-Untier. Beide haben eine eiserne Waffe und beide wollen aus ihrem moralisch-göttlichen Willen heraus den Willen der Menschen zu guten Taten befeuern. Beide haben auch eine unmittelbare Beziehung zum menschlichen Blut, auch dem menschlichen Herzen, in dem sie die Herzenswärme, die man vielleicht auch Moral und Liebe zum Geist nennen kann, erwecken wollen. Schließlich wollen beide im Menschen die Kräfte des Mutes entzünden. Für die Germanen galt daher der durch Thor befeuerte Mut als die höchste Tugend. Für das neu zu begründende Michaelfest fordert Rudolf Steiner:

Michael stößt die Lanze in den Rachen des Ungeheuers, St. Pietro, Spoleto

»das wird sein müssen ein Fest zu Ehren des menschlichen Mutes, der menschlichen Offenbarung des Michael-Mutes.«[279] Diese Parallelität legt die Frage nahe, in welchem Verhältnis diese beiden hohen Geister zueinander stehen oder standen.

Thors Gaben und Impulse

Thor war in der vorchristlichen Zeit eines der höchsten Engelwesen.[280] Seine den Willen der Menschen zum Guten lenkenden Impulse hatte er aus höchstem Schöpferwillen am Beginn des Erdenwerdens empfangen. In jener Epoche, als die Leibbildung aus der Wärme des alten Saturn ihren Anfang nahm, konnte Thor die feurige Kraft gewinnen, das Ich des Menschen mit dem warmen Blut in Verbindung zu bringen, auf dass das Ich im Blut seinen Stützpunkt finde. Damit dies möglich wurde, versorgte Thor das Blut durch seinen Hammer mit dem notwendigen Eisen. Jeder Pulsschlag wurde von den noch instinktiv hellsichtigen Menschen als das Pochen von Thors eisernem Hammer empfunden.

Auch in ihrer Seele fühlten sich die nordisch-germanischen Menschen von Thor beschützt. Sie erlebten ihn als den unermüdlichen Kämpfer gegen die Riesengewalten, deren Bestreben es war, den Menschen zu tief in die Erdenfestigkeit, in die Triebhaftigkeit und in die Vergröberung hineinzuziehen.

Erschütternd ist es dann zu sehen, wie das Ende von Thors Wirkenszeit geschildert wird: Ein Riese schleudert in Thors Kopf einen Steinkeil, der stecken bleibt. Prophetisch weist so die Seherin auf die Entwicklung vom bildhaften, lebendigen Denken zum intellektuellen, toten Denken hin. Erschütternd ist auch der ›Tod‹ des Gottes: Seine Hauptfeindin, die durch alle Triebe und Leidenschaften der Menschen alles umschlingende, drachenartige Midgardschlange, vernichtet ihn mit ihrem giftigen Hauch. Durch Thors letzten Hammerschlag wird aber auch ihrem Wirken ein Ende gesetzt. Das zeigte den Menschen, dass es möglich ist, die vor allem luziferischen Triebgewalten der Midgardschlange durch die Thorkraft zu besiegen.

Aus Michaels Wirken

Schaut man auf die Taten Michaels, so kann man nach den Angaben Rudolf Steiners drei Phasen unterscheiden: In der vormenschlichen Zeit geschah es, dass sich ein bestimmtes, luziferisches Geistwesen durch seinen Eigenwillen mit seinem Gefolge aus dem Reigen der Hierarchien aussonderte. Da dieser Geist des Widerspruchs von da an nicht mehr in den Himmeln verweilen konnte, wurde er mitsamt seinen Anhängern von Michael auf die sich bildende Erde gestürzt. In jener Zeit, der sogenannten lemurischen Epoche, stand diesen Geistern aber nur eine amphibien- oder drachenartige Daseinsform zur Verfügung. Diese war aber sehr eigenartiger Natur: tierisch und doch nicht tierisch, lebend in der sichtbaren Welt und doch unsichtbar. Dieser Drachensturz war ein kosmisches Ereignis und die Geburt des ›Weltengetiers‹, das zunächst vor allem luziferischer Natur war. Die Germanen erlebten und benannten es als die Midgardschlange.

In der zweiten Phase der Michaelwirksamkeit, nach dem genannten Sturz, haben die vornehmlich luziferischen Wesen immer erfolgreicher versucht, ihr Wirkensfeld im Menscheninneren zu finden. Das gelang, indem sie die Menschenkinder zu allem Triebhaften und Animalischen aufstachelten und ihnen gleichzeitig die Vernunft brachten. »Nicht in eine Hölle stürzte Michael seine gegnerischen Scharen, sondern in die menschlichen Köpfe hinein … und an diese Tat ist gebunden die Erleuchtung des Menschen mit seiner Vernunft.«[281] Der Mensch wurde zwar vernünftig, aber wie oft nutzte er die Vernunft nur, um egoistisch zu sein! In die sich so verdunkelnden Seele schlichen nun unbemerkt die Widerspruchsgeister ahrimanischer Natur hinein. Das währte bis ins 18. Jahrhundert, bis Michael in einem erneuten gewaltigen Kampf (von 1841 bis 1879) diese nun vor allem ahrimanischen Wesen vollends aus dem Geistreich auf die Erde, also in des Menschen Seele, stürzte. Zuvor waren die Menschen, da sie noch kein genügendes Eigenbewusstsein hatten, durch Michael vor dem zu starken Zugriff der Widersacher beschützt worden. »Es war so, dass Michael immer selber eingriff in die menschliche Natur, damit die Menschen nicht gar zu sehr herabkamen.«[282] Dadurch bildete sich in den Seelen der Menschen ein ätherisches Bild Michaels.

Heute, nach dem Sturz der ahrimanischen Geister, also in der dritten Wirkenszeit Michaels, ist es inzwischen so »dass das Michael-Bild im Menschen so stark wurde, dass es nur sozusagen von dem guten Willen des Menschen abhing, um nach oben fühlend, bewusst sich zum Michael-Bilde zu erheben …«[283] Dadurch steht dem Menschen nun eine wesentliche Hilfe zur Verfügung, sich gegen die ahrimanischen Verführungen zu behaupten. Diese Verführer greifen nach dem Willen des Menschen, um auf die unbewussten und instinktiven Impulse der nicht klar denkenden Menschen einzuwirken. Um dem etwas entgegenzusetzen, ist der Mensch nun aufgerufen, den Kampf gegen die Widersacher selbst und vollbewusst in die Hand zu nehmen. Der Mensch ist damit in die Selbstverantwortung und in die Freiheit gestellt. Die Kraft und Orientierung dafür erhält er durch das in seiner Seele in der Vergangenheit und in der Gegenwart gebildete ätherische Abbild Michaels. »Im Menschen lebt ein ätherisches Abbild des Michael, das den eigentlichen Kampf im Menschen ausführt, wodurch der Mensch im Michael-Kampfe allmählich frei werden kann, weil nicht Michael den Kampf ausführt, sondern die menschliche Hingabe und das dadurch hervorgerufene Abbild des Michael.«[284]

Dieses Abbild Michaels in der Seele kann man vielleicht auch als ein moralisches Empfinden verstehen. Es hat sich in den einzelnen Völkern sicher unterschiedlich entwickelt. Es wurde aufgezeigt, dass die Moral in den nordisch-germanischen Völkern durch die starken Willens-Impulse Thors besonders hoch entwickelt war.[285]

Da Michael ebenso wie Thor in der Zeit bis ins 18. Jahrhundert die Aufgabe hatte, die Menschen vor dem zu starken Eingreifen der Widersacher zu bewahren, könnte man meinen, sie seien ein und dieselbe Geistwesenheit. Dagegen spricht, dass Michael in jener Epoche den Rang eines Erzengels, Thor aber ›nur‹ den eines sehr hohen Engels inne hatte. So erscheint es denkbar, dass Thor als höchster Engel in der Gefolgschaft Michaels kämpfte und im nordisch-germanischen Raum sozusagen Michaels Stellvertreter war. (Diese Betrachtung mag ein Licht darauf werfen, dass Rudolf Steiner einmal zu Kurt Walther gesagt haben soll, Michael sei heute nicht mehr der deutsche Volksgeist.[286]) Die gewaltigen Umwälzungen, die mit dem Kampf Michaels (1841–1879) einhergingen, bedeuteten für Michael ebenso wie für Thor einen Wandel der vorherigen Aufgaben. Michael stieg auf in das Reich der Zeitgeister, der Archai. Thor erlag der Midgardschlange. Da ein Geistwesen aber stets seiner Aufgabe treu bleibt und es auch nicht sterben kann, sollen weiter unten die Angaben der Edda, die Thors Zukunft betreffen, betrachtet werden.

Das Schwert und der Hammer

Das Schwert Michaels und der Hammer Thors sind beide aus Eisen. So unterschiedlich aber wie das imaginative Bild ihrer Besitzer ist, so unterschiedlich sind auch ihre Waffen. In die Faust Thors, des feurigen und leicht in Zorn geratenden Blitze-Schleuderers passt nur der Hammer, der stets glühend zurückkehrt. Von diesem Gott fühlten sich die bäurischen Menschen geführt und beschützt. Michael wurde dagegen stets als edler Ritter dargestellt, der in bewusster, ritterlicher

Tugend sein Schwert zu führen weiß, sich also nie vom Zorn bezwingen lässt. Was kann man zu der Entstehung der beiden Waffen sagen?

Der Impuls, den Hammer zu schmieden, kam von Loki. Den Schmiedevorgang störte eine Fliege, die einen ausführenden Zwerg zwischen die Augen stach. Dadurch wurde der Stiel des Hammers zu kurz. Da Ahriman stets als Herr der Fliegen bezeichnet wurde, liegt es nahe, in dem Stich einen Angriff Ahrimans auf das Ich des Menschen zu sehen, denn zwischen den Augen liegt der Ich-Punkt. Thor konnte mit diesem Hammer die Menschen zwar beschützen, aber die ahrimanische Macht besiegen konnte er nicht, da in seiner Wirkenszeit das Ich noch zu schwach war. Im Bild gesprochen: Der Hammerstiel war zu kurz! Durch diese Bildsprache wird es deutlich, dass den Widersachern Loki und Ahriman mit Hilfe der erdgebundenen Zwerge eine unentbehrliche Waffe gerade gegen diese Geister der Finsternis abgerungen wurde.

Den Entstehungs-Prozess des Schwertes beschreibt Rudolf Steiner folgendermaßen: Gemeinsam mit der Erdenseele und den Elementarwesen fühlen sich die Menschen im Sommer von Wärme und Licht wie emporgehoben in kosmische Weiten. Dieses ist geistig gesehen ein feiner Schwefel-Feuerprozess, der auch den Menschen ergreift und ihn in einen leichten Traumzustand versetzt. Diese Unbewusstheit nutzt Ahriman, indem er sich in die Schwefelströmungen begibt und den Menschen bis zum Herzen umgarnt und umschlingt. Aus diesem Empfinden ist das Bild des sich windenden, bläulich-gelben Drachen entstanden. Damit der Mensch diesem Geschehen nicht hilflos ausgesetzt sei, setzten die Götter das Meteoreisen ein, das im August besonders reichlich zur Erde fällt. Es ist wie ein Heilmittel, das tief hinein ins Blut des Menschen wirkt. Der Erzengel Michael steht über den Meteoreisenwolken »die durch die Gewalt, die vom Herzen Michaels ausströmt, sich bilden, zusammenschmelzen zu dem eisernen Schwert des Michael, der mit diesem meteorgeformten eisernen Schwert den Drachen besiegt.«[287] »und es erscheint uns der Arm des Michael von allen Seiten umsprüht von Meteoreisengebilden, die wie von den kosmischen Begierdekräften geschmolzen und wieder zusammengefasst sich zu dem Flammenschwerte des Michael formen.«[288] Sich formen »zu dem Schwert, mit dem er [Michael] der Menschheit die Wege weist, von der animalischen zur höheren Menschennatur ...«[289] Das Schwert, das stets auch ein Bild für das Denken war, setzt sich deutlich von dem Hammer Thors ab. Die Beschreibung der Entstehung des Michaelschwertes spiegelt einen kosmischen, heilsamen Prozess, der den Menschen eine Hoffnung auf die Überwindung der Widersacher aufzeigt.

Der Drache im Menschen

In dem Bild des Drachen spiegelt sich das Erleben der Menschen, die sich in ihrer eigenen animalischen Natur von den Widersachern ergriffen fühlten. Solange dieses vor allem luziferische Wesen waren, hatte der Drache ein eher schlangenhaftes Aussehen, wie zum Beispiel die Paradiesesschlange oder die Midgardschlange. Mit der Einflussnahme der ahrimanischen Wesen ändert sich das Bild hin zum verhärteten Drachentier. Durch den Sturz der ahrimanischen Geister hat sich deren Zugriff auf die Menschenseelen vervielfacht. Ahriman, der seit Urzeiten als Herr des Todes seine berechtigte Aufgabe fand, will nun das eigentlich lebendige Denken mit seinen Todeskräften durchdringen. Das abstrakte, intellektuelle Denken ist sein Werk. »Ahriman ist im weitesten Umkreis der Herr des Todes, der Beherrscher all der Mächte, welche innerhalb der physisch-sinnlichen Welt alles dasjenige herbeiführen sollen, was notwendig in dieser physisch-sinnlichen Welt da sein muss als Vernichtung, als Tod der Wesenheiten … Aber Ahriman kann sein Gebiet überschreiten; er kann es vor allen Dingen so überschreiten, dass er sich an das menschliche Denken heranmacht.«[290] Dadurch hat sich auch das Drachenbild gewandelt, denn »der Drache hat alle möglichen Gestalten. Die von den menschlichen Emotionen kommenden sind schändlich genug, aber die sind nicht so schändlich wie diejenige Gestalt, die der Drache von dem toten, dem ertöteten Wissen der Gegenwart bekommt.«[291] Diesem Angriff konnte Thor mit seinen Willenskräften nicht gewachsen sein, denn der Kampf heute erfordert nicht nur den guten Willen, sondern auch starke Bewusstseins- und Erkenntniskräfte.

Michaels Hilfe

Diesem neuen und stärkeren ahrimanischen Angriff begegnet Michael mit einem neuen Hilfsangebot, denn man kann wissen, wie nach der sommerlichen Einflussnahme durch Ahriman, Michael im Herbst dem Menschen neue Kräfte zur Verfügung stellt. Man kann wissen »dass die Michaelkraft jetzt durch die Naturkräfte wieder herunterkommt, die in früheren Jahrhunderten nicht heruntergekommen ist …«[292] Diese Hilfe hängt sicher mit dem Herabströmen des Meteoreisens bis in den physischen Leib, bis in das Blut zusammen. »Aber der Mensch muss das, was er also in seinem physischen Leibe trägt, geistig-seelisch erfassen, er muss es in sich erleben können, also dieses meteorische Hineinschießen des Bluteisens in den

Blutsulfur so erleben können als die Freiheit, als die Initiative, als die Stärke seines Willens.«[293] Daher müssen wir lernen, »diesen Eisenprozess im menschlichen Blute in den Dienst des Geistig-Seelischen zu stellen. Das ist dasjenige, was Michael von uns will.«[294] Den Drachen in sich bekämpfen, erfordert demnach, diesen zunächst zu erkennen, dann aus Freiheit ihm aus dem eigenen guten Willen etwas entgegenzusetzen. »Nimm den die ahrimanischen Kräfte besiegenden Michael-Gedanken in dich auf, jenen Gedanken, der dich kräftig macht, Geisterkenntnis hier auf Erden zu erwerben, damit du die Todesmächte besiegen kannst.«[295] Es wird hier deutlich, wie notwendig im heutigen Drachenkampf sowohl die Erkenntnis- als auch die Willenskräfte sind.

Hat Thor heute noch eine Wirksamkeit?

Durch den Keil, der in Thors Kopf stecken bleibt, macht die Edda deutlich, dass die durch die ›steinharte‹ Intellektualität gereiften Erkenntniskräfte nicht in Thors Bereich liegen. Dennoch weist die Seherin darauf hin, dass die Söhne Thors in der Welt nach der Götterdämmerung den Kampf gegen die Widersacher mit dem Hammer des Vaters fortführen werden. Ihre Namen bezeichnen ihre dem Willen zuzuordnenden Fähigkeiten: Modi bedeutet, der Mutige, Magni, der Starke. Somit kann man vermuten und hoffen, dass uns Thor mit seinen durch die Söhne verjüngten, moralischen, guten und mutigen Willenskräften auch heute befeuert und so dem Erkenntnisbestreben Michaels seine Stärke hinzufügt. So bleibt Thor seiner Aufgabe treu. In ihm kann auch heute ein bedeutender Gefolgsmann und Helfer Michaels gesehen werden. Ob Thor wie Michael aufgestiegen ist und jetzt die Kräfte eines Erzengels innehat, kann nur vermutet und erhofft werden.

10 Die Insel Läsö und die Kesselmysterien

Die geologischen Besonderheiten der Insel Läsö

Die Entstehung

Die kleine dänische Insel Läsö, die als geographischer Ort in der Edda genannt wird, liegt im Kattegat, südöstlich von Frederikshavn, etwa 20 km vom Festland entfernt. Die Entstehung und Geschichte Läsös wurde in hohem Maße vom Meer und von starken Kräften im Untergrund gelenkt. Wiederholt haben sich sowohl der Untergrund wie auch der Wasserstand nach oben und auch nach unten bewegt. Durch die geringe Höhe der Insel hat dieses eine entscheidende Rolle für Menschen, Tiere und Pflanzen gespielt.

Um 3000 v. Chr. entstand Läsö das erste Mal als dreieckiges, kahles, kleines Sandriff, der von Robbenfängern im Sommer bewohnt wurde. Sie haben Steinwerkzeuge und Grübchenkeramik zurückgelassen. Der Untergrund ist fester Lehm, der aber bald wieder absank und vom Meer überspült wurde. Um 1700 v. Chr. beginnt sich der Meeresboden wieder so stark anzuheben, dass Läsö neu ersteht und seitdem als kleines Eiland existiert.

Während der ganzen sog. Bronzezeit (1700–700 v. Chr.) und bis zur Eisenzeit (0–800 n. Chr.) ist die Insel ständig gewachsen. In dieser Epoche schaukelt die Insel nach West und Ost, wodurch Landschaften entstehen und vergehen. Langsam bildet sich im Südosten der Insel ein natürlicher Hafen, der in der frühen Wikingerzeit (600–1050 n. Chr.) besiedelt wurde.

Der Hafen erlangte durch seine Lage zwischen dem Weltmeer und der Ostsee eine so große Bedeutung, dass im 17. Jahrhundert von dreihundert dort beheimateten Küstenfahrzeugen berichtet wird. Es war um diese Zeit der zweitgrößte Hafen Dänemarks.

An den Südküsten wächst die Insel bis heute immer weiter. Es entstanden dort große salzige Strandwiesen, wo Salzsiedereien errichtet wurden, die den Bewohnern Reichtum brachten. Die Siedereien benötigten viel Holz, was zur gänzlichen Abholzung der Insel führte. Große Sandverwehungen auf der ganzen Insel waren die Folge, die auch die Äcker von Osterby verdarben, sodass das Dorf mit Kirche und Hafen verlassen werden musste.

Läsö ist also eine Insel, die lange eine Werdende blieb. Vielleicht trägt diese Besonderheit dazu bei, dass die Insel als besonders licht und friedevoll und das Ostseewasser um sie herum als besonders rein beschrieben wird.

Läsö, die Salzinsel

Stark salzhaltiges Wasser ist die Voraussetzung für das Salzsieden. Läsö ist der einzige Ort in Dänemark, wo die Natur selbst eine solche Salzlake hervorbringt. Das Meer überspült die Salzwiesen im Laufe des Winters einige Male, und das Wasser versickert nach unten und endet auf einer massiven Schicht blauen Tons in nur 1,5–2 m Tiefe. Im Sommer verdampft das Wasser durch die Sandschicht. Auf diese Weise wird das Meerwasser von 2% auf 16% Salzgehalt angereichert.

Früher war das Salz eine sehr geschätzte Kostbarkeit. Welche Geheimnisse mit dem Salz verbunden sind, kann hier nur angedeutet werden: So wie im Weltmeer eine bestimmte Salzkonzentration (3,5%) vorherrscht, haben wir im Blut stets einen Salzgehalt von 1% (10 gr. pro Liter) nötig. Das Salz kristallisiert stets in Würfelform. Es hat mit der Sinneswahrnehmung und dem Denken im Menschen zu tun. In der Taufe der Christengemeinschaft wird von dem Salz der allbewahrenden Weltenmächte gesprochen. In der Bergpredigt (Mt. 5,13) heißt es: »Ihr seid das Salz der Erde und euer Ich ist das Licht für diese irdische Welt«. Salz und Licht sind die Geschenke, die die Insel für ihre Besucher bereithält. Daher wirbt man dort auch mit dem Slogan: Läsö, Insel des besonderen Lichtes!

Der Meeresgott Ägir und seine Insel

Die Herrscher der Insel Läsö, soweit sie in der Edda erwähnt werden, heißen alle Ägir. Der Älteste ist der Riese und Meeresgott Ägir, der früher Ögir hieß, was Meer bedeutet. Er hat eine ›dunkle‹ Abstammung, denn sein Vater ist der Riese Miskorblindi, was etwa als ›schlimmer Blender‹ verstanden werden kann. Diese Übersetzung legt die Vermutung nahe, dass Ägir seinen Helm, dessen Anblick alle in Schrecken versetzt, von diesem Vater geerbt hat. (Der Schreckenshelm gelangte später zu Hreidmar, dem zauberkundigen Vater von Otur, Fafnir und Regin. Hreidmar ist zugleich der Besitzer des fluchbeladenen Goldschatzes mit dem Andwari-Ring, der später zum auslösenden Motiv der Nibelungensage wird.

Fafnir raubte den Helm, verlor ihn dann aber an Sigfried.) Die Frau Ägirs ist Ran. Sie hat ein Netz, mit dem sie die ertrunkenen Seefahrer, die nicht nach Walhall oder Hel kommen, auf den Meeresgrund in eine Art Totenreich zieht. Wie das Meer mal voller Schrecken und mal heiter ist, so muss auch der Meer-Riese in den verschiedenen Nuancen erlebt worden sein.

Andere Wesen mit dem Namen Ägir folgen: In der Hymiskvida wird ein Ägir als Felsbewohner, froh wie ein Kind, bezeichnet. Im Ägisdrecka ist Ägir der edle Gastgeber der Götter. Seine Halle, die wundersam durch einen goldenen Diener erleuchtet wurde, war ein Ort ... *sehr heiligen Friedens* ...[296] Im Bragarödur, Bragis Gesprächen, schließlich wird ein Ägir als der zauberkundige Herrscher der Insel Hlesey (Läsö) vorgestellt, der auch Hler heißt, was Meer bedeutet. Daher hat die Insel ihren Namen. Dieser Ägir begibt sich auf eine Reise nach Asgard, um sich dort mit den Göttern zu unterhalten, und Weisheit zu erwerben. In der Heldenlieddichtung der Edda wird die Insel Hlesey (Läsö) als die Heimat Helgis erwähnt.[297]

Sieht man eine Verbindung zwischen denen, die den Namen Ägir tragen, so zeichnet sich eine erstaunliche Entwicklungslinie ab. Sie reicht vom drohenden Meeresgott bis zum Erwählten, der die Götter aufsuchen darf. Alle diese Ägir-Persönlichkeiten sind mit der Insel Läsö verbunden. Interessanterweise wird Ägir, welcher der Gastgeber der Götter ist, als anderer Name Gymir genannt. Die Verwandtschaft zu anderen Riesennamen ist nicht zu übersehen. So heißt der Urweltriese, von dem alle Riesen abstammen, Ymir. Und der Besitzer vieler Kessel, von denen Thor einen für den Gastgeber Gymir erringt, heißt Hymir. (Auch der Vater Gerdas, um die Freyr wirbt, ist ein Riese und heißt Gymir.) Weiterhin verbirgt sich Ahriman einmal unter dem Namen Skrymir. Ob diese Namensähnlichkeiten zeigen sollen, dass auf der Insel Läsö, geschöpft aus den alter Riesenkräften der Urweisheit und Kraftfülle, eine ganz besondere, vielleicht sogar letzte nordische Kultstätte existiert hat? Ob sie dann durch die zunehmende Einwirkung Ahriman-Skrymirs ihre Wirksamkeit verloren hat? In dem Lied Hymiskvida wird jedenfalls der Kampf Thors um den letzten noch heilen Kessel besungen. Ein Kessel war, das wird in dem Lied deutlich, die Voraussetzung für ein Gastmahl mit den Göttern, das wohl als kultische Handlung zu bezeichnen ist.

Die Kesselmysterien

Die Sage von Hymir

Hymiskvida und Ägisdrecka
In dem Lied Hymiskvida sind drei Geschichten geschickt ineinander verwoben. Die Rahmenerzählung berichtet von dem Wunsch der Asen, bei Ägir auf Läsö ein Gastmahl abzuhalten. Durch das Schütteln und Deuten von Runenstäben stellen die Götter aber fest, dass Ägir keinen entsprechenden Braukessel besitze. Dieser, froh wie ein Kind, aber verängstigt durch das Drängen der Götter, erklärt sich bereit, ein Gastmahl auszurichten, wenn die Götter ihm einen Kessel beschaffen können. Die aber finden keinen, bis dem Kriegsgott Tyr einfällt, dass sein alter Riesenvater Hymir, wohnend an des Himmels Ende, viele Kessel besitzt. Die folgende Geschichte berichtet von Tyrs und Thors Abenteuern und der Gewinnung des Kessels. Das dritte Lied, Ägisdrecka, besingt das Gastmahl, das Ägir den Göttern auf Läsö bereitet. Es ist edel und würdig, denn dieser Ägir ist im Besitz des Kessels! Es geht also stets um den für ein Gastmahl nötigen Kessel.

> *Den [Kessel] mochten nicht die seligen Götter*
> *Irgendwo finden, die Fürsten des Himmels,*
> *Bis Tyr dem Hlorridi [Thor]getreulich sagte*
> *Ihm allein Auskunft und Rat.*
> *Im Osten wohnt der Elivagar*
> *Der hundertweise Hymir an des Himmels Ende.*
> *Einen Kessel hat mein kraftreicher Vater,*
> *Ein geräumig Gefäß, eine Raste tief.* (Hymiskvida, Vers 4–5)

Wie kann es sein, so kann man sich fragen, dass die allmächtigen Asen in ihrer Zwölfzahl weder in Asgard noch sonst wo einen passenden Kessel zur Verfügung haben? Sind sie dermaßen verarmt? Was bedeutet es für ein Volk, keinen Braukessel zu besitzen? Mit diesen Fragen berühren wir die Kesselmysterien.

Der Fürstenkessel

In keltischen Fürstengräbern (z. B. Grab von Eberdingen-Hochdorf) wurden als besondere Beigabe große Kessel und schöne Trinkhörner aufgefunden. Auch außerhalb von Gräbern sind im nordischen Raum z.T. sehr kostbar ausgestattete Kessel entdeckt worden, wie zum Beispiel der Silberkessel von Gundestrup. Der Besitz eines Kessels und die Veranstaltung von Trinkgelagen muss für einen Fürsten eine Verpflichtung und Notwendigkeit gewesen sein. Die Trinkfreude der ›Alten‹ ist bekannt. Es ist leicht vorstellbar, dass an so einem Fest alle wichtigen und führenden Personen eines Stammes teilnahmen, bzw. teilnehmen mussten, da in dem Rauschzustand sich erst das für den Zusammenhalt und Frieden notwendige Gemeinschaftsgefühl einstellte, was sicher durch eine mehr oder weniger bewusste Begegnung mit dem gemeinsamen Stammes- oder Volksgeist hervorgerufen wurde.

Der kultische Kessel

Aus vielen Mysterienzusammenhängen ist das Vorhandensein eines Kessels bezeugt. In den keltischen Mythen wird von verschiedenen Wunderkesseln berichtet. So gab es einen Kessel oder Pokal der Wahrheit, der bei Lügenworten zerbrach und bei solchen der Wahrheit wieder heil wurde, einen Kessel der Auszahlung, der jedem die angemessene Speise gab. Auch wird von Kesseln der Weisheit, des Todes und des Lebens und der Verwandlung erzählt. Ähnliche Kessel sind auch in dem Sagenkreis um König Arthus zu finden.[298]

Die Kesselerzählungen machen deutlich, dass es zwei Aspekte dieses Wundergefäßes gibt: Einerseits sind es die Fülle, die Fruchtbarkeit, das Leben und als dazugehörendes Gegenbild der Tod und die Verwandlung, die hervorgehoben werden. Andererseits sind es das Wissen, die Weisheit, die Wahrheit und der Geist. All diese Qualitäten sind auch für den Gral bezeugt und werden in diesem Mythos weiterentwickelt. Es sind also im Bilde des Kessels ebenso die Wesenszüge einer Fruchtbarkeitsgöttin, wie die einer männlichen, weisheitsvollen Gottheit zu finden. So haben uns die Urreligionen ihre Bilder hinterlassen, die uns die Vermutung nahe legen, dass der Kessel, der Pokal oder Kelch als Zentrum eines jeden Kultus und als Bindeglied zwischen Götter- und Menschenwelt anzusehen ist. Diese Überlegung macht die Not der Götter verständlich, die ein Mahl mit den Menschen feiern wollen, aber ein Kessel, ein Gefäß, ist nicht vorhanden.

Am Anfang des Liedes Hymiskvida wird deutlich gesagt, dass die Götter zwar genügend Nahrung für ein Gastmahl bei Ägir, dem zwar noch ›riesischen‹ aber doch kindlich, frohen Herrn der Insel Läsö, haben, aber der notwendige Kessel fehlt. Damit wird der von den Göttern ausersehene, offenbar neue Kultort benannt, aber das Verbindungsglied, der Kessel, fehlt dort.

Man kann sich fragen, ob so ein Weiheort zuerst durch den Willen der Götter, wie es in diesem Liede deutlich wird, oder durch die Sehnsucht eines Menschen geschaffen wird, wie es in Bragis Gesprächen nahe gelegt wird. Da Ägir in der Hymiskvida zwar als heiteres, aber doch seinen dunklen Riesenvorfahren sehr ähnliches Wesen geschildert wird, er im Ägisdrecka als edler Gastgeber auftritt und im Bragarödur als ein sehr zauberkundiger Mann erscheint, der um der Weisheit willen nach Asgard reist, ist es anzunehmen, dass die Götter zuerst aktiv werden, indem sie einen Ort für ihren Weihealtar aussuchen, dann aber auf die Bereitschaft eines Menschen angewiesen sind, der selbst die Verbindung zu den Göttern sucht.

Die Gewinnung des Kessels

Der Kessel, Pokal oder Kelch stellt die Schale dar, die bereit ist, die Gaben der Götter zu empfangen. »Der Wohlgeruch steige auf, wie dies gottgewollte Wesen abgestiegen ist«, heißt es in der Menschenweihehandlung. Da dieses Weihegefäß fehlt, muss man sich fragen, wie es wohl gewonnen werden kann. In der Hymiskvid geschieht es Folgendermaßen:

Der Kriegsgott Tyr, ein Abkomme des uralten Riesengeschlechtes, weiß als einziger Ase, woher ein Braukessel zu gewinnen sei. Er erinnert sich, dass sein kraftreicher, vielweiser aber alter und heimtückischer Riesenvater Hymir, viele Kessel besitzt. Keinen einzigen wird er freiwillig hergeben. Die Beschaffung des Kessels wird also äußerst gefährlich werden. Obgleich Tyr bei der Fesselung des Fenriswolfes großen Mut bewiesen hat, weiß er, dass er allein den Kessel nicht erringen kann. So weiht er Thor in sein Wissen ein. Im Folgenden wird dieser bezeichnenderweise als Weor, der Hüter des Heiligtums, und Helfer der Menschen bezeichnet. Thor ist sofort bereit, sich auf die Fahrt zu begeben, nachdem er seine Böcke vorsorglich auf Läsö bei Ägir eingestallt hat.

Hymir wohnt östlich vom Eliwagar an des Himmels Ende. Eliwagar heißt der giftige Strom, der aus Hwergelmir, dem Brunnen in Niflheim, fließt. Weit in die Vergangenheit müssen die beiden Götter also reisen, was durch die schaurige Ahne Tyrs, die mit ihren neunmal hundert Häuptern in Hymirs Halle lebt, unterstrichen wird. Die Wölva nennt in ihrem Liede[299] die Riesen die ›Urgeborenen‹. Sie haben am Anfang der Erdentwicklung die Aufgabe und die goldene Weisheit anvertraut bekommen, aus göttlichem Licht die Erdenmaterie ›gerinnen‹ zu lassen. Gehen sie in ihrem Verfestigungswillen aber über ihre Grenzen hinaus, so verrohen sie. Daraus erklärt sich die zwiespältige Natur der Riesen: Sie können grob und bösartig sein oder auch die goldene Urweisheit bewahren. So lebt in Hymirs Halle neben der furchtbaren Ahne auch die allgoldene, weißbrauige Mutter Tyrs, die den Sohn und Thor herzlich begrüßt und mit wichtigem Rat beschützt. Sie sagt:

Verwandte der Riesen, ich will euch beide,
Ihr kühnen Männer, unter Kesseln bergen.
Manches Mal ist mein Geselle
Gästen gram und grimmen Mutes. (Hymiskvida Vers 9)

Als der übel gesinnte Eisriese Hymir heimkam, ahnte ihm nichts Gutes. Durch seinen scharfen Blick zersprang die Säule, hinter der er die Gäste vermutete, und herab stürzte sein ganzer Kesselvorrat; acht Kessel zerbrachen, und nur ein besonders hart gehämmerter blieb heil. Wie Thor diesen erringt, wird im weiteren Verlauf des Liedes besungen.

Thors Stierbegegnung

In der bisherigen Geschichte war Tyr der Führende, und Thor folgte ihm nach. Im folgenden Geschehen spielt sich das Messen der Kräfte jedoch allein zwischen Thor und Hymir ab. Für ein Gastmahl lässt der Riese drei Ochsen braten. Zwei von diesen verzehrt Thor allein, was den Gastgeber mit wachsender Besorgnis erfüllt. Thor soll deshalb am nächsten Tag durch Fischfang selbst für seine Nahrung sorgen. Die Lockspeise dazu soll er sich vom Stier aus Hymirs Herde besorgen. Hymir hofft, dass der allschwarze Stier Thor vernichten wird, aber da hat er des Donnerers Kraft unterschätzt.

Zum Walde wandte sich Weor (Thor) alsbald:
Da fand er stehen allschwarzen Stier.
Der Thursentöter (Thor), abbrach er dem Tiere
Der beiden Hörner erhabenen Sitz. (Hymiskvida Vers 18,19)

Hinter dem Sieg Thors über den Stier können die ägyptischen und die griechischen Stierkulte und die Mithras-Mysterien aufleuchten. Worum ging es in den Stierkulten? Alfred Schütze schreibt: »Die reine Natur im Menschen, sein Nicht-Ich, das, was ihm ohne sein Zutun geworden ist, ist der ›Stier‹ im Sinne der antiken Mysterienanschauungen. Was ihn über das Tier erhebt und ihn seine wahre Menschenwürde ergreifen lässt, ist ›Licht vom Lichte‹; es ist das geistige Ich, das sonnenhaften Ursprungs ist, wie Mithras selbst, der das göttliche Urbild dieses Ich darstellt.« »Mithras, der den Stier besiegt, ist das Urbild für den Menschen, der seine göttliche Bestimmung ergriffen und sich zum Herrn über seine Leibes- und Blutsnatur gemacht hat.«[300]

Der Stierkult hat eine weitere Bedeutung, die in der Sage vom Minotaurus deutlich wird. Minos hängt sprachlich mit ›mens‹, dem verständigen, denkenden Menschen zusammen. Mit der Hilfe des berühmten Fadens, den Theseus von Ariadne erhält, gelingt es ihm, den Stiermenschen zu überwinden, der ein Bild des von der Stiernatur überwältigten Menschen ist. Erst wenn der Mensch die Fähigkeit des folgerichtigen Denkens erringt, wenn sein Gedankenfaden nicht zerreißt, ist er soweit, dass er den Stier in sich überwinden und den Weg aus dem eigenen Labyrinth heraus finden kann. »In diesem neuen Einschlag regt sich bereits kräftig das dann immer mehr erstarkende Ich-Bewusstsein. Auf den Bahnen des Denkens schafft sich die menschliche Ich-Wesenheit Eingang in das Bewusstsein. Das Erwachen zur Persönlichkeit geht Hand in Hand mit dem sich zu unbeschränkter Autonomie erhebenden Denken.«[301]

Thor ist der Gott, der dem Menschen das Ich zuträgt und dieses aus der anfänglichen Sippengebundenheit in das individuelle Ich-Bewusstsein führt. Da dieses mit dem Denken zusammenhängt, ist Thor als der Gott erlebt worden, der selbst den schwarzglänzenden Stier des Riesen, das erdgebundene Denken, überwinden kann. Nachdem Thor dieses bewiesen hat, unterzieht ihn Hymir einer weiteren Probe.

Thors Kampf mit der Midgardschlange

Hymir begibt sich mit Thor zum Fischfang aufs Meer. Thor will dort seine Hauptfeindin, die Midgardschlange, treffen. Diese ist ein Kind Lokis, das durch alle Triebe und Leidenschaften der Menschen so groß geworden ist, dass sie die ganze Erde umschlingt. Das Stierhaupt ist Thors Köder.

Die Bilder zeigen, dass es bei diesem Kampf Thors darum geht, die im Menschen erwachende Triebnatur bewusst zu machen und dadurch zu besiegen. Thor wagt sich weit aufs Meer hinaus, doch der Riese hat Angst. An Thors Angel beißt unverzüglich die Midgardschlange an, und Thor zieht sie empor ans Tageslicht, um sie mit Mjölnir zu vernichten. Dies weiß der erschrockene Hymir aber abzuwenden, indem er die Angelschnur durchtrennt. So sinkt die Schlange wieder in die Tiefe des Meeres, wo sie im unterbewussten Seelenleben weiter ihr Unwesen treibt. Dem Riesen graut nach diesem Erlebnis vor Thors Kraft und seinem tief in das Seelenleben des Menschen eingreifenden Ordnungs- und Erkenntniswillen. Damit hat Thor den Kessel aber noch nicht gewonnen.

Der Pokal des Riesen

Ein neues Kräftemessen beginnt, das Thor aber nur durch den Hinweis der allgoldenen, hilfsbereiten Mutter Tyrs bestehen kann. Der Riese verlangt von Thor, seine Kraft an seinem größten Kleinod, seinem Kelch, Pokal oder Becher zu erproben. Thor möge ihn zerbrechen, doch das erweist sich als schwierig, da der Kelch härter ist als Stein. Dem Rat der Mutter folgend, wirft Thor den Kelch dann dem Riesen Hymir an den Kopf. Dessen Haupt bleibt zwar heil, denn es ist härter als Stein, aber der kostbare Pokal zerbricht. Daraufhin ist Hymirs Macht gebrochen. Er bewilligt Thor und Tyr, falls sie es können, den großen, hartgehämmerten Kessel, der heilgeblieben war, mitzunehmen. Nur Thor ist stark genug dazu. Er stülpt sich den Kessel auf den Kopf, und die Kesselringe klirren um seine Füße. Thor passt also genau in den Kessel hinein, es ist sein Kessel. So trug er ihn davon zu Ägirs Insel, um einen neuen Kultort zu schaffen.

Der kleine Kelch des Riesen ist wohl als sein ganz persönlicher Zugang zur Geistwelt anzusehen. Es ist ein nur ihm gehörender Kultgegenstand, in dem seine ganze Weisheit, Macht und Fähigkeit beschlossen liegt. Da sein Haupt und damit sein Denken aber hoffnungslos verhärtet ist, kann er kein Kultträger mehr sein, der Kelch zerbricht. Auf Läsö aber wird ein neuer Kultus initiiert mit dem großen, hartgehämmerten Kessel des Riesen Hymir. Dies ist durch Thors Taten möglich geworden, der in drei Proben beweisen musste, dass seine Ich-Stärke fähig ist, das leibgebundene Sein, den Stier, zu besiegen, die Schlange der Triebe und Leidenschaften ans Licht zu heben und zuletzt dem verhärteten Kopf-Denken entgegenzutreten. So geht Thor, der Ich-Bringer, den Menschen leuchtend voran und zeigt, dass er die Namen ›Freund der Menschen‹ und ›Weor‹, Hüter des Heiligtums, zu Recht trägt. Am Schluss des Liedes Hymiskvida heißt es:

> *Kraftgerüstet kam Thor zum Göttermahl*
> *Und hatte den Kessel, den Hymir besessen.*
> *Daraus sollen trinken die seligen Götter*
> *Ael in Ägirs Haus …* (Vers 23)

Die neuen Mysterien

Wird ein Heiligtum neu errichtet, so stellt sich die Frage, von wem der Impuls zu so einer Tat ausgeht, die für jedes Volk eine zentrale Rolle spielt. Geht der Impuls zuerst von den Göttern oder zuerst von den Menschen aus? Sind es Menschengruppen, die ein neues Gebiet erobert haben und dort ihren mitgebrachten Kultus feiern möchten, oder sind es eher einzelne Menschen, die nach neuer Weisheit streben und somit einen neuen Zugang zu den Göttern suchen? Sollten es vielleicht die Götter sein, die ein besonderes Erdgebiet für würdig befunden haben, um von dort aus dem Menschen Segen zu spenden und Opfer zu empfangen?

Den Namen Ägir tragen, wie sich weiter oben gezeigt hat, verschiedene Wesen. Bei Ägir, der auch Gymir genannt wird, möchten die Götter ein Mahl abhalten. Daraus ist zu entnehmen, dass die Götter gerade dort auf der erst kürzlich aufgetauchten Insel mit ihrem Salzgeheimnis einen für ihren Kultus günstigen Platz entdeckt haben. Sie helfen, den nötigen Kessel zu beschaffen, wie es Thor im Lied Hymiskvida unter Beweis stellt. Aber es bedarf auch der würdigen Menschen, die sich zu den Göttern erheben können, um Weisheit zu erringen, wie es von dem Ägir im Bragarödur berichtet wird.

Bragarödur

Bragis Erzählungen

Dieser zum Prosateil der Edda gehörende Abschnitt gibt einen Bericht von der Reise Ägirs nach Asgard. Er will dort Weisheit erwerben, wie es im Gylfaginning auch von Gylfi, dem König von Schweden, erzählt wird. Sollte Ägir vielleicht ein Priester-König von Dänemark sein? Es heißt: *Ein Mann heißt Ägir oder Hler; er bewohnte das Eiland, das nun Hlesey* (Läsö) *heißt, und war sehr zauberkundig. Er unternahm eine Reise nach Asgard; und als die Asen von seiner Fahrt erfuhren, wurde er wohl empfangen … Ägir dauchte alles herrlich was er sah. Alle Wände waren mit schönen Schilden bedeckt, da war auch kräftiger Met und des Trankes genug. Als Ägirs Nachbar saß Bragi, und während sie tranken, tauschten sie Gespräche.*[302]

Der Tischnachbar Ägirs ist Bragi, der Sprecher und Dichter Odhins. Kann man an dem, was Bragi Ägir erzählt, ablesen, welche Lehren für die Einrichtung des Kultus auf Läsö Ägir auf den Weg gegeben werden?

Bragi berichtet zuerst von der zeitweiligen Gefangennahme seiner Frau Iduna durch die Riesen und dem damit verbundenen Verlust der wunderbaren, jugendspendenden Äpfel. Die verheerenden, alt machenden Folgen einer zu engen Bindung an die Riesen werden damit den Menschen im Bilde gezeigt. Die zweite Erzählung Bragis rankt sich um die Gewinnung des Dichtermets Odhrörir durch Odhin.[303] Hier geht es um die Gabe, die den Riesen abgerungen werden muss, durch die der Menschen Sprache veredelt werden kann.

Die Lehren Bragis sollen die Führer der Mysterien auf Läsö offenbar beherzigen. Sie sollen erkennen, dass man sich einerseits vor den verhärtenden Riesenkräften hüten muss, diesen aber andererseits wichtige Qualitäten abringen kann. Zu jedem Kultort gehörte eine entsprechende Schule. Von solch einem Schulungsort künden die Lieder ›Grimnismal‹.

Die Schule des Heiligtums

Grimnismal

In diesem Lied der Edda wird es deutlich, wie man sich eine zu einem Mysterienort gehörende Schule wohl vorstellen kann. Odhin, der sich in diesem Lied Grimnir nennt, belehrt den zehn Winter alten Königssohn Agnar. Er tut es als Dank dafür, dass Agnar ihm ein volles Trinkhorn reichte, während der König den Gast acht Nächte lang zwischen Feuern hatte peinigen und ohne Nahrung darben lassen, weil dieser seinen Namen nicht nennen wollte. Der junge Agnar beweist mit dieser Tat, dass in seiner Seele die hohe Fähigkeit des Mitleids erwacht ist. Daraufhin empfängt Agnar durch Odhin eine umfassende Belehrung über die Götter und ihre Hallen, die Einherier, die Esche Yggdrasil und die Erschaffung der Welt und der Menschen. Den Abschluss der Unterweisung bildet das, was Odhin dem König verwehrte, nämlich die Nennung von 42 seiner Namen. Mit all diesen Lehren begründet Odhin so etwas wie eine Mysterienschule, um auch für die Zukunft entsprechend geschulte Menschen heranzubilden, um stets eine Begegnung, ein ›Gastmahl‹, zwischen Menschen, die Odhin die Söhne der Siggötter nennt, und Göttern zu ermöglichen. Wer diese Siggötter-Söhne sind, soll weiter unten ergründet werden. Odhin (Grimmnir) spricht am Ende des Liedes:

Mein Antlitz sahen nun der Siggötter Söhne,
So wird mein Heil erwachen
Alle Asen werden Einzug halten
In Ägirs Saal, auf Ägirs Bank, bei Ägirs Trank.
(Grimnismal, Vers 45, Genzmer)

Das Ende des Heiligtums auf Läsö

Mit dem Beginn der Götterdämmerung musste auch die Wirksamkeit des Läsö-Heiligtums versiegen. So heißt es im Ägisdrecka, dass Loki, der bei diesem letzten Göttermahl nicht erwünscht war, da er es war, der Baldurs Tod verursacht hatte, zugelassen werden musste, obgleich er zusätzlich gerade den Diener Ägirs, Fimafeng, den Funkenfänger, erschlagen hatte. Die Zeit, in der das göttliche Licht von außen eingefangen werden konnte, war durch diesen Mord endgültig beendet. Anschließend hält Loki jedem Gott und jeder Göttin – abgesehen von Vidar – genüsslich und glasklar seine Verschuldungen vor. Nur Thor kann ihn schließlich zum Schweigen bringen. Sich verabschiedend singt Loki:

Ein Mahl gabst du, Ägir; nicht mehr hinfort
Wirst du die Götter bewirten.
All dein Eigentum, das hier innen ist,
Frisst die Flamme
Und raschelt dir über den Rücken. (Ägisdrecka Vers 65)

Mit diesem Gesang kündigt Loki das Ende der Mysterien auf Läsö an.

Die Helgi-Heldenlieder

Auf der Suche nach der weiteren Entwicklung des geistigen Geschehens auf Läsö stößt man in dem Lied ›Helgakvida Hundingsbana önnur‹ (Das andere Lied von Helgi dem Hundingstöter), auf die Aussage des Helden Helgi:

In Hlesey [Läsö] haben wir unsere Heimat. (Vers 5)

Bei den Heldensagen der Edda gibt es verschiedene Lieder über Helgis Heldentaten. Diese beziehen sich aber ausdrücklich auf verschiedene Inkarnationen Helgis. In dem Epos ›Helgakvida Hjörvardssonar‹ wird dessen erste Inkarnation (Helgi 1) besungen. Er wird als Sohn des Königs Hiörward und der schönsten aller Frauen, Sigurlinn, geboren, ist aber stumm, bis die Walküre Swawa dem Jüngling einen Namen gibt. Sie rühmt seine zukünftigen Heldentaten, weist ihm ein Schwert zu, beschirmt ihn in der Schlacht und wird schließlich seine Braut. Bald jedoch fällt Helgi in einer großen Schlacht. Das Lied endet mit einer Prophezeiung:

Von Helgi und Swawa wird gesagt, dass sie wiedergeboren wären.

Diese Wiedergeburt des Helden (Helgi 2) wird in dem Lied ›Helgakvida Hundingsbana fyrri‹ beschrieben. Hymnisch wird die Geburt des kläräugigen Sohnes von Sigmund und Borghild besungen, dem Schicksalsnornen große Heldentaten und ein Fürstentum verheißen. Schon im Alter von 15 Jahren zieht er siegreich in die Schlacht. Die Königstochter und Walküre Sigrun erwählt ihn zu ihrem Beschützer, der sie von einem ungeliebten Bräutigam befreien soll. Als Lohn will sie sein Wcib werden. Sie ist die wiedergeborene Swawa, wie es in dem Lied ›Helgakvida Hundingsbana önnur‹ heißt. Die Ehe zwischen Sigrun und Helgi 2 währt jedoch nicht lange, da Helgi 2 aus Vaterrache von seinem Schwager Dag im Fesselwald mit dem Spieß, den Odhin diesem geliehen hatte, durchbohrt wird. Fiöturlund, Fesselwald, heißt bezeichnender Weise ein Gebiet auf Läsö. Über Helgis Grabstätte wurde ein Königshügel errichtet. Auf Läsö gab es zwei solche Hügel, wie sie in Jelling noch heute zu bewundern sind. Diese beiden Tatsachen zeigen, dass die Helgi-Lieder bis in eine geschichtlich greifbare Zeit hineinreichen.

Ein Hügel ward über Helgi gemacht;
Aber als er nach Walhall kam, bot Odhin ihm an,
Die Herrschaft mit ihm zu teilen.

Dies ist ein bemerkenswertes Angebot, das Helgi als überragenden Helden, als würdigen Odhinssohn und Vertreter seines Volkes auszeichnet. Sigrun aber ist untröstlich; sie sucht den Verstorbenen in seinem Grabhügel auf und spricht mit ihm. Bald darauf stirbt auch sie vor Harm und Leid. Das Lied schließt mit folgender Bemerkung:

Von Helgi und Sigrun wird gesagt, dass sie wiedergeboren wären.
Er hieß da Helgi Haddingia-Held [Odhinsheld];
aber sie Kara, Halfdans Tochter … und sie war Walküre.

Diese Prophetie bezieht sich auf die dritte Inkarnation von Helgi und von seiner Geliebten. Bei den Dänen, den Sköldungen (Schildträgern), wird von einem Helgi, Halfdans Sohn berichtet.

Helgi und die Sig-Bezeichnung

Die Mutter von Helgi 1 heißt Sigurlinn. Die Gattin von Helgi 2, dem Sohn Sigmunds, wird Sigrun genannt. Diese Sig-Beziehung Helgis ist auffallend. Rudolf Steiner schreibt dazu Folgendes: »Es kam durchaus in der nachatlantischen Zeit vor, … dass zum Beispiel eine uralte atlantische Individualität, die man immer als Sig bezeichnet hat, noch lange nach der atlantischen Katastrophe in der mannigfachsten Weise in den Leibern der europäischen Menschen erschien, und alle die Namen, die sich erhalten haben als Sigfried, Sigurd, die sollen nur exoterisch darauf hindeuten, dass eine alte Individualität immer wieder da war … Die verbanden sich mit einem solchen höheren Eingeweihten, und immer mehr wurde es notwendig, je mehr wir in unsere Zeit hineinkommen, dass eine solche Individualität sich diejenigen aufsuchte, die schon durch viele Inkarnationen hindurchgegangen und dadurch geläuterte Menschen waren.«[304]

Was bedeutet es einen Sig-Namen zu tragen, und was bedeutet Einweihung?

»Nun verstand man immer mit Recht unter der Einweihung, dass der Mensch schon während des Lebens erfahren kann, was er normalerweise erst nach dem Tode erfährt: die unmittelbar erlebte Gemeinschaft mit der geistigen Welt. Wie der Krieger die Begegnung mit der Walküre erst auf dem Schlachtfelde erlebte, so war es klar, dass derjenige, der die Einweihung suchte, diese Begegnung schon im physischen Leben erleben musste. Und als der letzte der Einweihungshelden galt innerhalb eines Teiles von Europa Sigfried, der sich in der Sigfriedgestalt erhalten hat.«[305]

Diese Aussage Rudolf Steiners bedeutet auch eine Erklärung für die Frauen der verschiedenen Helgi-Helden, die Walküren und zugleich Königstöchter sind. Der Frage, ob Helgi zu den Sig-Helden gehört, soll im nächsten Kapitel weiter nachgegangen werden. Auf Läsö sind jedenfalls zwei Runensteine gefunden worden, die beide an den Namen Sigtrygg anknüpfen.

Die Völsunge

Die Sagen von dem Geschlecht der Völsunge beginnen mit dem Urahn Sigi, von dem gesagt wird, dass er Odhins Sohn sei. Sigi musste seinen Vater verlassen, da er aus Geltungssucht einen Knecht erschlagen hatte. Daher nannte man ihn »Wolf an der Weihestätte«.[306] Das bedeutet, dass er friedlos war, von jedem erschlagen werden konnte und nur im Heiligtum einen Schutzraum hatte. Sigi erkämpfte sich Schiffe und Land. Er herrschte über Niedersachsen und Westfalen (Hunenland). Aus Rache wurde er von den Brüdern seiner Frau erschlagen. Sein Sohn Rerir und dessen Frau blieben kinderlos, doch Frigg und Odhin erhörten ihre Gebete und sandten eine Walküre zu Rerir mit einem Apfel, den er seinem Weibe zu essen gab. Diese wurde daraufhin schwanger, konnte das Kind aber sechs Winter lang nicht gebären. »Da erkannte sie, dass sie nicht lange leben würde, und gebot, dass man ihr das Kind ausschneiden sollte; ... es war ein Knabe, und der Knabe war groß an Wuchs, wie zu erwarten war ...«[307] Dieser Junge wurde Völsung, der Walse, der Echte, genannt. Er wuchs zu einem siegreichen Kriegsmann heran, und Odhin sandte ihm die Walküre Hljod, die den Apfel gebracht hatte, zur Frau. Ihre Erstgeburt waren die Zwillinge Sigmund und Signy.

Als die Festlichkeiten zur Hochzeit Signys mit einem ungeliebten Gatten begannen, erschien unerwartet ein Mann, hochgewachsen, alt und einäugig. Er war mit einem Mantel und einem herabhängenden Hut bekleidet. »Dieser Mann hatte ein Schwert in der Hand und ging nach dem Kinderbaume; er schwang das Schwert und stieß es in den Stamm, so dass das Schwert bis an den Griff eindrang. Allen Männern versagte die Stimme dem Greise gegenüber. Da nahm er das Wort und sagte: ›Wer dieses Schwert aus dem Stamme zieht, der soll es von mir als Geschenk erhalten, und er soll es selbst als wahr beweisen, dass er niemals eine bessere Waffe in der Hand gehalten hat als diese ist.‹ Hierauf ging der alte Mann aus der Halle, und niemand wusste, wer er war, oder wohin er ging ... Da gingen die vornehmsten Männer zuerst hinzu, dann der eine nach dem andern. Keiner aber kam hinzu, der es erlangen durfte, denn es rührte sich nicht im Geringsten, als sie danach griffen. Da trat Sigmund hinzu, König Völsungs Sohn, packte das Schwert und zog es aus dem Stamme, und es war, wie wenn es los da läge vor ihm. Diese Waffe dünkte alle so gut, dass niemand glaubte, je ein gleich gutes Schwert gesehen zu haben.«[308] Da der Bräutigam das Schwert verlangte, Sigmund es ihm aber nicht gab, entstand für die Völsunge viel Unglück, das nur Sigmund überlebte. Er vermählte sich mit Borghild von Bralund und ihr gemeinsamer Sohn war Helgi 2.

Später, als Sigmund schon alt war, heiratete er Hjördis. Während sie noch schwanger war, fiel Sigmund, da Odhin selbst ihm entgegentrat, ihm seinen Speer entgegenhielt, woraufhin das Götterschwert Sigmunds in zwei Stücke zersprang. Das Kind, das Hjördis trug, wurde der berühmte Sigurd oder Sigfried. Als er herangewachsen war, ließ er das Schwert seines Vater durch Regin neu schmieden. Er nannte es Gram. Sein Pferd Grani (Grauer), das von Odhins Pferd Sleipnir abstammt, fand er durch Odhins Hilfe. Nun konnte er seine Heldentaten beginnen: den Drachen Fafnir erschlagen, den Hort mit dem Ring Andwari und dem Schreckenshelm gewinnen, Brunhilde erlösen. Durch seine Untreue ihr gegenüber wurde er schließlich ermordet.

Der gemeinsame Vater von Sigurd und Helgi 2 ist also Sigmund. Somit gehören beide zum berühmten Geschlecht der Völsunge, die auch Wülflinge, Wölflinge, Wälsunge und Welfen genannt werden. Sigurd ist der deutsche, und Helgi 2 ist der dänische Nachkomme Sigmunds, was durch Helgis Aussage: »*In Hlesey haben wir unsere Heimat …*« deutlich wird. Geschichtlich ist Sigurd-Sigfried in der Zeit um 450 n. Chr. nachzuweisen. Auf beiden Sigmund-Söhnen ruht der Odhinssegen. Für Helgi 2 wird das durch Odhins Angebot, die Herrschaft mit ihm zu teilen und durch das Abschiedslied seiner Gattin Sigrun besonders deutlich (Helgakvida Hundingsbana önnur):

So hob sich Helgi über die Helden all
Wie die edle Esche über die Dornen
Oder wie taubeträuft das Tierkalb springt:
Weit überholt es anderes Wild
Und gegen den Himmel glühn seine Hörner. (Vers 37)

Schlussbetrachtung

Den letzten Einweihungshelden innerhalb eines Teiles von Europa nennt Rudolf Steiner Sigfried. Nach der obigen Betrachtung der verschiedenen Lieder ist es denkbar und wahrscheinlich, dass der Einweihungsheld des dänischen Gebietes Helgi ist, der in seinen verschiedenen Inkarnationen beschrieben wird. Diese werden nicht alle auf Läsö zu suchen sein, da Läsö wie beschrieben erst ab etwa 600 n. Chr. ständig bewohnbar war.

Es hat sich weiterhin gezeigt, dass der Ort eines wohl letzten, aber zentralen Asen-Heiligtums in Dänemark auf der Insel Läsö zu suchen ist. Unterstützt wird diese Annahme durch den Bericht, dass der notwendige Kessel der letzte von neun Kesseln und ein besonders hart gehämmerter war. Hat man außerdem die Bedrohung der zentralen nordisch-germanischen Mysterienstätte an den Externsteinen vor Augen, wie sie durch die Machtausweitung und den Herrschaftsanspruch Karls des Großen entstand, die dann im Jahre 772 zur Zerstörung dieses Heiligtums führte, so ist es denkbar, dass einzelne Eingeweihte beauftragt wurden, die Asen- und Odhinsmysterien in den Norden zu retten und dort eine neue Kultstätte zu begründen. Die junge Insel Läsö, die das Salzgeheimnis bereithielt, ist dafür offenbar als besonders geeignet angesehen worden.

Alle, die die angeführten Lieder in sich beleben, dürfen an der grandiosen Beschreibung einer Mysterienstiftung teilnehmen. Ein neuer Altar wird durch den Willen der Götter eröffnet, denn sie ersehnen und erstreben, Zwiesprache und ein Gastmahl mit den Menschen zu halten. Sie sind es auch, die die Notwendigkeit eines neuen Kessels, eines neuen Kelches, erkennen und diesen auch zu gewinnen wissen. Es muss ein besonders hartgehämmerter sein für die neue Zeit. Diese Zeit währt aber nur so lange, bis die Götterdämmerung, alles mit sich reißend, hereinbricht. Von da an sind auch im Norden wiederum neue Mysterien notwendig, auf die, neben vielen anderen Hinweisen in der Edda, die Wölva mit der Vorschau auf das Kommen des Erdumgürters, des Friedensbringers, prophetisch hindeutet. Alle Odhinsmysterien können als eine Vorbereitung für das Erscheinen des Christus auf Erden verstanden werden. So warteten die nordisch-germanischen Völker, die die Götterdämmerung herannahen fühlten, sehnsüchtig auf den Erlöser Baldurs aus der Unterwelt, auf den Todbesieger, auf den Christus.

11 Die Widersachermächte in der Edda

»Was die Menschen des fünften nachatlantischen Zeitraumes kennenlernen müssen, das ist: den vollbewussten Kampf gegen das in der Menschheitsentwickelung auftretende Böse.«[309]

Das Böse und der Tod

Man kann heute die Empfindung haben, dass uns das Böse in nie zuvor da gewesener Macht begegnet und zum Bewusstsein kommt. Seit dem letzten Jahrhundert hat es sich durch die Weltkriege und deren Folgen in ständig steigerndem Ausmaß gezeigt und durch die weltweiten Wirtschaftsegoismen und den verbreiteten Terrorismus eine allgemein bedrohliche Gebärde angenommen. Die Auseinandersetzung mit dem Bösen ist unumgänglich geworden, wie es Rudolf Steiner in dem Eingangszitat fordert. Der vollbewusste Kampf mit dem Bösen ist aber nur dann möglich, wenn das Böse auch erkannt wird. Dafür ist es wichtig zu sehen, dass das Böse sich stets mit Vernichtungs- und Todestendenzen vereinigt. Die Auseinandersetzung mit dem Todesproblem erlangte ihren Höhepunkt in der griechisch-lateinischen Epoche. Dem wurde von der geistigen Welt aus die todüberwindende Tat Christi auf Golgatha als Ausgleich und Heilung entgegengestellt. Durch das Ringen mit den Todeskräften kann sich im Menschen die Bewusstseinsseele entwickeln. Als Hilfe für die mit der Macht des Bösen ringende Menschheit ist Christus in unserer Zeit in das Gebiet des Ätherischen eingetreten. Dadurch kann er jedem, der sich darum bemüht, besonders hilfreich zur Seite stehen.[310] Rudolf Steiner sagt sogar Folgendes: »Durch das Erleben des Bösen wird zustande gebracht, dass der Christus wieder erscheinen kann, wie er durch den Tod im vierten nachatlantischen Zeitraum erschienen ist.«[311] »Diese Aufgabe der den Menschen den Tod bringenden Kräfte ist gerade die, den Menschen zu begaben mit der vollen Fähigkeit der Bewusstseinsseele.«[312] Die Kräfte des Bösen dagegen sind gerade »dazu da, damit der Mensch auf der Stufe der Bewusstseinsseele zum geistigen Leben durchbrechen kann.«[313] Die Beschäftigung mit der

Edda kann für diese neue Erkenntnisfähigkeit eine Hilfe sein, da sie durch ihre Wahrbilder die imaginativen Fähigkeiten der Seele weckt und belebt.

Odhin und Loki

Der Allvater Odhin errang in einem dreifachen Opfer- und Einweihungsprozess für die nordisch-germanischen Völker eine dem Urwort der Schöpfung abgelauschte Sprache, die er bis in die ›geronnene‹ Form der Rune, des Buchstabens, hinein verdichtete. Er führte seine Völker den gottgewollten Weg in die Erdenfeste und Erdentüchtigkeit hinein, den so genannten Wolfsweg. Das Ziel dieses Weges ist die Entwicklung eines starkmütigen, freien und ichhaften Menschen. Wie sollte der Mensch aber im Angesicht der Götter selbständig und ichhaft werden? Ihm musste ein empörerisches Element beigegeben werden. So ging Odhin einst mit dem Widersacher Loki-Luzifer[314] den Bund der Blutsbrüderschaft ein. Im Lied ›Ägisdrecka‹ ruft Loki dies Odhin fordernd ins Gedächtnis:

Gedenke dir, Odhin, wie in Urzeiten wir
Das Blut mischten beide?
Du gelobtest, nimmer dich zu laben mit Trank,
Würd' er uns beiden nicht gebracht. (Vers 9)

Die Kenntnis dieses in Urzeiten geknüpften Bundes soll aber vor dem Volk verborgen bleiben. Mahnend sagt Frigg, Odhins Gattin, daher:

Euer Geschicke solltet ihr nie
Erwähnen vor der Welt,
Was ihr Asen beide in Urzeiten triebet:
Die frühesten Taten berget vor dem Volk. (Ägisdrecka, Vers 25)

Das Wissen von der Entstehung und der Aufgabe der Widersacher, die das Böse und den Tod in die Welt gebracht haben, ist stets eine streng gehütete Mysterienweisheit gewesen. Durch die Geisteswissenschaft Rudolf Steiners ist es aber möglich, darüber Kenntnisse zu gewinnen und den geforderten, vollbewussten Kampf gegen das Böse aufzunehmen. Die nordisch-germanischen Seher sahen zwei verschiedene Widersachermächte und stellten sich zwischen beide hinein.

»Sie können an die verschiedensten Mythologien und Weltanschauungen herangehen, und Sie werden nirgends eine so klare und tiefgehende Anschauung davon finden, dass zweierlei Einflüsse an den Menschen herantreten, wie in der germanisch-nordischen Mythologie.«[315] Es kann daher angenommen werden, dass sich das Wissen von den Widersachern in den Bildern der Edda spiegelt.

Hönir und Lodur

Erst nach der Darstellung der Raumes- und der Zeitenschöpfung, und nachdem die Zwerge entstanden sind, berichtet die Wölva von der Schöpfung und Begabung der Menschenkeime Ask und Embla durch eine Götterdreiheit. Odhin ist dabei, aber von Bedeutung sind hier Hönir und Lodur, die unter diesen Namen in der Edda nicht mehr auftreten.

> *Seele gab Odhin, Hönir gab Sinn,*
> *Blut gab Lodur und blühende Farbe.* (Wöluspa, Vers 18)

Wer sind Hönir und Lodur, sind es Götter? Sollte Lodur, der ebenso wie Loki ›der Lodernde‹ heißt, und auch ein Sohn des Feuergottes Surtur ist, eine frühe, noch ganz positive Erscheinungsform des späteren Loki sein? Lodur hatte die Aufgabe, das Blut der Menschen zu durchfeuern. Loki wird in vielen Erzählungen der Edda als ein listenreiches, schmuckes und verführerisches Wesen geschildert. Hinter den vielen Beschreibungen von Lokis Taten, steht das Bewusstsein von der Notwendigkeit der Widersacher für die Entwicklung des Menschen. »Nun wissen Sie alle, dass an der Entwickelung des Erdenmenschen, der berufen war nach und nach zu seinem Ich zu kommen, zwei Kräfte von verschiedenen Seiten her Anteil genommen haben.«[316]

Ob Hönir, der den Menschen die Erdensinne gab, wie es die Wölva singt, etwas mit dem späteren Hödur zu tun hat, kann nur vermutet werden. Von Hönir wird in der Edda nicht weiter gesprochen. Eigenartigerweise ist der Gott Hödur blind. Er wird im Baldurmythos erwähnt. Dort wird er von Loki benutzt, um Baldur zu töten und damit die Zeit des lichten Baldur-Hellsehens zu beenden. Ebenso erblindet der Mensch für die geistige Welt durch das Wirken des ahrimanischen Fenris-Wolfes, wie es weiter unten beschrieben wird.

Wenn man davon ausgeht, dass Lodur eine frühe Form von Loki ist, und Hönir die des späteren Hödur, so spräche dies für die einmalig reine Erkenntnisfähigkeit der nordisch-germanischen Seher. Sie konnten demnach in wenigen Worten dem Volk mitteilen, wie notwendig und nützlich die späteren Mächte des Bösen bei dem Vorgang der Menschenschöpfung waren. Die Weisen wussten, es ist »ein Bestes im Menschen, die Freiheit, und ein Verfängliches für die Menschennatur: die Möglichkeit des Bösen, den luziferischen Mächten zu verdanken.«[317] Die Führer der Völker wussten auch, dass alle alte Weisheit eine Gabe Lokis war. Die Eingeweihten kannten die Zwiespältigkeit seiner Gaben und nahmen daher die Verpflichtung auf sich, die Versuchungen Luzifers streng zu meiden. Sie wollten die luziferische Weisheit nur zum Guten verwenden und die Menschen auch nicht von der Erde wegführen. Durch die luziferische Weisheit wurde das Denken angeregt, was aber die Versuchung zum Egoismus und zu den sich aus diesem entwickelnden Trieben und Leidenschaften mit sich brachte. Man kann sich die Frage stellen, wie es wohl möglich ist, dass ein so hohes Geistwesen, wie Luzifer es ursprünglich war, für den Menschen so gefährlich werden konnte?

Der Ursprung des Bösen

Am Beispiel der luziferischen Scharen beschreibt Rudolf Steiner den Ursprung des Bösen folgendermaßen: Zur Zeit des Überganges von der Sonnen- zur Mondenentwicklung der Erde haben Geistwesen vom Rang der Cherubin die ihnen stets zur Verfügung gestellte Opfersubstanz zurückgewiesen. Das machte die diese Opfersubstanz darbringenden Wesen (z. T. Elohim) ratlos; wohin sollten sie nun mit ihrer Opfersubstanz? Ja, sie waren empört und fühlten sich aus der Gemeinschaft der Engelhierarchien ausgeschlossen, deren Taten für sie immer unverständlicher wurden. So mussten sie ihre eigenen Wege finden, und andere niedrigere Wesen schlossen sich ihnen an. Hier liegt der Ursprung der Widersacherwesen. Ein ungeheurer Gedanke folgt daraus: Die Götter wollten die Widersacher! »Es ist also in der Weltentwickelung so, dass die Götter sich ihre Gegner selbst hervorgerufen haben. Hätten Götter nicht verzichtet, so hätten sich Wesenheiten nicht widersetzen können. … Freie aus ihrer Willkür handelnde Wesenheiten entstehen … [Die Götter sagten sich:] Wir wollen Wesenheiten, die sich widersetzen können. Daher nehmen wir das Opfer nicht an, so dass jene Wesenheiten durch unsere Resignation … unsere Gegner werden.«[318] Das empörerische Element sollte durch die so zurückgebliebenen Wesen in den Menschen hineingetragen werden, damit dieser die für die Ich-Entwicklung notwendige Freiheit gewinnen könne. Es wurden also Engelwesen sozusagen abkommandiert, um etwas Neues zu ermöglichen. »Diese Mächte kann man daher nennen die Götter der Hindernisse … Diese Mächte … waren an sich noch nicht böse, waren im Gegenteil die großen Förderer der Entwickelung, indem sie Sturm liefen gegen die normale Entwickelung.«[319]

Diese Geister der Hindernisse, die eigentlich die Sonnenentwicklung mitmachen wollten, es aber nicht konnten, sie »versuchten nun, mit Hilfe der Menschheitsentwicklung auf der Erde ihre eigene Entwicklung fortzusetzen. Sie konnten [aber zunächst] an das menschliche Ich nicht heran.«[320] Daher kann sich der Mensch nur aus den Kräften des Ich über diese Mächte erheben. Die luziferischen Scharen drangen also in die noch unreife Seele, den Astralleib, des Menschen ein. In dem Bild der Verführung Adams und Evas durch die Schlange spiegelt sich dieser Vorgang. Die Schlange war die Luzifer mögliche Erscheinungsform, denn da Luzifer aufsässig wurde, empfanden die geistigen Wesen ihn als störend. Daher zwang Michael ihn, die Form anzunehmen, die zu dem Eigenwillen passte und die damals allein möglich war; die Form des Drachens oder der Schlange. Die »Selbstständigkeit des Willens bei solchen Wesen ist nur möglich in dichterer Materie, als sie damals vorhanden war.«[321]

Das Böse ist also dadurch entstanden, dass geistige Wesen ihre Opfersubstanz zurückgewiesen bekamen und dadurch auf ihre reguläre Entwicklung verzichten mussten. Auf ähnliche Art sind auf allen Entwicklungsstufen geistige Wesen zurückgeblieben: Auf dem alten Saturn waren es Geister der höchsten Hierarchie, die zurückblieben. Da es die Stufe der Bildung der Leibesanlage war, bestand eine enge Beziehung zu dieser und zu dem Seelenglied, das durch die Arbeit des Ich an dem Leib entstanden ist; zu der Bewusstseinsseele. Auf der alten Sonne blieben diejenigen Wesen zurück, die als ahrimanische bezeichnet werden. Da in jener Epoche der Ätherleib des Menschen angelegt wurde, haben die dort entstehenden Widersacher zu diesem Leib und dem sich daraus entwickelnden Seelenglied, der Verstandesseele, eine enge Beziehung. Auf dem alten Mond blieben die luziferischen Wesen zurück, was ihre Verbindung zu dem dort entstehenden Astralleib und dem sich daraus bildenden Seelenglied, der Empfindungsseele, erklärt.

Hatten die nordisch-germanischen Seher eine Kenntnis von diesen uns durch Rudolf Steiner vermittelten Zusammenhängen?

Das Phänomen der Zurückweisung und die Entstehung böser Wesen in der Edda

Seit der Zeit, als der Mensch eine Seele durch Odhin eingehaucht bekam, also seit der beginnenden atlantischen Zeit, wussten die nordischen Eingeweihten ihren Loki mit am Werk, wie es weiter oben aufgezeigt wurde. Rudolf Steiner betont zwar, dass die Wissenden auch Ahriman genau kannten, aber dieser wird in der Edda nie direkt genannt; man muss ihn erst unter verschiedenen Verkleidungen und Namen, wie zum Beispiel als Hödur, entdecken.

In der Wöluspa wird von einer seltsamen Begebenheit berichtet. Sie geschah nachdem Odhin sein Augenopfer vollbracht hatte und dadurch den Menschen die Welt der Sinne und des Verstandes eröffnet worden war, was aber die Verdunkelung der geistigen Welt nach sich zog. Dadurch war den Widersachern ein weites Feld eröffnet worden. Dieses spiegelt sich in folgenden Versen der Wöluspa:

Da wurde Mord in der Welt zuerst,
Da sie mit Geren Gulweig stießen,
In des hohen Halle sie helle brannten.
Dreimal verbrannt ist sie dreimal geboren,
Oft, unselten, doch ist sie am Leben.

Heid hieß man sie wohin sie kam,
Wohlredende Wala zähmte sie Wölfe.
Sudkunst konnte sie, Seelenheil raubte sie,
Übler Leute Liebling alle Zeit. (Vers 25,26)

Die Wölwa berichtet in diesen Strophen von dem Wandel, den Gulweig (Goldkraft, Goldfluss) durchmachte, als sie in dem Reich der Asen erschien, und man sie dort nicht dulden wollte. Man wies sie als ›Goldverderberin‹ zurück, stieß sie mit Geren und verbrannte sie dreifach. Zwar konnten die Asen sie nicht töten, aber durch die herbe Zurückweisung verwandelte sich die lichte Wanin zu einer üblen, schwarzmagischen Hexe: *Übler Leute Liebling alle Zeit.* Man kann auch sagen, Gulweig war zur falschen Zeit am falschen Ort, und das konnten die Asen nicht dulden.

Es war den nordischen Sehern wohl bewusst, dass hier eine schwere Verschuldung der Götter geschah, denn Asgard war so gut wie jeder Thingplatz ein heiliger

Bereich des Friedens. Man sah also, ebenso wie es Rudolf Steiner beschrieben hat, die Ursache für die Entstehung der bösen Geister in der Zurückweisung, die diese, die einst gute geistige Wesen waren, durch andere erfahren haben.

Die Frage nach der Art der Widersacher, die in diesen Strophen beschrieben werden, beantwortet sich durch den Namen Goldfluss, der Gulweig als Wanin ausweist. Die Wanen sind hohe in den Sonnenbereich gehörende Geister. Es ist demnach anzunehmen, dass in dieser Geschichte von der Entstehung der Wesen berichtet wird, die in der Zeit der alten Sonne zurückgeblieben sind. In den folgenden Versen findet diese Vermutung eine Bestätigung.

Den Wolf zeugte Loki mit Angurboda …
Ein gesottenes Herz aß Loki im Holz,
Da fand er halbverbrannt das steinharte Frauenherz.
Lopturs List kommt von dem losen Weibe;
Alle Ungetüme sind ihm entstammt. (Hyndluliod, Vers 37,38)

Aus dem Zusammenhang der Edda ergibt es sich, dass Angurboda die gesunkene Wanin Gulweig ist. Der Name führt zu dem im Persischen ursprünglich gebräuchlichen Namen für Ahriman: Angromeynüsch und zu dem Englischen angry, ärgerlich. Gulweig-Angurboda wurde in Asgard dreimal verbrannt, und ihr Frauenherz, das Sonnenorgan, wurde daraufhin steinhart. Loki aß das verkohlte Herz und verband sich so auf dreifache Weise mit dieser Widersacherkraft, wodurch neue Ungetüme entstanden.

Es wird aus allen Angaben der Edda deutlich, dass hier die Entstehung und der Eingriff ahrimanischer Wesen in den Menschen gesehen und geschildert werden. Loki hatte zuvor die menschliche Triebnatur entfacht, sodass »der Mensch sich in die sinnlich-physische Welt in einer ungeistigen Art einlebte.«[322] Dadurch öffnete Loki, wirkend im Astralleib, den ahrimanischen Wesen das Tor zum Menschen. »Nun hat aber der germanisch-nordische Mensch nicht bloß gewusst von seinem Loki, von dem luziferischen Einfluss, sondern auch von dem Einfluss des Ahriman, … und er hat mehr gewusst, nämlich dass das Befallensein von dem ahrimanischen Einfluss eine Folge des Loki-Einflusses ist.«[323] Da der Mensch durch die Widersacher die Geistwelt immer weniger wahrnehmen konnte, zogen Irrtum, Lug und Trug in seine Seele ein. »Ahriman ist ein Geist der Lüge, der dem Menschen Illusionen vorgaukelt.«[324] Seine Zeit begann nach der Luzifers. »Aber in gewisser Beziehung hat sich ja die ganze Menschheit in der zweiten Hälfte der atlantischen Zeit sozusagen unter den Einfluss Ahrimans begeben.«[325] Dieser bewirkte dann am Ende der atlantischen Zeit durch Verrat und Missbrauch von Mysterienweisheiten und durch schwarzmagische Praktiken (Sudkunst) den Untergang des atlantischen Erdteils. Im Gegensatz zu den Schilderungen von Lokis Taten wird in der Edda nie offen von Ahriman gesprochen, denn es gehört zu seinem Wesen, dass er nicht erkannt werden möchte. Man kann ihn aber im Bild des Wolfes, der Fliege, des Baumeisters, der Angurboda, des Utgardloki und mancher Riesen entdecken.

Wie schildert die Edda, nachdem sie, wie oben gezeigt, die Entstehung und die beginnende Wirksamkeit der ahrimanischen Wesen dargestellt hat, deren Zusammenwirken mit den luziferischen Geistern?

Die Kinder von Loki und Ahriman

Als die Asen Gulweig zurückstießen, war Lokis große Stunde gekommen. Nach jedem Tötungsversuch verschlang er gierig das halbverkohlte, steinharte Frauenherz und gebar daraufhin jedes Mal ein neues Ungeheuer: die Midgardschlange, den Fenriswolf und Hel. In diesen Gestalten macht die Seherin die Negativaspekte der Wirkungen der Widersacher im Bilde anschaubar. In der Erzählung von Lokis Wette (folgendes Kapitel) wird es deutlich, dass die nordischen Weisen auch die positiven Aspekte kannten; eine seltene Fähigkeit!

Das erste Ungeheuer, das Loki hervorbrachte, ist die Midgardschlange. Im Gylfaginning 34 heißt es allerdings, der Wolf sei das erste Kind. Dies ist so zu verstehen, dass der Wolf die größte Bedrohung für die Menschen darstellt, und somit scheinbar an erster Stelle stand. Ehe der Wolf aber im Menschen zur Wirksamkeit kam, war die Schlange schon am Werke. »Loki hat drei Sprösslinge. Der Erste ist der, der Selbstsucht bewirkt. Das ist die Midgardschlange, dasjenige, womit der Einfluss des luziferischen Geistes auf den Astralleib ausgeübt wird. Das zweite [Kind] ist das, was in das menschliche Erkennen sich hineinmischt als das Unrichtige …«[326] der Fenriswolf! Das dritte Kind ist Hel, die Herrscherin der Unterwelt, der Hölle.

Die Midgardschlange

Die Midgardschlange ist weitgehend allein das Kind Lokis, da er zu ihrer Erzeugung nur einmal das steinharte Herz verschlungen hat. Daher zeigt sich dieses Kind in der luziferischen Schlangenform. Diese wusste im Menschen die Triebe

Das zweifache Böse, Kapitell, Michelsberg bei Cleebronn

und Leidenschaften zu erwecken. Das ist ihre Nahrung und davon wurde sie gewaltig groß. Odhin warf sie ins Meer, und schon umschlingt sie die ganze Erde und beißt sich selbst in den Schwanz; ein treffendes Bild für die Trieb- und Suchtgefahr, in die der Mensch durch sie geraten ist.

Der germanische Mensch fühlte zwar die herabziehende, verführerische Gefahr, die von der Midgardschlange ausging, aber er wusste auch, dass diese Luzifer -Schlange ihn einst reich mit Weisheit beschenkt hatte. Auf der Atlantis, wo die Luft noch von dichtem Nebel erfüllt war, raunte alles, was Luft und Wasser war, dem Menschen Weisheit zu. Es war die Sprache der Götter, die er durch das Rieseln und Rauschen von Quellen und Wind vernahm. Als die Luft sich gegen Ende der atlantischen Zeit klärte und der erste Regenbogen erschien, da erwachte der Mensch in seinen Sinnen, aber das hatte zur Folge, dass die Sprache der Götter für ihn immer weniger wahrzunehmen war. »Hinuntergesunken war alles dasjenige, was die Luft erfüllt hatte, ins Meer. Die Weisheit war hinuntergesunken mit den Wassern.«[327] Auch der Rhein und andere Ströme wurden als ein Bereich der Midgardschlange angesehen, in dem die einstige Weisheit verborgen wurde. So kann man auch die Sage von dem versunkenen Rheingold verstehen.

Es wird deutlich, dass der germanische Mensch fähig war, die Wirksamkeit Lokis in seiner Seele differenziert wahrzunehmen. Er sah Loki sowohl als Weisheitsbringer als auch zunehmend als Verführer, und er sah noch ein Weiteres: Er wusste, dass er die Welt anders sehen würde, »wenn er nicht unterworfen worden wäre dem Einfluss von Luzifer …« und »wenn er nicht noch eine andere Macht an sich hätte herankommen lassen müssen … Ahriman kam von außen heran und schlich sich ein in den großen Umkreis der den Menschen umgebenden Sinneswelt, so dass also der ahrimanische Einfluss eine Folge des luziferischen Einflusses ist.«[328] Indem der Mensch Trieben und Leidenschaften ausgesetzt wurde, mischten sich in seine Wahrnehmungen Begierden hinein, die ihm den objektiven Blick in die Welt trübten und so dem Irrtum, Lug und Trug ein weites Feld öffneten.

Der Fenriswolf

Nachdem Loki das zweite Mal das verkohlte Herz von Gulweig verschlungen hatte, gebar er das zweite Ungetüm, den Fenriswolf. Da ›Fen‹ Sumpf oder Moor bedeutet, also ein Gebiet auf dem man nicht sicher stehen kann, wird man durch den Namen des Wolfes auf die Ungewissheit hingewiesen, die durch ihn die Menschheit ergriffen hat. Zuvor waren alle Dinge und alle Natur dem Menschen als von geistigen Wesen durchdrungen erschienen. Nun, nach der Geburt des Wolfes, war der Mensch gleichsam für das Geistige blind geworden, denn durch Lokis Einfluss war Ahriman die Tür zum Ätherleib des Menschen geöffnet worden. Dieser wurde durch Ahrimans Wirksamkeit so verfestigt, dass der Mensch die geistigen Wesen hinter den Erscheinungen der Welt nicht mehr erkennen konnte. »Da, wo sich den alten nordischen Menschen irgendetwas von äußerem Licht, von der Wahrheit verdunkelt, da spricht er von einem Wolfe.«[329] Die Verdunkelung wuchs, Lug und Trug griffen gewaltig um sich, und der Wolf wuchs und wuchs. Der einst die Erdensinne gebende Hönir, hatte sich also im Laufe der Entwicklung zum Gott der geistigen Blindheit gewandelt.

Da die Götter den Menschen aber noch eine Weile vor dem Ansturm der vollen ahrimanischen Macht bewahren wollten, banden sie den Wolf mit dem Band

Der Wolf, Aquileia, Museo Paleocristiano

Gleipnir. Dieses hatten zauberkundige Zwerge geheimnisvoll aus sechs Dingen gefertigt, die es gar nicht gibt: aus dem Schall des Katzentritts, dem Bart der Weiber, den Wurzeln der Berge, der Stimme der Fische usw. Hier klingt das Wissen der nordischen Menschen um die Sechszahl, die Zahl des Bösen, an, und die Erkenntnis, dass Ahriman durch irdische Dinge nicht zu besiegen ist.

Bei der Götterdämmerung wird Odhin, der Gott der die Wahrheit vermittelnden Sprache, von dem Lügen-Wolf verschlungen werden. Am Ende der atlantischen Zeit war es dann auch der ahrimanische Wolf, der die Menschen verführte, die magische Kraft der Sprache für egoistische Zwecke zu missbrauchen. Daher wurde die einst so wortgewaltige Ursprache in einzelne Sprachen zerteilt, was Kriege nach sich zog, da die Menschen sich nicht mehr verstanden. Es heißt:

Odhin schleuderte über das Volk den Spieß:
Da wurde Mord in der Welt zuerst. (Wöluspa, Vers 29)

Um den Wolf fesseln zu können, musste der Kriegsgott Tyr »seine Hand hineinstecken in den Rachen des Fenriswolfes, und er musste seine Hand dabei lassen. Die Hand des Tyr … steckt als Zunge im Rachen des Fenriswolfes. Es ist die menschliche Zunge, die die verschiedenen Sprachen bewirkt. Die menschliche Zunge musste sich so formen, dass die alte Einheit der Sprache verloren ging.«[330] Die Kraft und Magie, die der Sprache in ihrem Ursprung innewohnt, kann durch den Beginn des Johannesevangeliums erahnt werden: *Im Urbeginne war das Wort …*

Diese alte Sprachkraft war eine gewaltige Zauberkraft und zugleich eine hellseherische Kraft, denn nur der konnte auf Feuer, Wasser, Pflanzen, Tiere usw. eine Wirkung ausüben, also zaubern, der das Wesen dieser Dinge erfassen und dadurch Einfluss auf sie ausüben konnte. Bleibt der Mensch bei dem alten Hellsehen oder belebt er es neu, so entsteht eine Gefahr für ihn. »Es wird in der nächsten Zukunft der Menschheit nichts so sehr gefährlich werden, als wenn der Hang, beim alten, nicht durch neue Kräfte entwickelten Hellsehen zu bleiben, die Menschen dazu verführen könnte, stehen zu bleiben bei dem, was das alte, astrale Hellsehen in Urzeiten geben konnte, nämlich solche Seelenbilder wie der Fenriswolf … Mit furchtbarer Gewalt würden sich rächen solche Überbleibsel alten Hellsehens …«[331] Indem die Edda auf Widar hinweist[332], der den Wolf besiegen wird, weist sie den neuen Weg zum neuen Hellsehen auf, dem Hellsehen, das von Vernunft und Wissenschaft durchleuchtet wird und nicht chaotisch ist.[333]

Hel

Nachdem Loki sich das dritte Mal mit Angurboda verbunden hatte, indem er das steinharte Frauenherz in sich aufnahm, kam das dritte Kind zum Vorschein. Es war Hel, vor deren Macht der Mensch erschauerte. Im Gylfaginning 34 wird Hel als gnadenlose, strenge Herrin der Unterwelt geschildert, die jedem Verstorbenen das ihm zustehendes Los zuweist. Sie ist schrecklich anzuschauen, halb schwarz und halb weiß. Auch dieses Kind ließ Odhin zu sich kommen, und mit Erstaunen erfährt man, dass er ihr alle neun Welten übergibt.

Als sich die Luft der Atlantis klärte und der Mensch in seinen Sinnen erwachte, entwickelte sich die Trennung von Tag und Nacht. Hell ist das Bewusstsein am Tage und dunkel in der Nacht. Am Tage fühlten die Menschen sich gottverlassen, und nur nachts wussten sie sich mit den Göttern verbunden. Daher waren ihnen zunächst die Nächte wichtiger. Man zählte die Zeit nach Nächten, wie es heute noch im Englischen geschieht. Man sagt:›a fortnight‹ für vierzehn Tage.

Durch den strengen Wechsel von Tag und Nacht traten die Krankheiten auf. »Die Krankheiten gewannen an Bedeutung erst, als der Astralleib nicht mehr auch bei Tage am physischen Leib arbeiten konnte ... und das wird ausgeglichen durch Krankheit und Tod.«[334] Krankheit und Tod sind also eigentlich die großen Gaben zum Ausgleich für das helle Tagesbewusstsein, das in jeder Wahrnehmung Abbauprozesse verursacht. Da Odhin die Menschen in die Sinneswachheit geführt hat und die Todesprozesse in allen Erdendingen wirken, musste er Hel die neun Welten übergeben. Jeder Mensch muss hinab zur Hel. Nur die, die sich selbstlos im Kampf für ihr Volk opferten, fanden unmittelbar bei Odhin Aufnahme. Unser Wort Hölle hat seinen Ursprung in dem Namen Hel.

Loki, der im Kopf des Menschen seinen Hauptwohnsitz einnahm, hat zum Erwachen der Sinne beigetragen. Die damit verbundenen Salz- und Abbauprozesse sind Loki und seinen Scharen aber äußerst unangenehm. Im Haupt »begannen sie ... fortdauernd gegen das Absterben des menschlichen Hauptes anzukämpfen.«[335] Loki-Luzifer möchte stets Vitalität aus dem übrigen Organismus in das Haupt hineinpressen, um so den Phantasien und Vorstellungen einen Wirklichkeitscharakter zu geben. Dieses Streben führt zu allen inneren Krankheiten. In dem übrigen Organismus, der voller Vitalität ist, wirken die ahrimanischen Mächte. »Die sind umgekehrt bestrebt, in die Vitalitätskräfte des übrigen Organismus hineinzusenden Todeskräfte, die eigentlich der göttlichen Entwicklung nach in das Haupt gehören ... So sind wir wirklich in dem Gleichgewichtszustande zwischen dem luziferischen und dem ahrimanischen Elemente. Das luziferisch-ahrimanische Element überliefert uns Krankheit und Tod im Physischen ...«[336]

Alle neun Reiche mussten Hel übergeben werden, da durch Luzifers und Ahrimans Machenschaften im Menschen ein Ausgleich dafür nur durch Krankheit und Tod möglich war. Die Klarheit, mit der die Seher die Widersacher und deren Wirkungen im Menschen erkannten, ist erstaunlich. In den wunderbaren Bildern der Midgardschlange, des Fenriswolfes und der Hel gaben sie ihr Wissen als Bilder an das Volk weiter. Es ist ein Wissen, das frei von jeder Schuldzuweisung ist. Es kann uns helfen, dem Anspruch Rudolf Steiners nachzukommen: das Böse heute vollbewusst zu erkennen. »So haben wir in der nordischen Mythologie gespiegelt das, was wir aus der Geisteswissenschaft herausholen können: den zweifachen Einfluss, den luziferischen und den ahrimanischen.«[337]

Das Böse und das Ich

Das Böse vollbewusst zu erkennen, ist eine der wichtigsten Aufgaben unserer Zeit (siehe Anfangszitat). Diese Aufgabe kann nur dann ergriffen werden, wenn das Böse bereits im Menschen wirkt und wenn eine Selbsterkenntnis möglich ist. Dieses Böse kann aber erst dann in den Menschen eingreifen, wenn in seiner Seele eine Ich-Entwicklung ihren Anfang genommen hat. Von da an wird ein Wesen schuld- und erkenntnisfähig, was beim schuldunfähigen kleinen Kind und beim Tier deutlich wird. Die Ich-Fähigkeit entwickelte sich, als bis in den Leib hinein gewisse Veränderungen stattgefunden hatten. »Wir wissen, dass damals, in jenem Momente, wo sich der Ätherleib des Kopfes mit dem physischen Kopf vereinigte, das Ich entstand als ein klares, selbstbewusstes Ich. Vorher konnte der Mensch zu sich nicht ›Ich‹ sagen.«[338] Jedes Kind wiederholt diesen Vorgang in seiner Entwicklung; es muss aber zuvor gehen, sprechen und denken lernen.

Die Erkenntnis des Bösen ist also nur dem zum Selbstbewusstsein erwachenden Ich möglich. So hängen das Ich und das Böse eng zusammen. Um das Ich zu schützen, war es im ursprünglichen Weltenplan so vorgesehen, dass das Ich erst eine gewisse Reife erlangen sollte, ehe das Böse einen Zugang zu ihm finden sollte. Luzifer griff aber verfrüht ein[339], indem er die Menschen mit göttlicher Weisheit beschenkte und so ein schnelles Seelenerwachen bewirkte. Es ist daher zu beachten, »dass streng ins Auge zu fassen ist, dass eben die ganze heidnische Urweisheit von luziferischer Quelle ausgegangen ist.«[340]

Die Menschen, die von der Atlantis in den Orient zogen, wie zum Beispiel die Inder, sogen aus Luzifers Weisheit den Enthusiasmus für die höchsten geistigen Welten. Für die Tätigkeit der niederen Geister, der Erzengel und Engel, die für die Ich-Entwicklung zuständig sind, interessierten sie sich nicht. »Da gab es Völker, welche, indem sie hinüberwanderten nach dem Osten, … schon auf einer höheren Stufe der Entwicklung waren, als ihr Ich noch immer sich in Dumpfheit befand.«[341] Das Ich auf der niedrigen menschlichen Stufe ist den orientalischen Menschen uninteressant, er möchte es sogar negieren und unterdrücken. »Drüben im Orient ist alles unpersönlich, vor allen Dingen wird verlangt, unpersönlich zu werden in seinem Erkennen, zu unterdrücken sozusagen das Ich, um aufzugehen in Brahma … Es ist also da eine höchste Forderung diejenige der Unpersönlichkeit.«[342] Diese Zielsetzung erklärt es vielleicht, warum die orientalischen Völker sich so bereitwillig durch Gesetze, die das ganze Leben regeln, lenken lassen. Die persönliche Ich-Entscheidung wird dadurch umgangen.

Die westlichen, die europäischen Völker haben zu ihrem Ich ein entgegengesetztes Verhältnis. Mit Wohlgefallen sehen sie es stark werden, obgleich sie auch die Gefahren sehen. »Hier in Europa wird überall mitten hineingestellt in das Menschenleben gerade dieses menschliche Ich, wie es veranlagt ist von Anfang an, und wie es sich nach und nach in der Evolution ausgestaltet. Daher hat man gerade hier in Europa ein ganz besonderes Interesse daran, alles das wirklich im Verhältnis zum Ich zu betrachten, sich alles hellseherisch klarzumachen im Verhältnis zum Ich, was an dieser Entwickelung des Ich im Erdendasein einen Anteil hatte.«[343]

Die nordisch-germanischen Völker und das Ich

Die nordisch-germanischen Völker hatten die besondere Möglichkeit, ihre Ich-Entwicklung zu beobachten, da sie noch zur Zeitenwende und langsam abklingend bis ins 8. Jhd., hellsichtig waren. Sie sahen die Arbeit der Engel und Erzengel und sie sahen, wie diese den Menschen bis in den Leib hinein umgestalteten, um ihn zum Ich-Träger werden zu lassen. Das war für die Menschen das allerwichtigste Ereignis. »Aber sie sahen zugleich, wie das Ich nach und nach erwachte, und wie Engelwesen und Erzengelwesen in die Seele eingriffen … Das waren diejenigen Wesen, die sich … kümmerten um das Ich des Menschen, das jetzt auf der untersten Stufe erwachte.«[344] »Sie sahen das Morgenrot des eigenen Ich, das imaginative Bild des Ich. In der Welt, die sie als eine astralische um sich hatten, sahen sie das Ich längst objektiv unter den anderen Wesen, die sie hellseherisch wahrnahmen.«[345] Im Orient hatte man subjektiv ein Ich, nahm es aber objektiv nicht wahr.

Die nordisch-germanischen Völker hatten durch ihre lang erhaltene Hellsichtigkeit eine besondere Stellung unter den europäischen Völkern. So sind die Mythen der Griechen aus der Erinnerung geformt, während die Germanen ihre mythischen Bilder aus dem unmittelbaren Erleben schöpften. Man kann »das Schaurig-Großartige empfinden in diesem Mythos, der nicht seinesgleichen hat, weil keine Mythologie sich so genau an den alten, hellseherischen Tatbestand angepasst hat.«[346] Der nordische Mensch fühlte, wie er als Mikrokosmos aus dem Makrokosmos gebildet wurde. »Er vermochte zu sehen, wie aus dem Makrokosmos der einzelne Mensch herausgebaut wird; wie er im Makrokosmos ruht.«[347] Im Wind spürte er den Gott Odhin, der ihn in seinem Innern durch den Atem sprachfähig machte. Und er verehrte ihn als einen der großen Verzichter der Vorzeit, als einen abnormen Erzengel, der seinen Aufstieg zu höheren Welten geopfert hatte, um seinem Volk nahe zu sein, denn der Mensch empfand sich selbst in gewisser Weise als zurückgeblieben. »Aber innig verwandt fühlte sich gerade mit einem abnormen Erzengel ein solches Ich, das selbst auf einer abnormen Entwickelungsstufe steht, wo es schon bei der Heranbildung der untergeordneten Seelenkräfte dabei ist.«[348] Auch mit dem gewaltigen Engel Thor empfand sich der Mensch unmittelbar verbunden. »Dass dasjenige, was aus der geistigen Welt in jedes einzelne Ich hineingetragen werden sollte, auch hineingetragen werden konnte, das ist es, was in Thor als verwandt empfunden wird.«[349]

Die Ausführungen über die besondere Beziehung der germanischen Völker zu ihrem Ich, die zu bewundernde Bewusstheit, mit der sie es sich entwickeln sahen, die Klarheit, in der sie das Wirken der Götter in ihrer Seele und bis in den Leib hinein wahrnahmen, legen es nahe, dass auch die Widersacher und ihr geheimes Walten im Menschen erkannt wurden. Die herabziehende Wirkung wurde den Menschen in den Bildern von der Midgardschlange, dem Fenriswolf und Hel anschaulich vor Augen geführt. Die Größe der germanischen Mythologie zeigt sich aber darin, dass auch die positiven Wirkungen der Widersacher gesehen und vermittelt wurden. Loki-Luzifer duldeten die Götter bei sich, weil er »den Menschen zu einem freien Menschen macht, der sich nicht bloß an irgendwelche äußeren Mächte hingeben will, sondern der in sich selber einen festen Wesenskern hat und aus sich heraus handeln will.«[350] Die guten Gaben Lokis und auch die Geschenke des sich verborgen haltenden Ahrimans werden gesehen und in der Geschichte ›Lokis Wette mit den Zwergen‹ (aus der Skalda 35) mitgeteilt.[351] Das Wissen der nordischen Seher, dass auch das Böse gute Gaben für den Menschen bereithält, findet erst in der Geisteswissenschaft eine entsprechende Erkenntnisgrundlage.

Der Baumeistermythos und das Pferd Sleipnir

Im sogenannten Baumeistermythos (Gylfaginning 42) wird über die Entstehung des Wunderpferdes Sleipnir Folgendes berichtet: Einst kam ein Baumeister zu den Asen und bot ihnen an, in nur einem Winterhalbjahr eine Burgmauer um Asgard zu bauen, wenn er als Lohn Sonne, Mond und Freya bekäme. Loki riet zu diesem Handel, und die Asen gingen ihn ein unter der Bedingung, dass der Baumeister nur sein Pferd als Gehilfen haben dürfe. Er begann am ersten Wintertag, und man konnte nur staunen, wie große Steinlasten er zusammen mit seinem Hengst

Svadilfari (das über glatte Felsen fährt) herbeizuschaffen und aufzutürmen fähig war. Drei Tage vor dem Ende des Winterhalbjahres sahen die Götter voll Schrecken, dass der Bau fast vollendet war. Sie bedrohten Loki, der zugeraten hatte, mit einem schrecklichen Tode, wenn er nicht Rat wüsste. Daraufhin verwandelte sich Loki in eine Stute, die Svadilfari zuwieherte. Dieser zerriss seine Zügel und rannte der Mähre nach. So wurde die Arbeit versäumt, und das Bauwerk konnte nicht vollendet werden. Erst an dem Zorn des Baumeisters merkten die Asen, dass er ein Riese aus dem Stamm der Jotunen war. Sie riefen Thor zu Hilfe, der dem Riesen die Hirnschale zertrümmerte. Loki gebar einige Zeit später ein Füllen, das war grau und hatte acht Beine. Es ist der Pferde Bestes und kann so schnell wie kein anderes über Luft und Erde reiten. Dieses Pferd bekam Odhin zu Eigen. Er nannte es Sleipnir, das ›schnell Dahingleitende‹.

Die Mauer

Verfolgt man diese Geschichte, so stellt sich als erstes die Frage: Warum brauchten die Götter eine Mauer um ihr Reich Asgard? Eine Schutzmauer wird dann gewünscht, wenn man sich ängstigt, weil man sich bedroht fühlt. Können Götter sich ängstigen? Die germanischen Götter gehen mit den Menschen den Weg in die Erdenfinsternis. Sie lassen den Menschen nicht, wie es im Alten Testament beim Sündenfall geschildert wird, allein schuldig werden; auch sie werden schuldig, indem sie mit Loki-Luzifer und Ahriman zusammenarbeiten. Die guten Gaben dieser Wesen schätzen die Götter und reichen sie an die Menschen weiter. Die herabziehende Wirkung der Widersacher auf alle Ich-Träger ist ihnen aber auch durchaus bekannt, wie es u.a. in der Erzählung von der Entstehung der Kinder Lokis deutlich wird. Durch diese wurde die Wahrnehmung der Menschen für die geistige Welt getrübt. So bringt der Fenriswolf Lug und Trug in die Welt, was die verschiedensten Ängste zur Folge hat. So beginnt Ahrimans Saat der Angst im Menschen zu wirken, der dann eine schützende Mauer um sich errichten möchte.

Sonne und Mond als Baulohn

Die Götter sind bereit, Sonne und Mond aufs Spiel zu setzen. Was kann damit gemeint sein? Die Jotunen sind mit ihrer Macht, bis in die Materie hinein zu wirken, Ahriman dienende Wesen. Was kann ihm daran liegen, Sonne und Mond in seine Gewalt zu bekommen? Was hat es mit Sonne und Mond auf sich?

Die Druiden waren Eingeweihte in die Sonnen- und Mondenmysterien und zugleich die Lehrer der Germanen. Im Schatten ihrer Steinsetzungen beobachteten sie den Sonnenlauf, nach dem das äußere Leben geregelt wurde. Noch wichtiger aber war es, im Schatten das Geistige des Lichtes, das sich immer wandelt, zu erfassen. »Im Schatten drinnen aber sieht man das Geistige ... Und außerdem waren in diesem Schatten außerordentlich gut die Mondenwirkungen zu beobachten.«[352] Diese Verbindung zu der Geistwirklichkeit von Sonne und Mond, die wie ein belebender Strom im Schattenerleben zu den Menschen floss, gab ihnen das Gefühl der bergenden Götternähe. Wenn diese Geistverbundenheit zu früh unterbrochen worden wäre, ehe die Menschen ein entwickeltes Ich haben konnten, so hätte Ahriman sein Ziel erreicht, denn dann hätten die Menschen die Himmelskörper nur noch als tote Gas- oder Materieansammlungen ansehen können. Ein materialistisches Denken hätte dann die Menschen viel zu früh überwältigt.

Freya als Baulohn

Durch die ständig wachsende Macht der Widersacher war Freya ebenso wie Sonne und Mond in Gefahr, von den Menschen nicht mehr als wirkendes Geistwesen wahrgenommen zu werden. Freya ist die Göttin der Liebe und der Schönheit. Sie besitzt ein wunderbares Halsband, das Brisingamen, das Glänzende, welches an das Halsband der Artemis denken lässt, in welchem der Tierkreis häufig dargestellt wurde. Das ist vielleicht so zu deuten, dass die Trägerin dieses Halsschmuckes als die Vertreterin der Tierkreisschöpfung angesehen wurde.

Freya war in Zusammenhang mit Lokis Wette und der daraus folgenden Unzufriedenheit der Zwerge, schon einmal an die Riesen ausgeliefert worden. Das geschah zu der Zeit, als der Mensch durch die Gaben der Zwerge zu einem Ich-Träger umgestaltet wurde. Damals hatte Odhur Freya von den Riesen befreit. Die Lieder, die von dieser Tat berichten, Grogaldr, Hyndluliod und Fiölsvinsmal, machen deutlich, dass es sich um einen Einweihungsweg mit vielen Prüfungen handelt, bei dem es um das Erringen der hohen Braut Freya, um das höhere Selbst, geht.[353] Die Zeilen aus dem Lied der Wölva erinnern daran:

Da gingen die Berater zu den Richterstühlen,
Hochheilige Götter hielten Rat,
Wer mit Frevel hätte die Luft erfüllt,
Oder dem Riesenvolk Odhurs Braut gegeben. (Vers 29)

Nun verlangt der Baumeister-Riese wieder nach Freya, und fast hätte er diese auch bekommen. Loki-Luzifer wäre das sicher ganz recht gewesen, was durch folgende Ausführungen deutlich wird: Freya hat als Göttin der Liebe zunächst mit der Liebe auf dem irdischen Felde, der geschlechtlichen und der blutsgebundenen Liebe zu tun.

Diese Art der Liebe war wie eine Vorschule der zukünftigen freien Liebe, die sich unabhängig vom Blut von Seele zu Seele schwingt. Diese Liebe konnte aber in der vorchristlichen Zeit noch nicht errungen werden. Der Menschen brauchte die Geborgenheit in der Stammesgemeinschaft, gegen die Loki jedoch revoltierte, da er den Menschen zur absoluten Freiheit prägen wollte. Das hätte einen ungezügelten Egoismus ausgelöst, denn jeder Mensch sollte nur auf sich gestellt sein, ohne größere Bindung an das Blut oder an die Erde. Gegen dieses starke Streben Luzifers ging von dem Elohim Jahve aber eine Gegenkraft aus, durch die der Mensch auf die Erde versetzt wurde (die Sündenfallgeschichte). Das bedeutete ein »Einspinnen des Menschen in die Strömung der vererbten und vererbbaren Eigenschaften.« Denn »der Mensch sollte auf der Erde erzogen werden, sollte durch die Kräfte der Erde ausgebildet werden.«[354] Der Mensch hatte dadurch ein Gewicht bekommen, das ihn mit der Erde verband, was aber Loki zutiefst fremd und unverständlich war. Er wollte, ehe es an der Zeit war, den Menschen aus aller Blutsgebundenheit lösen. Seit der Zeitenwende haben sich die Impulse dieser Geister umgewandelt. Die Elohim wollen nun, da die Menschen dazu herangereift sind, ihn als freie Persönlichkeit sehen, damit diese aus ihrem freien Ich heraus die reine Liebe, die Christusliebe entwickeln kann. Dagegen versuchen die luziferischen und ahrimanischen Geister heute, den Menschen in der irdischen, der blutsgebundenen Liebe zu fesseln. Die fanatischen Nationalismen haben hier ihre Ursache.

Rudolf Steiner sagt über diesen Reifungs- und Umwandlungsprozess und die reine Liebe Folgendes: »Daher sehen wir, wie er eine Art Vorschule durchmacht zu dieser Liebe, bevor der Mensch völlig individualisiert wird. Ehe er sein Ich völlig als sein Eigen hat, sehen wir, wie er durch die leitenden Wesenheiten in Gruppen vereinigt wird, die blutsverwandt sind, und die sich lieben, insofern sie blutsverwandt sind. Das ist die große Vorbereitungszeit der Menschheit … Wir haben gesehen, wie hineinwirken die Geister der luziferischen Wesenheiten, die dem Zusammenwirken der Menschen in Stämmen und Völkern durch die Blutskraft, ihre stark befreiende Kraft entgegensetzen. Alles was da wirkt, um die Menschen selbständig zu machen, das wirkt durch die luziferischen Geister. Und so reift der Mensch heran, um nach und nach die höchste Potenz der Liebe zu empfangen, das Christus-Prinzip.«[355]

Freya ist die Lehrerin der Liebe, die, wie es sich in den Liedern Fiölsvinsmal[356] zeigt, von der blutsgebundenen Liebe bis hin zur höchsten Liebe eine Führerin sein kann. So ist es auch nicht verwunderlich, dass im Hyndluliod, das zu den Freya-Liedern gehört, eine Vorschau auf das Erdenwirken Christi und auf seine weitere Wirksamkeit gegeben wird:

Allen überhehr ward einer geboren;
Dem Sohne mehrte die Erde die Macht.
Ihn rühmt man der Herrscher reichsten und größten,
Durch Sippe gesippt den Völkern gesamt.
Einst kommt ein andrer mächtiger als er;
Doch noch ihn zu nennen wag ich nicht.
Wenige werden weiter blicken
Als bis Odhin den Wolf angreift. (Vers 40.41)

Was, so muss man sich fragen, wäre geschehen, wenn Freya in der vorchristlichen Zeit an die Riesen geraten wäre? Die Menschen hätten die Vorschule der Liebe nicht durchlaufen können, und, ähnlich wie es Kindern ergeht, die ohne Liebe und Geborgenheit aufwachsen, hätte die Menschheit die Liebefähigkeit nicht entwickeln können. Die Zugehörigkeit zu einem Stamm war mit strengen Gesetzen verbunden, die den Egoismus dämpften und Lokis Einfluss in Grenzen hielten.

Loki hatte zu dem Handel mit dem Baumeister, der Sonne, Mond und Freya in Gefahr brachte, geraten. Was aber konnte den Jotunen, den Ahriman helfenden Wesen, daran liegen, dass die Menschen der Wirksamkeit Freyas abhanden kämen?

Wie bereits ausgeführt, ist es Jahves Anliegen, die Liebefähigkeit des Menschen zu erden und langsam reifen zu lassen. Unter seinem Schutz stehen die Fortpflanzungs- und Geschlechtstriebe. Vom Mond aus wirkend, will er den Menschen in seiner Instinktnatur so führen, dass er ein moralisches Wesen bleibt. Gegen Jahve und seine Helfer steht Ahriman mit seinen Scharen in einem erbitterten Kampf, da er die Triebnatur des Menschen ganz an sich reißen möchte, um alle moralischen Impulse zu vernichten. Ahriman kann aber in seinem Bestreben, den Menschen sich gleich zu machen, d.h. amoralisch und im Materiellen unendlich klug, nicht direkt vorgehen. Die ahrimanischen Wesen »machen das so, dass sie sich der Instinktnatur des Menschen bemächtigen, wenn diese Instinktnatur besonders wüst und stark ist; sie reißen gewissermaßen diese Instinktnatur an sich. Der Mensch ist dann während seines Lebens verfallen diesen ahrimanischen Mächten ...«[357] »So steht der Mensch in einem Kampf darinnen, der auf der einen Seite geführt wird von Jahve und seinen Scharen, die da kämpfen für die Gerechtigkeit im Weltall. Und auf der anderen Seite stehen die Scharen des Ahriman, der in Bezug auf seine Klugheit den Menschen weit überragt, der ganz und gar die moralische Natur verleugnen möchte, dafür aber den Menschen zu einem Automaten der Klugheit machen möchte.«[358] Er will den Menschen in seiner »Festung«, »die unmittelbar unter der Erdoberfläche liegt«[359] festhalten. Der Verlust von Freya hätte demnach für den Menschen einen Fall in die Triebhaftigkeit und die Amoralität bedeutet, der ihn unweigerlich an Ahriman ausgeliefert hätte, zumal der Mensch durch Christi Todüberwindung noch nicht gestärkt worden war.

Die Gefährdung von Sonne, Mond und Freya, wie sie im Baumeistermythos geschildert wird, kann als ein Hinweis angesehen werden, dass die germanischen Weisen Kenntnis von den geschilderten Kämpfen zwischen Ahriman und Jahve und die Bestrebungen Luzifers um die Seele des Menschen hatten. Da die Eingeweihten auch die Differenzen zwischen Loki-Luzifer und Ahriman sahen und die positiven und negativen Auswirkungen der Widersacher auf den Menschen erkannten, stellten sich die guten Seiten deren Wirksamkeit u.a. als das wunderbare Bild des Fohlens Sleipnir vor ihre schauende Seele.

Das Pferd Sleipnir und das Denken

Die Entstehungsgeschichte von Sleipnir ist amüsant und seltsam zugleich. Um den Sieg des ahrimanischen Baumeisters abzuwenden, ist Loki bereit, sich in eine feurige Stute, vielleicht eine Fuchsstute, zu verwandeln. Diese wiehert dem Rappen (?) Svadilfari zu, sodass der Hengst sich losreißt, und mit der Stute fortrennt. Bald darauf gebiert Loki das graue Fohlen Sleipnir, das acht Beine hat und Odhin gehören wird. Bekanntlich sind alle Schimmelfohlen zunächst grau, sodass man hier die Mysterienfarben schwarz, rot und weiß aufleuchten sehen kann.

Das Pferd war für die Germanen ein heiliges Tier. Da der Mensch der frühen Zeiten die Gedanken noch nicht frei handhaben konnte, er aber Triebe hatte, die viel klüger waren als der Kopf, lenkten diese sein Tun. Daher kommt sicherlich das Sprichwort: »Das Denken sollst du den Pferden überlassen; sie haben größere

Köpfe.« Der Mensch muss sich aber zum Lenker seines Pferdes aufschwingen. Wo die Intelligenz heute noch instinktiv wirkt, kann sie leicht in den Dienst der Widersacher geraten; dann gibt es einen »Pferdefuß«.

Durch die Pferde werden wir in den Bereich des Denkens verwiesen. Sollte das Zusammenwirken der beiden Widersacherpferde für den Menschen deshalb notwendig sein, dass er ein neues, beschwingtes Denken entwickeln kann? Sollten der Hengst Svadilfari und die Loki-Stute ihre Kräfte zur Umgestaltung des physischen Gehirns zur Verfügung gestellt haben und so die leibliche Grundlage für das eigenständige Denken des Menschen gebildet haben? In diesem neuen Denken ruht der Keim des noch zu entwickelnden lebendigen Denkens, das Fohlen Sleipnir. Wir sehen daraus, dass im Bereich des Leibes die Widersacher durchaus positiv zusammenarbeiten können.

Unsere Gedanken sind heute meist abstrakt und tot. Das hängt mit der Verfestigung des Ätherleibes zusammen, die Ahriman bewirkte. Laut Rudolf Steiner sind wir umgeben von einer lebendigen Gedankenwelt. Indem wir aber die Gedanken aufnehmen, töten wir sie.

»Und indem wir sie dann in uns haben, diese Gedankenleichen, denken wir. Daher sind unsere Gedanken abstrakt ...«[360] Das ist den ahrimanischen Mächten gerade recht. »Denn diese ahrimanischen Mächte, die sich seit dem Jahre 1879 in den menschlichen Gemütern sozusagen ihre Festung begründet haben, was sind sie denn eigentlich? ... Sie sind heruntergestürzt, weil sie oben ihre Aufgabe nicht erfüllen konnten. Jetzt wollen sie ihre Aufgabe mit Hilfe der Köpfe der Menschen erfüllen ... Ahriman hakt sich gewissermaßen in die Gehirne hinein«[361] Luzifer möchte dagegen unser Denken so beeinflussen, dass es sich in Luftschlösser verflüchtigt.

Sleipnir und das neue Denken

Wollte man ein Bild des sich von der Erde, vom Materiellen lösenden, wieder lebendig werdenden Denkens finden, so könnte es kein schöneres sein, als das des jungen Sleipnir. Mit seinen acht Beinen kann das Fohlen so schnell wie der Gedanke dahingleiten. Auf ihm bringt Odhin den auserwählten Menschen den Dichter- und Weisheitstrank, und mit ihm holen die Walküren die auf dem Kampffeld tapfer Verstorbenen nach Walhall. Da Sleipnir seine Entstehung den beiden Pferden der Widersacher zu verdanken hat, wird damit gezeigt, wie durch das Zusammenwirken dieser sogenannten bösen Geister etwas ganz Neues entstehen kann. Ist es nicht in jeder echten Kunst so, dass die Materie mit Erkenntnisfeuer durchgeistigt wird?

Die graue Farbe des Fohlens weist uns darauf hin, dass es einst, wenn es herangewachsen ist, in reinem Weiß leuchten wird. Noch ist es grau, denn in der vorchristlichen Zeit konnte nur eine Ahnung des neuen, lebendigen, freien und liebegetragenen Denkens vorhanden sein. Indem dieses angestrebt wird, kann jeder auf seine Weise helfen, das Grau in Weiß zu verwandeln.

Die Zahl ›acht‹ gilt als die Fortführung und Überhöhung der den Lebensrhythmen zugeordneten ›Sieben‹. »Acht ist daher die Zahl der Wiedergeburt durch die Taufe, der Auferstehung, des ewigen Lebens. Sie kündigt die Seligkeit des kommenden, zukünftigen Äons an.«[362] Getragen von diesem Bewusstsein, wurde der Täufling früher in ein achteckiges Taufbecken getaucht.

Hat man all dies im Bewusstsein, so entsteht vor dem inneren Blick das Bild eines weiß werdenden Pferdes, das die Erdenschwere des Svadilfari ebenso wie die Erdenflüchtigkeit der Loki-Stute überwunden hat und das neue, durchlichtete Denken symbolisiert. Es führt uns zu der geheimnisvollen Imagination des Einhorns, welches sich vor den Jägern in den Schoß der reinen Jungfrau flüchtet: ein Wahrbild des zu erwerbenden reinen, geistverbundenen Denkens, des durchchristeten Denkens.

Die Erkenntnis des Bösen

Die ›Geschichten‹ der Edda zeigen ein differenziertes und lebendiges Bild der Widersacher. Die luziferischen und ahrimanischen Wesen werden ebenso im positiven wie im negativen Sinne im Menschen wirkend erlebt. Alles geschieht aber sozusagen unter der Aufsicht der Götter, wodurch die Frage nach der Schuld der Menschen entfällt. Dennoch wird zum Kampf gegen das Böse durch die Vision der Götterdämmerung aufgerufen und das Zukunftsideal durch Widar aufgezeigt.

Die klare Erkenntnis des Bösen, die den Schilderungen der Edda zugrunde liegt, kann uns heute helfen, das mit neuer Kraft auftretende Böse zu durchschauen und aus der Begegnung mit diesem die verheißungsvolle Kraft des Guten zu entwickeln.

Auf die Notwendigkeit, heute das Böse mit klarem Bewusstsein zu erkennen, weist Rudolf Steiner immer wieder hin. Gelingt das, so kann der Menschheit aus einem geistigen Bereich eine neue und sehr notwendige Hilfe zukommen, wie Ita

Wegman es nach einem Gespräch mit Rudolf Steiner berichtet: »Nur Menschen sind es, die von Dämonen-Geheimnissen ein Wissen haben können. Die Götter warten auf diese Geheimnisse, die ihnen die Menschen entgegenbringen ... Durch solches Opfern der Menschen an die Götter von Dämonen abgerungenen Geheimnissen wird finsteres Tun dieser Dämonen abgewendet, so dass, wo Finsternis gewaltet hat, das geistige Licht wieder leuchten kann.«[363]

12 Das alte und das neue Baldurbewusstsein

Die tiefe Weisheit, die sich in den wunderbaren Bildern der Edda ausdrückt, wird von Rudolf Steiner immer wieder hervorgehoben. Dabei fällt es auf, wie oft und eindringlich er den Gott Baldur erwähnt. Er tut es unter zwei Aspekten, die eng zusammengehören. Es ist einerseits der im Laufe der Entwicklung sich vollziehende Bewusstseinswandel der Menschheit, den es um der Selbsterkenntnis willen zu betrachten gilt, und andererseits die durch diesen Wandel notwendig gewordene gnadenvolle Opfertat Christi, die das Baldurschicksal erlösend fortsetzt.

Das alte Traumbewusstsein im Land Schamballa

Vor dem Beginn des Kali Yuga (indische Bezeichnung für das ›finstere Zeitalter‹, etwa ab 3101 v. Chr.) empfanden die Menschen sich als das unterste Glied der geistigen Hierarchien. Die ganze Welt erlebten sie als geistdurchdrungen, und es bedeutete für viele keine Schwierigkeit, sich mit diesen Geistern der Welt zu verbinden, da ihr Lebens- oder Ätherleib noch leicht vom physischen Leib zu trennen war und der Mensch so die Strömungen der geistigen Welt aufnehmen konnte. Der Mensch »war dann in Ekstase, sein Ich-Gefühl war unterdrückt, aber die geistige Welt floss förmlich in ihn ein.«[364] Mit dem Beginn des Kali Yuga schlossen sich die Tore zur geistigen Welt, was durch die Verfestigung des Ätherleibes bewirkt wurde. Nur durch eine strenge Schulung war es einzelnen dann noch möglich, in einen bewussten Verkehr mit der geistigen Welt zu treten. Für die meisten Menschen bedeutete dies fortan, »dass man alle Erkenntnisse aus der sinnlichen Welt holen musste.«[365]

Das Bewusstsein der Menschen jener frühen Zeit vor dem Beginn des Kali Yuga war ein Sinnbilder-Bewusstsein. Es war eine Art Wachtraum-Bewusstsein, ein astrales, imaginatives Sehen, durch das die geistig-seelische Welt wahrgenommen wurde. Dieses so wahrgenommene Gebiet wurde als das Land Schamballa bezeichnet. Es ist »das lichtdurchwobene und lichtdurchglänzte, das von unendlicher Lebensfülle strotzende, das unsere Herzen mit Weisheit erfüllende Land

Schamballa.«[366] Dieses Land ging den Menschen dadurch verloren, dass die Widersacher anfingen, ihr Wirkungsfeld in den Seelen der Menschen aufzuschlagen. Die in Hingabe an die Welt und in selbstloser Liebe träumenden Menschen bekamen dadurch den Impuls des Begehrens eingeimpft, der zum Egoismus führen musste. »Aber diese Sonnenfinsternis des Geistes ist nicht bewirkt durch Himmelswesen; die wollen ja gerade ihr Licht in die Menschen bringen. Die Finsternis haben die Menschen bewirkt, indem sie mit Ahriman sich verbunden haben.«[367] Dadurch taten sich die äußeren Sinne auf, und das lichte Bilderbewusstsein verdunkelte sich. Es war für die Menschen so, als verlöre sich alle Farbe aus ihren Wahrnehmungen, die nun nur noch als trüb und grau erlebt wurden. Voll Trauer empfand man diesen Verlust, aber man ahnte auch, dass der Mensch, so auf sich gestellt, sein Ich stärken und seine innere Freiheit gewinnen könne.

Mit dem Beginn des Kali Yuga war also die Phase des traumhaften Hellsehens, in dem die Wahrbilder der astralen Welt geschaut wurden, abgeschlossen. Diese Zeitangabe betrifft nicht die nordischen Gebiete, wo, im Vergleich mit den südlichen Regionen, auch die Bronze- und die Eisenzeit verzögert eintrat. »Etwas vom alten Hellsehen ist dem nordischen Menschen lange geblieben. Dahingeschwunden war das alte Hellsehen der Menschen im übrigen Europa schon lange, als es sich noch im Norden lange bewahrt hat … Es schwand dem Norden erst dahin, als der germanisch nordische Mensch den Trost des Christentums empfing.«[368] »Die germanisch-nordischen Völker hatten noch die besondere Aufgabe, dass sie das alles so ausbilden sollten, wie sie es ausbilden konnten, da sie noch … die welthistorische Gnade genossen, im alten Hellsehen hineinzusehen in die geistige Welt und hineinzutragen die uralten Erfahrungen, die sie wie lebendig empfanden, in das, was auf dem physischen Plane eingerichtet werden sollte.«[369] Die uralten Erfahrungen stellten sich ihnen im Bilde des Gottes Baldur vor die Seele. Da diese Erlebnisse für die anderen Völker in und um Europa längst im Unterbewusstsein versunken waren, findet man in ihren Mythologien keine Gottheit, die Baldur entspricht.

Baldur, der Lichte

Baldur ist ein Sohn Odhins. Obgleich er der lichteste der Asen ist, sollte man ihn nicht als eine Sonnengottheit bezeichnen, aber er spiegelt das von Odhin-Merkur aufgefangene Sonnenlicht in Reinheit wieder. »Das Mysterium, aus dem diese

Wotankultur hervorgegangen ist, war ein Merkurmysterium, ein Mysterium, das zu den Impulsen von Sonne und Mond die Impulse des Merkur hinzubrachte.«[370] Odhin, auch Wotan genannt, hat als Merkurgottheit die Menschen in eine erste Intellektualisierung und in die schrittweise Verfestigung des lebendigen Urwortes bis hin zum Schriftzeichen geführt. Dieser Intellektualisierungsprozess wurde wie ein langsames Ersterben erlebt, das Baldurs Tod und die Götterdämmerung zur Folge hatte.

Baldur, der daraufhin hinab in das Reich der Hel sank, kann wohl als ein Vorläufer Christi angesehen werden, jedoch den Tod zu überwinden und daraus aufzuerstehen, das war nur dem reinen Sonnenwesen Christus möglich. »Es ist nun wunderbar, wie sich da im Norden durch den Einfluss der Merkurkräfte auf die Sonnen- und Mondenkräfte die Anschauung von dem Christus-Impuls vorbereitet. In Baldur, dem Gotte, der dem Tode verfällt und nicht auferstehen kann, sehen wir für den Norden den Vorläufer des Christus, der auch dem Tode verfällt, aber auferstehen kann, weil er nun ... unmittelbar von der Sonne kommt, während das, was von Wotan kommt als die Sonnenkraft, Baldur, die von Merkur zurückreflektierte Sonnenkraft ist ...«[371] Es kann einen geheimnisvoll anmuten, wenn man bedenkt, dass zur Zeit der Sommersonnenwende bei den Germanen die Baldurfeste gefeiert wurden und dass wir heute zu der gleichen Jahreszeit Johannes des Täufers gedenken, der sich auch als Vorläufer Christi verstand.

In der Edda wird Baldur als so licht, gut und schön geschildert, dass ein Schein von ihm ausgeht, und seine Augen werden mit dem lichtesten Kraut, der Kamille, verglichen.[372] Dieser Hinweis auf die Kamille kann uns helfen, Baldur besser zu verstehen: Die Kamille sammelt das Licht und die Wärme der Sonne in ihren unscheinbaren Blütchen, in denen sie diese Sonnenqualitäten in einem todesähnlichen Prozess zu einer vielseitigen heilenden Arznei verwandelt. Der Botaniker Hieronymus Bock (1498–1554) bewundert die Kamille so: »Die chamill ist der doktor rezipe eins; es ist bei allen menschen kein bräuchlicher kraut in der artzenei als eben chamillenblumen.« Die Kamille muss bis Johanni geerntet werden, wenn sie ihre volle Wirksamkeit haben soll.

In der Erinnerung an die lichte, herzenswarme Baldurzeit musste der Mensch sich sagen: »damals habe ich die Welt um mich gesehen als eine Welt des Seelischen. Sie bewirkte in mir ein bildhaftes Bewusstsein. Das war innerlich hell und klar. Keine äußere Sonne schien dem äußeren Auge, aber ein inneres Licht beleuchtete das Seelische ringsherum, und dieses innere Licht ist hinuntergestiegen in die Finsternis, und das äußere Licht … ist aufgestiegen.«[373] So wurde Baldur erlebt als »der Repräsentant des Menschenbewusstseins, das durchleuchtet werden kann von dem Göttlichen …«[374]

Baldur musste sterben und mit ihm das wunderbare Hellsehen. In den Eingeweihten keimte aber die Hoffnung, dass dieser schmerzliche Vorgang nur eine notwendige Phase in der Bewusstseinsentwicklung des Menschen sei, und dass einst ein neues Hellsehen möglich werden könne.

Das zukünftige Baldurbewusstsein

»Der Mensch hat dieses [Baldur-]Bewusstsein verloren und dagegen das klare Tagesbewusstsein erkauft … In Zukunft wird er ein Bewusstsein erreichen, wo er beides haben wird, das Bilderbewusstsein, das ihn in die seelische Welt hineinführt und das helle, klare Tagesbewusstsein daneben. Das ist der Inhalt aller Geheimlehren, der allen Kulturen zugrunde liegt.«[375] »Zu dem Tagesschauen wird hinzukommen ein noch helleres, leuchtenderes Leben der Menschen im Lichte der Zukunft. Zu dem physischen Anschauen tritt noch hinzu das Schauen im astralischen Lichte.«[376]

Rudolf Steiner ruft immer wieder dazu auf, ein auf dem klaren Denken fußendes neues, bildhaftes Bewusstsein zu erstreben. »Das ist es ja überhaupt, was wir erreichen müssen: Umzuwandeln die Vorstellungen, die wir bekommen, in Imaginationen, in Bilder. Wenn Bilder auch von uns ungeschickt gemacht sind, wenn sie auch anthropomorphistisch sind, wenn sie auch ausschauen wie geflügelte Engel und so weiter, darauf kommt es nicht an. Das andere wird uns zuletzt schon gegeben, und was sie nicht haben sollen, fällt schon ab. Wenn wir uns diesen Bildern hingeben, dringen wir in das imaginative Vorstellen ein.«[377] Dieses neue Bewusstsein wird eine belebende und das soziale Miteinander ordnende Wirkung haben. Aber der Mensch muss »zurückkehren zu jener Fähigkeit der Seele, die sich wiederum, und zwar jetzt bewusst, Bilder machen kann. Denn nur in Bildern, in Imaginationen, wird in Zukunft in richtiger Weise auch das soziale Leben aufgestellt werden … Die Menschen müssen durch ihre Weltanschauung zur Bildlichkeit kommen, dann wird aus dieser bewussten Mythenbildung auch die Möglichkeit erstehen, dass im Verkehr von Mensch zu Mensch das Soziale sich ausbildet.«[378] Wie kann es zu solch einer Bildlichkeit und Mythenbildung kommen?

Eine Bewusstseins-Schulung

Von den vielen Aussagen Rudolf Steiners, die die Schulung des Bewusstseins betreffen, sei hier nur die eine herausgegriffen, die in Beziehung zum Traumbewusstsein steht, das die Menschen einst hatten, und dessen Bildhaftigkeit wieder errungen werden soll. »Im Träumen flackert im Halbbewusstsein das kraftvolle Weltensein auf, aus dem des Menschen Wesen gewoben ist ...«[379] Da die heutigen Traumerlebnisse Reste des alten Traumbewusstseins sind, kann derjenige, der sich geistig schult, wissen »dass, wenn er gewisse Übungen durchmacht, ... er dann die sonst chaotische, ungeordnete Traumwelt verwandeln kann in eine ganz regelmäßige Welt, die ihm dann nicht bloß Teile der gewöhnlichen Wirklichkeit als Reminiszenzen zeigt, sondern ihn auch einführt in die höhere geistige Welt, die er dann herübernehmen kann in die Wirklichkeit. Das ist der höhere Bewusstseinszustand, das ist das astrale oder imaginative Bewusstsein.«[380] Diesem höheren Bewusstseinszustand schreibt Rudolf Steiner eine belebende Kraft zu, die bis in das soziale Leben hinein ordnend wirken kann.

Die Germanen und der Tod

Wenn man sich fragt, warum die Menschen der nordisch-germanischen Gebiete so unendlich trauernd den Todesgang Baldurs verfolgten, so ist es hilfreich, sich den Bewusstseinszustand vor diesem Ereignis in Erinnerung zu rufen. Gingen die Menschen der uralten Zeiten durch die sie umgebende Natur, so konnten sie regelmäßig Elementargeister wahrnehmen. »Aber man schaute sie nicht bloß, ... man trank ihr Wesen mit der Seele in sich, man fühlte ihren Hauch als einen geistigseelischen Erfrischungstrank, man fühlte in sich durch den Ätherleib hineinziehen den Atem, der ausging von den elementarischen Geistern, die man schaute im Wald und auf der Wiese. Sie machen einen jung- so konnte man empfinden, ... sie verleihen einem Kraft.«[381]

Die von den Elementarwesen ausgehende Belebung erstarb mit dem Erwachen der äußeren Sinne. Wohin aber, so fragte man sich, sind diese wunderbaren, uns belebenden Kräfte entschwunden? Die weisen Führer wussten, dass diese Kräfte weiterwirken, aber von dem erwachenden Bewusstsein der Menschen nicht mehr wahrzunehmen waren, da sie mit Baldur in das Todesreich der Hel hinabgesunken waren. Weilte der Mensch also mit einem Teil seines Wesens in der Welt des

Todes? »In das Reich der Hel, in des Menschen seelische Finsternis war der Gott Baldur eingezogen … Weil du als Mensch brauchst jene Bildekräfte, … die du früher halbwissend aufnehmen durftest, wirken sie jetzt ohne dein Wissen in deinem Innern, damit du ihnen nichts nimmst durch dein Wissen. Weil du diese Kräfte in deinem Unsichtbaren brauchst, ist Baldur aus dem Bereich des Sichtbaren verschwunden, hat sich zurückgezogen dahin, wo die Welt deines eigenen unterbewussten Innern ist.«[382] Diesen Verlust empfanden die Menschen voll Trauer. »Das ist kosmische Klage, das ist kosmische Trauer, das ist kosmischer Schmerz.«[383]

Die Erfahrung der eigenen Todeswelt spiegelt sich in der Edda in dem Sterben der Götter, während der Götterdämmerung, die eine Folge des Baldursterbens ist. Der Tod, aus dem Baldur trotz aller Anstrengungen seiner Mutter Frigg und dem Einsatz des schnellen, mutigen Hermod, nicht befreit werden konnte, stand unerbittlich vor den Menschen. Er löste die Fragen nach dem Menschenwesen und nach seinem Ich aus, das sich fortan aus der geistigen Welt vertrieben und der Todeswelt ausgeliefert fühlte. »So aber trat der Tod ein, gab ihm die Illusion, dass er getrennt sei von der geistigen Welt, und erzog so den Menschen zur selbständigen Ichheit.«[384]

Man kann, wenn man die Bilder der Götterdämmerung nachzuerleben versucht und auch den dahinterstehenden Hoffnungsschimmer wahrnimmt, den Eindruck haben, dass die Germanen eine besondere Beziehung zum Tode hatten. Ihr Ich suchte den Tod, um an ihm zu erwachen. Auf den Tod schauend, erkennt sich das Ich als eine Kraft, die dem Tod trotzen will und sich rüstet, ihn zu überwinden. Den Tod verachtend zogen die Helden selbstlos in den Kampf, wohl wissend, dass sie in Walhall als Seelenwesen Aufnahme finden würden. Auch hatten sie Kenntnis von der Reinkarnation, wie es sich in dem Lied ›Helgakvida II‹ zeigt. Dort heißt es von Sigrun: »Sie war die wiedergeborene Swawa.«

In folgenden Worten Fichtes kann ein Nachklang des germanischen trotzigen und todesverachtenden Ich-Erwachens gespürt werden. »Brecht alle herab auf mich, und du, Erde, und du, Himmel, vermischt euch im wilden Tumulte, … und zerreibt in wildem Kampf das letzte Sonnenstäubchen des Körpers, den ich mein nenne: Mein Wille allein mit seinem festen Plan soll kühn und kalt über den Trümmern des Weltalls schweben; denn ich habe meine Bestimmung ergriffen, und die ist dauernder als ihr; sie ist ewig und ich bin ewig wie sie.«[385] Diese Worte zeigen, dass die Auseinandersetzung mit dem Tode eine Erkraftung des Ich zur Folge haben kann. »Der Mensch aber hat sich auf dem physischen Plan sein Ich-Bewusstsein zu holen. Das könnte er ohne den Tod nicht finden.«[386]

Das Geheimnis der belebenden Kräfte

Die Menschen, die sich in die Welt des Todes versetzt fühlten, hörten durch die bildhaften Gesänge der Eingeweihten, dass Baldur in die eigene Finsternis des Unterbewussten gesunken ist, in die Welt der Hel. Was mag Rudolf Steiner damit gemeint haben, wenn er sagt, dass die verjüngenden Bildekräfte jetzt unbewusst im Innern wirken, »damit du ihnen nichts nimmst durch dein Wissen.«[387] In unserer Seele wirken heute die Widersacher Ahriman und Luzifer. Damit sie die den Menschen belebenden Kräfte nicht völlig an sich reißen können, wurden Teile der Lebenskräfte in des Menschen unbewusstes Inneres versenkt. Man kann vermuten, dass in der Edda diese Kräfte mit Lif und Lifthrasir (Leben und Lebensträger) bezeichnet werden. Als verborgen im Lebenskräfte-Bereich des Holzes, das dem Urwelt-Sängers Mimir gehört, werden sie besungen:

Lif und Lifthrasir leben verborgen
In Hoddmimirs Holz.
Morgentau ist all ihr Mahl:
Von ihnen stammt ein neu Geschlecht. (Vafthrudnismal 45)

Rudolf Steiner bezeichnet diese Kräfte, die Adam entnommen und im Mutterschoß der Menschheit aufbewahrt wurden, als die Kräfte der nathanischen Seele oder als den Ton- (auch chemischen Äther) und den Lebensäther. Mit der Erwähnung der Asmegir in dem Lied Vegtamskvida (Vers 11), die in der goldgeschmückten Kammer im Bereich der Hel auf Baldur ungeduldig warten, wird auf Wesen hingewiesen, die mit den Asen verwandt sind, denn As-megir bedeutet: Asenverwandt. Es sind also Wesen, die aus dem Bereich der göttlich reinen Lebenskräfte stammen, eben aus Asgard. Mit ihnen dürften auch Lif und Lifthrasir gemeint sein. Die Asmegir erwarten Baldur voll Hoffnung, da sie mit Baldurs Erscheinen in der Unterwelt ihr langsames Versinken ins Unterbewusstsein zwar an einem Tiefpunkt angekommen sehen, nun aber die ersehnte Wendung im Weltenwerden durch die Erlösungstat Christus, durch seinen Sieg über die Todesmächte, erahnen.

Die Auferstehungshoffnung

Aus der tiefen Trauer über den Verlust des lichten Baldurbewusstseins und der damit verbundenen Todeserfahrung erwuchs den nordisch-germanischen Völkern eine sehnsuchtsvolle Erwartung auf den Sieg über die Todeskräfte. Am Ende ihres Liedes, nach der Götterdämmerungs-Schilderung besingt die Seherin den großen Friedensbringer, der einst kommen wird:

Da reitet der Mächtige zum Rat der Götter,
Der Starke von oben, der alles steuert.
Den Streit entscheidet er, schlichtet Zwiste,
Setzt Friedensfeier dann fest für immer. (Wöluspa 63)

Diese Hoffnungsstimmung ermöglichte den Menschen ein jubelndes Erinnern und ein tiefes Verständnis für die Botschaft von Christi Tod und Auferstehung. Sie konnten sich sagen: »Baldur ist im Reich der Hel, aber der Christus ist hinuntergestiegen in das Reich der Hel, in das Reich der eigenen unterbewussten Menschenwesenheit; da belebt er den Baldur, ... da findet er wiederum die verjüngende Bildekraft ... Und in deinem Innern, o Mensch, wirst du finden, was mit Baldurs Hinschwinden aus der Umwelt in deine eigenen Tiefen hinuntergeschwunden und verdämmert ist. Nehme auf, o Mensch, den lebenden Begriff des Christus, der durch das Mysterium von Golgatha gegangen ist, der nicht äußerlich deinem Auge, wohl aber deiner Seele wird wiedererstehen können, wenn sie sich ihres Inneren recht bewusst wird, ... als jene elementare Kraft, jene die Seele belebende Bildekraft ... Jetzt findest du nicht mehr das Geistige in der Natur, du musst es suchen durch vertiefende Belebung deines eigenen Inneren mit der Kraft, die durch das Mysterium von Golgatha gegangen ist.«[388]

Die nordisch-germanischen Völker müssen ein sicheres Empfinden dafür gehabt haben, welche Gaben der Todeserfahrung abgerungen werden können. Abzulesen ist dies in dem Lied Vegtamskvida (Edda) an dem Bild, das sich Odhin zeigt, als er durch die Hilfe der Wala fähig wird, einen Blick in die Unterwelt zu werfen. Zuvor hatte Odhin die Wala als die Mutter der Schicksalsnornen erkannt, also als diejenige, die mit dem Leben und Sterben der Menschen zutiefst verbunden ist. Sie öffnet dem Gott, der den Tod nicht kennt, gleichsam einen Spalt der Todespforte, sodass er sehen kann, welche Früchte Baldur aus der Todeserfahrung gewinnen wird. Dieses Erlebnis vermittelt Odhin die Entschlossenheit, seinen Weg zu Ende zu gehen, bis in die bittere Erfahrung der Götterdämmerung. Was Odhin dort in der Unterwelt sieht, ist wirklich erstaunlich. Er nimmt einen Raum wahr, in dem für Baldur herrliche goldene Gaben bereitgehalten werden: Bänke mit goldenen Ringen bestreut, Betten mit glänzendem Gold bedeckt und einen

Becher, in dem der schimmernde Trank von einem Schild bedeckt ist. Außerdem wird Baldur von den Asmegir sehnsüchtig erwartet.

Die Ringe, die stets ein Zeichen treuer Verbundenheit sind, können hier vielleicht so gedeutet werden, dass sie der Seele sagen sollen, dass sie sich in unverbrüchlicher Verbundenheit zu der goldenen Geistwelt fühlen darf, selbst in der Begegnung mit der Todeswelt. Diese Geist-Verbundenheit wurde im dreitägigen Einweihungsschlaf für den Menschen zum tiefsten Erlebnis. Er befand sich dann gleichsam auf einem goldbedeckten Bett, so wie es für Baldur bereitsteht. Durch Baldurs Tod hatte sich die Geistwelt aber zunehmend geschlossen. Dadurch konnte der Mensch seinen geistigen Ursprung immer weniger erleben. Er fühlte sich selbst im Leben immer mehr in einer Todeswelt. Mit dem Bild des schimmernden Trankes im schildbedeckten Kelch wird die Menschenseele auf die Opfertat Christi hingewiesen, durch die dem Menschen der Weg in die goldene Geistwelt wieder eröffnet wird. Dann werden ihm auch die verborgenen Lebenskräfte, Lif und Lifthrasir, die Asmegir, wieder zur Verfügung stehen können.

Diese aus der Begegnung mit der Todeswelt gewonnene Geistesschau gibt Odhin die Hoffnung auf die Neuerlangung der einst verlorenen, den Menschen belebenden Sonnenkräfte, nämlich die der Geist-Wärme und des Geist-Lichtes, die Christus der freien Menschenseele schenken will.

Das Erleben der Passionszeit

Folgt man Rudolf Steiner, so kann dem heutigen Menschen aus der Vertiefung in das Baldurschicksal, eine Erweiterung der Empfindungen für das Christusopfer erwachsen. »Und was der Tod bedeutet für das ganze Menschenleben, es könnte uns vielleicht ein Stückchen klarer werden, wenn wir uns vertiefen in die Empfindungen, die man haben kann an dem Baldur-Mythos, an dem, was Baldur, was die durch die elementare Welt wirkende belebende Sonnenkraft ist, nachdem sie durch den Tod hindurchgegangen ist.«[389] »Baldur war es ja, der machte, dass wir einstmals die wunderbar wirkende, wesende elementarische Welt sahen um uns herum. Baldur ist tot. Der Christus aber hat die Macht, durch unsere Seelenkraft wieder zu erwecken -indem wir ihn aufnehmen in unsere Seelenkraft-, der Christus hat die Macht, wiederum aufzuerwecken das, was durch Baldurs Tod verloren ist. Wie Baldur erschien durch Wind und Wogen, so erscheint auch der Christus in Wind und Wogen.«[390]

Die Eingeweihten wussten, wie Rudolf Steiner ausführt, dass das Menschenwesen im Baldurzustand von den Urgaben der göttlichen Wärme und des göttlichem Lichtes durchströmt wurde. Sie sagten den Menschen: »Das göttlich-geistige Sein der Urzeit musste dich zur Erringung der Freiheit in Regionen führen, in denen es nicht bei dir bleiben konnte, in denen es aber dir den Christus gegeben hat, dass seine Kräfte dir als freiem Menschen verleihen, was das göttlich-geistige Sein der Urzeit dir einstmals auf dem Naturwege gegeben hat, der zugleich der Geistweg war. Zu dem Göttlichen, aus dem du stammst, führt dich diese Wärme zurück. Das Göttlich-Geistige leuchtet nicht mehr. Im Licht, das der Christus dem Menschen-Ich bringt, ist das Urlicht wieder da.«[391] Durch das Empfangen der Christus-Geistwärme kann der Mensch sich verbunden fühlen mit »den Urgaben seiner göttlich-geistigen Wesenheit, trotzdem er sich ... zur freien Individualität entwickelt hat. Und er wird in dem Geist-Lichte die Kraft empfinden, die ihn wahrnehmend mit immer höherem und weiterem Bewusstsein der Welt zuführt, in der er sich als freier Mensch mit den Göttern seines Ursprungs wiederfindet.«[392] So wie der Mensch durch die physische Sonne Wärme und Licht empfängt, so »muss er der geistigen Sonne, Christus, gegenüber leben und von ihr in der Seele das lebendig empfangen, was in der geistigen Welt der Wärme und dem Licht entspricht.«[393] Die Worte über die Christus-Wärme und das Christus-Licht können auch in dem dritten Teil des Grundsteinspruches Rudolf Steiners vernommen werden:

Göttliches Licht,
Christus Sonne,
Erwärme
Unsere Herzen,
Erleuchte
Unsere Häupter;
Dass gut werde,
Was wir aus Herzen
Gründen,
Was wir aus Häuptern
Zielvoll führen wollen.

Bedenkt man diese Angaben Rudolf Steiners recht, so kann es deutlich werden, dass das einst verlorene lichte, warme Baldurbewusstsein durch Christi Hilfe neu gewonnen werden kann.

13 Die Mistel und das Baldurschicksal der Menschheit

Durch die Lieder und Darstellungen der Edda sind der Menschheit größte Wahrheiten, gekleidet in reiche, wunderbare Bilder, anvertraut worden. Es handelt sich um die von den hohen nordisch-germanischen Eingeweihten auf dem Astralplan geschauten Urgedanken und Urwahrheiten. Jedes einzelne Detail ist es daher wert, auf seine Aussagekraft hin geprüft zu werden, denn: »Das Menschengeheimnis in seinem Zusammenhang mit allen Geheimnissen des Kosmos …, das liegt so tief, wie sonst nirgends diesen alten nordischen Mysterien zugrunde.«[394] Dieses Menschengeheimnis ist nicht von den Einflüssen Lokis zu trennen, dem Luzifer des Nordens, und Ahrimans, deren beider Wesenart nur in hohen Mysterienzusammenhängen erkannt werden konnten. »Sie können an die verschiedensten Mythologien und Weltanschauungen herangehen, und Sie werden nirgends eine so klare und tiefgehende Anschauung davon finden, dass zweierlei Einflüsse an den Menschen herantreten, wie in der nordisch-germanischen Mythologie. Da der germanisch-nordische Mensch hellseherisch noch schauen konnte, so sah er diese zwei Mächte wirklich und stellte sich zwischen beide hinein.«[395]

Nachdem durch diese Zitate die Wertschätzung Rudolf Steiners für die Edda deutlich geworden ist, soll im Folgenden versucht werden, die Bedeutung der Mistel in den nordischen Mysterien aufzuzeigen.

Baldur und die Mistel

Die Mistel spielt in der Edda nur im Zusammenhang mit dem Baldurschicksal[396] eine Rolle. Da Baldur schlechte Träume hatte, sorgten sich die Götter um ihn. Seine Mutter Frigg nahm daraufhin allen Wesen den Eid ab, Baldur nicht zu schaden. Nur eine Pflanze ließ sie aus, da diese ihr als zu jung erschien. So konnte die Mistel von Loki aufgespürt und von Hödur, einem blinden Gott, hinter dem eine ahrimanische Macht steht, als Todespfeil benutzt werden. Die Mistel wird demnach als ein Mittel von den Widersachern benutzt. Sie steht als Mittler und Mitte zwischen beiden Versuchern. Sie hat weiterhin die Funktion, den Schwellenübergang in die Welt des Todes zu bewerkstelligen. Wo, so kann man fragen, sind diese beiden Fähigkeiten heute von Bedeutung?[397]

Baldur und die Kamille

Baldur wird zwar durch die Mistel über die Todesschwelle gesandt; Er selbst wird aber mit der Kamille in Zusammenhang gebracht, da diese als Baldurs Augenbraue bezeichnet wird. Sie heißt im Altnordischen ›Baldersbra‹.

Die Menschen der Vorzeit hatten eine traumhafte Hellsichtigkeit, sie konnten sich jedoch noch nicht als ein individuelles Ich erleben. Hell und licht war ihr Bewusstsein in dieser Göttergeborgenheit. Es war die der frühen Kindheit zu vergleichende Entwicklungsstufe der Menschheit, in der man den lichten Gott Baldur in sich wirken fühlte.[398] Diesen Zustand verglich man mit der Kamille, deren Eigenschaften fast wie eine Beschreibung des Baldurbewusstseins anmuten: Die Kamille gehört zu den Korbblütlern. Sie liebt das Licht und scheut Schatten und Feuchte. Sie fällt durch ihr rasches Wachstum auf, »das vom Samen an energisch in die Blatt-Spross-Blütenentfaltung drängt und nach wenigen Monaten in neuer Samenbildung den Kreisumlauf vollendet hat. Aus dem im Herbst ausgefallenen Samen wird zunächst die zartfiederige Blattrosette, die überwintert und in der Frühjahrswärme den Spross hinauftreibt ... Luftig, durchsichtig bis zum Boden, aufgelockert, nach oben aufgelöst erscheint nun die Pflanze, strahlig versprühend ... Das ätherische Kamillenöl ... hat eine stark entzündungshemmende Wirkung.«[399] Es ist flüchtig und kann daher schon durch einfaches Aufkochen extrahiert werden.

Durch die Auseinandersetzung der Menschen mit der materiellen Welt schwand das lichte Baldurbewusstsein dahin. In der Edda zeigt sich dies durch die Erzählung von Baldurs schlechten Träumen und seinem durch die Mistel verursachten Tod, der den Beginn der Götterdämmerung einläutet. Allerdings ist die Mistel dabei nur das von Loki und Hödur benutzte Mittel.

Die Mistel, eine Mondenpflanze

Die Mistel ist eine eigenartige Pflanze. Sie wächst nur auf Bäumen, in deren Saftleitungsbahnen sie ihre Senker streckt. Da sie jedoch eine eigene Photosynthese hat, gehört sie zu den Halb-Schmarotzer-Pflanzen. Sie entwickelt immergrüne

Blätter, die in ihrer Form und gegenständigen Stellung an Keimblätter erinnern. Sie ist mit ihrer kugeligen Gestalt im kahlen Wintergeäst der Wirtsbäume besonders gut zu erkennen. Dann ist der hellgrün-goldene Farbton, der durch die sich im Winter entfaltenden männlichen Blüten entsteht, ebenso zu sehen, wie die im Winter reifende Beere. Sie ist zweihäusig. Das anfänglich schnelle Wachstum der Pflanze verlangsamt sich bald, sodass sie bis zur ersten Blüte etwa drei Jahre benötigt. Die weißen, kugeligen Samen können nicht keimen wenn sie auf die Erde fallen, da die Fruchthülle von den zwei in einem Samen befindlichen Keimlingen nicht durchstoßen werden kann. Erst wenn die Misteldrossel die Beere gefressen hat, und so die Keime aus der festen Hülle befreit sind, können diese wachsen. Die Mistelbeere hat eine besondere Beziehung zum Licht. Die Frucht braucht den Wechsel von Licht und Dunkelheit, wenn sie nicht absterben soll. Die Mistelblüte hat lediglich einen schwachen Duft. Sie enthält im Vergleich zur Kamille sehr wenig ätherisches Öl. Einen weiteren Gegensatz zur Kamille bilden die Gifte der Mistel. Es handelt sich dabei um Eiweiße, die bei der Tumortherapie eine Rolle spielen (Lektine, Viscotoxine).

Der Gestus der Mistel, die sich so offensichtlich allen Erdenrhythmen entzieht, wird verständlich, wenn man den Angaben Rudolf Steiners folgt, der sie als ein auf die Erde versetztes Mondenwesen bezeichnet. »Auf dem Mond gab es diesen Mineralien-Pflanzenbrei … Es gab nun solche [Pflanzen], die sich weiterentwickelten, andere aber waren zurückgeblieben auf der Mondenstufe … Sie konnten nur auf pflanzlicher Grundlage, als Schmarotzer leben. So lebt die Mistel auf anderen Bäumen, weil sie ein zurückgebliebener Rest der Pflanzentiere des Mondes ist.«[400] »Die Mistel ist bei dem alten Mondenbrauch geblieben.«[401] Diese Aussagen machen es verständlich, warum Frigg, die Mutter Baldurs, die Mistel als zu jung, das heißt zu wenig entwickelt empfand, um ihr den Eid abzunehmen, Baldur nicht zu schaden. Loki hatte Zugang zur Mistel, da er selbst ein auf dem Monde zurückgebliebenes Wesen ist. Daher fühlen alle Mondenwesen eine »innige Verwandtschaft zu dem, der zu dem Gotte des Mondes gehört, zu Loki.«[402] »Baldur war der Ausdruck dessen, was sich weiterentwickelt, was auf die Erde Licht bringt; Loki dagegen, der Repräsentant der finsteren Gewalten, des Zurückgebliebenen, er hasst das Fortgeschrittene.«[403] Loki bemächtigte sich der Mistel und fand in Hödur, dem blinden Gotte, ein williges Wesen, auf Baldur zu schießen. »So ist Hödur derjenige gewesen, der als der Repräsentant der äußeren materiellen Welt erscheint, insofern diese materielle Welt nicht in ihrem Zusammenhang mit dem Geistigen aufgefasst wird …«[404] (Hödur bedeutet Kampf, Krieg) Es ist in Bezug auf

Hödur zu bedenken, dass die rein materielle Welt als Domäne Ahrimans aufzufassen ist. Somit ist es deutlich: Die Mistel steht zwischen den Widersachern Loki und Ahriman.

Die Mistel als Heilpflanze

Ein Aspekt der Heilkraft der Mistel wird im Vergleich mit der zuvor beschriebenen Fähigkeit der Kamille ersichtlich. Diese entfaltet ihre starke Wirkung bei der Bekämpfung von Entzündungen. Anders die Mistel, die dort hilfreich ist, wo gerade Entzündungs- bzw. Durchwärmungsprozesse hervorgerufen werden sollen. Sie wird daher auch in der Onkologie eingesetzt.

Tacitus berichtet, dass die Mistel, speziell die Eichenmistel, von den Druiden hoch geschätzt wurde, da man ihr besondere Heilkräfte zuschrieb. Im Verlauf heiliger Handlungen schnitt man sie mit goldener Sichel vom Baum, und, damit sie die Erde nicht berührte, breitete man unter diesem weiße Tücher aus. Man wusste, dass Gesundheit nur dann hergestellt werden konnte, wenn im Kampf zwischen den Widersachern, die eigene Mitte gefunden wurde. Jede Krankheit sah man im Prinzip als eine Abweichung von der seelischen Mittellage, d.h. als ein Verfall an die luziferische oder die ahrimanische Macht an. Die Mistel, deren Mittlercharakter in der Edda durch ihre Stellung zwischen Ahriman und Luzifer ihren Ausdruck fand, wurde von den Druiden als die zentrale, ja als die heilige Arzneipflanze angesehen. Später geriet die Mistel als Heilpflanze in Vergessenheit. Ihren Einsatz in der Onkologie hat sie Hinweisen Rudolf Steiners zu verdanken.

Die Mistel entwickelt im Gegensatz zur Kamille sehr starke Gifte, auf deren Ursprung und Charakter Rudolf Steiner hingewiesen hat: »Das, was heute im mineralischen, pflanzlichen und tierischen Reich als Gift fließt, was wir heute Gift nennen und was als Gift wirkt, das war die Normalsubstanz auf dem Monde … Warum sind denn Gifte noch vorhanden? Aus demselben Grunde, aus welchem Ahriman vorhanden ist: sie sind eben das Zurückgebliebene.«[405] Außerdem bezeichnet Rudolf Steiner alles, was retardiert, was zurückbleibt, als ein objektiv Ahrimanisches und alles was akzeleriert, was vorauseilt, als ein objektiv Luziferisches. So wird in Bezug auf ein Karzinom folgendes ausgeführt: »Gerade ein Karzinom beruht darauf, dass ein Teil sich loslöst und in der Evolution stärkere Schnelligkeit annimmt, als die des übrigen menschlichen Organismus ist. Es hat nichts zu tun mit dem moralisch Luziferischen- es ist einfach objektiv luziferisch. Kompensiert wird es durch das Gift, weil das Gift das Ahrimanische ist, das heißt das Gegenteil … diese beiden können sich ausgleichen, wenn sie in der richtigen Weise wirken.«[406] Ein Karzinom zeigt demnach, ebenso wie die Mistel, eine Tendenz sowohl zum luziferischen wie zum ahrimanischen Pol. Da, nach einem Grundsatz der Homöopathie, Ähnliches mit Ähnlichem zu heilen ist, kann der Mistel als Heilpflanze, insbesondere bei einer Krebserkrankung, ein wichtiger Stellenwert zugeschrieben werden.

Die Mistel und das Weihnachtsfest

Viele Menschen lieben es, zur Weihnachtszeit einen Mistelzweig über die Eingangstür zu hängen. In diesem Brauchtum spiegeln sich uralte Erinnerungen an die Baldur- und Nerthusmysterien.[407] In diesen war es üblich, dass alle drei Jahre das männliche Kind, das in der dunkelsten Zeit zuerst geboren worden war, von den Eingeweihten übernommen wurde, um es abgeschieden von allem Irdischen zu der hohen Einweihungsstufe des Sonnenhelden zu führen. Es sollte dann fähig sein, das Volk für drei Jahre im Einklang mit dem göttlichen Weltenwillen als Priester-König zu führen. So lange galt der Herrscher als Repräsentant Baldurs. Nach dieser Zeit war der Einfluss der materiellen Welt nicht mehr aufzuhalten. Das bedeutet, dass die Beziehung zur Geistwelt sich verlor, und das tote materielle Denken an seine Stelle trat. Das bedeutet auch, dass der lichte Baldur von den Widersachern durch das Mittel der Mistel über die Todesschwelle gesandt werden konnte.

Der weihnachtliche Mistelzweig-Brauch dürfte sich aus diesen uralten Erinnerungen speisen, durch die man ahnte, dass das zur Wintermitternacht geborene Christuskind eine Art dreijähriges Baldur-Königtum zu durchleben hatte, an dessen Ende im Zeichen der Mistel die Auseinandersetzung mit den Widersachern und den Todesmächten stand. Die Befestigung der Mistel über der Tür unterstreicht die Schwellenfunktion der Pflanze. Auch die Erlaubnis, sich unter dem Mistelzweig zu küssen, weist auf eine Schwellenüberwindung hin.

Die Ausführungen zeigen, dass die Mistel den Übergang vom Baldurbewusstsein zum vergleichsweise toten, intellektuellen, materialistischen Bewusstsein markiert. Dieser Schritt machte eine bewusste Auseinandersetzung mit den Widersachern möglich.

Die Mistel in der Aeneis und im Fiölsvinsmal

In der Aeneis besingt Vergil (70–19 v. Chr.) im sechsten Gesang die Flucht des Jünglings Aeneas aus Troja, einer Stadt, die sich darstellt »als ein Resultat alter

Die Mistel, eine Mondenpflanze, © Christina Kiehs-Glos

Priestergesellschaften, die nach den Gesetzen der Sterne die Staaten eingerichtet haben.«[408] In Italien möchte Aeneas eine neue Kolonie gründen, zuvor aber seinen verstorbenen Vater Anchises befragen. Die Sybille von Cumae belehrt ihn, wie er das notwendige Ehrengeschenk, den goldenen Zweig, für die Unterweltgöttin, gewinnen kann, um diese günstig zu stimmen. Nur mit diesem Zweig ist es möglich, die Todesschwelle als Lebender zu überschreiten.

Eher nicht ist es gewährt, in das Dunkel der Erde zu dringen,
Als sich einer vom Baum gepflückt den goldenen Schössling.
Ihn verlangt die schöne Proserpina als ihr erkorenes
Ehrengeschenk. Nie fehlt nach seiner Entfernung ein anderer
Goldener Zweig, und ein Ast belaubt sich metallen wie jener.
Also schau in die Höh, und wenn du den Schössling gefunden,
Brich ihn dann richtig, so wird er leicht und willig dir folgen.
Wenn du vom Schicksal berufen; wenn nicht, so kannst du mit keiner
Kraft ihn brechen, auch mit dem schärfsten Schwert ihn nicht abhauen.

Diese Strophen zeigen eine erstaunliche Parallele zu den Aufforderungen an Windkald im Fiölsvinsmal der Edda.[409] Es ist Hans Börnsens Verdienst, auf diesen Zusammenhang hingewiesen zu haben.[410] Ebenso wie Aeneas wird Windkald von seinem Führer darauf hingewiesen, dass er, ehe er zu der hohen Geliebten in die Geistwelt vordringen kann, den Lebens-Zweig (die Rute) gewinnen muss, den Loki einst am Totentor gebrochen hat und der nun von Sinmara, einer ahrimanischen Macht, streng bewacht wird. Wird Sinmara aber ein spezielles Ehrengeschenk gereicht, so muss sie den wichtigen Zweig herausgeben. Dieses Geschenk ist in der Edda eine das klare Denken symbolisierende Hahnenfeder, die im Gewand an der Brust geborgen werden muss, das heißt mit den Herzenskräften zu verbinden ist.

In der Aeneis wird die Pflanze, von welcher der Jüngling den Zweig gewinnen soll, sehr genau beschrieben: Aeneas irrt im Wald umher auf der Suche nach dem Schössling. Er folgt dann hoffnungsvoll zwei Tauben, die sich niederließen …

Dann zu erwünschter Ruh auf den Gipfel des doppelt belaubten
Baumes, wo golden schimmernd ein Hauch von den Zweigen sich abhob.
Wie im frostigen Winter zuweilen im Walde die Mistel
Grünt mit frischem Laub, doch nicht aus dem Samen des Baumes,
Und mit gelbem Gezweig die runden Äste umklammert,
So war des goldenen Zweiges Gebilde auf schattiger Eiche,
Und so klirrten im Winde die dünnen, goldenen Blätter.
Rasch ergreift Aeneas den Zweig und, ob er auch haftet,
Bricht er begierig ihn ab und trägt ihn zum Haus der Sybille.

Der Jüngling Aeneas ist ebenso wie Windkald vom Schicksal berufen, also reif und genügend geläutert, den wichtigen Zweig zu erringen. Dieser geheimnisvolle Zweig, der zwar *wie* die Mistel erscheint, aber keine Mistel ist, ihr also nur gleicht, muss im Gewand, an der Brust geborgen werden, wenn er die Mächte der Unterwelt gewogen stimmen soll, wie es in der Aeneis beschrieben wird. Die Sybille zeigt dem abweisenden Charon, dem Fergen über den Unterweltstrom, den Zweig mit folgenden Worten:

›Nun, so schau den Zweig.‹ Und den im Gewande verborgenen
Zweig enthüllt sie. Da wich des Fergen kochender Ingrimm.
Weiter kein Wort, und jener erstaunt ob des hehren Geschenkes,
Des so lang nicht mehr erblickten bedeutsamen Zweiges.

Die Beschreibungen des Zweiges betonen den zur Kälte neigenden (ahrimanischen), aber auch den goldenen, heiligen Charakter der Mistel. Es wird erwähnt: frostiger Winter, gelbes Gezweig, klirrend im Winde und dünne, goldene Blätter.

Die Mistel als Mysterienpflanze

In der nordisch-germanischen Mythologie wird die Mittlerstellung der Mistel zwischen Loki und Hödur, wie beschrieben, deutlich. Die Widersacher benutzten den Mistelzweig dazu, das lichte Baldurzeitalter zu beenden, das der Epoche des Erwachens der äußeren Sinne weichen musste, wodurch die Zeit des klaren Denkens eröffnet wurde. Das war die Voraussetzung dafür, dass die Menschen ein freies Ich-Bewusstsein entwickeln konnten. Diese Entwicklung stellte die Menschen aber erstmals wirklich zwischen den polaren Einfluss der Widersacher, der von den nordischen Eingeweihten klar erkannt wurde. »Nun aber hat der germanisch-nordische Mensch nicht bloß gewusst von seinem Loki, ... sondern auch von dem Einfluss des Ahriman, der von der anderen Seite her kam, und er hat mehr gewusst, nämlich, dass das Befallensein von dem ahrimanischen Einfluss eine Folge des Loki-Einflusses ist.«[411]

Verursacht durch die Mistel musste die Menschheit ihre lichte Kindheitsstufe, ihre Götternähe, verlassen und damit gleichsam über eine Schwelle in das materielle Bewusstsein herabsteigen. Die Aufgabe der Mysterien war es, trotz der dadurch verursachten Ferne zu den Göttern, immer wieder, jedenfalls für Einzelne, einen zeitweiligen Schwellenübergang in die Geistwelt zu ermöglichen. Dabei spielt wiederum die Mistel eine wichtige Rolle, wie es sich in den Liedern ›Fiölsvinsmal‹ und ›Aeneis‹ zeigt. Diese Lieder zeigen, dass die Bedingung für diesen Schwellenübergang der Erwerb des klaren Denkens ist, das durch die Herzenskräfte belebt werden muss. Dann ist der Myste durch die Mistelkraft imstande, die Schwelle ins Geist- oder Totenreich zu überschreiten. Hier zeigt sich deutlich die Kraft der Mistel, einen Schwellenübergang zu ermöglichen.

Der Besitz des Mistelzweiges bedeutet außerdem, dass der Schüler die diesem Zweig innewohnende Kraft, nämlich das gesund erhaltende Gleichgewicht zwischen Ahriman und Luzifer herzustellen, für sich gewonnen hat. Es ist eine Kraft der Mitte, des die Waage-Haltens, eine Ich-Kraft, die erst durch Christi Todüberwindung der Menschheit allgemein zugänglich wurde, in den alten Mysterien aber von Einzelnen vorausnehmend erlebt werden konnte. Die Mistel weist durch ihre kugelige Form auf diese Kraft der Mitte hin. Von ihrem Mittelpunkt, ihrem

Zentrum am Stamm des Wirtsbaumes aus, wächst sie sphärisch in alle Richtungen, sogar nach unten.

In der heutigen Zeit der Bewusstseinsseele, in der das logische Denken Allgemeingut geworden ist, kann jeder sich auf den Weg machen, sein Denken zu klären und es mit warmen Herzenskräften zu beleben, um so die Mistel-Kraft im erwachenden Ich zu gewinnen. Dann kann man hoffen, die Schwelle zur Geistwelt zu erklimmen, und sich im Erdensein zwischen den Widersachern aufrecht und gesund zu erhalten. Die Grundlagen, diese hohen Ziele zu erreichen, wurden dem Menschen durch die Schöpfung mitgegeben.

Die Wirkung der Gifte

Die Fähigkeit, sich in der Mitte zwischen den Versuchungen der Widersacher zu behaupten und ihnen ihre positiven Gaben abzuringen, ist jedem Menschen als unbewusste Kraft mitgegeben. Das zeigt sich in den feinen, sich im Unterbewusstsein vollziehenden Prozessen, durch die der Mensch täglich seine Existenz zwischen diesen Geistern behauptet. Das dafür notwendige Ichbewusstsein erlangt er durch die Spuren der vom Monde stammenden Gifte, die allen Nahrungsmitteln beigegebenen sind. Diese dämmen das sonst wuchernde luziferische Leben ein. »Nur dadurch, dass wir diese umgestalteten Giftsubstanzen des Mondes in uns tragen, haben wir gewisse Fähigkeiten, Ich-bewusste Wesen zu sein … Das Abbauen, das Altern und der Tod sind von Geburt an notwendig, weil wir im Abbauen gerade, nicht im Aufbauen, die Grundlagen haben für unsere geistige Entwickelung. Das Aufbauende schläfert uns ein … Bewusstsein kann nur leben durch den Verbrauch geistiger Kräfte. Die Strukturen, die in uns sind mit ihren Substanzen zu diesem Verbrauch von geistigen Kräften, sind umgewandelte Giftsubstanzen des Mondes.«[412]

Die Mistel hält mit ihrem starken Gift Substanzen bereit, die dann, wenn die Gleichgewichts-Kraft der feinen umgewandelten Gifte nicht mehr ausreicht und der Mensch zwischen Ahriman und Luzifer in eine ›Schieflage‹ gerät, einen wichtigen Impuls zur Harmonisierung geben kann. Die Eingeweihten wussten: Krankheit entsteht dadurch, »dass diese ahrimanischen und luziferischen Mächte an der Herbeiführung ihrer Siege arbeiten …«[413] Die Führer der Mysterien waren »die Boten des Vatergottes …, die ersten großen Lehrer der Mysterien.«[414] Man schaut »in der Gegenwart vergeblich nach diesen Gottesboten aus, die zum Beispiel den alten Mysterienärzten den Merkurstab in die Hand gegeben haben und ähnliche

Symbole für das Heilen.«[415] Diesem Hinweis auf den Merkurstab und ähnliche Symbole soll im Folgenden nachgegangen werden.

Der Merkurstab als Symbol

Merkur ist der römische Name des griechischen Gottes Hermes, der als der ewig junge, schnelle, gewitzte Gott des Handels und der Diebe verehrt wurde. Er hatte von Apollon einen goldenen Stab mit zwei Schlangen und Adlerflügeln geschenkt bekommen als Zeichen seiner Schlauheit und unermüdlichen Tätigkeit. Diesen Stab legte er den Sterbenden beim Übergang in die Welt seines Onkels Hades auf die Augen. Es ist also ein Stab der Schwelle zwischen der Welt der Lebenden und der Toten. Die Totenführer-Aufgabe des Hermes macht es verständlich, dass sein Stab zum Zeichen der Ärzte wurde, dem Äskulapstab[416], da Krankheit und Tod zueinander gehören. (Der Äskulapstab ist als Zeichen der Ärzte allerdings nur von einer Schlange umwunden.)

Die Beziehung des Hermes zur Unterwelt und sein Name lassen an den Gott Hermod aus der Edda denken. Nach dem Tod Baldurs wird er, der Schnelle, zur Hel, der Unterweltgöttin, gesandt, um Baldur auszulösen. Als Lösegeld fordert Hel, dass alle Wesen um Baldur weinen, wohl wissend, dass die in die Menschenwelt eingedrungenen Widersacher, verkörpert durch Thöck, die Dunkle, es niemals tun werden. So muss Baldur, dem zwar ein goldreiches Gemach zugewiesen wird, doch in der Unterwelt verbleiben.

Hermod und Hermes sind somit Götter, die einer ähnlichen Aufgabe nachkommen. Sie spiegeln Erlebnisse der vorchristlichen Zeit, in der das Totenreich undurchdringlich finster erschien und nur eine Vorahnung des darin verborgenen Ich-erkraftenden geistigen Goldes vorhanden war. Von Hermod wird berichtet, »dass er neun Nächte durch tiefe dunkle Täler ritt, so dass er nichts sah, bis er zum Gjöllflusse kam und über die Gjöllbrücke ritt, die mit glänzendem Gold belegt war.«[417]

Der Merkurstab ist ein Symbol, das, wie dargelegt, aus den griechischen Mysterien stammt. Da Rudolf Steiner auch von ähnlichen Symbolen spricht, ist zu fragen, wie so ein Symbol wohl im nordischen Mysterienraum ausgesehen haben mag. Der Symbolgehalt das Merkurstabes könnte –neben allen anderen Auslegungen- folgendermaßen verstanden werden: Der senkrechte Stab ist ein Bild des Ich und die Schlangenlinie zeigt den Versuch der Seele, immer wieder in dem

Hin- und Herschwingen zwischen den Versuchungen der Widersacher die Mitte zu finden. Welches Wahrbild könnte mitdiesem so verstandenen Merkurstab im nordisch-germanischen Bereich zu vergleichen sein?

So verstanden markiert der Merkurstab einerseits die Schwelle zur Unterwelt und andererseits ruft er den Menschen zur Erkenntnis der Widersacher auf und zum gesunderhaltenden Streben, die Mitte zwischen diesen beiden immer wieder herzustellen. Sucht man für diese Funktionen ein dem Merkurstab zu vergleichendes Urbild, so rückt die Mistel als mögliches Symbol in das Blickfeld. Sie steht, wie es in den Bildern des Baldurmythos gezeigt wird, zwischen den Widersachern und am Übergang in die Welt des Todes. Im Fiölsvinsmal und in der Äneas hat die Mistel die Funktion, Lebenden den Schwellenübergang in die Geistwelt zu ermöglichen. Die Vorbedingung dafür ist ein klares und ein herzwarmes Denken, das den Menschen befähigt, sich zwischen den Widersachern zu behaupten.

Diese Erkenntnisse legen es nahe, in dem Bild der Mistel einen nordischen Merkurstab zu vermuten. Wie sieht es aber mit der Bildgestalt aus? Betrachtet man den stets geraden Spross und die zwei sich mondenförmig nach oben biegenden Blätter der Mistel, so entsteht vor dem inneren Auge ein zwar einfaches, aber doch dem Merkurstab zu vergleichendes Urbild. Wie bei diesem werden die gerade Mitte und die Schwingung zu beiden Seiten deutlich. Als besonders aussagekräftiges Symbol kann bei dem vermuteten Mistel-Heilerstab die in der Mitte verheißungsvoll ruhende Blütenknospe angesehen werden. Da kann etwas Neues aufblühen und Frucht tragen!

Zusammenfassung

Mit den vorangegangenen Betrachtungen ist der Versuch unternommen worden, ein Verständnis für die Mistel zu gewinnen, das über das Bild der für die Onkologie nützlichen Pflanze hinausgeht. Es sollte die Stellung der Mistel in den nordischen Mysterien aufgezeigt werden. Dort wurde sie als die Kraft erkannt, die, zwischen den Widersachern stehend, die Menschheit aus der mit der Kamille zu vergleichenden lichten Baldurzeit in die Götterferne und damit in die Auseinandersetzung mit der materiellen Welt und den ahrimanischen und luziferischen Wesenheiten führte. Diese Auseinandersetzung ist in der Gegenwart, der Epoche der Bewusstseinsseele, besonders aktuell geworden. Mit ihr sind die vielfältigen Krebserkrankungen aufgetreten, die somit auch als Bewusstseins-Seelen-Erkrankungen verstanden werden können. Als Hilfe in diesem Kampf um die eigene

Mitte ist uns von Rudolf Steiner einerseits die Möglichkeit anvertraut worden, die Widersachermächte und ihre Ziele erkennen zu lernen, andererseits hat er die Mistel als Heilpflanze für die Tumorerkrankungen genannt.

Die Mistel möchte ihre Aufgabe als Schwellen-Wesen nicht nur dadurch erfüllen, dass sie die Menschen aus der Hellsichtigkeit herausgeführt hat. Heute möchte sie den Suchenden die Wege zu einer neuen Hellsichtigkeit weisen, wie es im Fiölsvinsmal aufgezeigt wird: Der klaren Erkenntnis muss die Kraft der herzwarmen Liebe hinzugefügt werden, wenn der Mensch aufrecht und gesund zwischen den Versuchermächten bestehen will. Als ein Symbol für diese Fähigkeit wurde der Merkurstab erkannt und, für den nordischen Raum, als vergleichbares Zeichen, der Misteltrieb entdeckt. Der Merkurstab zeigt mit seiner sich nach oben reckenden und schwingenden Schlangenlinie eine Tendenz zur Aufwärtsentwicklung, während das Bild des Misteltriebes auf den ersten Blick einen archaisch-statischen Eindruck macht. Die Dynamik und damit die Entwicklungsmöglichkeit des nordischen Mistelstab- Symbols liegt aber in der verheißungsvollen Stellung und Kraft seiner Knospe verborgen.

14 Die Götterdämmerung kündigt sich an

Die Geschehnisse, die zur Götterdämmerung führen, werden von der Seherin Wölva in dem Lied Wöluspa dargestellt. Es beinhaltet folgende vier Teile: Die Evolution bis zur Ich-Begabung des Menschen, die Ankündigung der Götterdämmerung Ragnarök, die große Entscheidungsschlacht und die Zukunftsprophetie.[418] Nach einem Rückblick auf den ersten Teil soll hier das betrachtet werden, was der Götterdämmerung unmittelbar vorausgeht. Kaum hat die Wölwa den lauschenden Menschen aus ihrer Geistschau heraus die ganze Evolution der Erde in den herrlichen Bildern entrollt, so gleitet ihr Blick weiter auf die Begabung der noch ganz pflanzenartigen Menschen-Wesen Ask und Embla mit Seele, Sinn, Blut und Bewegung. Danach erscheint vor ihrem Seherblick die Esche Yggdrasil, der Ich-Baum. Durch diesen wird ins Bild gefasst, wie dem Menschen der göttliche Ich-Funke anvertraut wurde. Dieser Lichtkeim soll wachsen und den Menschen zur inneren Freiheit und dann zur selbstlosen Liebe führen. Da der Mensch aber auf dem Wege zur inneren Freiheit notwendigerweise aus der Götterführung entlassen ist, haben die Widersacher ein leichtes Spiel. Jeden Einzelnen versuchen sie, in den zerstörerischen Egoismus zu treiben. Daraus entstehen Verschuldungen, die das persönliche Schicksal nach sich ziehen. In dem Bilde der Esche Yggdrasil ist all dies inbegriffen, denn unter diesem Baum, der vom Himmel bis zur Erde reicht, leben die Schicksalsnornen Urd, Verdandi und Skuld. Urd ist diejenige, die das aus der Vergangenheit mitgebrachte Schicksalspäckchen dem Menschen zurichtet. Verdandi begleitet das Geschehen in der Gegenwart und Skuld trägt die Verschuldungen ins zukünftige Schicksal hinein. Dadurch verlieren die Menschen ihre Unschuld und auch ihre Hellsichtigkeit, was in der Geschichte von Baldurs Tod beklagt wird. Auch die Götter verändern sich im Laufe dieser Entwicklung.

Der verwandelte Odhin

Nach der Eschen-Imagination schrickt die Wölva aus dem Fluss ihrer Bilder-Schau auf, denn plötzlich steht der Gott Odhin selbst vor ihr. Aber wie ist er verwandelt!

Odhin wird von einem Schlangen-Wolf verschlungen. Sion, Valere

Aus dem strahlenden, schaffensfreudigen Gott ist ein grübelnder Alter geworden. Er hat sein Auge der Hellsichtigkeit, sein Stirnauge, am Brunnen Mimirs hingegeben, um die Weisheit zu erlangen, die notwendig war, um die Menschen auf dem Weg in die Erdentiefen begleiten und führen zu können. Er sollte derjenige werden, »der in unserer Weisheit Lehrer sein kann, in der Weisheit, die durch die Sinne erobert und durch den Verstand gewonnen wird.«[419] Die Wölva spricht ihn direkt an:

> *Alles weiß ich, Odhin, wo du dein Auge bargst:*
> *In der vielbekannten Quelle Mimirs …* (Wöluspa, 21,22)

Kann ein Gott sich so weit opfern? Muss er dann nicht selbst durch einen Nullpunkt gehen, um diese Verstrickung mit der Erdenfeste, die von den Widersachern beherrscht wird, abzuschütteln?

Grübelnd schaut der Gott Odhin in die Zukunft und wirklich, welche Tragik tut sich vor dem Blick der Seherin auf! Sie schaut in die Zukunft und sieht die dramatischen Geschehnisse, die zur Götterdämmerung und zur großen Entscheidungsschlacht führen, bei der Odhin vom Wolf verschlungen werden wird, und auch die anderen Götter den Kräften der Finsternis, der Midgardschlange und den zur Hel gehörenden Kräften, unterliegen werden. Sind denn die Götter so schuldig geworden, dass sie vernichtet werden müssen? In der nordisch-germanischen Mythologie sind es nicht die Menschen, die als schuldig hingestellt werden, wie es im alten Testament der Fall ist, sondern es sind die im Menschen wirkenden Götter selbst, die auf dem Weg in die Verschuldung vorangehen. Und wieder fragt man sich, kann ein Gott, der im Menschen doch nur das Gute bewirken will, schuldig werden? Loki gibt einen Hinweis, indem er fordernd sagt:

> *Gedenke dir, Odhin, wie in Urzeiten wir*
> *Das Blut mischten beide?* (Ägisdrecka, Vers 9)

In Urzeiten entstand die Verbindung der Asen-Götter mit Loki, dem Luzifer des Nordens, der den anderen, den ahrimanischen Geist nach sich zog. Wir wissen, dass wir diesen Widersachermächten viel zu verdanken haben, aber auch, dass sie immer mächtiger wurden, indem sie dem Menschen den Egoismus einpflanzten. Dadurch wurden die Asen-Götter in den Strudel der Verschuldungen hereingerissen. Für die nordischen Menschen, die sich zunächst gleichsam wie ein Saitenspiel vorkamen, auf dem die drei Götter in den jeweiligen Seelenbereichen spielten, war es eine tragische Erfahrung, dass, verursacht durch die eigenen Egoismen, die göttlichen ›Musikanten‹ in der sich verdunkelnden Seele nicht mehr wahrnehmbar waren, also verdämmerten.

Die Gegenwart der Götterdämmerung

Das, was die Seherin als die zukünftige Götterdämmerung darstellt, können wir als unsere eigene Gegenwart verstehen. Die auf dem Astralplan geschauten Bilder der Wölva stellen eine Hilfe dar, sich in der Gegenwart zurechtzufinden. Man kann erkennen, »dass alle Vorgänge, die da als Zukunftsvorgänge dargestellt werden, bis in die Einzelheiten hinein nicht besser … und nicht treffender dargestellt werden könnten, als sie dargestellt worden sind in dem wunderbaren Bilde der Götterdämmerung.«[420]

Wodurch bietet die nordische Mythologie eine Verständnishilfe für die Gegenwart? Sie kennt beispielsweise das Wirken der zweifachen Widersachermächte. »Sie können an die verschiedensten Mythologien … herangehen und Sie werden nirgends eine so klare und tiefgehende Anschauung davon finden, dass zweierlei Einflüsse an den Menschen herantreten, wie in der germanisch-nordischen Mythologie.«[421] In unserer Gegenwart kommt es darauf an, die Widersacher zu erkennen. »Was die Menschen des fünften nachatlantischen Zeitraumes kennen lernen müssen, das ist den vollbewussten Kampf gegen das in der Menschheitsentwickelung auftretende Böse.« Es gilt die zwei Seiten des Bösen zu erkennen. Denn »es wird sich ein Höchstes an Weltgeheimnissen der Menschheit der Zukunft enthüllen müssen, indem sie das Erstarrende, das sich Verflüchtigende ..., das Geradlinie, das Krumme ... konkret aufzufassen in der Lage ist.«[422] Nachdem die Wölwa Odhin in seiner gealterten, und durch das Opfer des dritten Auges, nur noch zweiäugigen und grüblerischen Erscheinungsform erkannt hat, weiß sie die schwerwiegenden Folgen zu schildern:

Denn weit und breit sah sie über die Welten all. (Wöluspa, 23)

Die Ursachen der Götterdämmerung

Unmittelbar nach der Begegnung mit Odhin, schildert die Wölva die Ereignisse, die direkt zur Götterdämmerung hinführen. Sie nennt die dreifachen Mordversuche der Götter an Gulweig, der alten aus der goldenen Wanenzeit stammenden Goldkraft, die dennoch fortwirkt, denn dreimal verschlang Loki Gulweigs Herz und dreimal gebar Loki daraufhin die bis zur Götterdämmerung unermesslich starke werdenden Ungeheuer: die Midgardschlange, den Fenriswolf und Hel. Es heißt:

Da wurde Mord in der Welt zuerst,
Da sie mit Geren Gulweig stießen,
In des Hohen Halle sie dreimal brannten.
Dreimal verbrannt ist sie dreimal geboren,
Oft, unselten, doch ist sie am Leben. (Wöluspa, 25)

Durch diese Geschehnisse haben sich die Götter verschuldet, denn Asgard ist ein heiliger Bereich, in dem kein Mord geschehen darf. Daraufhin beschleicht sie Angst, die dazu führt, dass sie sich von einem Riesen eine Schutzwall um Asgard bauen lassen wollen. Der Preis, den Loki aushandelt, ist erstaunlich hoch: Sonne, Mond und die Göttin Freya sollen dem Riesen zu Eigen sein, wenn er den Bau der Mauer in einem halben Jahr fertig stellen kann.[423] Das scheint rechtzeitig zu gelingen, aber Loki weiß es zu verhindern. Dann wird der um seinen Lohn geprellte Baumeister sogar erschlagen! Die Wölva aber weiß die damit zusammenhängenden Verschuldungen der Götter zu benennen:

Odhin schleuderte über das Volk den Spieß:
Da wurde Mord in der Welt zuerst. (Wöluspa, 28)

Wie sind diese Zeilen zu verstehen? Die Verschuldungen der Götter zeigen die zunehmende Einwirkung der Widersachermächte an. Es ist zugleich der Ausdruck der Veränderungen, die im Menschen durch die Kräfte des ›Bösen‹ geschehen. Diese betreffen alle Seelenglieder: das Fühlen, Denken und Wollen. Im Bereich des Fühlens, zu dem der Ätherleib gehört, wohnt die Sprache. In diesen griffen die Widersacher ein, indem sie die Menschen verführten, mit der wunderbaren, von Schöpferkräften erfüllten Odhins-Sprache, Missbrauch zu treiben. Da sah Odhin sich gezwungen, diese Ursprache in einzelne Zungen zu zerteilen. Daraufhin verstanden die Menschen sich nicht mehr; Mord war die Folge.

Auch in den Bereich Freyrs und Freyas dringen die Widersacher ein. Das zeigt sich daran, dass Freya, die Göttin der reinen Liebeskräfte, stets in der Gefahr schwebt, in die Gefangenschaft der Riesen zu geraten, wo sie von den groben, verrohenden Mächten beherrscht werden soll. Derjenige, der sie daraus befreien kann, ist der Jüngling Odhur, der sich durch die Reinigung seines Denkens von Kälte und Amoral, am Ende des Fiölsvinsmal als Erleuchteter erweist.

Die Verschuldung, die in das Gebiet der von Thor verwalteten Willenskräfte fällt, ist deutlich: Er hat, alle festen Verträge missachtend, den Baumeister-Riesen im heiligen Bereich erschlagen. Die Willenskräfte, in denen Thor im Menschen wirkt, können noch nicht gemeistert werden, sie lassen sich vom Zorn bezwingen.

Von Zorn bezwungen zögerte Thor nicht … (Wöluspa, 30)

Die Verschuldungen der Götter, die doch nur das anzeigen, was in den drei Seelenbereichen des Menschen durch die Einwirkung der Widersacher geschah, hat weitere Folgen. Wie ein herabstürzender Strom naht sich die Zeit, wo *alle Wetter wüten*, *Blut* alles *besudelt* und *Fenrirs Geschlecht*, die ahrimanischen Wesen, im *Eisengebüsch* vielfach herangezogen werden zu *übermenschlicher Gestalt.* *(Wöluspa, 32,33)*

Die drei Hähne

Voller Grauen werden die Menschen den apokalyptischen Worten der Wölva gelauscht haben. Aber mitten in die Schilderung all der zu erwartenden Schrecken, fügt die Seherin eine erstaunliche Bilderfolge ein. Sie spricht von einem heiteren Hüter der Riesen, der eine Harfe schlägt und von drei Hähnen:

Da saß am Hügel und schlug die Harfe
Der Riesin Hüter, der heitere Egdir.
Vor ihm sang im luftigen Walde
Der hochrote Hahn, geheißen Fialar.
Den Göttern hell klingend sang Gullinkambi,
Weckte die Helden beim Heervater.
Unter der Erde singt ein anderer,
Der schwarzrote Hahn in den Sälen Hels. (Wöluspa, 34,35)

Welches innere Bild mag durch diese zwei Strophen in den Menschen entstanden sein? Die Wölwa schaut drei verschiedene Hähne: Auf einem luftigen Baum sitzt ein hochroter Hahn, der Fialar, der Vielwisser, heißt. Was mag das bedeuten? Alle alten Mysterien lebten aus der Inspiration Luzifers, des luftigen, vielweisen und feurigen (hochroten) Geistes. Er will die Menschen ganz für sich und seine erdenflüchtigen Ziele gewinnen. Der zweite Hahn heißt Gullinkambi, der mit dem ›goldenen Kamm‹. Er ist derjenige, der in aller Morgenfrühe von einem erhöhten Platz aus den neuen Tag verkündet und die Menschen ins Bewusstsein erweckt. Golden in der Morgensonne aufleuchtend, ruft er von der Kirchturmspitze aus die Menschen zum Gottesdienst. In der Erdentiefe, im Totenreich Hels, lebt der dritte, der schwarzrote Hahn. Er will die Menschen ins ersterbende, tote Denken führen. Er ist namenlos, denn die ahrimanische Macht will sich nie zu erkennen geben.

Mitten zwischen dem roten und dem schwarzen Hahn befindet sich der Goldkamm-Hahn. Alle Götter und Helden, die Einherier, die in Odhins Halle versammelt sind, ruft er durch sein helles Krähen auf, sich zum Kampf mit den Widersachern zu rüsten. Da dieser Goldhahn als der Mittlere genannt wird, der bei den Göttern lebt, ist es deutlich, dass es sich für die zu Odhin gehörenden Menschen darum handeln muss, selbst die Mittelstellung anzustreben. Das kann dadurch gelingen, dass die beiden anderen Hähne in ihrer versuchenden Macht erkannt werden.

Dort in der Mitte können wir uns auch den Harfenschläger Egdir vorstellen. Er gehört in den Bereich der Riesen, die durch ihre leibbildende Funktion seit Urzeiten mit den Zielen der Menschwerdung vertraut sind. Sein Name ist schwer zu übersetzen, er könnte aber ›Adler‹ bedeuten. Dieser sich hoch in die Lüfte schwingende Vogel hat den Überblick über das Erdengeschehen. Er ist heiter, denn er weiß, dass die Menschen sich im Kampf zwischen den Versuchungen Ahrimans und Luzifers erstarken sollen, um die innere Freiheit als Grundlage für ein starkes Ich zu finden. Dafür aber müssen die Widersacher erkannt werden.

Ist es nicht so, dass die Seherin mit den ›Hahnenversen‹ den Menschen ein lebendiges Bild seiner Stellung zwischen den Widersachern vor Augen malt, um ihnen Mut und Zuversicht zu vermitteln? Strebt der Mensch unermüdlich nach dieser Mitte, so kann er gelassen, ja heiter die Götterdämmerung bestehen. Staunend können wir bemerken, dass aus diesen Bildern der Geist Michaels spricht, denn Michael ruft uns als Diener Christi auf, das Gleichgewicht zwischen den Widersachen zu suchen. »Nur dann verstehen wir den Menschen, wenn wir ihn auffassen seinem Wesen nach als strebend nach dem Gleichgewichte zwischen … dem Ahrimanischen … dem Luziferischen. Der Mensch hat fortwährend die Gleichgewichtslage zwischen diesen beiden Mächten anzustreben, zwischen demjenigen, das ihn hinausführen möchte über sich selbst, und demjenigen, das ihn hinabziehen möchte unter sich selbst.[424]

Durch die Hahnen-Imagination der Wölva können auch wir uns unserer Stellung zwischen den beiden Widersachern bewusst werden und uns so gestärkt und ermutig fühlen, den Schrecknissen der heutigen Götterdämmerung zu begegnen. Diese ereignen sich dadurch, dass Loki und der Fenriswolf ihrer Fesseln ledig werden, die Midgardschlange das Meer aufwühlt und jeder jeden bekämpft. Auch Hrym und Surtur ziehen mit ihren Scharen zum Kampffeld, wo auch die Asen-Götter und die Einherier sich einfinden.

Unerhörtes ereignet sich, großer Eh'bruch.
Beilalter, Schwertalter, wo Schilde krachen,
Windzeit, Wolfszeit eh die Welt zerstürzt. (Wöluspa, 46)

Von dem Ich-Baum, der Esche Yggdrasil, sagt die Seherin tröstend, dass sie zwar zittert und unter den Katastrophen der Götterdämmerung leidet, aber sie steht aufrecht zwischen Himmel und Erde!

Yggdrasil zittert, die Esche, doch steht sie,
Es rauscht der alte Baum, da der Riese frei wird. (Wöluspa, 48)

Die eigentliche Götterdämmerung beginnt mit den folgenden beschwörenden Worten:

Grässlich heult Garm vor der Gnupahöhle,
Die Fessel bricht und Freki rennt. (Wöluspa 48)

Es finden sich die Scharen zur entscheidenden Schlacht auf dem Kampfplatz ein. Den Asen-Göttern stehen die Truppen Ahrimans und Lokis gegenüber, die von der Midgardschlange und dem Fenriswolf unterstützt werden. Tapfer stürzen sich die Götter in den Kampf, aber diesen geballten Widersachermächten sind sie unterlegen. Nur ein Gott, Widar, kann den Wolf besiegen und die neue Welt mit einem neuen Heiligtum begründen. In dieser Welt wird der Friedensbringer alles zum Guten wenden, das sieht die Wölva tröstend voraus.[425]

15 Heimdall, der Helle

Heimdall und sein Geschlecht

Die nordisch-germanischen Völker hatten immer hochgeachtete, weise Frauen. Ihr Auftrag war es, das Götterwirken den Menschen zu verkünden und so einen lebendigen Zusammenhang zwischen den Welten herzustellen. In dem ersten und ältesten Lied der Edda, die Wöluspa (die Wölva spricht) genannt, besingt die hochweise Wölva die Taten Odhins, des Allvaters. Ihre schauender Blick gleitet von der Erschaffung der Welten und der Menschen über die Opfertaten Odhins bis zur Götterdämmerung und sogar noch darüber hinaus. Schon die ersten Zeilen des Liedes künden von der Hoheit und Vollmacht dieser Frau:

Allen Edlen gebiet ich Andacht,
Hohen und Niedern von Heimdalls Geschlecht;
Ich will Walvaters Wirken künden,
Die ältesten Sagen der ich mich entsinne. (Wöluspa Vers1)

Es ist auffallend, dass in der isländischen und der dänischen Fassung von den ›heiligen‹, den *hellige* Geschlechtern gesprochen wird, von den hohen und niederen Kindern Heimdalls, die der Völva lauschen sollen.

Hoerer mig, alle hellige Slaegter,
oevre og nedre Aetter af Hejmdal …

Da in den Liedern der Edda von Heimdall nur selten die Rede ist, und Odhin stets als Allvater oder Walvater bezeichnet wird, entsteht leicht die Meinung, dass alle nordisch-germanischen Völker Odhinsvölker sind. Wer mag also dieser Heimdall sein? In dem Lied Thrymskvida (Vers 15) wird Heimdall so besungen:

Sprach da Heimdall, von Göttern der hellste,
Weit sah voraus er, wie Wanen es tun. (nach Dan Lindholm)

Heimdall (?) in einer norwegischen Stabkirche, Valdres

Heimdall, der Wane

Heimdall wird gelobt als der hellste der Götter, der voraussehen kann. Er gehört zu den Wanengöttern, die vor den Asengöttern ihre Wirksamkeit entfaltet hatten. Die Wanen sind viel höhere Geistwesen, nämlich Geister der Weisheit und Bewegung, als die Asen, welche »sich als Engel und Erzengel kümmerten um das Ich der Menschen, das jetzt auf der untersten Stufe erwachte.«[426] »Die alten Götter aber, die gewirkt haben, bevor in das menschliche Seelenleben die [Asen-] Götter eingriffen, ... diese göttlichen Wesenheiten, die in ferner, ferner Vergangenheit, in der Zeit der alten Atlantis, wirksam waren, nannte man die Wanen.«[427] Traumhaft wurde auf der Atlantis die Welt wahrgenommen. »Wie die Wanengötter zusammenhängen mit dem ›Wähnen‹, so die Asengötter mit dem ›Sein‹, das heißt mit dem Sein in der äußeren, materiellen Welt, das der äußere Verstand ergreifen will.«[428] Das alte, allgoldene Wanenbewusstsein wurde durch das den Verstand erweckende Asenbewusstsein verdrängt. Dennoch wurden die Wanengötter Njörd und Heimdall bei den Asen aufgenommen und hochverehrt.

Der Fall der nordisch-germanischen Völker

Die Völker, die im Bereich der von den Wanengöttern inspirierten Sonnenmysterien auf der Atlantis lebten, hatten, so beschreibt es Rudolf Steiner, einst durch Mysterienverrat Geheimwissen erhalten, dieses aber missbraucht, indem Wachstums- und Sexualkräfte zu egoistischen Zwecken eingesetzt wurden. Die dadurch verursachten Wasserkatastrophen trugen zum Untergang der Atlantis bei. Für die Völker bedeutete es einen tiefen Fall, einen »moralischen Niedergang ...«[429], der die Menschen bis in die physische Gestalt hinein vergröberte und entstellte. Um langsam wieder veredelt zu werden, wurden sie von weisen Führern in den abgeschiedenen Gebieten Nordeuropas angesiedelt. Dort herrschte noch ein Nachklang der hyperboräischen Sonnenzeit[430], der zur Volksgesundung besonders geeignet erschien. Durch Mysterienverrat waren die Völker gefallen. »Daher musste in den europäischen Mysterien umso mehr das Weisheitsgut geschützt und gehütet werden.«[431] Es »wirkte eine Weisheit aus tief verborgenen Quellen heraus.«[432] Diese blieben geheim, aber die Menschen »wussten, wo sie die göttlichen Geheimnisse zu holen hatten, von denen sie dann die Tapferkeit, den Starkmut durchströmen lassen mussten ...«[433] durch ihre Seelen. Die Entwicklung dieser

Tugenden bewirkte die langsame Erholung der Völker von ihrem Sturz. Können die weisen Führer und Erzieher der nordischen Völker in der Edda aufgezeigt werden?

Die Erzieher der nordisch-germanischen Völker

Die ersten Erzieher in der nachatlantischen Zeit waren die Druiden, die als Vertreter der Wanen-Sonnenmysterien der Atlantis die Aufgabe hatten, die Menschen so zu führen, dass sie in naiver Unschuld und Hingabe an den Kosmos leben konnten. Alles Grübeln galt als eine Krankheit, die es zu heilen galt. So sollte die abgebrochene Entwicklung auf der Atlantis nachgeholt und langsam in den Asenimpuls übergeleitet werden. Dieser Wechsel vom Traum- zum Wachbewusstsein vollzog sich aber nicht ohne große Spannungen zwischen den Asen und Wanen. Die Edda spricht sogar von einem Krieg und einem folgenden Friedensschluss. Zur Besiegelung des Friedens wurden, neben dem gemeinsamen Speien in einen Kessel und dem daraus entstehenden Kwasir, Geiseln ausgetauscht. So kamen die Wanen Njörd und Heimdall zu den Asen, um dort zu wirken. Njörds Aufgabe war es, jeden eigenwilligen Gebrauch der Geschlechtlichkeit zu unterbinden.[434] Heimdalls Erziehungsziel aufzuzeigen soll im Folgenden versucht werden.

Heimdalls Geburt

In der Edda wird folgendes berichtet:

Heimdall heißt einer, der auch der weiße Ase genannt wird. Er ist groß und her und von neun Mädchen, die Schwestern waren, geboren. (Gylfaginning 27)

Diese erstaunliche Angabe der neunfachen Geburt wird in dem Hyndluliod (Vers 34) bestätigt. Dort heißt es:

Geboren ward einer am Anfang der Tage
Ein Wunder an Stärke, göttlichen Stamms,
Neune gebaren ihn, der Frieden verlieh'n hat
Der Riesentöchter am Erdenrand.

Die Zahl neun ist heilig. Sie ist die dreifache Steigerung der in allen Religionen verehrten dreifachen Hauptgottheiten. Die Wölva weist sich mit folgenden Worten aus:

Riesen acht ich die Urgeborenen,
Die mich vor Zeiten erzogen haben.
Neun Welten kenn ich, neun Äste weiß ich
An dem starken Stamm im Staub der Erde. (Wöluspa Vers 2)

Die Seherin deutet mit dieser Aussage an, dass sie von fernster Vergangenheit bis in die Zukunft die Entwicklungsphasen der Erden- und Menschwerdung übersieht. Ähnliches ist für Heimdall denkbar, der sich offenbar aus neun Werdestufen heraus geboren fühlt. Auch die Auslegung von Rudolf Meyer bietet sich als Verständnishilfe an: »Aus dem Zusammenklang aller Kräfte, die aus den neun himmlischen Sphären heraus die Seele begnaden wollen, gebiert sich erst das harmonische Menschentum.«[435]

Das Wort über Heimdall: … *der Frieden verlieh'n hat* … lässt ein tiefes Geheimnis anklingen. Nach Rudolf Steiner soll »hier möcht' ich Frieden finden« ein Kennwort gewesen sein, das diejenigen, die eine Mysterienschulung anstrebten, aussprachen, um in den Tempelbereich eingelassen zu werden.[436] Auch die Christusworte vom Frieden klingen an. Was mag damit gemeint sein, wenn von Heimdall als dem Friedensverleiher gesprochen wird?

Heimdalls Aufgaben

Heimdall hat besondere Fähigkeiten. Es wird von ihm berichtet (Gylfaginning 27):

Er (Heimdall) *heißt auch Gullintanni, weil seine Zähne von Gold sind … Er wohnt auf Himinbiörg* (Himmelsburg) *bei Bifröst* (schwankende Himmelsbrücke, Regenbogen). *Er ist der Wächter der Götter und wohnt dort an des Himmels Ende, um die Brücke vor den Bergriesen zu bewahren. Er bedarf weniger Schlaf als ein Vogel und sieht sowohl bei Nacht als bei Tag hundert Tagreisen weit; er hört auch das Gras in der Erde und die Wolle auf den Schafen wachsen … Er hat eine Trompete, die Giallahorn* (das weithin tönende Horn) *heißt, und bläst er hinein, so wird es in allen Welten gehört. Heimdalls Schwert heißt Haupt.*

Heimdall ist demnach ein Gott der Morgenfrische und Wachheit. Von ihm kommt das Sprichwort: *Morgenstunde hat Gold im Munde.* Die Sinnenschärfe braucht er, um Bifröst vor dem Ansturm der Riesen zu bewahren. Wenn sie dennoch kommen, wird Heimdall in sein Horn blasen, um alle Götter zum letzten Kampf aufzurufen.[437] Loki, der bei Ägirs Gastmahl allen Göttern ihre Verfehlungen vorhält, findet an Heimdall nichts, was er rügen könnte, aber für die dienende Wächterfunktion hat er kein Verständnis. Er sagt:

> *Schweig du Heimdall, in der Schöpfung Beginn*
> *Ward dir ein leidig Los.*
> *Mit feuchtem Rücken fängst du den Tau auf*
> *Und wachst als der Götter Wächter.* (Ägisdrecka Vers 48)

Heimdall-Heimdali

Da Heimdall auch Heimdali genannt wird, entsteht die Frage, ob er mit den Opfertieren, den Widdern, etwas gemein hat, da diese ebenfalls als Heimdali bezeichnet werden. Das alte Wort ›sauthr‹ bedeutet zugleich Opfer und Widder. Widderopfer wurden vor allem in der Widder-Zeit[438] (beginnend etwa 800 v. Chr.) den Göttern dargebracht. Nur wer die Widderorgane, die geschwungenen Hörner, wie sie auch die Irminsul hat, zu benutzen wusste, konnte in jener Zeit noch den Weg in die geistige Welt finden. Bei den Griechen erlosch das alte Hellsehen am Beginn des Widderzeitalters, während es, gewiss durch Heimdalls Hilfe, bei den Germanen erst nach der Zeitenwende langsam verdämmerte. Das Hellsehen und Hellhören konnte aber auch danach im Norden durch eine intensive Schulung bis ins 8. Jahrhundert nach Christus aufrecht erhalten werden. Die so geführten Menschen wurden dadurch fähig, über die von Heimdall bewachte Brücke in die geistige Welt zu gelangen, um die Völker geistgemäß zu lenken. Heimdall hilft den Menschen, die alte Hellsichtigkeit zu bewahren, während es Vidars Auftrag ist, eine neu zu erringende Wahrnehmungsfähigkeit zu gewinnen.

Heimdall, der rasche Rig

In dem Lied Rigsmal wird in einem Vorwort daraufhingewiesen, dass es Heimdall ist, der als Rig zu den Menschen kam. So wie Odhin sich immer wieder in hehren Persönlichkeiten, deren Name mit *Sig-* begann, inkorporierte, kann es auch für

Heimdall und Rig gedacht werden. Der Name Rig kommt aus dem Keltischen von ›rix‹, der König. Im germanischen Raum tritt Rig auch als der Gott Iring oder Irmin auf. Sein Volk war das der Irmionen. Dieses ist einer der drei germanischen Hauptstämme, die Tacitus als die Ingaevonen, die Iscaevonen und die Irmionen oder Hermionen bezeichnet, deren gemeinsamer Stammvater Mannus war. Aus der Chronik des Widukind geht hervor, dass die Sachsen dem Gotte Irmin opferten und ihm Bildsäulen errichteten, Irminsul genannt.[439] Das Sternbild des großen Bären wurde als Irminwagen bezeichnet. Im Niebelungenlied und in der Vilkinsage kommen Helden vor, die sich Iring nennen. In Schweden gab es etliche Könige, die sich Erik (E-rig) nannten.[440]

In der Vorrede zum Lied Rigsmal heißt es, dass Heimdall-Rig *»auf seiner Fahrt zu einer Meeresküste kam.«* Dieses Bild von dem Weisen, der übers Meer zu den Menschen kommt, beruht auf der Erinnerung an das Wirken der keltischen Sendboten, die als Erzieher der germanischen Völker über das Meer kamen und aus ihren Mysterien hyperboräische Weisheit mitbrachten.

Das Lied von Rig

Einst sagen sie, ging auf grünen Wegen
Der kraftvolle, edle, vielkundige As,
Der rüstige, rasche Rig einher.
Weiter wandelnd des Weges inmitten
Traf er ein Haus mit offener Tür …
Da saß ein Ehpaar, ein altes, am Feuer,
Ai und Edda in üblem Gewand. (Rigsmal Vers 1)

Bei Ai, dem Stammvater, und Edda, der Urgroßmutter, wurde Rig mit einem dürftigen Mahl bewirtet. Er wusste den Alten zu raten, dann schlief er drei Nächte inmitten der Eheleute. Nach neun Monaten gebar Edda ein Kind, das, da es grobschlächtig und dunkelhäutig war, Thrail, der Knecht, genannt wurde.

Weiter wanderte Rig, da kam er zu einem Haus, dessen Tür halb offen stand. Das Ehepaar dort, Afi und Amma (Großvater und Großmutter) genannt, waren Bauern, die Rig gut bewirteten. Er schlief wiederum drei Nächte zwischen ihnen, und nach neun Monaten wurde Karl geboren; rotbackig, frisch und mit funkelnden Augen. Er wurde ein tüchtiger Bauer.

Rig setzte seine Wanderung fort:

Weiter ging Rig geraden Weges;
Kam er zum Saal mit südlichem Tor.
Angelegt war's, mit leuchtendem Ring.
Er trat hinein, bestreut war der Estrich
Die Ehleute saßen und sahen sich an,
Vater und Mutter an den Fingern spielend. (Rigsmal Vers 24)

Bei diesen Edlen wurde Rig aufs Beste bewirtet. Dann, nachdem er sie beraten hatte, schlief er drei Nächte bei ihnen. Daraufhin heißt es:

Die Mutter gebar und barg in Seide
Ein Kind, das genetzt und genannt ward Jarl.
Licht war die Locke und leuchtend die Wange,
Die Augen scharf wie Schlangen blicken. (Rigsmal Vers 31)

Jarl wurde stark und kühn und erlernte alles, was Ritter auszeichnet. Einer ganz besonderen Begegnung wurde er erwürdigt:

Aus dem Walde kam der rasche Rig gegangen,
Rig gegangen ihn Runen zu lehren,
Nannte mit dem eigenen Namen den Sohn,
Hieß ihn Erb und Eigen besitzen
Erb und Eigen und Ahnenschlösser. (Rigsmal Vers 33)

Jarl freite die adlige Erna und bekam zwölf Söhne. Diese widmeten sich allen Ritterkünsten. Von Kon, dem Jüngsten, heißt es einfach:

Kon der junge kannte Runen,
Zeitrunen und Zukunftrunen;
Zumal vermochte er Menschen zu bergen,
Schwerter zu stumpfen, die See zu stillen.
Vögel verstand er, wusste Feuer zu löschen,
Den Sinn zu beschwichtigen, Sorgen zu heilen,
Auch hatte er zumal acht Männer Stärke. (Rigsmal Vers 40)

Er stritt mit Rig, dem Jarl, in Runen,
In allerlei Wissen erwarb er den Sieg.
Da ward ihm gewährt, da ward ihm gegönnt.
Selbst Rig zu heißen und runenkundig. (Rigsmal Vers 42)

Gewöhnlich wird dieses Lied als die Geschichte der Einsetzung der Kasten angesehen. Unklar bleibt es dann aber, warum die Ehepaare so verschiedenen Alters sind. Könnte nicht das erste Ehepaar, die Uralten, das Geschlecht der auf der Atlantis gefallenen und dadurch ungestalt gewordenen Menschen darstellen? Durch Rigs Rat und seine Schöpferkraft kann sich dann eine höhere Menschheitsstufe entwickeln. Bäuerliche, tüchtige Menschen werden geschildert, deren Tür, die bei den ersteren ganz offen stand, nun nur noch halb offen ist. Bei dem edlen Geschlecht ist sie sogar angelehnt und geschmückt. Auf diese Weise wird der sich bildende Innenraum, die Innerlichkeit, angezeigt.

Nicht die Kastenbildung ist demnach der Inhalt des Rig-Liedes, sondern die schrittweise Höherentwicklung und Veredlung der Menschen. Da die Seelen das Bedürfnis hatten, sich in den veredelten Leibern der höheren, führenden Schichten zu inkarnieren, starben die Geschlechter der untersten Stufe allmählich aus. »Die leiblichen Nachkommen der führenden Bevölkerung Europas vermehrten sich, wurden zahlreicher … weil die Seelen nach dieser Richtung sich vermehrten … und die Entwicklung geschah nun so, dass überhaupt als physische Rasse die leibliche Gestalt, in welcher sich die älteste europäische Bevölkerung ursprünglich verkörpert hatte, ausstarb.«[441] Rig bewirkte somit durch seinen Einsatz eine Veredlung der Menschen, die sich alle als Heimdalls-Kinder erleben konnten. Aus den gefallenen Geschlechtern wurden so die ›hellige Slaegter‹ Heimdalls. Dieser Wandlungswille entspricht der keltischen Abkunft Heimdalls. »Ein Wesen, ob Gott oder Mensch, war für sie [die Kelten] niemals etwas Fertiges, Abgeschlossenes, sondern ewig im Werden, in Entwicklung begriffen.«[442]

Entwicklung durch Verwandlung

Jarl, der Edle erfährt von Rig seine Runenbelehrung und darf sich daraufhin selbst Rig-Jarl nennen. (Diese Auszeichnung unterstreicht die weiter oben gemachte Aussage über die Sig-Helden. Rig scheint eine weitere Bezeichnung für Einweihungshelden zu sein.) Der jüngste Sohn Rig-Jarls ist Rig-Kon, der Königliche. Er ist, ohne dass man erfährt, wie er so viel Weisheit erwarb, der Runenmächtige.

Die Runen, die genannt werden, entsprechen im Inhalt sowohl denen, die Odhin im Runenlied als die neun Hauptlieder bezeichnet, wie denen, die Sigfried durch Brunhilde erlernt. Es sind die Zauberrunen, durch die Sturm und Feuer besänftigt, Wunden geheilt, Schwerter gestumpft werden können und vieles mehr. Runenweisheit zu erwerben ist das Ziel, das Rig seinen Völkern setzt. Das beinhaltet sicherlich einen Einweihungsweg, der den Schüler zu der Reife führen soll, die Klänge und Schwingungen der Schöpfung, das Wort vom Urbeginn, zu erlauschen. Jedes Geschöpf hat seine Schwingung, sein eigenes ›Lied‹, in das der Runenweise sich einschwingen und mitsingen können muss. Nur so gewinnt er Macht über das Feuer und kann es bezaubern. Dieser Weg bedarf einer intensiven Naturbeobachtung und gleichzeitig einer hohen Wahrnehmungsfähigkeit der geistigen Welt. Die so gewonnenen magischen Fähigkeiten zeichneten die Druiden und Eingeweihten der Völker aus. In den Mythologien und Sagen der Iren und Isländer finden sich häufig Hinweise auf Runenzauber, wie z. B. in der Erzählung vom weisen Njal und dem Druiden Amorgin.

Der Frieden verlieh'n hat

Aus dem Wanenreich kommend, hat Heimdall sich das bewahrt, was durch seine goldenen Zähne und sein Pferd Goldmähne beschrieben wird: Sonnenweisheit. Gleichzeitig ist er der Gott der Sinnenwachheit und kann somit auch als Odhins Sohn bezeichnet werden, denn Odhin förderte die Sinnenwachheit. Diese ist die Voraussetzung für das Denken, das aber zunächst rein und objektiv war. Heimdalls Schwert, das Menschenhaupt heißt, darf man sich als Bild eines solchen ungetrübten Denkens vorstellen Jeder Denkprozess aber bedeutet ein Erwachen des Ich, das Loki stets mit Egoismus zu durchfeuern trachtet. Da dieser Egoismus dem Wanenimpuls ganz fremd war, ist es zu verstehen, dass diese so gegensätzlichen Wesen -Heimdall und Loki- bei der Götterdämmerung aufeinander stießen. Beide fällten sich dabei gegenseitig, denn erst durch Christi Opfertat auf Golgatha, konnten die Widersacher wirklich überwunden werden.

Kann aber, so wie es die Völva andeutet, durch alle Götterdämmerungsschrecknisse ein wenig Wanengold hindurchgetragen werden, also das Bewusstsein des göttlichen Ursprungs in der Seele bewahrt werden, so kann der Mensch inneren Frieden empfinden, denn er kennt dann seinen Weg und sein Ziel, das als Sehnsucht nach der Begegnung mit der goldenen Götterwelt tief in jeder Menschenseele ruht. So ist Heimdall der Friedensverleiher.

Auch die Entwicklung, der Wandel, gehört zu Heimdalls Anliegen, wie es im Lied ›Rigsmal‹ deutlich wird. Das Ziel des Werdens ist, abgesehen von dem Erwerb der Runenweisheit, für die Führerpersönlichkeiten die Ritterlichkeit, wie sie als das Streben Jarls dargestellt wird. Als höchste Tugend galt die Tapferkeit und der Mut, was eine unvergleichliche Schulung der Ich-Kraft bedeutete. Aus der Lebensfülle heraus konnte der nordische Mensch Starkmut entwickeln. »Es war wirklich so, wie wenn die Menschen der europäischen Urzeit, jeder einzelne, mitbekommen hätte eine Fülle von Kraft, die mehr bedeutete, als der Mensch für seinen persönlichen Gebrauch bedurfte, von der er ausströmen hat können, mit der er verschwenderisch hat sein können ..., die er verwendet hat ... zu dem, was man bezeichnet als ›Großmut‹.«[443] Diese Tapferkeit, die dem Volk und nicht dem Egoismus diente, bildet eine wichtige Voraussetzung für die christliche Tugend, die Liebe. »Vergeistigte alte Tapferkeit ins Spirituelle umgesetzt, Starkmut ins Spirituelle umgesetzt ist Liebe!«[444] Auch diese christliche Liebe ist ohne Frieden nicht denkbar.

Der hyperboräische Impuls

Heimdall und Njörd kamen als Wanen zu den Asen. Njörd ist der Hüter der Geburtsmysterien, der Inkarnationsmysterien. Heimdalls Auftrag ist schwerer zu greifen. Da er aber der Gott der Sinnenwachheit und der Wandlung ist und selbst durch den größten Verwandler, den Tod, gehen muss, während von Njörd bei der Götterdämmerung nicht gesprochen wird, kann man vermuten, dass er der Hüter der Geheimnisse der Exkarnation ist. Sein Zusammentreffen mit Loki bei der Götterdämmerung und somit an der Todesschwelle entspricht der Aussage Rudolf Steiners »dass sich der Einfluss dieser Geister auf den Menschen ... so verteilt, dass unmittelbar nach dem Durchschreiten der Todespforte Luzifer sich dem Menschen nähert und unmittelbar vor der irdischen Verkörperung Ahriman.«[445] So kann man die beiden Wanengötter als Hüter an den Toren der geistigen Welt, dem Geburtstor und dem Todestor, stehen sehen. Damit umgreifen sie als Vertreter des uralten hyperboräischen Erbes die Reinkarnationsgeheimnisse, die in ihrer Heimat Allgemeingut waren.[446] Heute, so betont es Rudolf Steiner, soll diese Weisheit von der Reinkarnation wieder in den Menschen erwachen. »Heute stehen wir an einem Wendepunkt. Ein besonders fortschrittliches Element des Nordens muss die mitteleuropäische Bevölkerung durchdringen. Und dieses Besondere, ich möchte sagen, die für heute günstigen Impulse der Hyperboräerzeit, die müssen durch unsere Seelen hindurchgehen.«[447]

16 Die Spiegelung des Hirten- und des Königsweges in der Edda

»Die Mysterien selbst sind ja zurückgegangen in der Zeit, in der die menschliche Freiheit Platz greifen musste. Nun ist die Zeit gekommen, in der die Mysterien wieder gefunden werden müssen.«[448]

Die Wanengötter Njörd und Heimdall

Die Edda berichtet, dass die beiden lichten Wanengötter Njörd und Heimdall als Geiseln zu den Asen kamen. Man kann sich fragen, welchen Auftrag diese Wanen der Vorzeit bei der neuen Göttergeneration der Asen zu erfüllen hatten.

Im Gylfaginning 27 wird Heimdalls nicht zu übertreffende Sinnenschärfe bewundert. Er ist der Wächter an der Regenbogenbrücke, und er wird, wenn der unvermeidliche Kampf mit den Widersachern beginnen wird, durch den Ton des Giallahorns alle Götter zum großen Kampf, der Götter-ver-dämmerung, aufrufen. Alle Götter, abgesehen von Widar, die an dieser Auseinandersetzung teilnehmen, müssen durch eine Todeserfahrung hindurchgehen. Heimdall wird auf Loki treffen, und beide fällen sich gegenseitig. Durch das Lied ›Rigsmal‹ wird es deutlich, dass Heimdall auch der Führer und Veredler der Menschen ist, hin zu einem Königtum, das auf Runenweisheit beruht. Sinnenwachheit, Impulse zur Höherentwicklung und Todeserfahrung zeichnen diesen Gott aus. Man kann vermuten, dass es Heimdalls Aufgabe ist, den Menschen zum wachen Erleben aller Todesprozesse zu führen.[449]

Njörd, der Nördliche, hütet die heiligen Geburtsmysterien, die im Hertha-Nerthus-Kultus gepflegt wurden. Er ist der Wächter der Pforte, durch die der Mensch aus der geistigen Welt in die physische geführt wird. Er wird beim Kampf der Götterdämmerung nicht erwähnt. Durch die von ihm geforderte Erziehung zur Keuschheit, in deren Folge die Geschlechter nur in der Frühlingszeit zusammenkommen durften, erwarben die nordischen Menschen ihre überwältigende Körperstärke und die bis in das ausgehende erste Jahrtausend n. Chr. reichende Hellsichtigkeit. »Dadurch, dass die Kräfte, die in eine solche geschlechtliche Verbindung hineingehen, in der ganzen übrigen Zeit für die Kraftentwicklung des Menschen aufgespart wurden, wurde jene eigentümliche Stärke entwickelt, welche … Tacitus zu bewundern hatte …«[450] »Dadurch, dass vom Fortpflanzungswesen nichts vorhanden war in den anderen Zeiten des Jahres, dadurch konnte sich das alte traumhafte Hellsehen erhalten.«[451 452]

Durch die Schilderungen der Edda kann man – in aller Vorsicht – eine erste Aufgabe der Wanen erkennen: Njörd und Heimdall sind die Hüter der Tore, die den Menschen unmittelbar mit der geistigen Welt verbinden, der Todes- und der Geburtspforte.

Die Aufnahme des Christentums

Die nordischen Menschen waren hellsichtig, bis sie das Christentum verkündet bekamen. Dieses war aber, vom Süden über Rom kommend, ein recht entstelltes Christentum. Die Weisheit, die fähig gewesen wäre, den Christus zu verstehen, die Gnosis, war durch die katholische Kirche ausgerottet worden. »Die Gnostiker waren ja die letzten Nachzügler der Träger jener Weisheit, die umfassend und intensiv genug war, um … etwas von dem Christus zu verstehen.«[453] Aus der kosmischen, gnostischen Sternenweisheit heraus hatten die Könige den Weg zu dem königlichen, dem salomonischen Jesuskinde, gefunden. Von jener erhabenen Weisheit war bei dem Christentum, das den nordischen Völkern vermittelt wurde, nichts übriggeblieben. Dort im Norden entwickelte sich aber eine herzinnige Jesusbeziehung. Woher kam dieses tiefe, zu Herzen gehende Gefühl für das Jesuskindlein? »Und man war vorbereitet aus den alten nordischen Mysterien heraus.«[454] Zwar hatten die Menschen die Nerthusmysterien vergessen, aber aus dem Unterbewusstsein stieg die Erinnerung auf, wie sich ihre Ahnen einst mitten im kalten Winter um die neu geborenen Kindlein scharten, die ihnen von der Hertha-Göttin bei der Empfängnis anvertraut worden waren. So war die Botschaft von der Geburt des Jesuskindes wie das Aufleben einer fernen Erinnerung.

Rudolf Steiner zeigt durch die Gegenüberstellung der gnostischen und der nordischen Mysterien die zwei Wege auf, die zum Erleben des Christusereignisses führen können und die es zu erkennen gilt. »Der Selbstbesinnung wegen muss die Menschheit heute wissen, was in solchen Mysterien lebte. Denn das, was in den nordischen Mysterien in Zusammenhang mit der ganzen Weltentwickelung stand, hing zusammen mit dem, was sich von der Erde aus ergab, so wie das vom

Kosmos inspirierte gnostische Wissen mit dem zusammenhing, was in Weltenweiten und Weltenfernen sich abspielte. Das Menschengeheimnis in seinem Zusammenhang mit allen Geheimnissen des Kosmos, wie es sich abspielt, wenn der Mensch hier auf der physischen Erde in sein physisches Dasein tritt, das liegt in einer gewissen Zeit der Erdenentwickelung so tief wie sonst nirgends, diesen alten nordischen Mysterien zugrunde.«[455]

Durch diese Aussagen wird bestätigt, dass es sich bei dem innigen Jesusverständnis um Njörd-Hertha-Mysterienerfahrungen handelt, die in dem Gemüt der nordischen Menschen bei der Weihnachtsbotschaft unterbewusst auflebten. Einfache Menschen sind es, die keine große Weisheit angesammelt haben. »Hirten, ähnliche Leute wie die, unter denen der Nerthus-Dienst gelebt hat, sind auch im Lukasevangelium geschildert.«[456] Dort, im Lukasevangelium, wird den Hirten verkündet: »Die Offenbarung des Göttlichen geschieht aus den Höhen in der Zeit, da Friede ist unter den Menschen, die eines guten Willens sind.«[457] Es ist die gleiche Aussage, die, laut Rudolf Steiner, Tacitus von den Nerthus-Mysterien macht: »Da ist froher Tag und Hochzeit, da wird kein Krieg gestritten, keine Waffen ergriffen, das Eisen verschlossen.«[458]

Es wird sogar von Rudolf Steiner betont, dass die Nerthus-Mysterien die Grundlage für die Geburt des Jesuskindes legten, zu dem die Hirten finden. »Für ihn als den Erstgeborenen unter denen, die sich in der Seele finden sollen, war von der dänischen Halbinsel nach dem entfernten Osten jene alte heilige Mysterienkraft hinübergezogen.«[459] Die Bedeutung, die diesen nordischen Geburtsmysterien zugeschrieben wird, ist erstaunlich: So »hätte das Mysterium von Golgatha nicht stattfinden können, es hätte das Göttliche sich nicht mit der Erdenentwickelung vereinigen können, wenn nicht am Anfang der Erdentage in anderer, aber auch in göttlicher Weise, Göttliches auf die Erde heruntergestiegen wäre. Anders als sie später verstanden werden konnte, war die Offenbarung des Göttlichen aus den Höhen im alten Nerthus-Dienste; aber sie war da.«[460]

Die obige Aussage Rudolf Steiners, dass die Nerthus-Mysterien eine notwendige Vorbereitung für das Erscheinen des Christus auf Erden bildeten, klingt erstaunlich. Nerthus ist demnach der nordische Führer der einfachen ›Hirtenmenschen‹ gewesen, der das Ziel hatte, die Christgeburt und das Verständnis dafür vorzubereiten. Zu fragen ist, ob es auch einen Gott gab, der die Menschen zur Christus-Erkenntnis durch kosmische, gnostische Weisheit führte. Könnte es Heimdall sein, der den Menschen die aus dem Kosmos erlauschte Runenweisheit brachte und dadurch das Königtum veranlagte?

Der Hirten- und der Königsweg

Die Hirten haben aus ihrer Erdverbundenheit und Herzenskraft heraus den Weg nach Bethlehem zum Jesuskind gefunden; die Könige oder Magier wurden durch ihre Sternenweisheit dorthin geführt. »Dasjenige, was die Erde reflektierte, die Art, wie die Erde reagierte auf das Herannahen des Christus, das empfanden aus den Erdentiefen heraus die Hirten auf dem Felde in ihrem frommen Sinn … Aus den Sternenkenntnissen ergab sich für die Magier das Herannahen des Christus … So kündigten für die Magier aus dem Morgenlande die Raumesweiten dasselbe an, was für die Hirten die Erdentiefen ankündigten.«[461] Diese beiden Strömungen müssen heute erkannt werden. »Dann wird immer mehr und mehr ein Christus-Verständnis auf der Erde Platz greifen können …«[462] Durch Christi Erdenleben wurden die beiden Strömungen vereinigt. So kann heute jeder Mensch durch Christi Kraft in sich beide Wege zusammenführen. Die Hirten-Menschen müssen Welterkenntnis, die Königs-Menschen Selbsterkenntnis anstreben.

Der Hirten- und der Königsweg und die Widersacher

Es folgte in der Vergangenheit ein Volk meistens einer der beiden Strömungen, dem Hirtenweg ins Seeleninnere oder dem Königsweg in die Außenwelt. Die alten Inder »sind in einer Periode, wo sie versuchen, durch Versenkung in das eigene Innere sich zu erheben, um in die höheren Gebiete zu kommen.«[463] Dort begegnen sie der luziferischen Macht. Die andere Macht, die ahrimanische, der sie beim Blick in die Außenwelt begegnen würden, meiden sie. Dadurch wird das Ahrimanische ihnen zur Gefahr. Anders ist es bei den alten Persern. »Das Persertum kennt weniger den luziferischen Einfluss; man sah da mehr den ahrimanischen … Vorzugsweise als ein Gegner des Guten und Lichtvollen wird Ahriman genannt.«[464] Der Blick auf Luzifer wird gemieden, was diesem den Weg ins Unbewusste öffnet.

Nur wenige Völker, vielleicht die Juden und Griechen, konnten beide Widersacher gleichzeitig sehen und erkennen. Erstaunlich ist die Bemerkung Rudolf Steiners über die nordisch-germanische Mythologie und die Widersacher: »Sie können an die verschiedensten Mythologien und Weltanschauungen herangehen, und sie werden nirgends eine so klare und tiefgehende Anschauung davon finden, dass zweierlei Einflüsse an den Menschen herantreten, wie in der germanisch-nordischen Mythologie.«[465] Deren Eingeweihte erkannten sogar die positiven und die negativen Wirkungen der Widersacher auf den Menschen. Diese exakte Kenntnis der Widersacher beruht u.a. auf der von Njörd so lange bewahrten Hellsichtigkeit der nordischen Völker. Es liegt demnach nahe anzunehmen, dass deren Eingeweihte beide Wege kannten; den sogenannten Königs- und den Hirtenweg.

Weiterhin erscheint es denkbar, dass den nordisch-germanischen Völkern die Kenntnis der beiden Wege durch die beiden Wanengötter Njörd und Heimdall vermittelt worden ist. Njörd, der am Geburtstor steht, könnte dann als der Führer auf dem Hirtenweg angesehen werden, während Heimdall, der den Menschen zur Königswürde erziehen will und am Todestor steht, als Führer auf dem Königsweg zu denken wäre. Diese beiden Wege entstanden durch die Trennung der atlantischen, zunächst einheitlichen Sonnen- und Mondenmysterien, in einzelne Erkenntniswege.

Die atlantischen Sonnenmysterien

Njörd und Heimdall lebten als Wanen bei den Asengöttern. Können sie als Vertreter der alten auf der Atlantis gepflegten Sonnenmysterien angesehen werden? Auf der Atlantis, dem einstigen Erdteil, der laut Rudolf Steiner im Gebiet zwischen dem heutigen Amerika, Europa und Afrika zu suchen ist, gab es sieben verschiedene Mysterienstätten. »Eines der größten und wichtigsten Orakel war das Sonnenorakel. In diesem lebte der bedeutsamste Führer. Seine Hauptaufgabe bestand darin, Offenbarungen über die Geheimnisse der Sonne zu geben ... Die inneren Geheimnisse dieses Sonnendaseins zu schauen und zu offenbaren, das war die Aufgabe des großen Sonnenorakels ... Man kann daher auch die Sonnenorakel das Christus-Orakel nennen.«[466] Und mit der Sonnenwärme und dem Sonnenlicht strahlten die Gaben des geistigen Sonnenwesens auf unsere Erde herab.

Der höchste Führer des Sonnenorakels war Manu, der zur Zeit der untergehenden Atlantis die Aufgabe hatte, einzelne Menschengruppen über Südeuropa nach Osten zu führen, um mit ihnen die altindische Kultur zu begründen. Diese wurde durch die sieben heiligen Rishis gelenkt, denen Manu die Ätherleiber der Führer der anderen atlantischen Orakelstätten übertragen hatte. »So offenbarte sich die alte Weisheit der Orakel. Nur das Sonnen- oder Christus-Orakel konnte auf diesem Wege nicht ganz offenbart werden. Ein Abglanz nur der Sonnenweisheit konnte überliefert werden, denn sie war so hoch, dass auch die heiligen Rishis sie nicht erreichen konnten.«[467]

Manus wichtigste Schüler waren und sind Boddhisatvas, die Rudolf Steiner auch als die drei Meister bezeichnet: Zarathustra, Skythianos und Buddha.

Zarathustra führte seine ihm anvertrauten Menschen über das nördliche Europa in das spätere persische Gebiet. Dort wies er die Völker auf die geistige Macht der Sonne und auf die feindlichen Kräfte des Ahriman hin. In diesen aus der nördlichen Strömung hervorgegangenen persischen Mysterien wurde die Geistoffenbarung in der äußeren Welt, im Makrokosmos gesucht, während die Völker des südlichen Wanderweges ihre Geistoffenbarung im Innern, im Mikrokosmos fanden und dabei Luzifer begegneten. Diese zwei Wanderwege bedeuten eine Teilung der auf der Atlantis noch in harmonischer Einheit verbundenen Sonnenmysterien. Jeder Wanderzug nahm einen Bereich der Sonnenweisheit mit, und daraus erwuchs ihm seine Offenbarung.

Die Sonnenmysterien und Skythianos

Während Manu und dann auch Zarathustra ihre Völker gen Osten führten, schuf Skythianos im Gebiet des heutigen Irland mit den dort verbleibenden Völkern die spätere hybernische Mysterienstätte. »Sie wurde da geleitet von einem Wesen, das in tiefer Verborgenheit lebte …, bewahrend dasjenige, was aus der alten Atlantis herübergebracht werden konnte, bewahrend es für spätere Zeiten. Diesen hohen Initiierten, diesen Bewahrer der uralten Weisheit, die tief hineinging sogar in alles dasjenige, was die Geheimnisse des physischen Leibes sind, kann man Skythianos nennen …«[468]

In den hybernischen Mysterien pflegte Skythianos, so lange es möglich war, die ungeteilten Sonnenmysterien. Diese hingen mit den sonst besonders tief verborgenen Geheimnissen des physischen Leibes und der gesamten Erden- und Menschheitsentwicklung zusammen. »Und das bedeutet, dass ein solcher Eingeweihter im esoterischen Sinne der Hüter der *Mysterien der Weltenmitternacht* ist, derjenigen Mysterien, die mit dem Zustand der Menschenseele zusammenhängen, in dem sich diese auf dem Höhepunkt ihres geistigen Weges zwischen dem Tod und einer neuen Geburt befindet.«[469] Die Zweiteilung der Sonnenweisheit war zwar eingetreten, aber die Schüler wurden so geführt, dass sie stets aufgerufen waren, durch ihre eigene Aktivität den Brückenschlag zwischen beiden Weisheiten zu finden. Die konkrete Art der Schulung schildert Rudolf Steiner anhand der dort von ihm geschauten zwei Statuen.

Die Statuen und die zwei Wege

Die Schüler der hybernischen Mysterien wurden durch die Anschauung von zwei rätselhaften Menschengebilden zu erschütternden Grenzerlebnissen geführt. In den beiden Bildsäulen sahen sie all das dargestellt, was mit dem Weg in den Mikrokosmos des eigenen Seins und mit dem Weg in den Makrokosmos verbunden ist. Die Gefahren und die Beschränktheit jedes Weges mussten sie bis zur Verzweiflung durchleben. Sie sahen die Einseitigkeit des reinen Erkenntnisweges ebenso wie die Nichtigkeit des Strebens nach Glück oder Freude, den Bedürfnissen, die aus der Seele aufsteigen.

Die eine Bildsäule hatte eine Art Sonne über dem Kopf. »Der ganze Kopf war so, dass man sah, er sollte eigentlich ganz sein wie ein seelisches Auge; er sollte wie ein seelisches Auge mikroskopisch darstellen den Inhalt des ganzen Makrokosmos. Aber durch die Sonne sollte die Manifestation des ganzen Makrokosmos in diesem Kolossalhaupte zum Ausdrucke kommen.«[470] Der Schüler fühlte durch diese Statue allein die Sonne auf sich wirken und so lernte er sich als Sonnenwesen kennen. Er fühlte sich wie hinausversetzt in die Weiten des Weltalls, dessen Geheimnisse ihm offenbart wurden. Er lebte dort wie körperlos, ganz in seinen Sinnesorganen. Seine Einheit drohte verloren zu gehen. Wie im Winter fröstelte er in den zerteilten Sinneserlebnissen. Der Schüler fühlte wie die Erstarrung, die Zerteilung in die Sinne, das Hinausgehen in die Weltenfernen ihn in das nachtodliche Sein geführt hatte. All diese Erfahrungen ließen den Schüler schmerzlich erleben, dass alle Wissenschaft, alle Erkenntnis, alles Geistesstreben für sich allein ohne wahres Sein, ohne Leben ist. Der Weg, der durch diese Statue deutlich gemacht werden sollte, wird als der ›Königsweg‹ bezeichnet.

Die zweite Bildsäule hatte einen weiblichen Charakter. Diese Figur war plastisch und wie von außen nach innen durch die Mondenkräfte erleuchtet. Aus dem Organismus erwacht das Bedürfnis nach Glück und nach Freude, deren Problematik den Schülern bald bewusst wurde. Dieses Gefühl führte zu einer tiefen Verunsicherung und der Erkenntnis, dass das, was die Leiblichkeit als Glück fordert, was das Ich begehrt, überwunden werden muss, weil es sonst zu der Quelle alles Bösen werden kann. Er hatte das Gefühl, als wolle sich sein Wesen auf eine neue Geburt vorbereiten. Bei allen Erlebnissen mit der weiblichen Statue ahnte der Schüler deren Einseitigkeiten. Es sind die Einseitigkeiten des sogenannten ›Hirtenweges‹.

Die Schüler der hybernischen Mysterien wurden durch die Erlebnisse mit den Statuen dahin geführt, die Einseitigkeit der beiden Wege zu erkennen und den

Brückenschlag zwischen diesen aus eigener Kraft zu vollziehen. Es ist die Frage nach der Überwindung des noch heute klaffenden Abgrunds zwischen männlich und weiblich, Wissenschaft und Kunst, Denken und Fühlen, Erkennen und Glauben, Makrokosmos und Mikrokosmos, Vergangenheit und Zukunft, Raum und Zeit usw. Die Einheit all dieser Gegensätze ging durch die Trennung der hohen, umfassenden atlantischen Sonnenmysterien -in die einseitigen Sonnen- und Mondenmysterien- verloren.

Als die Verursacher des Verlustes der Einheit sind Ahriman und Luzifer anzusehen. Am Anfang der atlantischen Zeit ergriff Luzifer den Astralleib des Menschen zu seinem Hauptwohnsitz. Ihm folgte Ahriman, der von dem Ätherleib des Menschen Besitz ergriff. Dadurch breiteten sich Todesprozesse bis in den physischen Leib aus, was die Zerstörung des Geistleibes, des sogenannten Phantoms, nach sich zog. Das bedeutete aber, dass die alte Sonnenweisheit immer weniger auf Erden erlebt werden konnte. So geriet der Mensch in der Epoche der Zeitenwende in eine hoffnungslose Geistferne, und sein Bewusstsein konnte die Weltgegensätze nicht mehr überbrücken.

Da die Eingeweihten der hybernischen Mysterien, ebenso wie die germanischen Eingeweihten, die Verursacher der Entzweiung, die Widersacher, so genau erkannten und deren Wirkung bis in den physischen Leib und das Phantom erlebten, so sahen sie auch voll Hoffnung das Nahen des Heilers, des Christus, zur Erde. Und sie wussten, dass er kam, um den Geistleib des Menschen zu retten und diesen den Widersachern zu entreißen. Sie wussten auch, dass durch ihn die einst zerteilten Sonnen- und Mondenmysterien wieder zusammengeführt werden können.

Njörd und Heimdall als Boten der Sonnenmysterien

Njörd und Heimdall können als Künder der Sonnenmysterien in der Welt der Asen angesehen werden. Dabei kann Heimdall durch seine Sinneswachheit, seine Todeserfahrung, seine Schulung zum Königtum durch den Erwerb von Runenweisheit als Abgesandter der Sonnenstatue angesehen werden. Er ist somit ein Vertreter des Königsweges. Njörd-Hertha, die Gottheit, die den Erhalt der Hellsichtigkeit und die physische Stärke förderte und die Geburtsmysterien bewahrte, darf als Repräsentant des Hirtenweges angesehen werden.

Beide Götter sind Wanen, die als hohe Vegetationsgötter (Geister der Weisheit und der Bewegung) die alten, noch ungeteilten Sonnen- und Mondenmysterien hüteten. Durch ihr Wirken bei den Asen (Engel und Erzengel), den Seelengöttern der nordisch-germanischen Völker, wurde bei diesen die tiefe Sehnsucht nach der Vollständigkeit der Sonnenmysterien stets wachgehalten. Sie litten unter der Entzweiung, aber es wurde ihnen tröstend vorhergesagt, dass der große Friedensbringer kommen wird, um bis in den physischen Leib hinein den Keim der Heilung zu senken, damit die Menschheit so den Brückenschlag zu den ungeteilten Sonnenmysterien auf einer neuen Stufe finden könne mit klarem Bewusstsein. Die Edda spricht an dieser Stelle von den goldenen (Sonnen-)Bällen, die verloren gegangen waren und die von den Asen nach der Götterdämmerung im Grase wiedergefunden wurden. Sie spricht auch von dem ›Weltumspanner‹, dem Starken von oben, der den Streit, den Zwist, die Entzweiung schlichtet und die Friedensfeier für immer festsetzt.

Die Asen einten sich auf dem Idafelde,
Über den Weltumspanner zu sprechen, den großen.
Ferner Weissagungen sind sie da eingedenk,
Des Urweltsängers uralter Runen.
Da werden sie wieder die wundersamen
Goldenen Bälle im Grase finden,
Die in Urzeiten die Asen hatten …

Da reitet der Mächtige zum Rat der Götter,
Der Starke von oben, der alles lenkt.
Den Streit entscheidet er, schlichtet Zwiste,
Setzt Friedensfeier dann fest für immer.
(Wöluspa, Vers 58,59,63, nach Karl Simrock und Felix Genzmer)

Die Sonnenscheibe von Nebra und die zwei Wege

Die großen ungetrennten Sonnenmysterien, die noch die Mondenmysterien umschlossen, hatten, ebenso wie in Irland, einen Nachklang im alten Indien. Bald zerfiel die Einheit dort jedoch in die zwei Wege. Im alten Persien wurde das die zwei Wege vereinende Geistwesen nur noch von Zarathustra erahnt. Die späteren Weisen erlebten die Offenbarung, die von außen kam, als den ›königlichen‹, den nördlichen Weg, der zu Ahura Mazdao führte und den ›Hirtenweg‹, den südlichen und inneren als den, auf dem man zu Mithras gelangte. In der ägyptischchaldäischen Kultur verteilte sich die Weisheit der beiden Wege auf diese Völker. Die ägyptischen gehörten mehr zur südlichen, der Hirtenströmung, während die chaldäischen Völker mehr zur nördlichen, der Königsströmung tendierten. Dennoch sollten diese die Einheit der Wege wenigstens erspüren, indem ihnen die Mondengöttin Istar als Führerin nach innen, und der Gott Marduk (Michael) als Wegweiser nach außen vor die Seele gestellt wurde. Auch in den griechischen Mysterien ist ein Wissen von den zwei Wegen vorhanden gewesen, wobei Apollo die nördliche und Dionysos die südliche Strömung anführte.

In der Vorbereitung der Menschheit auf die Zeitenwende musste ein Volk so gelenkt werden, dass es ein Bindeglied für beide Wege bilden konnte. Hierüber sagt Rudolf Steiner vom jüdischen Volke: »Dieses Bindeglied geht aus von Ur in Chaldäa, wie richtig die Bibel vom hebräischen Volk erzählt. Da nimmt es jene Offenbarungen mit, die von außen kommen. Dann geht es nach Ägypten, nimmt auf, was von innen kommt, und vereinigt beides, so dass zum erstenmal in Jahve eine Wesenheit voranleuchtend auftritt für Christus, welche beide Wege vereinigt ... Damit beginnt aber etwas ganz besonderes Neues im Entwickelungsgange der Menschheit. Jetzt beginnt, dass sich Äußeres und Inneres befruchten.«[471] »So wird die Befruchtung dieser beiden Völkerströmungen nach und nach geschehen. Sie hat bereits begonnen; sie hat begonnen in demjenigen Augenblicke, der uns dadurch angedeutet wird, dass uns gesagt wird, wie das Opferblut des Christus, das vom Kreuze floss, angesammelt wurde in der heiligen Schale des Gral.«[472]

Diese Ausführungen Rudolf Steiners finden eine wunderbare Bestätigung durch die Entdeckung) der sogenannten Sonnenscheibe von Nebra bei Halle im Jahre 1999. Durch die Erkenntnisse des Astronomen Rahlf Hansen, können wir tief in das Wissen der Vorzeit hineinschauen: »Der Forscher des Hamburger Planetariums entschlüsselte auf der 3600 Jahre alten Bronzescheibe eine Schaltmonatsregel, die es den Menschen der Bronzezeit ermöglichte, die beiden uralten großen Kalendersysteme der Menschheit, das Sonnenjahr mit 365 und das Mondenjahr mit 354 Tagen, in Einklang zu bringen.«[473] Die Himmelsscheibe erweist sich somit als eine astronomische Uhr. Diese Erkenntnis fand der Forscher durch das Studium einer babylonischen Keilschriftsammlung aus dem 7. Jahrhundert v. Chr. Darin wird festgestellt, dass ein Schaltjahr dann eingeschoben werden muss, wenn Mond und Plejaden am dritten Tag des Frühlingsmonats in Konjunktion stehen und die zunehmende Mondsichel drei bis vier Tage alt ist, wie es der Breite der Sichel auf der Scheibe entspricht.

Für unsere Betrachtungen ist es wichtig festzustellen, dass offenbar alle alten Kulturvölker, und, was für die Wissenschaft erstaunlich ist, auch die nordisch-germanischen Völker schon in der frühen Bronzezeit hohe astronomische Erkenntnisse hatten. Hinter dem Wissen um die Schaltjahre und hinter dem Bemühen, das Sonnen- und das Mondenjahr in Einklang zu bringen, was sicherlich für das tägliche Leben mit Aussaat und Ernte und vieles mehr wichtig war, kann die tiefe Sehnsucht der Eingeweihten nach den verlorenen, ungeteilten Sonnen- und Mondenmysterien erahnt werden. Die Sonnenscheibe von Nebra ist ein wunderbarer Hinweis darauf.

Der neue Erkenntnisweg

Befolgt man einseitig einen der beiden Menschheitswege, so ist das nicht mehr als zeitgemäß anzusehen, da heute durch Rudolf Steiner die Erkenntnisgrundlagen gegeben sind, durch die es den Hirtenmenschen möglich ist, Welterkenntnis anzustreben und den Königsmenschen, Selbsterkenntnis zu üben. Durch so eine Vereinigung beider Wege kann der Mensch eine Erhöhung erfahren und dadurch den Widersachern anders entgegentreten. Dies ist seit Christi Opfer auf Golgatha möglich. »Die Kräfte des Christus aber … ermöglichen es dem Geistschüler, beiden Gefahren zu begegnen, indem er die beiden Mysterienströmungen in seiner Seele verbindet: den Weg der Hirten, der die Versuchung Luzifers überwinden

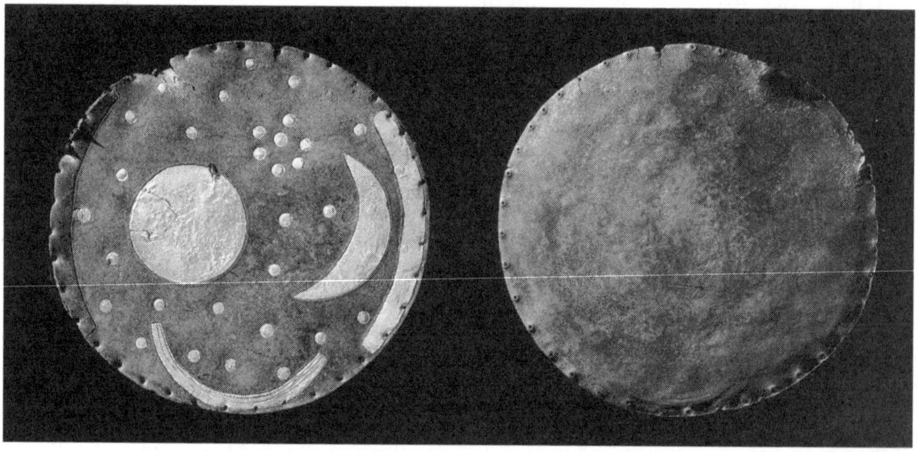

Die Sonnenscheibe von Nebra

hilft, und den Weg der Könige, der zur Überwindung der Versuchung Ahrimans führt.«[474] Das Wirken von Njörd und Heimdall kann man als eine Vorbereitung auf die Vereinigungsbestrebungen in der heutigen Zeit verstehen, da sie als Vertreter der beiden Wege im Bewusstsein der nordischen Völker lebten. So haben sie die Erinnerung an die großen ungeteilten Sonnenmysterien und die Sehnsucht nach diesen wach gehalten, um die Menschen vorzubereiten für die Aufnahme der neuen ungeteilten Sonnenmysterien, der Christusmysterien.

Der vierte Teil der Grundsteinmeditation Rudolf Steiners, drückt dieses Streben so aus:

In der Zeitenwende
Trat das Welten-Geistes-Licht
In den irdischen Wesensstrom;
Nacht-Dunkel
Hatte ausgewaltet;
Taghelles Licht
Erstrahlte in Menschenseelen;
Licht,
Das erwärmet
Die armen Hirtenherzen;
Licht,
Das erleuchtet
Die weisen Königshäupter.

Göttliches Licht,
Christus-Sonne,
Erwärme
Unsere Herzen;
Erleuchte
Unsere Häupter;
Dass gut werde,
Was wir
Aus Herzen gründen,
Aus Häuptern zielvoll
Führen wollen. [475]

17 Die Sonnenwendfeste im Spiegel der Edda

Bis ins Mittelalter hatten die Menschen ein bildhaftes, träumerisches Bewusstsein, das mit einem instinktiven Hellsehen verbunden war. Infolgedessen war für sie das Geschehen des Jahreskreislaufes, in den sie sich unmittelbar einbezogen fühlten, der Ausdruck der Wirksamkeit geistiger Wesen. Auch die Erde selbst erlebten sie als ein Seelenwesen, das im Sommer seine Seele ausatmete und im Winter wieder einatmete. »Daher hatte man in den alten Zeiten Wintermysterien, in denen man das Zusammensein der Erdenseele mit der Erde erfuhr, und man hatte Sommermysterien, in denen man die Geheimnisse des Weltalls wahrnehmen konnte …«[476] Die wichtigsten Feste feierten die Germanen daher in den Tagen der Sonnenwenden und viele ihrer Mysterienstätten aus der Megalith-Zeit sind folglich zu den Sonnenaufgangspunkten der Sonnenwendtage ausgerichtet.

Das Fest der Sommersonnenwende

Zur Zeit der Sommersonnenwende, also zu unserer Johannizeit, wurden große Feste gefeiert. »Das war einstmals die ungeheuer tiefe Kulthandlung, die innerhalb gewisser Mysterienstätten in derjenigen Zeit entfaltet wurde, in der wir heute das Johannifest ansetzen.«[477] »Die alten Eingeweihten haben besonders lebhaft, namentlich in den nördlichen Gegenden Europas, den inneren Sinn und Geist dieser Zeit, unserer Junizeit, gefühlt. Sie haben ihre eigene Seele mit der Erdenseele in dieser Zeit hingegeben gefühlt den kosmischen Weiten.«[478] Mit Gesang, musikalischen Rezitationen und streng rhythmischen Reigentänzen sollte das Bewusstsein der Menschen sich öffnen und gleichsam gemeinsam mit dem sommerlichen Blütenstaub, dem Duft und der Erdenseele zur geistigen Welt emporsteigen. Dieses wurde wie eine Bitte um Erleuchtung empfunden. »Dadurch trat in dieses träumerische alte Bewusstsein auch der Traum des Ich herein.«[479] Die Menschen spürten: »Wir haben ein Ich, aber das Ich bleibt im Himmel, das spricht nur zur Johannizeit zu uns.«[480]

Indem der Mensch so im sommerlichen Höhenflug die Begegnung mit der Wesenheit seines höheren Ich feierte, hatte er zugleich »die Empfindung, dass vor allen Dingen dasjenige, was er als moralische Impulse aufnehmen soll, sich in dieser Hochsommerzeit offenbart.«[481] Aus dieser Stimmung heraus wurde alles Naturgeschehen, wie Blitz, Regenbogen oder Wasserrauschen, als eine Sprache geistiger Wesen verstanden, ja als eine Sprache, durch die sich jeder zu moralischem Handeln aufgerufen fühlte. Das Ich-Erleben und der moralische Impuls waren für die Menschen eine Einheit. Das Ich »war etwas, was im Wesentlichen als der Mittelpunkt der alten, der uralten moralischen Weltanschauung galt.«[482]

Das Fest der Wintersonnenwende

Neigte sich das Jahr dann der Wintersonnenwende mit Kälte und Dunkelheit zu, so mussten die Menschen sich in Höhlen und Hütten bergen und oft hart ums Überleben kämpfen. Das brachte es mit sich, dass sich ihr Verstand konsolidierte, es notwendig wurde, das Nützliche zu verfolgen und schlau und listig zu werden. Zugleich mit der sich in die Erde zurückziehenden Erdenseele fühlte der Mensch »die Finsternis schlangenförmig aus der Erde aufsteigen und ihn umwinden.«[483] Er erschauerte unter der Berührung mit den in dieser Zeit besonders stark wirkenden ahrimanischen Kräften. »Da fühlte sich eben der Mensch wie versenkt in die Klüfte der Erde: Er fühlte sich umgarnt von der Erdenfinsternis.«[484] Um sich aus dieser Situation zu befreien, wurden in der Winterzeit Rätsel geraten, Formen geknetet, Fragen bewegt und entsprechende Feste gefeiert. Der Mensch sollte zu seinem Erdensein erwachen und den Wesen der Tiefe durch die Kraft des Widerstandes etwas abgewinnen lernen.

Das Eintauchen der Erdenseele in die Erde selbst bedeutete aber auch, dass die Erde im Winter ihre ganze Geistigkeit eingeatmet hatte. Das bewirkt eine Konzentration der Erde auf ihre eigenen, unter der Oberfläche sich entwickelnden, Leben spendenden Kräfte. Da die Menschen im Einklang mit der Natur lebten, fielen in die Zeit der Wintersonnenwende als Verheißung eines neuen Lebensimpulses, die durch die Nerthus-Mysterien streng geregelten Geburten der Menschenkinder. Die hellsichtigen Menschen empfanden, dass da, »wo die Erde am geistigsten ist, da durfte sie ihm das Geheimnis des Weihnachtsfestes bergen. Der Erlöser konnte sich nur mit einer Erde verbinden, die ihre ganze Geistigkeit in ihren Schoß aufgenommen hat.«[485]

Die Sonnenwendfeste in der Edda

Es ist nun zu fragen, ob von diesen Festen der alten Germanen, die von den Eingeweihten als die Mysterien der Höhe und der Tiefe gefeiert wurden, in der Edda ein Niederschlag zu finden ist.

Betrachtet man die Lieder und Erzählungen der Edda daraufhin, so fallen zwei Taten Odhins in den Blick, die in den Havamal-Liedern aufgezeichnet sind. Havamal ist der Gesang des Hohen, also Odhins Lied, in dem er dem Volk zunächst viele ›nütze Lehren‹ erteilt. Danach gedenkt Odhin reuevoll seiner Verschuldungen auf dem Weg in eine Erdenhöhle. Dennoch ist er froh über den Gewinn, den er daraus gezogen hat (Vers 104–10). Dann, nach neuerlichen ›nützen Lehren‹, nun aber für die Einweihungsschüler, steigert sich der Gesang im Havamal zu dem geheimnisvollen Runenlied, in dem Odhin von seinen größten Opfertaten Kunde gibt (Vers 139–143). Diese beiden Taten Odhins sollen näher betrachtet werden, um zu sehen, ob sich in ihnen die Feste der Sonnenwenden spiegeln.

Der Erwerb des Mets Odhrörir (Bragarödur 57)

Nachdem Odhin sich auf den Weg gemacht hatte, um aus den Felsengründen den Sprach-Met Odhrörir zu gewinnen, bezeichnete er sich selbst als Übeltäter, als Bölwerkr. Als solcher bewies er sich auch bei diesem Abendteuer, indem er dafür sorgte, dass sich neun Knechte gegenseitig umbrachten. Dann drang er als Schlange voll List und Tücke in die Felsenklüfte, wo der kostbare Met Odhrörir von der Riesen-Tochter Gunnlöd, auf einem goldenen Sessel sitzend, bewacht wurde. Er versprach der herzigen Maid viel, ohne sich daran zu halten. Ja, er betrog sie und entwendete ihr den Met, der den Menschen Weisheit und Dichtkunst verleihen sollte.

Aus dieser Erzählung geht hervor, dass der Gott Odhin in die Haut des Bösen, der Schlange, schlüpfte, List und Schlauheit entwickelte und in die Felsenklüfte hinabstieg. Aus diesem Erleben in der Erdentiefe gewinnt er aber etwas äußerst Kostbares, nämlich den Wort-Met, ohne den die Menschen weder eine geformte Sprache, noch Weisheit und Dichtkunst haben könnten. Ob sich darin eine Vorschau auf den mittwinterlichen Geburtstag des Christus, des Logos spiegelt? Es singt Odhin voll Reue und zugleich voll Siegerfreude:

Gunnlöd schenkte mir auf goldenem Sessel
Einen Trunk des teuern Mets.
Übel vergolten hab ich gleichwohl
Ihrem heiligen Herzen,
Ihrer glühenden Gunst.

Schlauer Verwandlung Frucht erwarb ich,
Wenig misslingt dem Listigen.
Denn Odhrörir ist aufgestiegen
Zur weitbewohnten Erde. (Havamal, Vers 105,107)

Diese Erzählung von dem Raub des Sprach-Mets durch Odhin legt es nahe, an die Erlebnisse der Menschen zur Zeit der Winter-Sonnenwende zu denken, wie es weiter oben beschrieben wurde.

Das Runenlied

Im Runenlied wird von der Einweihung berichtet, die der Erzengel Odhin initiierte, indem er sich in einem hohen, reinen Menschen inkorporierte. Durch den Mund dieses besonderen Menschen besingt Odhin das Erlebnis, durch das er und der Mensch, hängend in der Höhe eines windigen Baumes, die Urklänge der Welt erlauschen und zu Urworten formen lernt. Neun lange Nächte und Tage feiert er so den Zusammenklang mit dem Kosmos, der ihm seine Ur-Wort-Geheimnisse, die Logos- und Ich-Geheimnisse offenbart. Im Runenlied klingt es so:

Das Urraunen wirst du finden und Urworte,
Sehr starke Worte, sehr mächtige Worte.
Der Urweltsänger ersann sie, Götter schufen sie,
Sie ritzte der hehrste der Herrscher. (Runenlied, Havamal Vers 143)

Die Vermutung liegt nahe, dass im Runenlied auf die Festlichkeiten der Sommersonnenwende hingewiesen wurde. Es ist zwar nicht die Rede von dem sommerlichen Volkfest, dafür wird aber von dem tiefen Einweihungserfahrungen ein erschütternder Bericht gegeben. Der Einzuweihende erhob sich zum kosmischen Erleben des höchsten Ich-Wesens, des Christus. »Wenn in den alten

Mysterien die Rede von Christus war – es war von diesem Christus in den alten Mysterien immer die Rede, wenn er auch nicht mit dem Namen Christus benannt wurde …«[486]

Für die Annahme, dass es sich im Runenlied um den Bericht von Einweihungen handelt, die zur Zeit der Sommer-Sonnenwende vollzogen wurden, spricht auch das genau zum Sonnenaufgangspunkt am Tage der Sommer-Sonnenwende ausgerichtete Rundfenster im Sacellum, dem höchsten und heiligsten Ort der Externsteine. Auf der genauen Linie des Rundfensters liegt auch der Aschenschacht, der als der Standpunkt der dort einst befindlichen Irminsul angesehen werden kann. Über ihren geschwungenen Armen konnte dann die aufgehende Sonne am Tag der Sommersonnenwende, wie aus ihr herausgeboren, wahrgenommen werden. Die Exsternsteine waren lange Zeit das Zentralheiligtum der Germanen. Sicherlich haben dort zur Hochsommerzeit auch ausgedehnte Volksfeste stattgefunden, um in die Seele aller Menschen die Ahnung des höheren Ich zu senken und den Willen zu moralischem Handeln wachzurufen. Viele Steinsetzungen der Megalithzeit im nördlichen Europa zeichnen sich durch eine eindeutige Ausrichtung zu den Sonnenextremen aus. Das berühmteste Beispiel sind die Stonehenge-Monuments.

18 Die Freyr- und die Freya-Lieder

Wenn ein Verständnis der heiligen Mysterienweisheiten des Altertums erwacht, »dann wird die Zwischenzeit vorüber sein, in der zwar der Christus auf der Erde lebt, aber nur zum geringen Teil mit dem erwachten Bewusstsein verstanden werden kann.«[487]

In der Edda finden sich vier verschiedene Lieder, die zu den Zwillingen Freyr und Freya gehören. Sie heißen: Skirnisför, Hyndluliod, Grogaldr und Fiölsvinsmal. Das erst- und letztgenannte Lied erzählt jeweils von einem Jüngling, der eine göttliche Maid gewinnen will, die wie Brunhilde von einer Waberlohe umgeben und damit eigentlich unerreichbar ist. Der Weg durch dieses Feuer ist eine Stufe auf dem Einweihungsweg, bei dem es um die Suche nach dem höheren Selbst geht. Rudolf Steiner weist im Bezug auf die Siegfriedsage darauf hin. »Wie nun Siegfried ... sein höheres Selbst [in Brunhilde] findet, das stellt sich uns allen dar als ein Ausdruck tiefer Geheimlehren.«[488] Die Waberlohe ist ein Bild für die Triebnatur des Menschen. Nur wer sie geläutert hat, kann unbeschadet hindurchkommen.

Über die vorchristlichen Einweihungspraktiken und die Fähigkeiten, die dadurch gewonnen wurden, spricht Rudolf Steiner unter verschiedenen Gesichtspunkten. Diese Angaben geben gleichsam das Gerüst zur Kenntnis der alten und auch der neuen Mysterien. Das unmittelbare Erleben der Wahrbilder, die der auf dem Astralplan weilende Myste schaut, bleiben bei Rudolf Steiner aber mehr im Hintergrund. In der Edda, deren einmalige Klarheit und Reinheit Rudolf Steiner mehrfach eindringlich hervorhebt[489], wird dieses Erleben in Bildern Schritt für Schritt dargestellt. Mit Hilfe der Anthroposophie kann sich der Wahrheitsgehalt der Bilder erschließen.

Die Verschiedenartigkeit der Einweihungs-Bilder in den einzelnen Liedern rührt daher, dass die jeweilige Schau unter der Führung und dem Schutz verschiedener Gottheiten, vor allem der Hauptgottheiten Odhin, Thor und Freyr-Freya steht. Außerdem spielen die jeweiligen Einweihungsstufen eine Rolle.

1. Lied: Skirnisför

Im Lied Skirnisför (Skirnirs Fahrt)[490] wird die ungestüme Werbung Freyrs um die schöne Riesentochter Gerda besungen. Ausgeführt wird diese Brautwerbung durch Skirnir, den Diener Freyrs. Da seine Seele aber noch im Zustande der relativen kindlichen Unschuld ist, die in vielen Märchen als die Torheit des jüngsten Sohnes beschrieben wird, kann er die Waberlohe unbeschadet durchdringen. Auch den jungen Sigfried ließ das Feuer der Leidenschaften noch unberührt, als er Brunhilde erstrebte. Ebenso konnte der noch recht törichte Parzival die Gralsburg zunächst mühelos erreichen.

Das Lied zeigt den von der Geschlechtlichkeit ergriffenen und überwältigten jungen Menschen. Die Seelenkraft des Denkens, die zugleich mit der Geschlechtsreife aufblüht, wie z. B. der dann einsetzende Höhenflug zu geistigen Idealen, muss die leibgebundene Triebhaftigkeit des sexuellen Impulses veredeln, sonst zernagt Nidhöggr die eine der drei Wurzeln der Esche Yggdrasil, an der der Mensch im Freyr-Bereich zur Ichhaftigkeit erwachen soll.[491] Der sexuelle Impuls an sich ist nicht schlecht. Gerda, zu der der Jüngling hinstrebt, ist leuchtend schön. Verbindet sie sich aber nicht mit dem Geistwesen Freyr, so gleitet sie ab, wie Skirnir es ihr abstoßend vor Augen hält (Vers 36): *Ohnmacht, Unmut, Ungeduld* werden sie verfolgen.

Mit der Zusage Gerdas, Freyr nun doch Freude zu bereiten, schließt dieses Lied ab. Im Gylfaginning 37 wird aber sorgenvoll auf die Folgen hingewiesen, die für Freyr entstehen werden, da er bei der Werbung sein Schwert, das von alleine ficht, eingebüßt hat. Bei der Götterdämmerung wird Freyr dieses Schwert bitter vermissen. Eine erste Erklärung dieser Bilder bietet die Überlegung, dass das kindliche Denk-Schwert sich ohne viel eigene Mühe, gleichsam von alleine schwingt. Diese Fähigkeit des lebendigen Denkens verliert sich in der Pubertät, wenn das rationale Denken beginnt. Durch das individuelle Bemühen kann sich dieses tote Denken aber wieder mit geistigen Inhalten verbinden und dadurch verlebendigen.

Das Skirnisför zeichnet das Bild einer Jugendweihe. Mit diesem Lied wurde den Jugendlichen die Notwendigkeit der Verbindung der schönen, aber leibgebundenen Kraft des geschlechtlichen Triebes mit der dem Göttlichen verpflichteten Freyr-Denk-Kraft deutlich vor die Seele gestellt.

2. Lied: Hyndluliod

Freya und der Mensch

Dieses Lied zeigt den Anteil der Göttin Freya an der Entwicklung des Menschen. Es nimmt seinen Ausgangspunkt von einer Wette zwischen Ottar und Angantyr, dem Liebling der Götter, um das goldene Vatererbe. Angantyr ist vielleicht ein Wesen, das stets in der Götternähe verblieben ist, eine Art Abel. Im Freyr-Freya-Bereich geht es aber um den Ottar-Erdenmenschen, der in vielen Geschlechtern durch die Erdentiefen gegangen ist und nun einen erneuerten Geistbezug ersehnt.

Freya, die Schwester Freyrs, will Ottar, dem ringenden Kain-Menschen, helfen. Dafür muss sie wissen, wessen Stamm Ottar ist und wer seine Ahnen bis in die fernste Vergangenheit hin sind. Jede vorchristliche Einweihung suchte ihre Inspiration durch die Rückbesinnung auf die Ahnen und deren Verbindung zur geistigen Welt. Deshalb begibt sich Freya, reitend auf dem Eber Gullingborstel, zu der Riesin Hyndla (die auf dem Wolf Reitende). Freya fordert sie auf, ihr Reittier, einen Wolf, zu satteln und mit ihr auszureiten. Der Wolf als das Kind Lokis, das im Ätherleib des Menschen als Widersachermacht lebt, lässt uns vermuten, dass es sich bei der Riesin um eine Jotunin handelt. (Jotunen, die Verschlinger, sind die im Ätherleib wirkenden Riesen.) Da im Ätherleib der Sitz des Gedächtnisses ist, weiß die darin beheimatete Hyndla die lange Reihe der Geschlechter aufzuzählen, denn sie kennt den Blutstrom, der durch diese rinnt. Sie berichtet von Ottars Vater, dem Alfen Innstein, den weitverzweigten Geschlechtern der Helden und Könige, ja schließlich sogar von Göttern, die zu Ottars Vorfahren gehören. Neunmal erklingt ihr herablassendes Wort: *Dies all ist dein Geschlecht, Ottar, du Blöder!*

Ottar und Freya

Wer mag Ottar sein? Da er mit allen wichtigen Götter- und Heldengeschlechtern verwandt ist, kann man sagen: Ottar ist schlechthin der götterentsprossene Mensch, der in allen Inkarnationen, die rückwärtsschauend betrachtet werden, seine eigene göttlich-geistige Herkunft vergessen hat. Das empfindet die Hyndla schlicht als Blödheit. Freya weiß aber, wie notwendig dies Wissen ist, wenn Ottar fähig sein soll, sein Ziel zu erreichen. Sie betont, dass er nicht ihr Mann, aber ihr Gefährte ist, auf den sie schon lange gewartet hat. Freya und Ottar haben also eine tiefe Beziehung zueinander, die sich aber erst in der Zukunft erfüllen soll. Dies ist eine wichtige Grundlage zum Verständnis der Fiölsvinsmal-Lieder, da die edle Frau, die der Jüngling Ottar - gestärkt durch die Lieder seiner Mutter Groa - erringen soll, dort als Menglada, die ›Halsbandfreudige‹ bezeichnet wird. Es ist aber Freya selbst, die das schimmernde Halsband Brisingamen (Thrymskvida) besitzt und daher auch Menglada oder Menglöd (die sich über Schmuck Freuende) genannt wird. Sehnsüchtig wartet sie, wie es in den Fiölsvinsmal-Liedern heißt, auf die Heimkehr des Freundes.

Wie ist es zu der engen Beziehung zwischen der Göttin Freya und dem Menschen Ottar gekommen? In der Wöluspa (Vers 29) findet sich ein Hinweis.[492] Es heißt:

Da gingen die Berater zu den Richterstühlen
Hochheilige Götter hielten Rat
Wer mit Frevel hätte die Luft erfüllt
Oder dem Riesenvolk Odhurs (Ottars) Braut gegeben.

Freyas Gefangenschaft bei den Riesen

Freya ist seit Urzeiten Ottar versprochen, also die Braut Ottars. Diese einst vollzogene Verlobung zeigt die Hoffnung der geistigen Welt, dass der Erdenmensch Ottar seine Geistheimat (Freya) nicht vergisst und stets zu ihr, der Göttin der Liebe, strebt. Vernachlässigt er dieses Streben, so gerät Freya, ebenso wie es Gerda angedroht wurde, in die Abhängigkeit von Riesenkräften. Aus so einer Gefangenschaft konnte Ottar einst die Göttin befreien. Die diese Zusammenhänge beschreibenden Lieder sind in der Edda nicht erhalten. Es ist das Verdienst von Rydberg die Spur bei Saxo Grammaticus im Sagenbereich wiedergefunden zu haben. Folgender Zusammenhang ergibt sich: Nach Lokis Wette mit den Zwergen[493] sind die Völundr-Zwerge erzürnt, weil ihre Kleinodien von den Göttern nicht den höchsten Preis bekamen. Die Asen versuchten sie daraufhin zu versöhnen, indem sie ihnen (erstaunlicherweise) Freya übergaben. Die Zwerge wollten sich aber nicht aussöhnen lassen und reichten Freya an die Jotunen-Riesen weiter. Indem Ottar Freya aus dieser Gefangenschaft befreit, gewinnt er die Zuneigung Freyas und die Dankbarkeit der Götter. Auch im Baumeistermythos und in der Thrymsquida wird es deutlich, dass Freya immer wieder in der Gefahr schwebt, an die Riesen ausgeliefert zu werden. In den zwei folgenden Liedern kann man dann hören, wie der Jüngling Ottar, aufgefordert von seiner Stiefmutter Sif, sich auf die gefährliche Einweihungsfahrt begibt, um Freya-Menglada endgültig zu gewinnen. Dort nennt er sich zunächst Windkald, dann aber Svipdag.

Wie ist es zu verstehen, dass die Götter bereit sind, Freya, die Liebesgöttin, an die Zwerge abzugeben? Die Zwerge haben durch ihre Gaben den Astralleib des Menschen verfeinert, wacher gemacht. Der Ätherleib hingegen wurde so umgebildet, dass er dumpfer wurde und immer unfähiger, die Götterwelt wahrzunehmen, so dass auch die eigene göttliche Herkunft vergessen wurde.

Diesen Prozess kann man auch folgendermaßen ausdrücken: Die Liebefähigkeit der atlantischen und frühen nachatlantischen Menschen war ganz an das Blut, die Sippe gebunden. Durch die Nerthusmysterien wurde zudem das Befruchtungsgeschehen im Unbewussten gehalten.[494] Indem das Ich aber durch die Gaben der Götter in den drei Seelenbereichen erwachte[495], entstand die Gefahr des Egoismus und damit eine immer stärkere Bindung der Liebe an den Leib. Alle Leiblichkeit hängt eng mit den Riesen zusammen, da diese in Urzeiten von höchsten Geistwesen mit der Bildung der physischen Welt beauftragt wurden.

So ist der Mensch stets in der Gefahr, die Göttlichkeit der Liebeskräfte zu vergessen und von den triebhaften Riesenkräften vereinnahmt zu werden. In den Fiölsvinsmal-Liedern wird der Weg der Seele zu einer reinen, freien Liebe besungen.

Ottars Ahnen

Wie sehr sich Ottar schon in Urzeiten um Freya bemüht hat, hören wir in dem Hyndluliod (Lied der Hyndla). Freya singt:

> *Er [Ottar] hat mir aus Steinen ein Haus errichtet,*
> *Gleich dem Glase nun glänzen die Mauern,*
> *So oft tränkte er sie mit Ochsenblut.*
> *Immer den Asinnen war Ottar hold.* (Vers 10)

Ottar hat demnach für Freya einen Tempel errichtet und beständig Opfer dargebracht, also eine Beziehung zu ihr gesucht. Nun ist sie ihm gewogen und erbittet von der Riesin Hyndla die notwendige Kenntnis der Geschlechterfolge. Die Riesin hat ein umfassendes Ahnengedächtnis und ist bereit, ihr Wissen weiterzugeben. Sie geht dabei so vor, dass sie rückwärts schaut, d. h. mit den Eltern Ottars beginnt. Der Vater Ottars, so sagt die Hyndla, ist Innstein, der Sohn von Alf. Es gibt die

Licht- und die Schwarzalfen. Da der Jüngling in den Lieder der Fiölsvinsmal als ein Thursenfürst eingeführt wird und die Thursen im Astralleib wirken, ist es wahrscheinlich, dass es sich bei Ottars Großvater um einen Lichtalfen handelt, da diese auch im Seelenleib wirksam sind. In langer Folge werden dann die Geschlechter der Edlen, der Skiöldungen, der Skilfinge, der Ödlinge usw. aufgezählt.

Die Blüte der Männer, die Midgard bewohnen … (Vers 16)

Über viele Namen gleitet nun der Blick weiter bis zum Heldengeschlecht Gunnars, dem Eidam Siegfrieds, dem Ottar anverwandt ist.

Mit Vers 28 beginnt ein neuer Teil des Liedes: Hyndla berichtet nun, weiter in die Vergangenheit schauend, von Baldurs tragischem Ende und Walis Ausgleichstat. Hier erklingt ein neuntes und letztes Mal ihr Spruch:

Dies all ist dein Geschlecht, Ottar, du Blöder!

Ottar ist demnach über Baldur und Wali mit den Göttern versippt. Er ist göttlichen Ursprungs und hat somit ein Recht auf das göttliche, goldene Erbe und zugleich die Verpflichtung, es neu zu gewinnen. Hyndla weiß auch um die Bindung, die Freyr durch Gerda mit den Riesengeschlechtern eingegangen ist. Gerdas Vater ist der Jotune Gymir; ihre Mutter Örboda (Angurboda?) ist verwandt mit dem Thursen Thiassi, dem Vater Skadis. Auch hier zeigt sich die neue Verbindung des Freyr-Impulses mit beiden Riesengeschlechtern.

Weiter dringt Hyndlas Blick in noch fernere Zeiten: zu Ymir, der mit seinem Leib die physische Grundlage für die Erdenschöpfung gab, in die Anfänge der atlantischen Entwicklung, als der Einfluss Lokis begann und zu Heimdall[496], dem Begründer des Menschengeschlechtes.

Allen überher ward einer geboren,
Dem Sohn mehrte die Erde die Macht.
Ihn rühmt man der Herrscher reichsten und größten,
Durch Sippe gesippt den Völkern gesamt. (Vers 40)

Nun aber schwingt sich der Seherblick der schier allwissenden Riesin von der Urvergangenheit in die ferne Zukunft, zu dem allermächtigsten, zu Christus:

Einst kommt ein andrer mächtiger als er;
Doch noch ihn zu nennen wage ich nicht.
Wenige werden weiter blicken
Als bis Odhin den Wolf angreift. (Vers 41)

Übersieht man das ganze Hyndluliod bis zu diesem Punkt, so erkennt man, wie klar die Riesin den ganzen sogenannten Wolfsweg des Menschen von der Götternähe in die Gottferne überschaut und Freya rückwärtsblickend mitteilt. Auch der Ausblick auf Christus fehlt nicht, doch Genaueres kann sie darüber nicht berichten, da durch sein Leben etwas ganz Neues in die Erdenentwicklung hereinkommen will.

Der Gedächtnistrunk

Im Weiteren Verlauf wird es deutlich, dass Ottar, offenbar hinter Freya auf dem Eber sitzend, alles mitgehört hat. Freya aber ist besorgt, dass das Wissen der langen Geschlechterfolge die Gedächtniskraft Ottars weit übersteigt. Deshalb bittet sie Hyndla, ihrem Schützling einen Erinnerungstrunk zu reichen:

Reiche das Ael meinem Gast zur Erinnerung,
Dass Bewusstsein ihm währe von deinen Worten.
Am dritten Morgen, und deiner Reden all,
Wenn er und Angantyr die Ahnen zählen. (Vers 41)

Die Aussage vom ›dritten Morgen‹ zeigt uns deutlich, dass Ottar einen dreitägigen Einweihungsprozess durchläuft, bei dem es immer darum ging, dass das in der Geistwelt Geschaute in das Erdenbewusstsein hinübergerettet werden konnte.

Doch Hyndla ist übelgesinnt. Ihr Trunk soll Ottar vergiften. Er soll von der Todesschwelle, die bei jeder echten Einweihung erreicht wurde, nicht zurückkehren. Offenbar glaubt sie nicht, dass ein Mensch, der aus der Geistwelt zurückkehrt, lebend wieder in die Erdentiefe gelangen kann. Freya aber antwortet beschwörend:

Wenig verfangen soll dein Fluch
Obgleich du, Riesenbraut, ihm Böses sinnst.
Schlürfen soll er segnenden Trank:
Ottar, dir erfleh' ich aller Götter Hilfe. (Vers 47)

Das Verabreichen eines Gedächtnistrankes war in den Mysterienzusammenhängen eine übliche Praxis. Rudolf Steiner beschreibt, wie der Kandidat die ersten drei Schritte der Feuer-, Wasser- und Luftprobe bestehen und die dazugehörigen Tugenden wie Selbstvertrauen, Mut, Selbstbeherrschung und Geistesgegenwart erringen musste. »Hat der Geheimschüler diese Proben bestanden, so darf er den ›Tempel der höheren Erkenntnisse‹ betreten.«[497] An dessen Schwelle erhält er zum einen den ›Vergessenheitstrunk‹, der das niedere Gedächtnis herabdämpfen soll, und danach den ›Gedächtnistrank‹. »Durch ihn erlangt er die Fähigkeit, höhere Geheimnisse stets im Geiste gegenwärtig zu haben.«[498]

Der Einweihungsgrad

Versucht man herauszufinden, welche Stufe der Einweihung in dem Hyndluliod beschrieben wird, so kann man die Angaben Rudolf Steiners über die sieben persischen Einweihungsgrade zu Rate ziehen, da diese eine weit verbreitete Gültigkeit hatten.

Es heißt: »Und der fünfte Grad ist der, von dem ich gesagt habe, dass der Mensch alles, was durch das Blut der Generationen rann, handhaben lernte in den Kräften, die mit dem weiblichen Element der Fortpflanzung in dem Blut herunterrollen.«[499] Es ist so, »dass der in den fünften Grad Eingeweihte die okkult-magischen Kräfte beherrscht, die durch das Blut der Generationen hinrollen. Er ist gleichsam eins geworden mit der Volksseele ... So wird also einer, der im fünften Grad eingeweiht ist, es zu tun haben – in einer alten Weise – mit den Kräften der Frau.«[500] Diese Erkenntnisse werfen ein Licht auf die in dem Hyndluliod aufgezeigte Führung durch die Göttin Freya.

Wurde der fünfte Grad erreicht und hatte der Myste die Fähigkeit, an dem Leben der Volksseele teilzunehmen, so galt er als ein Vertreter seines Volkes. »Alles Einzelne ist für ihn geschwunden und sein Bewusstsein ist identisch geworden mit dem Ganzen.«[501] »Was einem Volk notwendig war, was ein Volk brauchte, das lasen die Archangeloi in den Seelen derjenigen, die in den fünften Grad eingeweiht waren.«[502] Entsprechend zu dem, was Christus zu Nathanael, einem Vertreter des fünften Grades, sagt: ›Siehe ein rechter Israelit, in welchem kein Fehl ist‹, könnte Ottar als ›rechter Germane, in dem die Wahrheit wohnt‹, angesprochen werden.

Da Ottar geistig hinter der Göttin Freya auf dem Eber sitzend durch die Luft reitet und dem Gespräch über seine Ahnen lauscht, bestätigt sich die Annahme, dass es sich in dem Lied wirklich um das Erringen des fünften Grades handelt, denn : »Die Einweihung bestand darin, dass die Seele des Menschen aus dem Leib herausgeholt worden ist.«[503]

Ottar ist also, wenn wir dem Hyndluliod Vertrauen schenken, in seiner Freyr-Freya-Einweihung so weit fortgeschritten, dass er sich nun dem sechsten Grad, dem ›Sonnenhelden‹ oder dem ›Tempel der höheren Erkenntnisse‹ nähern können müsste. Über dieses hohe Gebiet spricht Rudolf Steiner nur sehr verhalten: »Was darüber zu sagen ist, kann nur die allerspärlichste Andeutung sein.«[504] Eine für die Odhins-Wort-Mysterien entsprechende Andeutung findet sich in ›Odhins Runenlied‹[505] Ob wir die Beschreibung dieses Weges in den Fiölsvinsmal-Liedern miterleben dürfen?

Der Gedächtnistrank, durch den Ottar die gesamte Menschheitsentwicklung in ihrer Gottdurchdrungenheit stets vor Augen haben soll, bildet die Voraussetzung für Ottars weiteren Erkenntnisweg, der mit seinen vielfältigen, wunderbaren und rätselhaften Bildern in dem überaus kostbaren Dokument der Fiölsvinsmal-Lieder besungen wird und uns so erhalten ist.

Da Freyr und Freya Götter der Liebe, der Geschlechtlichkeit und des Denkens sind, wird es sich in dem Bereich ihrer Weihen auch um diese Gebiete handeln. Im Skirnisför fanden wir die Schilderung einer Art Jugendweihe, die die Wunder und Gefahren der erwachenden Liebessehnsucht und den Verlust des kindlichen Denk-Schwertes aufzeigt. Im Hyndluliod wird die Beziehung, die Ottar zu der Göttin Freya aufgebaut hat, deutlich. Im dritten Lied, dem Grogaldr hören wir, welchen Schutz die verstorbene Mutter dem Sohn auf den gefahrvollen Weg mitzugeben weiß. Im vierten Lied Fiölsvinsmal wird dann der Aufstieg zu einem höheren Denken, also dem Gewinn des Geistschwertes, beschrieben. Erlangt man dieses, so nähert man sich seinem höheren Selbst, das hier ›Menglada‹ genannt wird.

3. Lied: Grogaldr

Die Zwillingsgottheiten Freyr und Freya, die als Wanen aus dem Entwicklungszyklus stammen, der vor dem der Asen liegt, vertreten im Asenbereich die dem Menschen in Urzeiten anvertraute Geschlechtlichkeit, hinter der die unergründlich starke Kraft der Liebe steht. Im Lied ›Grogaldr‹ wird von einem Jüngling berichtet, der eine gefährliche Fahrt antreten soll. Dazu beauftragt wurde er durch Sif, seine Stiefmutter, die später als die Gattin Thors für den Erhalt und das Wohlergehen der Sippe zuständig war. Die Notwendigkeit jeder Volksgemeinschaft in ihren

Reihen Eingeweihte zu haben, mag der Anlass zu diesem Auftrag gewesen sein. Da der Jüngling sich jedoch zu jung und zu schwach fühlt, nennt er Sif die ›Arge‹ und fleht am Grabe seiner Mutter Groa diese um Schutz und Hilfe an. Die längst verstorbene Mutter erscheint und gibt dem Sohn durch ihre Zauberlieder das Selbstvertrauen und den Mut, alle Fährnisse des bevorstehenden Weges meistern zu können. Das Ziel ist die sonnenhafte Jungfrau Menglöd (Menglada). Der stufenweise Aufstieg zu ihr wird in dem Liedern Fiösvinsmal besungen. Dieses bildet somit die Fortsetzung des Grogaldr. Die Frage, wer die Mutter Groa sei, führt zu einer Erzählung von Thors und Hrungnirs Kampf.[506]

Die Mutter Groa tritt erst am Ende jener Geschichte auf: Hrungnir ist ein Riese aus dem Geschlecht der Jotunen. Sein Name bedeutet Angeber, Prahler oder Lärmer. Er hatte die Kühnheit besessen, den mächtigen Thor zu einem Zweikampf herauszufordern. Die Schlacht sollte in des Riesen Steinstadt ausgetragen werden. »Hrungnir hatte bekanntlich ein Herz von hartem Stein, scharfkantig und dreiseitig ... Auch sein Haupt war von Stein, von Stein auch sein breiter, dicker Schild ... Seine Waffe war ein Schleifstein ...« Diese Waffe hielt er dem heranbrausenden Hammer Thors entgegen. Da traf die Waffe den »Hammer im Fluge und der Schleifstein brach entzwei; der eine Teil fiel zur Erde, und davon sind alle Wetzsteine gekommen; der andere fuhr in Thors Haupt, so dass er vor sich auf die Erde stürzte. Der Hammer Mjölnir aber traf den Hrungnir mitten auf das Haupt und zerschmetterte ihm den Schädel ... Da fuhr Thor heim ... und der Schleifstein stak in seinem Haupt. Da kam die Wala hinzu, die Groa hieß ... Sie sang ihre Zauberlieder über Thor, bis der Schleifstein los ward.« Als Thor fühlte, dass dieser sich lockerte, berichtete er Groa von der baldigen Rückkehr ihres Mannes Oervaldi, dem Alfen, deren gemeinsamer Sohn Ottar ist. Das erfreute diese so, dass sie ihre Lieder vergaß »und so wurde der Schleifstein nicht loser und steckt noch in Thors Haupt. Darum ist es auch eines jeden Pflicht, solche Steine wegzuwerfen, denn damit rührt sich der Stein in Thors Haupt.«

Diese seltsame Geschichte zeigt, wie in Thors Haupt verhärtende Kräfte eindringen. Ein Wetzstein, der z. B. Messer geschliffen scharf macht und der auch Todeskräfte ausstrahlt, hat sein Denkorgan verändert. Nur die Wala, die zaubermächtige Groa, kann den Steinriesen-Einfluss durch lösende Lieder mildern. Dennoch bleibt der Stein in Thors Kopf stecken. Dieses Unglück trifft -das wusste man- seit jener Zeit fast alle Menschen, denn: Götterschicksal ist Menschenschicksal. So droht jedem Menschen die Gefahr, einen Wetzstein im eigenen Kopfe zu haben. Kann der Mensch aber diesen Stein von sich werfen, sich selbst also vom verhärteten, toten Denken befreien, so rührt sich der Stein auch in Thors Haupt, denn Menschenschicksal ist Götterschicksal.

Die Geschichte kann als ein Bild für die Intellektualisierung des Denkens angesehen werden, die es in den Liedern Grogaldr und Fiölsvinsmal zu überwinden gilt. In der Thor-Hrungnir-Geschichte wird die im Laufe der Entwicklung eintretende Verfestigung des Denkens aufgezeigt. Als Erlösung aus diesem schmerzhaften Todesprozess wird im Grogaldr dem Jüngling ein Herzensdenken empfohlen (Vers 14), das der Held in den Fiölsvinsmal-Liedern dann gewinnt. Im Hrungnir-Steinriesen, dem Prahler, der die Wirklichkeit verfälscht, kann eine weitere Verbildlichung und Benennung des ahrimanischen Wesens entdeckt werden.

Der Gang zu den Müttern

Im Grogaldr wird beschrieben, wie ein Jüngling zum Grab seiner verstorbenen Mutter Groa kommt und sie um Hilfe anfleht. Das zeigt, dass in den nordisch-germanischen Mysterien der ›Gang zu den Müttern‹ bekannt war. »Alle Einweihung beruht ja darauf, dass der Mensch sich erhebt zu einem höheren Anschauen, zu einer höheren Entwickelung der Seele. Bevor er sich erhebt, hat er drei Fähigkeiten in seiner Seele: Denken, Fühlen und Wollen ...«[507] Erstrebt ein Mensch eine Einweihung, so muss zuvor »Denken, Fühlen und Wollen geschult werden, um den Gang zu den Müttern antreten zu können. Diesen Gang zu den Müttern haben die Schüler aller Mysterien anzutreten gehabt.«[508] Der Mensch versenkt sich dabei in die früheren Entwicklungsstufen seiner Seele, als er mit dem Willenselement (auf dem alten Saturn), dem Gefühlselement (auf der alten Sonne) und dem Denkvermögen (auf dem alten Mond) begabt wurde. In jenen frühen Zeiten waren die Seelenglieder noch ganz durchlichtet, unschuldig und voller Leben. Sie wurden in ihrer Geistverbundenheit als die Mütter der späteren Seelenqualitäten erlebt. »Unsere Seele trägt in der Tat drei Naturen in sich: eine willensartige Natur ... eine gefühlsartige Natur und eine weisheitsartige Natur. Das sind die drei Seelenmütter.«[509] Rudolf Steiner spricht in diesem Zusammenhang von einer ägyptischen Plastik, in der diese drei Mütter folgendermaßen dargestellt sind: »Vorn haben wir eine Gestalt, die Isis mit dem Horuskinde an der Brust, wie auch die ältesten Madonnengestalten dargestellt sind. Aber hinter dieser Gestalt, eine Isis, die auf dem Haupte die bekannten beiden Kuhhörner hat ... Da sehen wir, was vorn physisch, menschlich ist, hier schon mehr vergeistigt. Hinter dieser sehen wir noch eine dritte, die den Löwenkopf trägt, darstellend eine dritte Stufe der menschlichen Seele.«[510] Es ist das Reich der Mütter, das ›Ewig-Weibliche‹, von dem Goethe spricht und zu dem Faust herabsteigt. Es ist. In den griechischen Mysterien waren es die drei Weltenmütter Rhea, Demeter und Proserpina (Persephone).

Da es in jeder Einweihung darum geht, den verlorenen Geistbezug wieder herzustellen, hatte jeder Schüler sein Denken, Fühlen und Wollen so zu läutern, dass er sich an die ungetrübten Anfangszeiten der Seele erinnern und daran anknüpfen konnte. Das nannte man den ›Gang zu den Müttern‹. Wurden die Seelengründe, das ›Ewig-Weibliche‹, dem Geist wieder erschlossen, so empfand man das als eine Befruchtung durch den Geist, der dann die Geburt des höheren Selbst oder, anders ausgedrückt, der Sonne im Herzen oder des Sohnes im Menschen ermöglichte.

Die Mütter und die Segenslieder

Das Lied ›Grogaldr‹ kann demnach als eine germanische Version des Ganges zu den Müttern verstanden werden. Da jedoch nur eine Mutter auftritt, ist zu fragen, ob die germanische Weisheit hier unvollständig ist. Der Beginn des Liedes ist der Weckruf des Jünglings am Grabe der Mutter, deren Schutz er erfleht. Die Mutter hatte ihm einst, ähnlich wie im Märchen von Aschenputtel, diese Hilfe in der Not zugesagt.

> *Wache, Groa! Wache du Gute!*
> *Ich wecke dich vor Totenreichs Tor.*
> *Denke daran, dass du deinen Sohn*
> *Zum Hügel hingerufen.* (Vers 1)

Die Mutter erscheint und fragt nach der Ursache seines Notrufes. Der Jüngling weist auf seine Stiefmutter Sif hin, die ihn aufgefordert hat, die edle Jungfrau Menglöd zu erringen. Der Weg zu ihr ist sehr gefährlich und gilt als ungangbar, so dass der Sohn sich zu schwach für diese Aufgabe fühlt. Die Mutter erkennt die Reichweite und Bedeutung seines Auftrages und sagt:

> *Weit sind die Wege, weit ist die Fahrt,*
> *Weit geh'n Wünsche wohl, wenn das wird,*
> *Dass sich dein Wille erfüllt*
> *Und es geht nach des Schicksals Schluss.* (Vers 4)

Hier erklingen das erste Mal zwei wichtige Komponenten des Zaubersegens: der eigene Wille und des Schicksals Macht.

Nach diesem einleitenden Gespräch singt die Mutter dem Sohn neun Schutz- und Zauber-Segens-Lieder. Das erste ist offenbar ein Lied, das seit Urzeiten bekannt ist, und das schon Rinda der Ran sang. Groa bezeichnet es als ›allkräftig‹. Rinda ist eine Erdgöttin und die Mutter Walis, der aus seiner strahlenden, eintägigen Jugendkraft heraus, allein fähig war, den Tod Baldurs zu rächen.[511] Ran ist die Frau des Urzeit-Meeresgottes Ägir und zugleich die Herrin des Totenreiches der Ertrunkenen und die Mutter der Wellentöchter. Sie ist undurchschaubar, böse und gut, eine Naturgewalt.[512]

Vielleicht können in Rinda und Ran die fehlenden Urmütter erkannt werden. Groa wäre dann gleichsam die jüngste Mutter, die in dem Freyr-Freya-Bereich die Begabung des Menschen mit dem Astralleib und der denkenden Seele spiegelt. Rinda hat als die Mutter des Wali, dessen Vater Odhin ist, einen Bezug zu den Äther und Gefühlskräften. Für den Namen ›Rinda‹ oder ›Rindr‹ gibt es keine überzeugenden Etymologien. Überraschend ist aber der Gleichklang des Namens ›Rindr‹ und des Rindes, dessen Hörner die zweite ägyptische Urmutter schmücken. Ran hat als Todesgöttin eine besondere Nähe zum physischen Leib, was ihren Anteil bei der Begabung des Menschen mit der Leibesanlage und dem Willen erahnen lässt. Sie weist wie die ägyptische Göttin mit dem Löwenkopf in fernste Zeiten, wo zugleich mit der ersten Leibesbildung die Seelenentwicklung mit der Anlage des Willens ihren Anfang nahm. So gesehen, kann die Dreiheit der Mütter auch in der germanischen Mythologie aufgezeigt werden. Damit bestätigt sich, was für den Freyr-Einweihungsweg naturgemäß ist, dass die Mutter Groa von größter Bedeutung für die Entwicklung der Denkprozesse ist.

Eigener Wille und Schicksalsergebenheit

Das erste und allkräftige Zauberlied klingt so:

> *Das sing ich zum ersten, das man allkräftig nennt*
> *Es sang Rinda der Ran -,*
> *Dass von der Schulter du schleuderst,*
> *Was schlimm dich dünkt;*
> *Führe selber dich selbst.* (Vers 6, nach Genzmer)

Mit Erstaunen hört man in diesem ersten Lied, dass offenbar schon in Urzeiten dem Menschen folgende Weisung erteilt wurde: Überwinde deine dich ängstigenden Gefühle, wirf sie von der Schulter und lerne, dich aus deinem Ich heraus zu führen. Ein ausgesprochen moderner Rat und Aufruf, der den eigenen Willen anspornt: *Führe selber dich selbst!*

Das zweite Zauberlied fordert eine weitere Seelenfähigkeit, die im Gegensatz zu der vorherigen zu stehen scheint. Es ist die Ergebenheit und die Demut, dem Willen des Schicksals zu folgen, ja es sogar als Schirm und Schutz anzunehmen. Urd ist die Schicksalsnorne, die die in der Vergangenheit gesponnenen Schicksalsfäden dem Menschen neu zuordnet. Hier herrscht Schicksalsnotwendigkeit, ›Urds Riegel‹.

Das sing ich dir zum zweiten,
Wenn du ziehen musst willenlos den Weg:
Auf allen Seiten schirmen dich Urds Riegel,
Wenn dich Drangsal drückt. (Vers 7, Genzmer)

Die Stärkung des vom Ich bewusst geführten Willens einerseits, und die Ergebenheit in die Schicksalsnotwendigkeiten andererseits, bilden somit den Inhalt der ersten beiden Zauberlieder. Diese Zweiheit klingt auch in Vers 4 an. Sie findet sich außerdem im Fafnismal, dem Lied, das von Sigurds (Siegfrieds) Kampf mit dem Drachen berichtet.

Nicht vermag Sigdrifas (Brunhildes) Schlaf zu brechen
Der Fürstensohn eh die Nornen es fügen. (Vers 44)

Die Charaktereigenschaften von Strebsamkeit und Ergebenheit bilden demnach die Voraussetzung für einen Einweihungsweg und für die Seelenläuterung.

Die Beherrschung der Gefühle

Die Verse 8–12, die die Zauberlieder 3–7 beinhalten, bilden eine Einheit. Sie beziehen sich auf die Überwindung äußerer Gefahren, bestehend aus Flutwellen, Winden, einer Fesselung und Todeskälte. Sie ähneln z.T. erstaunlich den Fähigkeiten, die Odhin durch die erste Einweihung gewinnt und so besingt:

Ein viertes weiß ich, wenn der Feind mir schlägt
In Bande die Bogen der Glieder
So bald ich es singe, so bin ich ledig,
Von den Füßen fällt mir die Fessel,
Der Haft von den Händen. (Havamal, Vers 150)

Der Unterschied liegt darin, dass Odhin durch die Einweihung selbst zauberfähig geworden ist, während der Sohn das, was die Mutter anspricht, sich erst erwerben muss. Daher singt sie:

Dies sing ich zum fünften, so Fesseln sich dir
Um die Gelenke legen,
Lösende Glut gießt dir mein Lied um die Glieder,
Der Haft springt von der Hand,
Von den Füßen die Fessel. (Grogaldr, Vers 10)

Da die Zauberlieder sich im Grogaldr auf äußere Gefahren beziehen, im Havamal aber deutlich wird, dass hinter jeder solchen Gefahr eine innere Bedrohung steht, kann die Frage nach der seelischen Bedeutung der Lieder der Groa gestellt werden. Im Havamal wird von dem Zauber gesprochen, der äußeres Feuer ebenso löscht, wie er entbrennenden Hader schlichtet, von äußeren Verwundungen und innerer Heilkraft, von Verzauberungen und eigener Gegenkraft, vom Sturm in der Natur und im Menschen usw. Für die nordischen Völker war alles Naturgeschehen ein Bild seelischer Vorgänge. So sahen sie z. B. Thor ebenso im Gewitter walten, wie sie ihn auch im eigenen Innern, bis ins Blut hinein, befeuernd wirken fühlten.

Die sich auf äußere Gefahren beziehenden Schutzlieder der Groa sind demnach Ausdruck der Notwendigkeit, die Gefühle, die den Menschen in ihren Strudel zu ziehen drohen, zu ordnen. Der Mensch soll sich durch seine Gefühle nicht überfluten, nicht ängstigen, nicht fesseln, nicht vom Ziel abbringen und nicht erstarren lassen. Er soll seine Gefühle, sein Denken, sein Fühlen und sein Wollen vom Ich her ordnen lernen.

Die Umnachtung

Mit dem achten Zauberlied wird der Jüngling auf eine neue Gefahr hingewiesen, die durch das Erwachen für die sinnliche Welt und das Einschlafen für die geistige

Welt entsteht. Der Mensch fühlt sich dadurch blind und einsam, wie auf Nacht- und Nebelpfaden. Er soll in der seelischen Finsternis nicht erschrecken vor einem zwar getauften, aber toten Christenweib und sich von ihr auch nicht von seinem Wege abbringen lassen. Die Groa nahm die Taufe wohl nicht als geistige Realität wahr, da sie nur das Christentum kannte, wie es im Norden den Menschen mit dem Schwert aufgezwungen wurde. Das achte Zauberlied lautet: (Vers 13, nach Genzmer)

Das sing ich dir zum achten,
Ereilt dich draußen Nacht auf Nebelpfaden,
Dass kein totes Christenweib
Dir Übles antun kann. (Vers 13, Genzmer)

Das in diesem Vers auftauchende isländische Wort ›kristin‹ ist als ›Christin‹ zu übersetzen. Da in einer anderen Eddaversion aber ›kreistin‹ steht, was als bedrängendes Gespenst gedeutet wird, versteht W. Jordan den Vers als Schutzlied vor Gespenstern. Da Rudolf Steiner einen Zusammenhang zwischen Gespenstern und Sybillen herstellt, drängt sich die Frage auf, ob die Gestalt der Groa auch als eine Art Sybille verstanden werden muss, zumal die Groa ebenso wie z. B. die cumäische Sybille als Hüterin an der Todesschwelle bezeichnet werden kann. Die Sybillen, die in der Antike durch ihre dunklen Wahrsage-Sprüche eine große Macht über die Menschen hatten, gewannen ihre Eingebungen aus elementaren Geistern der Erde, die von ihren Seelen Besitz ergriffen. Darin bestand, wie Rudolf Steiner betont, eine große Gefahr für die Entwicklung der Menschen. »Die menschlichen Seelen hätten nicht mehr die Fähigkeit gehabt, wirklich einen Zusammenhang mit den großen Erscheinungen des Weltalls in ihren Seelen herzustellen, wohl aber mit den Wind-Geistern, Feuer-Geistern und so weiter, namentlich mit all dem Gespenster- und Dämonengezücht, das sich losgelöst gezeigt hätte von den großen Weltzusammenhängen. Ganz in die Gewalt der elementaren Geister wären die Menschen gekommen, und ihre Lehrer wären sybillenartige Lehrer geworden … Christus, der durch das Mysterium von Golgatha in die Erdenaura ausgeflossen ist … hat die sybillische Kraft weggenommen …«[513] Da die Groa den Sohn ausdrücklich vor den Gespenstern und damit vor allem Somnambulen warnt, kann die Frage, ob sie zu den Sybillen zu rechnen ist, verneint werden. Die Umnachtung des Bewusstseins soll gerade überwunden und ein neuer Zugang zur geistigen Welt gefunden werden.

Die Seelenläuterung

Der Schüler kann seine Seele läutern, indem er den Weg in die Tiefe, ins Seeleninnere, zu den Urbildern der Seelenqualitäten von Denken, Fühlen und Wollen, also zu den Urmüttern beschreitet. In der Begegnung mit der ältesten Mutter, die in der Edda Ran genannt wird, empfindet der Schüler seine eigene Entfernung von dem lichten Urbild des physischen Leibes und des Willens. Das fordert ihn auf, sich allem allzu Physischen und allen schlechten Gewohnheiten zu entreißen. In der Begegnung mit der zweiten Urmutter, der Rinda, geht es darum, die einstige lichte, fühlende Seele zu erahnen. Alle Leidenschaften und Begierden, die sich im Laufe der Zeit dort eingenistet haben, müssen besiegt werden. Dies wird in den Schutzliedern 3–7 angeregt.

Ist die Seele so weit gereinigt und bemerkt sie ihre eigene Umnachtung, und ist ihr Sehnen nach der Öffnung der geistigen Welt intensiv und stark, so kann sie sich dieser nun in voller Bewusstheit neu zuwenden. Wie eine Jungfrau Maria möchte die Seele dann werden, um sich vom Geiste befruchten zu lassen. Nicht befruchten lassen im üblichen Sinne, sondern als geistigen Erkenntnisprozess. »Das Bewusstsein, dass der Erkenntnisprozess eine Art Befruchtungsprozess ist, war in älteren Zeiten noch lebendig … Das, was wir heute aufnehmen als Geistiges, gebiert das Geistige in der Seele; das ist etwas, was noch einen Rest der alten Befruchtungsart darstellt.«[514] »Da sehen wir, wie in einer solchen Hingabe unsere Seele als das Ewig-Weibliche in uns sich suchend sehnt nach dem göttlichen Vatergeiste, der aus dem Weltall herausgeboren ist, und den wir als Sonne gebären in der eigenen Seele.«[515] Es gilt zu beleben:»den wahren höheren Menschen, das, was in jedem Menschen schlummert, das menschliche Allerbeste und das, was als Geist die Welt durchflutet und durchwebt …«[516] Dieser höhere Mensch wird in den Fiölsvinsmal-Liedern Menglöd oder Menglada genannt. Beginnt der Mensch, sich in Sehnsucht der geistigen Welt gegenüber zu öffnen, so begegnet er der dritten Urmutter, der Groa in sich. Er erfühlt sie als sein eigenes Wesen, das auf geistige Weise befruchtet werden möchte, um selbst zur Mutter zu werden, die das Neue, den höheren Menschen, den Sohn, die Christus-Sonne, in sich gebären kann.

Die zukünftigen Wege

Das neunte und letzte Schutzlied der Groa bezieht sich auf die Wege, die es anzutreten gilt, nachdem der Jüngling seine Verfinsterung der geistigen Welt gegenüber erlebt und die Läuterungsbedürftigkeit seiner Seele erkannt hat. In der Verfinsterung konnte er aber seine eigene Denkfähigkeit in Freiheit schulen. Soll dieses Denken aber nicht zum intellektuellen, nur auf die Materie gerichteten Scharfsinn entarten, wie es im Bilde des Schleifsteins in Thors Haupt gezeigt wird, so muss es mit dem Herzen verbunden werden. Nur das im bewussten Herzen ruhende Denken ist dem scharf denkenden, speerstolzen Riesen gewachsen, in dem eine ahrimanische Macht zu vermuten ist. Die Groa sagt:

Das sing ich dir zum neunten,
Unternimmst du mit speerstolzem
Riesen Redestreit,
Wortes und Witzes sei im bewussten Herzen
Fülle dir und Überfluss. (Vers 14)

Nachdem die neun Segenslieder erklungen sind, hält die Mutter ihren Sohn für alle Gefahren ausreichend gewappnet, wenn er ihre Worte im Herzen lebendig hält. Daher klingen ihre Abschiedsworte so:

Nimm mit dir, Sohn, der Mutter Worte
Und behalte sie im Herzen;
Heils genug hast du immer
Dieweil mein Wort dir gedenkt. (Vers 16)

Das Herz und nicht das Gehirn ermöglicht es dem Menschen, lebendige, kosmische Gedanken aufzunehmen. Der Führer zu dieser neuen Fähigkeit ist Michael, der »die Gedanken aus dem Bereich des Kopfes befreit … und ihnen den Weg zum Herzen freimacht.«[517] So wird der Mensch das einst verlorene Schwert, das von alleine focht[518], als Lichtschwert des Geistes wieder gewinnen. Dadurch wird der Einfluss des Steinriesen Hrungnir, dessen Schleifstein in Thors Kopf stecken blieb, erst überwunden werden.

Neun Lieder sang die Mutter Groa ihrem Sohne, neun Tage hing Odhin am windigen Baume, um neun Runenlieder zu erlauschen. Dabei stand ihm als Helfer der Urweltsänger Mimir, der hier der Heiddraupnir und der Hoddraupnir[519] genannt wird, zur Seite. Neun ist auch die Zahl der Zauberrunen, die Sigdrifa (Brunhilde) dem Held Sigurd (Siegfried) anvertraute. Neun ist die heilige Zahl schlechthin, denn sie bedeutet die aus der Dreiheit ersprießende Werdekraft der drei Hauptgötter, die man in den großen Religionen als Keim allen Erdenwerdens ansah. Das alte Lied ...*dreimal drei ist neune, weißt ja, was ich mein* ... spricht davon.

Da Sigdrifa Odhin als den bezeichnet, dem die Menschen die Runenweisheit verdanken, so kann Odhin auch als Urheber der Groa-Runen angesehen werden. Sigdrifa belehrt Sigurd:

Geistrunen schneide, willst du klüger sein
Als ein anderer Mensch.
Die ersann und sprach, die schnitt zuerst
Odhin, der sie erdacht
Aus der Flut, die geflossen war
Aus dem Hirn Heiddraupnirs
Aus dem Horn Hoddraupnirs. (Sigrdrifumal, Vers 13)

Die Wirkung der Segenslieder

Nach der Betrachtung des Grogaldr kann man sich fragen, ob durch die neun Segenswünsche der Groa die Erfahrungen, die die Seele während des Ganges zu den Müttern durchmacht, geschildert werden, und die neun Schutzlieder somit gleichsam den Weg zu den Müttern bedeuten? Die Frage ist also: Durchschreitet der Jüngling während er den Liedern der Groa lauscht, innerlich den Weg zu den Müttern? Die abschließende Aussage des Grogaldr legt diesen Schluss nahe. Sie verspricht dem Sohn ›Heils genug‹, wenn er ihre Worte im Herzen bewahrt, also verinnerlicht (Vers 16). Es ist anzunehmen, dass ›Heils genug‹ bedeutet, dass der Sohn nun für den steilen Weg zu Menglada, d.h. zur erstrebten Einweihung, gerüstet ist.

Von dieser Voraussetzung ausgehend, ist nun zu untersuchen, wie im Einzelnen die neun Segenslieder den Gang zu den Müttern spiegeln: Die ersten zwei Gesänge sprechen von der Kraft, sich selbst zu führen und von der Schicksalsergebenheit. Demut und zugleich eigener Wille werden also gefordert. Das kann nur durch eine Läuterung der Willenskräfte geschehen, die von Ran, der ältesten Urmutter, behütet werden. – Die fünf folgenden Lieder zeigen an, wie die gleich Unwettern über die Seele hereinbrechenden Gefühle zu ordnen sind. Dies kann als eine Begegnung mit der das reine Fühlen vertretenden mittleren Urmutter Rinda verstanden werden. – Das achte Lied warnt vor der Versuchung, ohne klare Erkenntnisgrundlage in geistige Bereiche eindringen zu wollen. Das ist eine Warnung, die von der dritten Mutter, der Groa, ausgeht, deren Aufgabe es ist, das taghelle Denken, das zugleich nach geistigen Erkenntnissen strebt, anzuregen. Könnte es treffender, als es im neunten Lied (Vers 14) gesagt wird, dargestellt werden? Der speerstolze Riese ist der Intellekt, dem die Fülle der Kräfte aus dem bewussten Herzen, also das lebendige Denken entgegengestellt werden sollen.

Hat der Jüngling innerlich den Weg zu den Müttern durchschritten, so ist seine Seele so weit geläutert, dass sein höheres Selbst, das Geistselbst, ihm anfängt, sonnenhaft vor Augen zu stehen. Der Weg zu Menglada kann nun mit rechtem Herzensfeuer beschritten werden. Dieser Einweihungsweg wird in dem vierten der Freyr-Freya-Lieder Fiölsvinsmal beschrieben.

Abschließend kann gesagt werden, dass in den germanischen Mysterien offenbar der Gang zu den Müttern als Seelenläuterung und Vorbereitung für eine Einweihung gepflegt wurde, wie es durch das Lied der Groa deutlich wird.

4. Lied: Die Fiölsvinsmal-Lieder

Nachdem der Sohn durch den Gang zu den Müttern seine Seele geläutert hat, geht es in den Fiölsvinsmal-Liedern um den Aufstieg des Jünglings, der sich Windkald nennt, zur ersehnten, reinen Jungfrau Menglada. Der Führer auf dem gefahrvollen Wege dorthin ist Odhin, der sich Fiölsvidr nennt, der Vielwisser. Menglada ist nicht der Name irgendeiner Geliebten, sonder das erstrebte geistige Ziel, das höhere Selbst. Das Wissen von diesem Entwicklungsziel hat seinen Niederschlag in den Märchen gefunden, in denen von einer Jungfrau erzählt wird, die auf einem Berge sitzend, ihre Erlösung erhofft. Es ist dann meist der Jüngste von drei Brüdern, der die Prinzessin gewinnt, da er die Zukunftskräfte des selbständigen Ich und des eigenen Denkens einzusetzen versteht.

Der Weg zum lebendigen Denken

»Das Menschengeheimnis in seinem Zusammenhang mit allen Geheimnissen des Kosmos …, das liegt … so tief, wie sonst nirgends diesen alten nordischen Mysterien zugrunde.«[520] Diese Aussage Rudolf Steiners gilt für die ganze nordisch-germanische Mythologie, betrifft aber ganz besonders die Fiölsvinsmal-Lieder. Die Führer der Mysterien wussten, dass das Denken, um dessen vorausgeahnte Entwicklung es in den Liedern vor allem geht, sich im Laufe der Zeit immer mehr vom bildhaften Denken zum intellektuellen entwickeln musste. Dadurch wurde es dem Menschen möglich, Freiheit zu erwerben. »Aber nur durch dieses abstrakte Denken, das keine innere Lebendigkeit hat, das keinen Zwang auf den inneren Menschen ausübt, kann der Mensch zur Freiheit kommen.«[521] Soll das Denken aber nicht immer weiter ersterben, so muss ein neues imaginatives Bewusstsein entwickelt werden. »Durch Imagination wird es [das Denken] wieder lebendig.«[522] Rudolf Steiner nennt dieses lebendige Denken auch das Herzensdenken.

Die Beschäftigung mit der Edda führt zum imaginativen Denken, da deren Bilder eine belebende Wirkung auf unser Bewusstsein ausüben. In den Fiölsvinsmal-Liedern wird der Weg zu diesem wieder durchgeistigten Denken aufgezeigt, wie er in den nordischen Mysterien vorausgesehen wurde. Es ist, wie es sich zeigen wird, ein moderner Erkenntnisweg; ein michaelischer Weg.

Die Entstehung der Dichtung Fiölsvinsmal wird in der frühchristlichen Zeit vermutet. Da gab es in den nordisch-germanischen Gebieten noch kein Christentum. Die Legende von Brigit-Bride berichtet aber, wie die irischen Weisen die Geburt Christi unmittelbar miterleben konnten. Sicher war es diesen Heiligen auch möglich, die Ereignisse von Golgatha zu verfolgen. Ob die germanischen Weisen diese Erlebnisse auch hatten, oder ob sie die erste christliche Botschaft durch umherwandernde irische Mönche erhielten, ist ungewiss.

Der Michaelsweg

Konnte ein heute moderner Weg in den alten Mysterien bekannt sein? Rudolf Steiner betont immer wieder, dass in den großen Mysterien die aus den Äonen herabsteigende Christuswesenheit geschaut wurde und deren menschenerlösende Tat vorausgeahnt wurde. So ist es zu verstehen, dass die nordisch-germanischen Eingeweihten über die Götterdämmerung hinaussehen konnten und stets bestrebt waren, die Weisheit einströmen zu lassen, die den Menschen auf das Erscheinen und Begreifen der Christus-Tat auf Golgatha vorbereiten könnte.[523] Neben den Vergangenheitsmysterien war also auch ein Zukunftswissen möglich.

Fragt man, was den zukünftigen michaelischen Erkenntnisweg auszeichnen wird, so bekommt man folgende Antwort: »Wenn der Geistesschüler forschen will in den höheren Welten, dann geht seine Logik des Kopfes in die Logik des Herzens über …«[524] In der Michaelsepistel der Christengemeinschaft heißt es: Michael will dem Leben Licht bringen, »dass im Erdenlichte nicht erlösche das Himmelslicht, das leuchten sollte wie von Anbeginn.« Es geht also darum, das im Laufe der Entwicklung errungene klare Denken unter Wahrung der Freiheit wieder der geistigen Welt zuzuwenden, um deren Helligkeit und Liebe zu erfahren. Dafür muss der Mensch diese Gedanken so tief in sich aufnehmen, dass sie ihre verwandelnde Wirkung bis ins Herz erstrecken. So kommt reinstes Gedankenlicht bis in das Herz, das stets in verborgenen Tiefen in großer Sehnsucht auf dieses Licht gewartet hat. Aber auch das Herz muss sich so gewandelt haben, dass es zur umfassenden, selbstlosen Liebe fähig ist. »Die Liebe und das Denken bedingen einander, denn das was wir ja auf Erden als eine Gabe unserer geistig-seelisch-physischen Organisation haben, wenn wir.. ins Unendliche ausdehnen können die Kraft der Liebe, der Hingebung zu allen Wesen, dann bilden wir auch unsere Erkenntniskraft immer mehr und mehr aus.«[525] Der Führer auf diesem Wege ist Michael. »Er [Michael] befreit die Gedanken aus dem Bereich des Kopfes; er macht ihnen den Weg zum Herzen frei, er löst die Begeisterung aus dem Gemüt los, so dass der Mensch in seelischer Hingabe leben kann an alles, was sich im Gedankenlicht erfahren lässt. Das Michael-Zeitalter ist angebrochen. Die Herzen beginnen Gedanken zu haben, die Begeisterung entströmt nicht mehr bloß mystischem Dunkel, sondern gedankengetragener Seelenklarheit.«[526] Im Grogaldr empfiehlt die Mutter ihrem Sohn für den Kampf mit dem Steinriesen ›ein bewusstes Herz‹.

Der Führer auf diesem michaelischen Wege ist Fiölsvidr, der Vielwisser. Da dies ein Name Odhins ist, darf man annehmen, dass Odhin selbst in all seiner Größe dieser Begleiter ist. Wie ist es aber zu erklären, dass Odhin im Freyr-Freya-Bereich als führend auftritt? Das Anliegen Odhins, der die Menschen auf dem sogenannten Wolfsweg zur Freiheit und durch Freyr zum klaren Denken in die Erdentiefen zu geleiten hatte, musste es nun nach der Götterdämmerung sein, einen aufsteigenden Weg in die Spiritualität, die Geistverbundenheit aufzuzeigen. Als solcher ist er ein unmittelbarer und wichtiger Helfer Michaels.[527] »Und mit Michael in innigem Bunde steht das ..., was wir den deutschen Volksgeist [Odhin] nennen.«[528] Diese Aufgabe Odhins wurde in den Mysterien vorausgeahnt.

Der Erkenntnisweg

Der Aufstieg des Jünglings zur Geliebten ist ein vielstufiger Erkenntnisweg. Dieser teilt sich in drei Wegstrecken. Die erste hat den Eintritt in den Tempelbereich und die anfängliche Seelenläuterung zum Inhalt. Sie umfasst die Verse 1–12. Die zweite Wegstrecke (Vers 13–30) beschreibt das Ringen des Jünglings um die Erkenntnis des Todes und die Überwindung des Bösen. Der dritte Abschnitt beschreibt den Aufstieg zum höheren Selbst in den Versen 31–50.

Die erste Wegstrecke

Erkenne dich selbst

Die Aufforderung: »Erkenne dich selbst« bildet den Anfang einer jeden Einweihung. Das bedeutet: »Erkenne dich selbst, so dass du weißt, woher du stammst im Innersten deines Wesens, wohin du gehst mit dem Innersten deines Wesens ...«[529] Dieser Frage nach dem Woher des Menschenwesens ist der Jüngling im Hyndluliod nachgegangen, indem er sich durch den Erwerb der Kenntnis seiner Ahnen als Sohn der Götter erfahren lernte. Im Lukasevangelium reicht der Stammbaum des Jesus hinauf bis zu Adam, von dem es dann heißt »und Adam war Gottes«. Im Grogaldr wandert er zu den Urbildern seiner Seelenqualitäten zurück. In den vorchristlichen Mysterien wurde vor allem das »Woher« betrachtet. Wird es sich in den Fiölsvinsmal-Liedern wirklich um einen zukünftigen Einweihungsweg handeln, bei dem es immer mehr um das »Wohin« gehen muss? Die Frage nach der Vergangenheit, nach dem Stamm, dem der Jüngling entstiegen ist, wird im Vers 5 gestellt. Dann aber richtet sich der forschende Blick des Jünglings weiter in die Zukunft.

Das Gespräch vor der Tempel-Festung

Die Fiölsvinsmal-Lieder beginnen mit einem Streitgespräch zwischen einem Wächter, der eine wunderbare, vielfach befestigte und von einer Waberlohe umgebene Festung (Veste) bewacht, und einem Fremdling. Dieser wird als ›Anführer der Thursen‹ (thursa thjöthar sjot) bezeichnet. Die Thursen sind die Nachkommen Ymirs, der in den zwölf Strömen Niflheims, den Nerven-Sinnesströmen, entstanden ist. Wie im Skirnisför ist von feuchten Wegen die Rede, auf denen sich die Jünglinge der jeweiligen Burg nahen. Beide werden von einem Wächter grob und schroff fortgeschickt. Skirnir antwortet so, wie man es sich von einem kühnen Jüngling ohne viel Erfahrung, aber voller Tatendrang, vorstellt:

> *Kühnheit steht besser als Klagen dem an,*
> *Der da fertig ist zur Fahrt,*
> *Bis auf einen Tag ist mein Alter bestimmt*
> *Und meines Lebens Länge ...* (Skirnisför, Vers 13)

Die Reaktion des jungen Thursenfürsten in den Fiölsvinsmal zeigt dagegen einen reiferen, selbstbewussten Menschen, der den Wächter fragt, warum er dem Wanderer das Gastrecht weigere. Daraufhin stellt sich der Wächter vor:

Fiölsvinn heiß ich und habe klugen Sinn
Doch vergeude ich meine Weisheit nicht.
Zu diesen Mauern magst du nicht eingehen:
Rechtloser hebe dich von hinnen ... (Vers 4)

Fiölsvinn oder Fiölsvidr ist einer der 42 Namen Odhins, die im Grimnismal aufgezählt werden. Im Lexikon der germanischen Mythologie[530] heißt es: »Fiölsvidr ist ein Odhinsname, der auf Odhins Stellung als weisester der Götter Bezug nimmt.«

Nachdem Fiölsvinn ein letztes Mal versucht hat, den Jüngling zu vertreiben, antwortet dieser:

Von Augenweide wendet sich ungern,
Wer Liebes sucht und Großes.
Die Gürtung scheint zu glühen um goldne Säle:
Hier möchte ich Frieden finden. (Vers 5)

Der Jüngling spürt die Größe der zu erringenden hohen Liebesbegegnung voraus. Er erahnt etwas, was sicherlich nur innerlich zu schauen ist, und er findet den entscheidenden Satz, der alles verändern wird: ›Hier möchte ich Frieden finden.‹ Hans Börnsen merkt dazu an: »Es gibt eine Bemerkung von Rudolf Steiner: ›Frieden finden‹ ist der alte Terminus technicus für ›eingeweiht werden‹.«[531] Es kann also als ein Kennwort verstanden werden, durch das der Adept sich als genügend vorbereitet für den Eintritt in den Tempelbereich erweist. Daraufhin ändert sich die Haltung des Wächters grundlegend. Er nennt den, den er eben noch als ›Rechtlosen‹ beschimpft hat, nun freundlich ›Knabe‹ und befragt ihn nach seinen Eltern und deren Stamm. Sicher war früher die Herkunft eines Menschen für seine Beurteilung von großer Bedeutung. Dennoch hat man den Eindruck, dass hier die Aufzählung der Ahnen eine andere Bewandtnis hat, zumal im Hyndluliod derselbe Vater des Thursenjünglings als, Innstein‹, der Alf, bezeichnet wird. Der Jüngling antwortet:

Windkald heiß ich, Warkald hieß mein Vater,
Des Vater war Fiölkald. (Vers 6)

Windkald heißt kalter, kühler Wind; Warkald ist die Frühjahrskälte und Fiölkald bedeutet Viel-kalt, also sehr kalt.

Die Antwort des Knaben Windkald zeigt uns, wo im Menschen dieser ›Stamm‹ beheimatet ist. Es ist der kalte, kühle Kopf-Pol des Menschen, der Nerven-Sinnesbereich, in dem die Thursen, die Trockenen, tätig sind. Durch das Erwachen der Sinne -auch des Geschlechtssinnes- wird im Menschen das Denken angeregt. Er nimmt die Welt wahr und macht sich darüber Gedanken; Erinnerung entsteht, Erfahrung wird gesammelt. Wir befinden uns also in dem von den Göttern Freyr-Freya verwalteten Gebiet des Denkens und der Geschlechtlichkeit, der Liebe. Eine Einweihung in deren Bereich muss demnach das Ziel haben, das zum Intellektualismus neigende Denken zu verlebendigen, zu durchgeistigen, um es dann mit der reinen Liebe zu vereinigen. So kann das höhere Selbst gefunden werden. Dann wird das, was in die Zweiheit der Zwillinge gefallen ist, wieder eine Einheit werden.

Die Schulung

Nach dem Gespräch vor dem Tempel beginnt Windkald, selbstbewusst und zielsicher den Wächter Fiölsvinn zu befragen. Diese Fragen künden von der jeweils neu gewonnenen Wahrnehmung des Suchenden, und jede Antwort bedeutet einen Schritt vorwärts auf dem Erkenntniswege und zugleich die Überwindung eines Problems. Der vielweise Odhin ist dabei der Führer.

Fragt man sich, wie in den Mysterienschulen üblicherweise gelehrt und gelernt wurde, so bekommt man folgende Antwort: Durch eine lange Epoche der frühen atlantischen Zeit war es so, dass ein »bedeutsamer Zusammenklang war zwischen der Seele des Lehrers und der Seele des Schülers, dass alles, was der Lehrer in sich hatte an höheren Geheimnissen, sich übertrug auf den Schüler.«[532] In der späteren atlantischen Zeit, als der Ätherleib und der physische Leib zwar zur Deckung gekommen waren, aber noch keinen festen Zusammenhalt hatten, konnte der Lehrer durch eine Willensanstrengung den Ätherleib des Schülers herausheben »und dann konnte der Schüler dasselbe sehen, was der Lehrer sah.«[533] Es »übertrug sich die Weisheit, die hellseherische Beobachtung des Meisters, auf den Schüler.«[534] In der nachatlantischen Zeit mussten die Schüler, da der Ätherleib nun viel fester in dem physischen Leib verankert war, durch einen strengen Unterricht sorgfältig vorbereitet werden. »Und das, was man lehrte, können wir heute genau bezeichnen: es ist zu einem großen Teil dasselbe, was wir heute als Anthroposophie kennen lernen.«[535]

Folgt man dem Gespräch zwischen dem Führer Fiölsvinn und dem Jüngling Windkald, so hat man den Eindruck, dass sich in diesem Austausch die Verhältnisse der späteren atlantischen Zeit spiegeln, da die Antwort des Lehrers offenbar zur Erkenntnis des Schülers wird. Diese Erkenntnisübertragung kann aber sicherlich nur geschehen, wenn der Schüler die entsprechende Frage in seiner Seele bewegt. Im Folgenden sollen die einzelnen Erkenntnisschritte nach und nach betrachtet werden.

Das Ziel

Die erste Frage des Jünglings gilt dem hohen Ziel seines Weges, nämlich der Herrin des geschauten Friedensreiches und ihrem Namen. Die Antwort lautet:

> *Menglada heißt sie, die Mutter zeugte sie*
> *Mit Swaf, Thorins Sohne,*
> *Die schaltet hier das Reich besitzend*
> *Mit Gut und milder Gabe.* (Vers 8)

Wer Swaf ist, bleibt ungewiss. Ein Name Odhins ist Swafnir (Grimnismal 54), was als ›kühner Speerschwinger‹ des Speeres Gungnir gedeutet werden kann. Thorin lässt den Namen Thors anklingen. Menglada (die Schmuckfrohe) ist die Göttin, die im Thrymsquida als Freya, die Besitzerin des schimmernden Halsgeschmeides, des Brisingamen (glänzendes Halsband), als die Halsbandgöttin bezeichnet wird. Man kann hier das Zusammenwirken der drei Hauptgötter Odhin, Thor und Freyr erahnen. Wichtig ist der Hinweis in der Snorri Edda (Skalda 8), wo Heimdall, der aus der Urzeit der menschlichen Entwicklung stammende Wane, als der Bringer von Freyas Halsband bezeichnet wird. Aus der griechischen Mythologie ist uns die Göttin Arthemis als Fruchtbarkeits- und Halsbandgöttin bekannt. Sie wird stets mit einem überwältigenden Brustgeschmeide dargestellt. Es tauchen darin Tiere, Hoden oder Brüste als Fruchtbarkeitszeichen und der ganze Tierkreis auf. Die Göttin ist somit ein Bild der aus dem ganzen Kosmos entstandenen Menschengestalt. Man empfand sie als Vermittlerin der zwölf Kraftströme des Tierkreises, die dann in des Menschen Nerven-Sinnesleib einfließen. Dadurch wurde u. a. die physische Grundlage geschaffen durch die der Mensch ein denkfähiges Wesen werden konnte. Man sah aber voraus, dass dieses menschliche Denken immer stärker in die Intellektualität und den Egoismus und damit in die

Seelenkälte geraten würde und dass der Mensch dadurch den Zusammenhang mit der geistigen Welt verliert. Windkald ist auf dem Wege, sich diese Verbindung mühsam neu zu erringen, und Menglada-Freya erwartet ihn sehnsüchtig, denn er gehört zu ihr, wie sie zu ihm, wenn das höhere Selbst sich bilden soll. Die Beziehung dieser im Märchen als Prinz und Prinzessin bezeichneten Wesen beschreibt Rudolf Steiner so: »Immer wird in allen Geheimlehren das höhere Bewusstsein, das der Mensch erlangen soll, dargestellt als das Weibliche, als die Seele. Dasjenige, was von außen aufgenommen wird, was die Seele befruchtet, das wird als das Männliche dargestellt. Wir haben da also die weibliche Seele, die befruchtet wird von der Weisheit, von dem Geist der Außenwelt. So rückt der Mensch auf, wenn er sich geistig entwickelt, bildlich gesprochen, zu dem höheren Weiblichen in seiner Natur.«[536]

Das Gitter

Nachdem sich Windkald sein hohes Ziel, die Herrin der Burg, Menglada, ins Auge gefasst hat, besteigt er Schritt für Schritt die Stufen des Weges dorthin. Das üble, listenreiche Gitter Thrymgialla (Donnerschall) stellt sich als erstes ihm in den Weg. Er erfährt, dass es die drei Söhne des blinden Gottes Hödur, (eine ahrimanisches Wesen) gefertigt haben. Es fasst und zermalmt jeden, der es zu öffnen versucht. Durch die Tat Hödurs, die den Tod Baldurs zur Folge hatte, sind alle Menschen zunehmend mit Blindheit gegenüber der geistigen Welt geschlagen. Immer dann, wenn man das ›Gitter‹ von den Augen fortschieben will, wenn man meint, einen Zipfel der geistigen Welt sehen zu können, klappt es erbarmungslos zu. Nur das gehirngebundene Denken bleibt übrig.

Die Gürtung

Die nächste Frage betrifft die Gürtung, die fest und dauerhaft um das Reich Mengladas liegt. Fiölsvinn antwortet:

> *Gastropner heißt sie, ich habe sie selber*
> *Aus des Lehmriesen Gliedern erbaut*
> *Und so stark gestützt, dass sie stehen wird*
> *So lange Leute leben.* (Vers 12)

Odhin-Fiölsvinn gesteht, die Gürtung oder Brüstung selbst erbaut zu haben, indem er half, aus Ymirs Körper die materielle Welt zu erschaffen. Er ist die führende Gottheit, die ihr Hauptwirkensfeld im Herz-Ätherbereich, in der Mitte des Menschen, hat.[537] Das kann folgendermaßen verstanden werden: Das Gitter, das das geistige Schauen verhindert, wird im Astralleib, dem Nerven-Sinnesleib und speziell im Kopf erlebt. Der Ätherleib, der in der jetzigen Erdenzeit fest im physischen Leib durch die ›Wolfsweg-Führung‹ Odhins verankert ist, schließt den Menschen besonders im Bereich der Brust, des Herzens, als Gürtung ein. Diese ist zu überwinden. Solange der Ätherleib des Adepten nicht gelockert ist, wirkt diese Brustwehr als ein undurchdringliches Trugbild. Sie ist des ›Fremdlings Trugbild‹, wie Gastropner zu übersetzen ist. Im Ätherleib des Menschen hat sich der Fenriswolf eingenistet, der als ahrimanische Kraft mit Lug und Trug dem Menschen die geistige Welt hinter der physischen Welt verborgen hat.[538] Warum sagt Odhin, er selbst habe dieses Trugbild erbaut. Ist er Schuld daran, dass der ahrimanische Wolf verfestigend in des Menschen Ätherleib eindrang? Ja, er hat es zugelassen, um den Menschen in die Sinnenwachheit, in die Freiheit und das wache Denken zu führen. Dafür war es notwendig, den physischen Leib aus des »Lehmriesen« Gliedern, also mit ahrimanischer Hilfe, zu bilden. Im Vers 28 wird Sinmara als die »Dise des leuchtenden Lehms« bezeichnet. Da Sinmara die ›Sinnentäuscherin‹ bedeutet, können wir in ihr ein ahrimanisches Wesen vermuten.

Die zweite Wegstrecke

Die Hunde

Während der Jüngling die ersten Hindernisse leicht überwinden konnte, bereitet ihm die zweite Wegstrecke große Schwierigkeiten. Voll Schrecken sieht er grimmige Hunde, die jeden Durchgang verweigern. Sie heißen ›Gif‹, der Gefräßige, und ›Geri‹, der Gierige. Die Nähe zu Odhins Hunden ›Geri‹ und ›Freki‹ ist deutlich. Diese führten die Menschen in die materielle Welt und in die Erdentüchtigkeit. Ihre konsequente Fortentwicklung zeigt sie dann als Wächter vor dem Totenreich. Jede Einweihung, d. h. jedes bewusste In-Beziehung-Treten mit den Göttern, wurde als Weg in die Unterwelt erlebt, da es als Ahnung den Schritt über die Todesschwelle vorausnimmt. Die Hunde lassen keinen erdgebundenen Lebenden durch und sie schlafen abwechselnd.

Elf Wachten müssen sie wachen
Bis die Götter vergehen. (Vers 14)

Die ›elf Wachten‹ sind der Zeitraum, in dem die grimmigen Hunde jeden bedrohen, der in den heiligen Bereich eindringen will. Es ist die Zeitspanne, die den Asengöttern als ihre vorläufige Schaffensphase zugeteilt ist, also bis zur Götterdämmerung. Die Zahl ›elf‹ hat etwas Unfertiges. Sie strebt zur ›zwölf‹ hin, die als solche einen Zeitenkreis abschließt und einen neuen erschließt, der das Streben jener Götter auf eine neue Stufe heben will. Man sah in den Mysterien voraus, dass es mit dem Herannahen der Götterdämmerung immer schwerer werden würde, in eine Beziehung mit der geistigen Welt zu treten. Daher sind die bissigen Hunde für Windkald zunächst unüberwindlich.

Da die Hunde für den Jüngling so ein Problem darstellen, soll untersucht werden, wo sie in der Edda noch auftauchen. Im Skirnisför begegnet Skirnir, der Diener Freyrs, ehe er in Gerdas Burg-Gemächer vordringt, einem Wächter-Hirten und Hunden, die am Zaun festgebunden sind. Skirnir fragt:

Sage mir Hirt, der am Hügel sitzt
Und die Wege bewacht,
Wie ich schaue die schöne Maid
Vor Gymirs Grauhunden?

Der Hirte antwortet:

Bist du dem Tode nah oder tot bereits
Mann auf der Mähre Rücken?
Zu sprechen ungegönnt bleibt dir immerdar
Mit Gymirs göttlicher Tochter. (Vers 11, 12)

Auch diese Grauhunde haben offenbar etwas mit dem Tod zu tun. Bewachen sie das Tor, durch das gewöhnlich nur Tote Einlass finden? Im Vegtamskvida, in dem der Ritt Odhins zur Unterwelt beschrieben wird, begegnet dieser einem Grauen erregenden Hund:

Auf stand Odhin, der Allerschaffer,
Und schwang den Sattel auf Sleipnirs Rücken.

Nach Niflheim hernieder ritt er;
Da kam aus Hels Haus ein Hund ihm entgegen,
Blutbefleckt vorn an der Brust,
Kiefer und Rachen klaffend zum Biss,
So ging er entgegen mit gähnendem Schlund
Dem Vater der Lieder und bellte laut. (Vers 6)

Das Graue als grauenvolle, höllische Macht lebt in dem Traumlied des Olaf Asteson als ›Gutte Graubart‹ fort, der mit seiner wilden Schar, auf schwarzen Pferden reitend, aus der Hölle kommt. Alles deutet darauf hin, dass Windkald sich – ausgedrückt durch die Frage nach den Hunden – am Tor der Unterwelt, das zugleich das Einweihungstor ist, befindet. Dieses erschließt sich nicht nach einer einzigen Frage. Deshalb möchte Windkald weiterhin wissen, ob es eine Speise gibt, die die Hunde so gerne haben, dass ein Mensch an ihnen vorbeischlüpfen kann, derweil sie fressen. Die nun folgenden Antworten und Fragen werden immer rätselhafter. Sie erfordern eine sorgfältige Betrachtung. Dabei ist es wichtig einzubeziehen, dass es gegen Ende des Liedes heißt: *Die Hunde freuen sich, das Haus erschloss sich von selbst …*

Das Todesproblem in der vorchristlichen Zeit

In welchem Gebiet des Menschen befinden wir uns mit dem ›Hundeproblem‹, nachdem Windkald die Hürden im Astralleib (das Gitter) und im Ätherleib (die Brüstung) so leicht gemeistert hat?

Wir stehen mit Windkald – wie oben ausgeführt – vor dem Tor der Unterwelt, dem Reich der Hel, der Todesgöttin, der alle physische Schöpfung, also auch der Leib des Menschen, unterworfen ist. Das bestätigt sich dadurch, dass Windkald fragt, ob es nicht ein Mittel gäbe, den Hahn in die Todeswelt zu senden. Die Überwindung des Todes war für die vorchristlichen Eingeweihten unmöglich. Aber man wusste den Astralleib zu läutern und einen Abdruck davon dem Ätherleib einzufügen. So wurde der Ätherleib gleichsam gelockert, vergleichbar einem Schwert in der Scheide. Dadurch konnten die so Vorbereiteten in ihrem reinen Ätherleib erscheinen. »Alle Einweihungen der vorchristlichen Zeit waren so, dass sie nur gegangen sind bis zu der äußersten Grenze des physischen Leibes … In keinem Fall war es jemals vorgekommen, dass das, was durch den menschlichen Tod gegangen war, als menschliches Phantom diesen Tod überwunden hätte.«[539]

Durch die Begegnung mit dem Todesproblem ist Windkald dort angekommen, wohin die alten Mysterien einen Schüler normalerweise führen konnten. Mit den folgenden Fragen dringt der Jüngling in Gebiete ein, die von den alten Eingeweihten wohl vorausblickend geschaut wurden, aber nicht wirklich betreten werden konnten. Erst durch das Ereignis von Golgatha ist durch Christus der Tod und das Böse bahnbrechend überwunden worden. So muss Windkald sich auf seiner zweiten Wegstrecke der Begegnung mit den Widersachern stellen. Dies beinhaltet die Auseinandersetzung mit dem Problem des Todes, denn der Tod ist erst durch die Widersacher in die Welt gekommen.

Die Vorbereitung

Es wird von den Interpreten der Fiölsvinsmal-Lieder vermutet, dass dieses Werk in der nachchristlichen Zeit entstanden ist. Das bedeutet natürlich nicht, dass es erst nach der Zeit der Christianisierung Islands, also nach 1000 n. Chr., gedichtet wurde. Die nordisch-germanischen höchsten Eingeweihten können das Erdenleben Christi, wie schon erwähnt, ebenso wie die irischen Weisen, leibfrei miterlebt haben. Voll Sehnsucht hatten sie das Nahen Christi zur Erde wohl verfolgten und auf seine Heilstaten gewartet, denn voll Sorge ging ihr Blick in die Zukunft. Ihnen war bewusst, dass das in den nordischen Mysterien gepflegte frühe Erwachen des Ich-Bewusstseins in der Empfindungsseele viele Gefahren, vor allem die Gefahr des Egoismus, in sich barg. Odhin hatte seine Völker auf dem sogenannten Wolfsweg bis in das naturwissenschaftliche Erkennen geführt. Damit sind aber, wie es sich heute deutlich zeigt, die Probleme des Todes und des Bösen verbunden. Dies alles wurde in den nordischen Mysterien vorausgesehen. Daraus erklärt sich auch deren erstaunliche Kenntnis der doppelten Widersachermächte. »Sie können an die verschiedensten Mythologien und Weltanschauungen herangehen und sie werden nirgends eine so klare und tiefgehende Anschauung davon finden, dass zweierlei Einflüsse an den Menschen herantreten, wie in der germanisch-nordischen Mythologie. Da der … Mensch hellsichtig noch schauen konnte, so sah er diese zwei Mächte wirklich und stellte sich zwischen beide hinein.«[540]

Das Böse, das heute so krass in Erscheinung tritt, hängt sicherlich mit dem erst in unserer Zeit möglich gewordenen individuellen Ich-Bewusstsein zusammen. Dieses Ich-Bewusstsein basiert auf der seelischen Begegnung des Ichs mit dem physischen Leib, der bekanntlich den Todeskräften unterworfen ist. »Wir bilden die Bewusstseinsseele gerade dadurch, dass wir mit unserem Ich eine gewissermaßen innere Verwandtschaft mit dem physischen Leib eingehen, dass wir uns so recht in den physischen Leib hineinstemmen.«[541] Die Todeskräfte sind durch die Widersacher in die Welt gekommen. Welche Macht kann uns in dieser so bedrohlichen sogenannten Bewusstseins-Seelen-Zeit eine Hilfe sein? Christus hat den Tod und Teufel überwunden, und er will uns in unserer heutigen Ohnmacht besonders nahe sein. Als starken Helfer sendet er uns den Erzengel Michael, der stets die Aufgabe hatte, die Widersacher in Schach zu halten. Er hat dabei gewaltige Kräfte entwickelt. »Michael hat die Stärke, den Geist durchzupressen bis in die physische Welt hinein.«[542] Dadurch konnte Michael in unserer Zeit die Führung übernehmen. Man darf auch dankbar wissen, das Odhin, der höchste Gott der Germanen, dem starken Geistwesen Michael heute helfend zur Seite steht. Es sind »Michael und der deutsche Volksgeist, die durchaus im Einklange sind, und denen es übertragen ist, den Christus-Impuls gerade in unserer Zeit zum Ausdruck zu bringen, wie es dem Charakter unseres Zeitalters entsprechend ist.«[543]

Die Rettung des Phantoms

Unser lebender Körper besteht aus mineralischen und anderen Substanzen, die im Tode einem Zerfallsprozess unterliegen. Solange der Mensch lebt, werden diese Substanzen in ihrer Form gehalten durch den Formleib, das sogenannte Phantom. »Das Phantom gehört zum physischen Leib dazu, es ist der übrige Teil des physischen Leibes, es ist wichtiger als die äußeren Stoffe.«[544] Dieser durch hohe Geistwesen schon seit der Zeit des alten Saturn geschaffene Formleib ist natürlich ganz durchsichtig. Durch den Einfluss Luzifers kam erst Materie in das Phantom hinein. Diese enge Verbindung des Formleibes mit physischen Bestandteilen bewirkte dessen Degenerierung, was zur Folge hatte, dass das Phantom mit dem Tod des Menschen zunehmend zerstört wurde. Da aber unser vollständiger Körper wie ein Spiegel wirkt, an dem unser Selbst- und Ichbewusstsein erwacht, wurde dieses immer stärker herabgedämmt. »Wenn wir kein Bewusstsein entwickeln, können wir auch zu keinem Ich kommen.«[545]

Die Einwirkung der Widersacher hat außerdem zur Folge, dass der Intellekt des Menschen »so dünn und fadenscheinig«[546] geworden ist und dadurch an der Oberfläche der Dinge haften bleibt. »Hätten wir den physischen Leib vollständig, so würden sich unsere Seelenkräfte in ganz anderer Weise spiegeln, und wir würden dann erst wahrhaftig wissen, was wir sind.«[547] Daher kennen wir unser Ich so wenig.

Als Folge der beschriebenen Entwicklung drohte das Ichbewusstsein, die Errungenschaft des Erdendaseins, zur Zeit von Christi Geburt immer dumpfer zu werden. Vielleicht kann man sich das Phantom in seinem ungetrübten Zustand wie einen reinen Kristall vorstellen, der durchsichtig und spiegelnd zugleich ist. Durch den Einfluss der Widersacher wurde er aber trüb, so dass sich des Menschen Bewusstsein darin nicht mehr spiegeln konnte. Durch Christi Tat auf Golgatha wurde erstmals der Tod überwunden und dadurch die Phantome der Menschen gerettet. Er hat »erhoben aus dem Grabe: das reine Phantom des physischen Leibes.«[548] Die Rettung des eigenen Phantoms können in Christi Nachfolge alle erwerben. »Und es ist möglich, jene Beziehung zu dem Christus herzustellen, durch welche der Erdenmensch seinem sonst zerfallenden physischen Leib einfügt dieses Phantom, das aus dem Grabe von Golgatha auferstanden ist.«[549] Indem der Mensch »sich diesen unverweslichen Leib einverleibt, wird er immer mehr dazu kommen, sein Ich-Bewusstsein heller und heller zu machen …«[550]

Die Überwindung der Todesgefahr durch den Hahn Widofnir

Odhin hat die Menschen in die Intellektualität geführt und dadurch die Entwicklung der Freiheit und die Entwicklung des wissenschaftlichen Denkens möglich gemacht. Nun aber muss es darum gehen, die damit verbundene Todesgefahr durch ein lebendiges Denken zu überwinden. Auch auf diesem Wege muss Odhin der Führer sein, denn es ist ein geistiges Gesetz, dass derjenige, der herabgeführt hat, auch wieder heraufführen muss. Wie also kann der Jüngling Windkald die Hunde am Totentor besänftigen? Er erkundigt sich, ob es nicht eine Speise gäbe, die die Hunde so gerne fressen, dass ein Mensch an ihnen vorbeischlüpfen könnte. Fiölsvinn antwortet:

Zwei Flügel siehst du an Windofnirs Seiten,
Weil du's zu wissen wünschest.
Das ist die Kost, sie kirre zu machen
Und einzugehen, weil sie fressen. (Vers 18)

Wer ist Windofnir (bei Genzmer und Jordan: Widofnir)? Die Übersetzung lautet ›Weitöffner‹. In Vers 23 erfahren wir außerdem, dass es ein Hahn ist. Ein Hahn kräht frühmorgens und erweckt die Menschen aus dem Schlaf in die Tagessinne und damit zum Denken. Hier ist das sich weitöffnende Denken gemeint.

Der Lebensbaum Mimameid

Der Blick Windkalds gleitet nun zu dem Baum, auf dem der Hahn sitzt. Auf die Frage nach dessen Namen erhält er folgende Antwort:

> *Mimameid heißt er, Menschen wissen selten*
> *Aus welcher Wurzel er wächst.*
> *Niemand erfährt auch wie er zu fällen ist,*
> *Da Schwert noch Feuer ihm schadet.* (Vers 20)

Mimameid bedeutet Mimirs Baum. Im Vafthrudnismal (Vers 45) wird berichtet, welche geheimnisvollen Wesen in aller Unschuld in dem Holz des Baumes leben, der Mimir dem Schatzbewahrer, gehört:

> *Lif und Lifthrasir leben verborgen*
> *In Hoddmimirs Holz.*
> *Morgentau ist all ihr Mahl;*
> *Von ihnen stammt ein neu Geschlecht.*

Mit Lif (Leben) und Lifthrasir (Lebensträger) sind sicherlich die Lebenskräfte gemeint, die einst Adam entzogen wurden, um sie vor dem Zugriff Luzifers und Ahrimans zu bewahren. »Der Mensch durfte nicht so bleiben wie er war … Er musste behütet werden vor der Wirkung der luziferischen Kräfte auf seinen Ätherleib. Das wurde dadurch erreicht, dass der Mensch damals unfähig gemacht wurde, seinen vollen Ätherleib zu benutzen. Es wurde ein Teil des Ätherleibes der Willkür des Menschen entzogen.«[551] In dem Alten Testament finden wir dieses Ereignis in der Beschreibung des Sündenfalls. Adam und Eva genießen vom Baum der Erkenntnis den Apfel, der sie, wie die Schlange verheißt, gottgleich, d.h. hier: erkenntnisfähig machen wird. Vom Baum des Lebens eine Frucht zu erlangen, wird durch die Vertreibung aus dem Paradies zu jener Zeit unmöglich gemacht. In den Sagen der Juden heißt es aber: »Sechs Dinge waren es, die Adam genommen wurden, nachdem er Sünde getan hatte, und diese sind: sein Leuchten, sein Wuchs, das ewige Leben, die Früchte der Erde, die Früchte des Baumes, der Sonne großer Schein. Aber all dies wird in den Tagen des Messias wieder in die Welt kommen.«[552] Man wusste also, dass Adam bei der Vertreibung aus dem Paradies wichtige Fähigkeiten genommen wurden und man ahnte, dass sie einst wieder zur Verfügung stehen würden. Dazu schreibt Rudolf Steiner: »Es war also in Adam eine gewisse Summe von Kräften, die ihm nach dem Sündenfalle genommen wurden. Dieser noch unschuldige Teil des Adam wurde aufbewahrt in der großen Mutterloge der Menschheit … Diese Urkräfte der Adam-Individualität wurden aufbewahrt, … sie wurden jetzt dahin geleitet, wo dem Joseph und der Maria das Kind geboren wurde … Die Adamseele vor dem Sündenfall, die am längsten gewartet hatte, finden wir wieder in dem Jesusknaben.«[553] Diese so genannte nathanische Seele war das erste und einzige Mal in dem lukanischen Jesus inkarniert. Dadurch, dass Christus in dieser Seele lebte, wurden jene reinen Ätherkräfte für alle Menschen erreichbar, sofern sie im Erdenleben eine Beziehung zum Christus erringen können.

Hat man diese durch Rudolf Steiner zugänglich gemachten Erkenntnisse vor Augen, so wird die Erklärung des Wächters Fiölsvinn zu dem Baum ›Mimameid‹ verständlicher (Vers 20). Es ist der Baum des Lebens, der Adam und Eva entzogen wurde, nachdem sie von dem Baum der Erkenntnis gekostet hatten. Nur die höchsten Eingeweihten hatten ein Wissen von der Existenz dieses Baumes, dessen Wurzel niemand kennt und der natürlich durch Feuer und Schwert nicht zu vernichten ist. Es ist sicher nicht falsch, hinter dem Bild des Feuers den lodernden Loki-Luzifer und hinter dem tötenden, kalten Schwert Ahriman zu vermuten, die beide den ihrem Zugriff entzogenen Ätherkräften nichts anhaben können. Im Grogaldr bezeichnet die Mutter Ahriman als den schwertstolzen Riesen.

Der Nutzen des Baumes

Die anschließende Frage Windkalds zeigt, dass er das Weisheitswissen der entzogenen Ätherkräfte noch nicht hat. So fragt er nach dem Nutzen des Baumes und bekommt von Fiölsvinn folgende Antwort:

Mit seinen Früchten soll man feuern,
Wenn Weiber nicht wollen gebären.
Aus ihnen geht dann was innen bliebe:
So wird er der Leute Lebensbaum. (Vers 22)

An den verschiedenen Übersetzungen dieses Verses und den entsprechenden Kommentaren von F. Genzmer, W. Jordan, K. Simrock und H. Börnsen, die hier

Kreuzigung, eingerahmt von den Paradiesesbäumen, dem Baum des Lebens und dem Baum der Erkenntnis, Schwäbisch Gmünd

nicht angeführt werden können, sieht man, wie rätselhaft diese Aussage bleibt, wenn das Geheimnis des Lebensbaumes nicht einbezogen wird, obgleich die letzte Zeile doch ausdrücklich vom Lebensbaum spricht.

Sofern Menschen fähig sind, die Früchte des Lebensbaumes zu erlangen, d.h. die durch Christus zugänglich gemachten Ätherkräfte als persönliche Fähigkeit zu gewinnen, so wird dadurch in der Seele eine Kindes- oder Sohneskraft geboren. (Der Wärme- und der Lichtäther sind dem Menschen als persönliche, individuelle Fähigkeiten des Willens und des Gefühls übergeben. Der chemische bzw. Klangäther und der Lebensäther ruhen überpersönlich in der Seele.) Die im Menschen unbewusst schlummernden Ätherkräfte können dann frei werden, sich beleben und wachsen. So wird die Frucht des im Paradies zurückgehaltenen Baumes erreichbar. Sie soll den Menschen befeuern und beleben, so dass aus den Seelen (den Weibern) sich das entwickeln kann, was sonst innen verborgen bliebe. So können ›Leute‹ den im Paradies verbliebenen Baum für sich erwerben und dadurch das Phantom zurückgewinnen und das sonst tote Denken mit den neu erworbenen Lebenskräften verlebendigen.

Das ahnende Wissen vom Lebensbaum spiegelt sich in Bildwerken, in Mythen und Märchen vieler Völker. So sind z. B. vor dem inneren Palast Nebukadnezars II. (604–562 v.Chr.) in Babylon drei wunderbare Bäume dargestellt, die als Lebensbäume gedeutet werden. In der Offenbarung des Johannes (22, 1–2) heißt es: »Und er zeigte mir einen Strom: das Wasser des Lebens, von leuchtender Klarheit, gleich einem Kristall. Er entsprang aus dem Thron Gottes und des Lammes … Zu beiden Seiten des Stromes der Lebensbaum, zwölf Mal seine Frucht bringend, in jedem Monat Frucht tragend, und die Blätter des Baumes dienen der Heilung der Völker. Jeder Fluch verliert durch sie seine Kraft.« Es ist zu vermuten, dass hier vor allem an den Fluch des Sündenfalls angeknüpft wird.

Der goldene Hahn

Nachdem Windkald die Weisheit der Ätherkräfte, bzw. des Lebensbaumes erfahren und ergriffen hat, geht sein Interesse wieder zurück zu dem Hahn, zu dessen Verständnis offenbar die Erkenntnis des Lebensbaumes, auf dem er sitzt, einbezogen werden musste. Nun wird der Hahn als golden erlebt:

> *Wie heißt der Hahn auf dem hohen Baum*
> *Der ganz von Golde glänzt?* (Vers 23)

Der Hahn auf dem hohen Baum erinnert an den goldenen Hahn auf vielen Kirchturmspitzen, wo er, im ersten Morgenlicht aufleuchtend, die Menschen zum Gottesdienst ruft. Der Hahn galt schon bei den Syrern und Ägyptern als Sonnensymbol. »Zur romanischen Zeit (9. Jhd.) taucht der Hahn auf dem Kirchturm auf, zuerst in Italien, Deutschland und England. Er ist das Symbol der Wachsamkeit, des Erweckens zu einem höheren Leben.«[554] Er ruft die Menschen zu einem hellen, klaren Denken und zum Erkennen der Christussonne auf. Die Antwort Fiölsvinns lautet:

> *Windofnir heißt er, der im Winde leuchtet*
> *Auf Mimameids Zweigen.*
> *Beschwerden schafft er, und schwerlich raubt*
> *Den Schwarzen wer sich zur Speise.* (Vers 24)

Es ist durchaus rätselhaft, dass der eben noch golden aufleuchtende Hahn nun schwarz sein soll. Der Vergleich mit anderen Übersetzungen, die in diesem Falle nachgewiesenermaßen dichter am Urtext bleiben, zeigt einen ganz anderen Sinn. Bei F. Genzmer lautet der Vers (dort Nummer 18) folgendermaßen:

> *Widofnir heißt er, der im Wipfel sitzt,*
> *Leuchtend durch die Luft;*
> *Surt und Sinmara quält mit einer Sorge*
> *Gar heftig der Hahn.* (Vers 18)

Der Hahn leuchtet also durch die Luft und ist gar nicht schwarz. Surtur ist der mächtige Feuer-›Gott‹, der als Vater Lokis bezeichnet werden kann. Sinmara wird als ›Sinnentrüger‹ übersetzt. ›Sin‹ bedeutet Sinn oder Nerv, ›Mara‹ Truggestalt, Nacht-Mar. Wer der große Sinnentrüger ist, wer im Bilde des Wolfes Lug und Trug in die Welt gebracht hat, wer dem Menschen die geistige Welt verschlossen hat, indem er sich in den Ätherleib des Menschen eingeschlichen hat, ist deutlich. Es ist Ahriman, der mit ›Sinmara‹ einen erstaunlich passenden Eigennamen erhalten hat. Dieser sich stets verbergende Widersacher ist also in den Fiölsvinsmal-Liedern von Fiölvinn ebenso genau erkannt worden wie Loki-Luzifer.

Warum aber bereitet der golden aufleuchtende Hahn den Widersachern Loki und Ahriman so quälende Sorge? Da sie wissen, dass die von ihnen sorgfältig verborgene, sonnenhafte Hahnen-Geisterkenntnis, die auf den neu errungenen Christus-Ätherkräften, also dem Lebensbaum fußt, ihr Reich erschüttern wird, sind sie verständlicherweise beunruhigt.

Nachdem Windkald nun weiß, wodurch sich die Widersacher so bedroht fühlen und wie das Tor, das die Hunde bewachen, überwunden werden könnte, nämlich durch die Flügel des goldenen Hahnes, der auf dem Lebensbaum sitzt, muss seine nächste Frage lauten: Wie kann ich die lebendige, helle Geisterkenntnis bis in die Welt des Todes, die materielle Welt tragen? Wie zwischen Glaube und naturwissenschaftlicher Erkenntnis wieder eine Brücke schlagen? Rudolf Steiner betont immer wieder, wie notwendig in der 1879 angebrochenen Michaelszeit das Streben nach der Verbindung von klarem, an der Naturwissenschaft erlerntem Denken und der lebensvollen Geisterkenntnis ist. Das geistige Erkennen für sich selbst hat keinen Wert. »Es hat erst dann einen Wert, wenn dieses geistige Erkennen das Instrument wird, um unterzutauchen in das materielle Leben und da im materiellen Leben dasjenige aufzunehmen, was in den geistigen Welten selber nicht aufgenommen werden kann, was aber hineingetragen werden muss.«[555] Es geht um den Brückenschlag! Daher lautet Windkalds nächste Frage:

Sage mir, Fiölsvinn, was ich dich fragen will
Und zu wissen wünsche:
Ist keine Waffe, die Windofnir möchte
Zu Hels Behausung senden? (Vers 25)

In der Jordan-Übersetzung lautet der Vers:

Gibt's eine Waffe, den Hahn Weitspann
In des Totenreiches Tiefe zu senden?

Da in Vers 18 die Flügel des Hahnes als die Speise genannt werden, die die Hunde vor Hels Toren zahm macht, wird diese Strophe gewöhnlich so ausgelegt, dass der Hahn getötet werden muss, um an die nötigen Bissen für die Hunde heranzukommen, um dann Zugang zum Bereich des Todes, d.h. zur Überwindung des Todes im physischen Leib, zu gewinnen. Davon wird aber nichts gesagt, und warum sollte die neue sich weit ausspannende Geisterkenntnis getötet werden? Das wäre völlig unsinnig! Wenn man ›Waffe‹ mit Mittel übersetzt (jede Waffe ist ein Mittel), so kann sich bereits ein neuer Sinn ergeben, der zu dem Wort ›senden‹, ›Sendung‹ passt. Diese Deutung erscheint gerechtfertigt, da ›Waffe‹ im Germanischen die Grundbedeutung ›Kampfgerät‹ hat.[556] Nach dem Oxford Dictionary bedeutet ›Waffe‹: weapon: Mittel, gebraucht, um in einem Konflikt zu siegen.

Es geht also gar nicht darum, den Hahn zu töten, aber es ist unbedingt notwendig, ein Mittel zu finden, um ihn zur Hel zu senden. Dann kann die Geisterkenntnis aufleuchten, vergleichbar dem Hahn, der auf dem Kirchturm in der Morgensonne aufstrahlt. Belebt wird die Erkenntnis durch die reinen Ätherkräfte (Lebensbaum). Dadurch kann sie sich nun weit öffnen und die Verbindung, den Brückenschlag bis zum Reich des Todes herstellen. Nur so wird Sinmara als Hel, die Herrin der Todeswelt und die Herrscherin über alle neun Reiche, überwunden werden.

Die treffsichere Rute

Die Antwort Fiölsvinns auf die Frage nach dem Mittel oder kämpferisch ausgedrückt nach der Waffe, durch die der Hahn bis in die Tiefe der Todeswelt gesandt werden kann, lautet:

Häwatein heißt der Zweig,
Lopt hat ihn gebrochen
Vor dem Totentor
In eisernem Schrein birgt ihn Sinmara
Unter neun schweren Schlössern. (Vers 26)

Lopt ist ein anderer Name für Loki. Häwatein oder Läwatein (Genzmer) wird von Hans Börnsen als Lebenszweig übersetzt. Das ist sinngemäß wohl richtig, zumal in Vers 30 diese Rute als blutig bezeichnet wird, wobei ›Blut‹ hier sicher als Lebensträger zu verstehen ist. Die Übersetzung ›Lebenszweig‹ trifft aber nicht die genaue Bedeutung des Wortes, da ›tein‹ zwar Zweig, Rute bedeutet, aber ›Häwa‹ so viel wie ›recht-treff‹, ›mit Runen versehen‹ und auch ›verletzend‹ oder ›giftig‹ heißt. Es ist also so etwas wie ein treffsicherer Pfeil, oder eine Wünschelrute, mit der der rechte Weg gefunden werden kann. Daher übersetzt W. Jordan Häwatein als Rechttreff-Rute. Der Name ›Häwatein‹ erinnert an Misteltein, den Mistelzweig, den Loki gebrochen hat, um Baldur damit ins Totenreich zu senden. Dadurch wurde die Entfremdung der Menschen von der göttlichen Welt besiegelt.[557] Eine Parallele dazu kann in dem Genuss des Apfels vom Baum der Erkenntnis (Altes Testament) gesehen werden. Die Rute Häwatein hat Loki dagegen vom Baum des Lebens vor dem Totentor gebrochen, also ehe der Tot ins Menschenleben kam. Dann hat Sinmara diese Rute neunfach in einem eisernen Schrein verschlossen. Dieses Bild der nordisch-germanischen Mythologie bildet eine direkte Parallele zu der Verheißung in den Sagen der Juden. Die Rute Häwatein ist also ein Teil des Lebensbaumes. Es sind die zurückgehaltenen Lebenskräfte, deren Geheimnis die Widersacher ängstlich bewachen, denn diese Lebensrute kennt als Rechttreff-Rute den Weg, die Marschroute, die den Menschen wieder in eine lebendige Geistverbundenheit führen kann. Es kann also einen Weg zurück in die geistige Welt geben. Für Ahriman-Sinmara und Luzifer-Loki stellt diese Aussicht jedoch die größte Beunruhigung dar. Der Mensch soll in dem Reich des Todes, das sie errichtet haben, gefangen bleiben. Das würde bedeuten, dass der Mensch seine göttliche Herkunft ganz vergisst und niemals fähig sein wird, den michaelischen Brückenschlag von der irdischen zu der geistigen Welt zu tätigen.

Das größte Anliegen Windkalds muss es also sein, den unter neun Schlössern verborgenen belebenden, wegkundigen Zweig zu gewinnen? Er fragt daher:

Sage mir, Fiölsvinn, was ich dich fragen will
Und zu wissen wünsche:
Mag lebend kehren, der nach ihm verlangt
Und will die Rute rauben? (Vers 27)

Windkald weiß um die Gefahr, die mit dem Erwerb der Rute verbunden ist: Kann er sich so weit der Todeswelt nähern, ohne ihr zu verfallen? Fiölsvinn antwortet:

Lebend mag kehren, der nach ihm verlangt
Und will die Rute rauben,
Wenn das er schenkt was wenige besitzen
Der Dise des leuchtenden Lehms. (Vers 28)

Die Umschreibung: ›die Dise des leuchtenden Lehms‹ wird als ein Kennwort für Sinmara gedeutet (W. Jordan). Ahriman-Sinmara gibt also nur dann den treffsicheren Lebenszweig frei, wenn sie eine entsprechende Gabe bekommt. Welches ›Geschenk‹ könnte sie wohl bewegen, das ihr so teure Gut herauszugeben, das ihr wichtigstes Geheimnis und Unterpfand darstellt, nämlich das Geheimnis der Befreiung des Menschen aus der Umklammerung der Todeswelt und zugleich das seiner göttlichen Herkunft? Es würde die verheißene Umkehr des Sündenfalls bedeuten.

Wenn der Mensch das in der materiellen Welt erlernte klare, objektive Denken zu beleben weiß und dadurch in die geistige Welt zu dringen fähig wird, d.h. die beiden Welten zu verbinden weiß, hat er Ahriman-Sinmara das Geheimnis, die Lebensrute, entrungen. Er hat dann den Weg erkannt, auf dem es gelingen kann, Geisterkenntnis und das an der Naturwissenschaft geschulte Denken zu verbinden. Das ist eine Fähigkeit, die erst nach dem Ende des Kali Yuga (1899), in dessen Verlauf der Mensch erst klar denken lernte, gewonnen werden kann: eine michaelische Fähigkeit. »Wir müssen lernen, nicht immer nur von dem Gegensatz zu sprechen zwischen dem Materiellen und dem Geistigen, sondern wir müssen das Ineinanderspiel des Materiellen und des Geistigen in eine Einheit gerade im sinnlichen Auffassen erkennen … Das ist dasjenige, was man die Michael-Kultur nennen kann.«[558] Der Weg in die Tiefe der Erdenwelt, der sogenannte Wolfsweg, wurde als eine unbedingte Notwendigkeit angesehen, denn nur so konnte das hohe Gut der Freiheit (als Voraussetzung für ein starkes Ich) gewonnen werden. »Das kann leicht verkannt werden; man kann den Fall in den Materialismus nur allein betrachten und dann über ihn traurig sein. Aber während das Anschauen dieses Zeitalters sich auf die äußere physische Welt beschränken musste, entfaltete sich im Innern der Seele eine gereinigte, in sich selbst bestehende Geistigkeit des Menschen als Erleben ... Nur in der Trennung von dem Gedankenwesen der Welt konnte in den Tiefen der menschlichen Seele das Bewusstsein der Freiheit erwachsen.«[559]

Die Gabe der Feder

Das Wissen, wie die im Schrein der Todeswelt verschlossene treffsichere Rute vom Baum des Lebens zu erringen sei, erwirbt sich Windkald, indem er nach dem nötigen Geschenk für Sinmara, fragt:

> *Sage mir, Fiölsvinn, was ich dich fragen will*
> *Und zu wissen wünsche:*
> *Gibt's einen Hort, den man haben mag,*
> *Der die fahle Vettel freut?* (Vers 29)

Bei F. Genzmer heißt es:

> *Ist die herrliche Gabe zu haben für Menschen,*
> *Die die Fahle freut?* (Vers 29)

Die Antwort Fiölsvinns lautet bei F. Genzmer:

> *Die lichte Sichel, die im Leibe sitzt Widofnirs*
> *Zur Truhe du tragen musst,*
> *Sie der Riesin (Sinmara) zu reichen,*
> *Dass sie bereit sich erklärt,*
> *Dir zu leihen Läwatein.* (Vers 30)

Und bei K. Simrock:

> *Die blinkende Sichel birg im Gewand,*
> *Die in Windofnirs Schweife sitzt,*
> *Gib sie Sinmara, so wird sie gerne*
> *Die blutige Rute dir borgen.* (Vers 30)

An dieser Stelle hat die Geduld der mir bekannten Interpreten ein Ende. So schreibt z. B. W. Jordan: »Die Hunde zu kirren, ist Fleisch jenes Vogels erforderlich, zur Erlegung des Vogels die Rute Rechttreff. Zur Erlangung dieser Rute wiederum muss Sinmara bestochen werden. Womit? Mit einer Feder des erst zu erlegenden Vogels. Die Bescheide des Wächters erweisen sich als Foppantworten. So gibt denn der Fremdling, nach der Voraussetzung des Dichters etwa auflachend, die weitere Erkundigung nach dieser Vexirfährte auf und wendet sich anderen Fragen zu.«[560]

Auch F. Genzmer und K. Simrock meinen, dass die Antworten Fiölsvinns gleich einer Schlange sind, »die sich in den Schwanz beißt. Den Hahn tötet man nur mit einer bestimmten Waffe, und um die zu erlangen, muss man den Hahn getötet haben.« H. Börnsen deutet die Widersinnigkeit als ein Gesetz des Weges in die Seelenwelt, wo sich alles umdreht. Sicherlich ist es auch ein Anliegen Ahrimans, unsere Gedanken zu verwirren. Zunächst verwirrend klingt auch die Angabe über die Erkenntnis der geistigen Welt: »Diese Erkenntnis hat die Eigentümlichkeit, dass man ihre Tatsachen nur erfassen kann, wenn man sich die Mittel dazu erwirbt, wie sie in diesem Buche gekennzeichnet sind.«[561]

Ist das ganze Gespräch also sinnlos? Der Vorgang ist zwar sehr komplex, doch muss er in keiner Weise unsinnig sein. Wenn man davon ausgeht, dass, um die Rute zu erlangen, zwar das Senden eines Teils des Hahnes zur Behausung der Hel notwendig ist, aber nicht dessen Tötung, so ergibt sich folgender Sinnzusammenhang: Der Zweig oder der Apfel, den Loki vom Baum der Erkenntnis brach, ist die Ursache der Vertreibung der Urmenschen aus dem Paradies. Gleichzeitig wurden dem Menschen Lebenskräfte entnommen, um diese vor dem Zugriff Ahrimans und Luzifers zu schützen. Die Widersacher, die diesen Vorgang als einen Eingriff in ihre Machtbefugnis erlebten, denn sie wollten den Menschen ganz für sich gewinnen, fürchten nichts so sehr, wie den durch Christi Geburt, Leben und Tod dem Menschen möglich gemachten Zugang zu den reinen Lebensbaum-Ätherkräften, da durch diese der Mensch eine neue Verbindung zu der geistigen Welt finden kann. Daher verbergen die Widersacher das ihnen wohlbekannte Geheimnis der reinen Lebenskräfte, im Bilde den Zweig vom Lebensbaum, ängstlich im eisernen Schrein unter neun schweren Schlössern.

Im Laufe der Entwicklung hat der Mensch das durch den Apfelgenuss möglich gewordene selbständige Denken erlernt, aber er hat sich dabei immer weiter von seinem Ursprung entfernt. Die Weisen aber wussten, dass durch den Erlöser eine neue Beziehung zur geistigen Welt möglich werden würde. Dem entspricht in der Edda der Zweig vom Lebensbaum als Urerinnerung an den Paradieseszustand und als Unterpfand der Möglichkeit, die zurückgehaltenen, reinen Lebenskräfte neu erringen zu können. Noch ist der Zweig aber unerreichbar und fest verschlossen bei Loki und Sinmara. Ohne diese Rute gibt es aber keinen Weg zurück. Wie sollte der Mensch ihn auch finden, wenn er von seinem Ursprung nichts mehr weiß? Das ist das Dilemma unserer Zeit! Der vielweise Fiölsvinn kann dennoch die notwendigen Schritte aufzeigen: Das klare Denken muss erhalten bleiben, aber es muss ihm etwas hinzugefügt werden. Nicht ein schwarzer Hahn könnte die Hunde am Totentor besänftigen. Es muss die Hahnen-Erkenntnis, das Hahnendenken sein, das auf dem Lebensbaum fußt und im Sonnenlicht golden aufstrahlt. In Vers 30 wird dies nun auch auf die Widersacher bezogen. Sie geben die Rute nur frei, ja sie sind gezwungen, sie freizugeben, wenn es dem Menschen möglich ist, wenigstens eine einzige Feder dieser Hahnenerkenntnis an oder in seiner Brust zu bergen, d.h. sie mit Herzens-Lebens-Kraft zu durchdringen, um so im materiellen Sein Herzenswärme und durchgeistigtes Denken zu verbinden. Ist so ein lebendiges, ein Herzensdenken im Sinne Michaels, entstanden, so sprengt es den Schrein, und die Rute Häwatein wird frei und das selbst dann, wenn dieses neue Denken nur so anfänglich ist, dass es erst das Gewicht einer Feder hat.

Es gibt etliche Märchen, wo das Auffinden einer einzigen Feder einen ganz neuen Entwicklungsweg anstößt, z. B. »Der goldene Vogel« oder »Die drei Federn« (Grimms Märchen). Auch für Windkald eröffnet sich ein ganz neues Gebiet, nachdem er sich das Geheimnis der Feder zu eigen gemacht hat. Fiölsvinn drückt es so aus:

Die Hunde freuen sich, das Haus erschloss sich selbst. (Vers 44)

Die dritte Wegstrecke

Der Aufstieg zu Menglada

Die Aussage, dass die Hunde sich freuen und das Haus sich selbst erschlossen hat, geben den Aufstieg zu Menglada, der Gewinnung des höheren Selbstes frei. Für Windkald tut sich damit der Blick ins Innere der Säle auf. Zuvor hat er Folgendes überwunden: das Gitter Thrymgialla, das das Denken und Wahrnehmen nur auf die physische Welt gerichtet sein lässt (Astralleibverdunklung), die Brüstung Gastropner, die durch die Verhärtung des Ätherleibes die geistige Wahrheit verhüllt, und die von den Hunden bewachte Todeswelt im physischen Leib. Er hat ein klares Denken gewonnen und es mit Leben erfüllt.

Früher hatte der Mensch ein traumartiges Bilderbewusstsein, das als licht empfunden wurde. »Er hat dieses Bewusstsein in Finsternis hinuntersinken sehen müssen, um das heutige Bewusstsein des hellen Tages zu erreichen. In der Zukunft wird er ein Bewusstsein erreichen, wo er beides haben wird, das Bilderbewusstsein, das ihn in die seelische Welt hineinführt, und das helle, klare Tagesbewusstsein daneben. Das ist der Inhalt aller Geheimlehren, der allen Kulturen zugrunde liegt.«[562] Durch diese Aussage findet die Frage, ob die Menschen der Vorzeit so viel von den Geheimnissen Christi und des Menschenwerdens wissen konnten, wie es sich im Fiölsvinsmal durch die Betrachtungen gezeigt hat, eine positive Antwort.

Die weitere Schau des Jünglings führt in den Bereich, wo die höheren Geistesglieder des Menschen zu entwickeln sind. Mit diesem Schritt ist er reif, den Namen zu bekommen, der seiner neuen Bewusstseinsstufe entspricht. Diese berechtigt ihn nun nicht mehr Windkald, sondern Swipdag, der ›hell leuchtende Tag‹, zu heißen.

Im folgenden Teil des Liedes nähert sich Swipdag Schritt für Schritt seinem hohen Ziel, dem ›ewig Weiblichen‹, Menglada. Er sieht ihren Saal und fragt:

Wie heißt der Saal, der umschlungen ist
Weise mit Waberlohe? (Vers 31)

Und bekommt zur Antwort:

Glut wird er genannt, der weifend sich dreht
Wie auf des Schwertes Spitze.
Von dem seligen Hause soll man immerdar
Nur von Hörensagen hören. (Vers 32)

Der Saal Mengladas ist – sich drehend – auf eines Schwertes Spitze vorzustellen. Dieses Schwert, ein Bild des nun gewonnenen klaren Denkens und der Erkenntnis, führt, wenn der Astralleib dadurch geläutert ist, zum hellen Ich-Bewusstsein, zum ›Ich-Punkt‹. Das ist die Spitze des Schwertes. Der ›Ich-Punkt‹ bedeutet, dass eine geschlossene Individualität erreicht ist, dass ein fester Stützpunkt im eigenen Wesen erlebt wird. »Die Kraft und Geschlossenheit der Individualität des Menschen werden immer mehr und mehr zunehmen, die Menschen werden immer mehr und mehr in die Notwendigkeit versetzt werden, einen festen Stützpunkt ihres Wesens in sich selber zu haben.«[563] Über dem starken Ich-Punkt, über des Speeres Spitze beginnt das Reich der höheren Geistesglieder des Menschen. Das Geistselbst, als unterstes dieser Geistesglieder kann nur durch die Vereinigung mit der Geliebten, Menglada, errungen werden. Das ist so zukünftig, dass es nur vom Hörensagen bekannt ist. Erst durch Christi Opfertat ist dieser Weg möglich geworden. Hierzu bemerkt Rudolf Steiner: Die luziferischen Wesen wollen »den Menschen herausreißen aus seiner Blutsverwandtschaft bis zu der Zeit, wo Christus kommt und ihn ganz auf die Spitze seiner Persönlichkeit stellt, indem er seine innerste Kraft gibt, die Weisheit und Gnade zu dem innersten Impuls seines Wesens macht.«[564]

Die Urimpulse

Nachdem sich der Blick des Jünglings voll Zukunftshoffnung hinauf zu der reinen Jungfrau gewendet hatte, weitet sich nun sein Blick auf die ganze Menschheitsentwicklung. So gilt die nächste Frage der fernsten Vergangenheit und den göttlichen Kräften, die einst die physische Welt erschaffen haben und die hinter der ›Brüstung‹ (Gürtung, Vers 12), dem Werk Ahrimans, verborgen bleiben (Vers 33). »Aber den Gott konnte man nicht sehen, wenn man nur mit äußeren physischen Augen die Menschheitsentwickelung ansah. Der Gott war sozusagen hinter der irdisch-physischen Welt, und da sahen ihn diejenigen, die da wussten wo er ist, die hineinschauen konnten in sein Reich.«[565]

> *Wer hat gebildet, was vor der Brüstung ist*
> *Unter den Asensöhnen?*

Die Antwort des vielweisen Fiölsvinn ist erstaunlich. Es werden sechs Gegensatz-Paare wie heiß und kalt, weich und hart, hell und dunkel genannt, deren letztes Lidskialf und Loki sind. Lidskialf ist der Hochsitz Odhins, der diesen mit aller Weisheit der Welt verbindet. Sein Widerpart ist Loki. Fiölsvinn will also sagen, dass die Welt aus dem Impuls der Gegensätzlichkeit erschaffen worden ist. Das erinnert an den Schöpfungsmythos, wo sich das kalte Niflheim und das heiße Muspellsheim gegenüber standen. Ob es auf dem Weg des Menschen zu einer neuen Geistverbundenheit darum geht, die Gegensätze zu überwinden? Könnte das einer Heilung gleichkommen? Diesen Schluss legt das nächste Fragegebiet nahe.

Die Zwölfzahl der angegebenen Eigenschaften kann auch als ein Hinweis auf die aus den Tierkreiskräften erschaffene Welt oder auf die zwölf Asengötter als Weltschöpfer angesehen werden.

Der Berg und die Mädchen

Windkald (Swipdag) möchte den Namen des Berges erfahren, auf dem er die Geliebte sieht. Dieses Bild der Prinzessin auf dem hohen, glatten Zauberberg findet sich in vielen Märchen der Welt.[566] Windkald (Swipdag) erfährt, dass der Berg ›Hyfiaberg‹ (Hilfeberg) heißt, und dass er dem, der ihn ersteigt, jegliche Hilfe spendet. Der bekannte Psalm Davids (121) besingt den Berg so:

Hebe deine Augen auf zu den Bergen
Von denen dir Hilfe kommt …

Menglada stehen neun Mädchen zu Diensten. Sie sitzen einig vor ihren Knien. Sie sind es, die für die opferbereiten Menschenkinder alle Hilfeleistungen ausführen. Ihre Namen zeigen ihre belebenden und durchlichtenden Qualitäten an, durch die sie Hilfe spenden: Leben und Lebensträgerin, Atembewahrerin, Glanz- und Blondhaar, Klarheit und Frische, die Heitere und die Güldene. Es wird an diesem Bilde deutlich, wie der Mensch, der sich seinem höheren Selbst nähert, zugleich in das Kraftfeld des größten, einigenden Heilbringers, des Christus eintritt. Neunfach wird der neungliedrige Mensch geheilt.

Swipdag und Menglada

Mag ein Mann wohl in Mengladas
Sanften Armen schlafen?

Auf diese bange Frage antwortet Fiölsvinn:

Kein Mann mag in Mengladas
Sanften Armen schlafen,
Swipdag allein: Die Sonnenglänzende
Ist ihm verlobt seit langem. (Vers 42)

Nun leuchtet in dem Jüngling die Erkenntnis auf, dass er berechtigt ist, sich Swipdag zu nennen. Freudig ruft er:

Auf reiß' die Türe, schaff' weiten Raum.
Hier magst du Swipdag schauen.
Doch frage zuvor, ob noch erfreut
Mengladen meine Minne. (Vers 43)

Swipdag bedeutet: der helle, lichte Tag. Wie wurde Windkald zu Swipdag? Durch das im Laufe der Entwicklung immer wacher werdende Tagesbewusstsein ist der Mensch zum Denken erwacht. Dieses führt zu Erkenntnissen, auch moralischen Idealen, die veredelnd auf den Astralleib wirken, indem sie diesen von Trieben und Leidenschaften reinigen. So beginnt Weisheit in der Seele aufzublühen, die dadurch zu leuchten beginnt. »Je mehr Weisheit im Astralleibe ist, desto leuchtender wird er sein.«[567] Da der Jüngling diese Stufe errungen hat, darf er sich Swipdag nennen. Menglada, die Sonnenglänzende, erwartet den Bräutigam Swipdag voll Sehnsucht. Ehe sie ihn aber als solchen anerkennt, will sie seinen Namen und sein Geschlecht genau erfahren. Er antwortet:

Swipdag heiß ich, Solibart hieß mein Vater,
Her führten mich windkalte Wege.
Urdas Ausspruch ändert niemand,
Ob er unverdient auch träfe. (Vers 47)

Diese Antwort umschließt den ganzen Entwicklungsweg der Menschheit: Aus dem Reich des Vaters Solibart, des Sonnenentsprossenen, ging der Jüngling einst als ein Sonnenspross hervor. Windkald hieß er auf den Wegen, die durch die immer materieller und intellektueller werdende Menschheit, als ›windkalt‹ erlebt werden können. Dabei ist jeder für seinen Weg selbst verantwortlich und zugleich dem Spruch Urdas, der Schicksalsnorne, unterworfen.

Der Weg zu Menglada, auf den der Jüngling von seiner Stiefmutter gesandt wurde, ist nun siegreich beendet. Als Sonnenentsprossener hat Swipdag auf windkalten Wegen eigenes klares Denken erlernt. Er hat sich dann seinem Sonnenursprung wieder zugewandt und sein ›ewiges Weibliches‹, sein höheres Selbst, gefunden: Menglada, die Sonnenglänzende. Man kann auch sagen, dass der Jüngling die innere Sonne gefunden oder in sich geboren hat. »Das Sonnenhafte, das der Mensch durch lange Zeiten nur aus dem Kosmos aufnahm, wird im Innern der Seele leuchtend werden. Der Mensch wird von einer inneren Sonne sprechen lernen ... er wird das ...eigene Wesen als sonnengeführt erkennen.«[568] Da Swipdag bewiesen hat, dass er fähig ist, das klare Denken mit der Geistwelt zu verbinden, wird er als der lang ersehnte Gatte Mengladas anerkannt. Herzerwärmend klingen die Beteuerungen der Liebenden, die durch den sogenannten Sündenfall getrennt wurden und nun endlich wieder vereint sind.

Menglada: *Willkommen seist du, mein Wunsch erfüllt sich,*
Den Gruß begleite der Kuss
Unversehenes Schauen beseligt doppelt
Wo rechte Liebe verlangt.
Lange saß ich auf liebem Berge
Dich erharrend Tag um Tag;
Nun geschieht was ich hoffte, da du heimgekehrt bist,
Süßer Freund in meinen Saal.

Swipdag: *Sehnlich Verlangen hatt' ich nach deiner Liebe*
Und du nach meiner Minne.
Nun ist gewiss, wir beide werden
Miteinander ewig leben. (Vers 48, 49, 50)

Minne und Liebe

In der Vereinigung von Braut und Bräutigam findet sich das, was einst getrennt wurde, zusammen. Den Antrieb dazu bildet die Sehnsucht nach der Vervollkommnung der eigenen einseitigen Liebeskraft. Diese Einseitigkeit rührt von der in uralten Zeiten vollzogenen Trennung des Mondes von der Erde her, denn sie hatte das Auseinanderfallen des Menschenwesens in männlich und weiblich zur Folge. Dieser Zerfall lässt uns stets in dem Gefühl des Fehlens der anderen Hälfte leben. Und gerade diese Sehnsucht nach dem heilenden ›Du‹ ist die ewige Sehnsucht nach dem göttlichen Urzustand aller Wesen, die Kraft der Liebe.

In den letzten Zeilen des Liedes zeigt sich, wie klar Swipdag die männliche bzw. weibliche Liebe unterscheiden kann, indem er von seiner Minne und von ihrer Liebe spricht. Das Wort ›Minne‹ geht zurück auf die indogermanische Wurzel

›men‹, die Erinnerung, liebendes Gedenken; ›men‹ ist verwandt mit dem englischen Wort ›mind‹, das als Meinung und Denken übersetzt wird. Das Wort ›Liebe‹ kommt im mittelhochdeutschen Sprachgebrauch als ›leubh‹ ›gern haben‹ vor. Es besteht eine Urverwandtschaft zu dem altindischen ›lubh‹, Begehren‹. Im Englischen ist es das Wort ›love‹, Liebe. Zu diesem Wortstamm gehören ›Leib‹ sowie › Liebe‹ und ›Leben‹.[569] Es zeigt sich somit, dass ›Minne‹ die Liebe bedeutet, die mehr vom Denken und Erkennen ausgeht und daher eher als männlich anzusprechen ist. Das Wort ›Liebe‹ meint mehr die vom fühlenden Herzen und dem Begehren ausgehende eher weibliche Liebe.

Aus dem Zusammenklang dieser zwei Liebefähigkeiten kann etwas ganz Neues entstehen: eine übergeschlechtliche, umfassende und nicht mehr egoistische Liebe, die die Grundlage für das Entstehen eines neuen Wesensgliedes im Menschen bildet: für das Geistselbst. Dieses kann sich aber nur bilden, wenn der Astralleib seine ursprüngliche Reinheit wiedererlangt hat. Dann wurde er als ›Jungfrau Sophia‹ bezeichnet. In allen Einweihungen war diese Läuterung des Seelenleibes das Ziel. In der heutigen Zeit muss es vor allem um die Vergeistigung der Bewusstseins-Seele gehen, in der sich das höhere Wesensglied, das Geistselbst, entwickeln kann. »In die geläuterte und vergeistigte Bewusstseinsseele ergießt sich das Geistselbst oder der Heilige Geist … Da die Bewusstseinsseele dasjenige Prinzip ist, in welchem sich das Geistselbst entwickelt hat, nennt man dasselbe die ›Mutter Christi‹ oder in den Geheimschulen die ›Jungfrau Sophia‹.«[570]

Ist der Mensch so weit gereift, so kann er die rein geistige Liebekraft Christi in sich aufnehmen. Der Mensch, der diese Liebekraft zuerst in sich trug, war der Jünger, den der Herr liebte. »Der Christus stellt dar das Herabkommen der geistigen Liebekraft in unsere Erde.«[571] So konnte der Mensch, der ein irdisches Ich entwickelt hatte, durch Christus wiederum in die jetzt vergeistigte Liebe hineingeführt werden. Man wird sehen, »wie gerade der Nerv des Christusimpulses die geistige Liebe ist, wie dadurch die Iche, die getrennt worden sind, mehr und mehr zusammengeführt werden, aber in Bezug auf das Innerste ihres Wesens.«[572]

Der Einweihungsgrad des Sonnenhelden

Durch folgende Aussage Rudolf Steiners kann eine Berechtigung abgelesen werden, die nordisch-germanischen Einweihungen mit denen der persischen Gradeinteilung zu vergleichen: Die ersten vier Einweihungsstufen waren je nach Volk etwas unterschiedlich. Aber: »Die höheren Stufen waren … bei allen Völkern, auch des Altertums, gleich.«[573]

In dem Hyndluliod wurden die Erlebnisse der fünften Einweihungsstufe vermutet, die so charakterisiert wird: »Im fünften Grad erlangte der Mensch die Fähigkeit, ein erweitertes Bewusstsein zu haben, so dass dieses erweiterte Bewusstsein ihm die Fähigkeit gab, ein geistiger Behüter des ganzen Volkes zu werden, dem er angehörte.«[574] Inwieweit es sich in den Fiölsvinsmal-Liedern um die Erlebnisse der sechsten Einweihungsstufe handeln könnte, soll nun betrachtet werden.

In der persischen Einteilung wird der Myste auf der sechsten Stufe als ›Sonnenheld‹ bezeichnet. Dieser Name lässt einen Zusammenhang mit Swipdag erahnen, demjenigen, der sich als Sonnenspross bezeichnet, der sein geisthelles Denken zu den Herzenskräften der Geliebten hinaufträgt, die als die Sonnenglänzende gelobt wird.

Was bedeutet es, den sechsten Grad zu erreichen? »Wenn der sechste Grad der alten Einweihung erreicht wurde, der Grad des Sonnenhelden, dann wurde in der Seele eines solchen Sonnenhelden dasjenige rege, was nicht nur zur Führung, zur Leitung und Lenkung eines Volkes notwendig ist, sondern was höher ist als die bloße Lenkung und Leitung eines Volkes … es muss dasjenige, was dieses Volk als irdische Arbeit leistet, weiter geführt werden über das Volk hinaus … Damit eine Volksleistung herausgeführt werden kann über das Volk hinaus … von den Zeitgeistern, waren notwendig die Eingeweihten des sechsten Grades, die Sonnenhelden. Denn in dem, was in der Seele eines Sonnenhelden lebte, konnten die Wesen der höheren Welten dasjenige lesen, was die Arbeit eines Volkes hinübertrug in die Arbeit des ganzen Menschengeschlechtes … so musste derjenige, der ein Sonnenheld werden sollte, herausgehen aus seinem Leibe und zum Wohnplatz während der Zeit seines Herausgegangenseins wirklich die Sonne haben …. Und was erlebten die Sonnenhelden während der dreieinhalb Tage ihrer Einweihung? Die Gemeinsamkeit mit dem Christus, der vor dem Mysterium von Golgatha noch nicht auf der Erde war.«[575]

Diese Angaben weisen auf die Aufgaben und die tiefe Christusnähe eines Sonnenhelden hin. So konnte der kosmische Liebe-Impuls des Christus von den Sonnenhelden aufgenommen werden. Zur Verwirklichung dieses Liebe-Impulses wollten die Sonnenhelden beitragen, indem sie die Erziehung des eigenen Volkes so lenkten, dass es zum Wohle der ganzen Menschheit seinen Anteil beitragen konnte.

Hier stellt sich die Frage nach der speziellen Leistung der germanischen Volksgemeinschaften. Zusammengefasst kann man sagen: Die Errungenschaft lag in der Entwicklung eines starken Ich-Gefühls, das im Bewusstsein der damit verbundenen Gefahren des zweifachen Bösen, um der Freiheit willen, die Menschen in die kalte Intellektualität führte. Zugleich kannte es die Christusgaben, die aus dieser in den Abgrund des Todes entgleitenden Entwicklung eine Erlösung bringen sollten.

Die in großer Mannigfaltigkeit auftretenden Bilder der Lieder Fiölsvinsmal sind demzufolge als die Wahrbilder anzusehen, die in dem Einweihungsgeschehen des sechsten Grades von dem Mysten auf der Sonne in der Christusnähe geschaut wurden. Die Bilder zeigen, nachdem die Leibesschranken überwunden sind, die frische Kraft vom Baum des Lebens, das geisthelle Bewusstsein, die heilende Kraft der umfassenden Liebe und die aus alldem resultierende Gewissheit, dass durch diese Christuskräfte die Widersacher und der Tod einst besiegt werden können.

Zusammenfassung

Der Bewusstseinswandel der Menschheit wird aus der Sicht derer, die in die Freyr-Freya-Mysterien eingeweiht waren, in den vier entsprechenden Liedern geschildert. Vom verliebten, überschwänglichen Jüngling Freyr-Skirnir, der sein Schwert, das von alleine focht, an den Riesen verlor, wandelt dieser sich zum opferbereiten Ottar im Hyndluliod. Durch die Befreiung Freyas aus den herabziehenden Riesengewalten hat er Großes für die Göttin der Liebe geleistet und Selbstbeherrschung und Mut entwickelt und bewiesen. Das Ziel seines Strebens ist die Nähe zu Freya, die so zu seiner Beschützerin wird. Sie ist es, die für Ottar die Weisheit der Geschlechter, die Vergangenheitsweisheit, von der Riesin Hyndla erbittet. Noch leuchtet für den Jüngling hinter Freya nur ganz verborgen die hohe Liebe, Menglada, auf. Es wurde festgestellt, dass in diesem Liede die Erlebnisse geschildert werden, die zu dem fünften Einweihungsgrad gehören. Im Grogaldr beginnt dann die bewusste Suche nach der edlen Gattin, dem höheren Selbst. Da diese ein so fernes Ziel und nur auf gefahrvollen Wegen zu erreichen ist, erbittet der Jüngling die Hilfe seiner verstorbenen Mutter Groa. Sie führt ihn auf dem läuternden, die Einweihung vorbereitenden Gang zu den Müttern. So gestärkt, beginnt er als Windkald den Aufstieg zu Menglada. Viele Erkenntnisstufen sind zu erklimmen, bis er sich mit seiner Geliebten, seinem höheren Selbst, vereinigen kann. Er darf sich nun Swipdag nennen, denn er hat in sich eine Sonne geboren, er ist zum Sonnenhelden geworden.

Es soll im Folgenden der Versuch gemacht werden, den Gang der Einweihung vereinfacht zusammenzufassen:

Die erste Wegstrecke: Die Reinigung der Leiber (Gegenwart)
1. Läuterung des Astralleibes (das Gitter)
2. Überwindung der Verfestigung des Ätherleibes (die Gürtung)
3. Todesbegegnung im physischen Leib (die Hunde)

Die zweite Wegstrecke:
Das Schauen in die Vergangenheit der Menschheitsentwicklung
4. Wahrnehmung der paradiesischen Lebenskräfte (der Baum)
5. Erkenntnis der zurückgehaltenen Lebenskräfte (der Nutzen des Baumes)
6. Erkenntnis der bösen Wesen (Sinmara, Surt) und dessen, was diese fürchten: das geisthelle Herzensdenken (die Hahnenfeder an der Brust)

Die dritte Wegstrecke: Die Aufnahme michaelischer Zukunftsimpulse
7. Rückblick zu den Schöpfungsimpulsen und Zukunftsblick auf das sich bildende Geistesglied (der sich auf der Schwertesspitze drehende Saal)
8. Wahrnehmung der heilenden Kräfte der geistigen Welt (der Berg und die Mädchen)
9. Vereinigung der Liebenden und dadurch Geburt der Sonne im Innern, das Geistselbst

Im Laufe der Einweihung wandelt sich der Jüngling von ›Windkald‹, dem intellektuellen, kühlen Denker, zu ›Swipdag‹, dem, der fähig ist, sein Denken, das so klar wie der lichte Tag ist, mit den Herzenskräften zu verbinden. So kann das Geistselbst geboren werden und eine Brücke zur Geistwelt entstehen. Man ahnt auch, dass Swipdag das Schwert, das Freyr-Skirnir einst abhanden kam, wiedergewonnen hat. Es wird nicht wie einst von alleine fechten, denn Swipdag kann es selbst aus seinem erstarkten Ich heraus führen. Es ist das Geistschwert Michaels, der dem Menschen zuruft: »Folge mir, ich führe dich zum höhern Ahnen der Lebenstodestat auf Golgatha …«[576] Diese Aufforderung Michaels kann wie ein Morgenruf des Geistes, wie der Ruf des goldenen Hahnes von der Spitze des Lebensbaumes erlebt werden. Denen die erwachen können, möchte Michael eine neue Spiritualität, ein lebendiges, taghelles, liebegetragenes Herzensdenken ermöglichen. Folgender Michaels-Spruch macht dies deutlich:

Wir Menschen der Gegenwart
Brauchen das rechte Gehör
Für des Geistes Morgenruf,
Den Morgenruf des Michael.
Geist-Erkenntnis will
Der Seele erschließen
Dies wahre Morgenrufhören.[577]

Die Michaels-Wege, die in den nordisch-germanischen Mysterien vorausgeschaut wurden, sind durch Christi Opfertaten erst ›gangbar‹ geworden. Christus ist der große Heiler, der die reinen zurückgehaltenen Ätherkräfte für den Menschen wieder zugänglich gemacht hat und durch seinen Opfertod die Todeskräfte erstmalig überwand. So ist es den Menschen möglich geworden, den Weg ›nach Hause‹, zum Geistsein anzutreten. Aus den Kräften Freyrs sollte das Volk auf die Forderung der Michaelszeit, nämlich das geistklare Denken zu entwickeln, vorbereitet werden; Aus den Kräften der Göttin Freya sollten die Herzen zur selbstlosen Liebe heranreifen, zu der Liebe, die die reinen Lebenskräfte in sich durchchristen und so beleben kann. So schaffen beide Gottheiten, indem sie sich als Braut und Bräutigam vereinigen, die Voraussetzung für das heute zu erringende Herzensdenken, das die Grundlage bildet für das neue Wesensglied, das Geistselbst.

19 Der Gott Freyr und das Geheimnis des Friedens

Freyr und Freya, die Kinder des Wanengottes Njörd und der Riesin Skadi, genießen bei den Asen höchste Achtung. Von Freya heißt es:

»Freya ist die berühmteste von den Göttinnen … Sie hat gerne Liebeslieder und es ist nützlich, sie in Liebesangelegenheiten anzurufen.« (Gylfaginning 23) Von Freyr wird berichtet: »Freyr ist der mächtigste unter den Asen. Er herrscht über Regen und Sonnenschein und das Wachstum der Erde, und ihn soll man anrufen um Fruchtbarkeit und Frieden.« (Gylfaginning 24)

Es soll im Folgenden geprüft werden, inwieweit sich diese Fähigkeiten der Zwillings-Götter in den Berichten der Edda spiegeln. Dabei wird die erstaunliche Aussage, dass Freyr ein Gott des Friedens sei, als Frage im Vordergrund stehen.

Freyr, der Gott der Fruchtbarkeit

Der Eber

Der Eber wurde wegen seiner außerordentlichen Fähigkeiten nicht nur bei den Germanen hoch verehrt. Er zeichnet sich durch seine große Fruchtbarkeit, Schlauheit, Kühnheit und Stärke aus. Irische Krieger trugen den Eber als Zeichen ihrer Kampfesstärke auf ihrem Helm, wie es die Bilder auf dem Kessel von Gundestrup zeigen. Der Eber ist als Sinnbild mit dem schwedischen Königshaus verbunden, das sich auf das Geschlecht der Ynglinge zurückführt. Yngling ist ein Beiname Freyrs und bedeutet Jüngling. Im Zusammenhang mit dem Pferdekult wurde Yngling-Freyr in Schweden lange hoch verehrt. Adam von Bremen (um 1070 n. Chr.) berichtet von einem Tempel in Uppsala, in dem eine Statue Freyrs stand, die sich durch einen mächtigen Phallus auszeichnete.[578]

Der Eber, der dem Gott Freyr zur Seite steht, überrascht durch seine außerordentlichen Fähigkeiten, die schon in seinem Namen aufklingen. Er heißt Gullinborsti, der Eber mit den goldenen Borsten. Fliegt er über die Felder, so verbreitet er Fruchtbarkeit. So ist Freyr sowohl als ein Gott der Fruchtbarkeit, als auch ein Gott der erwachenden Geschlechtlichkeit, also der Pubertät, anzusehen. Die damit verbundene und in der Pubertät erwachende leibgebundene Liebefähigkeit des Menschen wird in dem Freyr-Lied ›Skirnisför‹ eindrücklich besungen.[579] Durch das Bild der goldenen Borsten wird aber auch auf das in der Zeit der Geschlechtsreife erwachende selbständige Denken hingewiesen, das im Menschen aufleuchten kann. In der Zeit bis zur Puberät ist das Schwert, das von alleine ficht, in Freyrs Besitz.

Die Göttin Freya und die Liebe

Freya wird allgemein als Göttin der Liebe angesehen. Fragt man sich aber, welche Art der Liebe unter ihrem besonderen Schutze steht, so kann einem folgende Überlegung helfen: Freya wird immer wieder von der Gefahr bedroht, in die Gefangenschaft von Riesen zu geraten, wie es zum Beispiel im Baumeistermythos

Freya auf dem Katzentier, St. Petri Dom, Schleswig

dargestellt wird. Die Riesen sind in ihrer groben, plumpen Art ein Bild für die allein ans Leibliche gebundene Liebe. So kann man vermuten, dass es Freya, der Besitzerin des wunderbaren Halsschmuckes, des Falkenhemdes und des Katzengespannes mehr um eine übergeschlechtliche, ›reine‹ Liebe geht. Einen Nachklang dieser Empfindung kann man in den Liedern der Barden sehen, die, wenn sie die Minne zu einer hohen Frau besangen, diese Liebe meinten.

Njörd

Njörd, der Vater der Zwillinge Freyr und Freya, ist eine aus der fernen Zeit der Wanen stammende Gottheit. Sie ist männlich-weiblich, wie es die anderen Namen Njörds zeigen: Nerthus und Hertha. Er vereinigte gleichsam noch in einer Person die männlich-weiblichen Kräfte, die dann in seinen Kindern einzeln hervortraten. In der germanischen Frühzeit war er der Hüter der im Unterbewusstsein vollzogenen, jedoch geistig erlebten Geschlechts- und Fortpflanzungsmysterien. Hat man die Aussage von Tacitus im Ohr, dass zur Zeit des Umzuges des Hertha-Wagens in allen nordischen Gebieten ein allgemein geachteter Friede herrschte, so fällt auf den Hinweis, Freyr um Frieden anzurufen, ein erhellendes Licht.[580]

Der Frodi-Friede

In der Edda wird den Menschen empfohlen, Freyr um Frieden anzurufen. Geschichtlich lässt sich der Zusammenhang Freyrs mit dem Frieden nachweisen: Ein anderer Name Freyrs ist Frodi. Unter der Herrschaft eines sagenhaften schwedischen (eventuell dänischen) Königs, der sich Frodi nannte, währte die segensreiche Zeit des Frodi-Friedens, die man Freyrs Wirken zuschrieb.

Eine weitere Erklärung findet der Zusammenhang von Freyr und dem Frieden, wenn man die Etymologie zu Hilfe nimmt: Auf die indogermanische Wurzel ›Pr‹, die sich zu ›Fr‹ wandelte, gehen nicht nur die Götternamen Freyr und Freya zurück, sondern auch: Frodi, frei, Frühling, Frucht, Freude, froh, Friede und Frijon, was Lieben bedeutet. Frjionds ist der oder die Liebende, der Freund, die Freundin. Freyr ist auch der Herr, Freya die Herrin, von: fra, vorn, der Erste. (vgl. Fürst, engl. first)

Freyr und das Denken

Der Zahnwechsel gilt als Zeichen, dass ein Kind schulreif ist und anfangen kann, denken zu lernen. Zu diesem Zeitpunkt bekommt Freyr das lichte Alfheim geschenkt. Noch ist er in dem Besitz des Schwertes, das von alleine ficht. Dieses Schwert, ein Bild für das Denken, ist anfangs ein Götterschwert, denn in der Zeit bis zur Pubertät denkt das Kind noch nicht individuell; es hat gleichsam lichte Göttergedanken. In dem Alter von etwa 14 Jahren beginnt das eigenständige Denken, und das Schwert, das von alleine ficht, geht an die Riesen verloren. Das hat die tragische Folge, dass Freyr bei der Götterdämmerung ohne Wehr sein wird und durch sein eigenes Schwert umkommen muss. Es ist zu fragen, ob Freyr sein Schwert hätte zurückgewinnen können, und ob das etwas mit dem Frieden zu tun haben könnte.

Die Bedeutung des Denkens für den Freyr-Bereich wird durch die Erzählung vom Schiff Skidbladnir unterstrichen. Dieses Schiff kann tags klein zusammengefaltet in die Tasche gesteckt werden, und nachts kann der Mensch in ihm -gemeinsam mit den Göttern- auf Fahrt gehen. Es kann als Bild für die Trennung des Tages- und des Nachtbewusstseins angesehen werden, durch die das taghelle Denken möglich wurde.

Die goldenen Borsten des Ebers Gullinborsti geben einen weiteren Hinweis auf das Denken. Ebenso wie die Goldborsten des Ebers aufleuchten und Licht verbreiten können, empfinden wir eine Idee, die uns einleuchtet, einen neuen, schöpferischen Gedanken, der in uns aufleuchtet.

Die Gaben der Götter Freyr und Freya

Die nordisch-germanischen Menschen erlebten sich als von den Göttern geschaffene und von diesen mit Fähigkeiten begabte Wesen. Der Zweiheit dieser Götter entsprechend, sind ihre Gaben, wie es sich schon zeigte, zweifacher Natur. Es sind die dem Menschen anvertrauten schöpferischen Fähigkeiten des Denkens und die der Liebe, die in zweifacher Weise, nämlich als Zeugungskraft und als hohe Herzens-Liebe, verehrt wurden. Wie aber haben sich diese herrlichen Göttergaben im Laufe der Zeit verändert?

In dem an der Sinneswahrnehmung erwachenden Denken wurde zunächst die schöpferische Offenbarungskraft hoher Geistwesen gespürt. »Denn das Physische trug damals das Geistige an seiner Oberfläche. Im Laufe der Entwicklung ging dieses lebendige Wahrnehmen aber verloren, und das naturwissenschaftliche Denken, das die Welt als gottlos darstellte, begann seinen Triumphzug anzutreten. Dadurch erlebt sich der Mensch als rein irdisches Wesen, dessen Ziel die Befriedigung des Egoismus ist, und dessen Gedanken zur Abstraktion neigen. »Auf der … gegenwärtigen Etappe erlebt der Mensch die Gedanken im physischen Leibe; sie stellen tote Schatten des Geistigen dar … Mit den toten Gedanken fühlt er [der Mensch] sich abgelöst von der geistigen Welt. Er fühlt sich ganz versetzt in die physische Welt.«[581] Diese Todeswelt zu erleben, war notwendig, denn: »In demselben Maße, in dem das Geistig-Seelische-Lebendige im Menschen zurücktritt, lebt des Menschen Eigenwille auf; die Freiheit wird möglich.«[582] Nur dann, wenn es gelingt, dass »die Gedankenschatten wieder Leben gewinnen …«[583], kann der Mensch wieder Zugang zu der schöpferischen Intelligenz gewinnen, aus der sein Denken ursprünglich stammt.

Die andere Gabe der Freyr-Freya-Götter ist die Liebefähigkeit, die im physischen Leib als Fruchtbarkeit in Erscheinung tritt. Diese Liebe, die zunächst ganz stammesgebunden war, ist ohne das in den Nerthus-Mysterien gepflegte Bewusstsein der göttlichen Präsenz, ebenso wie das Denken, dem Egoismus weitgehend verfallen. Andererseits zeugen die vielen Märchen von der zu erringenden Prinzessin davon, dass die Menschen stets geahnt haben, dass tief verborgen in der Seele, in dem Herzen, eine reine Freya-Liebekraft schlummert, die auf eine Erweckung und eine Belebung wartet.

Die Führer der Mysterien werden voll Sorge auf die von ihnen vorausgeahnte Entwicklung der Schöpfergaben geschaut haben, die sie dem Menschen einst anvertraut hatten. Das Denken sahen sie abstrakt und tot werden, während sie die Kräfte der Liebe ins Triebhafte entgleiten sahen. Dadurch ahnten sie, wie das Bild, das der Mensch von sich und der Welt hat, in die Gegensätze und den Zwiespalt von Erkennen und Glauben, Geist und Materie usw. zerfallen musste. Hat das etwas mit der Friedlosigkeit unserer Zeit zu tun? Von Adam heißt es: ›und er erkannte sein Weib‹. Hier bilden Liebe sowie Zeugung noch eine Einheit mit dem Erkennen. Diese Einheit musste zerbrechen, das sahen die Priesterweisen im Bilde der Götterdämmerung voraus.

Durch die Betrachtung der Fiölsvinmal-Lieder[584] kann es deutlich werden, dass die vorchristlichen Eingeweihten über die heutige Götterdämmerung hinaus blicken konnten und den Menschen gerade durch dieses Lied einen ermutigenden Wegweiser zur Überwindung des Zerfalls darreichen wollten. Da sie erkannten, dass die Heilung allein durch Christi Opfertat für jeden Einzelnen möglich werden würde, schauten sie voll Hoffnung auf das zukünftige Erdenleben des Sonnengeistes Christus, und ihr Streben war es, stets die Weisheit einströmen zu lassen, die den Menschen auf dieses Erscheinen und das Begreifen des Christus vorbereiten könnte.[585] Durch die Fiölsvinsmal-Lieder wollten sie den germanischen Völkern den ihnen gemäßen Weg zu einer neuen Geistverbundenheit aufzeigen. Dieser Weg führt über den Erwerb des klaren Denkens zu dem Ziel der Belebung der verborgenen Liebekräfte und der Vereinigung mit diesen. So kann im Sinne Michaels der innere Frieden gefunden werden.

Der Weg zum Frieden in den Fiölsvinsmal-Liedern

Der Jüngling spricht am Anfang des Liedes aus, dass er durch den Aufstieg auf den Berg Frieden finden möchte. Er zeigt außerdem durch den Namen Windkald, den er sich gibt, dass er sein eigenes Wesen als einseitig kalt und damit dem kühlen Denken zugeordnet empfindet, und dass er den Ausgleich dafür durch die Vereinigung mit der Geliebten, dem ewig Weiblichen in der Seele, zu finden hofft. Daraufhin ist Fiölsvinn, der Führer auf den Seelenwegen, bereit, dem Jüngling hilfreich zur Seite zu stehen.

Der Aufstieg auf den Berg, auf dem die Geliebte wartet, geschieht in Schritten, die durch Frage und Antwort durchlaufen werden. Die meist recht intellektuell gestellte Frage des Jünglings nach dem Namen dessen, was wie ein Bild vor seinem inneren Auge erscheint, beantwortet der Führer bereitwillig und hilfreich, indem er außer dem Namen die Bedeutung des Geschauten darlegt. So steigt Windkald Stufe um Stufe auf den Berg zur ewig Geliebten, der Sonnenglänzenden. Er selbst wandelt sich dabei vom kühlen Denker zum Erleuchteten, dessen Gedanken licht und taghell geworden sind. So darf er sich jetzt Svipdag, der Taghelle, nennen. Indem er seinen Vater Solbiart, den Sonnenhellen, nennt, zeigt er, dass er nun auch den Ursprung seiner Denkfähigkeit als sonnenhafte Gabe anerkennen kann.

Dem Berg, auf dem die ersehnte Jungfrau sitzt, und den Mädchen, die sich um sie scharen, werden einigende, heilende Qualitäten zugeschrieben. Diese werden dem Menschen geschenkt, der in sich das Denken, ähnlich dem in der Morgensonne golden aufleuchtenden Hahn, durchlichten lernt, und dem es gleichzeitig gelingt, diesem Denken durch die Früchte des Lebensbaumes neue belebende Kräfte zuzuführen. Beginnt so die Belebung und die Vereinigung des Denkens mit den Liebekräften, dann werden auch die Widersacher das Geheimnis des rechten Weges, der Recht-Treff-Rute, nicht mehr verschlossen halten können. Man könnte auch sagen, dass durch diesen rechten Weg die einst zerbrochene Brücke vom Menschen zur Geistwelt -und umgekehrt- nun wieder geschlagen werden kann. Dadurch entsteht für jeden Einzelnen die Möglichkeit, in Freiheit den Zusammenhang mit der geistigen Welt, den Frieden, wieder zu finden. Dies kann als eine erahnte Beschreibung des zukünftigen, einenden, heilenden Geistes angesehen werden.

Friede auf Erden

Versteht man die Stufenleiter der Bilder in den Fiölsvinsmal-Liedern in diesem Sinne, so beruht dies auf der Grundlage der von Rudolf Steiner vermittelten Erkenntnisse. So schreibt er: »Der Mensch hat eine gewisse Zeit hindurch das eigene Geistige mit dem Materiellen der Natur erfüllt; er soll es wieder mit ureigener Geistigkeit als kosmischen Inhalt erfüllen. Die Gedankenbildung verlor sich eine Weile an die Materie des Kosmos; sie muss sich in dem kosmischen Geiste wieder finden. In die kalte, abstrakte Gedankenwelt kann Wärme, kann wesenserfüllte Geist- Wirklichkeit eintreten. Das stellt den Anbruch des Michael-Zeitalters dar.«[586] Und: »Der Mensch kann seine Menschheit nur bewahren, wenn er *diesem* Bilde, in dem er sich als in dem Bilde der Naturanschauung verliert, das *andere* gegenüberstellt, in dem Michael waltet, in dem Michael die Wege zum Christus führt.«[587] Michael, der Hüter der kosmischen Intelligenz, möchte die Menschen heute vom Windkald- zum Svipdag- Bewusstsein führen. Es ist der Weg, der zur reinen , selbstlosen Christusliebe führt. »Ist dann diese Liebe in der Michael-Gesinnung da, dann wird *Liebe zum anderen* auch zurückstrahlen können, ohne sich selbst zu lieben.«[588] So werden die Widersacher überwunden, und für den Menschen kann sich ein neues Reich erschließen, welches sich, wie auf eines Schwertes Spitze drehend, bewegt, wie es in den Fiölsvinsmal-Liedern heißt. Es ist das Reich des sich entwickelnden Geistselbst, in dem durch die Führung Michaels die Christus-Liebe und der Christus-Friede gefunden werden kann.

»Friede auf Erden ist nicht etwas, was wir von anderen zu wünschen oder zu verlangen haben, sondern es ist etwas, was wir als werdende Gottessöhne schaffend in die Welt hineinproduzieren sollen.«[589] Durch die in Freiheit zu erringende Gottes-Sohnschaft findet der Mensch die Göttlichkeit der ihm einst übergebenen

Schöpferkräfte des Denkens und der Liebe wieder. Dadurch kann sich eine Brücke des Friedens zwischen den Gegensätzen der Welt spannen.

Christus spricht: »Diese Worte habe ich zu euch gesprochen, damit ihr in mir Frieden findet. In der Welt werdet ihr bedrängt, aber fasset Mut, ich habe die Welt [mit ihrem Zwiespalt; G. Jäger] überwunden.«[590] »Der Erwecker, der Spender des Geistmutes, der heilige Geist ... er wird euch alles lehren ... Den Frieden lasse ich euch ... ich gebe ihn euch im Ich.«[591] Und im Lukasevangelium wird den Hirten verkündet: »Geoffenbaret sei Gott in den Höhen und Friede auf Erden den Menschen, die eines guten Willens sind.« (2,14)

Ist man der Frage des Friedens so weit nachgegangen, so kann man ahnen, dass die Eingeweihten der Freyr-Freya-Mysterien voraussahen, dass Freyr sein Schwert und damit auch den Frieden verlieren musste, es ihm aber durch die Entwicklung eines klaren Denkens und eines freien, guten Willens möglich sein würde, es durch den Aufstieg zu der hohen Freya-Geliebten wieder zu gewinnen. Es wird auch deutlich, dass der Mensch durch die Gaben Freyrs, nämlich durch das Denken und die Geschlechtlichkeit, durch die Tiefen des Unfriedens und der Götterdämmerung schreiten muss, während die von Freya gehüteten reinen Herzens-Liebekräfte, ähnlich wie eine Prinzessin, auf die Erlösung durch das helle Ich hoffen. Durch die Vereinigung der einst getrennten Zwillingskräfte kann der innere Friede wiedergewonnen werden.

20 Die Fiölsvinsmal-Lieder und das Relief an den Externsteinen

Der in den Freyr-Freya-Liedern, speziell in den Fiölsvinsmal-Liedern, aufgezeigte dreiteilige Entwicklungsweg des Jünglings führte diesen über die Läuterung des egoistischen Denkens zum Erwerb der hellen Bewusstseinsseele. Nachdem er diese mit Mengladas Hilfe mit Wärme durchdrungen hatte, erschloss sich ihm die Aufnahme des Geistselbst. Die Dichtung Fiölsvinsmal entstand vor langer Zeit. Sie muss also als eine Vorschau gemeint gewesen sein, denn es entspricht den Möglichkeiten der Bewusstseinsseelen-Entwicklung unserer Zeit. »Aufgabe der fünften Kulturepoche ist, zunächst das Denken zu entwickeln und zweitens das Denken vom Egoismus zu befreien … denn aus der Läuterung der Seelenkräfte geht hervor das Geistselbst, Manas.«[592] Den Egoismus haben die Widersacher in der Seele des Menschen entfacht und diese dadurch verdunkelt. In dem Fiölsvinsmal-Liederzyklus geht es gerade um die Läuterung und Durchlichtung der Seele.

Da man davon ausgehen kann, dass sich das Zentralheiligtum der Germanen an den Externsteinen befand, erscheint die Frage berechtigt, ob es dort auch einen Hinweis auf den heute so aktuellen Erkenntnisweg, wie er in den Fiölsvinsmal-Liedern bildhaft aufgezeigt wird, zu finden ist. Die uralten Großplastiken können als die Bilder derer verstanden werden, die als göttlich-geistige Wesen in der eigenen Seele real erlebt wurden. Erlebt wurden sie als die das Denken, Fühlen und Wollen des Menschen ordnende und läuternde Kräfte, auf dass das Ich darin wohnen möge. Die mittlere Großplastik ist die Figur einer Frau. Da sie sinnend, nachdenklich und wie resigniert vor sich hin schaut, könnte sie als ein Bild des zukünftigen, vom Egoismus und Materialismus gefährdeten Denkens gewertet werden. Etwas ganz anderes, das aus einer viel späteren Zeit stammt, ist auffallend: Es ist die dreiteilige Komposition des Reliefs an den Externsteinen. Sollte durch diese Anordnung etwas aufgezeigt sein, was mit dem dreiteiligen Entwicklungsweg des Jünglings zu vergleichen ist?

Eine Dreiteilung, ähnlich wie sie im Relief zu finden ist, war in der karolinischen Zeit in der Malerei und in der Elfenbeinschnitzerei für Kreuzigungsbilder durchaus üblich.[593] Ein so meisterhaftes Relief wie das der Externsteine, eingemeißelt in eine Felswand und von solchen Ausmaßen (4,80 x 3,70 m), ist jedoch einmalig für die Gegend und die Zeit. Dieses Kunstwerk muss in der Zeit nach der Zerstörung des germanischen Heiligtums durch Karl den Großen (772 n. Chr.) entstanden sein. Dokumente sprechen von einer Klostergründung im Gebiet der Externsteine im Jahre 816 n. Chr. Wahrscheinlich geschah dies, um denen, die zuvor nur durch das Schwert zur Taufe gezwungen worden waren, die Wahrheit des Christentums nahe zu bringen. Dieses Hethis-Kloster bestand aber nur sechs Jahre. In dieser Zeit muss das Relief erarbeitet worden sein. Im Jahre 822 wurde das Kloster an die Weser verlegt und Corvey genannt. So konnte das unterste Register des Reliefs nicht vollendet werden.[594]

Die Bilder des Reliefs

Das unterste Bild des Reliefs stellt eine Frau und einen Mann dar, kniend, mit flehend erhobenen Händen und von einem drachenartigen Unwesen umschlungen. Dieses Fabeltier, auch Ketos genannt, zeichnet sich durch einen Vogelleib, einen Drachenkopf und einen Schwanz mit einer dreiteiligen Quaste aus.

Direkt über den Menschen im zweiten Register befindet sich das Kreuz von Golgatha, von dem der Leib Christi gerade durch Nikodemus und Joseph von Arimathia abgenommen wird. Auf der linken Seite des Kreuzes stützt Maria mit ihren Händen den Kopf des Christus ab, während Johannes rechts ein Buch in Händen hält.

Im obersten Bildteil über dem Querholz des Kreuzes erscheint Christus mit einer Siegesfahne und einem Kind auf dem linken Arm. Die rechte Hand deutet segnend auf Maria hin. Sonne und Mond sehen trauernd zum Geschehen am Kreuz herab.

Die drei Entwicklungsstufen und die drei Bilder

Die unterste Stufe und das unterste Bild

Spiegeln sich die Stufen des Aufstiegs, die der Jüngling der Fiölsvinsmal-Dichtung durchschreitet, in den Bildern des Reliefs? Am Anfang des Liedes weist der Wächter den Jüngling barsch zurück. Erst als es deutlich wird, dass dieser das Ziel kennt und nicht aus den Augen lässt, wird er erwürdigt, den Aufstieg auf den Berg anzutreten. Das beinhaltet als erste Stufe die Läuterung der Seelenglieder von Denken, Fühlen und Wollen bzw. die der dazugehörigen Leibesglieder. So geht es bei der Überwindung des Gitters, das sich zuschlagend vor jedes geistoffene, klare Erkennen stellt, um die Reinigung der Wahrnehmung und des Denkens. Mit der Gürtung ist die Mitte des Menschen, sein Fühlen gemeint, das von jeder Enge zu befreien ist. Mit den Hunden stellt sich das an den Willen und damit an den Leib gebundene Problem der Hölle, bzw. des Todes zunächst unlösbar vor den Schüler hin. Es geht also um die Überwindung der eigenen triebhaften und egoistischen Drachennatur und um das drohende, die Seele verdunkelnde Todesproblem. Man kann annehmen, dass sich der Jüngling ähnlich fühlt, wie die vom Ketos, dem Drachen umschlungenen Menschen des Reliefs unter dem Todeskreuz. Weiterhin kann vermutet werden, dass der dreigeteilte, blattartige Schwanz des Untiers, charakteristisch für jene Zeit und die der Stabkirchen, ein Zeichen ist für die Läuterung der Seelenglieder, denn wenn der Mensch seine Seele gereinigt hat von allen Trieben usw., so können die Seelenglieder ihre edle, pflanzenhafte Reinheit der Frühzeit wiedergewinnen. Ähnlich wie Jonas durch den Walfisch, der ein anderes Bild des Ketos ist, hindurchgehen musste, so muss der Mensch durch seine Drachennatur hindurchgehen, um sie zu läutern. (Ketos ist ein anderer Name für das Sternbild des Walfisches.)

Die zweite Entwicklungsstufe und das zweite Bild

Das Relief

Im zweiten Register des Reliefs wird das dargestellt, was auf Christi Opfertod folgt. Es ist die Kreuzabnahme. Gleichsam dahinter steht aber die sogenannte Höllenfahrt Christi, seine außerordentliche Heilstat der Überwindung der Widersachermächte, die den Menschen den Seelentod bringen wollen. Man sieht die Menschen, die um das Kreuz stehen, und jeder versucht auf seine Art, die Größe dieses Ereignis der Todesüberwindung zu erleben und zu verstehen. Rechts vom Kreuz steht Johannes, den ›der Herr lieb hatte‹. Er lauscht nach oben zu dem, was sich über dem Kreuz ereignet, und zugleich lauscht er tief in sich hinein. Mit dem Buch ist er als Wissender ausgezeichnet. Neben Johannes steht Nikodemus auf einer gebeugten Gabelsäule. Diese kann als ein Bild der Irminsul, eines Lebensbaumes, verstanden werden, der sich als Zeichen der alten Mysterien vor dem

Kreuz Christi verneigt. Nikodemus ist ein Vertreter der alten jüdischen Mysterien, ein Mitglied des Hohen Rates der Juden, und sein Name verrät, dass er als Sieger (›niko‹) des Volkes (›demos‹) angesehen wurde. Das entspricht nach der persischen Einteilung dem fünften Einweihungsgrad. Ein so hoch entwickelter Mensch hatte nicht mehr nur sein persönliches Erleben, sondern ein Bewusstsein für sein Volk. Daher bezeichnet Christus auch Nathanael, den er unter dem Feigenbaum, dem Lebensbaum, geistig sah, als »ein wahrer Israelit«.[595] Von Nikodemus heißt es: »Dieser kam zu ihm [Jesus] in der Nacht und sagte zu ihm: Meister wir wissen, dass du als Lehrer von Gott gekommen bist …«[596] Dieses ›Kommen zur Nacht‹ kann, entsprechend zu der Begegnung mit Nathanael, so gedeutet werden, dass Nikodemus im leibfreien Zustand Christus aufsucht. Er stellt anfangs keine Frage und doch spricht Christus: »Ihr müsst neu geboren werden von oben her.« Diese Aussage ist für Nikodemus zunächst unverständlich. Christus verkündet weiterhin, dass der Sohn Gottes nicht zum Richten, sondern zum Heilen in die Welt gekommen ist und zum Bringen des Lichtes. Im Relief zeigt es sich, wie Nikodemus diese Geheimnisse der Neugeburt zu ergründen versucht, indem er sein Ohr an den Punkt legt, wo die Kreuzesbalken sich schneiden. So ein Schnittpunkt zweier Linien kann als ein erweckender Moment im Ich erlebt werden. Damit ist für Nikodemus der Punkt fassbar, der in den Fiölsvinsmal-Liedern die Schwertspitze genannt wird, wo das höhere Ich, das Geistselbst beginnt ›von oben her‹ geboren zu werden.

Auf der anderen Seite, links vom Kreuz, stemmt sich Joseph von Arimathia dem Gewicht des auf ihn sinkenden Leibes entgegen. Durch das apokryphe Nikodemus-Evangelium waren seit der spätrömischen Zeit die auf die Kreuzigung folgenden Ereignisse bekannt, die Joseph zum Gründer der Gralsmysterien werden ließen. In diesen geht es, ganz verkürzt gesagt, um die Reinigung der Seele, so dass sie wie eine Schale wird, die die Christus-Sonne aufnehmen kann. Josephs Ziel ist es, durch seinen tätigen Einsatz spirituelles Handeln zu ermöglichen und so das Gute, die dem Tod abgerungene neue Christuskraft, auf die Erde zu bringen.

Nikodemus und Joseph sind wie die Sachsen jener Zeit gekleidet. Vielleicht sollte den Menschen dadurch gesagt werden, seht, das sind Menschen wie ihr! Schaut, diese zwei nehmen die neue Christusbotschaft auf, denn unter dem Kreuz stehend, erahnen sie, dass von nun an die Todeswelt der Widersacher besiegt werden kann.

Neben Joseph steht Maria, die mit einer innigen Gebärde und in erbarmender Liebe den Christus-Kopf mit ihren Händen umschließt und ihre Stirn in tiefer

Demut an die seine neigt. Wie es von Parzival heißt, ›durch Mitleid wissend der reine Tor‹, versteht ihr Herz im Mitleiden. So füllt sich ihr Herz mit Weisheit, und so wird sie zur Maria-Sophia werden, zur Vertreterin der göttlichen Weisheit, der göttlichen Sophia.

Die zweite Entwicklungsstufe in der Fiölsvinsmal-Dichtung

Hält man in Gedanken das mittlere Bild des Reliefs neben die zweite Stufe in den Fiölsvinsmal-Liedern, so kann man Folgendes festhalten: Der Jüngling Windkald kann an den Höllenhunden nicht vorbei. Sie stehen als Symbol des Todesproblems in seinem Weg. Besänftigen kann man sie nur, wenn man ihnen die Flügel vom Hahn opfert. Der Hahn erweckt die Menschen zum klaren, denkenden Tagesbewusstsein. Das heutige Denken hat aber seine einstige Verbindung zu den Geistgedanken verloren, es ist starr und intellektuell geworden und so weitgehend dem Tod verfallen. Deshalb kann man durch das so gewordene Denken das todüberwindende Geschehen von Golgatha zunächst nicht verstehen. Erst wenn der Hahn, das Denken, auf dem Lebensbaum fußt, kann das Hahnen-Denken neue belebende Kräfte gewinnen. Dann wird es golden aufleuchten, ebenso wie die Hähne auf den Kirchturmspitzen in der Morgensonne golden aufleuchten. Im Alten Testament heißt es: Nachdem Adam und Eva vom Baum der Erkenntnis gegessen hatten, wurden ihnen die Früchte des Lebensbaumes entzogen, um diese dem Zugriff der Widersacher zu entziehen. Diese belebenden Früchte sind den Menschen durch Christi Opfertat wieder zugänglich gemacht worden. Sie haben im Menschen als Keim geschlummert und können neues Leben gewinnen, wenn der Mensch sich mit dem Christusimpuls verbindet. Es ist der Zweig, der Lebenszweig, den Loki im Paradies brach und gemeinsam mit der Sinnentäuscherin unter neun Schlössern verborgen hält. Die Widersacher fürchten nichts so sehr, als dass dieses Geheimnis des Todes und des Lebens von den Menschen erkannt wird. Denn das würde bedeuten, dass sie ihre Macht über die Menschen verlieren und den Zweig des Lebensbaumes herausgeben müssten. Der Zweig ist eine Erinnerung an den göttlichen Ursprung des Menschen und dadurch weist er auch den Weg zu diesem zurück, nun aber bereichert durch das klare Denken, die Bewusstseinsseele, und die Möglichkeit teilzuhaben an dem Christus-Ich, das im Menschen das Geistselbst bildet. Am Christus teilzuhaben bedeutet, die Kindheitskräfte in sich zu beleben. »Der Mensch muss wieder die Kindlichkeit der Seele erringen, um Ich-Träger sein zu können; was damit zusammenhängt, dass die Unkindlichkeit, der Egoismus fällt.«[597] Ist das Ich gekräftigt, so ist es berufen, ein Träger des höheren Ich, des Christus-Ich zu werden.

Die Speerspitze oder der Kreuzpunkt

Hat der Mensch seine Seele, speziell sein Denken, soweit geläutert, so steht er gleichsam am Kreuzpunkt seines Lebens, an der Lanzen- oder Speerspitze. Schaut man auf die Menschen, die unter dem Kreuz stehen, während alle anderen geflohen sind, so kann man ahnen, welche Kräfte sie bereits entwickelt haben. In Johannes und Nikodemus spürt man die alten und die neuen, lichten Denkfähigkeiten, in Joseph die neuen Willensimpulse und in Maria das neue reine Fühlen. Sie alle sind durch das innere Mitvollziehen der Lebens-Todes-Tat auf Golgatha an ihrem eigenen Kreuzespunkt angekommen.

Mit diesem Kreuzpunkt, dieser Schwert- oder Speerspitze, ist uns ein bedeutsames Bild gegeben. In Wagners Parzival-Epos kann der Speer, der Amfortas verwundet hat und nun im Besitz Klingsors ist, von Parzival im Zeichen des Kreuzes zurückgewonnen werden, nachdem Parzival sich als geläutert und nicht verführbar erwiesen hat. Rudolf Steiner sagt: »[Parzival] weiß, dass man das Kreuz auf sich nehmen muss, das Kreuz der Läuterung des gesamten Menschen, will man würdig werden des Speeres, und will man wiederum teilhaftig werden der Liebe Gottes, die sich darstellt in der Sonnenlanze, der Liebeslanze, dem heiligen Speer.«[598]

»Der Christus ist sozusagen erzieherisch tätig in uns, indem er das Gute und Böse unserer Seele mit seiner göttlichen Lanze, dem Liebesspeer beleuchtet.«[599] So stellt Christus den Menschen »auf die Spitze seiner Persönlichkeit ...«[600]

Die dritte Entwicklungsstufe und das dritte Bild

Dem Menschen, der an seinem Kreuz- oder Speerspitzenpunkt angekommen ist, eröffnet sich nun über der Spitze das lichte Geistreich. Im Relief erscheint hier zwischen Sonne und Mond der auferstandene Christus mit der Fahne, als Zeichen seines Sieges über die Widersacher und deren Welt des Todes. Mit seiner rechten Hand weist er segnend auf Maria. In der Verlängerungsachse dieser Bewegung trägt er auf dem linken Arm ein Kind. Jeder, so scheint das Bild zu sagen, kann, indem er sich dem Christus öffnet, eine Maria werden und das Kind in sich gebären, was bedeutet, dass die Christussonne im Menschen erwacht. »Das Sonnenhafte, das der Mensch durch lange Zeiten nur aus dem Kosmos in sich aufnahm, wird im Innern der Seele leuchtend werden. Der Mensch wird von einer inneren Sonne sprechen lernen … er wird … das eigene Wesen als sonnengeführt erkennen.«[601]

Dieses innere Sonnenkind erlebte Widukind, der langjährige und erbitterte Feind Karl des Großen. Widukind sah, als er heimlich einer Messe lauschte, in der erhobenen Hostie ein wunderbar strahlendes Kind. Er war von dieser Christusbegegnung so tief berührt, dass er sich 785 n. Chr. taufen ließ. Karl, der ihn begnadigte, wurde sein Pate. Widukind begriff, dass die alten Götter nun nicht mehr in der Sonne zu finden sind, der Christus aber als innere Sonne in der Seele geboren und erlebt werden kann.

Dieses Aufleuchten der inneren Sonne muss auch Windkald zuteil geworden sein. So konnte er sich mit Recht Svipdag, der helle Tag, nennen und sich der Geliebten, der Sonnenglänzenden, nahen, die ihn so sehnlich erwartet hatte. Zuvor hatte er im Laufe des Aufstiegs seine Seele geläutert und die Widersacher erkannt, was eine Stärkung und Festigung des persönlichen Ich bedeutet. Dadurch entwickelte sich in Windkald, ausgehend vom Denken, die kühle, lichte Bewusstseinsseele. In der fühlenden Seele der Menglada, der Braut, die voll Sehnsucht auf die Vereinigung mit dem Bräutigam wartet, bewirkt die Liebestat Christi eine Durchfeuerung, eine neue Seelenwärme. Verbindet sich nun die kühle, helle Bewusstseinsseele in Liebe mit der Wärme der Seele, so finden sich die einst zertrennten Anschauungen von Glauben und Wissen wieder zusammen. Die verbindende Liebe geht aus von der Christus-Tat. »Das Ereignis von Golgatha ist die freie kosmische Tat der Liebe innerhalb der Erdengeschichte.«[602] »Lebt solche Liebe im Menschenherzen, dann durchfeuert sie das kalte Licht-Element der Bewusstseinsseele. Müsste diese ohne Durchfeuerung bleiben: Der Mensch käme nie zu ihrer Durchgeistigung. Er erstürbe in der Kälte des intellektuellen Bewusstseins, oder er müsste in einem Geistesleben verbleiben, das nicht zur Bewusstseinsseele fortschreitet. Er würde dann in der Verstandes- oder Gemütsseele stehen bleiben. Aber ihrem Wesen nach ist die Bewusstseinsseele nicht kalt. Sie erscheint es nur im Anfange ihrer Entfaltung, weil sie da erst das Lichtvolle ihres Inhaltes offenbaren kann, noch nicht die Weltenwärme, aus der sie ja doch stammt.«[603]

Der Helfer auf dem Weg zur inneren Sonne ist Michael. »In die kalte, abstrakte Gedankenwelt kann Wärme, kann wesenserfüllte Geist-Wirklichkeit eintreten. Das stellt den Anbruch des Michael-Zeitalters dar.«[604] In diesem Sinne kann jeder unabhängig vom Geschlecht zur Maria werden, zur Jungfrau Sophia, die das Sonnenkind in sich gebiert, nachdem sie den Drachen unter ihre Füße gebannt hat, also den Astralleib geläutert hat. Viele Bildnisse zeigen diese Situation. Dadurch erstarkt das Ich in der Bewusstseinsseele, so dass es seinen Kreuzpunkt erreicht und sich dem kosmischen Ich öffnen kann. Dem Ich »kommt entgegen das kosmische Ich, das Welten Ich, das die Erleuchtung bewirkt, das also macht, dass der Mensch Licht um sich herum hat, geistiges Licht.«[605] Dieses geistige Licht ist die ewige Weisheit, die sich mit dem persönlichen Ich verbindet. Dadurch erlangt das Ich selbst einen Teil der Ewigkeit. Das hat zur Folge, dass sich ein neues Bewusstsein im Menschen entwickelt. Man kann das als ein neues Wesensglied bezeichnen: das Geistselbst. »Leib und Seele geben sich dem ›Ich‹ hin, um ihm zu dienen; das ›Ich‹ aber gibt sich dem Geist hin, damit er es erfülle ... Der ein ›Ich‹ bildende und als ›Ich‹ lebende Geist sei Geistselbst genannt, weil er als ›Ich‹ oder ›Selbst‹ des Menschen erscheint ... Die Bewusstseinsseele berührt die ... durch sich selbst bestehende Wahrheit; das Geistselbst trägt in sich dieselbe Wahrheit, aber aufgenommen und umschlossen durch das ›Ich‹, durch das letztere individualisiert und in die selbständige Wesenheit des Menschen übernommen.«[606]

Das Geistselbst zu bilden bedeutet, den Frieden zu finden, den Windkald so sehr ersehnte. Es bedeutet die Vereinigung des Denkens mit dem Herzen im Lichte Christi. So werden die seit dem Sündenfall getrennten Strömungen, die des Denkens, des sogenannten Königsweges und die des fühlenden Herzens, des sogenannten Hirtenweges, wieder vereinigt. Über den Vertretern der Weisheit, des Erkennens und des Denkens, über Johannes und Nikodemus, leuchtet im Relief der sich verhüllende Mond. Er hat, ebenso wie unser Gehirn, unser Denkorgan, eine das Licht, bzw. die Sinneseindrücke spiegelnde Funktion. Über den Vertretern des hingebenden Fühlens und Wollens, über Maria und Joseph, strahlt die ihr warmes Licht verschenkende Sonne. Diese seit Urzeiten getrennten Menschheitswege, können sich durch Christi Opfertat wieder zusammenfinden und sich gegenseitig befruchten. Dies »hat bereits begonnen ... in demjenigen Augenblick, der dadurch angedeutet wird, dass uns gesagt wird, wie das Opferblut des Christus ... aufgesammelt wird in der heiligen Schale des Gral.«[607] Man kann auch in den Worten Christi, die er am Kreuze hängend spricht, den Beginn einer solchen Vereinigung sehen. Über alle Blutsbande hinwegweisend sagt er, indem er auf Maria deutet: ›Siehe deine Mutter‹. Und auf Johannes deutend: ›Siehe dein Sohn‹.

Die einzelnen Menschen, die sich unter dem Kreuz des Reliefs eingefunden haben, werden jeder auf seine Weise vom Welten-Ich, dem Christus-Sonnen-Geist, berührt worden sein. Indem sich die Wissenden, Nikodemus und Johannes, stehend auf der rechten Seite des Kreuzes im Erleben der Christus-Todestat mit den auf der linken Seite stehenden, Joseph und Maria, den tätig Fühlenden, unter dem Kreuz verbunden haben, bilden sie gemeinsam, und doch jeder einzeln, eine Schale, um das Ich-Wesen Christi in sich aufzunehmen. So erübrigt sich die Frage, warum der Bildhauer nicht den Kelch, in dem Joseph von Arimathia das Blut Christi auffing, in dem Relief dargestellt hat, denn jeder und alle gemeinsam sind zum Kelch geworden.

Die Art, wie ein Kelch geformt ist, kann als ein Bild der beschriebenen Ich-Entwicklung verstanden werden: Im Fuß ist das Ich erdzugewandt und in sich geschlossen, in dem Knoten- oder Kreuzpunkt findet es zu sich selbst und bildet die Bewusstseinsseele aus, in der Kelchschale öffnet es sich der geistigen Welt. So einen Kelch kann man auch als eine Gralsschale verstehen.

Gralsgeheimnisse im Relief an den Externsteinen

Geschichtliche Aspekte

Die Rätsel um das Relief sind vielfältiger Natur. Hier sei der Versuch gewagt, der Beziehung des Bildes zu den verborgenen Gralsgeheimnissen und -strömungen nachzuspüren.

Die Zeit, in der das Relief entstand, war eine Epoche des Umbruches. Nicht lange lag die Zerstörung des zentralen Heiligtums der Germanen, 772 n. Chr., durch Karl den Großen zurück. Es folgten gut 30 Jahre der erbitterten Kämpfe Karls gegen die immer wieder aufflammenden Aufstände der Sachsen, denen das Christentum mit dem Schwert aufgezwungen wurde. Die Vettern Karls, Wala und Adalhard, sahen die Not der Menschen und hofften, durch eine Klostergründung an der Stelle des alten Heiligtums zu einer Befriedung der Seelen beitragen zu können, indem sie ihnen die Wahrheit des Christentums verständlich machten. So wurde in der Gegend der Externsteine 816 n. Chr. das Hethis-Kloster gegründet. Dieses musste aber 822 wieder aufgegeben werden, da die Mönche keine Unterstützung durch die Bevölkerung erhielten und hungerten. Daraufhin wurde das Kloster Corvey an der Weser gegründet.[608]

Es ist zu vermuten, dass Wala, dessen Mutter eine edle Sächsin war, und Adalhard, sein Halbbruder, die Auftraggeber des Reliefs waren. Sie hatten enge Beziehungen zu dem nördlich vom heutigen Paris gelegenen Kloster Corbie, dem

Das Kreuzabnahme-Relief an den Externsteinen

Mutterkloster von Hethis und von Corvey. Weiterhin ist zu vermuten, dass die Brüder währen ihres mehrjährigen Aufenthaltes in Italien, wo sie im Auftrag Karls wirkten, einen geeigneten Bildhauer für ihre Pläne fanden, der durch den etwa 720 n. Chr. im byzantinischen Reich beginnenden Bildersturm, vertriebenen worden war.[609] Die Einflüsse aus diesem Bereich zeigen sich im Relief durch die Gestaltung der Gewänder, die Kopfform und etliches mehr. Es bestehen außerdem zu den Zeichnungen des Psalters von Corbie erstaunliche Parallelen. Vor allem ist zu bedenken, dass es aus dieser Zeit im ganzen europäischen Raum keine einzige dem Relief auch nur annähernd vergleichbare Steinmetz-Arbeit gibt oder gab, dass also die Kunst der Steinbearbeitung in diesem Raum kaum entwickelt war.[610] Durch die Aufgabe des Hethis-Klosters im Jahre 822 erklärt es sich, dass der unterste Teil des Reliefs unfertig geblieben ist.

Beziehungen zur Gralsströmung

Ob Wala und Adalhard eine Verbindung zu der weitgehend im Geheimen wirkenden Gralsströmung hatten, kann geschichtlich nicht nachgewiesen werden. Erstaunlich ist aber die Tatsache, dass die Mutter Karls des Großen, die Tante der Brüder, die sogenannte Bertha mit dem großen Fuß, als die Tochter von Flos und Blankflos bezeichnet wird. Die rührende, im Mittelalter weit verbreitete Erzählung dieser reinen, alle Hindernisse überwindenden Liebenden Flos und Blankflos ist tiefgründig. Sie spielt in Spanien, wo der Islam und das Christentum besonders heftig aufeinander stießen. Diese Dichtung steht in einer direkten Beziehung zu dem Parzival-Epos von Wolfram von Eschenbach, wenn man den Impuls der Verbindung zwischen Orient und Okzident betrachtet. Flos ist ein Heide und Blankflos ist Christin. In ihrer Liebe überwinden sie diese Gegensätze, und so kann eine neue, höhere Einheit entstehen. Ebenso kann Parzival die Gralsburg nur zusammen mit seinem noch ungetauften Halbbruder Feirefis, der sich als Träger der östlichen Sternenweisheit zu erkennen gibt, betreten. Beide, Flos und Feirefis, bringen ihre uralte Weisheit ins Christentum ein und bekennen sich dann zu diesem. Die Vertreter der Gralsströmung, aus deren Bereich beide Sagenkreise stammen, waren offenbar der Ansicht, dass das Christentum die tiefe, uralte Weisheit des Ostens als belebendes Element in sich aufnehmen sollte. Dieser Impuls mag in so manchem Ritter oder Mönch die Sehnsucht erweckt haben, in den fernen Osten zu ziehen. Es ist auch bekannt, dass die ersten Ritter, die später den Templerorden bildeten, unter dem Tempel von Jerusalem die geheime Weisheit des Ostens zu ergründen suchten.

Da alles, was mit diesen Geheimnissen zusammenhängt, stets aus Sorge vor der Zensur der Kirche nur verhüllt in Erscheinung treten konnte, sind die geschichtlichen Quellen darüber äußerst mager. Gehüllt in das Kleid der Sage tauchen im Mittelalter aber verschiedene Dichtungen auf, die in den Gralszusammenhang gehören. Das erwähnte Epos ›Flos und Blankflos‹ und die ›Geschichte des Heiligen Gral‹ von Robert de Boron und manch andere Erzählungen wären hier zu nennen. Am bekanntesten ist das höfische Epos ›Parzival‹ des Wolfram von Eschenbach, geschrieben in den Jahren von 1198 bis 1210. Es berichtet über Geschehnisse im 9. Jahrhundert, also über die Zeit, in der auch das Relief entstanden ist. Wolfram von Eschenbach bezieht sich auf den Provenzalen Kyot und die von diesem entdeckte arabische Schrift des weisen Meisters Flegetanis. Dessen alte Sternenweisheit führte ihn, obgleich Flegetanis ein Heide war, zur Wahrnehmung des Geheimnisses vom Gral. Wolfram von Eschenbach wusste demnach, dass in den alten Mysterien das Herannahen des Christus und dessen Auftrag erkannt und ersehnt wurden. Rudolf Meyer äußert in seinem Buch ›Der Gral und seine Hüter‹ die Vermutung, dass dieser Flegetanis ein anderer Name für Hiram ist, den Baumeister des Tempels von Jerusalem, der als die Behausung Gottes angesehen wurde.[611] Hiram kam aus Phönizien, wo die Mysterien des Vogels Phönix zu Hause waren. In der Tempellegende wird berichtet, wie Hiram sich einst beim Bau des Tempels von Jerusalem ins Feuer stürzte, um den Guss des ehernen Meeres zu retten. Er kam zu seinem Urvater Tubal Kain, der ihm erst die wahre, neue Meisterschaft verlieh. Auch der Vogel Phönix stürzt sich ins Feuer, um sich aus der Asche wieder verjüngt zu erheben. Dieses Bild wird von Wolfram von Eschenbach eng mit dem Gral verknüpft. Der Gral speist alle zur Gralsburg gehörenden Menschen. Sollten die Gralsritter, die sich die Templeisen nennen, Fortführer des Tempelbau-Impulses sein, dem Tempel für Gott?

Der Gral ist für Wolfram von Eschenbach ein Stein mit dem Namen Lapis electrix. Rudolf Steiner weist auf den Gral als Stein hin, indem er indirekt den ›Jüngeren Titurel‹ des Albrecht von Scharfenberg zitierend sagt: »Eine wunderbare, herrliche Sage der Menschheit spricht davon, dass dem Luzifer, als er vom Himmel auf die Erde herunterstürzte, ein Edelstein aus seiner Krone fiel. Aus diesem Edelstein … wurde jenes Gefäß, in welchem der Christus Jesus mit seinen Jüngern das Abendmahl genommen hat; jenes Gefäß, in dem aufgefangen worden ist das Blut Christi, das vom Kreuze floss; jenes Gefäß, das von Engeln in die westliche

Welt gebracht worden ist und in der westlichen Welt von denen aufgenommen wird, welche zum wahren Verständnis des Christus-Prinzips vordringen wollen. Es wurde aus dem Stein, der entfiel der Krone Luzifers, der Heilige Gral … wir müssen begreifen, dass wir das aufnehmen müssen, was aus diesem Edelstein geworden ist, den Heiligen Gral …«[612] Über den Gral schreibt Wolfram im neunten Buch Folgendes:

> *Doch soll ich Kunde geben,*
> *Wovon die Helden leben,*
> *So sag ich Euch: sie speist ein Stein,*
> *Von einer Art so her und rein*
> *Die man, wenn Ihr sie noch nicht kennt,*
> *Lapis electrix benennt.*
> *Er ist es, der das Wunder tut,*
> *Stürzt sich der Phönix in die Glut*
> *Und hebt sich aus der Asche wieder;*
> *In Flammen mausert sein Gefieder*
> *Strahlt er verjüngt so schön als eh.*
> *Auch wurde keinem Mann so weh,*
> *Kommt dieser Stein ihm zu Gesicht,*
> *Stirbt er die nächste Woche nicht …* (neuntes Buch[613])

Der Gral, der *Lapis electrix*, (eventuell zu übersetzen als: *lapis ex coelis*, Stein aus dem Himmel) beschenkt den, der sich gleich einem Phönix vertrauensvoll in die Glut stürzt, sich also in einen Todes- oder Verwandlungsprozess hineinbegibt, mit einer Verjüngung und Unsterblichkeit. Dieses durch das Feuer gehen ist wie eine Prüfung oder wie ein Gehen durch einen Nullpunkt. Der Prüfungscharakter kommt in dem Namen ›Gral‹ zum Ausdruck, der sich von ›gradalis‹ stufenförmig herleitet. Es ist zu vermuten, dass diese stufenweisen Prüfungen als Einweihungserlebnisse bekannt waren. Dabei kann der die Einweihung krönende und zugleich abschließende dreitägige Todesschlaf als ein Gehen durchs Feuer verstanden werden. Danach ist man ähnlich wie der Vogel Phoenix wie neu geboren; ja des Himmels Herrlichkeit, das ewige Leben, ist den Gralshütern gewiss: »*Denn ihnen wird nach diesem Leben, des Himmels Herrlichkeit gegeben …*«[614] Die Geheimnisse über den Gral bekommt Parzival erst anvertraut, nachdem er Trevrizent, dem Klausner, seine Sünden gestanden und diese bereut hat und weiterhin ein tiefes

Vertrauen zu Christi Opfertat und zu Gott gefunden hat. Der Einsiedler fordert: »*So traut auf ihn, der Euch erschuf! Er hilft, da Helfen sein Beruf … Ihr sollt getreu sein ohne Wank, da Gott die Treue selber ist …*«[615] Dies alles geschieht an einem heiligen Karfreitag, genau an dem Tag, der im Relief dargestellt ist.

Der Stufenweg im Relief

Das unterste Bild des Reliefs ist leider unfertig. Dennoch ist ein von einem drachenartigen Untier umschlungenes Menschenpaar zu erkennen, das in seiner dem Bösen ausgelieferten Lage, eine Hand flehend zum Geschehen am Kreuz erhebt. Mit der anderen Hand versucht es, sich des Drachen zu erwehren. Dies wurde sicher als die Stufe der Selbsterkenntnis verstanden, verbunden mit dem Wunsch nach Läuterung der Seele.

Das mittlere Bild des Reliefs stellt die Kreuzabnahme Christi dar. Gleichsam hinter diesem Geschehen liegt der Beginn der dreitägigen Höllenfahrt Christi, durch die er Tod und Teufel besiegte. Diese Gnadentat Christi eröffnet dem Menschen und der Erde den Zugang zu neuen Lebenskräften. Die im Relief um das Kreuz versammelten Menschen versuchen, jeder auf seine Weise, dieses Ereignis zu begleiten.

Die (vom Betrachter aus) rechts vom Kreuz stehenden Individualitäten, Johannes der Evangelist und Nikodemus, sind bestrebt, lauschend dem Geschehen zu folgen und es zu verstehen. Das, was von ihnen im Evangelium berichtet wird, kann eine Brücke zum Verständnis ihres individuellen Erkennens der ›Lebens-Todes-Tat auf Golgatha‹[616] und zum Gralsgeheimnis bilden.

Nikodemus unter dem Kreuz

Nikodemus hält sein Ohr an den Punkt, wo sich die Balken des Kreuzes überschneiden. Er hatte im Nachtbereich eine Begegnung mit Christus. Er kann als ›wahrer Israelit‹, also als hoher Volksvertreter, Jesus Christus leibfrei, im Ätherleib weilend, aufsuchen. Er sprach Christus ehrfürchtig als Meister an, ohne ihm jedoch eine Frage zu stellen. Daraufhin spricht Christus: »Amen, Amen, ich sage dir: Wenn einer nicht neu geboren wird von oben her, kann er das Reich Gottes nicht sehen.«[617] Da Nikodemus das nicht zu verstehen scheint, betont Christus viermal das, was offenbar die Voraussetzung für die Neugeburt bedeutet, nämlich das Vertrauen zu ihm, zum Christus. Dann, so wird er weiter belehrt, wird er Heilung und das Licht finden. Sicher ist die Heilung von der Sündenkrankheit gemeint, die als zunehmende Auslieferung an die Todesmächte erlebt wurde. Dieses Geheimnis der rettenden Neugeburt versucht Nikodemus, im ahnenden Miterleben von Christi Todestat nun zu erfassen. Dafür muss der Kreuzpunkt für ihn eine besondere Bedeutung haben. Jeder Kreuzungspunkt kann als ein Moment des Erwachens zum eigenen Ich verstanden werden. An diesem Ich-Punkt, ja von diesem Ich-Punkt aus, so kann man vermuten, erlebt Nikodemus das, was Christus ihm mit dem Wort der ›Neugeburt von oben her‹ ans Herz gelegt hatte. Es ist der Punkt von dem aus das höhere Selbst, das höhere Ich, gefunden werden kann. Diesen Punkt zu erreichen bedeutet den Beginn vom ›neu geboren werden von oben her‹.

Nikodemus steht auf einem gegabelten und sich beugenden baumartigen Gebilde. Dieses kann verstanden werden als die vielfach erwähnte Irminsul, dem Bild der alten Mysterien für den Weg in die geistige Welt, der zugleich den Anschluss an die Lebenskräfte der Welt beinhaltet, denn der ›Gabelbaum‹ wurde in den alten Kulturen stets auch als Lebensbaum verstanden. Nun ist dieser alte Zugang zur geistigen Welt offenbar kaum noch möglich. Er ist wie eine verdurstende oder alternde Pflanze welk geworden. Dennoch bildet der alte Lebensbaum die Grundlage, durch die Nikodemus bis zum Kreuzpunkt hinaufreichen kann.[618]

Johannes unter dem Kreuz

Der Johannes, der gemeinsam mit Maria unter dem Kreuz steht, ist nach alter Tradition Johannes der Evangelist. Das Buch, das er im Relief im Arm hält, zeichnet ihn als solchen aus. Dieser Johannes war es auch, wie Rudolf Steiner es nahe legt,[619] der als der reiche Jüngling Lazarus von Christus aus dem Todesschlaf erweckt wurde. Von da an trug er den Namen ›den der Herr lieb hatte‹. Der dreitägige Todesschlaf und die folgende Erweckung kann als ein Einweihungsgeschehen verstanden werden. Da Christus, das höchste Sonnenwesen, der Führer auf diesem inneren Wege ist, nun aber nicht mehr auf der Sonne weilte, wird Lazarus als erster dem Christus als Sonnen-Geist-Wesen auf der Erde begegnet sein. Man ahnt, welcher Wandel der alten Sonneneinweihung, die stets mit dem Verlassen des Ich-Bewusstseins im Aufstieg zur Sonne verbunden war, hier vollzogen wurde. Dadurch konnte Lazarus-Johannes als erster Erdenmensch die Sonnenkraft Christi im eigenen Innern, im Ich, erleben. Diese Vorbereitung bildet die Grundlage seines inneren Erlauschens der ›Lebens-Todestat‹ Christi von Karfreitag bis Ostersonntag, wie es im Relief dargestellt ist.

Dem gewaltigen Entwicklungsweg des Johannes-Lazarus geht eine Begegnung mit Christus voraus, die hier von besonderer Bedeutung ist. Der reiche Jüngling Lazarus fragt Christus: »Meister, was kann ich tun, um ewiges Leben zu haben?«[620] Strebt er also eine Art Neugeburt an? Da er beteuert, stets alle Gebote treu beachtet zu haben, bekommt er den Rat, all seinen reichen Besitz zu verkaufen, und Christus nachzufolgen. »So wirst du einen Schatz im Himmel haben:«[621] Das zu befolgen fällt dem Jüngling noch sehr schwer. Es heißt, dass er traurig fortging. Den Jüngern aber sagt Christus: »Amen, ich sage euch: Ein Reicher wird schwerlich eingehen in das Reich der Himmel. Und noch einmal sage ich euch: Leichter ist es für ein Kamel, durch das Nadelöhr zu kommen, als für einen Reichen, in das Reich Gottes zu gelangen. Als die Jünger das hörten, waren sie sehr bestürzt und sagten: Wer kann dann gerettet werden? Jesus blickte sie an und sagte: Menschen vermögen es nicht, aber Gott vermag alles.«[622] Sollte die Neugeburt, bzw. das ewige Leben nur durch zweierlei zu erreichen sein: durch das vom Menschen zu entwickelnde unbedingte Vertrauen auf Christus und die Hilfe Gottes, wie es auch im Gespräch zwischen Parzival und Trevrizent deutlich wird?

Man kann sich denken, dass Johannes-Lazarus nach diesen ihm zuteil gewordenen Erlebnissen, derjenige ist, der unter dem Kreuz stehend besonders bewusst erkennt, welches Geschenk die Opfertaten Christi für die Menschheit bedeuten: Kräfte, die den Tod überwinden und neues Leben spenden! Findet der Mensch einen Zugang zu diesen Kräften, so kann er dem Verdunkeln und Verdorren seines Ich-Wesens Einhalt gebieten und ein ›ewiges Leben‹ erwerben. Diesem Erweb des ewigen Lebens geht aber offenbar etwas voraus, was einem Durchgang durch ein Nadelöhr zu vergleichen ist. Für Nikodemus ist es das Geheimnis des Kreuzungspunktes, für Trevrizent das des Phönix, für Windkald das der Schwertspitze. Die Voraussetzung für das Erleben dessen, dass etwas Neues im Menschen geboren wird, ist bei allen das unbedingte Vertrauen, der feste Glaube in die Christuswesenheit.

Joseph von Arimathia

Die Menschen, die vom Betrachter aus links vom Kreuz stehen, sind Joseph von Arimathia und Maria. Von Joseph wird im Evangelium nur kurz berichtet, dass er ein reicher Ratsherr war, der als heimlicher Jünger Christi den Mut hatte, den Leib des Verstorbenen von Pilatus zu erbitten, um ihn mit Leinwand zu umwickeln und in sein neu ausgehauenes Grab zu legen.[623] Das Relief zeigt Joseph als denjenigen, der die Last des Christusleibes auf sich nimmt.

Durch die Berichte des seit der spätrömischen Zeit weit verbreiteten apokryphen Nikodemus-Evangeliums war die Person des Joseph von Arimathia für die Betrachter des Reliefs mit einem ganzen Geschichtenkreis verbunden. Joseph, so lautet der Bericht des Robert de Boron, hatte in dem Abendmahlskelch das aus den Wunden Christi fließende Blut aufgefangen.[624] Von den Juden, die durch das Verschwinden des Leibes Christi aus dem Grabe aufgebracht waren, wurde Joseph in einem Turm eingekerkert, um dort zu verschmachten. In der höchsten Not erscheint ihm dort der Auferstandene Christus. Joseph erkennt ihn und sieht voll Staunen, dass er den Kelch, dessen Versteck niemand kannte, in Händen hält. Christus verspricht Joseph das ewige Leben um der Liebe willen, die er durch seine Tat bewiesen hat. »Weißt Du, was Du verdient hast, da ich Dir übergeben ward? Du wirst das ewige Leben bekommen, weißt Du weshalb? Es weiß doch keiner von der großen Liebe, die ich von jenem Tage an zu Dir hege, an dem Du mich vom Kreuz abnahmst … Keiner kennt Dein treues Herz, außer Dir und dem geistigen Gott. Du hast mich heimlich geliebt und ich Dich ebenso in aller Gewissheit. Unsere Liebe wird offenbar werden …«[625] Ist es nicht erstaunlich, dass dieser im Evangelium nur kurz genannte Joseph von Arimathia von Christus das ›ewige Leben‹ versprochen bekommt, nach dem sich Nikodemus und Lazarus-Johannes so sehr sehnten?

Danach übergibt Christus Joseph den heiligen Kelch, der zunächst einfach als Gefäß bezeichnet wird, mit folgenden Worten: »Du sollst es mir hüten und auch die, denen Du es anvertrauen wirst. Joseph, Du musst treu im Herzen bewahren, dass Du es nur drei Personen anvertrauen darfst, die es bekommen sollen. Sie sollen es nehmen im Namen des Vaters und des Sohnes und des Heiligen Geistes, und sie sollen alle glauben, dass diese drei Personen eine Person sind, und jede eine ganze Person.«[626] Ist der Glaube an die Dreifaltigkeit erwacht, so wird derjenige, der des Anblickes des Kelches erwürdigt wird, von diesem auf wunderbare Weise gespeist. Auf diese Weise wird auch Joseph durch den Kelch ernährt, bis sich der Kerker für ihn wieder auftut.

In der Zeit darauf beginnt Joseph, einen Kreis von reinen, gläubigen Menschen um den Kelch, der nun der Gral genannt wird, zu versammeln und so ein spirituelles Christentum zu initiieren. Ob die Teilnahme an den Gralsmysterien für alle bedeutet, dass sie das ewige Leben erlangen werden? Es wird jedenfalls in der Erzählung deutlich, dass mit dem ›ewigen Leben‹ nicht das physische Leben gemeint ist, denn Robert de Boron berichtet von dem Tod Josephs und der Übergabe des Grals an dessen Neffen Bron. Von den Gralsrittern heißt es aber, dass sie nicht sterben, solange sie des Grals ansichtig werden. Die Kraft des Grals wird jeden Karfreitag durch eine Oblate erneuert, die eine Taube vom Himmel bringt. Dann, so beteuert es Wolfram von Eschenbach, hat der Gral die Kraft, dass der sich in die Glut werfende Phönix verjüngt, also neu geboren wieder erscheinen kann. Die Voraussetzung für die Neugeburt zum ewigen Leben ist wieder zweifacher Art: der gläubige und Christus vertrauensvoll liebende Mensch und die Gotteskraft von oben. Joseph von Arimathia hat offenbar alle erforderliche Liebes- und Glaubenskraft, so dass er der erste Hüter der Gralsmysterien sein darf.

Die ganze wunderbare, aber auch sagenhafte Erzählung des Robert de Boron wird durch Rudolf Steiner als eine tiefe Wahrheit ausgezeichnet. Er spricht von dem Ahnherrn der Gralsmysterien, der in der Abendmahlsschale, dem Heiligen Gral, das Blut des Erlösers auffing. Dieser Joseph muss gewusst haben, dass das Blut auf geheimnisvolle Weise der physische Ausdruck des Ich ist, und welche Ich-Kraft mit dem Blut Christi verbunden ist. Diese Kraft bewirkt, dass es Abbilder des Jesus-Christus-Ich geben kann, die den Menschen, die sich dafür reif gemacht haben, anvertraut werden können. »Und es hat immer Menschen gegeben, die durch die Jahrhunderte hindurch, seit dem Ereignis von Golgatha, im Geheimen dafür zu sorgen hatten, dass die Menschheit langsam heranreift, damit es Menschen gebe, die aufnehmen können die Abbilder des Ich des Jesus von Nazareth-Christus ... Dazu musste das Geheimnis gefunden werden, wie ganz in der Stille, im tiefen Mysterium, dieses Ich aufbewahrt werden könne bis zum geeigneten Momente der Menschheits- und Erdenentwickelung. Es bildete sich dazu eine Bruderschaft des Heiligen Gral. Sie hütete dieses Geheimnis ... Gesammelt hat er [Joseph] das Blut, den Ausdruck des Ich, in der Schale, im Heiligen Gral. Er hat die Schale mit dem Blute des Erlösers, mit dem Geheimnis des Abbildes des Ich des Christus Jesus aufbewahrt am heiligen Ort, in der Bruderschaft, die durch ihre Einweihung die Brüder vom Heiligen Gral sind.«[627] Aus der Kenntnis der Verbindung des Blutes mit dem Ich kann man erahnen, warum von Eschenbach schildert, dass eine Lanze in den Saal der Gralsburg getragen wurde, aus deren Spitze Blut quoll. Dabei ist die Lanzenspitze als Ich-Punkt zu verstehen. Der Zusammenhang Josephs mit dem Grals- und dem Ich-Geheimnis wird somit durch Rudolf Steiner aufgezeigt.

Der Ich-Punkt

Das, was Johannes und Nikodemus anstreben, das ewige Leben oder die Wiedergeburt von oben her, kann nur erreicht werden, wenn der Mensch seinen Ich-

Punkt, den Kreuzpunkt, das Nadelöhr, oder die Spitze seines Ich, gefunden und durchschritten hat. Über dieser Ich-Schwelle findet die Befruchtung durch das Christus-Ich statt, wodurch sich das höhere Selbst bilden kann. Joseph wird zwar als ein reicher Ratsherr bezeichnet, im Geheimen muss er aber ein großer Weiser und Wissender der Ich- und Blutsmysterien gewesen sein.

Das Weisheitsgut der Gralsbruderschaft ist in den durch Christian Rosenkreutz im 13., 14. Jahrhundert gegründeten Rosenkreuzerschulen gepflegt worden. Heute werden diese Weisheiten durch die Geisteswissenschaft Rudolf Steiners an die Menschen zeitgemäß herangetragen, »auf dass er [der Mensch] in lebendiger Weise ergriffen wird von dem spirituellen Wissen.«[628] »Die Seele muss heute fragen, muss sich über sich selbst erheben, aus sich selber heraus wachsen. Die Seele muss heute fragen, wie einstmals Parzival fragen musste nach den Geheimnissen der Gralsburg.«[629] »Dann aber, wenn die Menschen immer mehr vorbereitet sein werden zum Empfang des Christus-Ich, dann wird sich das Christus-Ich immer mehr in die Seelen der Menschen ergießen ... Die von dem Christus-Ich Inspirierten und Durchdrungenen, die Christen der Zukunft, werden noch anderes verstehen. Sie werden verstehen, was nur die Erleuchteten bisher verstanden haben. Nicht bloß den Christus werden sie verstehen, der durch den Tod gegangen ist, sondern sie werden verstehen den triumphierenden, in das spirituelle Feuer auferstehenden Christus der Apokalypse, der vorherverkündet worden ist ... so wird uns der Christus erscheinen in einem vergeistigten Feuer der Zukunft.«[630] Durch diese Aussagen fällt ein erhellendes Licht auf die Beschreibung des sich ins Feuer stürzenden Phönix, des von Eschenbach. Es ist ein spirituelles, vergeistigtes Feuer, das des Menschen Ich mit dem Christus-Ich verbindet. Erst dadurch kann der Menschen sein höheres Selbst, das Geistselbst, sein ›ewiges Leben‹ gewinnen.

Es darf bei der Betrachtung all dieser spirituellen Erkenntnisse nicht aus dem Bewusstsein schwinden, wie das Erlangen des höheren Selbst erst durch das geopferte Blut Christi und dessen geheimen Zusammenhang mit dem Ich möglich wurde. »Darum ist der Christus auf Golgatha geführt worden, damit er den Stoff wieder hinaufführen konnte in geistige Höhen, damit das Feuer nicht zur Schlacke werden möge auf der Erde, sondern dass es vergeistigt werde.«[631] »Und wenn die Menschheit das verstanden haben wird, wird sie beginnen, in ihrem tiefsten Innern zu ahnen, dass die Gewissheit, die Wahrheit von der Ewigkeit des Lebens von dem toten Leichnam am Holze des Kreuzes von Golgatha ausgeht.«[632] Der Mensch, der Christus zur Erfüllung seiner Erden-Ich-Mission als Helfer zur Seite stand, war Joseph von Arimathia. Dies, und die Gewissheit des ›ewigen Lebens‹ sollte durch alle Zeiten durch das Kreuzabnahme-Relief verkündet werden.

Maria unter dem Kreuz

Marias Glaubens- und Liebeskraft ist unumstritten. Ihre reinen Seelenkräfte lassen sie zur Jungfrau Maria werden, der Seele, die reif ist, ihr höheres Selbst, das Geistselbst, zu entwickeln, wie weiter oben beschrieben. Dadurch ist sie das Vorbild für alle Menschen. Auf sie strömt im Relief der Segen des Auferstandenen, der ein kleines Kind so auf dem Arm hält, als solle es zu Maria heruntergleiten. Das legt die Vermutung nahe, dass Folgendes durch das Relief gesagt werden soll: Die Wiedergeburt, das ewige Leben, oder anders ausgedrückt, das höhere Selbst, das Geistselbst kann dem Menschen zuteil werden, wenn er seine Seele läutert und zur Maria macht und dann die jungen, verjüngenden Christuskräfte in sich aufnimmt. Bildet der Mensch so die reine Schale, die Gralsschale, so kann er durch die Gnade Christi das Christus-Kind in sich aufnehmen. Wolfram von Eschenbach nennt dies die Oblate, die von der Taube Karfreitag gebracht wird. Das ist der verjüngte und verjüngende Leib Christi, des Auferstandenen. Es kommt der so zur Maria geläuterten Seele »entgegen das kosmische Ich, das Welten-Ich, das die Erleuchtung bewirkt, das also macht, dass der Mensch Licht um sich herum hat, geistiges Licht.«[633] Man kann auch sagen: »Das Sonnenhafte, das der Mensch durch lange Zeiten nur aus dem Kosmos aufnahm, wird im Innern der Seele leuchtend werden. Der Mensch wird von einer inneren Sonne sprechen lernen.«[634]

Zusammenfassung

Zusammenfassend kann gesagt werden, dass es für die unter dem Kreuz versammelten Menschen darum geht, durch das tiefe Vertrauen und Miterleben und Miterleiden von Christi Opfertat, einen neuen Zugang zur geistigen Welt zu finden, welcher die Voraussetzung für die Entwicklung des höheren Selbst ist. Das gleicht einem Durchgang durch ein Nadelöhr oder durch einen Kreuzpunkt, dem Phönix-Erleben und einer Wieder- oder Neugeburt. Johannes und Nikodemus, die Wissenden, erringen diese Stufe, während Joseph und Maria sie durch ihre reinen Liebes- und Vertrauenskräfte schon erreicht haben. Somit sind sie alle zu Gralshütern geworden. Das sind die neuen Eingeweihten mit dem Christus-Geheimnis in der Mitte. Sie haben ihre Seelenglieder soweit geläutert, dass sie ihr Ich wie in einem Kreuzpunkt oder wie in einer Spitze konzentriert erleben können. Dann, wenn das Ich seine volle Kraft errungen hat, kann es sich wie eine Schale dem Christus öffnen und ein neues Leben gewinnen. So ist der Gral ein Bild des reifen Ich, das aus der Geistwelt befruchtet wird. »... jener Edelstein [der Gral] ist in gewisser Beziehung nichts anderes als die volle Kraft des menschlichen Ichs.«[635] Christian Morgenstern formuliert es so: »Das Ich ist nur die Spitze eines Kegels, dessen Boden das All ist.«[636] In dem Bildteppich ›Der Mann erlebt der Seelenwesen Gaben‹, entworfen von W. Roggenkamp, ist der Kelch ein X-Kreuz.[637] Man kann den Kreuzungspunkt als die Spitze des Kegels verstehen und die Öffnung darüber als die sich bildende Schale, in die von der Taube im Parzival Epos des W. von Eschenbach die Oblate gelegt wird. Indem so das Christus-Ich hineinwirken kann, wird das höhere Selbst des Menschen erweckt. »Man sieht, dass sich aus der Erkenntnis des Grals das höchste Ideal menschlicher Entwickelung ergibt, welches für den Menschen denkbar ist: Die Vergeistigung, welche der Mensch durch seine eigene Arbeit erlangt.«[638]

21 Die drei Hauptgötter und die drei Einweihungsstufen an den Externsteinen

Wenn die Menschen der vorchristlichen Zeit zu den Externsteinen kamen, fühlten sie sich von den drei Hauptgöttern Odhin, Thor und Freyr, die sie in den Großplastiken wahrnahmen, angeschaut und erkannt. Bis ins Tiefste ergriffen von diesem Blick, öffneten sich ihre Seelen für die Impulse der jeweiligen Gottheit. Geht man davon aus, dass das Volk auf diese mehr unbewusste Weise durch die Götter geführt wurde, so erhebt sich die Frage, ob die drei ersten Einweihungsschritte an den Externsteinen, also die der Feuer-, Wasser- und Luftprüfung, zwar unter der Führung Odhins stehend, auch eine Begegnung der Schüler mit den anderen Göttern zur Folge oder gar zum Ziel hatten?

Das hohe Engelwesen Thor wurde ebenso im Blitzesfeuer und im Donnerschlag wie in der Wärme des Blutes erlebt. Der Mensch »sah die innige Verwandtschaft des Feuers, des Blitzes mit dem, was durch das Blut geht.«[639] In dem warmen Blut kann das Ich erlebt werden. Der Mensch »fühlte den Pulsschlag in seinem Blute und wusste: Das ist der Schlag des Ich ... Er empfand das, was den Pulsschlag bewirkt ... als Thors Tat ...« Er spürte »in seinem Ich die Thorkraft ...«[640]

Es ist also denkbar, dass dem Schüler während der ersten Einweihungsprobe, in deren Verlauf er den Mut aufbringen musste, an dem Hüter der Schwelle vorbei durch die Feuergrotte zu eilen, der Gott Thor ermutigend zur Seite stand, ihm zurufend: Werde ein starker Ich-Träger, aber verbrenne in deiner Seele alle Selbstsucht, die dich eng und düster macht. Überwinde in Dir die Midgardschlange, die in dir alle Triebe und Leidenschaften aufwühlen will. Gewinne in allen Seelenstürmen das unerschütterliche Vertrauen in die höhere Gerechtigkeit, habe Selbstvertrauen! Werde zum leuchtenden, feurigen Ich-Führer deines Volkes, übe die Tugend der Gerechtigkeit!

Könnte mit dem zweiten Einweihungsschritt, der Wasserprobe, eine Begegnung mit den Zwillingsgottheiten Freyr und Freya hervorgerufen worden sein?

Diese Gottheiten wirken in den Fähigkeiten, die der junge Mensch mit der Pubertät erringt. Sie erwecken das selbständige Denken und die Fortpflanzungskraft.

Die Edda berichtet in ihrer Schöpfungsgeschichte, dass dem Menschen durch die zwölf Wasserströme, die aus dem im kalten Niflheim gelegenen Brunnen

Hwergelmir hervorquollen, die Nerven-Sinnestätigkeit erweckt, und somit das Denken möglich wurde. »Der atlantische Mensch sah damals die Kräfte an sich herankommen, die diese Nerven in ihm zu Sinnesorganen machten. Er empfand die ganze Situation so, wie wenn in den Kopf von außen hineinfluteten die Strömungen, welche dann seine Nerven im Kopf durchsetzten.«[641] Das Denken wurde als ein Geschenk der zwölf Ströme erlebt. Klar und hell wie das Wasser sollte es werden. So wie jedes stille Wasser und jeder Tautropfen alles um sich herum spiegelt, so soll auch das Gehirn des Menschen die Wahrnehmungen spiegeln. Das Becken in der Grotte1 enthielt sicher Wasser oder eine andere Flüssigkeit, die eine Spiegelfläche darbot. Die Überlegung, dass das Wasser das Ursymbol aller Fruchtbarkeit, alles Wachsens und aller Fortpflanzung ist, unterstützt die Vermutung, dass Freyr-Freya in der Wasserprobe vor den Seelenaugen des Einzuweihenden erschien. Durch diese Gottheiten erging der Aufruf an den Schüler, im Denken Klarheit und in der Geschlechtlichkeit Reinheit zu erstreben, und sich stets des göttlichen Ursprungs dieser wunderbaren Kräfte bewusst zu sein, um nicht der Selbstherrlichkeit zu verfallen. Eine Wasserprobe wurde diese zweite Einweihungsprüfung genannt, da der Schüler sich ohne festen Halt, wie schwimmend im Wasser, erleben sollte. Selbstbeherrschung war das Ziel.

Die dritte Einweihungsprüfung wird als Luftprobe bezeichnet. Odhin, der Allvater, ist die Gottheit, die ebenso in der Luft und in dem Atem, dem Odem, wie in der Sprache erlebt wurde. »In wunderbarer Weise hat sich erhalten, wie Odhin selbst an seinen Völkern arbeitet, um ihnen die Sprache möglich zu machen.«[642] Er entwickelte die Sprache so weit, dass der Mensch ›Ich‹ zu sich selbst sagen und damit ganz bei sich selbst ankommen konnte. So wie der Einzuweihende bei der Luftprobe ganz auf sich selbst gestellt ist, ohne irgendeinen äußeren Halt, so führt Odhin den Menschen in sein Zentrum zum Ich-Punkt, zum Ich-Erkennen. Als eine ihm von den Göttern geschenkte Geistesflamme kann der Mensch sein Ich erfassen lernen, d.h. wörtlich in der Geistesgegenwart leben, wie es in der Luftprobe gefordert wird. So mag bei dieser Prüfung dem Schüler der Sprachgott Odhin als großer Diener des Wortes, des Logos, erschienen sein. Der Ort dieser Prüfung könnte die kleine, hochgelegene und unzugängliche Höhle im Felsen 1 gewesen sein.

Es könnte allerdings die Zuordnung der Einweihungsproben zu den Göttern könnte auch anders zu verstehen sein. Es spricht manches dafür, dass im Laufe der Wasserprobe eine besonders intensive Begegnung mit dem Sprach-Gott Odhin erlebt wurde, da es auf dieser Stufe darum ging, eine neue Schrift oder Sprache zu erlernen, durch die sich alle Dinge in ihrem Wesen offenbaren. Dabei muss der

Schüler bereit sein, durch Selbstbeherrschung auf allen Eigenwillen zu verzichten. Es gilt die Tugend der Besonnenheit und des Maßhaltens zu erwerben, durch die der Ätherleib gereinigt wird. Im Runenlied wird auf dieser Stufe von dem Trank Odhrörir gesprochen. Ein anderes Bild der Edda spricht vom Lügenwolf, der als ahrimanisches Wesen im Ätherleib haust, und der nur durch Wahrhaftigkeit zu besiegen ist.

Bei der folgenden Luftprobe könnte der Schüler sich als unter dem Schutz Freyrs stehend erlebt haben, obgleich er ganz auf sich gestellt war. Auf der Grundlage des eigenen, freien Denkens musste er in jedem Moment beweisen, dass er seine Seelenglieder aus der Tugend der Geistesgegenwart heraus führen konnte, hin zum höheren Selbst. Das bedeutet eine Läuterung des Astralleibes. Im Runenlied wird hier vom beginnenden Denken und Wachsen berichtet. Das Denken ist aber stets in der Gefahr, von den Todeskräften überwältigt zu werden. So gilt es hier, Hel zu besiegen

›Erstrebe ein starkes feuriges Ich, sei aber selbstlos im Handeln, habe Selbstvertrauen‹; das ist der Aufruf Thors. Zur Heiligung des Wortes und zur Selbstbeherrschung führt Odhin die Menschen. Klarheit im Denken, Geistesgegenwart und Demut vor den geschenkten Schöpferkräften erfordert Freyr-Freya.

Die Impulse der drei Hauptgötter, das Volk und die Einweihungs-Schüler betreffend haben eine Gemeinsamkeit: Sie fordern den Menschen auf, in seinem Ich zu erwachen und zu wachsen und dennoch den Egoismus zu meiden. Dieser Aufruf zur Ichentwicklung tritt bei den nordisch-germanischen Völkern in der Entwicklung sehr früh und intensiv auf. Gleichzeitig warnten die Führenden die Menschen vor der versuchenden Macht der Widersacher Loki und Ahriman. Die übrige Menschheit hatte zwar auch ihr Ich auf der Atlantis bekommen, aber es blieb ihr weitgehend unbewusst.

Im Laufe der Zeit wurde es immer schwieriger, eine Einweihung durch zu führen. Wollten die Mysten Erkenntnisse der geistigen Welt gewinnen, so mussten sie das heranwachsende Ich unterdrücken, »das musste dunkler und dumpfer werden in seiner Seele … Das Ich musste unterdrückt und der astralische Leib entflammt werden … Aber das Entflammen der Impulse im Astralleib ist immer unmöglicher geworden … Und die allerbesten Hellseher empfanden etwas Wüstes, etwas Ödes in der Seele. Das war das Ich, dem noch kein Impuls gegeben [war] … Vorhanden war das Ich ja schon in der atlantischen Zeit; aber dass daraus die Sicherheit für die größten Geheimnisse quellen konnte, das wurde erst durch den Christus-Impuls gebracht …«[643]

Die nordisch-germanischen Völker erwachten auf einer frühen Entwicklungsstufe zum Bewusstsein ihres Ichs. »Fassen Sie das wohl ins Auge! Die germanisch-nordischen Völker mussten mit ihrem voll entwickelten Ich bei dem dabei sein, was die Bewohner des uralten Indiens in einer gewissen Dumpfheit, also ohne mit ihrem Ich dabei zu sein, durchgemacht hatten.«[644] Dennoch, oder gerade deshalb, hatten die germanischen Völker sich ein reines Hellsehen bis weit in die nachchristliche Zeit bewahrt. Sie sahen, wie die Götter an ihren Seelen arbeiteten, um diese zum Ich-Träger heranreifen zu lassen. »Das waren diejenigen Wesen, die sich als Engel und Erzengel kümmerten um das Ich der Menschen.«[645] Jede der drei Hauptgottheiten wirkte in dem ihr zugänglichen Seelenbereich in den Menschen. Für das Volk waren sie an den Exsternsteinen als Großplastiken wahrnehmbar. Die Einweihungsschüler konnten sie in den Prüfungen bewusst erleben und ihre Aufforderung hören: ›Werde ein starker Ich-Träger und erkenne die Gefahren, die damit verbunden sind!‹

22 Widar und die Wiederkunft Christi im Lichte der Edda

Die Wiederkunft Christi, die auch das Erscheinen Christi im Ätherischen genannt wird, stellt Rudolf Steiner in einen direkten Zusammenhang mit der geheimnisvollen Gottheit Widar. Den Betrachtungen zu diesem Thema, die im ersten Teil des Buches zu finden sind,[646] sollen hier ergänzende Gedanken hinzugefügt werden. Es sind tastende Versuche, mit Hilfe der Edda ein vertieftes Verständnis für das größte Geheimnis unserer Zeit, die Wiederkunft Christi, zu gewinnen. Im ersten Teil des Buches ging es vor allem um die Entwicklung und den Aufstieg Widars vom Engel zum Erzengel und um alles, was damit zusammenhing. Im Folgenden soll versucht werden, die Bedeutung Widars für ein neues Hellsehen herauszuarbeiten. Das alte Hellsehen ist dahingeschwunden. Es hat sich allerdings im Norden Europas in der einfachen Form des Wahrnehmens von Elementarwesen wie Elfen, Zwergen oder Trollen noch lange gehalten. Auch diese Reste des alten Hellsehens sind dahingeschwunden durch das immer intellektueller werdende Denken und durch die modernen Techniken.

Der Tod Baldurs, des weithin Leuchtenden

In der Edda wird das Versiegen des Hellsehens, das ja schon lange vor Christus seinen Anfang nahm, mit der Schilderung von Baldurs Tod ins Bild gebracht. Baldur wurde durch die List Lokis und die Tat des blinden Hödurs (der Kämpfende) mit einem Mistelpfeil getötet.[647] Man kann es so verstehen, dass sich hinter diesen beiden Wesenheiten die Widersacher Luzifer und Ahriman verbergen. Je mehr sie in den werdenden Menschen eingriffen, desto mehr erstarb das alte, lichte und reine Hellsehen. Loki, der Luzifer des Nordens, schlich sich in den Seelenleib, den Astralleib, des Menschen ein. Von dort aus beschenkte er die Menschenkinder zwar mit Weisheit, erregte in ihnen aber auch alles Triebhafte und Egoistische. So bot er Ahriman die Möglichkeit, sich in dem Lebensleib des Menschen einzunisten. Diese Einnistung bewirkte eine Verfestigung des Lebens- oder Ätherleibes, was das Erlöschen des weit verbreiteten, alten Hellsehens zur

Folge hatte. Dadurch wurde eine direkte Verbindung zur göttlich-geistigen Welt, das alte Hellsehen, immer schwerer und schließlich fast unmöglich. Der so auf sich gestellte Mensch konnte dadurch aber das intellektuelle, logische Denken entwickeln.

Die Götterdämmerung

In der Edda wird unmittelbar nach Baldurs Tod der Beginn der Götterdämmerung, der Verdämmerung der Götter,[648] beschrieben. Durch die volle Kraftentfaltung der Widersacher wird die alte Welt hinweggefegt durch Feuer, Wasser und ewige Winter. Dabei kommen die alten Götter gnadenlos um: Thor erliegt der Midgardschlange, Odhin dem Fenriswolf und Freyr wird von seinem eigenen Schwert erschlagen. Betroffen fragt man sich: Können Götter denn sterben? Da es in der geistigen Welt keinen Tod gibt, und ein Geistwesen immer seiner Aufgabe treu bleibt, wie Rudolf Steiner betont,[649] müssen wir annehmen, dass die Asengötter nicht sterben, sondern in einen Strudel der Umwandlung hereingerissen werden.

Die neue Welt

Die Führer der nordisch-germanischen Völker, die dies alles kommen sahen, ließen die Menschen aber nicht ohne Trost. Die weise Wölva schaute über die Götterdämmerung hinaus und sah dort das Entstehen einer neuen, jungen und lichten Welt. In dieser aus den Fluten auftauchenden, gereinigten Welt finden sich die neuen, jungen Götter ein. Es sind die Söhne Odhins, Widar und Wali.[650] Außerdem kommen die Söhne Thors, Modi und Magni und dann noch Baldur mit Hödur.[651] Von den Aufgaben der jungen Götter in der neuen Welt berichtet die Wölva nur, dass die Söhne Odhins die Hüter des neuen Heiligtums sind. Von den Söhnen Thors heißt es: *Modi und Magni sollen Mjölnir schwingen und zu Ende kämpfen den Kampf.*[652] Diese Aussage bestätigt die Vermutung, dass die Göttersöhne die Aufgaben ihrer Väter fortführen, allerdings in neuer Art. Diese neue Art wird dadurch deutlich, dass alle Göttersöhne sich im Heiligtum einfinden. In einem Heiligtum wird stets eine lebendige Verbindung zur Geistwelt angestrebt. So ist zu vermuten, dass dies der Ort des neuen Hellsehens sein wird.

Die Aufgaben der alten Götter

Da ein Geistwesen nicht stirbt und immer seiner Aufgabe treu bleibt, muss man sich fragen, ob die sogenannten Söhne der Götter nicht die verjüngten, gewandelten Götter Thor, Odhin und Freyr selber sind. Auf alle Fälle leben sie in ihren Söhnen fort. Das bedeutet, dass wir für diese neue Welt, in der ein neues Hellsehen möglich werden soll, etwas von den alten Göttern lernen können, wenn wir sie in ihrer Fortentwicklung begreifen. Wir wollen uns daher die Aufgaben der alten Götter kurz vergegenwärtigen.

Thor kämpfte unermüdlich gegen die den Menschen bedrohenden Riesengewalten. Er wirkte vom Willen aus ordnend und aufrichtend bis in den Leib des Menschen hinein. Seine Hauptfeindin war aber die durch alle Triebe und Leidenschaften unermesslich groß gewordene Midgardschlange. Er ist der große Mahner und Erwecker des Gewissens. Wir werden noch erfahren, welche Bedeutung diese mutvollen Fähigkeiten, nun aufgegriffen von Modi und Magni, für das neue Hellsehen haben werden.

Odhin ist der Gott, der selbst viele Opfer durchlitten hat, um den Menschen die in seinem Ätherleib veranlagten Fähigkeiten des Fühlens, der Sprache, der Weisheit und des Wahrheitsgefühls auszubilden. Begleitet von seinen Wölfen Geri und Freki führte er die Menschen auf dem sogenannten Wolfsweg in die Erdentüchtigkeit und in die Intellektualisierung. Als dieses Ziel erreicht war, erlag er dem durch alle Lügen riesig gewachsenen Fenriswolf, der durch die Verhärtung des Ätherleibes, in dem er sich eingenistet hat, die Wahrheit verdunkelt und somit wesentlich dazu beigetragen hat, das alte Hellsehen zum Erlöschen zu bringen. In dem Heiligtum seiner Söhne Widar und Wali wird eine Belebung des Ätherleibes möglich sein und eine neue Verbindung zur Wahrheit der Geistwelt, zur Welt des Wortes, des Logos, gesucht werden können.

Freyr, der zum Zahnwechsel, also etwa mit sieben Jahren das lichte Alfheim,[653] das Reich der Elementargeister, geschenkt bekam, war in seiner Kindheit noch im Besitz des Schwertes, das von alleine focht.[654] Es ist ein Bild für das kindliche, noch lichte, lebendige Denken. Dieses kindliche Denk-Schwert verlor Freyr bei der ungestümen Liebeswerbung um die Riesentochter Gerda.[655] Dieser Bericht zeigt, wie mit der Pubertät das Begehren, der Egoismus in das Denken einbricht und wie es daraufhin intellektuell und schließlich abstrakt und tot wird. So wandelt sich das zunächst lebendige Denkschwert zu einer tötenden Waffe, durch die Freyr bei der Götterdämmerung selbst umkommt. Freyrs Aufgabe im

Menschen war die Ausbildung des eigenständigen, klaren, logischen Denkens. Wer wird nun, nach seinem Untergang, seinen Impuls aufgreifen, da er doch keine Söhne hat?

Die Edda berichtet von den Göttern Baldur und Hödur, die als drittes Götterpaar aus dem Totenreich in das Heiligtum kommen. Sollten sie diejenigen sein, die Freyrs Streben fortsetzen? Man kann die Weisheit der Edda nur bewundern, wenn man bedenkt, dass es nicht darauf ankommen kann, das alte Baldurhellsehen einfach wieder zu gewinnen. Es geht darum, die Qualitäten, die durch das abstrakte, tote Denken, vertreten durch Hödur, errungenen wurden, in das neue Hellsehen einzubringen.

Das Ich-Erwachen

Das Streben der drei Götter, Thor, Odhin und Freyr, galt stets der Einwohnung des Ichs in die Leiber des Menschen; in den physischen Leib, den Ätherleib und den Astralleib. Diese sollten gleichsam eine Schale für die Seele mit ihrem Wollen, Fühlen und Denken bilden. In und an diesen Seelenqualitäten, die es zu harmonisieren gilt, sollte dann das Ich zum eigenen Ich-Bewusstsein erwachen. Im Bilde der Esche Yggdrasil wird dieses Erwachen aus den drei Seelenquellen wunderbar dargestellt.

Heute ist das Ich-Erwachen oder die Ich-Einwohnung, dieses Ziel der alten Götter, weitgehend erreicht. Der Mensch ist sich seiner Individualität voll bewusst. Aber wie steht er nackt und gottverlassen da! Allerdings kann er sich auf seine Sinneswahrnehmungen und sein logisches Denken stützen. Dadurch hat er unendlich wichtige Qualitäten hinzugewonnen: die Möglichkeit der Freiheit im selbständigen Denken und die Fähigkeit, das Wirken der Widersacher zu erkennen. So wird es ihm möglich, sich von ihrem Sog zu befreien und neue Wege zu suchen. Wege, die ihn durch eine Harmonisierung und Reinigung der Seelenglieder von Denken, Fühlen und Wollen zu einer Belebung des Ätherleibes und damit zu einem neuen Hellsehen führen können. Dieses Hellsehen wird uns von Rudolf Steiner als das in unserer Zeit uns neu zugänglich werdende ätherische Hellsehen, als das Erscheinen des Christus im Ätherischen verheißen. Heute stehen wir also am Übergang von der Götterdämmerung zur neuen Welt.

Widar

Der Name Widar kann als »der weithin Herrschende‹ übersetzt werden. Gleichzeitig ist sein Name verwandt mit dem Wort Widder, da beide Wörter sich von der indogermanischen Wurzel ›uet‹, Jahr, herleiten. Als ein Jährling wurde ein einjähriges Opferlamm bezeichnet. Widar weist den Menschen auf denjenigen hin, der als Opferlamm den Tod überwinden wird. Das Sternbild des Widders schaut zurück, springt aber nach vorne. So schafft es eine Verbindung von der Vergangenheit, dem Gewordenen, zu dem Zukünftigen, dem Erleben des Christus. Durch all diese Zusammenhänge wird es verständlich, dass Widar auch als der Widdergott gezeichnet wird. Auf einem Kapitell von Ravenna könnte er dargestellt sein. Zwischen gewaltigen Widderköpfen schaut ein Antlitz in weite Ferne. Darunter umkreisen Wölfe das Kapitell.

Die Wölva bezeichnet Widar als den Hüter des Zentrums der neuen Welt, als den Hüter des Heiligtums.[656] Wer ist dieser Widar, dieser geheimnisvolle Sohn Odhins, der als Einziger aktiv an der Götterdämmerungs-Schlacht teilnimmt und diese überdauert, indem es ihm gelingt, den Lügenwolf zu bezwingen und somit seinen Vater zu rächen?[657] Dieses Bezwingen des Wolfes muss man sich als eine fortwährende Aktivität vorstellen. Eine Aktivität, die Widar in jedem einzelnen Menschen anregen und unterstützen will. Woher gewinnt er die Kraft dafür? Die Edda schildert es ganz genau: Widar kann den Fenriswolf nur besiegen, wenn er von den Menschen etwas geopfert bekommt. Er braucht die Lederzwickel, die bei der Herstellung eines Schuhes an der Ferse und an den Zehen abfallen. Aus diesen Zwickeln, die jeder Menschen für ihn auf den Weg bringen soll, kann Widar sich den eisenharten Schuh formen, mit dessen Hilfe es ihm gelingen kann, dem Wolf das vom Himmel bis zur Erde reichende, alles verschlingende Lügenmaul aufzureißen und ihn dadurch zu besiegen.

Der Schuh und die Lederzwickel

Wie ist das Bild der Lederzwickel zu verstehen? Leder ist ein Stoff, der sich aus der lebendigen Haut eines Tieres aufbaut, dann aber in die Welt des Erstorbenen übergegangen ist. So betrachtet, gleicht Leder unserem Denken, das sich im Laufe der Zeit aus dem kindlich-lebendigen in das freie, abstrakt-logische Denken gewandelt hat. Erstaunlicherweise braucht Widar jedoch gerade etwas von diesem erstorbenen Lederzwickel-Denken. Soll dieses aber die den Widar-Schuh bildende Kraft haben, so muss ihm etwas hinzugefügt werden. Die Lederzwickel sollen, wie es in der Edda heißt, »auf den Weg gebracht werden«, geopfert werden. Opfer bedeutet stets, dass man etwas Eigenes hingibt. Im religiösen Sinne ist es eine Hinwendung zur geistigen Welt. Es kann ein Gebet oder eine Meditation oder etwas dergleichen sein, etwas, was die Geistwelt braucht, und was auch uns belebt. Dadurch bilden wir in uns einen Raum, der als ein Heiligtum verstanden werden kann. Als ein solches wurde stets ein Tempel, eine Kirche oder ähnliches empfunden. Es ist ein Raum, in dem die Gottheit wenigstens zeitweise anwesend sein kann. So ein geistiges Heiligtum gilt es nun als ätherische Raum-Gestalt für den Christus, aus dem Lederzwickel-Denken, dem die Opferkraft hinzugefügt wird, im Innern zu erschaffen.

Durch das Bild des Widar-Schuhes wird die Qualität der notwendigen Opferkraft verdeutlicht. Unsere Schuhe legen wir abends ebenso ab, wie wir unseren Ätherleib und den physischen Leib beim Einschlafen im Bett liegen lassen, um uns mit dem Astralleib und dem Ich in der geistigen Welt zu erfrischen. Da es undenkbar ist, dass der im Ätherischen wirkende ahrimanische Wolf durch eine physische Leibes-Kraft besiegt werden kann, muss der Schuh von Widar seine Festigkeit, wie weiter oben ausgeführt, aus den in Freiheit geopferten Ätherkräften gewinnen.

Widars Ätherkräfte

Im Kampf mit dem Wolf hat Widar auch sein eigenes Kräftepotenzial, von dem die Edda berichtet, eingesetzt. Es sind seine dreifachen Ätherkräfte, die er zur Verfügung stellt: Die lebensvollen, reinen Wachstums-Kräfte aus seinem Land Widi. Im Grimnismal (Vers 17) heißt es: Mit Gesträuch begrünt sich und hohem Grase, Widars Land Widi. Außerdem hat Widar die Kraft, den Kampf mit dem Bösen, nämlich mit dem alle Wahrheit verdunkelnden Lügenwolf, aufzunehmen und diesen zu besiegen. Zum dritten hat er die Fähigkeit, den Schuh aus den Lederzwickeln eisenhart zu formen.

Das Heiligtum Widars

Nachdem Widar den Fenriswolf, der auch für das chaotische, ungeklärte Hellsehen steht, überwunden hatte, konnte er gemeinsam mit Wali der Hüter des Heiligtums in der neuen Welt werden. Es heißt:

Widar und Wali walten des Heiligtums,
Wenn Surturs Lohe losch.[658]

Als Odhins Söhne werden sie den Sprachmysterien, also den Logos-Mysterien dienen. Wali ist der jüngste Sohn Odhins, der ›einnächtig‹ den Tod Baldurs rächte. Aus seinen ungetrübten Jugendkräften heraus konnte er den blinden, ahrimanischen Geist Hödur besiegen, d. h. in eine Verwandlung führen. Weiterhin finden sich Modi und Magni mit Mjölnir im Heiligtum ein, um ihres Vaters Kampf gegen die Widersacher des Guten fortzusetzen und moralische Kräfte im Menschen zu erwecken. Auch Baldur kommt mit Hödur, um uns ein neues, lichtes und zugleich klar-logisches Denken zu vermitteln. So wollen alle Götter unter der Leitung Widars dem Menschen helfen, in sich ein neues Heiligtum zu errichten.

Die Äthergestalt

Widar ist der das neue Heiligtum leitende Geist. Als solcher kann er nun seine eigenen dreifachen Ätherkräfte mit den verjüngten Kräften der Götter Thor, Odhin und Freyr vereinigen. Man kann auch sagen: Widar lässt seine dreifachen Ätherkräfte durch die Willensimpulse Thors, durch die dem Fühlen geltenden Impulse Odhins und durch die das Denken anregenden Impulse Freyrs strömen. Daraus entsteht etwas ganz Neues. Es ist gleichsam ein lichtflutendes Kleid, eine Äthergestalt, die so durch Widar gebildet und gewebt wird, um sie dem Christus zur Verfügung zu stellen. Widar bereitet also dem Christus, der in unserer Zeit im Ätherischen erscheinen will, und der dafür eine entsprechende ›Gestalt‹ braucht, die nötige Äthergestalt. Ob Widar, so durchdrungen von allen diesen Kräften es selbst ist, der die neue Äthergestalt für Christus bildet? Von Widar sagt Rudolf Steiner jedenfalls Folgendes: »... die germanisch-nordische Mythologie ... weiß, dass die Äthergestalt lebt, in der sich inkarnieren soll dasjenige, was wir wiedersehen sollen als die ätherische Christusgestalt.«[659] In dieser Äthergestalt, weilend in der Ätherwelt, die direkt über und um uns ist, kann Christus den Menschen ganz nahe sein. Es ist tröstend zu wissen, dass Christus uns in seiner neuen Äthergestalt in dem von uns gebildeten Heiligtum wahrnehmbar werden soll, und dass er aus dieser Äther-Lebenswelt heraus uns helfend und unser ersterbendes Menschensein belebend, zur Seite stehen möchte. Wie aber können wir heutigen Menschen uns diesen neuen Kräften öffnen, zu ihnen einen Zugang finden? Wie unseren Ätherleib so verlebendigen, so zum Heiligtum umgestalten, dass er Zugang zu diesen Kräften hat?

Widar tritt dem Wolf ins Maul, Mailand, S. Ambrogio

Die reinen Ätherkräfte

Als entscheidende Öffnungshilfe wird heute allen Menschen durch die Vereinigung Christi mit den Widar-Kräften ein überwältigend großes Geschenk angeboten. Ein Geschenk, das unserem ganzen Menschensein neue, belebende Kräfte vermitteln möchte. Man kann nur staunen, dass auch dieses Zukunftsgeschehen in der Edda vorausgesehen wurde. Dort heißt es:

> *Lif und Lifthrasir leben verborgen*
> *In Hoddmimirs Holz.*
> *Morgentau ist all ihr Mahl.*
> *Von ihnen stammt ein neu Geschlecht.* (Vafthrudnismal, Vers 45)

Lif und Lifthrasir bedeuten Leben und Lebensträger. Sie haben in aller Reinheit, sich nur von Morgentau ernährend, die Götterdämmerung im Pflanzlichen überdauert unter dem Schutz des Hortbewahrers Mimir. Nun helfen sie im Heiligtum Widars, das neue Geschlecht zu begründen. In Lif und Lifthrasir können wir unschwer die Lebenskräfte erkennen, die dem Menschen vor dem Sündenfall entzogen wurden, um sie vor dem Angriff der Widersacher zu bewahren. Es handelt sich um den sogenannten chemischen oder Klang-Äther, der im Menschen dem Denken zuzuordnen ist, und um den Lebensäther, der dem Wortsinn zugrunde liegt. Beide Ätherarten waren zurückgehalten worden und somit dem persönlichen Gebrauch entzogen. Sie werden als die Lebensbaumkräfte bezeichnet. Die beiden anderen Ätherarten, der Feueräther, der dem Willen zugrunde liegt, und der Lichtäther, der die Grundlage des Gefühls bildet, waren den Menschen schon früh zum persönlichen Gebrauch anvertraut worden. Daher hat jeder seinen eigenen Willen und sein eigenes Gefühl. Man nennt sie die Kräfte des Baumes der Erkenntnis. Durch Christi Tat auf Golgatha stehen die zurückgehaltenen Ätherkräfte den Menschen nun zur Verfügung, wie Rudolf Steiner betont.[660] Widar, der Hüter der reinen Ätherkräfte, hat Lif und Lifthrasir unter seinen Schutz gestellt. Sicher will er uns helfen, diese den Ätherleib belebenden reinen Jugend- und Kindheitskräfte heute in uns zu erwecken. Sie schlummern in jedem Menschen. Der Mensch kann diese Kräfte pflegen, wenn er sich vom Christus-Prinzip durchströmen lässt. Wie finden wir aber einen Zugang zu diesen Kindheits-Qualitäten? Wir können sie in unser Bewusstsein heben, wenn wir Kindern zuschauen.

Die kindliche Natur

Fragt man sich also, welche Fähigkeiten ein Kind auszeichnen, so kann man Folgendes festhalten: Im Denkbereich fallen die kindliche Offenheit für neue Ideen, der stets bereite Lernwille und die Neugier auf. Im Gefühlsbereich zeigen Kinder ihre spontanen Staunens- und Verehrungskräfte. Im Willensbereich zeichnen Kinder sich durch ihre frische und unbekümmerte Bereitschaft zu allem Tun aus. In allen Bereichen kann man ihren Lebensmut und ihre Demut bewundern. Diese Kindheitskräfte gilt es, in uns bewusst zu pflegen, denn: »Jeder trägt … die kindliche Natur in sich; und diese wird, wenn sie rege ist, auch eine Empfänglichkeit haben für die Verbindung mit dem Christusprinzip.«[661] Es ist Widar, »die Gottheit, die wiederbringen soll verjüngende Kräfte, geistige Kindheitskräfte der altwerdenden Menschheit …«[662]

Widar und Michael

In den Betrachtungen über Widar kann die Ähnlichkeit der Aufgaben Michaels und Widars nicht übersehen werden. Beide wollen den Menschen in aller Freiheit zum Erleben des Christus im Ätherischen führen. So heißt es von Michael: »Nun stehen wir … vor dem großen Ereignis der kommenden Zeit, dem Auftreten des Christus in einer ganz besonderen Weise … Ihm aber geht voran ... derjenige Geist, den wir als den Geist Michael bezeichnen.«[663]

»Wer Widar in seiner Bedeutung erkennt und ihn in seiner Seele fühlt, der wird finden, dass im zwanzigsten Jahrhundert den Menschen wieder die Fähigkeit gegeben werden kann, den Christus zu schauen.«

Zur Vorbereitung des neuen Hellsehens sind Michael und Widar darauf bedacht, die ahrimanische Übermacht zu besiegen. Widar gelingt dies, indem er dem ahrimanischen Lügenwolf seinen Fuß mit dem dicken Schuh in den Unterkiefer setzt. Michael hält Ahriman als niederen Geist in Gestalt des Drachen unter seinen Füßen. Michael will auch zeigen, wie die göttlich-kosmische Intelligenz viel schöner und tugendhafter ist, als alles, was Ahriman »als Gegenwarts-Intelligenz in trugvollem, verführerischem Glanz ausströmt.«[665] Und Widar ist es, der »alles dasjenige aus den Gemütern der Menschen vertreiben wird, was als Überbleibsel chaotischer, alter Hellseherkräfte verwirrend wirken könnte …«[666]

Beide, Michael und Widar bekämpfen Ahriman, um den Ätherleib des Menschen von ihm zu befreien, damit das neue Hellsehen möglich wird, und wir den Christus im Ätherischen schauen lernen. Wir können daher annehmen, dass Widar ein wichtiger Mitstreiter Michaels ist. Ohne unser Mittun wird es aber nicht gehen.

Das neue Hellsehen

Das neue Hellsehen beruht auf einer Reinigung des Astralleibes und der dadurch möglichen Belebung des Ätherleibes. Vom Denken ausgehend kann dies geschehen. Entsprechen den seit Urzeiten von den Göttern gepflegten Leibern und den dazugehörenden Seelenqualitäten wird das neue Hellsehen laut Rudolf Steiner in folgenden Schritten auftreten, wobei die Reihenfolge auch anders sein kann: Durch eine Belebung des Denkens wird ein imaginatives Schauen der Elementarwesen und aller Ätherleiber möglich werden. Hier wird uns Freyr, der Herr des Elementarreiches Alfheim, vertreten durch Baldur und Hödur, zur Seite stehen und froh sein, wenn sein Denkschwert nicht mehr als tötende Waffe bei den Riesen ist. Dann wird Christus als Herr der Elementarwesen in Erscheinung treten. Ist dann auch das Fühlen mit selbstloser Liebe durchdrungen, so will uns Odhin, vertreten durch Widar und Wali, eine neue Sprache lehren, die Sprache, in der man mit dem Christus sprechen kann. Wird auch der Willensbereich zum Guten gewendet, und sind das Gewissen und der Mut durch Thor, vertreten durch Modi und Magni, recht erwacht, so können wir den Christus als Herrn des Karmas erleben. In all diesem Streben dürfen wir uns unterstützt und getragen fühlen durch Widar, der uns die reinen Lebenskräfte von Lif und Lifthrasir in reicher Fülle schenken möchte. Sie bilden die Grundlage für die Harmonisierung der Seele und für das neue Hellsehen, durch das wir die Wiederkunft Christi, sein dreifaches Erscheinen im Ätherischen, erleben sollen.

23 Gedanken zum Geheimnis der Stabkirchen

Der Ruf des Drachen

Die Epoche der Bauzeit

Die in Norwegen erhaltenen Stabkirchen faszinieren durch ihre fremdartige und zugleich vollendete Formensprache. Entstanden sind sie im 11.–13. Jahrhundert n. Chr., der Epoche, in der auch die herrlichen romanischen Dome in Mitteleuropa errichtet wurden. Welches Bewusstsein erfüllte die Menschen jener Zeit? Können uns die Kapitelle der Kirchensäulen mit ihren geheimnisvollen Steinmetzarbeiten etwas erzählen? Diese sind, obgleich sie uns durch ihre Schönheit und ihr geheimnisvolles Leben tief ansprechen, für unser heutiges Denken schwer zu enträtseln. Das gilt in besonderem Maße für die häufig dargestellten Fabelwesen wie z. B. Greife, Sphinxe und Drachen. Diese müssen in dem damaligen Bewusstsein als reale, übersinnliche Wesenheiten erlebt worden sein. Die physische Welt war für die Menschen jener Epoche kaum wirklicher als ihr geistiges Wahrnehmen. Brauste draußen ein Sturm, so war es ihnen wie das Aufbrausen des Blutes im Zorn; flammten Blitze auf, so fühlten sie die Verwandtschaft zu ihren jäh aufflammenden Leidenschaften. Zuweilen fühlten sie in sich das Wüten eines feuerspeienden Drachen oder eines anderen Tieres. Von einem Heerführer, der in eine Schlangengrube geworfen wurde, ist folgender Ausspruch überliefert: ›Die Ferkel würden grunzen, wenn sie wüssten, was der Eber leidet.‹ Er fühlte sich als Eber, der seine Ferkel führt. Auch in vielen Märchen wird ein Tier als ein verzauberter Mensch vorgestellt.

Die Bedeutung der verschiedenen Tierart war nicht eindeutig. Sie war abhängig von den eigenen seelischen Erlebnissen. So konnte ein Löwe, der in der romanischen Kunst ebenso wie die Schlange oder der Drache häufig dargestellt wurde, einerseits als ein königliches, kraftvolles Wesen erscheinen, andererseits aber auch als die wilde, tötende Bestie Furcht einflößen. Die Menschen der damaligen Zeit kannten und verstanden die Sprache dieser Bilderwelt.

Stabkirche von Borgund, Blick von Süden

Das Drachenerleben

Den Drachen- bzw. Schlangendarstellungen kommt eine besondere Bedeutung zu, da sie in der ganzen alten Welt anzutreffen sind. Man findet die Schlange als Gottheit in Mexiko ebenso wie in China, und aus Ägypten kennen wir die dem Pharao Weisheit bringende Uräus-Schlange. Sie wurde als eine Wesenheit voll Schönheit und Macht erlebt. In späterer Zeit nahm sie mehr die Form eines Drachen an, der mit seinem gepanzertem Leib, den Krallen und Flügeln als feuerspeiend, bedrohlich und böse angesehen wurde.

Das urbildhafte doppelte Erlebnis der bösen und der weisheitsvollen Drachen-Schlange hat wohl jeder schon in Kinderzeiten gehabt. Wie faszinierend war es doch, einen Papierdrachen steigen zu lassen! Dieser konnte das, was wie eine unbewusste Sehnsucht in jedem lebt, nämlich hoch hinauf in die Himmelshöhen fliegen. Das gelang mit dem Drachen aber nur, wenn wir ihn durch die Schnur gut zügelten und die Sturmgewalten geschickt nutzten. Dieses Bild erweckt die Ahnung, dass der so geführte, gebändigte Drache, den ich in mir spüre, etwas kann, was als Sehnsucht in mir lebt: Er kann zu den lichten Himmelshöhen aufsteigen, wo die göttliche Weisheit zu finden ist. Da diese Weisheit mit dem Luftelement zu tun hat, bezeichnete man sie als die Fähigkeit, Vogelstimmen zu verstehen, wie es in der Sigfried-Sage und in dem Märchen von der weißen Schlange berichtet wird.

Auf den Dächern und an den Außenseiten der Türen der Stabkirchen befinden sich beeindruckende Drachendarstellungen. An den Türen sind es Reliefschnitzereien und auch Bilder der Sigfried-Sage. Um diese und das ganze Bauwerk besser zu verstehen, soll zunächst die Art der Christianisierung in Norwegen betrachtet werden.

Die Christianisierung in Norwegen

In Norwegen wurde die Christianisierung durch König Olaf Tryggvason (969–1000 n. Chr.), der später der Heilige genannt wurde, durchgeführt. Er hatte das Christentum in England kennengelernt. Eine Überlieferung erzählt, dass der König mit seinen Mannen an einer Insel Cornwalls landete, um einen dort lebenden Einsiedler aufzusuchen, von dem es hieß, dass er die Zukunft voraussehen könne. Nachdem Olaf dessen Fähigkeiten geprüft hatte, ließ er sich mit allen Gefolgsleuten im christlichen Glauben belehren und im Jahre 994 taufen. Danach begann er, in Norwegen energisch und zunehmend gewaltsam zu missionieren und Kirchen zu bauen.

Der König spürte als Vertreter des Volkes, dass der alte Götterglaube, so kraftvoll er einst auch gewesen war, nun verdämmerte. Die Sehnsucht nach neuen Impulsen war umso stärker, da durch das überall herrschende Gesetz der Blutrache sich viele Stämme schon gegenseitig vernichtet hatten. Es galt noch das Recht des Stärkeren, wie es auch in den Wikinger-Raubzügen ausgelebt wurde. So entwickelte sich die eigene Drachennatur nur immer brutaler. Das Gefühl der Verlassenheit von der einst so lichten Götterführung hatte zur Folge, dass die Norweger, ebenso wie die Isländer, schließlich bereit waren, die neue Christusbotschaft anzunehmen, die nicht von Rache und Vernichtung sprach, sondern von Vergebung und Liebe. Dadurch kann der wilde Drache im Menschen gebändigt werden. Das bewirkt eine Veredelung des Menschen, die vornehmlich von dem Kultus, dem heiligen Wort Christi ausging. Christus aber ist der Logos, das Wort! Diese Botschaft brachte den Menschen ein fast vergessenes Erlebnis wieder ins Bewusstsein. War es nicht Odhin, der Allvater, der seinen Völkern in vielen Opferprozessen die edle menschliche Sprache gebracht hatte? Nun erklang die Kunde vom Wort neu und verheißungsvoll: Christus bringt dem Wort eine neue Würde, ein neues Leben, so dass Geistwirklichkeit wieder das Wort erfüllen kann.

Das Stabkirchenerlebnis

Die Pforte

Die Stabkirchen Norwegens, die im Vergleich zu den romanischen Kirchen und Domen klein und schlicht sind, üben dennoch auf jeden Besucher einen geheimnisvollen Reiz aus. Ihre Formensprache ist zunächst fremdartig: Das die ganze Kirche umhüllende Holzschindelkleid wirkt wie eine Schuppenhaut, und die sechsfach übereinander getürmten Dächer erinnern ein wenig an eine fernöstliche Pagode. Geht man näher heran, so bezaubert einen die warme Ausstrahlung des geteerten Holzes. Tritt man nun unter das kleine Vordach des Eingangs, so staunt man über das die ganze Tür umfangende Relief-Schnitzwerk. Langsam erkennt man es. Es sind Drachen; lauter sich windende, beißende, geflügelte Drachen mit zwei krallenbewehrten Füßen und einem dreiblättrigen Schwanz. Wie gefähr-

Stabkirche von Hedalen, Westportal, Ausschnitt

lich sie auch sein mögen, man muss sie bewundern, sie sind schön! Diese Art der Drachendarstellung hat viel Ähnlichkeit mit den aus dem griechischen und römischen Raum bekannten Abbildungen des Sternbildes Ketos, auch Walfisch genannt. Von einem ähnlichen Wal wurde Jonas[667] verschlungen und nach drei Tagen wieder ausgespieen. In der Romanik sind solche Ungeheuer oftmals mit einem Menschen im Maul zu sehen. Es könnte damit der Mensch gemeint sein, der, wie Jonas, in seine Drachennatur eintaucht und, indem er diese überwindet, ausgespieen wird. Was will sich hier aussprechen?

Ob uns die Gestaltung der Pforten der Kirche von Hylestad, Vegusdal oder Austad, alle aus dem 12. Jahrhundert,[668] mit Szenen aus der Sigfried-Sage weiterhelfen kann? Man sieht dort in verschiedenen Bildern Sigfried mit Regin beim Schmieden seines vom Vater ererbten aber zersprungenen Schwertes, den Drachenkampf, das Lecken des Herzblutes des Drachen und die Begegnung mit den Vögeln.

Die auf den Türen dargestellte Sage erzählt außerdem, wie Sigfried in dem Drachenblut badet. Dadurch verbindet er sich mit der eigenen Drachennatur, um diese, ebenso wie Jonas es tat, von innen her zu überwinden, was nichts anderes bedeutet, als dass die Seele mit ihrem Denken, Fühlen und Wollen geläutert und unangreifbar wird. Dann zeigt es sich, welche Kostbarkeiten der Drache bereithält: einen goldenen Weisheitsschatz, das Verständnis der Vogelsprache und die Begegnung mit dem höheren Selbst, der Walküre. Man kann sich fragen, ob dieser sieghafte Durchgang durch die eigene Drachennatur in den Ketos- und Drachendarstellungen durch den harmonisch geformten, dreiblättrigen Drachenschwanz dargestellt werden sollte. Eine dreitägige Einweihungszeremonie, wie sie bei Jonas vermutet werden kann, könnte als Abschluss einer solchen Schulung üblich gewesen sein.

Wohl nicht bewusst, aber der Stimmung nach, wird das Drachenportal zu den Menschen, die ihre Sifried-Sage gut kannten, etwa so gesprochen haben: Werde ein Sigfried, besiege den Drachen in dir, dann erschließen sich dir seine Weisheitsgaben, denn auch dem Bösen wohnt ein Gutes inne.

Die Türbeschläge

Auch das Schmiedehandwerk hat seinen Beitrag zur Vollendung der Stabkirchen geleistet, wie es die Türbeschläge zeigen. Es ist sonst kein Metall beim Bau der Kirchen verwendet worden, nur hölzerne Zapfen. Das Schmiedewerk beinhaltet u.a. Ringe, Kreuze, Menschen, Engel und Drachen. Berührte ein Flüchtender den Türring, so galt er als unangreifbar, da er den Friedensbereich der Kirche erreicht hatte.

Der Innenraum der Stabkirche

Betritt man den dämmrigen Innenraum der Kirche, so umgibt einen allseits das Holz mit seinen warmen, lebendigen Farbtönungen und Maserungen. Der Blick wandert den tragenden Stämmen folgend in die Höhe, wo einen die Schönheit und Harmonie der Verstrebungen gefangen nimmt, die für die erstaunliche Festigkeit der ganzen Kirche sorgen. Diese vollendete Baukunst ist an den Wikingerschiffen entwickelt worden. In den genial den Meeren angepassten ›Drachen‹

saß die Mannschaft und kämpfte mit Wind und Wogen, wobei ihnen das äußere Geschehen stets ein Bild der eigenen Seelenkämpfe war.

Wurde der Kircheninnenraum vom Duft und dem Licht der Kerzen erfüllt und erklang das heilige Wort des Kultus, so war für jeden Kirchgänger die Atmosphäre des Christus-Friedens und die der Geistdurchdrungenheit des Wortes erlebbar.

Die Säulenköpfe

Hat sich das Auge langsam an das schwache Licht gewöhnt, so erkennt man ganz oben an den wuchtigen Stämmen, den sogenannten Stäben, Gesichter, sehr verschiedene Gesichter. Einige sind königlich und gekrönt, andere grotesk verzerrt, sie sind lachend oder missmutig oder wie eine Katze anzusehen.[669] Es ist wie eine Versammlung der alten Götter, die auf den neuen Kultus so herabschauen, als wollten sie sagen: ›Seht, das haben wir alles vorbereitet. Nun hat sich unsere Prophetie auf den Friedensbringer, den Drachenbesieger, erfüllt.‹ In der Edda heißt es:

Da reitet der Mächtige zum Rat der Götter,
Der Starke von oben, der alles steuert.
Den Streit entscheidet er, schlichtet Zwiste,
Setzt Friedensfeier dann fest für immer. (Wöluspa, Vers 63)

Aber nicht immer bleiben die Götter in ihren fernen Höhen. Es ist bewegend zu sehen, wie in der Kirche von Höre solche Götterköpfe auf Kapitellen erscheinen, die sich in Augenhöhe befinden. Aus ihren Mündern und Stirnen fließen Ströme. Sind es Sprach- und Denkströme? Ebenso auf Augenhöhe zeigt sich am Südportal der Kirche von Gol[670] ein besonders edel gestaltetes Götterhaupt mit Sprachströmen.[671] Wollen sie uns ermahnen, das Wort wieder zu heiligen?

Das Erlebnis der Kirche von außen

Suchten die Menschen nach dem Gottesdienst, der sie in so wunderbarer Weise mit dem Christuswort erfüllt hatte, ihre Hütten wieder auf, so werden sie sich noch einmal umgewandt haben. Sie sahen, jedenfalls bei vielen Kirchen, die zweimal drei sich aufeinander türmenden Dächer, wie es die in ihrer klassischen Form erhaltenen Kirchen von Borgund und Gol u. a. zeigen. Nur die drei unteren dieser Dächer beschützen den Kircheninnenraum und den Svalgang, der sich um die Kirche legt. Die drei oberen, kleineren, turmartigen Dächer sind aufgesetzt und somit nicht wirklich mit dem unteren Teil verbunden. Könnte das Bauprinzip der drei unteren Dächer, die den Innenraum bilden, entstanden sein aus dem Erleben der eigenen drei Leiber, dem physischen Leib, dem Ätherleib und dem Astralleib und den dazu gehörenden drei Seelengliedern von Denken, Fühlen und Wollen, in deren Innenraum das Ich wohnt? Nahm nicht das höchste Ich-Wesen, der Christus, während des Kultus auch Wohnung in dem durch diese Dächer gebildeten Raum? Eine Darstellung der drei höheren, mit dem Menschen noch nicht wirklich verbundenen, zukünftigen Wesensglieder könnte dann in den oberen kleinen Dächern gesehen werden. So verstanden ist eine Stabkirche ein Bild des werdenden Menschen.

Folgt man dieser Auslegung, so muss man sich fragen, was die Firstdrachen mit ihren geöffneten, himmelwärts gerichteten Mäulern wohl bedeuten? Diese Drachenköpfe sind meist an dem obersten der drei unteren Dächer und an den unteren der aufgesetzten Dächer zu finden. Sie scheinen etwas in den Luftraum hinein zu rufen. Vielleicht könnte man es so formulieren: Die Kirche ist aufgebaut wie der zukünftige Mensch. Dieser kann in seiner dreifachen Leiblichkeit durch das Ich einen Innenraum bilden, wo das Wort als geistige Realität gepflegt wird. Wenn sich dadurch die höheren Wesensglieder langsam bilden, so kann der Mensch aus seiner Drachennatur heraus den Göttern neue Geistworte zurufen. Es sind dann die dem Drachen abgerungenen Worte der Erdenweisheit. Man könnte auch sagen, es ist der goldene Schatz des Drachen, den Sigfried erringt. Diese Wandlung im Erleben der Drachennatur des Menschen spiegelt sich auch in den Portalschnitzereien, wie es sich zeigen wird.

Der Wandel des Drachenbildes

Wie in der Frühzeit der Kulturen die Schlange oder der Drache als schöne, Weisheit vermittelnde Wesenheiten erlebt wurden, so sind auch die ältesten Darstellungen der Tiere an dem Portal der ersten Stabkirche von Urnes aus dem 10. Jahrhundert von graziler Schönheit. Das zentrale ›Urnestier‹ ist wie ein Reh oder wie ein Einhorn gestaltet. Es hat vier auf der Erde stehende, zarte Beine, drei geschwungene Nackenlocken und vorn an der Nase eine gewundene Verlängerung. Sowenig es wie ein Drache aussieht, so hat es doch ein beißendes Maul mit zwei spitzen Reißzähnen, und das Auge ist drachenartig geschlitzt. Dieses ziemlich große ›Urnestier‹ gibt sozusagen den Ton an, für die vielen kleineren einbeinigen Drachen, die sich um das Urnestier rhythmisch schwingen. Diese

Stabkirche Lom, Firstdrache

»Urnespferd« im Kampf mit Schlangengebilden

haben einen quastenförmigen ungeteilten Schwanz. Es liegt nahe zu vermuten, dass diese Portalplanken eine Bewusstseinsform spiegeln, in der das Drachenhafte der eigenen Natur noch nicht so stark hervortrat und das Triebleben nur wenig erwacht war.

Die Türschnitzereien an Kirchen, die dann im 11. und 12. Jahrhundert errichtet wurden, zeigen die schon erwähnten geflügelten, verschlungenen, beißenden Drachen mit zwei Krallen. Das Erlebnis der eigenen ungezügelten Drachennatur muss in diesen späteren Zeiten den Menschen stark zum Bewusstsein gekommen sein. Von unten drohen besonders große Drachenmäuler und bei etlichen Portalen hängt sogar ein Drachenkopf vollplastisch vom Türsturz herab. Über dem Portal zeigen sich meist zwei Drachen mit großen, ausgebreiteten Vogel-Flügeln. Alle diese Drachen haben die Drei-Blatt-Schwänze. Sie könnten, wie weiter oben dargestellt, das Ziel des Drachensieges zeigen: die pflanzenhaft und rein gewordenen Seelenglieder.

Die Verschlingungen der Drachen werden gegen Ende des 12. Jahrhunderts immer enger und komplizierter, doch dann wölben sich immer deutlicher aufstrebende, die Türen flankierende Säulen unter den Windungen, oder der späteren Pflanzenranken, hervor. Sie zeigen an, dass sich im Bewusstsein der Menschen von innen heraus eine neue Kraft regt, eine aufrichtende Kraft, die des Menschen erwachtes Selbstbewusstsein ausdrückt, seine Ich-Kraft. Auf diesen Säulen bilden sich nun Kapitelle aus, die durch die Figuren, die darauf erscheinen, deutlich machen, welche Fähigkeit mit diesem neuen Ich-Bewusstsein verbunden sein wird. Auf den Kapitellen der Kirche von Borgund, erbaut 1150, stehen recht ungefährlich wirkende, löwenartige Tiere mit hochgeschwungenen Schwänzen. Auf den Kapitellen von Heddal, erbaut im 13. Jahrhundert, also ca. 100 Jahre später, hocken rätselhafte Wesen: Sphinxe, bei denen das Menschenhaupt sich dem Tier mit Vogelklauen zu entringen scheint und oftmals auch so etwas wie Löwen. Was mag sich durch das Drachen- und das Löwenbild ausdrücken? Taucht in dem Bewusstsein der Menschen das Bewusstsein einer zweiten Widersacher-Wesenheit auf? Kann man in dem Bild des geflügelten Drachen Luzifer, in dem des Löwen Ahriman vermuten? »Will man, ich möchte sagen, persönlich Ahriman und Luzifer charakterisieren, so kann man sagen: Luzifer ist ein hochmütiger Geist, der am liebsten in die Vogelperspektive hinauf enteilt und vieles überblickt. Ahriman ist ein moralisch einsamer Geist, der sich nicht leicht sehen lässt, der im Unterbewussten des Menschen sein Wesen treibt ... Und Petrus nennt nicht mit Unrecht gerade Ahriman den herumschleichenden Löwen, der zu verschlingen

Zwei Dreiblatt-Drachenschwänze

sucht, wen er nur erhaschen kann. Aus diesem Grund nennt Petrus Ahriman so, weil in der Tat Ahriman im Verborgenen … herumschleicht und dadurch sein Weltenziel zu erreichen strebt …«[672] Sicher droht der so verstandene Löwe, das helle Ich-Bewusstsein des Menschen zu verschlingen, so dass dieser immer tierischer, unmoralischer, kälter und materieller wird. Der Löwe wäre dann ein dem mythischen Fenriswolf vergleichbares Wahrbild, hinter dem sich das Erlebnis einer sich in den Vordergrund drängenden ahrimanischen Macht zeigt. Für diese Annahme sprechen die Firstfiguren von Heddal. Es sind Wolfs- und keine Drachenköpfe! Das Wahrnehmen der Widersacher ist demnach wacher und genauer geworden. Zu dem mehr luziferischen Drachen hat sich das Bild des den Materialismus fördernden ahrimanischen Löwen oder Wolfes gesellt.

Der Kampf mit den Drachen und Löwen

Kann der Mensch gegen die in ihm wirkenden luziferischen und ahrimanischen Wesen kämpfen und sich ihnen entwinden? Wird er dann eine neue Kraft gewonnen haben? Man kann in dem Löwen mit dem Menschenkopf im Rachen, der ebenso an den Stabkirchen wie in der romanischen Plastik häufig auftritt, zweierlei sehen: den Menschen, der verschlungen wird, also im geistfernen, toten Materialismus versinkt, oder den, der sich dem eigenen Bösen entringt. Gelingt ihm das, so hat er etwas gewonnen, was ihm vorher nicht zur Verfügung stand. »Man kann den ›Fall‹ in den Materialismus nur allein betrachten und dann über ihn traurig sein. Aber während das Anschauen dieses Zeitalters sich auf die äußere physische Welt beschränken musste, entfaltete sich im Innern der Seele eine gereinigte, in sich selbst bestehende Geistigkeit des Menschen als Erleben. Diese Geistigkeit muss nun im Michael-Zeitalter nicht mehr unbewusstes Erleben bleiben, sondern sich ihrer Eigenart bewusst werden. Das bedeutet den Eintritt der Michael-Wesenheit in die menschliche Seele … Nur in der Trennung von dem Gedankenwesen der Welt konnte in den Tiefen der menschlichen Seele das Bewusstsein der Freiheit erwachsen.«[673] »Diese Aufgabe der den Menschen den Tod bringenden Kräfte ist gerade die, den Menschen zu begaben mit der vollen Fähigkeit der Bewusstseinsseele.«[674] Ja, die Kräfte des Bösen sind gerade »dazu da, damit der Mensch auf der Stufe der Bewusstseinsseele zum geistigen Leben durchbrechen kann.«[675] Das Böse hat also, ebenso wie das Bild des Löwen oder des Drachen, eine negative und eine positive Seite.

Kapitellköpfe einer norwegischen Stabkirche, Telemark

Es gilt im Kampf mit den Widersachern eine eigene Mitte, ein Gleichgewicht zu finden. »Diesen Gleichgewichtszustand können wir nur dadurch herbeiführen, dass wir uns immer mehr und mehr durchdringen mit dem Christusimpuls, der den Gleichgewichtszustand hervorruft zwischen dem luziferischen und dem ahrimanischen Element.«[676] Das setzt die Erkenntnis der zweifachen Natur der Widersacher voraus, wie sie uns erst in unserer Zeit durch Rudolf Steiner vermittelt worden ist. Umso erstaunlicher ist es, dass an einem Kapitell der Kirche von Heddal dieses Wissen offenbar schon vorhanden war. Dort ist ein wach blickender, männlicher Menschenkopf dargestellt, unter dem sich ein großer Drachenkopf befindet. Dieser wendet seinen weit geöffneten Rachen nach unten auf einen spitzohrigen Teufelskopf zu, der mit seiner scharfen Zunge und auch den spitzen Ohren an einen Drachen erinnert. Es ist zu vermuten, dass diese frühe Erkenntnis des Bösen als eine nun erwachende Erinnerung an das einst in den nordischen Mysterien in besonderer Klarheit gepflegte Wissen von den Widersachern, anzusehen ist. »Sie können an die verschiedensten Mythologien und Weltanschauungen herangehen, und sie werden nirgends eine so klare und tiefgehende Anschauung davon finden, dass zweierlei Einflüsse an den Menschen herantreten, wie in der germanisch-nordischen Mythologie.«[677]

Diese Betrachtungen können den vorherigen Versuch, das Phänomen der Firstdrachen vom Kultuswort her verständlich zu machen, ergänzen: Der Mensch kann das, was in ihm durch den Kampf mit dem Drachen, beziehungsweise mit dem Wolf oder Löwen gewachsen ist, in die geistige Welt hineintragen. Die Widersacher kann man auch allgemein Dämonen nennen. Ita Wegman erinnert sich an ein Gespräch mit Rudolf Steiner, in dem dieser äußerte: »Nur die Menschen sind es, die von Dämonen-Geheimnissen ein Wissen haben können. Die Götter warten auf diese Geheimnisse, die ihnen die Menschen entgegenbringen ... Durch solches Opfern der Menschen an die Götter von Dämonen abgerungenen Geheimnissen wird finsteres Tun dieser Dämonen abgewendet, so dass, wo Finsternis gewaltet hat, das geistige Licht wieder aufleuchten kann.«[678] Die Menschen, die diese Geheimnisse des Bösen kennen, können, etwa wie die Firstdrachen, den Göttern das zurufen, was sie als neue Erfahrung und Weisheit errungen haben. Da im unteren Bereich der Stabkirchen vielfach Kreuze auftauchen, wird deutlich gemacht: Der Weg zur Überwindung des Bösen ist nur mit und durch Christus gangbar. Auf diesem Wege geht uns Michael mit dem Schwert der geisthellen Bewusstheit als Drachenbesieger leuchtend voran.

Anmerkungen

Anmerkungen zu Teil 1

1 R. Steiner, GA 121, 12.6.1910, 7. Vortrag
2 Siehe Kap. 9 u. 10
3 Tacitus, Germanica, ca. 100 n. Chr.
4 R. Steiner, GA 155, 29.5.1912
5 R. Steiner, GA 173, 21.12.1916
6 R. Steiner, ebd.
7 R. Steiner, ebd.
8 R. Steiner, ebd.
9 R. Steiner, ebd.
10 R. Steiner, ebd.
11 Kap. 2, Vers 8
12 R. Steiner, GA 173, 21.12.1916
13 R. Steiner, ebd.
14 R. Steiner, ebd.
15 R. Steiner, GA 121, 17.6.1910
16 Übersetzungen der Edda nach Karl Simrock, Essen, o. J.
17 R. Meyer, *Nordische Apokalypse,* Stuttgart 1967, S. 67
18 Edda, Wöluspa,
19 R. Steiner, GA 101, 7.10.1907, S. 20
20 ebd. S. 23
21 R. Steiner, GA 101, 7.10.1907
22 Siehe Kap. 6
23 Edda, Wöluspa
24 R. Steiner, GA 121, 15.6.1910, S. 152
25 Edda, Wöluspa
26 Edda, Gylfaginning 9, 17
27 R. Steiner, GA 121, 12.6.1910, 7. Vortrag
28 R. Steiner, GA 106, 12.9.1908
29 Edda, Gylfaginning 38
30 R. Steiner, GA 228, 10.9.1923
31 R. Steiner, ebd.
32 Edda, Bragarödur

33 Edda, Ägisdrecka
34 Siehe Kap. 5
35 Edda, Havamal 139
36 Edda, Wöluspa
37 Edda, Gylfaginning 33
38 R. Steiner, GA 101, 21.10.1907, S. 65
39 ebd. 21.10.1907, S.74
40 Edda, Gylfaginning 33
41 R. Steiner, GA 121, 15.6.1910
42 R. Steiner, ebd.
43 Edda, Wöluspa 25 f.
44 Edda, Hyndluliod 37 f.
45 Kommen der Ätherleib und der physische Leib an diesem Punkt zur Deckung, so kann der Mensch zu sich Ich sagen.
46 Näheres über Baldur siehe Kap. 8
47 R. Steiner, GA 194, 4. Vortrag vom 28.11.1919
48 R. Steiner, GA 194, 30.11.1919
49 R. Steiner, GA 121, 14.6.1910
50 ebd.
51 Edda, Ägisdrecka 64
52 R. Steiner, GA 121, 14.6.1910
53 Edda, Wöluspa 30
54 Edda, Hymiskvida 15
55 Edda, Thrymskvida 24
56 Edda, Gylfaginning 44–47
57 ebd.
58 ebd.
59 Edda, Thrymskvida 1
60 Edda, Hymiskvida und Gylfaginning 48
61 Siehe Hans Mändl, *Vom Geist des Nordens,* Stuttgart 1991
62 R. Steiner, GA 174a, 4.5.1918
63 R. Steiner, GA 155, 29.5.1912
64 Edda, Gylfaginning 23
65 Edda, Gylfaginning 24
66 Edda, Grimnismal 14
67 ebd. 5
68 Edda, Gylfaginning 37
69 Edda, Skirnirsför 18–37
70 R. Steiner, GA 121, 17.6.1910
71 R. Steiner, GA 101, 7.10.1907
72 R. Steiner, GA 121, 14.6.1910, S. 144
73 R. Steiner, GA 101, 7.10.1907, S. 25

74 Edda, Gylfaginning 22
75 R. Steiner, GA 57, 6.5.1909, S. 414
76 R. Steiner, GA 121, 16.6.1910
77 ebd. 15.6.1910
78 R. Steiner GA 173, 24.12.1916
79 Siehe Kap. 4
80 Edda, Vegtamskvida 6–13
81 ebd. 15
82 ebd. 18
83 Edda, Gylfaginning 49
84 ebd.
85 R. Steiner, GA 105, 8.8.1908
86 ebd., S. 89
87 R. Steiner, GA 121, 15.6.1910
88 Edda, Gylfaginning 49
89 H. Börnsen, *Die Prophetie der Edda*, 30.12.1959
90 Edda, Gylfaginning 49
91 R. Steiner, GA 211, 13.4.19
92 R. Steiner, GA 161, 2.4.1915
93 R. Steiner, GA 121, 15.6.1910
94 Edda, Wöluspa 44–46
95 Edda, Gylfaginning 51
96 Edda, Wöluspa 48
97 Edda, Vafthrudnismal 51
98 Edda, Wöluspa 39
99 Edda, Gylfaginning 51
100 Lokis Sohn, der Wolf
101 Edda, Wöluspa 54
102 Edda, Vafthrudnismal 51
103 Edda, Wöluspa 63
104 gemeint ist Christus
105 Edda , Wöluspa 58 f.
106 R. Steiner, GA 121, 15.6.1910
107 Edda, Gylfaginning 51
108 R. Steiner, GA 177, 20.10.1917
109 Edda, Gylfaginning 51
110 R. Steiner, GA 121, 12.6.1910, S.125
111 ebd.
112 R. Steiner, GA 157, 19.1.1915
113 R. Steiner, GA 121, 12.6.1910, 6. Vortrag
114 ebd., 7. Vortrag
115 R. Steiner, GA 121, 17.6.1910

116 ebd.

117 Eine wichtige Verständnishilfe zum Erfassen dieses Themas ist das Buch von S. Prokofieff: *Der Jahreskreislauf als Einweihungsweg zum Erleben der Christus-Wesenheit*, Stuttgart, 1986

118 Edda, Grimnismal 17

119 Edda, Gylfaginning 29

120 Edda, Skaldskaparmal 60

121 genauer übersetzt: *auf den Weg bringen, opfern*

122 Edda, Gylfaginning 51

123 Edda, Wöluspa 63

124 Edda, Vafthrudnismal 51

125 ebd. 45

126 R. Steiner, GA 114, 18.9.1909

127 Siehe Kap. 10

128 R. Steiner, GA 137, 11. und 12.6.1912

129 R. Steiner, GA 152, 2. und 18.5.1913

130 R. Steiner, GA 121, 17.6.1910, S. 192

131 R. Steiner, GA 114

132 S. Prokofieff, *Der Jahreskreislauf als Einweihungsweg zum Erleben der Christus-Wesenheit*, Kapitel 12, S. 330–337

133 ebd. Kap. 12 und R. Steiner, GA 26

134 R. Steiner, GA 174a, 3.12.1914

135 R. Steiner, GA 121, 17.6.1910

136 ebd.

137 R. Steiner, GA 114, 26.9.1909

138 R. Steiner, GA 26

139 R. Steiner, GA 175, 6.2.1917

140 R. Steiner, GA 121, 12.6.1910, 7. Vortrag

141 ebd.

142 R. Steiner, GA 54, 8.3.1906 und siehe auch Evangelium des Johannes, Kap. 10, 34

143 Die vielen Bilder, die man mit mehr oder weniger Phantasie ebenfalls in den Felsformationen sehen kann, die aber keine Bearbeitungsspuren von Menschen zeigen, bleiben hier unbeachtet.

144 Edda, Wöluspa 2

145 R. Steiner, GA 121, 11.6.1910

146 ebd.

147 R. Steiner, GA 54, 8.3.1906

148 Vgl. Kap. 6

149 Vgl. Kap 7

150 *Das Schloss der goldenen Sonne*, Initiationsmärchen, Stuttgart 1997

151 Edda, Havamal, Loddfafnirs-Lied

152 R. Steiner, GA 143, 30.12.1913, S.56

153 Text des Runenliedes siehe Kap. 4, »Die Einweihung Odhins zum Sprachgott«

154 R. Steiner, GA 54, 8.3.1906 und GA 10, Kap. 3
155 R. Steiner, GA 54, 8.3.1906
156 Edda, Havamal 139
157 R. Steiner, GA 93a, 16.10.1905, S.141
158 Feuer haben im Bewusstsein der nordisch-germanischen Völker immer eine reinigende Wirkung gespielt. Beim Mitsommerfest sprang man darüber, das Vieh wurde im Frühjahr durch zwei Feuer getrieben.
159 Edda, Havamal 141
160 Odhin erringt den Weisheitstrunk als Schlange.
161 R. Steiner, GA 54, 8.3.06
162 Edda, Havamal 142
163 R. Steiner, GA 10, Kap. 3
164 R. Steiner, GA 96, 17.12.1906
165 R. Steiner, GA 232, 2.12.1923
166 Edda, Havamal 143
167 R. Steiner, GA 228, 10.9.1923 und Kap. 4, Der Allvater Odhin
168 R. Steiner, GA 232, 9.12.1923
169 ebd.
170 ebd.
171 Vgl. auch die Beschreibung von Hella Krause-Zimmer in: *Kreuz und Auferstehung*, Stuttgart 1981
172 In dem Buch von Emil Bock, *Schwäbische Romanik*, S. 53, findet sich eine kurze Beschreibung des Tympanons, die aber, abgesehen von der Deutung des Flechtbildes über dem Männerkopf, keine weitere Erklärung zu geben weiß.
173 Edda, Wöluspa 57–63

Anmerkungen zu Teil 2

1 R. Steiner, GA 13, S. 134
2 Evangelium des Johannes 15, 11–12
3 R. Steiner, GA 121, 11.6.1910, S. 95
4 ebd.
5 R. Steiner, GA 121, 8.6.1910, S. 36
6 ebd., S. 38
7 R. Steiner, GA 121, 14.6.1910, S. 141
8 R. Steiner, GA 101, 7.10.1907, S. 26
9 R. Steiner, GA 121, 14.6.1910, S. 142
10 siehe Teil 2, Kapitel 2, »Die Evolutionsstufen der Erde im Spiegel der Edda und die drei Hauptgötter«

11 R. Steiner, GA 121, 12.6.1910, S. 129
12 R. Steiner, GA 121, 14.6.1910, S. 139 f.
13 R. Steiner, GA 121, 16.6.1910, S. 163
14 R. Steiner, GA 121, 17.6.1910, S. 185
15 R. Steiner, GA 121, 12.6.1910, S. 129
16 R. Steiner, GA 132, 31.10.1911, S. 11
17 R. Meyer, *Nordische Apokalypse*, Urachhaus, 1967, S. 67
18 siehe Teil 2, Kapitel 7, »Riesen, Zwerge und Alfen in der Edda«
19 Wöluspa Vers 63
20 R. Steiner, GA 203, 30.1.1921, S. 157
21 R. Simek, *Lexikon der germanischen Mythologie*, Kröner Verlag, 1984
22 R. Steiner, GA 132, 31.10.1911, S. 12
23 ebd. S. 11
24 ebd. S. 15
25 ebd. S. 18
26 ebd. S. 18
27 R. Steiner, GA 132, 31.10.1911, S. 19
28 ebd. 7.11.1911, S. 24
29 R. Steiner, GA 13, S. 113
30 R. Steiner, GA 110, 18.4.1904, S. 168
31 R. Steiner, GA 121, 14.6.1910, S. 143
32 R. Steiner, GA 152, 7.3.1914, S. 104 ff.
33 R. Steiner, GA 132, 7.11.1911, S. 27
34 ebd. S. 29
35 R. Steiner, GA 13, S. 131
36 R. Steiner, GA 132, 7.11.1911, S. 30
37 R. Steiner, GA 96, 1.4.1907, S. 280
38 R. Steiner, GA 132, 7.11.1911, S. 33
39 R. Steiner, GA 13, S. 134
40 ebd.
41 R. Steiner, GA 121, S. 38
42 R. Steiner, GA 15, 27.3.1914, S. 106
43 siehe Teil 1, Kapitel 9, »Die Zukunftsaufgaben Odhins«
44 R. Steiner, GA 110, 12.4.1909, S. 32f.
45 R. Steiner, GA 13, S. 112
46 ebd. S. 142
47 R. Steiner, GA 132, 21.11. und 5.12.1911,
48 R. Steiner, GA 13, S. 181
49 siehe Teil 2, Kapitel 4, »Die Esche Yggdrasil und die Irminsul«
50 siehe Teil 2, Kapitel 14, »Die Götterdämmerung kündigt sich an«
51 siehe Teil 2, Kapitel 22, »Widar und die Wiederkunft Christi im Lichte der Edda«
52 R. Steiner, GA 13, S. 182

53 R. Steiner, GA 132, 5.12.1911, S. 82
54 ebd. S. 86
55 ebd. S. 87
56 ebd. 21.12.1911, S. 68
57 ebd.
58 siehe Teil 2, Kapitel 22, »Widar und die Wiederkunft Christi im Lichte der Edda«
59 Rudolf Steiner, GA 173, 12.12.1916, S. 230
60 ebd. S. 238
61 R. Steiner, GA 173, 21.12.1916, S. 238
62 R. Steiner, ebd. S. 230
63 R. Steiner, GA 121, 12.6.1910, abends, S. 29
64 R. Steiner, GA 54, 16.11.1905, S. 174
65 R. Steiner, ebd.
66 R. Steiner, GA 121, 14.6.1910, S. 139 f.
67 R. Steiner, ebd., S. 135
68 R. Steiner, GA 121, 15.6.1910, S. 147
69 R. Steiner, ebd., S. 148
70 R. Steiner, ebd. 14.6.1910, S. 139
71 R. Steiner, GA 101, 14.10.1907, S. 30
72 siehe Teil 2, Kapitel 2, »Die Evolutionsstufen der Erde im Spiegel der Edda«
73 R. Steiner, GA 101, 7.10.1907, S. 26
74 R. Simek, *Lexikon der germanischen Mythologie*, Kröner Verlag, 1984
75 siehe Teil 2, Kapitel 4, »Die Esche Yggdrasil und die Irminsul«
76 siehe Teil 2, Kapitel 8, »Thor, der Gewaltige«
77 R. Steiner, GA 101, 7.10.1907, S. 25
78 R. Steiner, ebd., S. 20
79 siehe Teil 2, Kapitel 18. »Die Freyr- und die Freya-Lieder«
80 R. Steiner, GA 121, 11.6.1910, S. 94
81 R. Steiner, ebd. S. 95f
82 R. Steiner, GA 105, 12.8.1908, S. 133
83 R. Steiner, GA 105, 14.8.1908, S. 168
84 R. Steiner, ebd. S. 137
85 R. Steiner, ebd.
86 R. Steiner, ebd. S. 138
87 R. Steiner, GA 116, 2.5.1910, S. 136
88 R. Steiner, GA 116, 2.5.1910, S. 138 und Teil 1, Kapitel 10
89 R. Steiner, ebd. 25.10.1909, S. 19f
90 R. Steiner, GA 116, 2.5.1910, 8.5.1910, S. 158
91 R. Steiner, ebd., S. 142
92 R. Steiner, ebd.
93 siehe Teil 1, Kapitel 7, »Der Erdenweg des Menschen unter der Führung Njörds und Freyrs«
94 Gylfaginning 15,16, Grimnismal Vers 32

95 R. Steiner, GA 101, 14.10.1907, S. 30
96 R. Steiner, GA 101, 7.10.1907, S. 26
97 siehe Teil 2, Kapitel 3, »Der Ich-Impuls in der nordisch-germanischen Mythologie«
98 Gylfaginning, 16
99 ebd.
100 ebd., 34
101 R. Steiner, GA 132, 5.12.1911, S. 86
102 R. Steiner, ebd.
103 R. Steiner, GA 116, 3.5.1910, S. 142
104 siehe Teil 2, Kapitel 20, »Das Fiölsvinsmal und das Relief an den Externsteinen«
105 W. Matthes, *Das Relief an den Externsteinen*, Ed. Tertium, 1997
106 siehe Teil 1, Kapitel 13, »Das Vermächtnis der irischen Künstlermönche«
107 R. Steiner, GA 173, 12.12.1916, S. 230
108 siehe Teil 2, Kapitel 11, »Die Widersachermächte in der Edda«
109 R. Steiner, GA 121, 8.6.1910, S. 38
110 siehe Teil 1, Kapitel 3, »Die Schöpfungsgeschichte in der Edda«
111 R. Steiner, GA 101, 28.10.1907, S. 90
112 R. Steiner, ebd., S. 89
113 R. Steiner, GA 101, 28.10.1907, S. 280
114 R. Steiner, ebd., S. 284
115 R. Steiner, GA 101, 28.10.1907, S. 284.
116 Ägisdrecka, Vers 6
117 ebd., Vers 25
118 R. Steiner, GA 203, 11.3.1921, S. 256f
119 R. Steiner, GA 105, 10.8.1908, S. 103
120 R. Steiner, Ga 194, 30.11.1919, S. 109 (1977)
121 R. Steiner, GA 174a, 17.2.1918, S. 225f.
122 ebd. S. 115
123 ebd. S. 109
124 R. Steiner, GA 121, 8.3.1910, S. 38
125 R. Steiner, GA121, 15.6.1910, S. 147f.
126 siehe Teil 2, , Kapitel 8, »Thor, der Gewaltige«
127 R. Steiner, GA 121, 15.6.1910, S. 148
128 R. Steiner, GA 121, 17.6.1910, S. 181
129 R. Steiner, GA 106, 12.9.1908, S. 135
130 R. Steiner, GA 105, 13.8.1908, S. 148f.
131 siehe Teil 1, Kapitel 4, »Der Allvater Odhin« und Bragarödur 57 (Edda)
132 R. Steiner, GA 105, 13.8.1908, S. 149
133 siehe Teil 2, Kapitel 10, »Die Insel Läsö und die Kesselmysterien«
134 R. Steiner, GA 228, 10.9.1923, S. 87
135 siehe Teil 1, Kapitel 4, »Der Allvater Odhin«
136 R. Steiner, GA 131, 12.10.1911, S. 180

137 siehe Teil 1, Kapitel 4, »Der Allvater Odhin«
138 R. Steiner, GA 11, S. 66
139 ebd. S. 68
140 siehe Teil 2, Kapitel 6, »Odhin und die weisen Frauen«
141 R. Steiner, GA 116, 25.10.1909, S. 24
142 siehe Teil 1, Kapitel 4, »Die Einweihung Odhins zum Sprachgott«
143 R. Steiner, GA 117, 4.12.1909, S. 158
144 ebd. S. 162
145 Gylfaginning 15
146 Wöluspa, Vers 47
147 Vafthrudnismal 45
148 R. Steiner, GA 101, 21.10.1907, S. 75
149 R. Steiner, GA 11, S. 68
150 Grimmnismal, Vers 20
151 R. Steiner, GA 131, 14.10.1911, S. 225 f.
152 Gylfaginning 25 (Edda)
153 ebd. 26 und Bragaroedur 56
154 R. Steiner, GA 148, 10.2.1914, S. 193
155 R. Steiner, GA 152, 7.3.1914, S. 106
156 R. Steiner, GA 148, 10.2.1914, S. 195
157 R. Steiner, GA 152, 7.3.1914, S. 106
158 siehe Teil 1, Kapitel 4, »Der Allvater Odhin«
159 siehe Teil 1, Kapitel 5, »Lokis Wirken«
160 R. Steiner GA 105, 13.8.1908, S. 150
161 ebd. S. 152
162 R. Steiner, GA 106, 12. 9.1908, S. 136
163 R. Steiner, ebd. S. 135
164 R. Steiner, ebd. S. 135f.
165 R. Steiner, GA 105, 14.8.1908, S. 169
166 R. Steiner, GA 131, 12.10.1911, S. 177
167 R. Steiner, GA 113, 31.8.1909, S. 190f.
168 R. Steiner, GA 105, 14.8.1908, S. 168
169 R. Steiner, GA 120, 28.5.1910, S. 224
170 R. Steiner, GA 148, 3.10.1913, S. 44
171 R. Steiner, GA 110, 16.4.1909, S. 121
172 R. Steiner, GA 114, 17.9.1909, S. 77
173 R. Steiner, GA 105, 14.8.1908, S. 170
174 siehe Teil 1, Kapitel 9, »Die Götterdämmerung«
175 R. Steiner, GA 54, 8.3.1906, S. 379
176 R. Steiner, GA 114, 16.9.1909, S. 36
177 R. Steiner, GA 114, 17.9.1909, S. 74
178 R. Steiner, GA 118, 27.2.1910, S. 85

179 R. Steiner, ebd.
180 R. Steiner, GA 131, 11.10.1911, S. 166
181 R. Steiner, GA 131, 9.10.1911, S. 128
182 R. Steiner, GA 109/111, 25.5.1909, S. 135
183 R. Steiner, GA 110, 12.4.1909, S. 17
184 R. Steiner, GA 130, 19.9.1911, S. 35f.
185 R. Steiner, ebd., S. 37
186 R. Steiner, GA 114, 21.9.1909, S. 141
187 R. Steiner, ebd. S. 143
188 R. Steiner, GA 114, 16.9.1909, S. 41
189 R. Steiner, GA 121, 16.6.1910, S. 165
190 R. Steiner, GA 9, S. 147
191 R. Steiner, GA 121, 12.6.1910 abends, S. 128
192 R. Steiner, GA 105, 4.8.1908, S. 170
193 R. Simek, *Lexikon der germanischen Mythologie*, Kröner Verlag, 1984
194 Bericht von R. Meyer, Koberwitz 1924 in: *Erinnerungen an Rudolf Steiner*. Stuttgart, 1979
195 Etymologisches Wörterbuch, A. Kröner Verlag, 1984
196 R. Steiner, GA 157, 16.3.1915, S. 214
197 R. Steiner, GA 64, 29.10.1914, S. 23
198 R. Steiner, GA 157, 31.10.1914, S. 80f
199 R. Steiner, GA 152, 20.5.1913, S. 65
200 ebd. S. 69
201 R. Steiner, GA 157, 17.1.1915, S. 86
202 R. Steiner, GA 157, 19.1.1915, S. 99
203 R. Steiner, GA 157, 17.1.1915, S. 83
204 R. Steiner, GA 157, 19.1.1915, S. 99
205 R. Steiner, GA 121, 12.6.1910, S. 129f., abends
206 R. Steiner, aus: K. Heyer, *Kaspar Hauser und das Schicksal Mitteleurpoas im 19. Jahrhundert*, S. 281, Verlag Freies Geistesleben, 1983
207 P. Tradowsky, *Kasper Hauser und das Ringen um den Geist*, Philosophisch-Anthroposophischer Verlag 1981, S.78
208 H. Steffahn, *Die weiße Rose*, 4. Flugblatt der Geschwister Scholl, Rowohlt Verlag 1992, S. 140
209 P. Selg, *Der geistige Weg von Hans und Sophie Scholl*, Verlag am Goetheanum 2006, S. 58
210 R. Steiner, GA 185, 25.10.1918, S. 104
211 R. Steiner, GA 173, 18.12.1916, S. 211
212 R. Steiner, GA 96, 1.4.1907, S. 285
213 siehe Teil 2, Kapitel 22, »Widar und die Wiederkunft Christi im Lichte der Edda«
214 Tacitus, Germania
215 R. Steiner, GA 11, S. 91
216 R. Steiner, GA 11, S. 68f
217 siehe Teil 1, Kapitel 3, »Die Schöpfungsgeschichte der Edda«

218 R. Steiner, GA 239, 8.6.1924
219 R. Steiner, GA 121, Vorträge gehalten in Oslo, 1910
220 R. Steiner, GA 121, 9.6.1910, S. 55
221 ebd., S. 56
222 R. Steiner, GA 157, 16.3.1915, S. 214
223 R. Steiner, GA 157, 16.3.1915, S. 218
224 ebd., S. 214
225 siehe Teil 2, Kapitel 5, »Der Allvater Odhin«
226 R. Steiner, GA 121, 17.6.1910, S. 183
227 R. Steiner, GA 54, 8.3.1906, S. 375f.
228 R. Steiner, GA 121, 17.6.1910, S. 183
229 siehe Teil 1, Kapitel 1, »Die nordisch-germanische Mythologie«
230 R. Steiner, GA 99, 15.6.1907, S. 138
231 siehe Teil 1, Kapitel 5, »Lokis Wirken«
232 siehe Teil 1, Kapitel 7, »Der Erdenweg des Menschen« und Teil 2, Kapitel 18, »Die Freyr- und die Freya-Lieder«
233 R. Steiner, GA 230, 2.11.1923, S. 122 f
234 E. Hagemann, *Vom Wesen des Lebendigen*, Selbstverlag, Tübingen 1970, S. 11
235 siehe Teil 2, Kapitel 5, »Der Allvater Odhin«
236 siehe Teil 1, Kapitel 6, »Thors Wirken«
237 R. Steiner, GA 9, S. 38
238 R. Steiner, GA 121, 15.6.1910, S.148
239 ebd., S. 139
240 ebd., S. 142
241 R. Steiner, GA 116, 2.5.1910, S. 131
242 ebd., S. 136
243 R. Steiner, GA 116, 2.5.1910, S. 130
244 ebd.
245 ebd., S. 131
246 ebd., S. 137
247 ebd.
248 ebd., 8.5.1910, S. 159
249 siehe Teil 1, Kapitel 3, »Die Schöpfungsgeschichte in der Edda«
250 R. Steiner, GA 121, 14.6.1910, S. 143
251 ebd., S. 142
252 siehe Teil 2, Kapitel 4, »Die Esche Yggdrasil und die Edda«
253 R. Steiner, GA 96, 1.4.1907, S. 280
254 ebd., S. 284
255 ebd., S. 285
256 ebd.
257 ebd., S. 286
258 R. Steiner, GA 112, 16.7.1909, S. 245 f.

259 R. Steiner, GA 101, 7.10.1907, S. 49
260 R. Steiner, GA 128, 26.3.1911, S. 114
261 ebd., S. 116
262 R. Steiner, GA 121, 16.6.1910, S. 163
263 ebd., S. 164
264 siehe Teil 1, Kapitel 5, »Lokis Wirken«
265 R. Steiner, GA 121, 14.6.1910, S. 143
266 R. Steiner, GA 114, 21.9.1909, S. 147
267 R. Steiner, GA 118, 25.1.1910, S. 17
268 siehe Teil 2, Kapitel 2, »Die Evolutionsstufen der Erde im Spiegel der Edda«
269 R. Steiner, GA 128, 27.3.1911, S. 142
270 siehe Teil 1, Kapitel 6, »Thors Wirken«
271 siehe Teil 2, Kapitel 10, »Die Insel Läsö und die Kesselmysterien«
272 A. Schütze, *Mithras-Mysterien und Urchristentum*, Urachhaus 1937, S. 52
273 siehe Teil 1, Kapitel 6, »Thors Wirken«
274 Aus der Skalda 17, Edda
275 siehe Teil 2, Kapitel 18, »Die Freyr- und die Freya-Lieder«
276 Aus der Skalda 17
277 R. Steiner, GA 107, 22.3.1909
278 siehe Teil 2, Kapitel 22, »Widar und die Wiederkunft Christi«
279 R. Steiner, GA 223, 8.4.1923, S. 85
280 siehe Teil 2, Kapitel 8, »Thor, der Gewaltige«
281 R. Steiner, GA 194, 29.11.1919, S. 95
282 R. Steiner, GA 223, 27.9.1923, S. 103
283 ebd. S.103 f
284 ebd. S.102
285 siehe Teil 2, Kapitel 8, »Thor der Gewaltige«
286 Flensburger Hefte 26, 1989, S. 108
287 R. Steiner, GA 229, 5.10.1923, S. 176f
288 ebd. 15.10.1923, S. 253
289 ebd.
290 R. Steiner, GA 174, 25.8.1913, S. 33f
291 R. Steiner, GA 302a, 16.10.1923, S. 146
292 R. Steiner, GA 224, 23.5.1923, S. 213
293 R. Steiner, GA 229, 15.10.1923, S. 249
294 ebd., S. 256
295 R. Steiner, GA 223, 1.4.1923, S. 38
296 Ägisdrecka, Vorrede
297 Helgakvida Hundingsbana önnur, II, 5
298 F. Lautenbach, *Der keltische Kessel*, Urachhaus, 1991
299 Edda, Wöluspa, Vers 2
300 A. Schütze, *Mithras-Mysterien und Urchristentum*, Urachhaus, 1937, S. 52, 54

301 ebd., S. 49
302 Gylfaginning, Bragarödur
303 siehe Teil 1, Kapitel 4, »Der Allvater Odhin«
304 R. Steiner, GA 105, 14.8.1908, S. 169
305 ebd., S. 150
306 Thule11, Isländische Heldenromane, E. Diederichs Verlag, 1923
307 ebd.
308 ebd.
309 R. Steiner, GA 178, 18.11.1917, S. 175
310 R. Steiner, GA 185, 25.10.1918, S. 103
311 R. Steiner, GA 145, 29.3.1913, S. 104
312 ebd. S. 107
313 ebd. S. 111
314 siehe Teil 1, Kapitel 5, »Lokis Wirken«
315 R. Steiner, GA 121, 15.6.1910, S. 152
316 R. Steiner, GA 121, 15.6.1910, S. 149
317 ebd.
318 R. Steiner, GA 132, 14.11.1911, S. 50
319 R. Steiner, GA 110, 18.4.1909, S. 163
320 R. Steiner, GA 113, 30.8.1909, S. 151
321 R. Steiner, GA 36, S. 339f
322 R. Steiner, GA 13, S. 200
323 R. Steiner, GA 121, 15.6.1910, S. 157
324 R. Steiner, GA 107, 1.1.1909, S. 174
325 ebd. S. 175
326 R. Steiner, GA 121, 15.6.1910, S. 155
327 R. Steiner, GA 101, 21.10.1907, S. 69
328 R. Steiner, GA 121, 15.6.1910, S. 150
329 ebd. S. 155
330 R. Steiner, GA 101, 21.10.1907, S. 71
331 R. Steiner, GA 121, 17.6.1910, S. 191
332 siehe Teil 1, Kapitel 10, »Widar, der schweigende Gott«
333 siehe Teil 2, Kapizel 22, »Widar und die Wiederkunft Christi«
334 R. Steiner, GA 101, 21.10.1907, S. 71
335 R. Steiner, GA 194, 23.11.1919, S. 49
336 ebd. S. 51
337 R. Steiner, GA 121, 15.6.1910, S. 158
338 R. Steiner, GA 101, 7.10.1907, S. 23
339 R. Steiner, GA 36, S. 339
340 R. Steiner, GA 191, 15.11.1919, S. 267
341 R. Steiner, GA 121, 14.6.1910, S. 134
342 ebd. 15.6.1910, S. 148f

343 ebd. S. 149
344 R. Steiner, GA 121, 14.6.1910, S. 139
345 ebd.15.6.1910, S. 148
346 ebd. S. 159
347 ebd. 14.6.1910, S. 144
348 ebd. S. 141
349 ebd. S. 142
350 ebd. 15.6.1910, S. 152
351 siehe Teil 1, Kapitel 5, »Lokis Wirken«
352 R. Steiner, GA 350, 11.9.1923, S. 265
353 siehe Teil 2, Kapitel 18, »Die Freyr- und die Freya-Lieder«
354 R. Steiner, GA 177, 26.10.1917, S. 200
355 R. Steiner, GA 105, 12.8.1908, S. 134
356 siehe Teil 2, Kapitel 18, »Die Freyr- und die Freya-Lieder«
357 R. Steiner, GA 218, 16.11.1922, S. 146
358 ebd. S. 150
359 ebd. S. 146
360 R. Steiner, GA 177, 8.10.1917, S. 93
361 ebd. 20.10.1917, S. 175
362 *Lexikon der Symbole*, Eugen Diederichs Verlag, 1972
363 Ita Wegman, »An die Freunde«, Aufsatz vom 4.10.1925
364 R. Steiner, GA 118, 15.3.1910, S. 141
365 ebd.
366 ebd., 6.3.1910, S.129
367 R. Steiner, GA 161, 27.3.1910, S. 169
368 R. Steiner, GA 121, 15.6.1910, S. 159
369 ebd., 16.6.1910, S. 168
370 R. Steiner, GA 228, 10.9.1923, S. 87
371 ebd. S. 89
372 Gylfaginning 22
373 R. Steiner, GA 54, 8.3.1906, S. 372
374R. Steiner, GA 173, 24.12.1916, S. 254
375 R. Steiner, GA 54, 8.3.1906, S. 372
376 ebd. 12.4.1906, S. 458
377 R. Steiner, GA 132, 31.10.1911, S. 21
378 R. Steiner, GA 186, 7.12.1918, S. 124
379 R. Steiner, GA 26, 1924, S. 206
380 R. Steiner, GA 54, 8.3.1906, S. 371
381 R. Steiner, GA 161, 2 4.1915, S. 204
382 ebd. S. 205
383 ebd. S. 206
384 R. Steiner, GA 112, 6.7.1909, S. 246

385 J. G. Fichte, *Die Bestimmung des Gelehrten,* Deutsche Bibliothek in Berlin 1912
386 R. Steiner, GA 123, 5.12.1911, S. 86
387 R. Steiner, GA 161, 2.4.1915, S. 205
388 R. Steiner, GA 161, 2.4.1915, S. 206 ff.
389 R. Steiner, GA 161, 2.4.1915, S. 213
390 ebd.
391 R. Steiner, GA 26, S. 110 f.
392 R. Steiner GA 26, S. 111
393 ebd. S. 110
394 R. Steiner, GA 173, 12.12.1916, S. 230
395 R. Steiner, GA 121, 15.6.1910, S. 152
396 siehe Teil 1, Kapitel 8, »Baldurs Helweg«
397 Der Baldurmythos wird dargestellt in den Liedern Wöluspa, Wegtamskvida und im Gylfaginning
398 siehe Teil 1, Kapitel 8, »Baldurs Helweg« und Teil 2, Kapitel 12, »Das alte und das neue Baldurbewusstsein«
399 W. Pelikan, *Heilpflanzenkunde III,* S. 276
400 R. Steiner, GA 99, 3.6.1907, S. 107
401 R. Steiner, GA 105, 8.8.1908, S. 88
402 R. Steiner, ebd. S. 89
403 R. Steiner, GA 99, 3.6.1907, S. 107
404 R. Steiner, GA 173, 24.12.1916, S. 252
405 R. Steiner, GA 173, 31.12.1916, S. 357
406 R. Steiner, ebd. S. 360
407 siehe Teil 1, Kapitel 2, »Die Schöpfungsgeschichte der Edda«
408 R. Steiner, GA 99, 4.6.1907, S. 132
409 siehe Teil 2, Kapitel 18, »Die Freyr- und die Freya-Lieder«
410 H. Börnsen, *Die Prophetie der Edda,* Verlag am Goetheanum, 1989
411 R. Steiner, GA 121, 15.6.1910, S. 157
412 R. Steiner, GA 173, 31.12.1916, S. 358
413 R. Steiner, GA 218, 5.11.1922, S. 155
414 ebd. S. 156
415 ebd. S. 157
416 Die Bezeichnung hängt mit dem göttlichen Arzt Asklepios zusammen. ›As‹ bedeutet Schlange, ›klepi‹, etwas umwinden.
417 Edda, Gylfaginning 49
418 siehe Teil 1, Kapitel 9, »Die Götterdämmerung«
419 R. Steiner, GA 54, 8.3.1906, S. 379
420 R. Steiner, GA 121, 15.6.1910, S. 162
421 R. Steiner, GA 121, 15.6.1910, S. 152
422 R. Steiner, GA 184, 21.9.1918, S. 173
423 siehe Teil 1, Kapitel 8, »Baldurs Helweg«

424 R. Steiner, GA 194, 12.12.1919, S. 164
425 siehe Teil 1, Kapitel 9, »Die Götterdämmerung«
426 R. Steiner, GA 121, 14.6.1910, S. 139
427 ebd.
428 R. Steiner, GA 173, 21.12.1916, S. 235
429 R. Steiner, GA 155, 29.5.1912, S. 89
430 H. Mändl, *Vom Geist des Nordens*, Mellinger Verlag, 1966
431 R. Steiner, GA 155, 29.5.1912, S. 90
432 ebd. S. 91
433 ebd.
434 siehe Teil 1, Kapitel 2, »Die Nerthus-Mysterien«
435 R. Meyer, *Nordische Apokalypse*, Urachhaus, 1967, S. 99f.
436 mündliche Überlieferung zitiert in: Hans Börnsen, *Die Prophetie der Edda*, Verlag am Goetheanum, 1989, S. 89
437 Der Name Giallarhorn hat nichts mit der Giallarbrücke zu tun, deren Name von Gjöll kommt, dem Unterweltfluss.
438 siehe Teil 2, Kapitel 4, »Die Esche Yggdrasil und die Irminsul«
439 ebd.
440 J. Grimm, Mythologie, Bd. 1, Stuttgart, 1984, S. 286
441 R. Steiner, GA 155, 29.5.1912, S. 93
442 M. Osterrieder, *Sonnenkreuz und Lebensbaum*, Urachhaus, 1995, S. 22
443 R. Steiner, GA 155, 28.5.1912, S. 74
444 ebd. 29.5.1912, S. 104
445 Sergej O. Prokofieff, *Menschen mögen es hören*, Verlag Freies Geistesleben, 2002, S. 872
446 Heldenliededda, Helgakvida Hundingsbana önnur II
447 R. Steiner, GA 174, 4.5.1918, S. 279
448 R. Steiner, GA 233, 20.4.1924, S. 280
449 siehe Teil 2, Kapitel 15, »Heimdall, der Helle«
450 R. Steiner, GA 173, 21.12.1916, S. 230
451 ebd. 24.12.1916, S. 245
452 siehe Teil 1, Kapitel 2, »Die Nerthus-Mysterien«
453 R. Steiner, GA 173, 21.12.1916, S. 227
454 R. Steiner, GA 173, 21.12.1916, S. 229
455 R. Steiner, GA173, 21.12.1916, S. 229 f.
456 ebd. S. 240
457 ebd. S. 238
458 ebd. S. 232
459 ebd. S. 237
460 ebd. S. 239
461 R. Steiner, GA 202, 25.12.1920, S. 250
462 R. Steiner, GA 173, 21.12.1916, S. 239
463 R. Steiner, GA 121, 15.6.1910, S. 151

464 ebd.
465 ebd. S. 152
466 R. Steiner, GA 109/111, 21.1.1909, S. 11 f.
467 ebd. S. 14
468 R. Steiner, GA 113, 31.8.1909, S. 190
469 Sergej O. Prokofieff, *Die geistigen Aufgaben Mittel- und Quellen Osteuropas*, Dornach 1993, S. 21 f.
470 R. Steiner, GA 232, 7.12.1923, S. 106
471 R. Steiner, GA 113, 30.8.1909, S. 171 f.
472 R. Steiner, GA 113, 27.8.1909, S. 107
473 Elmar Stöttner, Hamburger Abendblatt, 22.2.2006
474 Sergej O. Prokofieff, *Die Grundsteinmeditation*, Dornach 2002, S. 59
475 R. Steiner, GA 260, 25.12.1923, S. 59
476 R. Steiner, GA 224, 23.5.1923, S. 208
477 R. Steiner, GA 223, 1.10.1923, S. 153
478 R. Steiner, ebd., 31.3.1923, S. 19
479 R. Steiner, ebd., 7.4.1923, S. 64
480 ebd.
481 R. Steiner, ebd., 8.4.1923, S. 73
482 ebd.
483 R. Steiner, GA 223, 8.4.1923, S. 79
484 ebd., S. 80
485 ebd. 1.10.1923, S.152
486 R. Steiner, GA 224, 29.4.1923, S. 131
487 R. Steiner, GA 173, 21.12.1916, S. 238
488 R. Steiner, GA 54, 8.3.1906, S. 382
489 siehe Teil 1, Kapitel 1, »Die nordisch-germanische Mythologie«
490 siehe Teil 1, Kapitel 7, »Der Erdenweg des Menschen unter der Führung Njörds und Freyrs«
491 ebd.
492 Alle Edda-Verse stammen, wenn es nicht anders vermerkt ist, aus der Simrock-Übersetzung
493 siehe Teil 1, Kapitel 5, »Lokis Wirken«
494 siehe Teil 1, Kapitel 2, »Die Nerthus-ysterien«
495 siehe Teil 1, Kapitel 7, »Der Erdenweg des Menschen unter der Führung Njörds und Freyrs«
496 siehe Teil 2, Kapitel 15, »Heimdall, der Helle«
497 R. Steiner, GA10, S. 92
498 ebd. S. 94
499 R. Steiner, GA 112, 3.7.1909, S. 189
500 ebd. S. 190
501 R. Steiner, GA 94, 5.3.1906, S. 210

502 R. Steiner, GA 148, 3.10.1913, S. 44
503 ebd.
504 R. Steiner, GA 10, S. 92
505 siehe Teil 1, Kapitel 4, »Der Allvater-Odhin«
506 Edda, Aus der Skalda 17
507 R. Steiner, GA 57, 6.5.1909, S. 420
508 ebd. S.409
509 ebd. 29.4.1909, S.383
510 ebd.
511 siehe Teil 1, Kapitel 8, »Baldurs Hellweg«
512 siehe Teil 2, Kapitel 10, »Die Insel Läsö und die Kesselmysterien«
513 R. Steiner, GA 149, 29.12.1913, S. 40
514 R. Steiner, GA 57, 29.4.1909, S. 384
515 ebd. S. 385
516 ebd. S. 386
517 R. Steiner, GA 26, S. 62
518 Skirnisför
519 siehe Teil 2, Kapitel 5, »Der Allvater Odhin«
520 R. Steiner, GA 173, 21.12.1916, S. 230
521 R. Steiner, GA 211, 15.4.1922, S. 165
522 ebd.
523 R. Steiner, GA 113, 31.8.1909, S. 194
524 R. Steiner, GA 119, 30.3.1910, S. 227
525 R. Steiner, GA 243, 13.8.1924, S. 50
526 R. Steiner, GA 26, S. 62
527 siehe Teil 1, Kapitel 9, »Die Götterdämmerung« und Kapitel 5, »Der Allvater Odhin«
528 R. Steiner, GA 157, 19.11.1915, S. 99
529 R. Steiner, GA 243, 11.8.1924, S. 17
530 R. Simek, *Lexikon der germanischen Mythologie*, Kröner Verlag, 1984
531 Hans Börnsen, Die Prophetie der Edda, Verlag am Goetheanum 1989, S. 89
532 R. Steiner, GA 112, 29.6.1909, S. 105
533 ebd. S.106
534 ebd.
535 ebd. S.107
536 R. Steiner GA 54, 8.3.1906, S. 384f.
537 siehe Teil 2, Kapitel 1, »Die Götter der Edda und ihre Aufgaben«
538 siehe Teil 1, Kapitel 5, »Der Allvater Odhin«
539 R. Steiner, GA131, 12.10.1911, S. 188
540 R. Steiner, GA121, 15.6.1910, S. 152
541 R. Steiner, GA 157, 20.11.1015, S. 340
542 ebd., 19.1.1915, S. 98
543 ebd. S. 99

544 R. Steiner, GA 131, 10.10.1911, S. 151
545 ebd. 11.10. 1911, S. 163f
546 R. Steiner, GA 131, 11.101911, S. 163f.
547 ebd.
548 ebd.
549 ebd.
550 ebd. S. 170
551 R. Steiner, GA 114, 21.9.1909, S. 155
552 *Sagen der Juden*, Insel Verlag, 1962, S. 74
553 R. Steiner, GA 114, 18.9.1909, S. 98f
554 Heinz-Mohr, G., *Lexikon der Symbole*, E. Diederichs Verlag, 1972
555 R. Steiner, GA 194, 12.12.1919, S. 167
556 Der Große Duden, Herkunftswörterbuch Etymologie, 7, Dudenverlag 1963
557 siehe Teil 1, Kapitel 8, »Baldurs Hellweg«
558 R. Steiner, GA 194, 6.12.1919, S. 112
559 R. Steiner, GA 26, S. 66f.
560 W. Jordan, *Die Edda*, Arun-Verlag, 2001, S. 479
561 R. Steiner, GA 11, S. 301
562 R. Steiner, GA 54, 8.3.1906, S. 372
563 R. Steiner, GA 130, 3.12.1911, S. 190
564 R. Steiner, GA 105, 10.8.1908, S. 105
565 R. Steiner, GA 112, 24.6.1909, S. 21
566 Brüder Grimm, Gondrom Verlag, 2001, *Der Trommler, Der Kristallberg*
567 R. Steiner, GA 101, 13.9.1907, S. 149
568 R. Steiner, GA 26, S. 67
569 Oxford Dictionary
570 R. Steiner, GA 100, 20.11.1907, S. 224
571 R. Steiner, GA 112, 29.6.1909, S. 117
572 ebd.
573 R. Steiner, GA 94, 5.3.1906, S. 208
574 R. Steiner, GA 148, 3.10.1913, S. 43
575 R. Steiner, GA 148, 3.10.1913, S. 44f.
576 Aus der Michaelsepistel der Christengemeinschaft
577 R. Steiner, GA 40, Wahrspruchworte
578 R. Simek, *Lexikon der germanischen Mythologie*, Kröner Verlag, 1984, S.108
579 siehe Teil 1, Kapitel 7, »Der Erdenweg des Menschen unter der Führung Njörds und Freyrs«
580 siehe Teil 1, Kapitel 2, »Die Nerthus-Mysterien«
581 R. Steiner, GA 26, S. 83
582 ebd. S. 81
583 ebd. S. 80
584 siehe Teil 2, Kapitel 18, »Die Freyr- und die Freya-Lieder«

585 R. Steiner, GA 113, 31.8.1909, S. 194
586 R. Steiner, GA 26, S. 66
587 ebd. S. 119
588 ebd. S. 118
589 R. Frieling, »Die Christengemeinschaft«, 29. Jahrgang, Heft 12
590 Evangelium des Johannes, 16,33
591 Evangelium des Johannes, 14,27
592 R. Steiner, unveröffentlichter Vortrag, Stuttgart, 6.12.1914
593 Kreuzigung, Elfenbeinrelief der Metzer Schule, Ende 9. Jh., aus: W. Matthes, *Das Relief an den Externsteinen*, Ed. Tertium, 1997, S. 105
594 ebd.
595 Evangelium des Johannes 1, 47 und R. Steiner, GA 94, 5.3.1906, S. 210
596 Evangelium des Johannes 3, 1-21
597 R. Steiner, unveröffentlichter Vortrag am 6.12.1914, S. 10
598 ebd. S. 9
599 ebd.
600 R. Steiner, GA 105, 10.8.1908, S. 105
601 R. Steiner, GA 26, S. 67
602 ebd., S. 175
603 ebd., S. 165
604 ebd., S. 66
605 R. Steiner, GA 103, 31.5.1908, S. 205
606 R. Steiner, GA 9, S. 39
607 R. Steiner, GA 113, 27.8.1909, S.175 ff.
608 W. Matthes, *Das Relief an den Externsteinen*, edition tertium, 1997
609 Der Bildersturm entbrannte im weitverzweigten, vor allem im byzantinischen Bereich liegenden Gebiet der Paulikianer, deren erwachendes Bewusstsein die herrschende, vergötternde Verehrung der Bilder nicht mehr dulden wollte. Dieser Streit zwischen den Ikonoklasten, den Bilderfeinden, und den Ikonodulen, den Bilderfreunden, erschütterte während dreier Jahrhunderte als ungeheurer Machtkampf Welt und Kirche. Karl der Große legte in seinen ›Libri Carolini‹ zukunftsweisend fest, dass die Bilder nur als Ornament und zum Gedächtnis dienen dürfen, nicht aber zur Verehrung oder Anbetung. Die Bilder werden damit aus dem magisch-religiösen Bereich entlassen und in den Bereich der Freiheit gestellt. Für die Paulikianer, die immer wieder grausam verfolgt wurden, war der Heilige Geist das wichtigste im Christentum. Im 8. ökumenischen Konzil 869 wurde den Menschen die Teilhabe daran abgesprochen. Der Heilige Geist wurde dadurch als unwesentlich erachtet. Somit galten die Paulikianer als zu vernichtende Häretiker. Die Gralsströmung sieht den Heiligen Geist als eine zur Dreifaltigkeit gehörende, gleichberechtigte Kraft an.
610 U. Niedhorn, *Untersuchungen am Kreuzabnahmerelief an den Externsteinen*, Haag+Herchen, 1990
611 R. Meyer, *Der Gral und seine Hüter*, Urachhaus, 1956, S. 309
612 R. Steiner, GA 113, 23.8.1909, S. 21 ff.

613 Wolfram von Eschenbach, *Parzival, Ein höfisches Epos*, 9. Buch, Reclam
614 ebd.
615 ebd.
616 Aus der Weihehandlung der Christengemeinschaft
617 Evangelium des Johannes 3
618 siehe Teil 2, Kapitel 4, »Die Esche Yggdrasil und die Irminsul«
619 R. Steiner, GA 103, 22.5.1908, S. 69 ff.
620 Evangelium des Matthäus 19
621 ebd.
622 ebd.
623 Evangelium des Matthäus 27 und Evangelium des Markus 15
624 Robert de Boron, *Die Geschichten des Heiligen Gral*, Verlag Freies Geistesleben, 1964
625 ebd., S. 25
626 ebd., S. 26
627 R. Steiner, GA 109, 11.4.1909, S. 115
628 R. Steiner, GA 109, 16.5.1909, S. 123
629 ebd., S. 122
630 ebd., 11.4.1909, S. 116
631 ebd., S. 117
632 ebd., S. 116
633 R. Steiner, GA 103, 31.5.1908, S. 205
634 R. Steiner, GA 26, S. 67
635 R. Steiner, GA 113, 23.8.1909, S. 22
636 Chr. Morgenstern, Tagebucheintrag, Stuttgarter Ausgabe, Band 5, S. 313
637 W. Roggenkamp, Bildteppich, Stuttgart
638 R. Steiner, GA 13, S.3 06
639 R. Steiner, GA 121, 14.6.1910, S. 143
640 ebd.
641 R. Steiner, GA 101, 7.10.1907, S. 20
642 R. Steiner, GA 121, 14.6.1910, S. 140
643 R. Steiner, GA 124, 6.12.1910, S. 77f.
644 R. Steiner, GA 121, 14.6.1910, S. 134
645 ebd. S. 139
646 siehe Teil 1, Kapitel 10, »Widar, der schweigende Gott«
647 Gylfaginning 49
648 Gylfaginning 51
649 R. Steiner, GA 114, 16.9.1909, S. 36
650 Vafthrudnismal Vers 51
651 Wöluspa Vers 60
652 Vafthrudnismal 51
653 Grimnismal Vers 5
654 Gylfaginning Vers 37

655 Skirnisför, Ägisdrecka Vers 42
656 Vafthrudnismal, Vers 51
657 ebd.
658 ebd.
659 R. Steiner, GA 121, 17.6.1910, S. 191
660 R. Steiner, GA 114, 21.9.1909, S. 155ff
661 R. Steiner, GA 114, 26.9.1909. S. 208
662 R. Steiner, GA 150, 21.12.1913, S. 116
663 R. Steiner, GA 174a, 3.12.1914, S. 40
664 R. Steiner, GA 121, 17.6.1910, S. 191
665 R. Steiner, GA 26, S. 92
666 R. Steiner, GA 121, 17.6.1910, S. 192
667 Altes Testament, Buch Jona II
668 Jetzt in Universitetets Oldsaksamling, Oslo
669 siehe Teil 1, Kapitel 7, Abbildung: Kopf der Katzengöttin Freya
670 Heute im Freilichtmuseum, Oslo, siehe Umschlagbild des Buches: Die Bildsprache der Edda, G. Jäger
671 Siehe Bucheinband
672 R. Steiner, GA 184, 4.10.1918, S. 205f.
673 R. Steiner, GA 26, S. 66f
674 R. Steiner, GA 145, 29.3.1913, S. 107
675 ebd. S. 111
676 R. Steiner, GA 194, 28.11.1919, S. 71
677 R. Steiner, GA 121, 15.6.1910. S. 152
678 Ita Wegman, »Brief an die Freunde«, 4.10.1925

Literaturverzeichnis

Literatur zu Teil 1

Bock, Emil, *Schwäbische Romanik*, Stuttgart 1973
Börnsen, Hans, *Die Prophetie der Edda, Mythos und Wissenschaft*, Dornach 1989
Die Edda, Die ältere und jüngere Edda und die mythischen Erzählungen der Skalda, übersetzt von Karl Simrock, ohne Ort und Jahr
Krause-Zimmer, Hella, *Kreuz und Auferstehung*, Stuttgart 1981
Mändl, Hans, *Vom Geist des Nordens*, Stuttgart 1966, 1991[2]
Meyer, Rudolf, *Nordische Apokalypse*, Stuttgart 1967
Prokofieff, Sergej O., *Der Jahreskreislauf als Einweihungsweg zum Erleben der Christus-Wesenheit*, Eine esoterische Betrachtung der Jahresfeste, Stuttgart 1986
Das Schloss der goldenen Sonne, Initiationsmärchen, herausgegeben von Arnica Esterl, Stuttgart 1997
Speckner, Rolf; Stamm Christian, *Das Geheimnis der Externsteine*, Stuttgart 2002
Steiner, Rudolf, Gesamtausgabe Dornach, Schweiz, abgekürzt mit GA Bibl. Nr:
10 Wie erlangt man Erkenntnisse höherer Welten?
26 Anthroposophische Leitsätze
54 Die Welträtsel und die Anthroposophie
93a Grundelemente der Esoterik
96 Urimpulse der Geisteswissenschaft
101 Mythen und Zeichen-okkulte Zeichen und Symbole
105 Welt, Erde und Mensch
106 Ägyptische Mythen und Mysterien
114 Das Lukas-Evangelium
121 Die Mission einzelner Volksseelen in Zusammenhang mit der germanisch-nordischen Mythologie
137 Der Mensch im Lichte von Okkultismus, Theosophie und Philosophie
143 Erfahrungen des Übersinnlichen, die drei Wege der Seele zu Christus
152 Vorstufen zum Mysterium von Golgatha
155 Christus und die menschliche Seele
156 Menschschicksale und Völkerschicksale
161 Wege der geistigen Erkenntnis und der Erneuerung künstlerischer Weltanschauung
173 Zeitgeschichtliche Betrachtungen. Das Karma der Unwahrhaftigkeit
174a Mitteleuropa zwischen Ost und West

174 Bausteine zu einer Erkenntnis des Mysteriums von Golgatha. Kosmische und menschliche Metamorphose
177 Die spirituellen Hintergründe der äußeren Welt. Der Sturz der Geister der Finsternis
194 Die Sendung Michaels
211 Das Sonnenmysterium und das Mysterium von Tod und Auferstehung
228 Initiationswissenschaft und Sternenerkenntnis
232 Mysteriengestaltungen
Uehli, Ernst, *Nordisch-germanische Mythologie als Mysteriengeschichte*, Basel 1926

Literatur zu Teil 2

Werke von Rudolf Steiner, Gesamtausgabe (GA-Nr.:)
9 Theosophie
10 Wie erlangt man Erkenntnisse der höheren Welten?
11 Aus der Akasha-Chronik
13 Die Geheimwissenschaft im Umriss
26 Anthroposophische Leitsätze
36 Der Goetheanumgedanke
40 Wahrspruchworte
54 Die Welträtsel und die Anthroposophie
57 Wo und wie findet man den Geist?
94 Kosmogonie
96 Ursprungsimpulse der Geisteswissenschaft
99 Die Theosophie des Rosenkreuzers
100 Menschheitsentwickelung und Christus-Erkenntnis
101 Mythen und Sagen
103 Das Johannes-Evangelium
105 Welt, Erde und Mensch
106 Ägyptische Mythen und Mysterien
107 Geisteswissenschaftliche Menschenkunde
109 Das Prinzip der spirituellen Ökonomie
110 Geistige Hierarchien
112 Das Johannes-Evangelium im Verhältnis zu den drei anderen Evangelien
113 Der Orient im Lichte des Okzidents
114 Das Lukas-Evangelium
116 Der Christus-Impuls und die Entwickelung des Ich-Bewusstseins
117 Die tieferen Geheimnisse des Menschheitswerdens im Lichte der Evangelien
118 Das Ereignis der Christus-Erscheinung in der ätherischen Welt
119 Makrokosmos und Mikrokosmos

120 Die Offenbarungen des Karma
121 Die Mission einzelner Volksseelen
124 Exkurse in das Gebiet des Markus-Evangeliums
128 Eine okkulte Physiologie
130 Das esoterische Christentum und die geistige Führung der Menschheit
131 Von Jesus zu Christus
132 Die Evolution vom Gesichtspunkt des Wahrhaftigen
145 Welche Bedeutung hat die okkulte Entwickelung des Menschen?
148 Aus der Akasha-Forschung. Das fünfte Evangelium
149 Christus und die geistige Welt. Von der Suche nach dem Heiligen Gral
152 Vorstufen zum Mysterium von Golgatha
155 Christus und die menschliche Seele
157 Menschenschicksale und Völkerschicksale
161 Wege der geistigen Erkenntnis und der Erneuerung künstlerischer Weltanschauung
173 Zeitgeschichtliche Betrachtungen
174 Zeitgeschichtliche Betrachtungen, zweiter Teil
174a Mitteleuropa zwischen Ost und West
177 Die spirituellen Hintergründe der äußeren Welt
178 Individuelle Geistwesen und ihr Wirken in der Seele des Menschen
184 Die Polarität von Dauer und Entwickelung im Menschenleben
185 Geschichtliche Symptomatologie
186 Die soziale Grundforderung unserer Zeit – In geänderter Zeitlage
191 Soziales Verständnis aus geisteswissenschaftlicher Erkenntnis
194 Die Sendung Michaels
202 Die Brücke zwischen der Weltgeistigkeit und dem Physischen des Menschen
203 Die Verantwortung des Menschen für die Weltenwickelung
211 Das Sonnenmysterium und das Mysterium von Tod und Auferstehung
218 Geistige Zusammenhänge in der Gestaltung des menschlichen Organismus
223 Der Jahreskreislauf als Atmungsvorgang der Erde und die vier großen Festeszeiten
224 Die menschliche Seele in ihrem Zusammenhang mit göttlich-geistigen Individualitäten
228 Initiationswissenschaft und Sternenerkenntnis
229 Das Miterleben des Jahreslaufes in vier kosmischen Imaginationen
230 Der Mensch als Zusammenklang des schaffenden, bildenden und gestaltenden Weltenwortes
232 Mysteriengestaltungen
233 Die Weltgeschichte in anthroposophischer Beleuchtung
243 Das Initiaten-Bewusstsein
302a Erziehung und Unterricht aus Menschenerkenntnis
350 Rhythmen im Kosmos und im Menschenwesen

Sonstige Literatur

Bin-Gorion, Micha Josef (Hrsg.), *Die Sagen der Juden*, Insel Verlag 1962
Börnsen, Hans., *Die Prophetie der Edda*, Dornach 1989
Boron, Robert de, *Die Geschichten des Heiligen Gral*, Stuttgart 1964
Brüder Grimm, *Kinder und Hausmärchen*, Bindlach 2001
Buch Jonas, Altes Testament
Edda, Die, Übersetzung von F. Genzmer, Leipzig 1997
Edda, Die, Übersetzung von K. Simrock, Stuttgart 1896
Edda, Die, Übersetzung von W. Jordan, Uhlstädt-Kirchhasel 2001
Eschenbach, Wolfram von, *Parzival, ein höfisches Epos*, Ditzingen 2003
Etymologisches Wörterbuch, Stuttgart 1984
Evangelium des Johannes, Neues Testament
Fichte, J.G., *Die Bestimmung des Gelehrten*, Berlin 1912
Flensburger Hefte, Heft 26, Flensburg 1989
Frieling, Rudolf, *Die Christengemeinschaft*, 29. Jahrgang, Heft 12
Grimm, Jacob, *Mythologie* Bd. 1, Stuttgart 1984
Hagemann, Ernst, *Vom Wesen des Lebendigen*, Tübingen 1970
Heyer, Karl, *Kaspar Hauser und das Schicksal Europas*, Stuttgart 1983
Lautenbach, Fritz, *Der keltische Kessel*, Stuttgart 1991
Matthes, Walter, *Das Relief an den Externsteinen*, Stuttgart 1997
Mändl, Hans, Vom Geist des Nordens, Esslingen 1966
Meyer, Rudolf, *Erinnerungen an Rudolf Steiner, Koberwitz 1924*, Stuttgart 1979
Ders., *Der Gral und seine Hüter*, Stuttgart 1956
Ders., *Nordische Apokalypse*, Stuttgart 1967
Heinz-Mohr, Gerd, *Lexikon der Symbole*, Leipzig 1972
Morgenstern, Chr., Tagebucheintrag, Stuttgarter Ausgabe, Band 5. Stuttgart 1987
Niedhorn, Ulrich, *Untersuchungen am Kreuzabnahmerelief*, Frankfurt 1990
Osterrieder, Markus, *Sonnenkreuz und Lebensbaum*, Stuttgart 1995
Prokofieff, Sergej O., *Die geistigen Aufgaben Mittel- und Osteuropas*, Dornach 1989
Ders., *Menschen mögen es hören. Das Mysterium der Weihnachtstagung*, Stuttgart 2002
Pelikan, W., *Heilpflanzenkunde III*, Dornach 1978
Schütze, Alfred, *Mithras-Mysterien und Urchristentum*, Stuttgart 1937
Selg, Peter, *Der geistige Weg von Hans und Sophie Scholl*, Dornach 2006
Simek, Rudolf, *Lexikon der germanischen Mythologie*, Stuttgart 1984
Steffahn, Harald, *Die weiße Rose*, Reinbek 1992
Thule, Isländische Heldenromane, Leipzig 1923
Tradowsky, Peter, *Kaspar Hauser*, Stuttgart 1981
Wegman, I., Brief: An die Freunde, 4.10.1925

Genealogie der Götter in der Edda

Wanen: Vegetationsgötter (Elohim, Dynamis, Kyriotetes) Göttergeschlecht vor den Asen. Menschliche Vertreter: Druiden (Irland)

Asen: Seelengötter (Engel und Erzengel); Menschliche Vertreter: Nordisch-germanische Eingeweihte, z. B. der spätere Gautama Buddha

Hierarchie Gottheit	Name	Mutter	Vater
Wane bei den Asen	Heimdall	9 Mädchen	(Odhin)
Wane bei den Asen	Njörd		
Wane bei den Asen	Freyr	Skadi, Thursin	Njörd
Wane bei den Asen	Freya	Skadi, Thursin	Njörd
Asen, Erzengel	Wotan (Odhin) Wili We		
Asen, Erzengel	Odhin Hönir Lodur		
Ase, Erzengel	Odhin, Göttervater, Allvater, Walvater	Bestla; Onkel: Mimir	Bör
Ase, Engel	Thor	Jörd, Erdgöttin	Odhin
Ase, Engel	Baldur	Frigga	Odhin
Ase, Engel	Widar	Grid, Riesin	Odhin
Ase, Engel	Wali	Rinda, Erdgöttin	Odhin
Ase, Engel	Thyr	Allgoldene Mutter	
Ase, Engel	Bragi		Odhin
Ase, Engel	Hermod	Frigga	Odhin (?)
Ase, Engel	Forseti	Nanna	Baldur
Ase, Engel	Uller	Sif	
Ase, Engel	Hödur		Odhin
	Loki		Surtur

Verheiratet	Besonderheit	Schloss / Halle
	Giallahorn, Wächter	Himinbiörg
Skadi	Nerthus	Noatun, Schiffsstadt
Gerda, Jotunin	Eber, Schiff	Alfheim
Ottar, Thurse	Brisingamen, Katzen	Volkwang
	Schöpfergottheiten der Welten: Asgard, Midgard, Jotunheim	
	Schöpfergottheiten der Menschen: Ask und Embla	
Frigga	Sprache, Speer, Ring, Einherier,	Gladsheim, Hlidskjalf Walhall
Sif	Hammer	Thrudheim, Bilskirnir
Nanna	Kamille	Breidablick (weithin glänzend)
	Odhins Rächer	Land Widi
	Baldurs Rächer	
	Kriegsgott	?
Iduna (Äpfel)	Sänger, Dichter	Sökkwabeck (Wasserschloss)
	Bote	Fensal (Meeresschloss)
	Richter	Glitnir (Glitzernd)
	Wintergott, Bogenschütze	Ydalir (Eibental)
	Blind	
Sigyn	Feuergottheit	